中華書局

U0106607

知識與認同

現代學者論教育及教科書

李　帆

韓子奇

區志堅

主編

□ 責任編輯：胡冠東　黎耀強
□ 封面設計：陳玉珠
□ 排　版：沈崇熙
□ 印　務：林佳年

知識與認同
現代學者論教育及教科書

□
主編
李帆　韓子奇　區志堅

□
出版
中華書局（香港）有限公司
香港北角英皇道 499 號北角工業大廈一樓 B
電話：（852）21372338　傳真：（852）27138202
電子郵件：info@chunghwabook.com.hk

□
發行
香港聯合書刊物流有限公司
香港新界大埔汀麗路 36 號
中華商務印刷大廈 3 字樓
電話：（852）21502100　傳真：（852）24073062
電子郵件：info@suplogistics.com.hk

□
印刷
美雅印刷製本有限公司
香港觀塘榮業街 6 號 海濱工業大廈 4 樓 A 室

□
版次
2017 年 10 月初版
© 2017 中華書局（香港）有限公司

□
規格
16 開（240mm×170mm）

□
ISBN：978-988-8488-73-5

序

學制、市場與知識生產的三元互動

引言

2013 年夏天，當香港樹仁大學歷史學系舉辦教科書國際研討會的時候，中國內地、香港、澳門及台灣學者和民眾，都熱烈地討論教科書的政治取向。不管討論的焦點是「民族史學的洗腦」還是「後教科書時代的來臨」；無論是「教育課程的自主」，還是「眾聲喧嘩的燦爛」，兩岸四地的文化圈都是鬧哄哄的，彷彿教科書的編寫和審定已不僅是教育界、老師們的事，而是關乎社會大眾、影響千家萬戶的「國家大事」。

誠然，從 1905 年「廢科舉、興學堂」至今天，編寫和審定教科書都是神州大地上的「國家大事」。這裏所謂「國家」，是指「民族國家」(nation-state)，就是 1648 年威斯特伐里亞和約 (The Treaty of Westphalia) 簽訂後，在歐洲出現的一種新的政治體制。這種體制具有三個特色：劃清疆界、確立國權、分清族群。隨之而來的是建構民族國家體制的種種措施。其中一項，是建立由中央政府直接控制的學校制度，把所有兒童和青年都教育為「愛國家、愛民族」的國民。在老師的督導下，教科書（尤其是歷史教科書）成為宣傳民族精神、塑造國民身份、建立集體回憶的主要渠道。

一個多世紀以來，中國的教育制度已從皇朝時代的科舉制慢慢演變為「現代」的學制。在這個「現代化」過程中，如何編寫教科書、為誰編寫教科書、怎樣鑒別教科書等等，都成為文化界、教育界不斷探索的問題。在這個意義上，我們可以說，中國從 1905 年開始便進入了「教科書時代」。

時至今天，當智能手機和互聯網成為資訊交流主要工具的時候，教科書依然肩負着知識傳播的重要任務。原因很簡單，教科書是學校制度的一部分，而學制是為了建構國家民族精神和培育民智的媒體。除非有一天我們真的能夠找到另一種政治體制，可以不用建構以「國家」、「族群」為單位的集體認同，不然，我們還是需要在民族國家體制下，思考教科書如何培育國民、為誰培育國民和怎樣傳達民族意識等問題。

回憶與失憶

最近，有些人提出「民族史學的洗腦」，其實這是中國進入「教科書時代」以來不斷困擾文化界和教育界的老問題。問題的核心是，建構民族國家是需要營造一種維繫萬千國民的集體認同，而營造集體認同必須同時建立一套言之成理、持之有故的回憶系統。當建立集體回憶的時候，就不能避免打壓或抹掉同時存在的不同回憶。從這個角度來看，教科書無疑是一種政治宣傳工具，它的主要功能是傳播政府認可的回憶系統。

在這次研討會裏，好幾位學者都分析了教科書的政治宣傳功能，學者的分析從兩個角度入手。一個角度是中國內地的政治宣傳，例如，辛亥革命發生後，教科書便馬上改轅易轍，從推崇帝制改變為支持共和國；又例如，抗戰時期曾出現過「一個中國，兩種表述」：東北地區教科書主張「日滿一體」；重慶地區的教科書強調「抗日救亡」及延安地區的教科書宣揚「革命中國」。五十年代中國內地的歷史教育，亦曾經大幅度改變，從緊跟蘇聯的先進經驗，轉為宣揚毛澤東思想。另一個角度是教科書與國際關係，最明顯的例子是中、日雙方對二次大戰的不同觀點。兩國的看法，不只是受戰爭的影響（例如「滿蒙問題」），也受近代歷史意識的影響（例如日本的「去中國化」）。雙方都利用教科書向莘莘學子灌輸各自的政治思想，以支持自己的外交政策。

雖然教科書是政治宣傳的工具，但並不等於政客可以隨便扭曲歷史事實。九十年代，法國學者皮耶‧諾哈（Pierre Nora）曾經動員一大群學者，比較不同時代、不同族群、不同階層對法國大革命的回憶，其中一個重要結論是，學校宣傳的「官方歷史」(History) 往往與民間自發的「回憶」(Memory) 互相抗衡。

皮耶‧諾哈（Pierre Nora）的研究結果證明了兩件事：第一是「回憶」與「失憶」其實是同時並存的，如要建構一個共同的集體回憶，就必須對某些歷史事件暫時失憶；反過來，沒有選擇性的失憶，就很難建立一套言之成理的回憶系統，一如交響樂團演奏，合奏部分由始至終都存在，而且是整個演奏過程的重要部分，但有時需要「讓路」，才可以呈現主旋律。第二是「教科書時代」的回憶和失憶並不是永恆不變的，而是隨着社會共識的轉變而改變。結果在一個時段裏被遺忘的事物，可以在另一個時段裏恢復記憶；在一個時段裏常記在心頭的事物，在另一個時段裏可能會被忘掉。換句話說，回憶和失憶是取決於「權勢轉移」，看誰有本領奪取話語權、控制話語權，給「國民」建立一套言之成理的回憶系統。

每個時代的不同論辯

那麼，「教科書時代」的回憶與失憶就不一定是「政權壓倒知識」。事實上，當晚清政府「廢科舉、興學堂」的時候，首先帶領教育改革、搶先建立國民認同的是民營出版社，其中最有影響力的是商務印書館和中華書局。這些帶領風騷的民營出版社，一方面收納「廢科舉」後的失意文士，一方面招攬新式知識階層和印刷技工，乘着新學制的建立編撰教科書。

晚清的例子說明「教科書時代」同時也是傳媒時代。當莘莘學子在課堂裏唸同一本教科書時，學制便成為出版商推銷知識產品的最佳場所。結果是學制、統一考試、知識生產、知識傳播、知識消費，連成一條環環相扣的鏈子，緊緊地把政界、學界、文化界、出版界、教育界串聯起來，分不清楚誰是主導，誰是陪襯。

在民國時期，這種環環相扣的情況給知識階層提供了不少空間，讓他們有機會表達自己的意見。正如沙培德教授（中央研究院近代史研究所）在〈知識傳播與集體認同之載體：歷史、記憶、教科書〉所說：

> 教科書反映着新的學科知識。從清末到民國的教科書，引進了歷史、地理、政治思想與想當然耳的「科學」等學科的基本概念。教科書反映着每個時代的不同論辯，像是民族主義是哪種民族主義？共和制度是要怎麼去施行？過去的歷史是怎麼造成的？民族是怎麼形成的？個人在歷史中又扮演何種角色？歷史與認同之間究竟有何關係？（頁 11）

換句話說，我們若把教科書的編撰看成一種「話語」的話，教科書上呈現的回憶和失憶，其實是「國民話語」的權勢角力。當某一個集團、團體、族群掌握政權，他們會想盡辦法壟斷國民話語權，把自己的看法通過教育系統變成「全國」的集體認同。但同一時期，其他的集團、團體、族群也可以採用同樣辦法，在中央權力未能覆蓋的地方，通過種種渠道表達自己的集體回憶和集體認同。

在這次研討會裏，有好幾篇文章討論在同一時段裏不同教科書所呈現的不同表述。機構利用教科書去培養「愛國心」並不是一件簡單的事。首先要考慮書的內容，怎樣愛國？愛怎樣的國？如何表達那一顆「熱騰騰」的心？都十分具爭議性。另外，還要考慮書上應怎樣表述，老師要怎樣教，考試怎樣考，學生怎樣學等等都大有文章。這些爭議，在歷史大轉折時刻（例如 1927 年前後，1949 年前後，1958

年前後）更為激烈。對我們研究教科書來說，這些貌似微不足道的變動，往往就是「國民話語」改變的明顯例證，它們就是沙培德教授所指的「每個時代的不同論辯」。

這次研討會其中一個特色，是邀請了多位大學、中學的老師們到來交流教學經驗，目的是讓與會者多點了解今天課堂裏的實際操作問題。從老師們的文章，我們看到今天的知識生產與知識傳播，已經不完全依賴學校教育。一百年前，學堂與教科書是最新的知識傳播媒介，帶動了報業、印刷業、出版業的蓬勃發展，也為社會培養了一批又一批的新型知識階層。到了今天，學制和教科書只是眾多知識傳播媒介中的一種。如何使學制更能配合多元社會的需要？如何提升教科書的質素，使教科書的內容更有趣、更個人化？都是今日教育界的重要課題。

我們都知道，教學質素的好與壞，學生受益的深與淺，與老師的投入息息相關。在這次研討會裏，好幾位老師根據他們的教學經驗，提出一些新方法培養學生的分析力和思維能力。這些新方法，除了令課堂更充實、更活潑之外，也是直接面對今天資訊泛濫下對人產生負面影響的問題。今時今日，學生隨時在互聯網上都可以找到不同資訊。在學校裏，他們需要學習的不是新知識，而是如何獨立思考、嚴謹分析。展望將來，課程和教材可能需要集中培養學生怎樣從「認識主體出發」，學習新知識。

組成本書的四個部分

收錄在本書的論文，有中國內地、香港、澳門、台灣、韓國、日本及歐美等地的學者研究教科書及教材的成果，分別從以下四個方面研究教材與知識傳播的互動關係，尤多注意時代發展與知識傳播的相互影響。

其一，不少學者從宏觀角度探討教材與建構歷史記憶和集體認同的關係。沙培德於〈知識傳播與集體認同之載體：歷史、記憶、教科書〉一文認為歷史教科書應採納多角度編寫，教科書既是表達了公眾印象和官方思維，亦要闡釋新社會形勢、國民狀況、國際關係的功能，作者提出教科書與官方和民間選取歷史記憶甚有關係。李帆（北京師範大學歷史學院）於〈近年來內地高校中國史教科書簡評〉一文，指出中國內地高校於 21 世紀推動改良歷史教學的政策，與歷史教科書表述內容的互動關係，並歸納出中國內地歷史教學的研究總體趨勢。黃東蘭（日本愛知縣立大學外國語學部）在〈自我想像中的他者 —— 日本近代歷史教科書的中國表述〉一文，藉研究明治時期以來，日本政府文部省編纂及發行的小學日本史教科書內表述有關律令制形成的內容，得見近代國家權力如何通過歷史教科書，建構日本民族的

自我認同。林志宏（中央研究院近代史研究所）於〈近代中日的「滿蒙」論爭——知識與政治為面向的考察〉一文，從人類、考古、建築、地理等學科知識，研究戰時中、日學者從「地域」及「歷史知識」上表述的「滿蒙」關係，何以成為兩國學者對「疆域」的論爭。區志堅（香港樹仁大學歷史學系）在〈一個「中國」，各自表述——抗日戰爭時期中共、滿洲偽國出版歷史教科書建構「中國」圖像〉一文，研究戰時中共出版小學及初等教育歷史教科書與「滿洲國」編刊的中史教科書，兩者表述「中國」圖像之異同，並指出中共怎樣運用歷史教科書向兒童傳播「不斷革命」的思想。張福貴（吉林大學文學院）於〈教科書時代的反思——中國現當代文學學科性的確認〉中，研究教科書作為向青少年傳播知識的重要媒體，如何影響今天學生對中國現當代文學學科的認知及學習。吳炳守（韓國東北亞歷史財團）於〈中國近代歷史教科書의 自國史構築過程과「中華民族」〉一文中，指出清末民初中國歷史教育的觀點及書寫體例均出現了重大變革，也受晚清出現的新史學觀點影響，尤其是以歷史教科書向學生灌輸「中華民族」的概念，更可見中國走向「民族國家」發展的歷程。

其二，有些學者微觀地研究清末民初的教材與民族國家建構的關係。例如鄒振環（復旦大學歷史系）的〈晚清留日學生的英語教育與日本英語教科書在華之譯刊〉，說明日人神田乃武與「英文字典」的漢譯，齋藤秀三郎及其創辦的正則英語學校，與明治維新後在日本出現的英語學習環境，以及留日的中國學生學習英語時的互動關係。張偉保（澳門大學教育學院）於〈清末民初的歷史教育：以新式教科書為中心〉一文中，注意民初出版的多本歷史教科書所載清帝退位和民國成立的史事之異同。白天鵬（中國科學院自然科學史研究所）於〈清末新學制的建立與科學教材的編輯出版〉中，說明科學教科書是清末最後十年重要的啟蒙文本，促進了近代中國科學教育的發展，為日後專門的科學研究奠定了重要基礎。侯勵英（香港教育學院文學及文化學系）在〈新學制下的兒童教科書：民初《國語教科書》的知識傳播〉一文中，研究民初出現的《國語教科書》與新教育體制、新時代文體的出現，以及當時兒童教育觀念的互動關係。鄧錦輝（伯特利中學）在〈呂思勉《初中標準教本：本國史》與國民身份建構〉中，分析呂思勉編教材時，如何受到國民政府「國家建構」觀念的影響。姚繼斌（香港教育學院社會科學系）於〈金兆梓論歷史教學——談專家修撰教科書〉中，比較了民初金氏與同時期學者編撰歷史教科書在觀點及表述民族國家方面的異同，也闡述了金氏的歷史教學觀點。顧紅亮（華東師範大學中國現代思想文化研究所）於〈民初修身教科書中的責任認知〉一文中，說明民初出版的修身教科書在表述權利和義務之間的關係時，雖然會令讀者感到複

雜，卻豐富了當代人對現代責任觀念的理解。趙雨樂（香港公開大學人文社會科學院）於〈新文化運動與民族觀念的重構 —— 常乃德《中華民族小史》的成書意義〉一文中，闡述常乃德的《中華民族小史》表述的地域民族與國民政府建構的邊疆圖像的分別。陳學然（香港城市大學中文及歷史學系）於〈香港歷史教科書上的「五四在香港」論述〉，指出政府在歷史科課程設計上增添「香港史教學」和「建立對民族及國家的認同感及歸屬感」的指引，香港歷史教科書述及「五四運動在香港」的課題時，也以此為編寫重點，並因此培養港人的愛國熱情。賴志成（香港教育學院中國語言學系）在〈「啟蒙」和「救亡」雙重變奏的社會實踐 —— 以「新國文」建構「新國民」〉一文，指出民初編刊的一套《新國文》教科書，就是民國建元後，編輯思考「新國民」觀念及其內容的工具，也是反映出一個新時代的精神面貌。王雷（瀋陽師範大學教育科學學院）於〈近代教科書：文物價值與文化傳承 —— 以文化遺產為視角〉一文，肯定近代出版的教科書為歷史、學術、藝術及教育價值的文化遺產，在教授文學、技能、語言、藝術、兒童教育遊戲、禮儀等各方面，均實現了傳承與創新中華文化的作用。Hon Tze Ki（韓子奇，State University of New York at Geneseo）在 "Locating China in the World: Geography Textbooks in Late Qing Period" 一文，指出「世界的整合是由複雜的交通和通訊網絡連結而成」和「瓜分與捍衛中國領土的重要」此兩種觀點的建構，而這兩種看似矛盾的觀點，為何並存於史地教科書內？作者認為此現象是反映了以歐洲為中心的世界秩序觀點，存有內在矛盾，這也是由民族國家和綜合環球制度所展現的產物。Julia C. Schneider（Ghent University, Belgium/University of Göttingen, Germany）以 "Foreign Conquest Dynasties in Chinese Textbooks of the 1920s: The Search for a National Identity" 一文，分析民初柳詒徵《中國文化史》和呂思勉《白話本國史》所表述中國中古時代非漢族政權的圖像，並注意到二書把遼、西夏、金三個政權的歷史皆列入中華民族歷史，異於官方教材表述中華民族的觀點。

其三，也有學者討論 1949 年後海峽兩岸四地的教科書與知識生產的關係。魏楚雄（澳門大學歷史系）在〈關於兩岸四地聯合編撰中國歷史教科書之我見〉中，指出當代較少出版適合大學使用的中國歷史或東亞歷史教科書，海峽兩岸四地出版的教科書內容及重點也有不同，作者希望兩岸四地的學者能夠合力編撰大學歷史教科書。曾家洛、謝思熹（香港教育學院教育學系）於〈五十年代國內歷史教育的意識形態與發展：以《歷史教學》(1951-1960) 為例討論〉一文中，以五六十年代在中國內地出版的《歷史教學》期刊所載的論文為例，分析了政府意識形態對時代學風、歷史教育觀點的影響。魏恤民（廣東省教育研究院）在〈廣東省普通高中歷史

課堂教學改革十年探索〉中，指出近十年廣東省歷史教育改革有長足的發展，尤多注意師生的互動及課程切合學生心智，也論及近年中國內地歷史教育發展的特色。鄭潤培（澳門大學教育學院）在〈澳門中學歷史教科書的現況及發展〉中，檢視澳門歷史教育的情況，說明澳門歷史教育的課程與教學內容往往受到中國內地、香港及澳門三地歷史文化的影響。沈宗憲（台灣師範大學國際與僑教學院人文社會學科）發表〈台灣中學教科書的文化史教學內涵〉，探討台灣高中教科書文化史的內涵，並分析不同階段的文化史教育目標和課程內容。陳明銶（史丹福大學東亞研究中心）在〈「盡信書不如無書」：淺談香港歷史課程改革兼評洋學者所著香港史教科書〉一文，闡述近年香港歷史教研工作的新發展，出現了有利的客觀條件，也有潛在危機，並顯示中國近代歷史與香港歷史在重要課題上有密切的關連，作者以多元化的觀點角度和一貫秉持的核心價值立場，認為香港歷史教育必要把「中國因素」全面融入本地歷史教科書內，更認為要充分拓展新的中港歷史整合課程，藉此加強年輕一代對國情、區情的適當學習及正確認知。另外，作者以一冊香港歷史的英文教科書為例，評析一位外籍歷史學者所著香港史教科書極有問題之觀點，更進一步探討歷史學者、教科書編著者及教育工作者本身立場定位等相關課題。許振興（香港大學中文學院）於〈二十一世紀香港的高中中國歷史教科書〉，探討香港歷史發展與中學中國歷史教科書表述內容的互動關係。梁操雅（時信出版〔香港〕有限公司）在〈教育與承傳：中史教科書與公開考試〉一文，研究戰後香港中學的中國歷史科與世界歷史科分割並獨立發展的情況，並述及歷史教科書的編寫模式應具備為學生提供考試範圍及練習的功能。陳志華、盧柊泠、何泳儀（聖公會梁季彝中學）〈論香港初中中國歷史科校本教材發展方向及其挑戰〉一文，探討近年香港中學進行編寫初中中史校本教材的得失。陳漢成（保良局唐乃勤初中書院）於〈區域教材開發研究：從荔枝角公園嶺南之風實地考察計劃探究初中學生對學習價值教育的成效〉，表述怎樣以香港的荔枝角公園建構的「嶺南之風」，進行五育並全的價值、國民身份認同及歷史教育的課題。

其四，也有學者撰文研究歷史教學、教材與今日社會發展的互動關係。劉龍心（東吳大學歷史系）於〈討論與歷史思維能力的培養 —— 大學歷史教學方式的嘗試與反思〉中，指出戰後台灣政府為擺脫昔日日本統治的意識形態，已於六七十年代藉出版《中國文化史》教科書，以復興中華文化與發揚民族精神；而在八九十年代，因應社會的變遷，重新審定及出版的《中國文化史》，卻呈現另一種風貌。陳佳榮（現代教育研究社）在〈歷史教材編寫宜免囿於黨派觀點〉一文，認為歷史教科書是培養青少年歷史知識的重要媒介，故必須避免受黨派觀點影響，以還原歷

史真相。王慶祥（吉林省社會科學院）在〈《溥儀日記》與中國歷史〉一文，以近年新編的《溥儀日記》為例，說明前人研究溥儀生平甚多誤解，這些誤解甚至影響不少中學中國歷史教科書的內容，並指出歷史教育褒貶人物的文字尚有待改善的地方。潘樹仁（濟川文化研究會）在〈文史哲融合教學的大歷史思辨：歷史科的重新編輯〉中，指出歷史科成為統攝文史哲教學和知識傳播的重要媒體，並提出編輯一套以中國歷史發展為主體，旁涉文哲知識教科書的構想。周家建（香港大學中文學院）於〈加國大學中史教學一瞥〉中，研究 2012-13 學年加拿大高等院校中國歷史科的課程指引及其採用的教科書，與戰後加國華人地位提升的關係。李素楨（吉林師範大學）、田剛（日中口述歷史文化研究會）於〈七十年前中国東北で実施された中国語検定試験について其の試験問題の内容と口述証言を中心として〉中，分析戰時日人為求長期統治「滿洲國」，而推行「殖民語學」的手段和特點，並說明日人把語文教育與民族認同相連繫的課題，文中運用作者多年訪問日本侵華老兵的口述歷史資料，引證日本編刊中學歷史教科書表述日本侵略中國歷史的內容中甚為不當及失實的地方。彭淑敏（香港樹仁大學歷史學系）在〈香港歷史古蹟的活化與歷史教學〉一文，指出香港很多歷史文物及古蹟，不只是代表了香港歷史文化的面貌，更可以作為歷史教學的資源，又可以透過實地考察來欣賞古建築的特色。李嘉瑩（香港樹仁大學歷史學系）在〈歷史文化知識傳播的途徑：以香港歷史博物館的工作為例〉一文，肯定香港歷史博物館的工作及成果，並闡述此館擔當着向大眾傳播歷史文化知識的重要角色。Simon Wong（王志宏）和 Gabriel Chan（陳凱萱）（香港理工大學香港專上學院）在 "The Design of a Comparative Study on the Learning Performance from Multimedia Learning on the Insertion Sort in Java Programming" 一文，指出運用電腦科技知識，除了提供多元化教學設計來吸引學生的注意外，更可以擴闊人文及歷史學科的教育視域，開拓學生人文學科知識的思維空間。

誠然，各位學者已從鴉片戰爭以還，以海內外出版的歷史及其相關課題的教科書、教材、出版社及使用教材的教員、學生、編教材學者的角度，研究歷史教科書及各種教材的意義，並從宏觀及微觀的角度，分析大學、中學及小學教材及歷史教科書的內容；學者也從教育學、文化學、歷史學、性別文化學、傳播學、設計學、色彩學等各方面，結合多元化的研究方法，開拓研究教科書的領域。各學者希望不久將來，可以成立歷史教科書研究學會，舉辦更多相關的國際學術研討會，以收集及整理學者的研究成果，並廣泛蒐集 1949 年以前在中國出版與歷史知識相關的教科書，又在此基礎上，進一步蒐集其他學科的教科書，待解決版權問題後，希望把這些材料建立網上資料庫，促進學術交流，此必然有助推動教科書的研究風氣，又

可以了解過去百年中國教科書的編者、出版商、教員等，怎樣按本土情況來吸收及改造外來的出版文化與歷史知識。

最後，本書編者再一次感謝各海內外學者參加由香港樹仁大學歷史學系舉辦的「近現代歷史及其相關課題教科書國際學術研討會」，又在研討會後，得各位學者惠賜鴻文，並給編輯委員會予以出版。本書編者更感謝香港樹仁大學歷史學系行政人員郭泳希先生、林曉筠小姐及多位學生大使協助是次研討會；同時，也感謝香港樹仁大學校方提供人力、物力及財力資助，沒有校方的支持，是次研討會是辦不成的。此外，本書編者亦要感謝香港樹仁大學歷史教學支援及研究中心助理禤俊生先生、李嘉瑩小姐、陳諾婷小姐以及項目研究助理潘俊恩先生負責校對文稿；感謝中華書局（香港）有限公司李占領先生及黎耀強先生答允出版本書，胡冠東先生悉心核對全書及處理排印事宜；更誠蒙兩位匿名學者，審評了全書各篇論文，並給予寶貴的意見，沒有他們的支持，是次研究成果難以面世。更重要的是，本書編者特別要向馮燊均國學基金主席馮燊均院士致以衷心感謝，馮翁及馮夫人一直推動香港歷史及中國傳統德育文化教育，不遺餘力，譽滿儒林！本書的出版誠蒙馮翁的慷慨捐助及馮夫人多次鼎力支持與鼓勵，沒有兩位資助，本書不能面世！

編者

李帆、韓子奇、區志堅　謹識

2017 年 1 月 12 日

序

▶▶▶▶▶ **第一部分：歷史記憶與集體認同**

002	沙培德	知識傳播與集體認同之載體：歷史、記憶、教科書
025	李　帆	近年來內地高校中國史教科書簡評
032	黃東蘭	自我想像中的他者——日本近代歷史教科書的中國表述
051	林志宏	近代中日的「滿蒙」論爭——知識與政治為面向的考察
078	區志堅	一個「中國」，各自表述：抗日戰爭時期中共、滿洲偽國出版歷史教科書建構「中國」圖像
138	張福貴	教科書時代的反思：中國現當代文學學科性的確認
150	吳炳守	中國 近代 歷史 教科書의 自國史 構築 過程과 「中華民族」

▶▶▶▶▶ **第二部分：清末、民國的教科書及教材**

180	鄒振環	晚清留日學生的英語教育與日本英語教科書在華之譯刊
203	張偉保	清末民初的歷史教育：以新式教科書為中心
214	白天鵬	清末新學制的建立與科學教材的編輯出版
225	侯勵英	新學制下的兒童教科書：民初《國語教科書》的知識傳播
254	鄧錦輝	呂思勉《初中標準教本：本國史》與國民身份建構
263	姚繼斌	金兆梓論歷史教學——談專家修撰教科書
286	顧紅亮	民初修身教科書中的責任認知
300	趙雨樂	新文化運動與民族觀念的重構——常乃德《中華民族小史》的成書意義
320	陳學然	香港歷史教科書上的「五四在香港」論述
336	賴志成	「啟蒙」和「救亡」雙重變奏的社會實踐——以「新國文」建構「新國民」
350	王　雷	近代教科書：文物價值與文化傳承——以文化遺產為視角
358	Tze-ki Hon	Locating China in the World: Geography Textbooks in the Late Qing Period
372	Julia C. Schneider	Foreign Conquest Dynasties in Chinese Textbooks of the 1920s: The Search for a National Identity

▶▶▶▶▶ 第三部分：**1949 年後海峽兩岸的教科書及教材**

390　魏楚雄　關於兩岸四地聯合編撰中國歷史教科書之我見

400　曾家洛、謝思熹
　　　五十年代國內歷史教育的意識形態與發展 —— 以《歷史教學》(1951-
　　　1960) 為例討論

421　沈宗憲　台灣中學歷史教科書的文化史教學內涵

457　魏恤民　廣東省普通高中歷史課堂教學改革十年探索

473　鄭潤培　澳門中學歷史教科書的現況及發展

485　陳明銶　「盡信書不如無書」：淺談香港歷史課程改革兼評洋學者所著香港史
　　　教科書

513　許振興　二十一世紀香港的高中中國歷史教科書

531　梁操雅　教育與承傳：中史教科書與公開考試

544　陳志華、盧柊泠、何泳儀　論香港初中中國歷史科校本教材發展方向及其挑戰

561　陳漢成　區域教材開發研究：從荔枝角公園嶺南之風實地考察計劃探究初中
　　　學生對學習「價值教育」的成效

▶▶▶▶▶ 第四部分：**歷史教學與今日社會**

572　劉龍心　討論與歷史思維能力的培養 —— 大學歷史教學方式的嘗試與反思

586　陳佳榮　歷史教材編寫宜免囿於黨派觀點

598　王慶祥　《溥儀日記》與中國歷史

617　潘樹仁　文史哲融合教學的大歷史思辨 —— 歷史科的重新編輯

637　周家建　加國大學中史教學一瞥

650　田　剛、李素楨
　　　七十年前中國東北で実施された中國語檢定試驗について其の試驗問
　　　題の內容と口述証言を中心として

678　彭淑敏　香港歷史古蹟的活化與歷史教學

685　李嘉瑩　歷史文化知識傳播的途徑：以香港歷史博物館的工作為例

708　**Simon Wong and Gabriel Hoi-huen Chan**
　　　The Design of a Comparative Study on the Learning Performance
　　　from Multimedia Learning on the Insertion Sort in Java Programming

第一部分

歷史記憶

與

集體認同

知識傳播與集體認同之載體：
歷史、記憶、教科書

沙培德

中央研究院近代史研究所

　　以各種歷史典故、故事情節或所謂的大敍事（grand narrative）來做鋪陳的歷史教科書，大抵都反映着輿論與官方的觀點，而歷史教科書的內容往往會引發爭辯。當然，歷史教科書會隨着時代的改變而調整，於是就跟其他種類的歷史撰述一樣，會進一步地演進，但不同於大多數的歷史撰述，歷史教科書並不是由單一的作者所完成的，而是在一群編輯委員的編校下所完成的一種產物。

　　歷史教科書不管有意無意，都是在塑造認同，但通常是有意的。然而，世上絕不可能只有一種認同而已。歷史教科書或多或少都會強調愛國主義、世界主義、宗教或文化等認同。但自十九世紀以來，各國修史都以纂修「本國史」為主，而其敍述的主題，不外就是以國家民族的故事為主軸。所以說，歷史教科書雖然有很多功用，但從過去的兩個世紀以來，其最主要的功用，還是在建構國家民族的故事，亦即「本國史」。不過，我們也別忘了，歷史教科書同時也具有「抹滅歷史記憶」的功用。何以這樣說，就是當歷史教科書有選擇性地去建構它所要建構的歷史記憶的同時，它就將其他未被選上的歷史記憶給抹滅了。

　　法國學者歐內斯特・勒南（Ernst Renan，1823-1892）在 1882 年撰寫的〈何謂國家〉這篇知名文章裏這樣說道：「抹滅歷史記憶，雖連我都認為是歷史錯誤，卻是建構國家民族的基本手段。」修史最怕就是導致錯誤的歷史記憶。勒南還說到：「說到底，國家之所以能形成就在於它的人民具有很多共同點，也同時遺忘了很多往事。沒有一個法國公民知道他的祖先究竟是 Burgundian、Alain、Taifale、還是 Visigoth 人。每個法國人一定都想不起 St. Bartholomew's Day 的大屠殺，也一定不會記得發生在十三世紀的 Midi 大屠殺。」這句話，說穿了，就是

在說：要在大家各自的地方認同之下建構一個共同認同，勢必需要經過一段曲折離奇的磨難。勒南很慶幸，法國人已忘記彼此早前各個不同的地方認同，也超脫了先前彼此不同的宗教認同，最後得到一個共同的法國認同。

勒南表示，國家建立於武力基礎之上，所以國家以武力併吞各個地方族群的歷史記憶，就都必須被抹滅。儘管如此，各個地方族群卻從中得到了國家的保障而被賦予作為其國家人民所具有的自由權利。勒南說：「讓我打個比方：『個人』是在每天不斷的生活認同下存在著，而國家則是在日復一日的公投認同下存在著。」勒南的意思是：當一個地方族群不再認同其國家，它就該脫離國家，並被應允脫離國家。美國林肯總統一定不同意他的說法。現今的中國大陸政府也不會同意。

筆者可以接受勒南所謂的「地方族群有權決定脫離並自組他們所認同的國家」這種觀點，但不能接受他的「國家建立於武力基礎之上」此觀點所暗示的「國家一旦建立了就不再以武力作基礎」的看法。或許他這是在暗示「國家建立以後，為了生存競爭而使用武力」的歷史記憶，也必須當即被一併抹滅。或許這也等於印證了歷史教科書能依照國家所需而立即發揮「抹滅歷史記憶」的功用。

對大多數的人來說，歷史教科書只是他們取得歷史知識的一個小環節而已。我們對於過去歷史的認知，大致來自於代代相傳的家族史與小說故事。到了今天，活在現代媒體科技時代的我們，誰說我們不可以從「後宮甄嬛傳」這種描寫雍正嬪妃故事的古裝劇來了解清朝呢？也許此一古裝劇中沒有一句對白與一個場景是有歷史的根據證明那是千真萬確的事實，但它卻能塑造我們對歷史的認知。

不過，歷史教科書說來總是比起老師講的，要來得更具有獨特的權威性。依照歷史學家阿斯曼（Jan Assmann）的說法，認同是以「文化記憶」做基礎的。[1]而「文化記憶」則是每一個族群的一種知識寶庫，用以和其他族群作區分。這樣的觀點，事實上很接近哈布瓦赫（Maurice Halbwachs，1877-1945）提出的「集體記憶」的觀點。哈布瓦赫的「集體記憶」觀念，不過是把我們常說的，集合了風俗、儀式與共同故事而形成的代代相傳的「傳統」，用另外一種方法闡釋。文化記憶就跟傳統或集體記憶一樣，大抵都能夠流傳很久。阿斯曼的特殊之處，就

1　Jan Assmann,"Collective Memory and Cultural Identity", trans. John Czaplicka, *New German Critique* 65 (1995)：pp.125－133; Jan Assmann, *Religion and Cultural Memory: Ten Studies,* trans. Rodney Livingstone Stanford (Stanford, CA: Stanford University Press, 2006).

在於他說明了「文化記憶」是如何從「溝通記憶」（communicative memory）而來。人們會隨着一個事件的發生，或者一連串事件的開展，彼此流傳事件的始末而產生了溝通記憶。所以，溝通記憶說來就是人們自然而然地彼此交換他們的經驗。溝通記憶是經過幾個世代（甚至於上百年）的時間形成的，溝通記憶要是沒有轉化為文化記憶的一部分，就會因為人們停止流傳而被忘記和消失。不過，要將溝通記憶轉化為文化記憶，傳統社會的精英，通常必須將人們彼此流傳的故事（亦即溝通記憶）化為某種正式的文字之後，才會變成文化記憶的一部分。對哈布瓦赫來說，這種正式文字化的文化記憶，等同他所說過的「客觀化的文化」（objectivized culture）。但是，客觀化的文化並不只限於文字形態而已，它也可以從圖像、儀式、建築、紀念碑、城市，甚至是風景等形態來表現。不同於記憶的不穩定而多變，客觀化的文化大多是透過歷史敍述來保存。但是，阿斯曼認為，歷史與記憶彼此會互相滲透，而不是分開的。阿斯曼將「文化記憶」（即哈布瓦赫的「客觀化的文化」）的形成過程，都稱作是一種「認同的具體化過程」（concretion of identity），其理由就是：文化與記憶一樣，都是離不開「認同」的，而文化記憶雖然比溝通記憶較為長久，但是文化記憶也幾乎是一直在變動。

筆者以為，哈布瓦赫與阿斯曼兩人之間的差異，並不像阿斯曼自己所認為的那麼大。而我們也都很清楚知道歷史教科書連同一般的教科書在內，都是現代社會的文化記憶中非常重要的一環。教科書將「認同」烙印在族群敍述裏，有了認同的族群敍述，就成了歷史敍述，有了歷史敍述，才可以清楚區分誰才是擁有同一歷史的族群，所以族群敍述就是在這種同一歷史敍述下建立了認同。此外，文化記憶打造社會價值觀所依據的基礎，正是族群所具有的知識和符號。

大家對歷史教科書所涵蓋的內容，是否比對其他教科書或者任何其他種類的書籍都要來得更關心呢？筆者覺得的確如此，原因就在認同已被轉化為歷史敍述了。筆者以下列舉幾個案例來說明。

第一個案例是美國，以最近德州發生的事件為例。在美國，學校要用什麼樣的教科書，是由各州自行決定的，有時是由各城鎮自行決定的，甚至可以由各學區自行決定。但實際上德州與加州左右着美國教科書的標準，原因就在這兩州的教科書市場非常大，大到連出版商都想要配合這兩州所制定的教科書標準，可見這兩州實左右了全國的教科書市場。德州教育委員會於 2010 年春，制定了一個

為期 10 年的新學校課程。[2] 此一教育委員會是由保守基督教派的共和黨委員所獨霸的。而這些委員雖然否決了一些像是提議將「奴隸」一詞從美國歷史當中剔除之類的極端主義走向的課程修訂案，卻票決規定學校必須向學生傳授有關美國開國元老 Adams、Madison 與 Washington 等人是基督徒的事情，為了就是要標榜美國是一個基督教國家。但為了要讓這種基督教國家的定位說得通，他們就必須淡化 Franklin 和 Jefferson 總統等二人的角色（當然，Madison 與 Washington 兩位總統也不太符合基督教徒的標準）。最後，他們所定下的教科書標準就是：所有的高中學生都要能夠「講得出開國元老 Benjamin Rush、John Hancock、John Jay、John Witherspoon、John Peter Muhlenberg、Charles Carroll 與 Jonathan Trumbull Sr. 等人的貢獻」。[3] 然而，這些人雖然重要，卻說不上是主要的開國元老，而之所以特別要強調他們，就是因為他們都是基督徒。

　　德州教育委員會也想要灌輸學生：美國悠久的「政教分離」（separation of church and state）教條並不是從憲法條文衍生而來的。嚴格說起來，此一觀點至少還算正確，但若沒有參酌的「憲法解讀史」的話，這樣的觀點就有誤導的嫌疑了。需知「政教分離」一詞是由 Jefferson 總統所提出來的。此外，德州教育委員會也票決要求學生必須學會「分析林肯總統在其第一次、第二次就職演講與『蓋茨堡演說』中所提到有關自由、平等、國家統一與政治制度等概念，並將這些概念與內戰時期南方聯盟的總統 Jefferson Davis 就職演講所提的概念相互做比較」，其用意就是要大力提升南方聯盟在歷史上的崇敬地位。而出於類似的用意，德州教育委員會便將美國南北戰爭的前後導火線的次序改換為：地方主義、州政府權力與奴隸制度，有別於大多數今日的歷史專家把奴隸制度排在第一順位的做法。

　　德州的共和黨陣營聲稱，教育制度自 1960 年代以來已漸向「左傾」，所以打算要讓美國回歸到屬於偏向中間立場的基督教資本主義國家的路線。但諷刺的是，德州教育委員會之所以拒絕使用「資本主義」（capitalism）這個詞的理由是：資本主義一詞具有負面的含義，而改用「自由事業」（free enterprise）或者「自

2　Gail Collins,"How Texas Inflicts Bad Textbooks on Us", *New York Review of Books*, 59.11（21 June 2012）; http://www.pbs.org/wnet/need-to-know/culture/texas-school-board-approves-controversial-textbooks-changes/954/, accessed 30 March 2013.

3　"Texas Essential Knowledge and Skills for Social Studies", Chapter 113, Subchapter C. High School（§ 113.41）.

由市場系統」（free market system）來代替。而等到學生上完有關 1960 年代的民權運動之後，就必須接着學習有關「1980 年代與 1990 年代保守運動抬頭的起因及其關鍵組織和代表人物，如 Phyllis Schafly、the Contract with America（與美國有約）、the Heritage Foundation（美國傳統基金會）、the Moral Majority（道德多數派）與 the National Rifle Association（美國全國步槍協會）」。反觀自由派人士所在意的問題，則不在於究竟要不要教授有關美國保守運動的歷史，而是在於保守運動史會不會就此排擠到民權運動史的範疇。[4] 多給保守右派發揮的空間，就等於會擠壓到民權運動或少數族群等這些被共和黨認為過度充斥於各種教科書之中而攻訐的左派思想的空間。

德州教育委員會在歷史教科書的當代部分，則規定學生要討論「聯合國是如何有可能損害到美國主權」、「伊斯蘭民族的敵意是如何引爆以色列與阿拉伯國家的衝突」以及「聯邦醫療保險與社會保險所面臨的財政問題」等議題。這些也都是歷史學者與教育學者所認為應該討論的重要議題，但是德州的教科書標準乃透露出德州教育部當局有其特定的政治用意在內。

上述的這些議題，都一直不斷地在所謂的「文化戰爭」中浮上了台面。在筆者看來，至少還有一個議題是值得大家注意的，那就是美國「例外主義」界定下的公民定義。德州教育部所制定的規範高中教育的條文第 22 款有關「公民身份」教育的規定如下：

> 凡是了解美國例外主義概念的學生，都要能夠說得出：（第一）托克維爾（Alexis de Tocqueville）所提出的自由、平等主義、個人主義、平民主義與放任主義等五個成功打造美國立憲共和之重要價值觀念；（第二）由托克維爾所提出的這五個價值觀念是如何有別於其他國家的價值觀念。

筆者認為德州教育部做這樣的規定，正好可以解釋有特定政治用意的歷史觀點（像是例外主義）是如何被型塑認同。而美國的這種例外主義，也正好可以解釋為何美國想要讓「American ideals」（美國理想）與其他世界公民主義畫上等號關係，進而採用以下的教育方法規定學生：首先，要能夠「熟悉全球領導對抗政治壓迫的代表人物，例如南非總統曼德拉、印度聖雄甘地、薩爾瓦多已故主教 Oscar Romero、俄國人權運動人士 Natan Sharansky、五月廣場母親，以及六四

4　同上註。

事件的中國學運人士」；其次，要能夠去「評估美國理想對促進全世界的人權與民主思想的影響程度有多少」。[5] 讓人感到大惑不解的是，本身屬於一種政治理論的美國例外主義，竟然被德州教育部當局拿來當作是一件「史實」來教導學生。事實上，很多歷史學者質疑美國例外主義。[6] 美國例外主義雖然提供了一種實際可溯源於托克維爾觀點的觀點，以凸顯出美國歷史的特色，但是例外主義卻常常讓人誤解美國歷史，進而變成一個具有政治煽動力的字眼。

第二個案例是中國。筆者先介紹一本由一位在 1928 年到 1929 年申請到獎學金研究中國教育的美國人所寫的一本書作為導入，書名為 Nationalism and Education in Modern China（近代中國的民族主義與教育），內容涵蓋了中國從 1860 年到 1930 年的教科書，但主要是以 1910 年代與 20 年代的教科書為主，其作者是 Cyrus H. Peake。寫書當時他還在哥倫比亞大學攻讀博士。[7] 接着他變成了哥倫比亞大學的歷史系教授，然後相繼任職於美國國務院與同盟國軍事佔領日本等單位，最後則移居加州任教於 Claremont Colleges。這本書到現在仍然有西方學者引用，但是就筆者所知，還沒有人真正的分析研究過這本書。Peake 在自序中這樣寫道：

> 此書的論點即在於研究那些在過去的七十年當中為中國引進現代教育的人士所念茲在茲的，就是要建立一個能夠在軍國主義的世界中競存的軍事強國。而政府官方從一開始就認定了建立一個中國現代教育體制是富強國家最有效的方法。爾後，隨着中國民族主義意識的漸漸抬頭，教育制度的建立理所當然地成了政府用來作為統一國家的工具，進而有助於在世界取得一席之地。而官員對於普及義務教育制度的其他立意，像是掃除文盲與增進人民社會的福祉等等，就都當做是細枝末節看待。[8]

Peake 的這段話帶有批判的意味。對筆者來說，他的批判完全合乎情理，Peake 的意思是，中國教育界為了急於創造一個富強的國家，甚至已到了不管學

5　同上註。事實上，德州右派從 50 年代開始就一直干涉歷史與公民教育。Frances Fitzgerald, *America Revised: History Schoolbooks in the Twentieth Century*（Boston: Atlantic Monthly Press, 1979）, pp. 33-35.

6　這方面的研究不少；參見例如 Donald E. Pease, *The New American Exceptionalism*（Minneapolis: University of Minnesota Press, 2009）.

7　參見 "The Reminiscences of Cyrus H. Peake," Oral History Research Office, Columbia University, 1961.

8　Cyrus H. Peake, *Nationalism and Education in Modern China*（New York: Howard Fertig, 1970）, p. xii.

生原本應該學習 Peake 所謂的可以「鞏固社會」的基本技能。當時雖說只有少部分的兒童才進得了學堂，不過人數呈現出穩定的成長。據估計，一般認為學生人數大約是從 1912 年的三百萬左右，增加到 1920 年的一千萬，其中大多數是男生的小學生，女小學生與中學生人數也在增加當中。不可否認，當時中國大多數人依舊是目不識丁的文盲，但是民國政府的確也為了「掃盲」而為無法上學的小孩與成人提供基本的常識教育。這並非在說，Peake 批評中國為了發揚民族主義而不擇手段的論點是錯的。顯然中國精英份子是想要強化中國且相信教育是強化中國的一個必要手段。但是 Peake 犯了兩個錯誤：第一就是他以為可以用他個人於 1920 年代末所經歷和看到的中國狀況來比照中國更早期時代的狀況；第二就是他認定中國人把民族主義看得比任何東西都重要。

可以理解他為何會犯這兩個錯誤。說是說「錯誤」，但 Peake 的批判說來也不全然是錯。太過重視民族主義教育的結果，就是常常引發排外情結。話雖如此，Peake 也挑明說：中國領袖想要推行民族主義教育的念頭「已到了幾近宗教狂熱般的地步了」。而且在 1925 年之後，「中國的教育制度透露出民族主義剛愎自用的排外情結」，而這樣的情結是「人為因素」所造成的。

Peake 雖未說過他是世界主義者，卻是以世界主義者的情懷來撰寫此書的。他聲稱自己並不是以「一位美國民族主義者」的身份來撰寫此書的，而是純粹以全球近代民族主義之觀察者的身份來撰寫。Peake 相當貼切地指出：中國在學校推行民族主義教育的做法並無其特別之處，其做法實際上是「模仿」日本、德國與法國等國的民族主義教育而來的；而他說這句話的同時似乎帶有一種「自我反射」的意味，因為他很顯然並沒有把美國列入這些只會一味地追求「民族主義教育」的國家之一。而事實上，美國教科書是大力提倡民族主義的。由此可見，或許我們可以說，Peake 的思考邏輯恰恰是筆者前面所提到的美國例外主義的一種表現吧。

Peake 的書寫到一半時，就將民族主義做了這樣的界定，即民族主義是在一種共同的認同下「激發出對國家政府完全效忠的一種愛國主義情懷」。Peake 表示，這樣的愛國主義在民國建立之時就出現了。他將這種絕對效忠的愛國主義思想與儒家有條件性的忠君思想做了比較後他認為：儒家並不是把忠君看作是所有一切的最高原則，反而是把效忠家族與宗族的事看得比較重要。無論如何，不管 Peake 的立場是一個美國民族主義者，或者一個世界主義者，他都譴責任何排他

主義思想的教育是一種「對國際合作的嚴重阻礙」。我們由此可以推斷，Peake 說得上是一位愛好「和平主義」者。美國早在第一次世界大戰以前，就已經有了愛好和平主義的傳統，而等到戰後，就變得更加盛行。

　　Peake 無論如何都認為，中國提倡民族主義教育的做法雖可理解，卻是不正確的。根底上，Peake 的書是一本研究中國官辦學校的學術性歷史著作。他除在前面開頭部分約略探討一下十九世紀末葉的教科書之後，就把重心全部都放在二十世紀的前幾十年間的教科書了。他在附錄裏總共耗費了 36 頁來為 48 種教科書（其中有不少是屬於多卷冊的）撰寫內容綱要，而其書目則涵蓋了平民教育、歷史、公民（包含三民主義）、國語讀本、地理等教科書類別。Peake 這本書寫得非常好，非常透徹地研讀了其所研究的教科書，也引用到很多舒新城所寫的《近代中國教育史料》一書與〈教育公報〉的資料。大家都對於此書所傳達的扎實立論十分熟悉，所以筆者就不再多做歸納了。然而在此，筆者不得不點出 Peake 在書中的一些個人偏見。雖說偏見，但筆者並沒有貶抑的意思，而是要表達任何一個學者都可以依照自己的視角，來對其所研究的東西作出判斷，所以筆者是在於強調 Peake 是從自己的視角去判斷當代的問題。就拿 Peake 對 1930 年代初的軍國主義問題的看法來說吧，很顯然地，Peake 就算不是一位和平主義者，他也絕對是反對軍國主義的。Peake 認為從清朝末年開始的「尚武」教育，到了民國之後，後果真是慘不忍睹，他這樣說：「光榮何價？當今所建立的為數介於一兩百萬之間的現代軍隊，對提升中國的國際地位一點幫助也沒有，但對中國境內的安定帶來了無法計算的傷害，使千千萬萬的中國人在饑荒盜亂當中受死受難」。Peake 的這段話等於是在說民國的尚武教育是一項敗筆。而 Peake 雖能理解為何中國在上者重視尚武精神，但由於他本身無法感同身受中國的處境，所以就無法理解中國人對帝國主義深惡痛絕的態度。他認為中國「反帝國主義」的態度是「人為造作」而成的，但實際上這樣的態度是「自然演變」的結果。不過，Peake 倒是很正確地掌握了他在 1928 年身處中國時的另一個現象：即為期十年以上的軍閥割據的亂象。

　　Peake 親眼目睹了國民政府的成立過程，所以他知道中國的民族主義剛剛大獲成功。他認為中國民族主義在幾年之內就可能變得沒有那麼仇外。然而，Peake 基本上認定民族主義教育違背了教育的真正目的。Peake 主張，不管是中國官方或教育界都將學校教育看作是國家所壟斷，並用以「灌輸」人民「國家是

最高社會群體的概念」的一種手段；而這樣的壟斷過程是由人為造作而成的，不是自然演變的結果。

Peake 認為中國在 1919 年到 1925 年之間，是政府地位最為不穩定的時候，這有利於中國教育的發展，因為此時的「教育專家」比較有自由發揮的空間去組織自己的學會和設立比較切合學生需求的學校，從而暗示這種依據學生所需而設立的學校「才足以使教育解決中國的真正問題」。而此處所指的解決中國問題的關鍵所在就是開辦地方教育。Peake 比較了地方教育與中央教育，力薦中國仿效美國的地方教育的做法，而非德國或日本的中央教育。然而，他認為到了 1925 年中國就已經決定要仿效德國與日本的中央教育。為什麼 Peake 特別要挑 1925 年作為一個「時間斷限」點呢？這是因為 Peake 知道中央政府從 1919 年到 1925 年都處於權力不張的狀態，以致於不能硬說中國教育制度一直越來越來受中央所壟斷，反是 1925 年這一年的政治氣象，甚至於整個文化氣象，都隨着五卅運動的爆發而改變了。他認為五卅運動對教育界帶來了直接的衝擊，導致教育界一改自由主義走向，轉向民族主義靠攏。

當然，我們也不禁要問何以 Peake 特別挑定 1919 年作為另一個時間斷限點呢？筆者猜測，這其中的因素應該跟約翰·杜威（John Dewey）訪問中國有關，此可能性大於與五四運動有關。杜威對中國教育的影響相當深遠是毋庸置疑的，但 Peake 書中卻沒有什麼明確的著墨。而筆者自己對於時間斷限的劃分上與 Peake 的看法稍有不同。筆者認為，從 1902 年到 1911 年的這十年間，是一個雜揉了儒家、帝王思想與民族主義的教育發展時期；而從 1912 年到 1922 年與 1923 年之間，雖然是一個摒棄傳統四書五經教育而強調共和思想的時期，但在其他方面卻仍嫌保守。1922 年到 1923 年的新式課程雖試圖加強個人主義與世界主義方面的教育，但仍不免保有很濃重的民族主義色彩。雖說 1920 年代正好是轉換白話文教育的開始，但也要等到 1928 年到 1929 年間的國民政府時期，教育方針才真正出現了轉變。筆者的時間斷限的劃分並不是唯一絕對的標準，而筆者方面主要是參照了官方制定的學校課程當中出現的變化情形來劃分各個不同的時間斷限，比較不去考量當時一般的政治氛圍或教育界本身的看法，亦即筆者的時間斷限劃分法是依照教科書的變化來做取決的，但是看在教科書的種類龐雜與 Peake 所看到的地方教育普及等情況下，Peake 的時間斷限劃分法也是說得通的（Peake 也有將國民黨政府的建立作為劃分的考量）。

Peake 的考證也有錯誤或自打嘴巴的情況出現，像是他提到民國初年的初等小學百分之九十五的學生並「不知道中國以外的世界」，但他自己提及小學四年級已經開始教導世界歷史和世界地理。不過，筆者倒認同 Peake 所說的一個論點，即「三民主義全文缺乏明確的公民概念，沒有向學生傳達其自身之於家庭、社區與國際社會之間有何關聯性」。三民主義教科書與 1920 年代的公民教科書的確是有很大的差異，而其差異之處就在「公民」概念的解讀上。筆者以為，Peake 雖沒有明講，但他所認定的「公民」並不是單指作為一個民族國家的一員而已，而是其在關係上對於家族鄰里、國家、甚至全世界都是負有完全責任的。反觀若從另一種角度去解讀三民主義時，三民主義就全都是在講述公民概念，只不過剛好它所講述的那種公民概念並沒有受到 Peake 和筆者所青睞。

總之，今時今日去看 Peake 的研究時，就知道，只要是人，都難免有偏見。我們大多都看不到自己的偏見。Peake 從民族主義的角度來觀察 1930 年代近代中國教育與教科書的問題，的確是一個好方法。而這樣的角度同樣也能夠用來觀察今日教育的重要面向。但是，除了民族主義的角度之外，我們或許也可以從其他角度去看到更多不同的面向。教科書反映着新的學科知識。從清末到民國的教科書，引進了歷史、地理、政治思想與想當然耳的「科學」等學科的基本概念。教科書反映着每個時代的不同論辯，像是民族主義是哪種民族主義？共和制度是要怎麼去施行？過去的歷史是怎麼造成的？民族是怎麼形成的？個人在歷史中又扮演何種角色？歷史與認同之間究竟有何關係？而也許最大的論辯就是公民資格是從何賦予而來的：透過入會方式、權利或義務的規定、還是國家與社會的認可？而 Peake 沒有論辯到的問題有：社會化過程與教育心理學。教科書反映出一種在「社會化精英」與「普及化教育」兩個目標之間的交戰過程。教育普及化的潮流雖緩慢，卻很穩定，而教育心理學這種研究兒童學習行為的新概念，就是在此一時期的潮流中發展出來的。

Peake 所提到的民族主義仇外情結問題，即使到了二十一世紀仍在歷史教科書當中陰魂不散。大多數的歷史學者，尤其是現代的歷史學者，不管研究的是什麼歷史（地方史或全球史），一概都以某一特定民族國家的研究為主。歷史專家既是這樣，教科書就更不在話下了。所有近代的民族國家都需要借助歷史教育來進行打造，進而明定歷史教育的目標之一就是培養愛國心，但是為了培養愛國心，卻有可能引發一連串的潛在矛盾，像是：

- 為培養愛國心而扭曲真理所引起的矛盾；

- 為培養愛國心而創造脫離史實的神話故事所引起的矛盾；

- 為培養愛國心而將複雜的現實「簡單敍述化」所引起的矛盾。

　　就以美國為例，其歷史教科書在整個二十世紀的時間當中大多撇開奴隸制度不談。要是有提到奴隸制度的地方，都一定將奴隸主人描述成好心的父輩人物。這種明顯刻意扭曲歷史真相的做法，其背後的原因很複雜，而這當中的原因就包含了種族歧視與白種南方領袖的政治權力干預。不過，另外還有一個原因就是，蓄養黑奴的事乃無法符合美國所謂的「追求自由而合眾為一」（e pluribus unum）的這種偉大歷史故事。而美國這種以「WASP」（盎格魯撒克遜白人新教徒）奮鬥史自居的歷史，遲至二十世紀的最初幾十年，才擴大範圍，涵蓋了一些新移民，但是印第安人與黑人仍然被排除在此一偉大歷史故事之外。[9] 實際上，就連亞洲人也都被排除在外。美國 1920 年代與 1930 年代的教科書，倒是有開始探討社會階級與階級衝突的議題，但這並沒有抵觸美國歷史的演進發展，因為美國的社會改革遲早會實現美國歷史的理想（雖說到了二十世紀的中間，社會階級與階級衝突議題又從教科書當中消失了）。

　　美國自 1960 年代開始出現種族涵蓋範圍更大的歷史教科書，但保守人士反對出版這種看起來像是批評美國的教科書，就是擔心學童會不會因為念了這樣的教科書之後，就鄙視自己的國家而不再愛國呢？而另外一個問題就是，一旦涵蓋更多種族之後，美國歷史的偉大故事會不會就此破滅了呢？美國歷史會不會喪失它的凝聚性呢？

　　就在 2013 年，英國的教育界因開始考慮改革學校課程而掀起了兩種歷史教科書的論戰，亦即「posh white blokes」（優越白種男子）的歷史，與「包含更多少數民族與工人農人」的歷史的論戰。然而，《經濟學人雜誌》則認為此一論戰是關乎歷史教育最基本的問題，即歷史應該怎麼教的問題：以「時代沿革」為基礎的「歷史敍述法」來教歷史呢？還是以「解讀歷史文件」為基礎的「歷史概念法」來教歷史呢？[10] 然而，「歷史要怎麼教」這個問題與「要教什麼歷史」的問

9　Joseph Moreau, *Schoolbook Nation: Conflicts over American History Textbooks from the Civil War to the Present* (Ann Arbor: University of Michigan Press, 2003), pp. 264–283; 305–330.

10　"1066 and All That", *The Economist*, 13–19 April 2013, pp. 57–58.

題是不可分割的。採用「歷史敘述法」的教法,是以民族國家為主軸,其課程的目標就是要灌輸公民概念或民族認同。而採用「歷史概念法」的教法,則意在向學生介紹一些像是美國資本主義、英國殖民主義或第二次世界大戰等特定主題的歷史概念,而不是歷史敘述。但是,歷史若不採用時代沿革為基礎的「歷史敘述法」的話,就會變得支離破碎,難怪兩派歷史教法的支持者各執一詞,吵得沒完沒了。

教科書議題不僅在各國國內有爭議,就連國際間也引發不少爭議,其中尤以日本教科書處理第二次世界大戰和侵華史實的做法最引人關注。日本在 1982 年首次篡改歷史教科書而引發國際撻伐以前,國內就有家永三郎自 1965 年以來控告日本政府與文部省強行修改教科書的訴訟。針對日本意圖淡化 1930 年代的殖民政策與軍事侵略行為而引發的各方爭議,的確使各國政府干涉歷史教育與民間戰爭記憶之做法成為重要的課題。[11] 但相對地這些爭議也促使各國在纂修「本國史」時會試着協調彼此不同立場以取得共識。

當今世界各國對於他國歷史教科書內容略有微詞或大表不滿的案例,非常的多,並不是只有日本與亞洲鄰國。國際事件的史實真相被扭曲的案例更是多到不勝枚舉;而立場相左的兩國之間大相徑庭的歷史敘述的案例也是數不盡。就以「1812 年戰爭」為例:對美國來說,1812 年戰爭大抵被看作是保家衛國對抗英國的一戰;而對英國來說,1812 年戰爭是關乎英國對抗拿破崙過程中的一個小戰役;又對加拿大來說,1812 年戰爭除被看作是成功擊退美國帝國主義的一個案例之外,也被看作是奠定加拿大民族主義基礎的一役;最後,同一個戰役,若是看在美洲印第安人眼裏,則就被當作是美國掠奪印第安人領地的行動之一。

這樣的國際爭議往往都是由各國「各自表述」各自的歷史所造成的。而往後為了超脫這種「國家本位主義」而編的教科書也應運而生了,其中之一就是

11 Laura Hein and Mark Selden eds., *Censoring History: Citizenship and Memory in Japan, Germany, and the United States* (New York: M.E. Sharpe, 2000); Yoshiko Nozaki, *War Memory, Nationalism and Education in Postwar Japan, 1945－2007* (New York: Routledge, 2008); Edward Vickers and Alisa Jones eds., *History Education and National Identity in East Asia* (New York: Routledge, 2005); Mustumi Hirano, *History Education and International Relations: A Case Study of Diplomatic Disputes over Japanese Textbooks* (Kent: Global Oriental, 2009).

2006 年德法兩國所合編的高中歷史教科書。[12] 這本德法合編的教科書並沒有刻意要將歷史説成是一種完全沒有衝突的過去,有些地方甚至還會提供兩種不同角度的歷史敍述。而參與編寫的歷史學者也着重對各自的母國提出自我評判的敍述,從而展現出一種批判民族主義的立場,卻也不脱其歐洲特有的風格,縱使書中大多德法章節都壁壘分明,但仍有些許篇章專論德法兩國的關係。然而,這本教科書卻忽略了歐洲其他國家的部分。因此,這本教科書不過是在德法兩國「本國史」之間跳來跳去而沒有真正超脱國家本位主義的立場。即使如此,它仍算是一項教育學上的成就,但是它究竟算不算是一種歷史學上的突破就很難説了。

　　東亞地區的日本與南韓早在 1960 年代就為了要在歷史認知上取得共識而開啟「對話」交流。然而,這樣的對話並沒有得到很大的進展,而是要等到 1980 年代末才有比較大的進展,接着到了 1990 年代則又多了中國加入這樣的對話交流。[13] 後來台灣也加入交流,可惜只有學者教授參與,不見台灣教育部官員的身影。在二十一世紀最初的十年當中,探討有關這些東亞國家之間的歷史敍述爭議的出版物陸續湧現。截至目前為止,學者大多只顧着找出各國「本國史」教科書當中的歷史敍述的差異之處,卻未見有人想辦法找出一種可以讓所有國家都認同的新歷史敍述,以整合各國不同的歷史觀點。[14] 但是並非每個國家的本國史教科書都是用來美化自己國家的形象;事實上,有許多本國史教科書都會有「自我批判」的部分。有時歷史敍述還是可以兼顧兩方不同的歷史觀點,像是許多日韓兩國合編的歷史教科書便是例證。另一個例證就是由中國、日本和韓國的歷史學者、教師與市民通力合作出版的《東亞三國的近現代史》一書。[15] 此書於 2005 年以中、日和韓三國語言出版,説不上是學校專用的教科書,也非官方的出版物,

12 Seungryeol Kim, "International History Textbook Work from a Global Perspective: The Joint Franco - German History Textbook and Its Implications for Northeast Asia," *Journal of Northeast Asian History* vol. 6, no. 2 (Dec 2009), pp. 75 - 101. 此一教科書除了要超脱不同國家本位主義的窠臼,也必須調和不同國家的教學法 —— 法國歷史課相對比較注重歷史敍述的教學,而德國歷史課則是側重於主題探討和文件解讀的教學。

13 有些屬於國與國之間的對話是在 UNESCO 的牽線下完成的。參見網址:http://www.gei.de/en/the-institute/history/former-projects/topic-orientated-and-multilateral-projects/reconstruction-of-identities-and-revision-of-history-in-east-asia.html。瀏覽日期:2013 年 4 月 18 日,資料稍有更改。

14 Gotelind Müller ed., *Designing History in East Asian Textbooks: Identity Politics and Transnational Aspirations* (New York: Routledge, 2011); Gi-Wook Shin and Daniel C. Sneider eds., *History Textbooks and the War in Asia: Divided Memories* (New York: Routledge, 2011).

15 共同編寫委員會編:《東亞三國的近現代史》(北京:社會科學文獻出版社,2005)。

書中的焦點是放在日本在 1930 年代走向軍國主義與亞洲戰場的經歷，可想而知參與此書的日本代表是日本的自由主義派或左派的歷史學者，而不是保守的右派。

此一教科書的中國版本共有四個序言，即「共同編輯委員會」的總序言，外加中、日、韓三國各自的編者序。總序言旨在告誡人民不可抹滅過去的記憶，要記住過去的錯誤，才能避免重蹈覆轍。總序言中就寫道：「我們學習歷史，就是要記住過去的經驗與教訓，開闢未來」，而這句話推翻了法國學者勒南所謂「抹滅歷史記憶是建立國家的基本手段」此說法，或許就是為了要突破本國史「國家本位主義」的窠臼。此一教科書的編委們在不點名誰該為戰爭負責的情況下，將東亞地區遭受軍事侵略與戰爭蹂躪的創痛與人權的壓迫，都一一做了陳述，並向東亞三國喊話，要中日韓三國莫忘過去「悠久的友好交流的傳統」。這些編委承認在編寫過程當中碰到許多意見分歧的地方，但藉由「對話與討論」之後，就逐漸在歷史的認知上取得共識，而有了這樣的共識之後，才能夠出版一本讓東亞三國之間對彼此歷史有一個「正確的了解」的書。他們的這種為求公平真相的實證主義信念，或許是編寫超脫本國史國家本位主義之歷史教科書的一個必要條件。

雖說無法確知中日韓的編委們在歷史認知的差異性上所能接受的程度究竟有多大，但三國的編者序各有各的立場，卻是不容分說的事實。中國的編者序提到，東亞三國戰後才出生的青少年，各有各的教育環境，以致對於同一個戰爭存在認知上的差異，從而表示「我們要求戰爭加害國的人民應當有反省戰爭責任的覺悟，而對於我們中國人來說，也需要建立胸懷寬闊的國民意識」。這說明了對中國的編委來說，戰爭中雖然一定有一個國家是加害國，但是尋求歷史認知之共識的目的，並不是要揪出戰爭的罪魁禍首才罷休，而是要從中學習到可以讓我們避免重蹈覆轍的教訓。中國的編委就點名提到日本的保守右派勢力，乃是東亞三國取得此一歷史認知共識的共同敵人。

韓國的編者序一開始就重申中韓兩國過去長久以來一向保持密切的友好關係，雖然感歎二次大戰後中韓關係降至冰點，但很高興情況自 1990 年代開始有了轉變，尤其是中韓青少年之間的交流增多了。接着又重申中韓兩國在近代史上的處境相同，都同遭帝國主義侵略而喪失領土或淪為殖民地。「日本引起的戰爭使韓中兩國蒙受了巨大痛苦」，導致現在三國之間因戰爭所引起的矛盾和對立，仍然沒有完全消除。

　　日本的編者序拿 1998 年中日兩國簽訂〈中日共同宣言〉建立友好關係一事做開場，並引用宣言內容表示對侵略中國造成中國人民的巨大災難和損害負有責任。[16] 日本編委再次重申他們本着〈中日共同宣言〉的負責精神來講述這段侵華史實，除了要讓日本學生能夠正視日本侵略中國對中國人民所帶來的災難與傷害的事實，就是為了要讓日本學生能夠理解中國學生對近代史的看法，「因為近代中國的歷史是遭受外國的侵略而被半殖民地化的屈辱與黑暗的歷史」。接着，日本編委則反過來希望中國青少年能了解的一點是：日本侵略中國，日本人民到頭來也在戰爭中嚐到了苦果。

　　由此可見，此一教科書的編委們的目的，大可說就是為了「調解」。他們都曉得，調解是一種為了建立和平、寬恕、共識，以達成睦誼邦交而不斷努力的過程，所以對過去歷史有一種比較好的、正確的、真實的認知，才比較能夠有助於調解過程的進行。[17] 像這樣的調解案例有很多，例如南非的黑人與白人、北愛爾蘭的天主教徒與新教徒、德國與波蘭、德國與以色列等等。調解的方法不外就是：悔過與懺悔、道歉與補償、以及原諒與赦免。從很多調解案例可以看出，承認對受害者所造成的傷害是調解過程中重要的一環，但各國光靠「合編歷史」很難做到調解，但是合編歷史可以有助於調解過程的進行，相對也有助於「加害者」從合編歷史的過程中漸漸地去學習面對自己，雖說這很不容易。今日的日本人已經不是 80 年前侵略中國的日本人了。就以個人來說，一般人都願意去共同分擔和繼承前人的責任，但是沒有人願意去共同分擔或繼承前人的罪惡感；就以國家的政府來說，新政府往往必須承認舊政府過去的迫害行為並劃清界線之後，才有辦法取得受害者的原諒。更激進的觀點甚至認為，合編歷史可以「將你從過去的歷史解放出來」。因此，合編《東亞三國的近現代史》的目標正是為了調解。

　　此一教科書並不是一本由國家贊助的出版物，而是由中日韓三國民間自發推動的，參與人士大多是三國的教育專業人士，而他們合編歷史的立場，就像筆者剛說的要從過去找出歷史真相來解放自己，而只有像這本書這樣的「好的歷史」

16　節錄自日本外務省中譯文草稿：「日方表示，遵守 1972 年的中日聯合聲明和 1995 年 8 月 15 日內閣總理大臣的談話，痛感由於過去對中國的侵略給中國人民帶來巨大災難和損害的責任，對此表示深刻反省」。網址連結：http://www.mofa.go.jp/region/asia-paci/china/visit98/joint.html；http://www.mofa.go.jp/region/asia-paci/china/visit98/joint_c4.html, accessed 23 April 2013.

17　Elizabeth A. Cole, *Teaching the Violent Past: History Education and Reconciliation* (Lanham, MD: Roman & Littlefield, 2007).

才能讓我們從「不好的歷史」當中解放出來，進而邁向一個和平與合作的未來。要達成這樣的未來，就「必須理清過去不恰當的關係，為了未來重新確立更為合理的關係，其中最為重要的就是應該對殖民主義和侵略戰爭進行反省，對受害者要求賠償和補償的問題做一了結」。[18] 主要的受害者群包含了原子彈爆炸受害者與慰安婦等等。書中亦說到，三國若要徹底調解，就必須先「清算」這些受害者賠償與補償的問題。

　　這即是說，想要調解過去，不能光靠合編歷史這種抽象理論或文字敘述，而是必須要有具體的作為。賠償與道歉都是需要政府與人民一起動員起來。至於如何動員起來，這本教科書並沒有說到。想當然耳，第一步就是要做到這本教科書所提出的：找出歷史真相來解放自己；然而，說時遲，那時快，意圖合理化過去的殖民地統治與侵略戰爭的舉動，也在此一教科書出現的同時漸漸浮上了檯面，例如日本政要不斷參拜靖國神社的活動與篡改歷史教科書歪曲史實等等。《東亞三國的近現代史》的編委們相信，想要調解過去，就必須在正確的歷史認知上取得共識，否則就會衝突不斷，而東亞地區反覆不斷的矛盾衝突，就是因為沒有對過去的殖民主義與侵略戰爭的歷史進行反省，所以正當全世界的冷戰都已經結束了，東亞地區的糾紛卻未曾止歇。[19]

　　這本教科書讓我們不禁會想，東亞三國是否真能夠在一種共同歷史認知下整合起來呢？不難想像，這本書分別是以三個國家的政府作為故事主軸，自然就分別寫出三個國家的歷史，而非一個大東亞地區史。不過，這本教科書也是有其前瞻性，就在：它開始想望未來出現一種融合東亞各國而成的區域同盟。我們可以這樣猜想，是否這本教科書也有受到二十世紀之初所出現的亞洲主義思想的啟發呢？

　　近代中國歷史教科書比《東亞三國的近現代史》早了一百年出現，而各國的本國史教科書的起源，也都跟中國一樣是在二十世紀之初萌發的，但當時全世界沒有任何一個國家把「調解與他國過去的恩怨」列為教育宗旨之一；帝國主義國家反而是用民族主義教育來合理化和擴張他們的殖民地版圖，而被殖民統治的國家則又反過來用民族主義教育來對抗帝國主義的壓迫。中國清末的教育家在思考如何在新式學堂設定歷史教育時，必須考量到的問題是：歷史教育可否客觀呈現

18 共同編寫委員會編：《東亞三國的近現代史》，頁 207。

19 同上註，頁 224。

過去的史實？或者歷史教育可否當作修身教育的項目之一？清末的教育家當然說「兩者皆可」。清末官員比較重視的或許是歷史教育的修身目的，而維新派人士則將歷史教育看作是建立民族認同的重要依據之一。依照清末 1904 年的〈奏定初等小學堂章程〉，歷史教育的要義，就是要傳授「古來聖主賢君重大美善之事」，這樣學生就可以學到「中國文化的由來」與清朝「列聖」的「德政」，從而培養「國民忠愛」之心。[20] 當清朝的學部還在煩惱要怎麼解決「忠君」與「愛國」之間所可能存在的衝突時，此〈奏定初等小學堂章程〉當中出現的「國民」一詞就已經打破過去帝制的「臣民」觀念了。學生一旦了解自己的根源，「具有愛同類之知識，將來成人後，即為愛國家之根基」，所以此章程就特別規定頭兩年學生必須學習「鄉土歷史」，尤其了解地方上的古代鄉賢、名宦、流寓等名人的事跡。[21] 到了第三與第四學年，才會念到「歷朝年代」、「國號」及「聖主賢君」的大事。最後的第五學年，學生才會念到清朝的開國大略與列聖仁政。那麼這樣說來，修身教育與培養國族認同是焦孟不離的事。[22]

　　高等小學堂歷史課程之要義，乃在於陳述中國自黃帝堯舜以來，歷代治亂興衰之大略，這大體說明了中國歷史所具有的一種連續性。[23] 而中學堂的歷史課程則是先教中國史，接着教亞洲各國史，最後才教歐美史；中國史的部分，先講「中國歷代帝王之大事」、陳述清朝「列聖之善政德澤」與「中國百年以內之大事」；次講「古今忠良賢哲之事蹟」、「學術技藝之隆替」、「武備之弛張」、「政治之沿革」、「農工商之進境」、「風俗之變遷」等等。基本上，中學堂歷史的宗旨，就是要讓學生能夠了解歷史實事之關聯性與各個文化的由來，這樣學生才能夠領悟到國家盛衰興亡的緣由，進而「振發國民之志氣」。[24]

　　值得一提的是，從中學堂的經學課程所用的《春秋》、《左傳》與《周禮》等經書來看，中學堂的經學教育似乎是比較看重歷史要義的闡明，而非修身教育，因為這幾本經書都被認為是用以闡發古代先王制度其「養民教民」諸政之可供今

20 璩鑫圭、唐良炎：《中國近代教育史資料匯編：學制演變》（上海：上海教育出版社，1991），冊 1，頁 295；課程教材研究所編：《20 世紀中國中小學課程標準》（北京：人民教育出版社，2001），冊 12，頁 5。

21 璩鑫圭、唐良炎：《中國近代教育史資料匯編：學制演變》，冊 1，頁 294。

22 同上註，冊 1，頁 294 - 295。

23 商務印書館編：《大清新法令》（北京：商務印書館，1909），冊 1，頁 73。

24 同上註，頁 74。

日效法之經世致用之學的代表作，而這幾本經書之所以深受十九世紀中國知識份子的注意，就是因為它們似乎提供今日中國所面臨困境的解決之道，因此不難想像為何清末教育界也同樣選用了這幾本經書。[25]

　　儘管說中國本身有悠遠的修史傳統，清末教科書受到日本巨大影響的地方，卻恰恰也是歷史的這一區塊。日本本國史對中國修史傳統的影響有兩方面：第一、中國二十四史有不同體例作區隔，像是編年體、紀傳體以及「會要」等等，而日本明治時代的史家，則大抵是按照時間順序敘述主要事件的方式來撰寫日本本國史，這種體裁被中國史界稱為「章節體」；第二、明治時期的史家沿用了十九世紀歐洲史專家的做法來撰寫日本本國史。日本史對中國的歷史教科書影響雖大，但都屬於基本面的東西，而我們可以從教科書當中看出，在日本的影響下，中國為了拼湊本國史所作出的努力。當然，日本人沒辦法替中國人決定本國史的內容。中國人雖說需要建立自己的一個新的本國史，對於寫史所需的史料則是不虞匱乏。

　　舉例來說，文明書局的創辦人之一丁寶書就不諱言，中國歷史教科書很多地方都是挪用日本教科書的編法，所以他在《蒙學中國歷史教科書》一書的編者序中就感歎地說道：該是中國人發展自己的「歷史之觀點」的時候了，這樣才不會忘記自己「祖國」的由來。[26] 丁寶書從而認為，中國歷史若是由中國人來編寫，就像「子孫記述祖先的德行」一樣，可以讓人民感念祖上基業締造之不易，而想要共同克盡保存中國歷史的義務。所以丁寶書的這種為了保存祖國記憶而寫的歷史教科書，乃反映出兩種時間性質的歷史敘述法；第一個就是朝代史：丁寶書強調近代中國所面臨的西力入侵之威脅，正好反映了中國自古以來朝代更迭當中的一種循環；第二個就是進化史：丁寶書認為歷史不僅是敘述過去進化的現象，也是在引導未來的進化，從而能夠達到「提升文化、改良社會」的宗旨。

　　值得一提的尚有丁寶書對帝國主義的態度。這是清末維新人士所常見的態度，且持續左右着民國初年的政治論述。總不能因為中國需要抵抗帝國主義，就說帝國主義本身是敗德的東西，事實上帝國主義不過是反映現實，與道德無關，反是中國人必須學習適應社會達爾文主義的現實。如此，丁寶書才會說，中國在東西洋帝國主義的強勢壓境下，不能鎖國，而是要大開海禁，吸收東西洋文明，

25 同上註，頁 72-73。

26 丁寶書：《蒙學中國歷史教科書》（上海：文明書局，缺出版年份），頁 1。

才能取得更大的進步以對抗帝國主義的侵略，所以一定要讓中國兒童從歷史當中學習到「與各國互相交流學習」的重要性，還有學習「實業教育」以求富強的重要性。[27]

對丁寶書與其他清末的維新人士來說，年輕一代了解他們的過去，是履行公民的基本義務。清末的教科書作者意在藉由建構歷史來建構中國，民國時期更不在話下。[28] 不管清末或民國，歷史教育都只顧着替歷代重要皇帝、宰相、將軍以及孔子以來的一些思想家等人物，在歷史上做定位，卻沒有從整個中華民族的角度來為中國做定位，也沒有界定什麼是中國人或國民。「國民」一詞往往只是用來形容一般老百姓，是歷史的被動角色，不具歷史主導地位。「編輯歷史教科書的宗旨，原是要藉由朝代興衰史來說明中國文明的進化」，但我們卻看不出中國歷史課本哪裏有講述到文明進化的地方。朝代興衰史的敍述架構沒有遺留什麼多餘的空間來講述國家民族的進化發展。

依照民國政府 1912 年 11 月制定的小學課程標準來看，本國歷史內容除了從清朝變成民國之外，似乎所差無幾。教育部明定小學本國歷史課程的要旨，就是要讓學生能夠了解「國體之大要」和「養成國民之志操」，學習內容涵蓋皇帝開國之功績、歷代偉人之言行、東亞文化之淵源、民國之建立與近百年來中外之關係等等。[29] 而中學歷史課程的要旨，則反映出一種新面向，就是中學生在本國歷史方面，除了要了解「民族之進化、社會之變遷、邦國之盛衰」之外，尤其更要了解「政體之沿革」與民國建立之本，但中學生還必須加念外國歷史。[30]

民國建立以後，歷史教科書不斷地增加中國歷史的故事內容，增加了辛亥革命、袁世凱的崛起、中國加入第一次世界大戰、日本帝國主義興起與復辟運動等章節。歷史的敍述基本上並未隨着辛亥革命成功而改變，反映出極高程度的連續性，因為不管是在辛亥革命之前或之後，歷史教科書對於處理中國近代問題的說法都是：中國人可以從過去五千年的歷史當中汲取解決問題的辦法。

清末民初時期便成了歷史教育的一個過渡時期。明清學制着重於以科舉取

---

27 同上註，頁 2。

28 田中比呂志：〈創るられる伝統：清末民初の国民形成と歴史教科書〉，《歴史評論》第 659 期（2005 年 3 月），頁 42 – 56。

29 課程教材研究所編：《20 世紀中國中小學課程標準》，冊 1，頁 64；冊 12，頁 10 - 11。

30 同上註，冊 12，頁 11；冊 1，頁 69。

士，但從清末開始，學制則是要塑造能夠在政治、文化與種族當中取得共同認同的國民。當然，傳統的史書與現代歷史教科書兩者在歷史敘述的編寫上的區隔，並不是那麼大。從現代歷史教科書可以看出，作者既想要利用歷史來塑造國家認同與培養「公民素養」，也想要闡述進化史觀，以致於想辦法在這三個棘手目標之間取得平衡。然而，歷史教科書的內容與市場背景，在 1900 年與 1920 年之間變化很大，譬如 1923 年所訂定的〈初級中學歷史課程綱要〉，為了打破朝代國界的狹隘觀念，於是採行所謂的混合主義來將本國史與世界史整併成一部歷史，而依照時間順序將所有主要文明穿插在一起，其目的就是為了要讓學生能夠「研究人類生活狀況之變遷，以培養學生適應環境，制御天然的能力」，啓發學生對人類的同情心，以培養學生博愛互助的精神。[31] 開明的教育家固然不鼓勵只念本國史，而一旦實行這種混合主義的歷史課綱，就等於實現了蔡元培的世界觀教育的願望了，可以讓學生比較能夠了解中國本國史之於世界史當中的定位如何，也了解到世界人類生活共同演進的狀況，甚至於了解各文明的時代背景與文化背景。

　　然而，不清楚到底有多少歷史教科書，真的按照這種混合主義式的歷史課綱來編寫。[32] 但是，與其混合起來，倒不如將中國史、世界史（像是歐美史）或東亞史各分別開來教，這樣容易得多了。所以，到了 1929 年，國民黨政府訂定的〈初級中學歷史暫行課程標準〉又將中國史與外國史再次分開來教授，但也不忘說明「中外史」之間的相互關係與綜合大勢。[33] 而此一初級中學歷史課程的首要目標，就是要讓學生了解「中國政治經濟變遷的概況」以及近代「中國民族受到列強侵略」的經過，以激發學生的「民族精神」，並「喚醒」學生對「中國民族運動」所負有之責任上的自覺。對國民政府來說，歷史不在於緬懷過去的輝煌，而比較在於理解當下所面臨的困境。讀外國史雖有助於增進學生的「國際的常識」和培養「適當的國際同情心」，但讀外國史的重點還是在於了解造成中國此一困境的歷史背景，以提醒學生振作保衛「中國民族」的急迫性。

　　〈高級中學本國史暫行課程標準〉同樣也要求學生要了解「中國民族受到列

---

31 同上註，冊 12，頁 14 - 20。

32 Robert Culp, "'China—The Land and its People': Fashioning Identity in Secondary School History Textbooks, 1911 - 37", *Twentieth-Century China*, vol. 26, no. 2 (April 2001), pp. 20 - 21.

33 課程教材研究所編：《20 世紀中國中小學課程標準》，冊 12，頁 21 - 42。

強侵略」的經過，以喚醒「學生奮發精進的精神」。高級中學歷史課程的目標，就是要讓學生了解「中國民族」形成的由來、三民主義的歷史根源，以及歷史事實與現代問題之間的關聯性等等。比起初級中學，高級中學的歷史課綱又分出了更多的細目。1929 年制定的〈中學歷史課程標準〉更創立了「上古史、中古史、近世史、現代史」四個歷史時代劃分法，奠定了往後所有歷史課程時代劃分的標準。不過，歷史時代劃分的分段點，會受到政治動機的牽引而變動，像是國民政府在 1932 年的〈中學歷史課程標準〉裏，就把現代史的分段起點放在「辛亥革命與 1928 年國民政府成立」之時。

　　1929 年的歷史課程標準也提到：「近世資本帝國主義的發展，造成弱小民族與勞動者被壓迫的局面」，以致於在第一次世界大戰之後，引發反帝國主義運動。學生有必要了解中國在反帝國主義運動當中所扮演的角色，並注意最近的民族國家運動的趨勢，以激發學生反帝國主義的勇氣與努力。由此可見，中國的教育界並不要中國變成一個新的帝國主義國家，所以學生不該只為了盲目地跟上世界主義的潮流而忘了如何在國際競爭形勢當中為中國找尋一個自保之道。

　　1936 年的〈初級中學歷史課程標準〉的目標，就是要重現中國過去的光榮歷史，以凸顯近代受到列強侵略的這段歷史，來「激發學生民族復興之思想」和「養成其高尚之志趣，與自強不息之精神」；此外，學生也必須了解中國對於世界文化的貢獻，並掌控中國於國際現勢當中所處的地位，以喚醒學生對中國民族運動所負有之責任上的自覺。[34] 同年的〈高級中學歷史課程標準〉的目標大致一樣，只不過特別要求學生一定要去了解近代帝國主義之發展、各國反帝國主義之民族運動的大勢、以及三民主義的歷史根據，以增加學生將來在文化上的競爭力，並促進國際間的自由平等；儘管此一課程標準的目標，側重說明近代局勢的問題，但課程內容還是一樣先從上古史與中古史的老調兒講起。

　　總之，整個民國時期的教育界人士都在問：歷史教育的目標是什麼？他們不見得認為官方制定的歷史課程標準能解答此問題。要找出歷史教育的目標，就會問一個問題，那就是「什麼是歷史？」許多教育界人士並不想讓歷史教育變成教條式地背誦一些像是政治領袖的名字與時代沿革等等的名詞而已。在 1920 年代，清末出現的新史學與新社會史，便結合成一個新的歷史哲學。由是，教育界人士認為，歷史教育的目標，就是要使學生了解「生活演進」與「世界趨勢」，

---

34 同上註，頁 43、50。

從而使學生能夠學習到正確的「人生觀念」。[35] 而歷史教科書是否是達到這些歷史教育目標的最好辦法，仍然是一個疑問。像在 1925 年，何炳松就曾砲轟說，歷史教育已經被歷史教科書給壟斷了。[36] 何炳松透露，歷史教育要是太過仰賴書本，那麼就會變得跟過去的科舉制度一樣，只是照本宣科地念而已。他再三地強調，教授歷史應該使用模型、圖畫、地圖與圖表等設備來「活現」歷史，但設備要是沒有應用得當，像是模型弄得太小或者圖畫與課本中的內容不相配的話，就沒什麼用處了，而就算學校有這些設備，終究還是需要有老師在旁「口頭指導」說明，才能夠讓這些設備發揮效果。此外，他也認為教授歷史最好先從「鄉土歷史」開始，利用各地方的歷史遺跡、風土誌與碑文等等，讓學生了解各地方的歷史，如果可以的話，甚至帶學生去參觀博物館和遊覽歷史名勝更好。

　　顯然，何炳松的〈歷史教授法〉就是要盡量讓學生對歷史有一種「身歷其境」的感受。但他也沒有完全否認教科書的用處，教科書還是教授學生歷史的方法之一，只要不要死背就可以了。教科書說穿了，不過是教授歷史的輔助工具之一罷了。至於要用什麼樣的教科書來教，就得看學校有什麼「補充教材」可以配合，以及按學生的程度而定 —— 並由老師依據不同年級的課，選擇最適宜的教科書使用。學校的圖書館若是完備，那麼「大綱式」的教科書，就足以應付，然後老師可以指定學生閱讀其他的參考書作為輔助。如果學校圖書館不完備或老師不擅長講解，就該選擇使用比較詳盡的教科書。不管是用哪種教科書，只要老師確定學生能夠明白所學知識才是最重要的。

　　在將近一百年之後的今天，再去回顧何炳松的〈歷史教授法〉時，我們可以發現何炳松的批判也是有它的合理之處。民國時期太過著重填鴨式的教育，教科書成了填鴨式教育的幫兇。話雖如此，歷史教科書畢竟是由熟悉新歷史概念的學者、老師與出版商所合作出版的。[37] 教科書會隨時反映出當代學術研究的變遷，例如教科書所提到的古代聖王，起先都是被當作真實存在過的人來談，然後才轉變成為中國文明的象徵與傳說人物。清末教科書就曾出現中華民族起源的「西

35 王芝九：〈小學歷史商榷〉，《教育雜誌》，冊 16，1924 年第 2 號，頁 2。

36 何炳松：〈歷史教授法（上）〉及〈歷史教授法（下）〉，《教育雜誌》，冊 17，1925 年第 2 號及第 3 號。

37 這點與配合國家教育機關所要求之標準的出版社不同，此類出版社編輯所編定的教科書為了逢迎各界與國家教育標準，只具漂亮圖案，卻沒什麼分析內涵，內容可謂平平無奇。其學術界與教科書出版界之間幾乎不做任何對話交流，以致無法隨時反映出當代學術研究的變遷。

來說」，等到說法被拆穿之後，到 1920 年代就幾乎銷聲匿跡了。大抵上，教科書起先的趨勢是從社會達爾文主義進化原理來將歷史看成是直線進化的過程；到了 1920 年代，教科書則反映出新的研究社會史的趨勢；而等到了 1930 年代，教科書則又反映出新的研究中國在資本帝國主義世界體系當中之地位的趨勢。所有這些趨勢所帶動的歷史敘述架構，往後都做了修正，甚至被推翻，但其重點是，不管中國歷史教科書有何缺點，仍然是學生理解世界的管道。

近年來內地高校中國史教科書簡評

李 帆

北京師範大學歷史學院

引言

進入 21 世紀後，內地高校對於歷史教學普遍做了些調整，在課程設置、課程結構、必修課與選修課的關係上都有改革舉措，相應地，歷史教科書的編撰也做了些更新，以適應歷史教學和課程改革的新局面。新編教科書特別是中國史教科書，以促進教學品質的提高和實現新的人才培養目標為導向，結合學術發展與教學改革的需求，吸納一些新的學術成果與教學理念，順應了當今高等教育和歷史學科教育教學的發展趨勢。但同時也存在若干紕漏，有待改良和完善之處頗多。本文擬結合當今歷史教學和學術研究的總體趨勢，分析這些教科書的編撰理念、內容與形式，總結其利弊得失，以期對高校歷史教科書之革新有所裨益。

一

1949 年以後，內地高校歷史學專業的課程設置有一基本規制，即分為基礎課和專業選修課兩類課程，基礎課主要是「兩大通史」（中國通史、世界通史）以及相關課程，專業選修課由斷代史、國別史、專題史等構成。基礎課所佔比重非常大，「兩大通史」大致要學習三至四年時間，相應地，選修課時數較少。這種情況延續了 30 餘年。到改革開放起步的 20 世紀 80 年代初，在白壽彝教授主持下，北京師範大學歷史學系在全國高校率先進行課程改革，將「兩大通史」必修課的授課時間壓縮至兩年，同時大力擴充專業選修課。這一改革在全國起到示範作用，很多高校特別是師範院校紛紛效仿，並大體延續至今。另外，20 世紀 80 年代初至今的 30 餘年，也是學術研究突飛猛進的時期，史學研究的廣度和深度都超過以往，這對歷史學專業的課程建設和教學改革起到較大的推動作用。可以說，新的課程設置、新的教學理念的出現、新的教學方法的運用，都與學術的

進步密不可分。

　　教科書是教師教學和學生學習的基本依據之一，必須隨着課程設置、教學理念、學術內容的變動而更新，歷史教科書也不例外。不同於中學歷史教科書有國家課程標準的制約，並在編撰、審查、出版各個環節有一定之規範，高校歷史教科書一般是依據高校課程設置和學術研究的實際情況，各自分別編撰，不受太多制約。當然，不同時期所編撰的教科書，也有不同特點，不可一概而論。大致說來，從 20 世紀 50 年代到 70 年代末的高校歷史教科書基本由教育主管部門或大學組織編撰，更多地代表集體意志，學術觀點統一，而且以通史教科書為主，斷代史、國別史、專題史教科書非常少，這當然與那時基礎課（「兩大通史」）學習三至四年時間，而專業選修課頗為稀少的課程結構相適應。這一時期最有代表性的教科書是《中國史綱要》（翦伯贊主編）以及相配套的《中國通史參考資料》和《世界通史》（周一良、吳於廑主編）、《世界通史參考資料》。

　　從 80 年代開始，高校歷史教科書的編撰漸趨多元化。就編寫主體考察，由教育主管部門組編的教科書趨於減少，而由學者自主編撰的教科書越來越多，學者群體或個人漸成主導力量；就類別而言，「通史」為題或由斷代史集合而成的通史教科書雖仍佔主導地位，但國別史、專題史教科書急劇增長，這顯然與「兩大通史」的授課時間被壓縮，而專業選修課獲大力擴充的課程改革趨勢緊密相連；就理念和內容而言，「大一統」的編撰思想漸被打破，新的學術觀點與主張得以編入，從而使內容得到更新，特別是在專題史教科書中。進入 21 世紀後，又出現一系列適應新世紀需求的歷史教科書，一些發行多年的教科書也在不斷修訂，教科書的編撰方式、內容觀點等亦在進一步更新中。

二

　　近年來，高校歷史教科書特別是中國史教科書，繼承了以往教科書編撰的傳統，在質和量兩方面都有所進步，對中國史的教學與研究都發揮了一定推進作用。當然，由於內地高校數量眾多，層次不同，教學與研究水準也有較大差異，致使所編教科書的品質和水準亦不可一概而論。

　　整體而言，「通史」為題或由斷代史集合而成的中國通史教科書仍最受重視，佔據教科書市場的主導地位，《中國歷史》、《中國古代史》、《中國近代史》、《中

國現代史》之類的教科書不下幾十個版本，且以主編制的集體著作為主；斷代史、國別史、專題史性質的教科書仍相對少些，且以個人撰著為主，作者主要集中於層次相對較高的院校中。學術水準方面，主編和編者的學術造詣、教學經驗當然起着關鍵作用，一些外在因素也起着客觀評價作用，如教育主管部門不斷評選國家級、省部級精品教材或五年規劃教材（十一五、十二五國家教材規劃等），在學術品質上有所把關和選擇，所以通過這樣的遴選而入圍的教科書相對水準高些。另外，在教科書市場上，一些出版社也起着主導作用，如高等教育出版社、中華書局、北京師範大學出版社、北京大學出版社等大出版社所出版的中國史教科書，往往有着相對較高的聲譽，不僅發行量大，有的累計發行數十萬冊，而且重印、再版次數多。

檢視近年來出版的中國史教科書，有一些特點值得注意，例舉如下：

第一，結合培養目標，形成編撰理念。高校歷史學專業培養本科生，往往依循培養目標設計課程和教學環節。進入 21 世紀後，各高校歷史學專業大多注重學生綜合素質的培養，強調在讓學生掌握基本歷史知識的同時，盡力擴展知識視野，提升人文素養，並更多強調各方面能力的培養，使學生能適應當今時代對一專多能人才的需求。這樣的培養目標，當然要有相應的課程設計和教學環節來確保它的實現，教科書的編撰也要與之相適應。如北京師範大學所編撰的《中國近代史》，就主張站在世界歷史發展的高度，在世界歷史整體格局中關注中國近現代社會發展；同時立足總體史，將各社會集團、各階級階層人們的政治、經濟、社會、文化活動視為一個整體，注重它們之間的內在聯繫，進行有系統的綜合考察，以求反映中國近現代社會發展變化的全貌。如此的編撰理念，自然是與歷史學人才培養目標相一致的。當然，歷史學專業的學生到底應該掌握多大的歷史知識量，應該有何種程度的認識歷史、發揮史學功能的能力，此類問題並無統一標準。可以說，在教科書中給學生適當分量的知識，其數量和程度還比較容易確定，但要通過教科書使學生提高歷史認識能力、發展歷史思維，則是相對艱難的。

第二，內容上吸納一些新的學術成果，盡量向學術前沿靠近。近年來，教科書的編撰者皆有一種學術自覺意識，即力求使教科書在內容上不斷更新，與學術發展相適應，中國史教科書也不例外。在北師大版的《中國古代史·前言》中，編者說：「在本書的撰著過程中，我們注意到了這樣幾個方面的問題。首先是要

吸取學術界關於中國古代史研究的新成果，各章節撰寫者自己的研究成果也酌情在教材裏有所反映。其次是利用新的考古資料進行闡述，關於中國古代各個歷史時期的重要的考古發現及考古學界的研究成果，要盡量吸收。」[1] 全書貫徹這樣的宗旨，每章都有新的學術成果的呈現。在中國近現代史領域，以往教科書的編撰是以政治史、革命史作為主導，相對輕視社會史、文化史、日常生活史方面的內容。近年來，則將社會史、文化史研究成果大量引入，同時在「眼光向下的革命」思潮影響下，對普通人的生活開始關注，日常生活史的內容被充實進來。另外，隨着新史料的發現和思想觀念的更新，近現代史領域的一些既成觀點在教科書中受到重新評估，一些內容得以充實，如對中國託派的看法、對國民政府抗戰時期一些舉措的正面評價等。[2] 當然，有些新的學術成果，學者們也不一定全然認同，所以在教科書中採納得比較慎重，如「夏商周斷代工程」所認可的歷史紀年，已為新編中學歷史教科書所採納，但在一些高校中國史教科書中仍未被採用。這恰好說明高校歷史教科書不同於中學歷史教科書，學者自主決定的空間很大。

第三，突破思維禁錮，強調個性，以新的理念理解和編撰教科書。對於既有的教科書及其編撰理念，近年來有學者提出質疑，並以新的編撰實踐來落實自身主張。這方面可以葛兆光教授為例。2005 年，清華大學出版社出版了葛兆光教授策劃的「清華大學專門史系列教材」《中國思想史參考資料集》，葛兆光在書前撰有《總序》，提出自己對於教科書的一些疑問和想法，指出：「當我們大學裏面那些集歷史敍述和歷史解釋為一體的教科書，把所有的歷史事實和歷史解釋好像都已經完滿地總結和論斷了以後，那些教科書的讀者還需要，或者說還可以做什麼、想什麼？」進而提及教科書對歷史內容的「權威解釋」或成讀者心目中的「標準答案」，可能會妨礙學生去讀有關歷史的原始文獻，「這樣，歷史不就不是原來的歷史，而成了被咀嚼過的飯、被皴染過的布了。」接受了現成答案以後，歷史研究該如何做？基於此，他認為，「代替教科書，更多地閱讀和使用那種解釋成分較少，文獻資料較多的參考資料集，可能會在某種程度上修正過去依賴教科書的弊病，也可以使讀者少一點後設的結論，多一點自己的理解。這就是我提出編

1　〈中國古代史・前言〉，晁福林主編：《中國古代史》（北京：北京師範大學出版社，2005），上冊，頁 1。

2　王檜林主編：《中國現代史》（北京：北京師範大學出版社，2004），頁 137-139；214-221。

纂一套資料集的初衷。」[3] 葛兆光教授的主張與做法，確引發人們對於教科書的功能與如何編撰的進一步思考，一些新的實驗也在進行中，儘管目前看來，跟進者寡，不無遺憾。

第四，形式更為新穎。近年來出版的中國史教科書，在體例、裝幀、印製等各個方面都力求與時代同步，如在每章後附有若干思考題和參考書目，促使學習者進行相應思考並擴展其閱讀空間；文前加印歷史圖片，正文中根據內容需要附插圖、地圖，使得全書圖文並茂，可讀性和耐讀性都超越以往等等。從而令得教科書在形式上較前更為新穎，儘管突破不大。

三

中國史教科書近年來雖有進步，對教師教學和學生學習起到較大作用。然整體考察，缺失之處仍多，一些方面有待完善。這主要有以下幾點表現：

第一，千篇一律，缺乏個性。目前出版的中國史教科書中，「通史」為題或由斷代史集合而成的中國通史教科書佔據主導地位，同名的教科書（《中國歷史》、《中國古代史》、《中國近代史》、《中國現代史》、《中華人民共和國史》等）往往不下幾十個版本，即由數十所大學、研究院所分別編寫，在不同範圍使用。但這些教科書卻有驚人的相似之處，不僅設計理念趨同、章節標題趨同、前後順序趨同（大體先談政治、經濟，以之作為重點；再談思想文化、科技教育，這部分地位次要或為陪襯），而且所選歷史內容、所用學術觀點也十分類似，有自身個性的教科書極其罕見。如《中華人民共和國史》教科書的「大部分內容都是從正面反映政治、經濟以及建設方面的成就，陪襯性地講述文化、科技、教育等問題，以重要事件或運動（中國當代史有一特點即各種運動頻密，尤其是毛澤東時代的歷史可謂運動史）串聯起來」。[4] 究其緣由，一個重要因素是教科書的編撰不為專家所重，高校也不把它作為學術成果看待，致使一些教科書的編者不將其視作名山事業，不肯花大氣力進行鑽研，更談不上嚴謹的學術研討，有的甚至取已

3　葛兆光：〈中國思想史參考資料集・總序・可以用參考資料來代替教科書麼？〉，《中國思想史參考資料集》（北京：清華大學出版社，2005），頁 1-2。

4　張曉輝：〈大學歷史教學的課內外學習互補 —— 以暨南大學歷史系的中國當代史課程為例〉，《第二屆廿一世紀華人地區歷史教育論文集》（香港：中華書局，2012），頁 81。

有盛譽的同名教科書作參考，依樣畫葫蘆，應付了事。由於源頭為一，僅作局部調整，故趨同現象屢見不鮮。

第二，學術觀念陳舊，甚至滯後於中學歷史教科書。在教科書的編撰過程中，儘管編者都強調要更新觀念、吸收學術研究的新成果、向學術前沿靠近，但出於思維定勢或某種因素的制約，還是有不少教科書學術觀念陳舊，與時代需求不相適應，甚至和新課程下的中學歷史教科書相較，都有若干滯後之處。如對於中國古代社會形態問題，新編中學歷史教科書已放棄奴隸社會和封建社會的表述，根據中國社會實際發展情況來描述；而一些高校中國史教科書卻仍固守過時觀念，仍以奴隸社會、封建社會來界定古代社會形態，造成與中學歷史教科書所傳播的知識和判斷不銜接的情況。另外，新課程改革背景下的中學歷史教學強調學生要自主學習，相應地，教科書也給學生一些獨立思考空間，而某些高校中國史教科書卻仍是習慣於給學生灌輸固定不變的知識體系和價值判斷，沒有考慮學生自主學習和獨立探索的強烈需求。

第三，習慣於敘事史學的套路，問題意識缺乏。多年來，高校中國史教科書的編撰有一固定套路，即按歷史發展順序選擇具有典型性的史實，對歷史演進歷程完整敘述，有原因有過程有結果，事實、邏輯清晰，價值判斷明確。通史類型的教科書尤其如此。這種敘事史學套路下的書寫，使得本來紛繁、複雜的歷史圖景變得線索分明、清晰可知，令讀者能夠獲取明晰、準確的歷史知識。但與此同時，也帶來歷史認識固化、歷史思維無從展開、歷史想像沒有空間等諸多弊端，是一種缺乏問題意識的敘述模式。實際上，高校教科書之不同於中學教科書，關鍵之點是沒有國家課程標準的束縛，有相對的自由空間，應該探索多樣的敘述模式，着力培養學生的問題意識、思想能力和想像空間。就中國史教科書的編撰而言，編寫思路和模式的多樣化勢在必行，如法國年鑒學派所主張的「問題史學」的思路即值得汲取，即以「問題」而非「敘事」切入歷史，按科學程式對史料和史實提出問題，並作出開放式的回答，使教科書的內容和判斷不再具有唯一性。若通史類教科書由於內容和體系的因素一時難以改變，至少專題史類的教科書應勇於嘗試，向「問題史學」靠近，甚至用「問題史學」代替「敘事史學」。

四

　　綜上所述，近年來內地高校的中國史教科書無論在編撰理念、編撰內容上，還是在形式上，都較前進步明顯，應該說取得了一定成績，但同時缺失之處仍多，某些方面有待完善。此外，一些根本性的問題還值得作更深入的思考，如高校歷史教學是否一定需要有教科書？若確實需要的話，究竟該如何編寫才能滿足教學目標的要求並符合師生需求？

　　從目前的教學實踐來看，內地的頂尖高校（如「985」高校）歷史學科在教學過程中，很多教師是依據自己的研究心得教學，很少或基本不用教科書，專業選修課自不待言，即便是「兩大通史」類的基礎課，也是如此。而此類院校又是教科書編撰的主力，所編教科書相對影響較大，但這些教科書卻主要供給普通院校使用。這種現象，不能不激發人們的思考。

　　依筆者之見，作為教師教學和學生學習的基本依據，高校歷史教學中還是應該有教科書一席之地的，只不過在中學歷史教學中，教科書差不多是唯一的依據，而在高校，它僅是依據之一。既然是依據之一，就有一個如何對待的問題。恐怕在「985」高校中，教師更多地是把它作為主要的教學參考書，相對看輕；而在眾多普通高校中，它作為依據的作用才更突顯。這當然與兩類高校所擁有的不同學術水準、不同學術資源、不同圖書資料有關。既然教科書有存在的必要，那麼如何編寫，確需深入思考。以往那種將所有歷史事實和歷史解釋都完滿編入，不給學生思考空間的做法自然是不妥的（這大概也是頂尖院校的教師不願使用的原因之一），畢竟大學最主要的功能是生產思想、創造知識，要培養具有獨立思考和創造能力的人才，教科書的編撰亦應由此出發，才能不至於使學習者淪為知識的傳聲筒。筆者之強調「問題史學」的編撰思路，其緣由即在此。當然，這方面還有諸多問題有待探討，這裏僅是提出一個初步想法而已。

自我想像中的他者
——日本近代歷史教科書的中國表述

黃東蘭

日本愛知縣立大學外國語學部

引言

2013 年 5 月 4 日，日本前首相、現副首相兼財務大臣麻生太郎於出訪印度期間，在新德里發表演說：「在過去長達 1500 多年的歲月裏，我們與中國的關係從來就沒有好過。」[1] 麻生將中日兩國之間的現實對立投影到遙遠的古代，把上世紀七八十年代兩國領導人和媒體常以「一衣帶水」來形容的中日友好史一下子改成了中日交惡史。

一般而言，日本民族主義者所說的中日交惡史上溯到公元 7 世紀初的遣隋使，距今約有 1400 年。後文將要涉及的與遣隋使有關的「國書事件」，在 19 世紀末以降日本帝國的歷史敘述中常被提及。上世紀末在日本掀起巨大波瀾、至今仍影響不衰的「新歷史教科書編寫會」繼續進行這種歷史敘述的再生產，這說明歷史的想像並沒有因戰敗帶來的政治和社會變化而斷裂。遙遠時空下發生的故事之所以被記憶、傳承、誇大甚至歪曲，乃是近代歷史教育的結果，而歷史教科書所起的作用尤其不可低估。正如唐澤富太郎所說：「教科書塑造了日本人」。[2] 這裏的「日本人」指的當然是明治維新以後接受近代教育的日本人。不可否認，明治維新後由官方編纂發行的歷史教科書，至今仍在很大程度上影響着日本人的歷史認識。

日本思想史學者子安宣邦指出，漢字文化是日本的書寫文化得以成立的不可或缺的前提。明治維新後，日本為了確立自我認同，努力擺脫中國的重壓、將日本與中國區別開來，也就是將中國「他者化」。因為「只有徹底地將中國他者化，

---

1 《產經新聞》，2013 年 5 月 5 日。

2 唐澤富太郎：《教科書的歷史 ——教科書與日本人的形成》（東京：創文社，1968），頁 1。

日本才能主張日本以及日本文化的自立性」。[3] 將中國「他者化」、也就是「去中國化」的途徑主要有兩條，一條是強調日本文化的固有性，這一過程從 18 世紀的國學家就已經開始。但是，在明治以前，只有本居宣長（1730-1801）等少數國學家在主張將中國文化的影響從日本的「固有文化」中剔除。而且，在以儒學為官學的江戶時代，他們的影響十分有限。另一條是明治以後由福澤諭吉提出的「脫亞」路線。即脫離「落後的」亞洲（主要是中國），將日本與「先進的」歐洲同一化。近代日本的「文明開化」，便是一個「去中國化」和「西洋化」的過程。[4] 近代以後，明治政府通過官方編纂發行的歷史教科書，構築了國民對天皇制國家的認同意識。教科書關於「自我」之歷史、尤其是關於古代律令制國家形成的表述，伴隨着將給其提供制度資源的隋唐 / 中國的「他者化」表述。

自上世紀 80 年代起，中、韓等國就日本歷史教科書的戰爭表述問題對日本政府提出了批評和抗議，日本的歷史教科書也由此備受關注。2001 年扶桑社《新歷史教科書》出版並通過日本政府文部省的教科書審查後，出現了許多關於日本歷史教科書的批判性研究。但基本上都集中於對目前使用的中學和高中歷史教科書的分析和批判，[5] 關於日本戰前歷史教科書的中國表述問題，目前還沒有專著或論文發表。本文在筆者以往研究的基礎上，[6] 以明治維新後近 80 年間，由日本政府文部省編纂發行的小學日本史教科書中有關古代律令制形成的內容為素材，分析近代國家權力如何通過歷史教科書來建構日本的自我認同，以及作為「他者」的中國形象之問題。本文將首先概述近代日本歷史教育中的分科與教科書制度之

3　子安宣邦：《「亞洲」是怎樣被敍述的 —— 近代日本的東方主義》（東京：藤原書店，2003），頁 153-154。

4　福澤諭吉在 1885 年撰寫〈脫亞論〉，提出日本應該謝絕中國和朝鮮這兩個「惡友」，「與西洋文明國共進退」。參見慶應義塾輯：《福澤諭吉全集》（東京：岩波書店，1960），第 10 卷，頁 240。

5　如永原慶二：《如何編纂歷史教科書》（東京：岩波書店，2001）；Sven Saaler, *Politics, Memory and Public Opinion: The History Textbook Controversy and Japanese Society*（Munchen: Iudicium, 2005）；李秀石：《日本教科書問題剖析（1868-2012）》（上海：上海人民出版社，2013）。在此不一一列舉。李著在資料和分析上尤為翔實透徹，該書第一章〈日本近現代史中的教科書〉和第二章〈民主主義、軍國主義與教科書〉在吸收日本學界研究成果的基礎上，對戰前日本的教科書制度也作了較為詳細的考察。

6　筆者曾從明治時期中國史教科書中的敍述變遷探討日本對中國認識之變化，參見拙文〈書寫中國 —— 明治時期日本的支那史 · 東洋史教科書的中國表述〉，黃東蘭主編：《新史學 —— 再生產的近代知識》（北京：中華書局，2010），第 4 卷。

變遷，繼而探討近代教科書關於古代中日關係之表述與再表述的問題。[7] 本文使用的主要史料為日本政府文部省出版的下列 8 種小學歷史教科書（表 1）。[8]

表 1　近代日本官方小學歷史教科書一覽表

編號	書名	編輯出版者	出版年代	備考
教①	《史略》〈皇國〉部分	文部省編纂刊行	1872 年	/
教②	《日本略史》	師範學校編纂，文部省刊行	1875 年	/
教③	《小學日本國史》	文部省編纂刊行	1903 年	第 1 期國定教科書
教④	《尋常小學日本國史》	文部省編纂刊行	1909 年	第 2 期國定教科書
教⑤	《尋常小學國史》	文部省編纂刊行	1920 年	第 3 期國定教科書
教⑥	《小學日本國史》	文部省編纂刊行	1934 年	第 4 期國定教科書
教⑦	《小學國史》	文部省編纂刊行	1940 年	第 5 期國定教科書
教⑧	《初等科國史》	文部省編纂刊行	1943 年	第 6 期國定教科書

上表中的教①是文部省配合 1872 年實施〈學制〉而編寫的小學高年級歷史教材，教②由直屬文部省管轄的師範學校編寫、由文部省刊行。1904 年小學教科書實行國定制後，日本全國小學統一使用由文部省編纂發行的教科書。教③至教⑧分別為第一至第六期國定歷史教科書。[9]

7　戰後，日本出版了不少關於戰前歷史教育和教科書的研究著作，較有代表性的是海後宗臣：《歷史教育的歷史》（東京：東京大學出版會，2000）；中村紀久二：《教科書的社會史 —— 從明治維新到戰敗》（東京：岩波書店，1992）；入江曜子：《作為「神之國」的日本 —— 讀國民學校教科書》（東京：岩波書店，2001）等。

8　師範學校由文部省成立於 1872 年 5 月，目的在培養教師。同年校內設編輯局，編纂或翻譯小學教科書，供全國各地翻刻使用，該局第二年併入文部省。參見日本近代教育事典編輯委員會編：《日本近代教育事典》（東京：平凡社，1971），頁 250-251。

9　這八種教科書都被收入海後宗臣編：《日本教科書大系》（東京：講談社，1963），近代編，第 18-20 卷《歷史》。

歷史分科與歷史教育

在江戶時代的日本，儒學是武士階層必不可少的知識修養，同時也是他們立身處世的基本準則。武士的子弟從小必須在各自所屬的藩為武士子弟開設的藩校內，接受以儒家經典為主的教育。藩校教育從背誦四書五經開始，然後是《春秋》或《左傳》，待學業漸進後，《史記》、《漢書》、《資治通鑒》等史籍便成為必讀之書。福澤諭吉晚年曾回憶說，他幼時喜讀《左傳》，愛不釋手，前後一共通讀過 11 遍，不少段落還能背誦如流。[10] 德川幕府的最高學府昌平阪學問所的儒官（校長）佐藤一齋（1772-1859）曾為學子們開列過一份長長的書目，以儒家的經史子集為必修課業。經部主要有四書五經、十三經注疏，史部則有二十二史、《通鑒綱目》和《十八史略》等。佐藤特別強調，讀史須留心治亂興亡，了解歷代文物制度與地理沿革。[11] 由此可見，江戶時代日本武士的知識結構與中國士人並無二致。

明治維新後，教育作為培養國民的重要手段，受到天皇和政府的高度重視。1872 年，明治政府頒佈〈學制〉，普及小學教育，歷史成為小學的教科之一。[12] 近代日本的歷史分科可以追溯到 1872 年出版的《史略》（教①）。該書由〈皇國〉、〈支那〉和〈西洋〉三個部分構成，分別為日本、中國和西洋通史的梗概。《史略》

---

10 福澤諭吉：《福翁自傳》（東京：慶應通信刊行，1962），頁 9。

11 佐藤一齋：〈初學課業次第〉，岡田武彥等編：《佐藤一齋全集》（東京：明德出版社，1990），第 1 卷，頁 269。

12 小學分為上下兩等，下等小學學生年齡為 6-9 歲，上等小學為 10-13 歲，小學之上有中學和大學。小學課程設置基本仿照歐美，下等小學開設單詞、會話、算術、修身、體操、唱歌等十四門課程，上等小學開設史學大意、幾何學大意、生理學大意等六門課程。其後學制經過多次修改，課程亦隨之有所變動。其中較為重要者如下：1886 年改下等小學為尋常小學校，學制四年，為義務教育，課程為修身、國語、算術、體操四科。尋常小學校之上為高等小學校，學制四年，課程包括日本歷史、地理、理科等。1908 年尋常小學校學制改為六年（義務教育），原先高等小學校的日本歷史等科目改為尋常小學校科目；高等小學校學制改為兩年，但升學率很低，僅為百分之十左右（1908 年尋常小學的入學率為 89.46%，高等小學入學率為 11.54%；1917 年尋常小學的入學率為 90.68%，高等小學的入學率為 9.32%）；參見國立教育研究所編：《日本今代教育百年史》（盛岡：教育研究振興會，1974），第 4 卷《學校教育》，頁 938。第二次世界大戰期間，文部省為適應戰時需要，於 1941 年頒佈〈國民學校令〉，小學改稱國民學校初等科（六年），中學改稱國民學校高等科（兩年）。為培養「皇國民」，初等科和高等科統一設置國民、理數、體煉、藝能和實業五個科目。日本戰敗後，於 1947 年分別改稱小學校和新制中學校；日本近代教育事典編輯委員會編：《日本近代教育事典》（東京：平凡社，1971），頁 82-93。

脫離了江戶時代藩校以中國史籍為主的歷史教育傳統，開創了日本史、中國史和西洋史的三分科制。明治以後日本的本國史教育旨在鼓舞「尊皇愛國之志氣」、闡明「國體之精華」，培養忠君愛國思想，故而在歷史教育的三個分科中，日本史被置於首要地位。「甲午戰爭」後，根據東洋史家那珂通世的建議，改中國史為東洋史，歷史教育也因此改為日本史、東洋史和西洋史三分科制，這一制度一直延續到 1945 年日本戰敗。[13]

在〈學制〉實施初期，文部省允許各地府、縣翻印出版《史略》等官方編纂的教科書，同時民間出版商也可以自行編纂出版教科書。進入明治 10 年代後，隨着自由民權運動的高漲，明治政府加強了對教育的控制。1881 年，根據明治天皇的指示，文部省公佈〈小學教則綱領〉，強調日本史教育必須增加有關「建國之體制」（即傳說中的「神武天皇建國」）和歷代天皇的善政方面的教學內容，還規定小學歷史課程只限於講授日本史，將外國史改為中學課程。在中學教育尚未普及的年代，大多數日本人在學校課堂上只能學到作為「天皇之臣民」必須了解的「天照大神」、「神武東征」、「聖德太子」等本國史知識。學生們不但沒有機會從歷史課堂上了解中國的王朝更替、法國大革命、美國獨立戰爭這些「有礙綱紀」的知識，連日本史上的篡位謀殺也被排斥在歷史課本之外。1890 年明治天皇發佈《教育敕語》，成為教育之最高指南。次年，文部省頒佈《小學校令教則大綱》，規定：「小學日本史課程旨在使兒童了解本邦國體之大要，培養國民之志操。尋常小學之歷史科由鄉土史入手，講授建國之體制，皇統之無窮，歷代天皇之盛業，忠良賢哲之事蹟，國民之忠勇，文化之由來等。」[14] 值得注意的是，日本史教育的目的不是為了讓學生掌握本國「歷史之大要」，而是了解「國體之大要」。所謂「國體」，就是由「萬世一系」的天皇譜系構成的「萬邦無比」的國家體制。

在明治維新後大約 80 年間，日本的小學教科書的編審制度幾經變更，大致可分為以下四個時期：自由出版與自由採用時期（1872-1880）、開申制與認可制時期（1881-1885）、檢定期（1886-1903）和國定期（1904-1945）。所謂「檢定」，是指民間出版社按照政府公佈的教科書大綱編寫教科書，送交文部省審查，合格

---

13 戰後的歷史教育分小學、初中和高中三個階段，小學僅設日本史，中學設置社會科，包括日本歷史和日本地理，高中設置日本史和世界史，後者由戰前的東洋史和西洋史合併而成。

14 安田元久監修：《歷史教育與歷史學》（東京：山川出版社，1991），頁 13。

後方可出版，供各地府、縣教育委員會選用。從自由出版和自由採用時期到國定
期，政府對教科書內容的控制逐步強化。「國定期」之前，尚有一些民間出版的
教科書略去《古事記》和《日本書紀》所載「神代」譜系部分，而以「第一代人皇」
神武為日本歷史之始。[15] 實行國定制後，民間教科書被排斥出小學課堂。[16] 從此，起
於天照大神的「皇統」、日本「國體」的優越性、歷代天皇的善政、忠臣義士的
事蹟，成為日本史教科書的核心內容。第二次世界大戰期間，文部省為配合戰爭
的需要，制定了新的中小學教育目標，即：「闡明我國國體之精華，涵養國民精
神，使學生對皇國之使命具有自覺之意識，為得生於皇國而感到喜悅，並能體會
敬神、奉公之意義」[17]。後文所見最後一期國定歷史教科書（教⑧）中出現的許多
誇張描述，便是為體現「國體之精華」而對歷史進行的虛構式的再創造。

　　近代日本的日本史、中國史教科書都經歷了由編年體到紀事本末體的變化，
而西洋史則仿照歐美教科書的體例，按地區史和國別史編排。[18] 編年體和紀事本末
體都來自中國史書，編年重時序，紀事本末體重人物和事件，各有長短。[19] 前面提
到，文部省在 1881 年按照明治天皇的指示，制定了歷史教育和歷史課程的新政
策，同時還規定教科書的編寫體例一律由編年體改為紀事本末體。[20] 因為與編年體
相比，紀事本末體便於以講故事的方式寓教於學，讓學生通過一個個情節生動的

---

15 如藤田久道編：《漢文日本略史》（同盟五盡藏版，1882）。

16 文部省於 1903 年發佈〈改正小學校令〉，規定從 1904 起國語讀本、修身、歷史、地理諸科目
　　使用國定教科書，1904 年起算術、圖畫、理科也開始使用國定教科書。見《學制八十年史》（文
　　部省編纂發行，1954），頁 204-205。中學教科書從 1886 年起實行檢定制，1941 年中學改為國
　　民學校高等科後，統一使用由文部省編纂發行的國定教科書。

17 〈國民學校令施行規則〉，《近代日本教育制度史料》（東京：大日本雄辯會講談社，1956），第二
　　卷，頁 229-230。

18 明治維新後約二十年間，日本的西洋史教科書直接由歐美教科書翻譯而來，基本上沿用歐美教
　　科書上古、中古、近古分期法。如《史略》〈西洋〉部分在「上古歷史」記述亞述、巴比倫、波
　　斯、希臘、羅馬，中古、近古部分記述法、英、德、意等國別史。1887 年（明治 20 年）由富
　　山房出版的天野為之《萬國歷史》基本沿襲了歐洲教科書的體例，以地區和國別為單位，古代
　　史以亞洲、希臘、羅馬為主，中古以後以歐洲為主。

19 王晴佳注意到 1882 年由民間出版社出版的兩本日本史教科書採用了紀事本末體，認為這標
　　誌着日本教科書編纂體例進入了一個新階段。見 Q. Edward Wang, "Narrating the Nation: Meiji
　　Historiography, New History Textbooks, and the Disciplinarization of History in China", Brian Moloughney
　　and Peter Zarrow eds., *Transforming History; The Making of a Modern Academic Discipline in Twentieth-
　　Century China* (Hong Kong: The Chinese University Press, 2012), p.112.

20 海後宗臣：《歷史教育的歷史》（東京：東京大學出版會，2000），頁 61。

故事了解「國體之大要」，接受「皇國史觀」。表1中《史略》（教①）的〈皇國〉部分和按照成書於 8 世紀初的《日本書紀》（教②），採用編年史體例，簡述上自「神代」下至明治天皇的歷代天皇譜系，以及大化改新等歷史上的重大事件。1904 年實行教科書「國定制」後出版的歷史教科書統一採用紀事本末體例，以「皇祖」天照大神、三種神器、天孫降臨等神話為日本歷史的起點，以天皇一家之歷史為日本之歷史，強調日本是「神之國」，天皇為「現人神」或「現御神」。[21]值得注意的是，在這個沒有中斷的「萬世一系」的神話式的時間序列裏，歷史沒有進步、也沒有停滯和倒退，上自天皇、下至百姓被描寫成一個和諧的大家族，身為「天皇臣民」的國民都沐浴着天皇的恩典，所以必須對天皇絕對忠誠，必要時還須為天皇獻出生命。這就是所謂「皇國史觀」。羅素早在 1922 年就指出，雖然明治以後的日本在各個方面發生了巨大變化，「然而，這些變化的趨向卻與我們的期望相反。科學理應朝着理性主義的方向發展，然而，科學知識的傳播卻與崇拜天皇這一日本文化中最古老的特徵同步增長」。[22]明治以後日本歷史中的非理性一面，自然也反映在明治以後的「近代」教育中，文部省統一編纂的國定歷史教科書，在天皇的神化教育中起到了十分重要的作用。

21　以第一期《小學日本國史》（教③）為例，該書以紀事本末體記述「神代」以下歷史。上卷共二十課，各課標題如下：天照大神、神武天皇、日本武尊、神功皇后、仁德天皇、物部氏與蘇我氏、聖德太子、天智天皇與藤原鐮足、聖武天皇、和氣清麻呂、桓武天皇與阪上田村麻呂、傳教大師與弘法大師、菅原道真、朝廷之榮華與武士之興起、源義家、平清盛、源賴朝、承久之亂、元寇、北條氏之滅亡；下卷共十七課，各課的標題如下：建武中興、南北朝、足利義滿、應仁之亂、英雄之割據、織田信長、豐臣秀吉、德川家康、德川家光、德川綱吉、新井白石、德川吉宗、尊王論、外艦渡來與攘夷論、大政奉還與明治維新、台灣征伐與西南戰爭、憲法頒佈、明治二十七八年戰役。該書開篇寫道：「天照大神乃我天皇陛下之祖先，恩德一如天之太陽，普照世界」。接着，依據《日本書紀》講述神武天皇東征建國、神功皇后「征討」三韓、聖德太子頒佈憲法十七條、派遣使節和留學生前往中國，大中兄皇子實行大化改新，最澄和空海「留唐」習佛法、歸國後創立天台和真言二宗。繼而敍述源、平二氏等武士專權、戰國割據混亂，德川開府、平定諸侯、獎勵儒學。江戶末期外患當前，由尊王攘夷而明治維新，「征伐台灣」、頒佈憲法。最後一課為〈明治二十七八〈1894〉年戰役〉，稱清朝以救屬國之名出兵朝鮮，襲擊日本軍艦，經甲午一戰，「吾國威大振，西洋各國始知吾國之真正價值也」。此後出版的各期國定歷史教科書除增加日俄戰爭、大正與昭和天皇等課外，基本沿襲教③內容。教科書在記述明治以後日本所發動或參與的戰爭時，無一例外地稱頌日本不屈服於外國壓力，為保全東亞和平而戰。

22　伯蘭特・羅素著，秦悦譯：《中國問題》（上海：學林出版社，1996），頁 77。

從屬的「他者」

　　明治以後日本的歷史教科書在敍述日本古代歷史時，依據的底本主要為天武天皇（673-686 在位）授命編寫的日本第一部正史《日本書紀》。天武帝在同母之兄天智帝辭世後，與其子爭奪皇位，於 672 年發動政變（史稱壬申之變）而登上皇位。他在即位後展開了一系列留名史冊的政治事業，其中之一便是於 681 年下令編纂大和王朝的正史。天武帝還是日本歷史上第一個放棄「大王」稱號、改用「天皇」稱號的統治者。他還在〈飛鳥淨御原令〉中首次使用「日本」這一國名，在此之前，無論是自稱還是他稱，出現在史書中的國名都是「倭國」。[23] 正史編纂事業自天武朝之後歷經幾代天皇，終於在公元 720 年完成。《日本書紀》仿照中國史書的編年體例，文字亦採用漢文。上起天地開闢之「神代」、下至持統帝 11 年（公元 697 年），這一綿綿不斷的「皇統」向人們展示了天皇統治的正當性。

　　1872 年出版的《史略》一書的〈皇國〉部分，是近代日本人編寫的第一部日本通史。〈皇國〉承襲《日本書紀》的體例，從創造天地萬物的「天御中主神」開始，經「第 1 代人皇」神武天皇直到第 122 代明治天皇，簡略地記述了歷代天皇的皇統與事蹟。教②《日本略史》的記述較《史略》〈皇國〉詳細，如〈皇國〉第 16 代應神帝條下記曰：「王仁自百濟國來，獻《論語》」；《日本略史》則寫道：「百濟王遣其國博士王仁率冶工卓素、吳服、西素等入朝，獻《論語》及《千字文》，皇子菟道稚郎子師從王仁」。「百濟獻曆法、天文、地理、遁甲、方術等書。太子撰憲法十七條，頒詔定十二階冠位，……遣小野妹子赴隋，自此與支那交通」。「師從王仁」、「派小野妹子赴隋」等均可從《日本書紀》找到出處。「與支那交通」中「支那」為 China 一詞的音譯，明治以後才大量出現於報章雜誌。「支那」淡化了隱含在「中國」、「中華」、「漢土」、「唐土」等名稱中的對中國的敬畏之意，而突現了另一層含義，即努力擺脫中國文化的影響，而以「外國人」

---

23 日本學界一般認為，「日本」國號和「天皇」稱號的出現始於公元七世紀末（天武朝到持統朝），在此之前分別稱「倭國」和「大王」、「倭王」。公元 702 年「日本」作為國號第一次對外使用，是年天皇派出的使臣對中國皇帝（武則天）首次自稱是來自「日本國」的使者，參見網野善彥：《何為「日本」?》（東京：講談社，2008），頁 20、83。關於日本學界對日本國號的研究，參見東野治之：〈日本國號的研究動態與課題〉，《東方學》第 125 號，2013 年 1 月。本文在通史性表述中使用「日本」和「天皇」，涉及「國書事件」等具體人物或事件時使用「倭國」和「倭王」。

的視線來重新審視作為「他者」的中國。[24] 官方編纂發行的小學教科書中出現「支那」一詞，標誌着近代日本中國觀的變化已經以「官方知識」的形式從進入了民眾世界。

教科書關於日本古代歷史的敍述聚焦於一個關鍵人物：聖德太子。[25] 對聖德太子所推行的政治改革的讚美，暗示了當下正在展開的明治維新——日本民族國家的建設。1909 年出版的《尋常小學國史》（教④）強調，吸收朝鮮和中國的文化乃是日本主動選擇的結果。「（聖德太子）吸收三韓、支那之長處，為我國所用。新定諸項法令，十七條憲法為最著名者」。1920 年和 1934 年出版的第三期、第四期國定歷史教科書（教⑤和教⑥）寫道：「（聖德太子）師從朝鮮學者深入研究學問，吸收朝鮮、支那之長處，開創諸多新政治」。然而，1940 年出版的第五期國定歷史教科書（教⑦）中，這段內容改成了「（聖德太子）召集朝鮮、支那之學者，前來鑽研學問，開創了新政治，為後來的大化改新奠定了基礎」，並說最澄和空海都是「受天皇之命赴唐，修習佛教」。1943 年出版的《初等科國史》（教⑧）強調佛教傳入日本時曾受到部分貴族的抵抗，聖德太子對佛教詳加研究，「根據日本國情加以修改，然後推廣到全國」。「由於太子取佛教之長加以推廣，很多人皈依了佛教。從此人心安定，學問、美術、工藝都大有進步」。

教科書關於日本吸收外來文化的敍述之所以出現上述變化，原因在於教科書作為政治整合的工具，是出於當下的目的和需要而編成的。19 世紀末和 20 世紀初，日本在甲午戰爭和日俄戰爭中獲勝後，將軍事勢力擴展到朝鮮半島和中國東北地區。節節推進的軍事擴張要求歷史教育作出積極配合。根據文部省的指示，第三期以後的各期國定教科書都增加了關於日本「國體」之獨特性的敍述。第五期教科書（教⑦）強調了皇室在歷史中的核心地位，強調必須弘揚「國體」、敬神崇祖、突出日本文化的獨特性，以及對外國文化的攝取和「醇化」。在記述日

24　關於明治時期「支那」一詞的含義，參見齋藤希史：《漢文脈之近代》（名古屋：名古屋大學出版會，2005）。筆者在前引拙文〈書寫中國——明治時期日本的支那史・東洋史教科書的中國表述〉中也有論述。

25　聖德太子即廄戶皇子或廄戶王，出身皇族。《日本書紀》有諸多關於聖德太子的記述，民間自古也有聖德太子信仰，但皆似是而非。大山誠一認為，廄戶王確有其人，但關於聖德太子的史料都缺乏根據：《日本書紀》中的聖德太子是奈良朝的權臣藤原不比等出於政治目的虛構出來的人物，參見《「聖德橲子」的誕生》（東京：吉川弘文館，1999）。但是，目前大山的見解在日本學界尚屬少數意見。撇開是否有聖德太子其人，本文限於討論歷史教科書中關於聖德太子的記述。

本與外國之關係時，文部省制定的「致力於強調作為日本文化之特質的自主性和包容性」之方針，[26] 要求教科書一方面要凸顯日本之「自主性」，另一方面，面對不斷膨脹的「帝國」空間，教科書還必須強調日本對外來文化的「包容性」。於是 1943 年出版的第六期國定歷史教科書裏出現了下面一段奇妙的文字：「國民沐浴天皇的恩典，過着快樂的生活，來自（朝鮮）半島的人們就像回到自己家裏一樣。朝廷賜給他們姓名、工作和土地，他們留下來成了日本國民」。「（應神天皇）遣使前往支那，召來裁縫、機織等優秀工匠，交通由此漸開，朝鮮半島成為我國通向大陸之橋樑」。[27] 這很容易使人聯想到日本在朝鮮半島推行的「創氏改名」等「皇民化政策」。小學歷史教科書裏的這些文字向兒童們暗示，日本在戰時強制徵用大量勞工赴日本只是日本與朝鮮、中國之間古已有之歷史的再現。

至此可見，教科書在涉及與「他者」的關係時，先後經歷了兩次「敘述的回轉」。第一次是主客關係的倒置，將處在華夏文化邊緣的日本通過朝鮮半島間接地吸收中國文化、或通過向中國派出遣隋使和遣唐使、全方位地吸收中國文化，倒置地敘述為日本自主地、有選擇地吸收中國和朝鮮的文化並將其「醇化」的歷史。第二次「敘述的回轉」則把這種倒置的主客關係上升為主從關係，通過借古喻今來掩飾當下對「他者」的殖民侵略和壓迫。

不在的「他者」

據《日本書紀》記載，中大兄皇子（即後來的天智天皇）與中臣（藤原）鎌足於 645 年發動宮廷政變（史稱乙巳之變），消滅了朝中勢力最大的貴族蘇我氏。翌年新政府頒發改新詔書，仿照唐朝中央集權的官僚制度，規定土地和人民為天皇所有，創立地方行政和戶籍制度，實行班田收授和租庸調制度。這一系列變革經天智天皇〈近江令〉、天武天皇〈飛鳥淨禦原律令〉到文武天皇〈大寶律令〉（701 年，大寶元年），經歷數次修改後最終完成，是為古代日本的「律令制度」。

明治以後的歷史教科書對律令制的形成過程均有比較詳細的敘述。教①從第 34 代推古天皇立廄戶皇子為太子（即聖德太子）並擔任攝政，「定冠位十二階，

---

26 海後宗臣：《歷史教育的歷史》，頁 153。

27 《初等科國史（上）》（文部省編纂發行，1943）；海後宗臣編：《日本教科書大系》，近代編第 20 卷：《歷史（三）》（東京：講談社，1962），頁 255。

遣小野妹子赴隋」起始，描述中大兄皇子與中臣鐮足共同消滅了敵對的蘇我氏父子，第 37 代孝德天皇在日本歷史上首次使用年號（「大化」），「劃定畿內之範圍，設有司於各國，置關所驛站，並制諸種法律，定八省百官之冠位等」。第 39 代天智天皇制定二十六級官位，行戶籍之法。第 41 代天武天皇「制八姓，定爵位、改朝廷服色、劃分諸國之界域」。第 43 代文武天皇「定服色，撰律令，公諸於世」（即〈大寶律令〉）。至此，關於律令制的敘述告一段落。教①中雖然沒有出現「大化改新」、「大寶律令」等名詞，但律令制度從飛鳥、奈良到平安時期的形成和演變過程一目了然。值得注意的是，按照教科書的記述，冠位十二階和大化改新等重要制度都是聖德太子、大中兄皇子等人英明睿智的獨創之舉，行文中絲毫不見中國的影子。這是所有官方教科書共有的特徵。[28] 這一敘述策略並非明治以後的發明，而是可以追溯到教科書引以為據的《日本書紀》。

　　大和王朝在編纂《日本書紀》時，以編年體特有的敘述方式，記述了聖德太子頒佈的冠位十二階和十七條憲法以及大化改新時的〈改新之詔〉。總體而言，《日本書紀》字裏行間甚少出現編纂者的評論性意見。然而，細心的讀者還是不難看出《日本書紀》在史實取捨上的偏向：如向中國遣使朝貢的邪馬台國女王卑彌呼和讚、珍、濟、興、武這五位倭國的國王，由於不在大和王朝譜系之中而被排除在正史之外。而冠位十二階、大化改新等重要的政治舉措，則被作為聖德太子和大中兄皇子的功績而載入史乘。大和王朝在對自身歷史進行第一次表述（representation）時，便悄然隱去了律令制度的中國背景。高橋善太郎指出，《日本書紀》的編者在記述倭國與隋的交往時，多處引用《隋書》的有關記載，卻故意隱去了推古朝於公元 600 年（隋文帝開皇 20 年）第一次向中國派遣使者這一重要史實。據《隋書》記載，當隋文帝聽到倭國使者介紹「倭王以天為兄，以日為弟，天未明時出聽政，跏趺坐，日出便停理務，雲委我弟」時言：「此太無義理，於是訓令改之」（《隋書·東夷·倭國傳》）。此次遣使活動在《日本書紀》中卻沒有記載。高橋認為，而《隋書》有關公元 600 年第一次遣使活動的記載「與《日本書紀》特有的國體觀念、即日本中心主義格格不入」。[29] 隱去這一段

28　如教②關於大化改新做了如下敘述：「設鐘匱於朝廷，使訴冤枉，劃定畿內之範圍，建關驛，罷國造，置國司郡司，劃國界，定田制，制租庸調法。又定十三階冠位，更置十九階（冠位），置八省百官。國家制度為之大備。」

29　高橋善太郎：〈隋書倭國傳與日本書紀〉，《紀要》（名古屋：日本愛知縣立女子短期大學，1953），第 4 輯，頁 127。

史實後，607 年使隋的小野妹子便成為日本正史中記載的倭國向隋朝派遣的第一位使節。此舉產生了一個重要的效果，即大和王朝在 603 年頒佈冠位十二階和次年頒佈十七條憲法，自然而然都成了「聖人」聖德太子的獨創了。

明治維新後，新政府廢除封建制度、將土地收歸天皇所有，由中央政府統一選拔和任命官僚，這些重要政策都是在「王政復古」的名義下進行的。對於明治政府來說，強調現任天皇與古代大和王朝之間、乃至與天照大神、神武天皇之間在皇統上的連續性，乃是進行國民統合必不可少的前提。因為連綿不斷的「皇統」不但可以證明明治政府自身的合法性，還可以籍此消除德川幕府長達兩個半世紀的統治之影響。《日本書紀》關於天皇譜系、古代日本與朝鮮半島、中國之關係、以及古代律令制度的敍述，都為明治政府所繼承，並成為官方歷史教科書中的「標準知識」。自然，在明治以後出版的官方教科書關於古代律令制的敍述中，中國這一「他者」也不在場。所不同的是，在明治天皇的要求下，1881 年以後出版的日本史教科書刪除了《日本書紀》中許多有關篡位和叛亂的記述。

教科書關於古代律令制度形成過程的敍述具有某種隱喻作用，它暗示了明治政府正在推行的一系列政治變革的正當性。在官方教科書的編者看來，突出律令制度的意義遠比介紹其內容更為重要。1903 年文部省出版的第一期國定歷史教科書（教③）中寫道，中大兄皇子為推行「大化改新」而向天皇進言：「天無二日，國無二君，統治天下者唯有天皇」，並說中大兄皇子把自己的土地和人民獻給了天皇。據《日本書紀》卷二十五記載，大化改新詔書頒佈後，中大兄皇子向天皇進言：「天無雙日，國無二王。是故兼併天下，可使萬民，唯天皇耳」，建議兼併豪族的土地，以天皇的名義分給百姓，使萬民聽從天皇的統治。[30] 教科書關於大化改新的記述，暗喻了 1869 年新政府為廢除封建土地制度、加強中央集權統治而實施的「版籍奉還」和兩年後的「廢藩置縣」政策，都是繼承「皇祖」在遙遠的古代就以推行的宏偉大業。

在 1903 年教③之後的每一期國定教科書中，都出現「天無二日，國無二君」的字樣。有意思的是，第二次世界大戰末期發行的第六期國定教科書（教⑧）在記述大化改新時，增加了以下幾段文字：「每個國民皆為天皇之臣民，土地皆奉還天皇，交國民用之」。「皇恩浩蕩，澤被全國，國民人人安居樂業。至今有些地

30「天無二日，國無二君」一語出自《禮記》：「天無二日，土無二王，國無二君，家無二尊，以一治也」。《禮記‧喪服四制》第四十九。

方仍有人擁有當時所分得之土地。面對一千三百年之滄桑歲月，吾等豈能不為之深深感動」！着重強調「天無二日，國無二君」，既可以突出明治維新的合法性，又可以弘揚明治政府打破封建割據的「偉業」。為了培養對天皇的忠誠，教科書強調在「一君萬民」的新體制下，人人都是天皇的臣民。不過，教科書的編者似乎忽略了一個簡單的事實，與唐代的均田法一樣，大化改新後實施的班田收授制也是每隔 6 年實施一次班田，分到土地的人並不能永遠佔有土地，在死後土地要收歸國有。後來班田收授制形同虛設，日本改行〈墾田永年私財法〉（743 年），規定新開墾的土地不必上交國家。但是，在律令制衰落後，日本陷入長期割據戰亂，土地成為封建領主們賞賜功臣的重要資源。經豐臣秀吉實施為時十多年的「太閤檢地」，大化改新制下分到的土地歷經一千三百多年歲月滄桑而代代相傳，這可謂教科書編者們對歷史一次「創作」。

「對等」的「他者」

「國書事件」是明治以後許多歷史教科書津津樂道的事件，直至今日仍是日本歷史教科書中必不可少的內容。所謂「國書事件」，是 7 世紀初倭國與隋朝之間圍繞外交文書的行文格式而發生的「禮儀之爭」。在隋朝不到 30 年的歷史中，倭國曾多此派出使節，隋朝亦有使節前往倭國。倭國派出的第一次遣隋使節是前面提到的推古帝在公元 600 年（隋文帝開皇 20 年，推古帝 8 年）派遣的使臣，最後一次則在 614 年（隋煬帝大業 10 年，推古帝 22 年）。[31] 本節討論的「國書事件」發生在 607 年，這是《日本書紀》對遣隋使的最早記載。關於此次出使，《日本書紀》卷二十二中只有極為簡短的記載：「大禮小野臣妹子遣於大唐」（這裏的「大唐」系「大隋」之誤），關於小野出使的具體情況語焉不詳，也沒有提到期間發生過「國書事件」。

關於小野使團的來訪，《隋書》為後人留下了比較詳細的記錄：

31 歷史學研究會編：《日本史史料》（東京：岩波書店，2005），第 1 卷《古代》，頁 70。

（煬帝）大業三年（607年），其王多利思比孤遣使朝貢。使者曰：「聞海西菩薩天子重興佛法，故遣朝拜，兼沙門數十人來學佛法。」其國書曰：「日出處天子致書日沒處天子，無恙云云。」帝覽之不悅，謂鴻臚卿曰：蠻夷書有無禮者，勿複以聞。明年，上遣文林郎裴世清使於倭國（《隋書・東夷傳・倭國傳》）。

雖然上面這一段文字沒有記載小野妹子所呈國書的內容，但是不難推測，煬帝接過國書後，為「蠻夷」不懂禮節而怒形於色，令鴻臚卿以後不要上呈倭國的來書。次年，煬帝派裴世清一行赴倭國，小野妹子同行回國。據《日本書紀》卷二十二記載，裴世清一行在倭國受到了隆重接待。裴世清呈遞的國書以「皇帝問倭皇」開頭，稱「撫寧民庶，境內安樂，風俗融和，深氣至誠，遠修朝貢。丹款之美，朕有嘉焉」，對倭國政通人和，推古帝遣使遠道前來朝貢表示嘉許。同年，推古帝在裴世清一行回國時再次派遣小野妹子使隋。這一次小野呈遞的國書中不出現「日出處天子致書日沒處天子」的字樣，而稱「東天皇敬白西皇帝」，煬帝似乎也沒有對小野妹子上呈的國書表示不滿。此後，大和朝廷多次派遣隋使和遣唐使，按照其自己的解釋，這些都不是朝貢使，而是以對等的方式進行的外交活動。

關於「國書事件」，中日兩國學者發表了許多論著，日本方面的研究尤其豐富。關於煬帝「不悅」的原因，明治以後日本學界出現了多種解釋。一種意見認為，國書中出現的「日出處」與「日沒處」之語含有東優西劣之意，倭國將自己置於隋朝之上，故而引起煬帝不悅；另一種意見認為「日出處」與「日沒處」表現出倭國在外交禮儀上與隋朝的對等姿態，五王時代的倭國是中國的外臣，到推古帝時國書中突然出現「日出——東」、「日落——西」的對等姿態，引起煬帝不快；還有一種意見認為，按照古代慣例，只有中國皇帝才能稱「天子」，東夷小國竟敢自稱「天子」，這惹惱了煬帝。[32] 對於這些解釋，增村宏提出了不同看法。他認為，倭國一貫尊稱隋為「大唐」、「大國」，多次派遣使節和留學生，這些都對三十多年後的大化改新產生了重要影響，故而「東優西劣」之說難以成立。「日出——東」、「日落——西」只是方位用詞，不足以說明倭國在與隋交往時具有外交上的對等姿態。相反，以太陽的位置來表示地理方位，表現出日本

---

32 森克己、田中健夫編：《海外交涉史的視點》（日本書籍株式會社，1975），第 1 卷《原始・古代・中世》，頁 94。

作為後進民族的「幼稚與樸素」。[33] 李成市認為，從常識看，居住在日本列島之人不會自稱「日出處」，小野呈遞的國書將日本和中國分別稱為「日出處」與「日沒處」，這種說法與當時高句麗人的地理概念完全一致，所以國書應該出自聖德太子的近侍惠慈之手。[34] 川本芳昭比較《隋書》與《日本書紀》的相關記載後指出，「日出處天子」體現了倭國指導者與隋天子的對等意識，但是，倭國使者在 600 年受到隋文帝的訓斥後，已將「天弟」、「日兄」等自我稱呼改為「日出處天子」，這是倭國在外交上的讓步。607 年小野妹子受到煬帝訓斥後，次年小野與裴世清同行再度使隋時，所呈國書的抬頭改成了「東天皇敬白西皇帝」。這一改動表現出倭國以隋帝為尊或為兄的文書形式處理與隋的關係。從《隋書》與《日本書紀》的記載可以判斷，裴世清是以宣諭使身份訪問朝貢國倭國的，而《日本書紀》將煬帝致倭王國書的抬頭寫作「皇帝問倭皇」，顯然經過了作者的改竄，正確的寫法應為「皇帝問倭王」。[35] 森公章認為，小野妹子所呈國書中的「東」和「西」典出佛經《大智度論》，是表示方位的地理概念，並無高低優劣之含義，相反，國書中出現的「菩薩天子」一詞是對隋煬帝的尊稱。「天子」一詞有可能是倭王稱號的漢語翻譯，未必表示倭國對隋有上下意識或對等意識。從國書的內容來看，只能說在派遣小野出使隋朝時，倭國尚不了解當時通行的國際慣例。[36] 總之，如果僅僅圍於小野妹子遞交國書、引發煬帝震怒這一歷史插曲，似乎可以說明倭國的指導者在「國書事件」中表現出與隋的「對等姿態」。但是，如果將「國書事件」置於大和王朝與隋、唐王朝之間長達數百年的交往史、以及東亞華夷秩序之中來看的話，後人對這段插曲的誇大性描述，折射出強烈的「近代」民族主義情緒。

「日出處天子」與「日沒處天子」之語使「國書事件」受到明治以降眾多歷史教科書青睞（今天日本的中學和高中的本國史教科書中都有關於此次「事件」

---

33 增村宏：〈日出處天子與日沒處天子 ── 論倭國王之國書〉，《遣唐使研究》（京都：同朋社，1988），頁 32。

34 李成市：〈高句麗與日隋外交 ── 試論國書問題〉，《思想》第 795 號，1990 年 9 月，頁 41。

35 川本芳昭：〈關於隋書倭國傳與日本書紀推古紀的記述 ── 遣隋使備忘錄〉，《史淵》（福岡：九州大學，2004），第 141 期，頁 61、72。

36 森公章：〈倭國外交與推古朝的國際交流〉，上田正昭‧千田稔編：《閱讀聖德太子的歷史》（京都：文英堂，2008），頁 127-128。中國學者基本上認為推古朝在與隋的交往中，不再像 5 世紀時五位倭王遣使向中國皇帝朝貢，而是堅持了對等外交的立場，維護了本國的尊嚴。見張聲振：《中日關係史》（長春：吉林文史出版社，1986），卷一；黃尊嚴：〈隋日交往中的「國書」問題研究述評〉，《北方論叢》1996 年第 5 期。

的記載）。不過，在本文涉及的八種由文部省刊行的小學日本史教科書中，明治初年出版的兩種官方教科書（教①和教②）只是簡單地提到聖德太子向中國派遣使臣。1903 年和 1909 年出版的前兩期國定教科書，也沒有對「國書事件」進行渲染。[37] 早期教科書對「國書事件」的低調處理，繼承了《日本書紀》的敍述策略。或許和《日本書紀》編纂者一樣，在早期的教科書編者們看來，《隋書》中煬帝所說的「蠻夷書有無禮者，勿復以聞」，對於大和王朝來說，實為有傷大雅之語。直到 1920 年（大正 9 年）第三期國定歷史教科書問世之時，「國書事件」才在日本官方編纂的歷史教科書中登堂入室。《尋常小學國史》（教⑤）寫道：

> 太子派遣使節與支那交往。其時，支那國勢強大，學術隆盛，常以大國自居，視他國為屬國。但太子豪不畏懼，在國書中寫道：「日出處天子致書日落處天子，無恙乎」。支那國主閱後甚怒，但不久即向我派出使節。於是，太子又派留學生前往（彼國），自此兩國往來頻繁。以往學術經朝鮮傳入，自此則由支那直接傳入我國。[38]

第一次世界大戰以後的日本，國力已遠非明治初年可比。日本不僅在甲午、日俄兩次戰爭中獲勝，以武力吞併朝鮮半島，直逼中國東北，而且在第一次世界大戰後躋身「五大國」之列。「東亞霸主」的自我定位顯然使教科書的編者獲得了信心，教科書避而不談《隋書》中煬帝叱責倭國「蠻夷」不諳禮儀一段，而是筆鋒一轉，將一千多年前的「國書事件」描繪成另一幅畫面：一邊是居高自傲的中國、蠻橫無理的隋煬帝，一邊是大義凜然、捍衛本國尊嚴的聖德太子。自此，聖德太子的「對等勝利」成為各期國定教科書不斷再生產的內容。1934 年出版的《小學日本國史》（教⑥）寫道（劃線部分是新增加的內容）：

> 太子復派使節，與支那交往。其時，支那國勢強大，學問隆盛，故以

---

37 明治初年民間刊行的教科書關於「國書事件」的記述，與官方教科書基本相同。如 1879 年出版的《小學日本史略》道：「（推古帝）十五年七月，遣小野妹子使隋，致書隋主。略云：日出處天子致書日落處天子」，海後宗臣編：《日本教科書大系》近代編第 18 卷：《歷史》（一）頁 271。這部分引自《隋書‧東夷‧倭國記》，但編者對《隋書》接下來一段話：「帝覽之不悦，謂鴻臚卿曰：蠻夷書有無禮者，勿復以聞」一句中的「蠻夷」，未加引用。兩年後出版的《新編日本略史》，對「國書事件」也有同樣敍述。見笠間益三：《新編日本略史》（東京：金港堂，1881），收入《日本教科書大系》近代編第 18 卷，頁 334。

38 海後宗臣編：《日本教科書大系》近代編第 19 卷，頁 629。

　　大國自居，視他國為屬國。但太子不畏其氣勢，在國書中寫道：「日出處天子致書日落處天子，無恙乎」。<u>始終堅持對等交往</u>。支那國主閱後甚怒，然不久向我派出使節。於是，太子又派留學生往，自此兩國往來頻繁。以往（中國）學問等經朝鮮傳入，此後則由支那直接傳來。

　　這一段文字在沿襲前引《尋常小學國史》（教⑤）內容的同時，增加了一句評論：「始終堅持對等交往」，道出了「國書事件」的現實意義。1940 年出版的《小學國史》（教⑦）則將上述劃線部分改為「顯示了我國的國威」，暗示派往中國的「天皇的軍隊」將揚威海外。1943 年出版的戰前最後一部國定歷史教科書（教⑧）對國書事件作了如下富有文學色彩的描寫：

　　　　太子為平定新羅，很早即關注大陸，建立與支那之國交。此時支那之國名為隋，國力十分強大，藐視周邊諸國，擺架子，逞威風。然而，太子在小野妹子出使國書中毫不畏懼地寫道：日出處天子致書日落處天子，無恙乎。隋國國王氣得面紅耳赤，大發雷霆。不知是被為我國的氣概所震懾，還是想探知我國之情形，（隋煬帝）派使者前來答禮。太子自然不失威儀地迎接來使。為了壓倒隋國使節之氣勢，太子修建從飛鳥朝之國都通向難波港口之大道。在當時東亞各國中，唯有日本顯示如此威嚴。此後太子繼續派遣使節、留學生及僧人，對支那諸方面詳加研究。

　　教科書的編者將裴世清受煬帝之命前往倭國宣諭改成了「答禮」；將《日本書紀》中的「西天子」改成了「隋國的國王」；將倭國派遣使節和留學生向學習隋朝的先進文化，改成了聖德太子為平定新羅而「關注大陸」；將倭國對裴世清一行的盛情接待改成了日本在「東亞」各國中獨一無二的「國威」弘揚。如果說從前面幾部教科書中還可依稀辨認出聖德太子派遣使節和留學生是為了學習中國文化的話，那麼，在這部戰時版歷史教科書裏，使節和留學生搖身一變，成了「研究」中國問題的專家。這部教科書閉口不談朝鮮半島和中國內地對日本文化的影響，還配合「大東亞戰爭」的需要，對古代日本與東亞國家的交往史進行了文學式的再創造。例如，書中說到遣唐使一行五百人前往中國，乃是「為了向海外發展，不畏艱險地完成了使命」。又說孝德天皇為慶祝大佛即將建成，舉行盛大儀式，全國萬名僧人彙聚一堂，「支那、印度之名僧也不遠萬里前來，參列其間。正倉院寶物中，有大陸諸國傳來珍貴之物。由此可見，這一時期東亞交通大

開，位於東海之我國不失威儀地與東亞諸國交往」。[39]又説：「元明天皇時，滿州之渤海國國王仰慕我國，於聖武天皇時派遣使節，攜帶恭敬之國書與珍稀貢品前來。……奈良朝之天皇代代與東亞諸國交往，分享共榮之喜悦」。顯然，教科書的敍述已經遠遠脱離了既有的文本知識，將日本描寫成自古就受到東亞諸國仰慕的禮儀之邦。教科書對歷史的改寫，無疑旨在通過提高日本在古代東亞世界中的地位，襯托出日本在「大東亞共榮圈」中的盟主霸權。具有諷刺意味的是，編者似乎沒有意識到，這些敍述不過是在模仿中國古代的華夷秩序，本該抵抗的「他者」悄然地內化於「自我」之中。

結語

綜上可見，從1872年第一部歷史教科書的印行到1945年日本戰敗為止，日本的官方歷史教科書有關古代日本與中國關係的表述呈現出三個特徵：第一，將中國、朝鮮與日本之間的文化傳播與接受關係倒置為以日本為主、中國和朝鮮為屬的主從關係；第二，在有關大和王朝由氏族聯合政權轉向律令制中央集權國家的「大化改新」敍述中，向其提供制度資源的隋唐／中國被人為地隱去了；第三，這種旨在突出日本主體性的敍述，在對「國書事件」中聖德太子「對等外交」的渲染中得到充分展現。歷史教科書中所描繪的「從屬的」、「不在的」和「對等的」中國形象，彷彿一枚三棱鏡，折射出一個想像的古代日本的自我鏡像。

近代日本歷史教科書裏的自我形象並非憑空杜撰而來，而是有諸如《日本書紀》之類的「底本」（original）為憑依。教科書古代史部分「從屬的」、「不在的」中國敍述主要依據的是《日本書紀》的有關敍述。對於被《日本書紀》的編纂者隱去的「國書事件」，1920年以後的國定教科書截取《隋書》的記載，進行了新的詮釋。在教科書的編者們看來，重要的不是史實的傳承，而是借古喻今，構築國民對明治以後形成的天皇制國家的認同。基於這一要求，中國和朝鮮自然而然地成為被排斥的「他者」。教科書所敍述的「過去」，為配合「現在」的意識形態之需要而不斷被修改，其原因亦在於此。有意思的是，伴隨日本近代國家由民

39《初等科國史》，載《日本教科書大系》（文部省編纂發行，1942），第20卷，《歷史》（三），頁265。

族國家向帝國的膨脹，民族國家同一性的訴求無法涵蓋殖民地的內在「差異性」，於是，在「大東亞戰爭」後期，教科書為讀者描繪了了一幅「萬邦來朝」的景象。與其它任何時期的教科書相比，戰時版教科書的歷史表述，增添了更多想像的成分。

　　明治以後由日本政府文部省刊行的日本史教科書中表述的歷史，是近代民族國家之歷史（national history），教科書關於過去的敍述，是直接由國家規定的官方知識（official knowledge）。天皇制國家出於國民統合的政治需要，通過「國史」敍述對「自我」進行正當化。為維持自身的同一性而強調現在與過去之間的關聯，「自我」的正當化除了強調自我的獨特性之外，往往還伴隨着對「他者」的低估、無視、歪曲或否定。如果去除「日本」這一修飾語的話，可以說，這是近代許多國家發行的歷史教科書的共同特徵。因此，今天有必要對近代國家意志下書寫的歷史、尤其是對擁有大量讀者的歷史教科書進行批判性閱讀。如果沒有這種自覺，即使不是戰前皇國史教科書所塑造的日本人，也有可能繼承皇國史觀而對歷史進行重複再生產。麻生太郎將古代以來中日關係史描繪成一部長達 1500 年的交惡史，恰好說明了這一點。

近代中日的「滿蒙」論爭
——知識與政治為面向的考察

林志宏
中央研究院近代史研究所

前言

1939 年 2 月，顧頡剛（1893-1980）發表〈中華民族是一個〉，宣稱中國自古以來只有文化融合問題，沒有種族之別。該篇文章開頭便點出要旨：「凡是中國人都是中華民族……我們絕不該再析出什麼民族——從今以後大家應當留神使用這『民族』二字。」至於時人所謂的漢、滿、蒙、回、藏等「五大民族」之名，顧氏認為這是國人作繭自縛；他建議大家應該盡量避免濫用「民族」兩字，否則將會「中了帝國主義者的圈套」，結果造成邊疆分化的危機。顧頡剛甚至在文中還刻意模仿了法國羅蘭夫人（Marie-Jeanne de la Platiere, 1754-1793）的話，比喻「民族」形同誤國的工具，説：「民族，民族，世界上多少罪惡假汝之名以行！」[1]

這一篇省思民族關係的文字，既非顧頡剛本人突發奇想下的產物，也不是他首次針對類似主題所公開的言論。如同多次反覆檢討自己研治古史的歷程一樣，顧氏不只一回闡明為何要留心到族群與邊疆的課題。[2] 當中更饒富趣味的是，〈中

---

1 這篇文章最先是在《益世報·邊疆週刊》的第 9 期發表，後又略改在其他刊物出版。參見顧頡剛：〈中華民族是一個〉，《寶樹園文存》（北京：中華書局，2011），卷 4，頁 94-108。特別是關於「民族假汝之名」的那一段話，請見頁 100。

2 顧頡剛在日記裏自承：「作〈中華民族是一個〉，……孟真來函，責備我在《益世報》辦《邊疆周刊》，登載文字多分析中華民族為若干民族，足以啟分裂之或，因寫此文以告國人，此為久蓄於我心之問題，故寫起來並不難也。」顧頡剛：《顧頡剛日記》（台北：聯經出版公司，2007），卷 4，頁 197，1939 年 2 月 7 日條。

華民族是一個〉毋寧為抗戰時期有關「民族」論點裏的一種聲音。[3] 它的出現正值國民政府高唱「抗戰建國」口號之際，中央決議設置「邊疆部」，成為動員民眾的利器；而顧適時以學者身份出面建言，也多少呼應了現實景況。他的民族論調說明中日戰爭絕非僅止於兩國政治、軍事衝突而已，還牽涉到更深層的內涵：中國到底要如何蛻變成現代民族國家（nation-state），以因應戰爭的需要？顧頡剛的看法激發吾人應該重新看待這場戰爭背後所呈現的意義。

事實上，中日戰爭的「民族」課題，最早源自戰前對「滿蒙」之地域論爭及認識而來。「滿蒙」成為爭議洵非一朝一夕之故，這項被創造出來的政治地理名詞，是 1904 年日俄戰爭爆發後產生的結果。由於日本獲勝，取得了中國東北的各項權益，嗣後遂以遼東、朝鮮兩半島為前進基地，開展「大陸政策」。在向外擴張的同時，為了釐清帝國本身的地理環境和勢力範圍，日本於是加以界定鄰近地區，形成一套認知與「對外觀」。「滿蒙」即伴隨日本的「大陸政策」發展，成為特定時空場域所形塑之名詞。[4] 直到 1920 年代後半期，它才形成中日兩國雙方爭論的焦點。

戰後「滿蒙」一詞儘管已成歷史，惟仍受學界矚目。1960 年代栗原健（1911-2005）的《對滿蒙政策史の一面》，[5] 即為相關綜合性論著。不過可惜的是，該書多採電報的內容來分析，而且僅觀察日本政府之動向，忽略了其他方面的資料，以致存有缺陷。直到最近，日本學者中見立夫則從個別的史實出發，檢討「滿蒙」究竟怎樣慢慢形成一套地域研究的課題。[6] 本文並無意要回顧這個名詞的整個流變

3　有關當時許多人的討論內容，請見吳啟訥：〈中華民族宗族論與中華民國的邊疆自治實踐〉，收入黃自進、潘光哲主編：《蔣介石與現代中國的形塑》（台北：中央研究院近代史研究所，2013），第一冊：領袖的淬鍊，頁 176-177；汪洪亮：《民國時期的邊政與邊政學（1931-1948）》（北京：人民出版社，2014），頁 69-74。

4　最先探討日人在中國東北發展的朱偰（1907-1968）便說：「滿蒙問題者，一般習用之名詞，而非學術上之用語也。嚴格言之，滿蒙問題實為滿洲問題。」誠如近人討論指稱，「滿蒙」最先講的是「南滿洲」與「內蒙古東部」；1912 年 7 月的〈第三次日俄協約〉將內蒙古劃為東、西兩部，此後日本的外交文書也多半沿用，以取代昔日所稱的「滿洲」。1915 年〈二十一條要求〉簽訂與第一次大戰期間，代表這兩個區域的「滿蒙」更屢見於外交場合。上述討論見朱偰：《所謂滿蒙問題》，《日本侵略滿蒙之研究》（上海：商務印書館，1930），頁 1；鈴木仁麗：《滿洲國と內モンゴル ── 滿蒙政策から興安省統治へ》（東京：明石書店，2012），頁 66-84。

5　栗原健：《對滿蒙政策史の一面：日露戰後より大正期にいたる》（東京：原書房，1966）。

6　特別有關「滿洲」、「滿蒙」、「蒙疆」、「東亞」的演變，可見中見立夫：《「滿蒙問題」の歷史的構圖》（東京：東京大學出版會，2013），頁 15-18。

過程，筆者只打算從知識的面向出發，嘗試考量「邊疆」中的政治因素。通過中國方面的報紙、書刊等言論文字裏有關「滿蒙」之爭議，重新釐清中日的族群治理及其背後的「帝國」（empire）思維。換言之，對筆者來說，「滿蒙」的論爭既來自歷史意識形態之角力，又是一場知識與權力相互競逐的場域。在此筆者希冀進行探討，究明其中知識的「政治性」課題。

中日對「邊疆」的不同認識

一、文化民族主義 vs. 文化帝國主義

　　「滿蒙」所引發的意涵之一，是兩個帝國對外擴張及其對邊疆不同的理解。先就中國來說，這個古典帝國在二十世紀形成民族國家之際，有必要重新界定傳統的「夷夏之辨」，並維持族群和諧及利益分配的關係。[7] 然而，統治多民族的中國末代王朝——滿清帝國，十九世紀以降不僅受到國際外交之挫敗，還有來自內部族群的挑戰；特別身為「異族」統治者的滿族，難以說服國內被統治且為數最多的漢族，惟有藉由「文化民族主義」（cultural nationalism），不斷強調己身之合法性。最鮮明的證例，是 1850-1870 年代的太平天國之亂與洋務運動。在內憂外患之下，滿人雖為血統上的「異族」，可是透過官方政令宣導，強調傳統儒家思想價值，文化上卻更趨近於「漢化」，發展一場所謂「中興」的運動。[8] 這場運動挽救了滿清頹勢，使得政權繼續維持到二十世紀初期。直到清帝遜位、中華民國建立以後，以「文化民族主義」融合的原則並未因政隨人轉而消失，仍被繼續標舉為「五族共和」的理想。為了謀求族群間的和諧，民國政府乃至中共建政後，還是以追求多元文化內容之「中華民族」為目標。[9]

7　中國意識到自己是多民族的國家，並以此產生爭論，參見松本真澄：《中國民族政策の研究：清末から 1945 年での「民族論」を中心に》（東京：多賀，1999），中譯本見 2003 年由北京的民族出版社出版；王柯：《20 世紀中國の國家建設と「民族」》（東京：東京大學出版會，2006）。

8　Mary Clabaugh Wright, *The Last Stand of Chinese Conservatism: the T'ung-chih Restoration, 1862-1874* (Stanford, Calif.: Stanford University Press, 1957), pp. 52-53.

9　Edward J. M. Rhoads, *Manchus and Han: Ethnic Relations and political Power in Late Qing and Early Republican China, 1861-1928* (Seattle: University of Washington Press, 2000).

　　不同於中國強調的民族融合、一統的主張，日本則以「文化帝國主義」（cultural imperialism）為原則，宣揚「道德」、「共榮」等口號，呼籲東亞各族團結。並且，經由訴諸「亞洲主義」（Pan-Asianism），日本高喊聯合其他弱小民國或國家，共同抵禦西方列強的殖民，目的企望超越以西方為中心的「近代」。回顧該理念，必須從近代日本帝國向外擴張的歷史背景視之。為了遮蔽自己在東亞地區的擴張及侵略，1920 年代日本以此原則進行國際外交，邁向所謂「民族帝國」（Nation-Empire）之途。[10] 其實類似思維不獨日本有之，二十世紀初期中國的梁啟超（1873-1929）、李大釗（1889-1927）、孫中山（1866-1925）等人，亦有相同的關懷。[11] 但有意思的是，如此作為「反帝國」的帝國主義，日本係以迂迴的方式達其目標；即藉由解除東亞各國的民族意識或去民族化手段，完成建立所謂「東亞民族」之理想。更確切說，是滿足了日本野心，促成其「帝國想像」。

　　中日既對生存發展的思維相違，所以有關「滿蒙」及「邊疆」的認識也就不同。至少對中國來說，「滿蒙」為統一框架下的族群之別，屬於靜態的名詞；而日本卻視為地理及歷史的意涵，是賦予意義的動詞。因此，從 1927 年南京的國民政府成立之後，一直要到戰前十年的期間，雙方便為「滿蒙」的正名發生過數次爭議。

―――――――――――――――――――――――――――――――――――――――

10 所謂「民族帝國」／「國民帝國」，是山室信一針對日本帝國統治特色提出的看法。他從法律的統合及差別為角度，勾勒戰前日本如何對國內（內地）、殖民地或佔領區（外地）進行有效統治；換言之，與海權國家的近代帝國主義有所不同，日本帝國之發展目標為建構以大和民族中心的「東亞民族」或「共榮圈」。見山室信一著，陳姃湲譯，鍾淑敏校正：《國民帝國日本的異法域統合與差別》，《台灣史研究》，第 16 卷第 2 期（2009 年 6 月），頁 1-22。

11 據近人分析，日本的「亞洲主義」源自 1862 年勝海舟主張合縱連橫鄰近諸國家和民族，共同抵抗西洋文明和列強威脅。嗣後隨著論述者的立場和國際情勢的變化，內容則有所改變。像是日俄戰爭後，「亞洲主義」即以日本擔任東亞盟主為前提，構築所謂「新秩序」。受到第一次世界大戰的影響，東亞地區其他的國家、族群紛紛倡導「民族自決」，希望擺脫殖民統治，因此「亞洲主義」口號一時之間風起雲湧。惟不同處，中國方面展開「亞洲主義」的思考，儘管肯定聯合近鄰的弱小民族以對抗殖民霸權，卻也批判日本藉此名詞作為「併吞中國主義的隱語」（李大釗）。至於「亞洲主義」的研究汗牛充棟，當中發展所涉及的地域不一，且內容相當複雜，此處無法詳述。筆者對中、日爭論的說明，主要參考葛兆光：〈想像的和實際的：誰認同「亞洲」？ ── 關於晚清至民初日本與中國的「亞洲主義」言說〉，《宅茲中國：重建有關「中國」的歷史論述》（台北：聯經出版公司，2011），頁 194-196；吉澤誠一郎：〈近代中國におけるアジア主義の諸相〉，收入松浦正孝編：《アジア主義は何を語るのか ──記憶・權力・價值》（京都：ミネルヴァ書房，2013），頁 294-314。除了中國、日本的知識份子以外，不少學者的討論還擴展到朝鮮、印度、東南亞、伊斯蘭教世界等地區，而且時間上也從戰前、戰時延續至戰後之變遷。譬如最近的一本「廣域比較研究」分析，集合了多位學者完成，可見松浦正孝編：《アジア主義は何を語るのか ── 記憶・權力・價值》。

譬如，中國輿論方面許多字裏行間，特別關注到「滿洲」、蒙古並稱的問題，認為這種任意切割原來中國的地理知識範疇，是嶄新的方式。正如論者所觀察的那樣，日本藉着「巧用名詞，以資蒙混」，「誠為侵略手段之翻新」。[12] 有人便謂：

> 夫彼所謂南滿、所謂東蒙，皆非我國地理上固有之名詞。名從主人之謂何，
> 彼南滿之，我亦從而南滿之；彼東蒙之，我亦從東蒙之而已。[13]

1927 年 6 月，東京召開「東方會議」，日本首相田中義一（1864-1929）更在〈對支政策綱領〉強化了「中國本土與滿蒙之不同」。於是留日學生公開強調「東三省乃中國之行省也，蒙古乃中國之領土也」。他們甚至還點明日本作法只是效習過去吞併朝鮮之行徑：即先求「獨立」之名，而後行「合併」之實。如今故意將邊疆領土與中國本土分開，稱之曰「滿蒙」，目的亦復如是，「今田中竟毫不容客氣於其對華訓示中，使中國本土與滿蒙分而為二，是田中直不承認為吾國所有矣！」[14]

日本將中國邊疆地區「去國族化」，從而提供侵略的正當性，早為中國方面有識之士監察。因此，有人撰文訴諸政府應該重視主權，以國家有效治理的概念來區別「滿蒙」爭議。像是有人明言：「究問日人何以認此種竊盜的侵略行為為正當，而造成彼邦一般國民一致之野心，則更有其理論的重大根據在焉。此種理論的根據為何？則對於中國之邊疆區域，否認為中華民國之領土是也。」[15] 甚至還有專門論著為此聲明：「所謂南滿洲及東部內蒙古，皆非我國現今所用之地理名稱。我國僅知有遼、吉、黑三省，不知有滿洲；我國僅知有熱河、察哈爾、綏遠、甘肅，不知有內蒙古」，通過民國政府的行政省區規劃，道破中日對此「邊疆」認知上的差異。又云：「日人故用此等不確定之名稱，希圖蒙混，其詐亦已甚矣！故所謂滿蒙問題，實為不正確之名詞。」[16]

---

12 君度：〈日本侵略滿蒙史鳥瞰（續）〉，《燕大月刊》，第 1 卷第 3 期（1927 年 10 月），頁 1-3。

13 摶沙：〈國民擁護滿蒙國權大同盟宣言〉，《曉光週刊》，滿蒙問題專號（1927 年 12 月），頁 1。個別標點偶有更易。

14 中國留日學生協進會：〈為日本田中內閣之新對滿蒙策泣告全國父老兄弟書〉，《醒獅週報》，第 142-143 期（1927 年 8 月），頁 12。

15 鍾歷陽：〈日人侵略滿蒙之理論的根據與其謬誤〉，《清華周刊》，第 29 卷第 13 期（1928 年 5 月），頁 886。個別標點偶有更易。

16 朱偰：〈所謂滿蒙問題〉，《日本侵略滿蒙之研究》（上海：商務印書館，1930），頁 1-2。

確知「彼故意沿用歷史上過去名詞，稱我東北為滿蒙，世界各國更都呼為滿蒙，於是我領土之主權，遂若發生疑問」，[17] 逐漸成為中國民眾對東三省的認識，故改口逕稱為「東北」，亦即「國境東北」之意。特別在商界，使用「東北」兩字命名甚多，如遼寧有東北飯店、東北銀行、東北大學，用意在於避免滿洲劃為中國版圖之外，且擔心人云亦云，造成潛移默化的結果。[18]

二、「文化戰爭」與「正名」

「滿蒙」爭議最令大家熟悉的，便是日本學者矢野仁一（1872-1970）提出「滿洲非支那」論，結果引來中國學者駁斥。矢野本為京都帝國大學教授；1920年他最先是從梁啓超談論中國領土主權問題上衍生出「支那無國境論」，批判中國欠缺近代國家的疆域概念。之後，又接連發表〈支那は國に非る論〉、〈滿蒙藏は支那本來の領土に非る論〉等，[19] 公開指稱「中國≠清」、「中國＝漢民族的區域」，而邊疆民族應保有獨立的自治權。這樣的見解既否定「五族共和」的內容，也間接否定了從辛亥革命建立之中華民國政府主權。矢野仁一的論點後來還被引用在傳說的〈田中奏議〉及石原莞爾（1889-1949）的「滿蒙領有論」裏，因此聲名大噪。更具象徵意義是：1931年「九·一八」事變發生，乃至隔年建立「滿洲國」，矢野的立論還進一步獲致政治上的實踐。結果是國際聯盟（League of Nations）派遣李頓調查團（The Lytton Commission）來華，雙方仍爭論未休；日本即以「特殊地位」為由，強調支配滿洲及東蒙的正當性。[20]

當然，並非沒有日本學者質疑矢野的主張，[21] 不過，中國的反彈顯得更為激

---

17 〈研究東北（二）〉，《申報》，1931年7月17日，第8版。

18 高崇民：〈東北魂〉，高崇民詩文選集編委會編：《高崇民詩文選集》（瀋陽：瀋陽出版社，1991），頁11。原文刊載於1934年9月28日。

19 這些文章均收在矢野仁一：《近代支那論》（京都：弘文堂書房，1923）之中。

20 相關討論參見河西晃祐：〈「歷史」·「外交」·「主體」——「滿洲」歸屬問題をめぐる日中歷史學論爭〉，《東北學院大學東北文化研究所紀要》，第38號（2006年11月），頁124-196。葉碧苓：〈九一八事變後中國史學界對日本「滿蒙論」之駁斥——以《東北史綱》第一卷為中心之探討〉，《國史館學術集刊》，第11期（2007年3月），頁120-121、127-129。

21 譬如柴三九男、松井等便是其例，見清水美紀：〈1930年代の「東北」地域概念の形成——日中歷史學者の論爭を中心として〉，《日本植民地研究》，第15期（2003年），頁45；井上直樹：《帝國日本と「滿鮮史」：大陸政策と朝鮮·滿州認識》（東京：塙書房，2013），頁187、190。

烈。就在滿洲國成立前夕，以傅斯年（1896-1950）為首的學者們身先士卒，計劃出版《東北史綱》（實際上只有第一卷的古代之東北發行，以下行文簡稱「《史綱》」），申辯該地區自古即為中國所有。傅氏為當時中國最高學術機關──中央研究院歷史語言研究所的所長，也是位極具濃厚民族情感的史家。他一生相當重視研究要兼顧「史實」和「民族尊嚴」，並且有過多次的抉擇；[22]《史綱》其實是傅氏眼見日本發動侵華戰事、片面支持偽政權後傳達的不滿。該書甚至聯合其他青壯學者──包括方壯猷（1902-1970）、徐中舒（1898-1991）、蕭一山（1902-1978）、蔣廷黻（1895-1965）等人共同撰寫，是在「救國」心態下所完成的作品。為了能夠影響輿論和視聽，書中若干篇幅也委請李濟（1896-1979）擔任節譯，以英文發表，提供給國際聯盟調查團。[23]

　　整體說來，《史綱》毋寧代表國家政府的立場發聲，進行一場所謂的「文化戰爭」。[24]傅斯年給顧維鈞（1888-1985）的信裏，毫無保留地指稱：

> 此書意義在於證明：三千年中滿州幾永為中國領土，日人所謂「滿州在歷史上非支那領土」，實妄說也。[25]

同時也如近人形容那樣，該書首開先例，「是中國史學界第一次有計劃研究東北

---

22 傅樂成（1922-1984）便表示：傅斯年認為政治固不應支配學術，但如果某種學術對國家民族有所為害，則政府要加以取締。實際上，有不少新派的歷史學者碰觸類似情況，也造成傅氏反對。傅樂成：〈傅孟真先生的民族思想〉，載氏著：《傅孟真先生年譜》（台北：傳記文學出版社，1979），頁125。類似討論亦見王汎森：〈價值與事實的分離？──民國的新史學及其批評者〉，《中國近代思想與學術的系譜》（台北：聯經出版公司，2003），頁439-441、445-446。

23 〈傅斯年致蔡元培、楊銓（1932年2月6日）〉，載王汎森、潘光哲、吳政上編：《傅斯年遺札》（台北：中央研究院歷史語言研究所，2011），頁391。相關討論見清水美紀：〈1930年代の「東北」地域概念の形成──日中歷史學者の論爭を中心として〉，頁45；葉碧苓：〈九一八事變後中國史學界對日本「滿蒙論」之駁斥──以《東北史綱》第一卷為中心之探討〉，頁120-121、127-129。

24 「文化戰爭」語自陶希聖（1899-1988）的看法，《史綱》當然也引起其他中國學界不同的聲音。見 Wang Fan-sen, *Fu Ssu-nien: A Life in Chinese History and Politics* (Cambridge: Cambridge University Press, 2000), p.149-152，中譯本見王汎森著，王曉冰譯：《傅斯年：中國近代歷史與政治中的個體生命》（台北：聯經出版事業有限公司，2013），頁184-189）。

25 〈傅斯年致顧維鈞（1932年3月20日）〉，收入王汎森、潘光哲、吳政上編：《傅斯年遺札》，頁394。個別標點偶有更易。

的歷史」。[26] 然而，這部研究論著還有兩項特點，應該要特別提出。第一、此書多半援引古籍文獻，特別是有關明清史料。如〈卷首·引語〉提到：「本編所用材料，在前代者，以正史及通鑑為正宗，近年吾國學人所考輯者，亦頗引用。關於明清兩代者，新發見之材料頗多，持以實證，當感興會」，顯見書中最要緊的目的，是把東北歷史時限上溯至十五世紀，涵蓋整個明清時期。經由掌握時間向度，證實中國確曾擁有該地。第二、傅斯年刻意使用「東北」一詞作為書名，不採滿洲，目的以別於日人說法，原因乃係清代官書未見使用，而通行的滿洲為「借侵略中國以造『勢力範圍』之風氣而起」。[27] 從上述的兩點得悉，《史綱》無疑為迫於政治與現實境況而發，也是在「心緒煩亂」（傅斯年語）之下、不免充斥主觀見解的作品。

而中日學界即於搶奪「滿蒙」的解釋權之中，紛紛展開筆戰。日本方面《歷史學研究》特別出版「滿洲史研究」專號，三島一公開指稱滿洲國大部分領土並非在明代時期歸屬中國所有，為此強加比附為「東北」的中國史家，不免顯得矛盾而歪曲事實。[28] 至於中國方面，則有許多文化界人士跟着呼應，表態支持《史綱》的見解。例如邵循正（1909-1972）、鄭鶴聲（1901-1989）等學者，陸續撰文給予該書正面評價；而由顧頡剛創辦的《禹貢》半月刊（主要是第 6 卷第 3-4 合期）和金毓黻（1887-1962）的《東北通史》，非但撰文延續《史綱》論述，還以純學術觀點介紹日方鑽研「滿蒙」之動態。[29]

在公共場域中，編印「邊疆問題」專號的報刊則此起彼落，亦因日人對「滿蒙」的處心積慮，廣獲重視。[30] 有人更發起「正名」之舉，宣稱：

---

26 葉碧苓：〈九一八事變後中國史學界對日本「滿蒙論」之駁斥 —— 以《東北史綱》第一卷為中心之探討〉，頁 122。

27 上述引文均見傅斯年：《東北史綱》（北平：中央研究院歷史語言研究所，1932）：〈卷首·引語〉，頁 2-3。

28 三島一：〈滿洲史研究序說〉，《歷史學研究》，第 5 卷第 2 號（1935 年 12 月），頁 3。

29 討論均見清水美紀：〈1930 年代の「東北」地域概念の形成 —— 日中歷史學者の論爭を中心として〉，頁 45-48；葉碧苓：〈九一八事變後中國史學界對日本「滿蒙論」之駁斥 —— 以《東北史綱》第一卷為中心之探討〉，頁 130-135。

30 許多這方面文章經常是錄自大學課堂的修習論文。例如朱馭歐的〈日本侵略滿蒙的經濟政策〉一文節裁成短文付印，並徵得作者的同意，見朱馭歐：〈日本侵華滿蒙史述及所訂一切不平等條約〉，《清華周刊》，第 30 卷第 8 期（1928 年 12 月），頁 38，編者按語。

吾人今日所稱之「東北」，實包括遼寧、吉林、黑龍江、熱河四省區，以其位於東北部，故稱為「東北」；「滿蒙」、「滿洲」為我歷史上過去之名稱，既不應沿用，而包括東北之範圍與內蒙古聯為一辭，稱曰「滿蒙」，視為特殊區域，尤無理由。所謂「北滿」即我東北之北部；「南滿」即我東北之南部；至於「關東州」即我之遼寧半島或全縣；「附屬地」即南滿鐵道兩側之「借用地」。凡此諸詞，自其表面觀之，雖無關重要，而相沿相襲，積非成是，數典忘祖，寖且在吾人之意識中，將不復知「滿蒙」之即我遼、吉、黑、熱，不復知其為我國土。所謂「滿蒙」，其地儼然與我國劃分為一獨立之特殊區域。日人之用意，即在於是，即在於蒙混國際之耳目，使承認我東北為其「特權地」，並模糊我國人之意識，使無形承認東北為一特殊部落。

該文的結論並説到：

彼數十年來稱我東北為「滿蒙」，即為今日事實之張本。日人之謀我東北，真有若水銀瀉地，無孔不入；其一言一動，無不有其用心，國人其注意，世界人士其注意。故今後我國人亟應斷然屏置日人所謂「滿蒙」、「北滿」、「南滿」、「關東州」、「附屬地」等偽名，不復沿用，以正世界之視聽，以擊破日人之陰謀。[31]

中國官方最終也因應對「邊疆」説法，拒斥使用「滿蒙」等一類不符現狀的詞彙。如「九‧一八」事變後，執政的中國國民黨上海市執行委員會便發出通函，指出「滿洲、滿蒙、南滿、北滿等字樣，是日人對我東省有作用之名稱，蓋欲我東北與中部各省化分畛域，使失五族團結之精神，而達其大陸北進政策之目的」；為了凝聚民眾的團結意識，主張「嗣後對於東三省之稱謂，應一律用遼寧、吉林、黑龍江之名稱，以端視聽，免中奸計」。[32] 總之，這場論爭使得中日兩國各界對地理疆域有了全新的認知；他們站在各自不同的立場，重新檢視自我的民族和國家定位。特別是隨之而來的華北自治區及內蒙獨立問題，也得到許多人在現實與歷史之間的關注。經由探討「滿蒙」爭議，可知追索中國「邊疆」形成時，日本方面帶來的影響和意義。換句話說，在形塑現代民族國家之際，不獨有自我共同體的想像，還有通過「他者」的知識生產、認識之後，認同的價值才逐漸激

31〈「滿蒙」正名〉，《申報》，1931 年 10 月 9 日，第 8 版。個別標點偶有更易。
32〈日人分化我東北名稱，國人應予糾正〉，《申報》，1931 年 11 月 7 日，第 14 版。

發而成。

政治因素之中的「滿蒙」論述

一、實踐「特殊權益」的策略

　　相較於日本，中國留意到「滿蒙」問題並非很早開始。由於民初擾攘，社會輿論焦點大都放在政局上，極少洞悉東鄰日本方面的意向；直至 1920 年代中葉，受到一連串排日風潮高漲後，外交與主權的問題日趨嚴重，使得中國民眾開始關注「滿蒙」。[33] 然而對日本來說並非如此，掌握「滿蒙」猶如與西方列強進行爭奪中國經濟市場，同時關乎帝國本身在東亞地區未來的發展藍圖。為了掌握有利形勢，日本宣稱對這塊廣大的地域具有「特殊權益」，有別於英、美各國以「機會均等」的口號來瓜分中國。用當時人們的觀察，其實這是各懷鬼胎；「列強的目的，在使滿蒙門戶開放；而日本的目的，則是要使滿蒙由特殊地位而變為新領土」。因此，日方是透過獨佔「滿蒙」，達成真正侵略之目標。[34] 至於日本又是如何經營「滿蒙」呢？以下嘗試闡明其策略。

　　首先是機構的建置。尤其南滿鐵道株式會社（以下行文簡稱「滿鐵」）扮演關鍵角色，是「滿蒙」課題中的「侵略工具」。滿鐵係以殖民需要而設立，其調查機關之研究，近年獲得學界的重視與討論。[35] 實際上早自 1920 年代，滿鐵的各項調查報告及內容，便已被廣泛徵引為據。當時有關「滿蒙」土地與人口的報導，引用材料即來自滿鐵之研究。至於滿鐵地位，好比是英國殖民印度時期所成立的東印度公司。〈日本滿蒙政策之分析觀〉一文即如此論道：

---

33 〈記載・時局紛擾中之滿蒙觀〉，《學生》，第 3 卷第 6 號（1916 年 6 月），頁 32。筆者曾以「全國報刊索引」電子資料庫查閱「滿蒙」二字為題的文章，發現 1833 年至 1920 年僅有 135 條，但 1920 年至 1945 年則有 799 條，比例相差懸殊。這一方面說明「滿蒙」一詞受到人為創造的影響很大，另一方面也顯示中國人關注的程度與日俱增。

34 王先強：〈所謂特殊地位的滿蒙問題〉，《新生命》，第 1 卷第 7 號（1928 年 7 月），頁 3。

35 有關這方面比較全面性的討論，不妨參考末廣昭：〈アジア調査の系譜 —— 滿鐵調查部からアジア經濟研究所へ〉，載末廣昭編：《「帝國」日本學知　第 6 卷 地域研究としてのアジア》（東京：岩波書店，2006），頁 22-66。

所謂滿蒙之日本利權，已如水銀瀉地，無孔不入。若悉本其計劃而着着進行，則滿蒙之前途，誠有不堪設想矣。東印度公司之前車可鑒，吾國人將何以處之，實今日之一大問題也。[36]

是以滿鐵猶如東印度公司，如網狀向四處設立分支以行侵略；而「滿蒙」之於日本，就像印度之於英國，不分軒輊。[37] 梁嘉彬（1910-1995）也直接把滿鐵視為日本侵略之元兇：

以滿洲為投資場所者，南滿鐵路公司也；以滿洲為市場者，南滿鐵路公司也；以滿洲為原料勞力之供給者，南滿鐵路公司也；以滿洲為殖民地者，南滿鐵路公司也。吾人可不以彼為敵者哉！吾嘗謂在滿倡反對日本，實不如倡反對南滿鐵路公司之為切當，信非無故。[38]

　　其次應該留意到戰前日本的機關組織改革，重新將「滿蒙」描述成為一處「拓殖」的地方。1929 年，由於「外地」擴張與移民事業之需求，日本帝國政府特別設立拓務省，專門負責經營殖民地、佔領地的所有事業，同時負責監督、指揮滿鐵等相關機構。[39] 拓殖政策除了是與日本國內殖民的工作密切相關外，還配合有關現實條件的因素。以中國東北來說，原本日本希望經由移民的方式，每年輸往「滿蒙」地區八十萬人口，可是歷經二十年，成效仍然不彰。根據統計，總數僅止於二十萬人左右，其中所佔比例微乎其微。這種情形與來自華北、山東半島

36 靜如：〈日本滿蒙政策之分析觀〉，《銀行週報》，第 11 卷第 35 號（1927 年 9 月），頁 13。

37 郭昌錦：〈日帝國主義下之滿蒙〉，《現代中國雜誌》，第 1 卷第 4 期（1922 年 6 月），頁 57；政均：〈日俄侵略滿蒙設施的點滴〉，《京報副刊》，第 256-285 期（1925 年 9 月），頁 42 也說：「名義是一個鐵路公司，實際是一個無所不調查、無所不進行侵略機關。這可不是東印度公司第二麼？」

38 梁嘉彬：〈日本滿洲兩路侵略主義及應付方略之研究〉，《國聞週報》，第 6 卷第 1 期（1928 年 12 月），頁 5。

39 拓務省設置之經緯，請見山崎丹照：《外地統治機構の研究》（東京：高山書院，1943），頁 24-40。有關中國輿論對此的反應，可參考〈世界經濟要聞・日本政府決設拓殖部，掌理關於滿蒙等地之事務〉，《銀行週報》，第 11 卷第 39 期（1927 年 10 月），頁 23-24。

湧入「闖關東」的廉價華工比較起來，[40] 不免相形失色；於是日本帝國主義擴張原則，遂把「移殖」理想改為「拓殖」目標，任由國內巨型資本的財團進行投資與開發，直接招募中國當地勞工。而為了弭平國內多數無產階層的反對聲浪，並且掩飾帝國對移民政策的不力，還宣稱「拓殖」乃為「超黨派」之舉。[41]

　　至於隱藏在「拓殖」背後的殖民思維，並非沒有消散，還具體而微地體現在帝國舉辦的博覽會之中，也招致中國抗議。博覽會成為現代國家展演的文化性文本，固然有其政治意涵；它不僅融合了帝國主義、消費社會、大眾娛樂等要素，也是「帝國」內對異文化複雜面向的理解及國力的展現。[42] 1928 年 9 月，日本名古屋預備在該市中央的鶴舞宮舉辦博覽會，不僅有全國的三十八府縣參加，還有北海道廳、台灣、朝鮮等諸館，此外並設一「滿蒙館」，置於日本屬地之列。此舉深具政治意味，故駐日公使汪榮寶（1878-1933）特別提出嚴重抗議。[43] 事實上，這已非第一次出現的個案，[44] 但此時評論者的說法似乎更加值得注意，呼籲必須趕緊籌思解決之道。如一篇名為〈日本把滿蒙當殖民地〉的文章中謂：「試看旅大一隅之租借地，日本特別冠以新名，成為關東州，其不復以中國領土視之，已屬顯而易見。明白日本人對滿蒙的心理，便知滿蒙問題是今後中國民族對外問題之最重大而困難的一個。日本的博覽會，把滿蒙列為殖民地，不過是日本傳統的滿蒙政策的表現，僅僅一道形式的抗議有何效用？」[45]

　　在民族國家的統一呼聲下，中國知識份子與南京國府也尋求各種交涉辦法，

---

40 有關「闖關東」的研究相當地多，茲舉要者，見趙中孚：〈近代東三省移民問題之研究〉，《中央研究院近代史研究所集刊》，第 4 期（1974 年 12 月），頁 613-664；林建發：〈苦力：季節性移民與中國東北社會變遷（1860-1940s）〉（台北：國立台灣師範大學歷史研究所博士論文，1998，未刊稿）；Thomas R. Gottschang and Diana Lary, *Swallows and Settlers: The Great Migration from North China to Manchuria* (Ann Arbor: Center for Chinese Studies, The University of Michigan, 2000)；高樂才：《近代中國東北移民研究》（北京：商務印書館，2010）。

41 郭昌錦：〈日帝國主義下之滿蒙〉，頁 63；純：〈時事短評‧日本把滿蒙當殖民地〉，《現代評論》，第 8 卷第 199 期（1928 年 9 月），頁 2；〈日人謀我東北益急，超黨派的滿蒙經營，大財閥為背景〉，《申報》，1931 年 4 月 23 日，第 9 版。

42 吉見俊哉著，蘇碩斌等譯：《博覽會的政治學》（台北：群學出版有限公司，2010），頁 15-22。以日本帝國為例的分析，請見松田京子：《帝國の視線：博覽會と異文化表象》（東京：吉川弘文館，2003），頁 166-179。

43 〈國際經濟‧日本視滿蒙如殖民地之可惡〉，《銀行月刊》，第 8 卷第 9 期（1928 年 9 月），頁 2-3。

44 吉見俊哉：《博覽會的政治學》，頁 215。

45 純：〈時事短評‧日本把滿蒙當殖民地〉，頁 2。

嘗試為「滿蒙」問題解套。較多方案要求訴諸於主權，藉此阻撓日本在東北的鐵
路修築，進一步則是移民實邊。[46] 有關前者，直到「九．一八」事變前，國府以
「收回國權」為由，恢復航行和鐵路路權，致力修築奉天海龍線、海龍吉林線、
齊密哈爾克山線、呼蘭海倫線、打虎山通遼線等；又制定通運聯絡，以營口或葫
蘆島為海港，與日方競爭。[47] 日本外務省對此採取「壓迫」應對，提出「新滿蒙
政策」，一面強調「共存共榮」，另一方面透過軍方增兵，以求退讓。[48]

　　「九．一八」事變發生後，「滿蒙」論述復由田中義一提出〈對支政策綱領〉
和鼓動下，強化成為凝聚中國民族意識的利器。例如，中國國民黨上海市黨部將
日本侵略東北之詳情經過，編印成實錄一大厚冊，進行宣傳，內容包括「日本襲
寇我東北暴行之真相、嗾使東北獨立之陰謀、國際聯盟處理東北事件之經過，及
調際間之輿論等」。媒體並標明索閱者只須附郵票，逕可函取。[49] 至於坊間之熱烈
情況，由新聲通訊社印製《日本田中內閣積極侵略滿蒙政策》一書可知。此書共
有二十六章，明言「關於政治、軍事、經濟、文化、交通各項侵略政策」；而且
該書先後歷經三次付印，足見頗「引起國人之注意」。報載在短短兩個月內，印
有二十萬冊，甚至一度用紙缺貨，造成停印，輿論藉此宣稱「外埠委托代印者踵
相接，足見人心未死」。[50]

　　類似情況，我們還可從那些以「邊疆」為主題，探討「東北」、「滿蒙」、「蒙
古」的雜誌書籍之中可見。像是上海的《東方雜誌》從第 28 卷第 19 號起，分

---

46 譬如，類似主張就說「抵制日本之侵略補救滿蒙之策略，不外治標治本之辦法而已。治標之
　　法，在阻止日本之修路。……治本之法，實行移民。」參見喬明齋：〈滿蒙交涉與東亞和平之
　　影響〉，《曉光週刊》，滿蒙問題專號（1927 年 12 月），頁 21。國民政府的決策與處理「滿蒙」
　　過程，另參高文勝：〈國民政府と滿蒙問題〉，《日本研究》，第 40 號（2009 年 11 月），頁 85-
　　102。

47 張斌燁：〈滿蒙交涉中之鐵路問題〉，《國聞週報》，第 4 卷第 47 期（1927 年 12 月），頁 1-6；
　　章真利：〈東北交通委員會與鐵路建設（1924-1931）〉（台北：國立台灣師範大學歷史研究所碩
　　士論文，1986，未刊稿），頁 264-267。

48 〈日本之新滿蒙政策〉，《申報》，1930 年 12 月 12 日，第 5 版；〈日人蓄意阻我開發滿蒙，以共
　　存共榮為主眼，將與我方進行交涉〉，《申報》，1930 年 12 月 13 日，第 6 版；〈日人之統一滿
　　蒙與滿鮮策〉，《申報》，1931 年 6 月 21 日，第 7 版。

49 〈市黨部贈送暴日入寇東北實錄〉，《申報》，1931 年 12 月 26 日，第 10 版。

50 引文參見〈田中侵略滿蒙政策再版，如須定印速往接洽〉，《申報》，1931 年 9 月 8 日，第 15
　　版；〈新聲社再印田中積極侵略滿蒙政策，附印須於月底前接洽〉，《申報》，1931 年 9 月 23
　　日，第 14 版；〈新聲社續印田中政策〉，《申報》，1931 年 10 月 5 日，第 10 版；〈田中政策三
　　次續印〉，《申報》，1931 年 10 月 26 日，第 10 版。

別以大篇幅報導與「九‧一八」相關的興論；北平中華圖書館協會出版的《國學論文索引》第三冊，及在史學項目下特別增列「東北事件」，充分展現政治外交事件帶來對於滿洲的關注，更使得這方面研究及討論邁向學術化。[51] 1930 年代以後，有關的作品就如雨後春筍般接連出版，乃至包括形形色色的旅行箚記，亦不乏見。有人因此還曾獲致「專家」的名號，編寫相關著作。譬如，華企雲《滿洲問題》及《滿蒙問題》、王雲五（1888-1979）與李聖五（1900-1985）合著《蒙古與新六省》、陸亭林《實際開發西北之初步》、黃奮生（1904-1960）《內蒙盟旗自治運動紀實》、祁乃溪《滿鐵問題》、方樂天《東北問題》等，皆為其例。[52]此外，邊疆課題的文字討論並引起政府層峰注意，不但有關刊物得到發行補助，甚至還蒙獲委員長蔣介石（1887-1975）的接見。[53]

二、中日「滿蒙」論著之別

以下筆者要介紹幾種 1930 年代前後有關「滿蒙」主題書籍，說明中日兩國對此一論述的差異。在此有三點要先聲明：首先，這方面的材料汗牛充棟，有限時間內恐無法窮盡，所以本文僅列舉代表，內容包含歷史和地理普及性的「文類」（genre）。其次是絕大部分的內容重複性極高，很可能是在彼此抄錄的基礎上成書。再者，有些內容起先係以短篇文字的形式出版，[54] 或者歷經節錄後才得以面世。[55] 可惜的是筆者終難窺得全貌，只好以俟來日。

以中國立場發聲的書籍，主要是說明「滿蒙」政策如何演變的過程，訴求國

---

51 此處所引的例證和說明，均見鈴木俊：〈滿洲事件と支那人の滿洲研究〉，《歷史學研究》，第 5 卷第 2 號（1935 年 12 月），頁 300-302、308。

52 可參考趙中孚：《近代東北區域研究資料目錄》（台北：漢學研究資料及服務中心‧中央研究院近代史研究所，1984）、劉朝輝編著：《民國史料叢刊總目題要》（鄭州：大象出版社，2010）兩書內有關 1930 年代書籍的羅列。

53 有關的刊物，如《蒙藏旬刊》、《新亞細亞》、《東北月刊》等。蔣介石的面見係指曾經擔任《國風日報》編輯的貴州人李仲公（1890-1978）。可見李芳：〈李仲公與《日本帝國主義的滿蒙觀與我們的駁議》譯著出版前後〉，《貴州文史叢刊》，2009 年第 4 期，頁 62-65。

54 像是張旭光：〈俄日侵略滿蒙史〉，《清華週刊》，第 32 卷第 11-12 期（1929 年 12 月），頁 23-40。

55 譬如政治學者藍孕歐有《滿蒙問題講話》，此書我並未得見，只有知悉該書的片段。見藍孕歐著，楊幼炯摘錄：〈滿蒙鐵路之歷史的觀察〉，《社會科學雜誌》，第 2 卷第 1 期（1930 年 3 月），頁 1-29。

人應深切認識，以「準備一未來嚴正應付之策」。像張復生《「國難」中之滿蒙問題》，便側重在口號──「國難」上。[56] 而王埔勤的《滿洲問題》，收入商務印書館「萬有文庫」系列的「新時代史地叢書」中。該書論及「滿洲問題」指稱兩點：一、當地的政治經濟莫不仰賴外人鼻息，特別是日本與俄國；二、外國人雜居情形很多，到處有日人、朝鮮人，乃至白俄、赤俄的活動。針對上述問題，王氏認為必須由國家出面，收復鐵路、商港等利權，同時進行有計劃地移民，以充實邊防。尤其對於日本侵略，他特別形容日人端賴「點、線、面」之並進。何謂「點、線、面」？即遼東半島之旅順、大連，為日本侵略之起點，即滿洲問題之「點」也；南滿鐵路作為交通運輸路線，即其「線」也；而經由移民進入社會來雜居，則為其「面」也。[57] 另一作者陳經，則在他的《日本勢力下二十年之滿蒙》廣泛運用各種年鑑、日文統計等資料，闡述日本對中國東北各式各樣的「侵略形態」，其中包括有政治殖民、經濟掠奪、交通壟斷、文化教育等面向。[58]

　　朱偰《日本侵略滿蒙之研究》很可能是相關論著中最具代表性的作品。該書出版於 1930 年，之後不到一年便發生舉世矚目的「九·一八」事變。朱原為北京大學史學系教授朱希祖（1879-1944）之子，也是一位著名的財經專家和文物保護學者。據他自承，1927 年張作霖（1875-1928）入主北京，學校課務多受影響，於是在家自修；當時「見東北風雲日亟，來日大難，未可幸免，則抽其餘緒，在北京圖書館廣搜東北問題資料，寫有《日本侵略滿蒙之研究》一書，由商務印書館出版；並時時在華北各報上發表東北問題之論文，用以警告當局，而惕勵國人」。透過事後回憶可知：朱偰撰寫該書用意，顯然並非偶一為之，蓋因時代氛圍所刺激之故；而有關研究東北的人雖多，但專著尚少，因此他自詡「此實為東北問題之第一專書」。[59] 綜觀全書的架構有三，分別為「歷史」（以時間分期說明日本對滿蒙的侵略步驟）、「分析」（探討鐵路、築港、商租權及無線電等各問題）與「綜合」（包括國際外交上俄國、英國、美國對東北的競爭，以及日本的飾詞）層面。《日本侵略滿蒙之研究》能夠順利出版，當然還與父親的人脈有關。在朱希祖給張元濟（1867-1959）的信函表示請託之餘，也道出時人以「滿

56 張復生：《「國難」中之滿蒙問題》（瀋陽：東北文化社，1929），頁 11-12。

57 王埔勤：《滿洲問題》（上海：商務印書館，1930），頁 92。

58 陳經：《日本勢力下二十年來的滿蒙》（上海：華通書局，1931），頁 92。

59 以上引文均見朱偰：《天風海濤樓札記》（北京：中華書局，2009），頁 6。

蒙」作為生死存亡之關鍵,有藉此「揭日本人之野心,警賣國者之迷夢」,希冀影響國人視聽之意。[60]

　　至於有關日文的「滿蒙」討論,多如鴻毛,非特刊物所載短文如是,即連相關書本方面,亦不遑多讓。尤其「九‧一八」後,日人得以順利進出東北,各種旅行見聞及描述「滿蒙」景物之書,不可勝數。以筆者所見,像《寶庫滿蒙は招く》,一面宣揚關東軍與滿鐵的「治理功績」外,另一方面亦強調「滿蒙」存在特殊性,不同於漢民族生活型態,所以自古即非中國。此外,為了這塊「共存共榮的樂土」,滿洲的建國實屬必要,並多方鼓勵日本國內民眾前往至此。[61] 至於田中秀作的《新滿洲國地誌》,則繼承之前《滿洲地誌研究》一書而來。作者田中主張要從自然與人文的角度衡量「滿蒙」問題;他認為滿洲本與中國本土有所不同,且基於一次大戰後的「民族自決」理念,有必要和中華民國直接分離,另外建設樂土,然後跟日本合作。[62]

　　另外兩本由滿洲國官方所出版的「滿蒙」論述,同樣歸結到獨立於中國領土以外之論點。第一本是由新京特別市市長金璧東(1896-1941)編寫的《滿蒙の知識》。金氏為肅親王善耆(1866-1922)第七子,本名憲奎,民初曾留學日本。[63]該書主要收進日本書店 —— 非凡閣的「萬有知識文庫」,顯見本意存有對一般民眾進行普及閱讀的功能與目的。書中內容除了錄有滿洲國初期的各部門政府公文、統計資料外,並將關於「滿蒙」之歷史沿革陳述於前,說明作者個人抱持的態度。應該注意是,這裏金璧東特別提出新石器時代以來代表「支那文化」之中心,約有兩處:一是通往中亞的甘肅,另一則為連接海洋的滿洲。陝甘地區為中國古文明的發祥地,自不待言;惟以滿洲成為中國另一文化象徵,則相當耐人尋味。由於滿洲國時期在札賚諾爾進行考古挖掘,發現「滿洲原人」化石,強化了當地歷史的溯源;加以東北各境陸續發掘出來古蹟遺址,聲稱近代以前滿洲並非毫無記載可言。[64] 經由此一結論,金璧東表示滿洲為古代東北亞各國相互往來所

60 朱希祖著,朱元曙整理:《朱希祖書信集‧酈亭詩稿》(北京:中華書局,2012),〈1928 年 4 月 14 日朱希祖致張元濟〉,頁 120。

61 川島富丸:《寶庫滿蒙は招く》(東京:帝國文化協會,1932),頁 5、21-22、313-331。

62 田中秀作:《新滿洲國地誌》(東京:古今書院,1932),〈序〉,頁 1-4。

63 內尾直昌編:《康德元年版滿洲國名士錄》(東京:株式會社人事興信所,1934),頁 65。

64 這方面具體的陳述,見林志宏:〈殖民知識的生產與再建構 —— 滿洲國時期的古物調查工作〉,《中央研究院近代史研究所集刊》,第 87 期(2015 年 3 月)。

經之重要區域，甚至和日本的因緣亦非偶然，有其地緣因素，可以追溯高句麗、渤海國之歷史，同時來自滿洲國刻正進行的古蹟調查所啓示。金璧東也以自己身為滿族的特殊身份，強調不願屈居漢人支配，有意追尋獨立事業，故企求日本支持，成立王道政治的新國度。[65]

其次是 1937 年由「日滿文化協會」負責出版的《新滿洲風土記》，作者為藤山一雄（1889-1975）。藤山係山口縣人，1916 年由東京帝國大學法科大學經濟學部畢業，「九・一八」事變後曾參與關東軍起草〈滿洲國獨立宣言〉，建國後歷任國務院實業部總務司長、監察院總務處長、國務院恩賞局長與國立中央博物館副館長。[66] 該書原有中、日文兩種版本發行，並列入「東方國民文庫」第一種。作者在序言自稱：

> 著者原非地理學專家，想一無此資質，惟自幼頗感地理學之興趣，酷嗜旅行，滿洲之地，殆無足跡未到處，遂將此編一氣呵成。……本書為供給滿洲國青年平易讀本，茲付刊行，為國民文庫第一編。把筆於匆促之間，取滿洲自然的環境，具備特殊模型之地域，為一地理區，順應其環境支配；或利用此種區域，將人類所有一切之文化現象，綜合統一，努力結成一個地理的單元。[67]

藤山一雄特別強調滿洲地理的「人文」條件，是歷經多番努力才可達成，並非自然環境那般容易。又言：「中國在地形上，雖有統一性，然在氣候上，分離性實居多數，故不能成為完全緊密的統一國家；而全體分離、各成獨立國家並存世上，亦不可能，因此可謂有『謎國』之要素存焉。」然而以這一點來說，滿洲國的地理卻為單一性的，地形、氣候均在共通條件之上，因此作者認為「滿洲帝國之出現，人文的不待論，即地文的亦屬天意造成者也」。[68] 在本書結論中，藤山一雄特別強調：「滿洲保持固有之民族與歷史，其國土恰如自然的堡壘，

---

65 金璧東：《滿蒙の知識》（東京：非凡閣，1934），頁 4-10。有關當時渤海遺址調查始末，可見酒寄雅志：《東亞考古學會の東京城調查》，收入菊池俊彥編：《北東アジアの歷史と文化》（札幌：北海道大學出版會，2010），頁 191-211。

66 內尾直昌編：《康德元年版滿洲國名士錄》，頁 168。另可參考西田勝：〈「滿洲國」に夢を紡ぐ—藤山一雄の二側面—〉，《植民地文化研究》，創刊號（2002 年 6 月），頁 40-44；大出尚子：〈藤山一雄の民族展示場構想と滿洲開拓政策〉，《文化資源學》，第 6 號（2008 年 3 月），頁 37。

67 藤山一雄著，杉村勇造譯：《新滿洲風土記》（新京：滿日文化協會，1937），〈序〉，頁 1。

68 藤山一雄：《新滿洲風土記》，頁 16。

四周山脈圍繞，僅南方有海岸線，造成廣大沖積的平野；而極為單純的水平線地形，因之國家無分裂對峙條件，為一元國家，人文的、地形的，皆有向上發展之運命。」[69]

上述幾種論著所表述有關「滿蒙」之差異，可知中日兩國的認知不同，思考點也大相徑庭。日本為了鼓動「滿蒙」脫離中國而獨立，遂積極從地方實力派着手，猶如蔣作賓（1884-1942）談及滿洲建國手段，「總欲將東三省事作為地方事，不與中央交涉」之意。[70] 所以徐永昌（1887-1959）在 1935 年時感歎：從革命黨時代以來高舉漢族本位的政策，始終都是人所共知的，因此「使此無能無力之滿蒙同胞傷心離德而後快」，就算是羈縻這些邊疆，亦是咎由自取，徒勞無功，「誠不若任其自然離合之為愈」。[71] 如此情形一直要到日本啓釁、全面抗日戰爭開始的前後，「邊疆開發」於是逐漸成為社會共識。有關邊疆問題研究刊物相繼問世，[72] 各種協會組織也紛紛應運而生，以促進民族內部團結與統一為口號，[73] 才進入嶄新階段。

1939 年，國府更確立治理方針，一度傳出打算設置「邊疆部」，負責管理甘肅、新疆、青海、西康各省的國防軍事、經濟交通，且以「積極建設新中國」為準備。根據報導，這個部門成立將特重實施「國內各族一律平等」的民族主義，並努力發展「淪陷」地區的抗日活動。[74] 為了進一步動員民眾參與，李安宅（1900-1985）等人類學者更是推動邊疆教育，組織工作隊及學生暑期服務團前往西康、

69 藤山一雄：《新滿洲風土記》，頁 135。

70 這是引自蔣氏與床次竹二郎（1867-1935）的談話內容。參見北京師範大學、上海市檔案館編：《蔣作賓日記》（南京：江蘇古籍出版社，1990），1932 年 8 月 10 日條，頁 461-462。

71 徐永昌撰，中央研究院近代史研究所編：《徐永昌日記》（台北：中央研究院近代史研究所，1990-1991），第 3 冊，1935 年 4 月 2 日條，頁 251-252。

72 馬大正、劉逖：《二十世紀中國邊疆研究 —— 一門發展中的邊緣學科的演進歷程》（哈爾濱：黑龍江教育出版社，1997），頁 78-79。

73 例如 1937 年盧溝橋事變前夕，由高玉柱籌備的「西南邊疆開發協會」，即為顯例。該組織在報紙上宣稱：「最近六年以來，外族給予吾人之教訓，適足以促進吾民族內部之團結與統一。夫以中華立國、號稱五族，乃東北不競，坐致華北累卵。蓋一國之防線繫之於邊圉；而邊地之安危，又繫之於民族。……吾人鑒於邊民望治之誠，更感於苞桑一隅之繫，乃有『西南邊疆開發協會』之組織。」參見〈泯滅漢苗界限，謀組西南邊疆協會，擬定組織緣起及組織原則，高玉柱謝絕酬應積極籌備〉，《申報》，1937 年 5 月 8 日，第 12 版。

74 〈創設「邊疆部」〉，《申報》，1939 年 1 月 27 日，第 4 版。「邊疆部」後來並沒有成為國府正式的行政部門，不過《申報》的這段話頗可見當時邊疆事務所具備的政治性關係。

青海、西藏地區，既以建設國家為宗旨，又以符合政府「統一」的原則為需求。[75]
職是之故，透過一套闡述有關「滿蒙」族群、風俗、宗教與文化的策略，不僅要
關注長時段的歷史發展分析，吾人也不能忽略政治因素在其中所穿透的能量。

「空間」知識與權力的競逐

「滿蒙」非惟是戰前中日的爭論焦點所在，同樣也與新的學科聯結，成為理
解「空間」的知識內容。

1930 年代的科學調查與研究風潮，無疑是重要的全球性現象之一，也在西
歐和美國發生。尤其以中國來說，贊助調查的機構組織以社會學科為媒介，進行
跨文化國際的互動交涉（international bargaining），不僅影響了中國自身相關學
科的方法與研究進程，同時亦影響學術社群的形成環境。[76] 人們「以學術為名」，
接踵展開各項調查活動；知識理性雖為殖民政策所用，但它帶給人們的遺產及自
身的發展，絕非只有「侵略」二字所可簡化和替代。

一、開發與「研究東北」的呼聲

誠如前述，日本在逐步確立侵略「滿蒙」的政策之際，國內的實業家便以「開
發投資」為由，多次派員前往東北、內蒙各處進行調查、測量等工作。此舉頗
引起時人注意，也令南京國民政府公開抗議。[77] 不特如是，即連殖民地朝鮮總督
府，也有相關的拓殖學校陸續設立，目的為了培養專門研究的人才；除了根據學
理來研究「滿蒙」之外，更強調要注重實地的考察活動，「每於春夏兩季派往滿

---

75 Andres Rodriguez, "Building the Nation, Serving the Frontier: Mobilizing and Reconstructing China's Borderlands during the War of Resistance (1937-1945)", *Modern Asian Studies*, Vol. 45, No. 2 (March 2011), pp. 345-376.

76 Yung-chen Chiang, *Social Engineering and the Social Sciences in China, 1919-1949* (Cambridge: Cambridge University Press, 2001).

77〈日本派員調查滿蒙〉，《申報》，1930 年 3 月 10 日，第 4 版。

蒙各地,俾習風土人情」。[78] 同樣情形更遑論長期居住於東北地區的日本僑民。比如金毓黻日記中也記載:鞍山中學的校長崛越喜博,最初在 1922 年之際偶然發現一所古墓,爾後開啟蒐羅古物之工作;又在他處找尋出土的古代畫像石,並製有拓本多種,「據其蒐集品目錄所列,有一千五百種之多」。[79] 類似風氣不勝枚舉。

實際上,隨着南京國府的「北伐」完成統一後,中國對日本接連進行的「滿蒙」調查,早已有人提出各種警告,無論回溯其源流始末,乃至慎思解決之道。譬如公開建議「首宜集富於政治、經濟學識者流,組織討論,以研究其滿蒙政策之起因、目標、步驟、方法,及其在滿蒙所佔之勢力、滿蒙之風俗人情等」,並且應使真相讓一般百姓民眾知悉,然後再集思因應方法。[80] 又像天津南開大學的校長張伯苓(1876-1951),則公開提倡「滿蒙問題調查會」;而北京某社團利用在暑期進行實地考察,也是類似呼應的相關活動。[81]

在眾多警示標語中,陳彬龢(1897-1945)有篇〈研究東北〉的文字,曾連載於上海的《申報》社評,備受各界矚目。陳本係南開大學秘書,後因考察蘇州甪直鎮保聖寺的唐塑壁像,由於邀請日本學者大村西崖(1868-1927)進行鑑定而聞名。[82] 1928 年,陳氏結識日本駐滬領事岩井英一(1899-?),隔年還出版刊物《日本研究》,改以「日本通」自居,嗣後又在《申報》專門擔任社評主筆。不過,戰前曾經多次撰文譴責日軍暴行的陳彬龢,後來卻成為 1940 年代汪精衛(1883-1944)政權下的「文化漢奸」,負責替日偽進行新聞宣傳。[83] 這篇長文裏,陳氏指稱:日、俄兩國長期於關外經營研究調查,「舉凡我東北之歷史地勢、民情物俗、農礦物產,無不繪為詳圖,著為專書」,又「設滿蒙資源館以調查資源,

---

78 〈日人侵略滿蒙野心,在韓設立國境大學,養成開發滿蒙人才〉,《申報》,1930 年 12 月 31 日,第 10 版。此一最具體成果,乃京城帝國大學大陸文化研究會編:《蒙疆の自然と文化:京城帝國大學蒙疆學術探檢隊報告書》(東京:古今書院,1939)。

79 金毓黻:《金毓黻文集》;編輯整理組校點:《靜晤室日記》(瀋陽:遼瀋書社,1993),頁 3470-3471,1934 年 11 月 9 日條。

80 馮肇樑:〈論日本急極之滿蒙政策〉,《錢業月報》,第 7 卷第 9 期(1927 年 10 月),頁 20。

81 直忱:〈最近滿蒙交涉之情形與應付之方法〉,《曉光週刊》,滿蒙問題專號(1927 年 12 月),頁 8。

82 俞誠之編:《葉遐菴先生年譜》(台北:文海出版社,1968,據 1946 年稿本重印),頁 308-309,1929 年條;大村西崖:《塑壁殘影》(東京:作者刊本,1926),頁 1。

83 陳彬龢時任上海《申報》社長,見佚名編:《汪偽政府所屬各機關部隊學校團體重要人員名錄》(台北:學海出版社影印本,1998),頁 66、110、125、143、145-146;胡山源:〈我所知道的陳彬龢〉,《人物》,1985 年第 5 期,頁 132-137。

設農事試驗場以研究農事；各種問題，各有專家研究」，反觀自己國家「乃酣夢橫陳，任人剖解，任人化驗，毫不自覺」。因此，他高聲疾呼：

> 東北之危，不始於今日，而始於國人之歷來不求知東北；日人之侵我東北，亦不始於今日，而始於其早先之研究與調查。……國人再不研究東北，更待何時？[84]

對於中國長期忽略東北概況，陳彬龢還舉出兩個譬喻。第一是關於遺失的案例。有位物主丟了箱籠，被巡警獲得；但巡警查問究竟箱內有何藏物，物主竟瞠目無以對。結果有一毗鄰卻聲稱自己才是箱主，並縷舉所藏之物，如數家珍。第二例證是位富家子弟無德的故事。這位富家子素來胸無點墨，欲出重金購一洋裝西書，置於家中書桌，藉示誇炫，至於書中內容為何，未曾寓目。有一貧寠好學之青年，雖極力求知，但苦乏購書經費。於是趁機潛入富家子的居室，竊覽其書，愛不忍釋，對書中精華莫不洞悉。這兩例中的箱籠藏物與名貴西書，猶如形容「滿蒙」之域；而物主與富家子，講的是中國政府顢頇；至於日本，則係毗鄰及好學青年；巡警則為國際裁判也。[85]

如今缺乏資料佐證，難悉陳彬龢真正得到社會多少迴響。唯獨《申報》形容他「語語沉痛，闔座咸感極動容，而妙喻二則，尤極切當之至，足以警惕國人」；[86]倒是陳氏還到處進行演說，顯見高唱重視敵人日本之不遺餘力。[87]其中一場講演裏，東北史家金毓黻親臨現場，事後輯錄了陳彬龢的論旨，甚為獨到精要：

> 日本之併吞朝鮮也，非以武力為先鋒，乃以學者為前驅，其勢似緩，其力甚大。今日之經營滿蒙也，亦一用此法。彼邦之學者，由歷史上、地理上作種種之證明，謂東北三省非中國之故土，其意欲歧東北與中國而二之，故不稱東北，而稱滿蒙。蓋以研究之方法為吞併之先聲，其用心甚苦，亦

84〈時評‧研究東北〉，《申報》，1931 年 7 月 16 日，第 8 版。

85〈時評‧研究東北（二）〉，《申報》，1931 年 7 月 17 日，第 8 版。

86 煙雨：〈國難聲中之妙喻〉，《申報》，1931 年 9 月 28 日，第 13 版。

87 以我初步所見，像是陳彬龢：〈東北問題〉，《松江女中校刊》，第 26 期（1931 年 12 月），頁4-7。

即以學者為前驅也。[88]

「以學者為前驅」達成武力侵略的目標，不獨陳彬龢、金毓黻等幾位感受而已。一位美術專家考察瀋陽時亦發出類似的驚歎，説參觀滿鐵奉天圖書館舉辦的展覽會後，「往日各處訪問此種拓片而未得見，竟不意見之於日人圖書館中」；「又在該館見陳列德國出版、影印之該類滿蒙文碑，及喇嘛廟（如北平雍和宮中漢滿蒙藏四體文大碑）碑拓片縮本多種，甚精緻，乃驚外人對吾國史乘研究之精到」。這位學者最後的結論是：「日人經營滿蒙有趣味、有思想計劃、有科學方法，不亦大可畏哉！」[89]

當然這樣又驚又恨的口吻，隨着「九・一八」後更此起彼落。為了突破政治與外交困境，有心人士呼籲「解決東北問題，則又必須先群策群力，為切實恢復之運動，同時尤須瞭然於東北一切文化物質之內容，以為恢復後開發之準備」，因此共同發起組織「東北協會」。[90] 這個協會既要救濟東北難民，又要提供遼吉黑義軍之後援，故集合了上海一群黨政名流，由吳鐵城（1888-1953）擔任主席，推舉張公權（1889-1979）、蔡元培（1868-1940）、許世英（1873-1964）、王一亭（1867-1938）、褚輔成（1873-1948）、章士釗（1881-1973）、林康侯（1876-1949）、史量才（1880-1934）、虞治卿（1867-1945）、陳彬龢、臧啟芳（1894-1961）、齊世英（1899-1987）、穆藕初（1876-1943）、杜重遠（1897-1943）等人為理事。「東北協會」召開大會的當天，會場還陳列了日人關於東北之書籍多種，乃至滿洲國的日文教科書讀本等，供人瀏覽。

二、「滿蒙學術調查研究團」

同樣滿洲國建立後，「滿蒙」頓時成為日人「社會實驗室」（social

---

88 金毓黻：《靜晤室日記》，頁 2572-2573，1931 年 3 月 8 日條。

89 引文均見於劉穗九：〈東北考察隨筆（二）〉，《申報》，1931 年 8 月 26 日，第 11 版；劉穗九：〈東北考察隨筆（五）〉，《申報》，1931 年 8 月 29 日，第 15 版。

90 穗：〈時評・東北協會成立〉，《申報》，1933 年 2 月 4 日，第 11 版。

laboratory），[91] 能夠毫無忌憚地進出佔領的區域，又以探測礦物、農林業資源為由，至各境考察。據報紙宣稱：短短三個月內，情況已是絡繹不絕，「多至四十五個團體，團員合計是一千零四十三人」。[92] 等到 1933 年 2 月末，關東軍與滿洲國軍隊共同對熱河作戰；3 月 4 日佔領承德，熱河遂為滿洲國所支配；5 月 3 日設置熱河省公署。[93] 熱河的「軍事勝利」對日本來說，無形中更產生諸多「便利」，得以暢行無阻，逕入當地。嗣後加上滿洲國對古蹟古物開始研擬相關的保護措施，[94] 使得日人更具備了正當性。1933 年 7 月 24 日，由早稻田大學德永重康（1874-1940）所率領的「滿蒙學術調查研究團」（以下行文簡稱「調查團」），從東京出發，開始所謂「學術探險」。這是滿洲國頒佈〈古蹟保存法〉後，日本學者首次進行大規模的實地考察。

　　成立調查團源自日本發動熱河軍事侵略之前，目的在考察資源，以利軍事所需。大阪《朝日新聞》中有段文字說到是為了提供工業原料：

> 滿蒙資源與日本之重要性，無待多言。目下我國由農本主義，一轉而為工業之國；然日本之工業化，對於技術與資產，今日已不成問題，唯一的障礙即缺乏原料是已。蓋日本產的重要工業原料，除生絲外，均感不足。今欲求原料供給於安全地帶，全賴亞西亞地大陸，就中滿蒙之於我國所以稱為生命線者；由國防方面言之，適當皇道宣揚之要衝；他如人口食糧問題、工業原料問題、物業市場問題等經濟問題，在在與日本存亡相關。換言之，平時為解決國內問題之地域，戰時為供給帝國資源不足的地域是也。故此次科學的調查團之派遣，足徵我國使命之重大耳。[95]

可知日本媒體將「滿蒙」係以生命線來看待。饒富興味是，原先構想有意招攬像

---

91 「社會實驗室」是筆者借用林東的說法。簡單地說，調查工作的功能之一係描繪民族與國家的政治工具，要了解如何生產這些經驗事實和真相（fact and truth），需要從實驗室取得資訊。「滿蒙」一方面是日本的建設新天地，另一方面也是用來作為日本國內反思施政之參照。見 Tong Lam, *A Passion for Facts: Social Surveys and the Construction of the Chinese Nation-State, 1900-1949* (Berkeley: University of California Press, 2011).

92 K：〈東北之謎〉，《申報》，1932 年 6 月 16 日，第 7 版。筆者雖然對此數目存疑，但同意其中熱河情形。

93 滿洲國史編纂委員會編：《滿洲國史‧總論》（東京：滿蒙同胞援護會，1971），頁 444。

94 滿洲國時期古蹟保存的立法及活動，來自日本對國內及殖民地、佔領地之文物政策有關。詳參林志宏：〈殖民知識的生產與再建構——滿洲國時期的古物調查工作〉，此不贅述。

95 譯自〈滿蒙學術大探險記（三）〉，《申報》，1933 年 7 月 30 日，第 9 版。

學者、測量隊、電影班、在鄉軍人、新聞通信員等人員參與，[96] 充分說明該項活動不盡純為政治和軍事性質，並非單一目的可以概論，還包括學術研究以及宣傳功能。

先從政治性功能來談，調查團一行人的活動不僅在日本國內大肆宣傳，還蒙獲滿洲國的「官方特許」。他們由神戶乘船渡往大連，先是抵達新京，覲見「執政」愛新覺羅・溥儀（1906-1967），嗣後才展開工作，充分顯示獲得滿洲國官方認可及授權。[97] 此外，以鄭孝胥（1860-1938）替熱河境內最高峰平頂山更名、書勒峰巔紀念，又發給滿洲國國旗充當行旌之舉得知，此舉兼有確立合法統治的意涵。[98] 調查團自北票為始，先後歷經了凌源、灤平、赤峰、建平、朝陽等地，共費八十日，最終才在北平解散。報載當隊伍抵達熱河時，由於「土匪頗多，殊為危險，故由陸軍將校及在鄉軍人等四十人，擔任警護」，[99] 足可說明活動之進行，既有考察資源之目的，同時也希望藉此進行軍事掃蕩。就這一點來說，調查團活動可謂集結政治、軍事、文化三位一體所實施的工作。

其次，以學術層面而言，調查團不僅動員人文學者，還網羅了動物學、植物學、生物學、地質學等各領域的專家。在此之前，關於熱河的歷史文獻，除了十八世紀朝鮮朴趾源（1737-1805）《燕行錄》、西方建築學者和探險家之著作略有涉及外，[100] 其他所知相當有限。然而調查團成員以「科學戰士」之姿，經由軍部、外務省、拓務省、關東軍共同招聘，且提供 10 萬日圓為經費，打算揭開滿洲、內蒙交界處的神祕面紗。至於調查發現，包括有魚介類的化石層、古銅器珍

---

96 以筆者所知，這項調查工作可能始自 1933 年初便已提出。參見〈日本大舉調查滿蒙資源，測量隊、在鄉軍人前往〉，《申報》，1933 年 1 月 27 日，第 2 版。

97〈滿蒙學術調查團七月杪來滿調查〉，《盛京時報》，1933 年 6 月 25 日，第 1 版；〈滿蒙學術調查團警備隊編成 一行きのう新京に入る〉，《朝日新聞》（東京），1933 年 8 月 3 日，第 3 頁。

98 鄭孝胥時任滿洲國國務院總理，他後來書寫「天都峰」三字。中國國家博物館編，勞祖德整理：《鄭孝胥日記》（北京：中華書局，1993），總頁 2474，1933 年 8 月 2 日條；藤木九三：〈熱河山塊の王座天都峰を征服滿蒙學術調查團に從い興隆にて〉，《朝日新聞》（東京），1933 年 9 月 28 日，第 7 頁。

99〈滿蒙學術調查團七月杪來滿調查〉，《盛京時報》，1933 年 6 月 25 日，第 1 版。

100 譬如跟隨馬戛爾尼（Lord George Macartney, 1737-1806）使華的斯當東爵士（Sir George Staunton, 1737-1801），撰有 *McCartney's Embassy to China*，德國建築學家柏石曼（Ernest Boerschmann）的 *Chinese Architecture*，以及斯文・赫定（Sven Anders Hedin, 1865-1952）的 *Jehol, City of Emperors* 等書。

品、新動植物及珍鳥奇魚之品種、煤炭原料夾層等。[101] 尤其清宮遺址對滿洲國深具象徵性指標；並且不獨清代離宮及其文物，乃至遼、金時期的腹地範圍，都在調查團關切的內容之中。如此釐清中國征服王朝的歷史，亦可強化自身之統治正當性。

最後有關宣傳功能上，調查團的活動代表日本勢力深入「滿蒙」，並以學術來連結帝國聲威。最明顯的例證，是日本新聞界爭相謀取調查團的「特約通信」。起初是由大阪《朝日新聞》獲得軍部許諾，獨得調查團的報導權，結果引來其他新聞同業群起反對，僉謂此事不該「機關獨佔」。其中，位在東京的《時事新報》反對最力，惟至最後仍不了了之，官方並無應允批准。整件事儘管沒有釀成更大的爭議，但確實可以知悉：「學術探險」帶來社會上極大的關注。譬如，隨隊的記者即謂：

> 夫一國文化之建設，以科學的調查研究之結果為其基礎。故該團之派遣，對於滿蒙開發之前途，關係甚大。蓋滿蒙之人文地文，在考古學上，原與日本文化有密切的關係；然至今日，因科學的感觸，尚有幾多問題，不能解決。特熱河與興安嶺陰山之脈，佔戈壁沙漠之一部，所謂東蒙古領域，久為學術上末〔未〕到之秘境，故在此地域科學的調查研究，必與「滿洲國」文化的貢獻，可以得到貴重的資料。同時在極東此學術的空白地域探險的成功，必有驚動世界的耳目，故該團之使命，預料在人類文化史上，將築赫赫的金字塔。[102]

嗣後，調查團還根據考察成果，出版四大巨冊的報告書，也開啟了一連串的文物調查活動與風氣，並樹立進行模式。經由滿洲國默許下，各種集眾式的現地研究陸續展開。這些調查的目的相當複雜，有些成為滿洲建國初期之「宣傳」，有些則具備「肅清」地方治安的政治性功能。

---

101 〈滿蒙學術調查團七月杪來滿調查〉，《盛京時報》，1933 年 6 月 25 日，第 1 版；〈我等の科戰士愈々熱河の秘境へ滿蒙學術調查団、新京を出發〉，《朝日新聞》（東京），1933 年 8 月 4 日，第 2 頁；〈朝陽の近くで夾炭層發見　植物班も、多數新種を發見無電で各班間の連絡〉，《朝日新聞》（東京），1933 年 8 月 11 日，第 3 頁；〈魚介類の化石層、朝陽城外で發見〉，《朝日新聞》（東京），1933 年 8 月 14 日，第 2 頁；藤木九三：〈滿蒙學術探撿本記（3）銅器の珍品發見朔北熱河を探る〉，《朝日新聞》（東京），1933 年 8 月 15 日，第 2 頁；藤木九三：〈水生植物の一奇跡滿蒙學術調查団だより〉，《朝日新聞》（東京），1933 年 8 月 4 日，第 2 頁。

102 〈滿蒙學術大探險記（一）〉，《申報》，1933 年 7 月 28 日，第 11 版。個別標點偶有更易。

調查團發現的成果,大抵均於報紙上揭露,僅有礦產資料未行公佈。以植物而言,共採集有 850 種標本,當中新發現的品種據稱約有四分之一。[103] 對於這次「學術探險」之發現,日本輿論界不但深感自豪,還說「此種綜合的探險,此為初觀;今後每年將繼續舉行」,[104] 顯見興味盎然。只不過依後來所見,日人以「滿蒙」為名所成立的調查團或公司組織,目的大都是屬於開採砂礦、煤鐵、水利等產業;難怪中國記者不禁發出「我國自二十餘年以來,干戈擾攘,迄無寧歲。為政者無暇開發富源,加以人材缺乏,遂致神秘領域,袖手送人,可勝浩歎」的聲音了。[105]

總括言之,「滿蒙」在中國的民族情感與意識高漲下,逐漸走向「研究東北」的道路。同時日人軍事佔領後,又借資人類學、考古學、建築學、地理學、植物學、動物學、地質學等各種學科,進一步轉化為理解「空間」的知識。不管是作為塑造人文研究的意識形態,還是歷經自然科學的調查「發現」,都可看到「滿蒙」於歷史知識的角力之外,也在進行一場透過知識展現權力競逐的場域。

結語

探討近代中日關係裏,「滿蒙」是一個相當值得研究的課題。受到戰爭陰影所侷限,這個屬於動態的名詞卻在戰後被人廣為忽略。因此這篇短文中,筆者盡量避免採取後見之明的立場來過度渲染,嘗試從幾種相關的文字和言論,以及部分有關「滿蒙」為主題的書籍,概觀論爭所存在的問題與思想條件。經由檢證近代中日兩國對「滿蒙」之爭議,我們大體可歸納出兩點方向。

首先,「滿蒙」一詞雖為政治地理名詞,可是思考它的存在,應該也要放在二十世紀對民族國家形成的過程中來看。如同本文一開始提到,中國以古典帝國

---

103 〈日科學家滿蒙採集植物標本,奇卉異葩不下八百餘種〉,《申報》,1933 年 10 月 23 日,第 7 版。

104 〈日人調查滿蒙完畢,熱河富藏已非吾有〉,《申報》,1933 年 10 月 20 日,第 6 版。

105 例如河北省遵化縣玉皇山發現金礦,山主趙新之無力開採,有滿蒙公司赴該地調查得悉,擬出資 10 萬併購的傳聞。又日本組織「滿蒙資源調查團」,滿洲國境內木棉、煤、鐵、森林、金鑛、水利、漁業等,擬以組織株式會社等機關,進行統制開發。均見〈滿蒙學術大探險記(三)〉,《申報》,1933 年 7 月 30 日,第 9 版;〈日人開採遵化金礦〉,《申報》,1934 年 12 月 28 日,第 9 版;〈日本組織滿蒙資源調查團〉,《申報》,1935 年 4 月 16 日,第 9 版。

之姿面臨各項挑戰，日本則是效習西方列強成為殖民帝國，雙方遂對自己的定位與鄰近「邊疆」的理解並非一致。可是，這場論爭卻基於民族情感，使得定調「滿蒙」時一切「事實」均斷送在「以帝國主義為名」的「價值」上，[106] 造成「各說各話」之局。換個角度思考，如果將族群關係視為建構現代民族國家的重要環節的話，那麼中日兩國對「滿蒙」地域的理解，毋寧是經由一套學術話語、策略之鋪陳，呈現了各自的利益與考量，其中更包含了對「帝國」——無論是古典帝國還是殖民帝國的理解。

其次是關注到「滿蒙」論述，不僅要從「邊疆」的角度衡量中日兩國在近代史的發展，更要留意其中實踐層面之變化，還有展示文類的內容間差異。為了爭取對「滿蒙」的解釋權，近代中日兩國分別以嶄新學科及內容方式填補此一「空間」，無論是各種的旅行紀錄、風俗習慣調查，乃至報章文字等。這些來自不同族群、立場及意見的「文類」，非惟揭開過去人煙罕至的自然環境風貌，也添加了許多人文地理的層次。而在現實形勢的迫切需要之下，藉由研究、考察等活動，逐漸深化對該地區關於族群、氣候、物產等知識之理解。當後人重新披覽它們，思索可能帶有任何目的、色彩的「翻造」論點之際，[107] 吾人還須體認這同時也是不斷交錯互動下衍生的結果。知識的「政治性」固然不免造成「價值」勝過「事實」，可是分析當中知識生產期間的客觀性基礎，將有助於認識知識本身存在的意義。

---

106 我們觀覽各種資料時，便有類似的感受。例如曾留學過日本的常任俠（1904-1996），亦不免指責日本「滿蒙」活動過於政治性的影響，反而忽略有學術客觀的一面，像日記裏說道：「寢時讀與謝野寬、與謝野晶子合著《滿蒙游記》，寬能漢詩，其中所記人物，如旅館主人會社職員等，大率負有對華侵略任務，其處心積慮，可謂無微不至。即如矢野仁一等之研究蒙滿地理，實亦侵略工具。他如鳥居龍藏之滿蒙考古，雖一純粹學者，亦往往受帝國主義者之利用也。」常任俠著，郭淑芬整理，沈寧編注：《常任俠日記集 —— 戰雲紀事》（台北：秀威資訊科技，2012），上冊，頁 107，1937 年 9 月 9 日條。

107 1933 年滿洲國建立後不久，曾有中國讀者自我解嘲「日本佔據我東三省、國聯開會以來，一切辭典就都得重編」，而且日人「翻造」能力「並不遜於模倣」，包括「善於翻歷史、求古董，大學教授竭力鼓吹說『滿蒙非中國領土』」等論點。而所謂的「翻造」，更不僅僅是「創造」之意，更有無中生有、刻意捏造的意涵。參見天方：〈叛逆新解〉，《申報》，1933 年 2 月 25 日，第 21 版。

一個「中國」，各自表述：抗日戰爭時期中共、滿洲偽國出版歷史教科書建構「中國」圖像[1]

區志堅
香港樹仁大學歷史學系

引言

　　民族主義（nationalism）是指一個族群內的各份子對該族群的一種自我體認，由體認而出現認同，終產生為族群犧牲的精神及感情，民族體認的依據則有多種方法，可分為血緣上認同、文化上認同、地緣上認同等。[2]多數民族主義發展之初，不同的族群均欲追求建立一個「民族國家」（nation–state），所謂「民族國家」是強調國家由一個民族組成的政府，他們擁有領土主權、法律主權，保障領土範圍內的民族，不受其他民族的控制，故各個不同血緣及地緣的種族，統一在共同的一個民族國家之下，民族國家要以「民族」這一概念，提供團體內存在一種情操、感情和信心，以團結族群，各民族也要以國家作為族群行使主權範圍，民族國家有其政治單位，而藉民族享有共同的價值、文化、精神及經濟利益，以表達群體自我對國家的認同，所以建立國家形象與產生民族感情、民族認

1　筆者誠蒙陳偉強先生惠贈其收藏戰時中共編刊的教科書，感謝李帆教授寄贈教科書的影印本，又感謝韓子奇教授和林少陽教授提供寶貴意見！本文正文的「按」語為筆者撰寫。同時，筆者自是嚴正指斥、反對及不滿戰時日本在我國東北扶植的溥儀政權，自是十分認同以「偽」字指斥此時在日人扶值下建立的滿洲國，同時，暫時已在 1932 年由新中國建設學會編譯出版的《日人對我東北言論集》（上海：民友印刷公司，1932）中有一本書，就是名為《滿洲偽國之幣制金融問題》，由是本文引用有關言論的原文稱「滿洲國」外，本文多稱日本人扶植的滿洲國政權為「滿洲偽國」。

同，甚有關係。

文化人類學者往往視「國族」(nation) 或「民族國家」為一個符號 (symbol)，「民族國家」的概念是在特定的歷史條件下，被「發明」、被「建構」；在被「建構」或「發明」的過程中，並非完全利用語言、種族或宗教等既定的產物，而是藉人們的「想像」為中介，利用一系列的「表述」(narrative) 的工具，如書籍、教科書、電影、博物館、歌曲、小說故事及地圖等，敘述及建構集體成員的共同歷史、共同價值、共同精神文化，和國家疆界等圖像，使民族群體成員產生集體身份認同 (collective identity)，所以群眾乃是先被灌輸一些建構的國族認同 (national identity) 的符號，藉符號使群眾產生認同後，群眾便會確定自己是屬於一個統一的「國族」群體成員，[3] 故「民族國家」不獨是一個政治單位，也是一個特殊的集體身份認同，「民族國家」既成為一個「想像的社群」，或族群成員「想像的共同體」(imagined community)，又成為一個族群集體身份認同的對象。[4]「民

2 種族 (race) 及族類 (ethnicity) (或族類群體 ethnic group) 二者均是外界給予群體的名稱，然而二者之別是種族群體就是被認為具有遺傳或其他先天、自然決定論的群族而結合的團體，如以天然的體質上呈現共同遺傳的特徵：如膚色、血型、眼色、髮色等，如漢族、滿族；又只從血緣上注意產生民族主義思想的例子，如戰前德國學者強調日耳曼民族的優秀論；而族類群體，指可以改變行動的群體，但他們聚合的原因是在共同的血緣上的種族，兼有共同的文化特徵、共同語言、共同的歷史經驗、相同的價值，如華夏族群，有關 Race 與 Ethnicity 之別，見 Stephen Cornall & Dougalas Hermann, *Ethnicity and Race* (London: Pine Forge Press, 1998), pp.25-35; John Rex, *Race and Ethnicity* (Buckingham: Open University Press, 1986), 有關「民族」一詞，依《中國大百科全國〔民族卷〕》(北京：中國大百科全書出版社，1986) 所言：「人們在歷史上形成的共同語言、共同地域、共同經濟生活及表現於共同文化的共同心理素質的穩定的共同體」，所以中國文字上的「民族」，主要為一個從文化、語言、地域、經濟和心理素質為特徵，不專就血緣上、天然體質特徵體認下的群體，民族就是包括若干的種族，如中華民族一詞就括漢、滿、蒙、回、藏等種族，民族又與國家聯繫，社群藉政治上的國家權力，保護境內的各種族，以免受其他民族控制，故中國文字的民族、國家是兩個不同的名詞；而英文 nation 一詞，則包括有國家、民族的涵義，並更注意政治上特點，如 the Nations of the Western Europe。「民族國家」一詞是指國家具政治性的組織，標誌為「主權」，即這國家由人民組成的社會，佔有領土，不受外來民族統治的一個有組織的政府，國家也有主權的觀念。所以民族國家包括了更多與民族有關的概念，如主權、領土、集體權行、集體權利、公民資格等，見 Ernest Gellner, *Nations and Nationalism* (Ithaca: Cornell University Press, 1983); Hugh Seton-Watson, *Nations and States. An Equerry into the Origins of Nations and the Politics of Nationalism* (Boulder: Westview Press, 1977) 二書。

3 Liah Greenfield, *Nationalism: Five Roads to Modernity* (Cambridge: Harvard University Press, 1992), pp.401-402.

4 有關研究官方利用文字、電影、地圖、俗文學讀物等「建構」國家形象的課題，見 Bhaba Homi K., "Introduction: narrating the nation" in Bhaba Homi K.(ed.) *Nation and Narration* (London: Routledge, 1995), pp.1-8. 有關民族認同與建構民族主義的關係，詳見 Anthony D. Smith, *National Identity* (London: Penguin Books Ltd., 1991), pp.8-15。

族國家」便成為一個族群的認同符號，族群成員透過對「過去」的選擇、重組、詮釋，來創造自身的共同傳統，在該群體中樹立群體活動的邊界（boundary），以群體邊界，維繫群體內部的凝聚力，族群邊界概念的出現，是有賴族群成員主觀上，對內作自我界定（self），表示異己的情感，及排除他者（others），而維繫族群邊界的形成與維持，也有賴成員在不斷與外界接觸，與外界資源競爭下，重新替本族群自立邊界，所以族群認同成為人類資源競爭的工具；既然民族藉民族主義意識形態提供群體上感情及情緒上的團結動力，所以「民族國家」的形象是透過群眾想像，認同自己是屬於某一國家的成員。[5] 同時，為求群體產生認同，在國家建構的過程中，也藉引動群眾的回憶，使群眾回想昔日民族的光輝歷史，產生認同，但群體記憶，往往被官方的意圖所影響，官方為確立群體的優越地位，抑壓一些違反官方意願的資料，使一些人被迫失去記憶，及接受官方確立的記憶資料，不願接受這些官方設定歷史記憶的群體，便努力爭奪對「過去」的詮釋權，歷史記憶又成為各群體爭論及政治上動員群眾的力量。[6] 因為群體溯源、群體記憶、群體的過去史蹟，均要在歷史文獻中找尋，歷史教育、歷史研究與建構民族國家形象，又有其相互聯繫。[7]

　　歷史教育本是把一些「真實」（true）的歷史知識傳給民間，歷史知識取自真實的歷史記錄，然而因不同群體有其不同的需要，利用歷史記錄和歷史知識建構歷史，而這些事情未必是原本的歷史記錄，只是人們利用歷史重現的方式，宣揚他們的歷史認知、政治理念或思想。依近代教育學的角度而言，歷史教育乃是教員利用歷史事例傳播歷史知識，教員運用的教具不單是歷史教科書，也有通俗文學作品、虛構的歷史小說及歷史人物，尤以「教科書」（textbook）這

5　Benedict Anderson, *Imagined Communities: Reflections on the Origin and Spread of Nationalism* (London:Verson,1991); 參王明珂，《華夏邊緣：歷史記憶與族群認同》（台北：允晨出版社，1997），頁 35；沈松橋：〈我以我血薦軒轅 —— 黃帝神話與晚清的國族建構〉，《台灣社會研究季刊》，28 期（1997），頁 1-77；〈振大漢之天聲 —— 民族英雄系譜與晚清的國族想像〉，《中央研究院近代史研究所集刊》，33 期（2001），頁 7-158。有關晚清利用「民族」一詞，動員群眾支持革命的研究，見韓錦春、李毅夫：〈漢文「民族」一詞的出現及其初期使用情況〉，《民族研究》，2 期（1984），頁 36-43。

6　有關研究歷史記憶、族群認同及資源競爭的課題，參見王明珂：〈結論：資源競爭、歷史記憶、及族群認同〉；有關歷史研究與國族研究的關係，參見王明珂：〈民族史研究的邊緣理論〉，二文載王明珂：《華夏邊緣：歷史記憶與族群認同》，頁 421-424；頁 97-98。

7　有些學者認為：「歷史學者是民族國家的建立者」，參見 Anthony D. Smith, "Nationalism and the Historians", in Gopal Balakrishnan (ed.) *Mapping the Nation* (N.Y.: Verso, 1996), pp.175-179.

種媒體，更是「教育與學習的主要環境」(a major part of the teaching-learning situation)，特別是當其他媒體，如電視、電腦及網上教學等未出現或未被廣泛運用的年代，學童每天上課的地點就是教室，教室及課堂成為學生重要的學習「場域」(field)。[8] 教員在這個特定的「場域」內傳播知識，學生要在特定「場域」內吸收知識，教員用的教材，尤其是教科書，又成為在特定「場域」內重要的知識傳播媒體；[9] 同時，教科書又是把各式各樣的觀念、理論奉為社會群體認可的「典範」，成為學生或研究者效法及指導的研究模式 [10]

此外，教育功能派學者又認為「教科書」是私人、學校或教育局為學生所設計的書面資料，此資料成為主要的教學資源，其功能使學生獲取知識，培養態度和價值觀，並具有統一的 (unique)、重要的社會作用 (significant social function)。[11] 若教科書為官方編刊，則可見官方對知識的選擇「標準」，及官方欲建構的歷史事實，學生吸收這些已被「標準化」的知識後，形塑官方期望學生獲得的社會價值、塑造個體的政治信仰及政治人格，加強學生對「民族國家」發展事情的了解，並加強學生對民族認同，歷史教科書往往成為「屬於民族—國家行動的一部分」，歷史教科書也因此成為政府傳播他們批准及認可知識的重要

8　John G. Herlih, "The Nature of the Textbook Controversy", in *The Textbook Controversy: Issues, Aspects and Perspectives* (New Jersey: Ablex Publishing Corporation, 1992), p.11.「場域」(Field) 概念，見 Bourdieu P, *The Rules of Art: Genesis and Structure of the Literary Field* (Stanford: Stanford University Press,1996). 有關研究「場域」與課程設計，任教者與吸收知識者的互動關係，參見詹志禹：《認識與知識：建構論 VS 接受觀》；馮朝霖：《認識與知識：建構論 VS 接受觀》，二文載詹志禹：《建構論——理論基礎與教育應用》(台北：正中書局，2002)，頁 12-27；頁 28-48。見 Pierre Nora 原著〔戴麗娟〕：《拉維斯的《法國史》對祖國的敬愛》，《記憶所繫之處 III》(台北：行人文化實驗室，2012)，頁 21。

9　Clay M.H., *Change Over time in Children's Literacy Development* (Auckland: Heinemann, 2001), pp.15-39. Andrew F. Jones, *Development Fairy Tales: Evolutionary Thinking and Modern Chinese Culture* (Cambridge, Mass.: Harvard University Press, 2011), pp.16-25；參見熊秉真：《童年往憶》(桂林：廣西師範大學出版社，2008)，頁 139-159；張志公：《傳統語文教學初探：附蒙學書目稿》(上海：上海教育出版社，1962)，頁 3-18。

10　有關教科書與「典範」形成的關係，參見孔恩 (Thomas Kuhn) 著，王道環編譯：《科學革命的結構》(*The Structure of Scientific Revolutions*) (台北：允晨出版文化實業股份有限公司，1985)。

11　教育功能派學者 Alan Wald 已注意官方藉編修教科書，達到政治控制群眾的目的，見 "Editorial Introduction", in Suzanne de Castell, Allan Luke and Carmen Luke (ed.), *Language, Authority and Criticism* (London: The Falmer Press, 1989), p.vii.

媒體。[12]

　　歷史教科書成為建構民族知識的重要媒體，在「民族國家」建構過程中，官方也多藉審定教科書，或由官辦機構編刊教科書，以傳播官方建構知識的圖像動員群眾，故本文關注的課題是在抗日戰爭期間中共編刊小學中國歷史及世界歷史教科書怎樣建構「打倒日本侵略者，建設新中國」、「接受革命的歷史教訓，以養成學生愛護民族的觀念和高尚的品德與革命人生觀」的圖像。[13]也注意滿洲偽國政府編刊漢文歷史教科書內，怎樣建構一幅「尊重民意，努力治安，使三千萬民眾，享最大幸福的新國家」、[14]「盟邦日本帝國，對於滿洲國之獨立完成，為謀物心兩方的建設，質量的充實，不惜無限之犧牲，實日本全國民之協力」、「滿洲乃滿洲之滿洲，決非中國之滿洲」、「日滿一體一心精神之極致」、「滿洲布行王道

---

12 Caroline B. Cody, "The States and Textbooks", *The Textbook Controversy: Issues, Aspects and Perspectives*, pp.90-91. 研究官方用教科書灌輸政治意識形態的成果，見 Michael W. Apple, *Ideology and Curriculum* (N.Y.: Routledge, 1979), pp.10-19；參見 Michael W. Apple and Linda K. Christian-Smith, "The Politics Of The Textbook", in Michael W. Apple (ed.), *The Politics Of The Textbook* (N.Y.: Routledge, 1991), pp.8-9; Michael W. Apple, *Official Knowledge : Democrative Education in a Conservative Age* (N.Y.: Routlege,2000), pp.60-92; John G. Herlih, "The Nature of the Textbook Controversy", in *Ideology and Curriculum*, p.3. 又本文限於篇幅，暫不討論「愛國主義」、「民族主義」二詞的定義及其分別，有關此二詞的定義，歷史教科書與培養民族主義、愛國主義、建構國家形象的關係，參見邵元沖：〈民族之涵義及發揮〉、葉楚傖：〈編刊歷史教學專號之旨趣〉，二文載鄭鶴聲，《中國歷史教學法》（南京：正中書局，1936），頁9。錢穆也認為讀中國歷史要培養「溫情與敬意」，也要求研究歷史要有「史心」，關心民族國家的興衰，這意味史學著作要以培養民族思想及感情為目的，參見錢穆：《國史大綱》（台北：商務印書館，1994），頁1。有關西方學者認為歷史教育與建構民族認同關係的觀點，參 O. L. Davis, Religion in School History Textbooks: Evidence of Neglect and Agendas for Reform, *The Textbook Controversy: Issues, Aspects and Perspectives*, pp.61-65; Anthony D. Smith, "Nationalism and the Historians", pp.189-193. 近年就歷史研究、歷史書籍編撰與建構民族國家論點的關係，曾召開多個專題研討，其中也有發表歷史教科書與民族國家建構問題的論文，見 Christian Koninckx, "Historiography and Nationalism in Belgium"; Georg G. Iggers, "Changing Concepts of National History Since the French Revolution. A Critical Comparative Perspective"; Hiroshi Watanabe, "Historiography as a Magic Mirror: The Image of 'Nation' in Japan, 1600-1990," in Erlik Lonnroth, Karl Molin, Rangnar Bjork (ed.), *Conceptions of National History* (Berlin:Walter de Gruyter & Co., 1994), pp.34-39; pp.134-140; pp.175-183.

13 見《高級小學適用課本‧歷史課本》（缺出版地：晉察冀邊區新華書店，1943），頁35。又有關戰時中共編刊教科書及教材的時代背景，參見石鷗：《百年中國教科書論》（長沙：湖南師範大學出版社，2013），頁73-101。

14 見南滿洲教育會教科書編輯部：《歷史教科書》（大連：東亞印刷株式會社大連支店，昭和七年（1932）），上冊，收入竹中憲一編：《「滿州」殖民地中國人用教科書集成》（東京：綠蔭書房，2005），頁97；參焦潤明：〈從偽《歷史教科書》看日本殖民當局對歷史的篡改〉，《史學理論研究》，3期（2003），頁79-89。

政治，要望東亞理想之樂土」的圖像？[15] 為方便表述，本文以「革命中國」一詞，指稱中共編刊小學歷史教科書內建構的形象，以「獨立兼日滿一體的滿洲國」一詞指稱由日本官方南滿洲教育會及滿洲書籍配給株式會社，在滿洲國編刊及出版的歷史教科書內所建構的「滿洲國」形象。因在日本官方機構編刊及出版的漢文教科書，其服務對象自是居於滿洲國運用漢字的族群，可以說多是漢人及可以閱讀漢字的非漢人。[16] 這些教科書雖多表述滿洲國是脫離國民政府獨立發展，但書中內容也多表述滿洲國未建立前，東北地區是「落後」、「動亂」及「民生困苦」的地方。書中不獨談及日滿親和關係，也言中國歷代發展，可見日本官方編刊歷史教科書的編者表述中國歷史及文化的觀點。更重要的是，這些教科書在國民政府熱河教育廳的官員眼中，也肯定了「無非欲迷惘我兒童之心智，蔽塞我民之聰明，以便人心漸死，族類潛夷而已。言念及此，能不痛心？我全國教育界觀於此事，為揚民族精神，保持民族生命起見，應各矢勤矢勇，急起堅持，陷敵之區，務糾其謬亡，咨懍國亡種滅之懼，無存逆來順受之心」，肯定了這些教科書對東北地區兒童的影響。[17]

在民族主義的氛圍下，「抗日救亡」、「民族大義」正好是一眾政治團體、知識份子，以至民眾的共同論述及話語，中國共產黨除了建構民族大義外，在宣傳「革命」上也是不遺餘力的。究竟抗戰時中共如何在其轄下地區，藉歷史教科書對兒童建構「革命」圖像？日人扶植的滿洲偽國政府編刊歷史教科書，又建構了一幅怎樣的「獨立兼日滿一體的滿洲國」圖像？重慶國民政府建構的「民族認同」又是怎樣呢？[18] 本文運用的資料主要是戰時中國共產黨出版的小學及初等教

---

15 德富正敬：《滿洲建國讀本》（新京：滿洲書籍配給株式會社，康德七年（1941）），頁 17、25。以下簡稱《讀本》。有關滿洲偽國建構「王道樂土」的情況，參見林志宏：《民國乃敵國也》（台北：聯經，2009），頁 307-359。又有關研究滿洲偽國的歷史及建構另一種民族認同的圖像，見駒込武：《植民地帝國日本の文化統合》（東京：岩波書店，1996）；Louise Young, *Japan's Total Empire: Manchuria and the Culture of Wartime Imperialism* (Berkeley and L.A.: University of California Press, 1998) 二書。

16 依國務院文教部〔編〕的《第四回滿洲帝國文教年鑑》所記，滿洲偽國的居民多是由中國本部移民往東北地區的漢人，參見國務院文教部編：《第四回滿洲帝國文教年鑑》（缺出版地：滿洲書籍配給株式會社，康德七年（1941）），頁 40-43。

17 參見〈熱河省教育應為日本改編小學課本事給省立師範學校的訓令（1933 年 3 月 15 日）〉，遼寧省檔案館編：《「九一八」事變檔案史料精編》（瀋陽：遼寧人民出版社，1991），頁 447。

18 抗戰時期中國史學發展的研究成果，參見田亮：《抗戰時期史學研究》（北京：人民出版社，2005）。

育歷史教科書，如：晉察冀邊區行政委員會審定的《歷史課本》（高級小學適用課本）、《歷史》（高級小學適用課本；五、六年級適用）、晉察冀邊區行政委員會審定，彭文編著的《歷史課本》（高級小學適用課本），以及晉察冀邊區行政公署民教處審定的《歷史》（高級小學適用課本）等，並運用南滿洲教育會教科書編輯部編《歷史教科書》、《滿洲建國讀本》等，以呈現兩個政權建構「中國」的圖像，與其所屬政權的官方意識形態之關係及其時代背景。

今天不少研究已指出戰時的「中國」，應有不同的政權同時並存，既有蔣中正領導下的南京及後來移居重慶的國民政府統治政權（也稱「國統區」）、中共統治晉魯察冀區及延安政權（有些學者名為「蘇區」）、汪精衛領導下由日本扶植的南京政權（近人也稱為「汪偽政府」）、日本在華北建立的政權、日人在東北扶植下溥儀領導的滿洲偽國政權（按：近人也稱為「滿洲偽國」，因於 1932年已見在新中國建設學會編譯出版的《日人對我東北言論集》中有一本書，就是名為《滿洲偽國之幣制金融問題》，由是本文稱日本人扶植的滿洲國，為「滿洲偽國」），[19] 各地域官方機構也編刊及運用的教科書，在書中表述內容均有異同，是否可以運用教科書為切入點，考察戰時不同政權所表述的「中國」的「民族國家」之形象是怎樣？[20]

建構「革命中國」的圖像——中共編刊小學歷史教科書

戰時中國境內除了蔣中正領導下的重慶政權，及日人扶植下的汪精衛南京政權外，也有另一個政治實體，這就是中國共產黨（簡稱「中共」）在各地建立的政權，尤以在三十年代以後，中共雖面對着國民黨「圍剿」，仍能成功在延安、華北等地區建立「抗日民主根據地」；及至四十年代以後，毛澤東在 1942 年發

---

19 詳見本文註 1。

20 見 Prasenjit Duara, Sovereignty and Authenticity: *Manchukuo and the East Asian Modern*（Lanham, Oxford: Rowman & Little Publishers, 2003), Timothy Brook (ed.) *Nation Work Asian Elites and National Identities* (Ann Arbor : University of Michigan, 1999)。近年有不少中國內地出版的書籍多稱汪精衛的政權為「汪偽政權」，又指稱「滿洲偽國」為「偽滿洲國」，又以「偽華北淪陷區」一詞指稱日人扶植的華北政權，又或以「淪陷區」指稱以上被日人扶植的政權，但這些著作也承認以上政權具有政治實體。有關研究抗戰期間在「中國」境內各地政權的特色，參見劉德軍主編：《抗日戰爭研究述評》（山東：齊魯書社，2005），頁 248-287。又近人已注意「淪陷區」史學的研究，參見符靜：《上海淪陷時期的史學研究》（北京：社會科學文獻出版社，2010），頁 88-135。

表的〈在延安文藝座談會上的講話〉的演講，可知毛澤東及中共趨向重視民眾教育及地方文藝，中共所提倡的普及教育和民俗文藝，無疑是政治宣傳多於教育民眾、向民眾宣傳「革命」的訊息重於「啟蒙」。[21] 因此，中共如何透過編刊歷史教科書建構的圖像，以傳播及鞏固民眾對其政權合法性的「知識」，正是本文希望探討的一個重點。

Samuel Kim 與 Lowell Dittmer 分析中國「民族認同」的課題時，共同指出戰爭對於形塑「民族認同」具有關鍵性的作用，抗日戰爭正好為建構中國民族認同的重要基點。[22]Henrietta Harrison 也認為抗日戰爭是中國民族國家得以團結並形成的重要過程，期間中國知識份子主要是透過「民族團結的修辭學」(rhetoric of national unity) 來使中國內部各種不同的群體共同走向一致抗日的意識形態。[23] 這種「民族團結的修辭學」主要有三種形式：強調抗戰的必要性和無可置疑；其次，通過對「漢奸」的筆伐重申「民族大義」，當中，中共的歷史教科書特別強調任職「滿清政府」的曾國藩和李鴻章皆為「漢奸」；[24] 最後一點，強調「民眾動員」為勝利的必要基礎。本文所運用 1931 年至 1944 年間中共所撰寫的中小學歷史教科書，正好跟 Henrietta Harrison 的「民族團結修辭學」相合。本文運用的資料主要是中共編寫的初中歷史教科書，藉這些歷史教科書建構的知識，以見戰時中共藉傳播青少年歷史知識，來傳達一幅「階級鬥爭」的「革命」知識圖像。[25]

學界雖已多關注研究戰時的史學發展，卻少有探討教科書的書寫框架及表述

21 有關中共政權如何透過民間文藝、通俗文化來鞏固統治，參見洪長泰：《新文化史與中國政治》（台北：一方出版有限公司，2003）及 *War and Popular Culture : Resistance in Modern China, 1937-1945* (Berkeley : University of California Press, 1994) 二書。

22 Samuel Kim and Lowell Dittmer, "Whither china's Quest for National Identity?", in Samuel Kim and Lowell Dittmer (eds.) *China's Quest for National Identity* (Ithaca: Cornell University Press, 1993), p.237；劉再復在〈「認同」的陷阱〉一文，指出政權多以「認同」作為手段，使群眾盲目跟隨，而「民族主義」正是這些認同的話語，背後充滿權力及利益的操作，參見氏著：〈「認同」的陷阱〉，《思想者十八題 —— 海外談訪錄》（香港：明報出版社，2007），頁 12-19。

23 筆者將 Henrietta Harrison 的 "rhetoric of national unity" 譯為「民族團結的修辭學」。有關該概念的具體解釋，詳見 Henrietta Harrison, *China* (London: Arnold; New York : Co-published in the United States of America by Oxford University Press, 2001), pp.215-223.

24 有關中共歷史教科書對曾國藩和李鴻章的表述，詳見晉察冀邊區行政委員會教育處：《歷史課本‧高級小學適用》（晉綏：新華書店晉察冀分店，1944），第三冊，頁 7、14。

25 詳見 Michael W. Apple, *Education and Power* (New York: Routledge, 1995) 一書。

內容之問題。[26] 戰時的教科書無疑是一個十分值得研究的媒體，特別是在中共及其管轄下的地區，尚未受到學者關注。戰時的中共在「抗日救亡」、「民族大義」下，怎樣運用歷史教科書表述內容，向兒童傳播其建構的「革命」圖像？

　　1937 年中國面對着日本軍隊攻勢下，當時的中共及國民黨不得不放下彼此的成見，一致抗日。同年 8 月，晉察冀軍區在華北地區正式成立，並以今天奉為中共「十大元帥」的聶榮臻將軍，為抗戰時晉察冀軍區的司令員兼政治委員，此軍區為中共政權最早開闢的抗戰重地。翌年，以聶榮臻、宋劭文、胡仁奎等為首的 9 人，成為該區的行政委員會之委員。其中，宋劭文為主任委員，而胡仁奎為副主任委員，此代表了晉察冀邊區政府正式成立，而管轄範圍包括今日的山西東北部、河北西南部及冀中地區等。1941 年以後，聶榮臻成為該區的最高領導。在聶氏的帶領下，晉察冀邊區成為了毛澤東及朱德口中的「抗日模範根據地」。[27]

　　抗戰時期如何動員民眾，特別是使大量民眾投身抗戰，均是國、共政權思考的重要問題。事實上，中共早已注意農民對於抗戰時期的功用。[28] 即使如此，早期中共抗日宣傳仍未見全功，聶榮臻曾不諱言，晉察冀邊區的民眾對於中共推行的社會改革普遍採取冷淡的態度。[29] 因此，晉察冀邊區政府特別提出：「為了使廣大民眾，能夠實地參加抗戰，必須首先加強對他們的教育，提高他們對抗戰的認識與抗戰的信心……對民眾的教育工作是使民眾從抗戰的行動這一過程中的必要

---

26 研究抗戰時民俗讀物與動員群眾的關係，參見劉龍心：〈通俗讀物編刊社與戰時歷史書寫(1933-1945)〉，《中央研究院近代史研究所集刊》，64 期（2009），頁 87-136。

27 中共指稱晉察冀邊區為「抗日模範根據地」，中共表述了此區除了在抗日戰役中屢次戰勝日軍外，也指出此區為建立「良好」的普及教育和社會教育的地區。有關這方面的觀點，參見晉察冀邊區文化界抗日救國聯合會成立大會：〈晉察冀邊區文化界抗日救國聯合會成立宣言〉，河北省文化廳文化志編輯辦公室編：《晉察冀革命文化史料》（石家莊：河北省文化廳文化志編輯辦公室，1991），頁 19-21；參見魏延秋：《抗日根據地軍事文化建設研究》（北京：軍事科學出版社，2009），頁 167-186。

28 毛澤東早在 1927 年已指出農民具備成為「革命先鋒」的條件，詳見毛澤東：〈湖南農民運動考察報告(1927 年 3 月)〉，《毛澤東選集》（北京：人民出版社，1960），第一卷，頁 13-46。身為晉察冀軍區總舵手的聶榮臻，亦有相同意見，參見聶榮臻：《抗日模範根據地晉察冀邊區》（延安：八路軍軍政雜誌社出版，1939），頁 108。

29 聶榮臻：《抗日模範根據地晉察冀邊區》，頁 6。

工作」，[30] 雖然早於 20、30 年代，早期中國共產黨成員，如李大釗等已注意民間教育及動員群眾，但此時多注意動員城市的工人，乃至 40 年代，中共政權提出放棄王明倡導的城市革命，改為提倡以鄉村包圍城市，尤是更注意教育鄉間群眾，重視啟蒙農民及農村兒童、婦女，又多注意號召鄉間民眾，以支持「抗日」戰爭。[31]

抗戰初期，晉察冀邊區仍未推行廣泛普及知識的教育。早期在此區域的教育內容多以武裝、軍事訓練，或以專業技術訓練為主，而教育對象亦多為軍區的幹部、將領等，鮮有提及民眾，特別是農民的普及教育。無疑，該區地域的人口及經濟分佈不均，有些地區（冀中、冀東）的經濟水平較為富庶，而其他地區則較為落後，且普遍識字率並不高；加上，該區欠缺足夠的教育資源、師資，以上種種皆使中共難以在該區推行普及教育。[32]

晉察冀邊區的普及教育約在 1940 年後才出現，除了加強對民眾，包括婦女、農民、兒童、長者的識字教育外，最重要的是落實邊區之文化教育政策。[33] 其中，冀中地區在 1940 年明確以毛澤東的「新民主主義」奉為邊區教育的主要辦學方針。[34] 當中，毛澤東的〈新民主主義論〉，正是「馬克思主義中國化」的重要表徵，[35] 在 40 年代以後，毛澤東的「新民主主義」更成為了中共地區一個較為重

---

30 〈抗戰初期晉察冀邊區開展冬學運動的指示〉，《晉察冀邊區教育資料選編》（河北：河北教育出版社，1990），頁 1；鄧紅：〈論晉察冀邊區的社會教育〉，《抗日戰爭研究》，2 期 (1999)，頁 106。

31 毛澤東：〈戰爭和戰略問題〉(1938 年 11 月)，《毛澤東選集》，2 卷，頁 543；參見中共中央共產黨史研究室，《中國共產黨歷史》（北京：中共黨史出版社，2011），下冊，頁 520-524。

32 Michael Lindsay, "The Educational System: Early Communist Origins, 1939-1946", in Stewart E Fraser (ed.), *Education and Communism in China: An Anthology of Commentary and Documents* (Hong Kong: International Studies Group, 1969), p.46.

33 參見曹劍英、箭茗、石璞、謝淑芳：《晉察冀邊區教育史》（石家莊：河北教育出版社，1995），頁 155。

34 同上註，頁 137。

35 「馬克思主義中國化」的概念，詳見 Stuart Schram, The Thought of Mao Tse-tung (Cambridge : Cambridge University Press, 1989), pp.61-84；原文可參考毛澤東：〈中國共產黨在民族戰爭中的地位〉(1938 年 10 月) 一文，《毛澤東選集》，第 2 卷，頁 522-533。毛澤東在該文指出：「對於中國共產黨說來，就是要學會把馬克思列寧主義的理論應用於中國的具體環境。成為偉大中華民族的一部分而和這個民族血肉相聯的共產黨員……因此，使馬克思主義在中國具體化，使之在其每一表現中帶着必須有的中國特色，即是說，按照中國的特點去應用他。」

要文化政策的指導方向，[36] 此時中共等領導層提出的「馬克思主義中國化」或「中國化」等詞彙的意義，不只在於口號的宣傳上，更要強化民眾的民族意識，也促使一眾農民、知識份子重新注意傳統的中國文化。[37]

戰時，以推倒封建文化為目標的中共政權，也有注意傳統的中國文化，其與國民政府不同之處是中共以政治動員的觀點，注意中國的傳統文化或民間文化，多注意運用中國傳統民間文化的特色，以便動員群眾支持「抗日」，[38] 並嘗試建立一套屬於中共與農民之間的共同論調：「革命」，正如有些學者所言，這就是：「『馬克思主義中國化』這一路向，使馬克思主義與中國革命鬥爭實際相結合，正確解決中國社會發展中面臨的主要矛盾；與中國傳統文化的精華相結合，找到自己的表現形式。」[39]

為了達成「革命」的最終目的，毛澤東主張「馬克思主義在中國具體化」、「新民主主義」等的論調，正是結合「馬克思主義」、「中國革命」、「反帝國主義」、「民族主義」等多種思想，特別在推動中國的國民革命上，如繼續奉行舊有的蘇維埃之「馬克思主義」，難以吸引農民的支持和認同。因為原有的「馬克思主義」，正是要群眾放棄「民族」、「國家」之觀念，以追尋一個世界「大同」作為普世的目標，[40] 甚具「烏托邦」之理想。換言之，毛澤東的「反帝國主義」、「馬克思主義在中國具體化」和「新民主主義」及「革命」的話語，與其說是在中國

---

36 毛澤東：〈新民主主義論〉（1940 年 1 月），《毛澤東選集》，第二卷，頁 655-704。

37 李建勇：〈1938 年毛澤東提出「馬克思主義中國化」的背景與動機 —— 一個研究的綜述〉，《二十一世紀》網絡版，2008 年 2 月號（總第 71 期），參見 http://www.cuhk.edu.hk/ics/21c/supplem/essay/0801006.htm。又中共官方認為「延安幹部教育確立了新民主主義教育方針、教育內容、教育制度、教育原則和方法，形成了中國民族的、科學的、大眾的新民主主義教育模式。這是一種嶄新的教育模式，它既不同於舊中國的教育模式，也不完全同於外國的教育模式。通過這種教育模式，培養了約百萬優秀幹部。這是一個偉大的創舉，不僅在中國革命發展過程中具有戰略意義，而且在中國高等教育發展中具有教育史意義」，肯定了毛澤東在延安時期發表指導教育方向的言論，及在此時期中共的執政模式，對中共動員群眾和社會教育的重要影響，參見郝文武、栗洪武主編：《延安幹部教育模式研究》（北京：中國社會科學出版社，2009），頁 13；參見梁星亮、楊洪主編：《中國共產黨延安時期政治社會文化史論》（北京：人民出版社，2011），頁 403-438。

38 中共如何透過「改造」中國的傳統民間文化來達成政治目的，詳見〈改造盲書匠：韓起祥與中國共產黨的說書運動〉，《新文化史與中國政治》，頁 151-183。

39 李建勇：〈1938 年毛澤東提出「馬克思主義中國化」的背景與動機 —— 一個研究的綜述〉，參見 http://www.cuhk.edu.hk/ics/21c/supplem/essay/0801006.htm。

40 高華曾研究「革命」如何成為中共的獨有話語之過程、意義，詳見高華：〈在革命詞語的高地上〉，《社會科學論壇》，2006 年（總 123 期），頁 39-48。

內實行無產階級的社會主義，毋寧說是一種強調「民族主義」論調之話語，以符合抗戰時期的氛圍，讓民眾，特別是農民，容易接受被中共建構的「知識」。[41] 因此，在毛澤東的〈新民主主義論〉一文中多次運用「解放」、「反壓迫」等等字眼，主張「殖民地、半殖民地、半封建的文化……就是我們（按：中共和民眾）革命的對象」，以「解放」中國文化為主要的論調；[42] 同一時間，配合着當時抗日的思潮，將抗戰革命化，就意味着將抗戰看成是一場爭取「自由及解放的革命」，且「革命」漸漸在話語中佔據着突出的地位，也是用以鼓動群眾加入到抗戰最常用的說詞。[43]

「抗日」固然重要，然而「革命」更是中共建立政權的主要使命。毛澤東將中共與「革命」、「民主」作為等同的話語，並多次把國民政府列為「帝國主義」的一份子，國民政府是「反革命」、「反對革命人民」、「大資產階段份子」，[44] 透過這種話語，把國民政府放在與人民對敵的地位，讓國民政府如同「日本的帝國主義」、「反動派」、「封建主義」般，成為所有中國民眾，特別是農民及工人之共同大敵。因此，中共表述「革命」的終極目標也就變成了整頓中國舊有的政治勢力，包括國民黨或國民政府，「革命」的地位或比「抗日」重要，這趨向在1940 年代「新四軍事變」以後更見明顯。[45]

另一方面，中共特別是毛澤東，對於教育的啟蒙和傳遞知識之作用並不見得特別重視。在著名的〈在延安文藝座談會上的講話〉中，即使多番強調「普及」、「提高」等詞彙，並不見得是要對大眾作普及教育，反而更着重於透過文藝創作、

41　毛澤東將「愛國主義」與「國際主義」置於同等的地位上，無疑顯示毛澤東正實踐着「馬克思主義中國化」的過程，參見毛澤東：〈中國共產黨在民族戰爭中的地位〉（1938 年10 月），《毛澤東選集》，第二卷，頁507-509；高華：《紅太陽是怎樣升起的 —— 延安整風運動的來龍去脈》（香港：香港中文大學出版社，2000），頁180。

42　毛澤東：〈新民主主義論〉，頁655-704。

43　孔凡義指出「革命」能創造出強烈的政治及民族認同，因為「革命意識形態提供了政治效忠的新標準，革命政府和精英獲得普遍的認同，精英之間建立高度的團結和信任，受革命洗禮的大眾樂於服從政府和精英的領導」，詳見氏著：〈中國的革命與現代化〉，《二十一世紀》網絡版，2005 年10 月號（總第43 期），參見 http://www.cuhk.edu.hk/ics/21c/supplem/essay/0506016.htm。

44　毛澤東：〈中國革命和中國共產黨〉（1939 年12 月），《毛澤東選集》，頁628；〈新民主主義論〉，頁658。

45　毛澤東：〈目前抗日統一戰線中的策略問題〉（1940 年3 月11 日），《毛澤東選集》，頁739-747。毛澤東在該文中強調即使是合作抗日，並不代表中共要遵從國民黨的思想體系。中共與國民黨雖同以「三民主義」作為抗日宣傳的主要綱領，但毛澤東本人認為「三民主義」是屬於全中國的民眾；而且，更強烈批評國民黨的領導階層，稱之為「頑固派」。

教育等，使民眾認同中共的「革命」之理念，毛澤東本人如是說：「因為只有經過幹部才能去教育群眾、指導群眾。如果違背了這目的，如果我們給予幹部的並不能幫助幹部的教育群眾、指導群眾，那麼，我們的提高工作就是無的放矢，就是離開了為人民大眾的根本原則。」[46]

　　從毛澤東以上言論得見，若說中共的教育觀，如民初知識份子般倡導「啟蒙」、「普及」、「提高」民眾，未免過於片面的理解中共的政治文化。[47] 就中共的角度，文學、文藝創作、教育等教育媒體，皆是「為政治服務」、「服從於政治」的。毛澤東不諱言：

> 文藝是從屬於政治的，但又反轉來給予偉大的影響於政治。革命文藝是整個革命事業的一部分。[48]

既然「啟蒙」民眾變得次要，中共亦多次強調知識份子需要面向群眾，「到下鄉去」或「到民間去」，向工農兵學習。在「救亡」、「一致抗日」的目標下，在中共管治區的知識份子，只好尋求「文藝大眾化」的道路，[49] 這就是學者認為中共在40年代施行的文藝政策，使不少知識份子失去了作者應有的主觀性，由五四時代所強調的惠澤生靈、個人主義，演變至理性主義、純政治性的文藝創作。[50]

　　教育方面亦不例外，一方面晉察冀邊區的教材及課程，多以抗戰作為題材，藉此宣傳愛國抗日的訊息；另一方面，卻選擇以民間文化，如秧歌，為教育媒

---

46 毛澤東：〈在延安文藝座談會上的講話〉（1942 年 5 月），《毛澤東選集》，第三卷，頁 865。

47 在「一致抗日」和「民族主義」的氛圍下，中國的知識份子高呼救亡抗日。一向強調「為學問而學問」的「新派學者」，包括傅斯年、顧頡剛等人亦選擇轉向民眾中。當中，抗戰前以「疑古思潮」為主調的顧頡剛，在抗戰時期主要以撰寫通俗讀物為主，透過通俗的歷史書寫，宣傳抗日思想於群眾。余英時認為抗戰時期的顧頡剛之學術研究以「提高」及「普及」為主，參見余英時：《未盡的才情：從〈顧頡剛日記〉看顧頡剛的內心世界》（台北：聯經，2007），頁 63-65；參見區志堅：〈陶行知對杜威（John Dewey）教育思想的認識：以「平民主義做教育」詮釋杜威「民主主義與教育」為中心的考察〉，周佳榮、文兆堅編：《陶行知與近代中國論文集》（香港：中華書局，2010），頁 26-37。

48 毛澤東：〈在延安文藝座談會上的講話〉，頁 867。

49 1930 年代，左翼的知識份子早已就文藝「大眾化」作出論戰。1940 年代後，「大眾化」一詞與 30 年代已有所不同。特別是 1942 年後，毛澤東的「民族形式」已成為了「文藝大眾化」的同義詞，參見毛澤東：〈在延安文藝座談會上的講話〉，頁 852-853。

50 李澤厚：《中國現代思想史論》（天津：天津社會科學院出版社，2005），頁 241-243。

體，[51] 又以農業生產，包括描述農村民眾的生活，為教材及課程的編寫內容。[52] 教育以及教科書，原為啟迪民智的主要媒體，1940 年以後，教材成為中共「化大眾」知識之工具，[53] 時任冀東抗日聯軍政治部主任胡錫奎於 1943 年在中共北區黨的文藝工作會議上亦言：

> 在邊區的文藝工作者中，過去曾有過「化大眾」的論調，強調大眾化是為了化大眾。這實際上是認為大眾沒有文化藝術，認為大眾是落後無知的。[54]

　　西方學者已指出，毛澤東本人的農民身份，增加其對研究中國傳統文化的興趣。然而，研究傳統文化只是手段，而非目標。其真正的目標是希望透過馬克思主義來號召群眾，達至「革命」、「民族革命」、「無產階級的革命」，一切的「文藝大眾化」、「普及」教育均是手段而已。[55] 不論是文藝創作，以及教科書的敘事對象皆為農民和無產階級，「革命」已是戰時中共所持有的、獨有的話語及論調。[56] 中共的教育觀並不只是「提高」民間識字率及「啟蒙」，即使是「啟蒙」，所有群眾及知識份子，皆需接受中共「革命敘事」的「啟蒙」。因此，戰時的中共編刊教科書之內容，多以「普及」、「大眾化」教育為主，以求達至「化大眾」之目的，歷史教科書敘事觀點及內容未必符合歷史原貌，有些甚至被過份誇張，更重要的是，把教科書或教材表述成為「革命敘事」的「啟蒙」工具。

　　抗戰初期，延安地區原被不少知識份子視為「烏托邦」的地方，延安更使不

51　David Holm 曾研究延安時期 (1936-1937) 的中共政權的秧歌運動，更指出毛澤東認為民間文化有著巨大的潛力來推動其「革命」思想，見 David Holm, *Art and Ideology in Revolutionary China* (Oxford: Clarendon Press, 1991)；黃金麟也注意從文化史研究的角度，分析中共建構「革命身體」形象與動員群眾的關係，參見氏著：《政體與身體 —— 蘇維埃的革命與身體，1927-1937》（台北：聯經，2005），頁 24-34。

52　曹劍英、箭茗、石璞、謝淑芳：《晉察冀邊區教育史》，頁 238-239。

53　劉再復：《思想者十八題 —— 海外談訪錄》，頁 14。

54　胡錫奎：〈加強文藝整風運動，為克服藝術至上主義傾向而鬥爭〉（1943 年 4 月 6 日），河北省文化廳文化志編輯辦公室編：《晉察冀革命文化史料》（石家莊：河北省文化廳文化志編輯辦公室，1991），頁 1-14。

55　Ross Terrill, *Mao: A Biography* (Stanford, California : Stanford University Press, 1999), pp.21-22.

56　葛紅兵、宋耕：《身體政治》（北京：三聯書店，2006），頁 87-88。

少知識份子樂意效力，毛澤東亦多次表示要接納知識份子，[57] 中共在 1940 年以後
特別強化黨的紀律，開始強調「群眾路線」、「民族形式」，並表示知識份子需要
絕對服從「共產主義」。[58] 期間在晉察冀邊區，部分知識份子不認同「服從於政治」
的文藝創作，並嘲笑該區的「秧歌運動」，[59] 這種風氣加速毛澤東及中共領導層發
動一場大型政治及文化的「整風運動」的決心。[60] 最後，毛澤東主導之「整風運動」
成功推行，「民族形式」的文藝政策獲得勝利，並放棄了傳統馬克思主義所強調
的「五個階段論」，創造出屬於中國的歷史語境（Historical Context）之「階級鬥
爭論」及「民族形式」。[61] 毛澤東指出：

> 政治，不論革命的和反革命的，都是階級對階級的鬥爭，不是少數個人的
> 行為。革命的思想鬥爭和藝術，必須服從於政治的鬥爭，因為只有經過政
> 治，階級和群眾的需要才能集中地表現出來。[62]

可見「階級鬥爭」論已成為中共向群眾傳播知識的敘述框架。

　　1941 年至 1943 年期間，晉察冀邊區因受制於日本軍隊的侵略，該地的教育
工作變得舉步維艱，「延安整風運動」仍未能在該區得以落實，直至 1944 年戰爭
形勢趨向緩和後，晉察冀邊區才能進行全面的「整風」。[63] 在抗戰後期，中共的知

---

57 毛澤東：〈大量吸收知識份子〉（1939 年 12 月），《毛澤東選集》，第二卷，頁 611-613。有關
　　「延安整風運動」的政治意義，包括整肅王明、王實味等親蘇份子的情形，參見陳永發：《延安
　　的陰影》（台北：中央研究院近代史研究所，1990）；《紅太陽是怎樣升起的 —— 延安整風運動
　　的來龍去脈》二書。

58 Jonathan. D. Spence, *The Gate of Heavenly Peace: The Chinese and their revolution, 1895-1980* (New York:
　　Penguin Books, 1982), pp.321-324.

59 沙可夫：〈晉察冀邊區的文學藝術（節錄）〉（1944 年 6 月），河北省文化廳文化志編輯辦公室
　　編：《晉察冀革命文化史料》（石家莊：河北省文化廳文化志編輯辦公室，1991），頁 34-43。

60 有關「延安整風運動」的詳細情況，及對知識份子的壓迫，參見《延安的陰影》及《紅太陽是
　　怎樣升起的 —— 延安整風運動的來龍去脈》二書。

61 1930 年代中國社會史論戰之意義是使馬克思主義的理論得以在中國思想學術界廣泛運用，詳見
　　李澤厚：《中國現代思想史論》，頁 59-70。

62 毛澤東：〈在延安文藝座談會上的講話〉，頁 86。

63 沙可夫認為晉察冀邊區的知識份子不願走向民眾，只知「藝術至上主義傾向」，為該區的文化政
　　策難以有效地執行的原因，筆者相信這亦促使中共（特別是毛澤東）加強決心在該區進行全面的
　　「整風」，參見沙可夫：〈晉察冀邊區的文學藝術（節錄）〉，頁 34-43；《紅太陽是怎樣升起的 ——
　　延安整風運動的來龍去脈》，頁 542。

識份子，包括周而復、沙可夫等人不斷重申邊區應繼續履行毛澤東的「新民主主義」之文化政策。[64] 周而復指出中共的文藝，不但重「提高」，更重「普及」，而後者卻遠比前者重要；並表示舊有的中國歷史皆是從統治階層的角度編撰，欠缺記述廣大民眾的歷史，又扭曲及不談「農民」在中國歷史上「革命」的努力。[65] 不難估計，晉察冀邊區的歷史教科書主要論調對象皆以「農民」為主，[66] 內容文字多是充滿「革命」、「反封建」、「反帝國主義」等話語。

誠然，並不是只有中共才懂得利用歷史教科書作為宣傳工具，戰時各地域建立的政權亦深明此理。國民黨的重慶政權和汪精衛的南京政府不只在戰場上，也曾就歷史教科書之論述上進行一場競爭，特別在「民族」的話語角力。[67] 中共的教科書卻鮮有在「民族」這個課題上作任何敍述描寫，反而多描述在「革命」方面。為了配合時代之需要，或「普及」的需要，中共編刊的教科書，特別重視對近代歷史的記載，且為了宣傳「社會主義」，於教科書內強調反封建社會、反地主、反封建領主的論調。

晉察冀邊區運用歷史教科書實踐中共「革命」的理念

不少學者指出教科書是運用了一種「結構敍述模式」（schematic narrative），把各種故事串連，[68] 中共編刊的歷史教科書內，內容不獨注意個人，更注意「人民」群體推動歷史的力量，也強調「革命」成果推動歷史的發展，嘗

---

64 參見周而復：〈邊區的群眾文藝運動〉（1945 年 2 月 26 日），《文藝理論卷》（長沙：湖南人民出版社，1984），頁 551-558；〈晉察冀邊區的文學藝術（節錄）〉，頁 34-43。

65 周而復：〈邊區的群眾文藝運動〉，頁 551-558。

66 教科書也表述別國（如日本），封建主義及封建地主也壓迫當地的農民及工人，這些表述的故事，主要是配合中共教科書的話語，有些觀點見晉察冀邊區行政委員會教育廳：《歷史課本‧高級小學適用》（晉綏：新華書店晉察冀分店，1944），第三冊，頁 17 及本文正文部分的分析。

67 有關研究抗戰時期國民政府與汪精衛政權編刊歷史教科書話語角力，詳見 Chan Wai-keung（陳偉強），"Contending memory: History Education in Wartime China,1937－1945", in Hon Tze-ki and Robert J. Culp (eds.), *The Politics of Historical Production in Late Qing and Republican China* (Leiden: Brill, 2007), pp.169-210.

68 有關「結構敍述模式」（schematic narrative），參見 James V. Wertsch, *Voices of Collective Remembering* (Cambridge, UK: Cambridge University Press,2002)；運用此理論分析歷史教科書之內容，見沙培德（Peter Zarrow）：〈啟蒙「新史學」──轉型中的中國歷史教科書〉，頁 51-80

試打破朝代循環的觀點。[69] 以下主要以中共於 1942 至 1944 年間，由晉察冀邊區編刊中小學歷史教科書，包括中國歷史、世界歷史讀本，這些教科書的對象就是青少年及兒童，由是藉研究教科書的表述內容，以見中共為青少年及兒童灌輸一幅怎樣的歷史圖像？

當然歷史教科書的責任，不獨傳播知識，也具識字教育的作用。1938 年 9 月 15 日，邊區發出第十二號文件〈怎樣建立民族革命室〉中，指出革命室就是在鄉村成立領導機關及中心教育場所，此機構成立的目的為「發揮高度的民族精神，加強抗戰力量」。[70] 中共編刊《陝甘寧邊區的民眾運動》一書，也提及中共黨員要多注意向兒童傳達「抗戰」的訊息，多向「兒童參加抗戰動員工作，亦表示出偉大的作用」，[71] 中共在教導的政治課中，也要求學員講「中國問題」時，要明確認識中國社會的「半封建」、「半殖民」的性質，並向民間建立「反封建」的觀念，明確鞏固和發展統一戰線，反抗日本帝國主義的侵略，標舉「打倒日本侵略者，建設新中國」的觀點，依暫時得閱的歷史教科書內容，尚未多以「反蔣」為敍述內容。

至於中共表述的「新中國」形象又是怎樣？從晉察冀邊區行政委員會審定、新華書店晉察冀分店於 1942 年至 1944 年發行，多本定名為「高級小學適用」的《歷史》、《歷史課本》，表述自原始時代至第一次世界大戰時中國歷史及世界歷史的內容，從歷史發展的動力、秦漢至清亡，乃至中華民國建立等階段時，如何處理有關王朝建立、崩潰及認同的主題，看中共在抗戰期間對青少年及兒童建立的「革命」圖像是什麼。[72]

69　Chan Wai-keung（陳偉強），*Contending memory: History Education in Wartime China, 1937－1945*, pp.169-210.

70　晉察冀抗日根據地史料選編：〈怎樣建立民族革命室〉，《晉察冀抗日根據地史料選編》（河北：河北人民出版社，1983），上冊，頁 13-16。

71　魯芒：《陝甘寧邊區的民眾運動〔抗戰動員叢刊〕》（漢口：漢口大眾出版社，1938），頁 28。

72　本文主要運用了以下晉察冀邊區行政委員會審定：「高級小學適用」《歷史課本》（晉察冀邊區新華書店，1942）上下、晉察冀邊區行政委員會審定：「高級小學適用課本」（六年級適用）《歷史》（晉察冀邊區新華書店，1943）上下；晉察冀邊區行政委員會審定：「高級小學適用課本」（五年級適用）《歷史》（晉察冀邊區新華書店，1943）上下；晉察冀邊區行政委員會審定：「高級小學適用課本」《歷史課本》（晉察冀邊區新華書店，1943）第 1、2、3 冊；晉察冀邊區行政委員會審定、彭文編著：「高級小學適用課本」《歷史課本》（晉察冀邊區新華書店，1944）第 1、2 冊；晉察冀邊區行政公署民教處審定：「高級小學適用課本」《歷史》（晉察冀邊區新華書店，1944）第 1、2 冊。

　　二十世紀的中國可視為一個「革命的時代」，知識菁英如胡適、太虛法師、張東蓀、梁漱溟等均認同「革命」的抽象概念，[73] 而中國也早於清末已傳入馬克思主義理論，至 1919 年五四運動前後，知識份子開始熟悉馬克思主義的歷史理論，部分知識份子，如李大釗、瞿秋白、陳獨秀、陶行知等體會工人及農民的重要，又受到俄國革命成功，「階級」觀念的傳入及影響，知識份子更要謙卑學習成為工人及農民，更加強重視工人及農民對推動社會發展的貢獻。[74]1921 年，中國共產黨宣佈成立。1927 年至 1937 年，中國爆發社會史論戰期間，史家才運用馬克思主義的理論研究中國歷史。中國馬克思主義學者所以急於運用馬克思理論研究中國史，希望藉此了解中國的過去，渴望塑造其時社會的命運，他們更相信現代社會的發展動力就是存在於過往歷史進程之中，他們盼望未來社會的變化，也反過來影響他們對歷史進程的看法，藉敘述歷史圖像，公開地表明他們史學研究背後的政治意圖，尤以加入中共的馬克思主義史家（以下簡稱中共馬克思主義史家）為甚。經過了 1927 至 1937 年的社會史論戰，蘇聯斯大林在〈中國革命的問題〉內強調「工農群眾發展反封建官僚、反軍閥、反帝國主義的革命鬥爭」的觀點所影響，雖仍有不少中國馬克思主義史家，以不同觀點解釋中國社會發展史，但於 1937 年後，中共馬克思主義史家均以革命的範式來理解歷史的進程，認為「階級鬥爭」是推動歷史發展的動力，是歷史普遍性及歷史特殊性的問題，均與他們的政治意思及涵義相聯繫，階級鬥爭成為論述的中心，無論中國歷史或世界歷史發展，均是傾向「階級鬥爭」，又認為「革命實踐是改變歷史的工具，又是評價歷史的準則」，肯定農民及工人「起義」的行為，這些中國馬克思主義史家的觀點，經中共官方的審批後，都實踐在晉察冀編刊歷史教科書中。

　　抗戰初期晉察冀邊區軍政民代表大會已決議文化教育發展，應是「（1）發揮高度的民族精神，加強抗戰力量。（2）培養健全的軍事政治幹部。（3）造就專門

---

73 有關二十世紀初中國知識菁英對「革命」的嚮往及認同，參見羅志田：〈士變──二十世紀上半葉中國讀書人的革命情懷〉，《新史學》，18 卷 4 期（2007），頁 189-231；參見金觀濤、劉青峰：〈革命觀念在中國的起源和演變〉，《觀念史研究：中國現代重要政治術語的形成》（香港：香港中文大學出版社，2008），頁 357-390；有關二十世紀「革命」話語與傳統商朝「湯武革命」的異同，參見陳建華：《「革命」的現代性》（上海：上海古籍出版社，2000），頁 1-22。

74 二十世知識分子重視工人及農民的地位，甚至如李大釗認為「我們要想在世界上當一個庶民，應該在世界上當一個工人。諸位啊！快去作工啊！」工人及農民成為推動社會改革的力量，參見王汎森：〈近代知識份子自我形象的轉變〉，《中國近代思想與學術的系譜》（台北：聯經，2003），頁 275-304。

技術人才建立抗戰時期各種事業。(4) 培養熱烈的新青年,擴大民族革命的基礎勢力。(5) 提高一般民眾的文化水準,並增強他們的健康」,[75] 教育不獨是啟蒙,也是為了傳播「民族革命」的知識,因此要求編訂「救亡讀物與教材」,不獨要適應抗戰,也要編訂各種以「革命」為題的叢書,內裏當然沒有清楚説明「革命」的定義。[76]

1942 年,晉察冀區編寫了一套「抗戰時期小學課本」,屬於「歷史」部分的書籍,它們的封面多設計有一位背着鋤頭,正在田中工作的農民;也有封面繪畫一幅背景為工廠,遠處有一個漸升的太陽。這些圖像明顯地是針對農民及工人的子女,其內容側重談及歷史上民族英雄的故事,「新」中國與「舊」中國的不同,旨在告訴兒童戰勝日本後,建立一個「新」中國。中共又在 1943 年 4 月 12 日,發出〈關於整理小學加強兒童生產教育的指示〉中,指出「為將整風與簡政的精神貫徹到小學教育中來,本實事求是的態度,解決實際的態度,解決實際問題,特提出再次整理小學的任務」,並把毛澤東〈延安文藝座談會講話〉一文,成為指導編撰教科書的方向。

在晉察冀邊區行政公署民教處審定,晉察冀邊區新華書店出版的《歷史課本》中,指出:「教學目的,在使學生了解中華民族的由來及其光榮的史蹟,使學生學習模範歷史人物的精神,接受革命的歷史教訓,以養成學生愛護民族的觀念和高尚的品德與革命人生觀」,[77] 歷史教材通過官方褒揚的歷史人物,樹立教育典範,使學童效法,從而為學生培養愛護民族的品德,更要學童建立「革命人生觀」。至於何謂「革命人生觀」尚未多作解釋,只知道要求學童從教科書內學習中共建構的「革命人生觀」。[78]

在封面印有「高級小學適用」的《歷史》教科書內,表述編書的目的為:

---

75 〈晉察冀邊區軍政民代表大會決議案〉(1938 年 1 月),《晉察冀抗日根據地史料選編》(河北:河北人民出版社,1983),上冊,頁 21。

76 有關二三十年代中國社會史論戰的情況,參見 Arif Dirlik, *Revolution and History: The Origins of Marxist History in China, 1919-1937* 一書。

77 缺編者:《高級歷史課本》(晉察冀邊區行政公署民教處,1943),上冊,頁 1。

78 不單是晉察冀邊區新華書店出版的《歷史課本》建構了「革命人生觀」,中共也藉農村合作舉辦的活動,建立「革命」及「勞動英雄」的形象,藉對人物的褒貶,使「勞動人民」及婦孺知所去取,參見韓曉莉:〈榜樣的力量 —— 抗戰時期山西革命根據地勞動英雄的塑造〉,梁景和主編:《第二屆中國近現代社會文化史國際學術研討會論文集》(北京:社會科學文獻出版社,2010),頁 257-275。

「着重經濟發展與革命運動，使兒童認識社會進化規律，接受過去革命的經驗和教訓」，因此目標，教科書內容傳播有關民族發展和革命優良傳統的意識，以富有趣味的史實和人物為教學參考資料，從而「激發兒童愛國熱情」，更重要是要「堅強兒童對『建立和平民主的新中國』之信念」。言下之意是昔日教科書多是建構一副「舊中國」的圖像，只有閱讀此書，才可知道一幅「新中國」圖像是怎樣的。內容上也要「本兩性平等的原則，改編時對於女性事跡，廣為搜羅增入」，改了過去「歷史為男性所獨佔」的現象，又因為「舊史家的奴性」，便以「謚法」指稱先賢，編者認為此「為中國特有的極端君權制下的產物」，充滿中國舊史上的「某祖某宗」的名號，在「新民主主義時代的中國史」表述框架下，要對帝王及聖賢「一律直稱其名」。通過此〈編輯說明〉，可知全書要給學童傳播一幅「新中國」圖像，包括平等、重視兩性地位、沒有封建制、沒有階級之別的信息。

　　以下列舉多本教科書如何實踐編輯確立的學習目標。書中往往強調推動歷史發展最大的動力就是革命，而這革命的載體就是「階級鬥爭」。

　　在《歷史》（小學六年級）教科書內，表述人類歷史的發展都以階級鬥爭為基礎。受「線性史觀」及「進化史觀」的影響，[79] 教科書的編者先述凡是大河流域，土地肥沃，便利耕種和灌溉，均是人類文明的發源地，河流帶動的經濟發展成為推動人類「進步」的力量，更重要的是，中國、埃及、巴比倫、印度「這四大古老民族，都經過了原始共產社會、奴隸社會、封建社會。由奴隸社會和農奴的血汗，創造了他們的文化」，可見推動歷史的進程的唯一力量來自「階級鬥爭」及經濟因素，特別注意低下層群眾，如奴隸及農奴對封建社會的反抗，下層群眾成為推動歷史發展的力量。編者的觀點有商榷之處，早於三十年代牟宗三已發文批評此觀點。不能否認上古時代貴族及君主，均是建立封建及奴隸制度的重要力

---

79 有關研究自晚清以還，歷史教科書的表述受「線性史觀」及「進化史觀」的影響，見王汎森：〈近代中國的線性歷史 —— 以社會進化論為中心的討論〉，《近代中國的史家與史學》（香港：三聯書店，2008），頁 49-108；參見區志堅：〈中小學生也要學習「進化」的知識 —— 以清末民初中小學中國歷史教科書為例〉〔宣讀論文〕，中央研究院近代史研究所於 2014 年 8 月 11 至 13 日，主辦「全球視野下的中國近代史研究」國際學術研討會〔未刊稿〕。又教科書的編者談及河流帶動歷史發展的觀點是否受到魏特夫（Karl August Wittfogel）於三十年代倡導河流與「東方專制主義」發展關係之影響，尚待研究，有關魏特夫觀點與中國史學界的關係，參見李孝遷：〈第五章 魏特夫與近代中國學術界〉，《域外漢學與中國現代史學》（上海：上海古籍出版社，2014），頁 239-267。

量，但相信民眾力量及經濟發展，不是唯一推動歷史發展的動力。[80]

　　教科書編者在《歷史》（小學適用）教科書內，多強調生產及奴隸「革命」為推動歷史發展的力量，此教科書先表述希臘、羅馬是「典型的奴隸國家」，這時的統治者，驅使大批的奴隸，參加各種生產，莊園主人、地主或「一個手工業工廠中」商人，他們的行為是剝削奴隸的。編者更以引號，看似引用莊園主指斥奴隸為「『一切肉體勞動都是下賤的，應該全由奴隸去擔負。奴隸根本不是人，牠們是奴隸主的私有財產，是會說話的工具。可以任意出賣，隨便殺死』」，奴隸主一方擁有大批奴隸及土地，又是「堆金如山的老財，同時他們還大放高利貸，對窮人從事剝削」，奴隸主只是「荒淫放蕩，好吃懶做」，「殘酷地役使奴隸，來供自己的享樂」，故奴隸在「慘無人道的剝削壓迫之下，實在活不下去了，終於暴動紛起」；至於羅馬帝國後的歐洲的封建社會，也是貴族弄權，「農奴」把土地財物貢獻給貴族，依附在封建勢力之下，保存性命，導致封建勢力擴張，「封建領主更是橫行，農奴的生活也陷入殘酷剝削的苦海中了」，經此表述的圖像在兒童腦海中，只是一些奴隸鬥爭的歷史。

　　談到階級革命帶動社會的發展，不可不注意 **1917** 年俄國的革命，教科書中表述了導致俄國革命的出現，主要是「大批勞動人民遭受屠殺和死亡」，農奴更為受害的階層，如今俄國革命正是代表世界無產階級革命所效法：「在帝俄的廢墟上，建立了社會主義的蘇聯。從此，劃時代的世界無產階級的革命開始了」，自從第一次世界大戰以來，各交戰國的「勞動大眾，疲憊不堪。十月革命，卻帶來一個啟示：即如何從戰爭與資本主義之下，真正的把自己解救出來，於是工人和兵士的革命運動，就更加普遍開展」，各國的軍人、大城市的工人都應效法俄國革命，「第一次帝國主義大戰，和十月革命，同樣激起了亞洲被壓迫民族解放運動高潮，這個高潮，和歐洲無產階級革命運動，匯合起來，就構成了世界革命巨流」，不言而喻中國工人及農民也應效法俄國的無產階級革命，此書傳播的對象自然是社會的低下階層，特別是運用教科書為學習知識者，應是工人及農民的子女，所謂「被壓迫」的一群。這些生活在「被壓迫」家庭中的兒童，平日已多聽到父母談及被他人欺壓的事情，結合書本的知識，自然產生共鳴。教科書編者

---

80 牟宗三於 1934 年，曾撰文指斥共產主義主張階級鬥爭及在唯物史觀中奉經濟發展為推動歷史變動的唯一力量，實為不當，參見氏著：〈從社會形態的發展方面改造現社會〉，《牟宗三先生早期文集（下）》（台北：聯經，2003），第 26 冊，頁 712-739。

藉此說明了中共領導中國革命的「貢獻」:「七七事變,把中國人民,投進了血腥的戰海裏。如果不是共產黨、八路軍、新四軍和解放區人民,以及全國抗戰軍民的堅持抗戰,中國早被滅亡了」。

另一本列為「高級小學五年級」用,由晉察冀臨時人民政府教育部審定,新華書店發行的《歷史》教科書,也以共產社會發展的階段論為表述世界歷史發展的框架。此書指出原始人類的歷史就是「原始共產社會」,那時社會是男的打獵,女的飼養家畜,有了男女分工,社會主要是「族內群婚制,沒有長輩限制」,沒有私產,也沒有窮富,沒有人剝削的制度,而傳說中的黃帝、炎帝、女媧、共工、唐堯、夏禹等人是「我國原始共產社會時代在黃河流域的一些著名部族領袖」;建立商朝的帝主成湯,就是「頂強的一個奴隸主,他征服了周圍的許多部落,得到了大批奴隸,建立了奴隸制度,成為中國歷史上第一次革命」,社會產生了私有財產制,把戰敗的俘虜成為奴隸,財產所有權屬於少數人的家族,從此有了階級,「一方面是有上千上萬奴隸的貴族,一方面是牛馬一樣的奴隸」。原始共產社會,人民狩獵得野獸,便跳躍歡呼,但以商朝為代表的奴隸社會,「音樂就進步了」,「從前製造工具的時候,只刻上簡單的花紋;用奴隸製造工具,就要求更精緻一些」。周朝「一朝的奴隸主貴族的統治,到了這時就結束了」,因為周滅殷後,把土地分封,形成「封建社會」,這些「封建社會像金字塔一樣,頂尖上是一個國王,中間是諸侯,最底下一層是農奴」。自秦至清朝 1840 年鴉片戰爭列強入侵前之中國,是屬於「封建社會」階段。自 1842 年鴉片戰爭後至 1919 年五四運動為「半封建半殖民的中國」時期,此時期列強「侵略中國,中國便逐漸成了列強宰割下的半殖民地了」,晚清時「廣大人民處於帝國主義侵略與滿清的專制淫威之下,生活是陷於悲慘黑暗的苦海中」;但自五四運動至延安問題座談會時為「新民主主義革命時期的中國」,明顯地,中國共產黨於 1921 年成立,就是在五四運動後才成立,此也代表了「新中國」的開始,出版這些歷史教科書於 1942 至 1944 年間,抗戰尚未結束,但教科書已表述了一幅由中共建立「共產主義社會」的圖像,這個「共產主義社會」是要「掃除一切剝削制度,建立共產主義社會」,[81] 沒有階級剝削,社會各階層均享有平等自由,建立這個「共產主義社會」是要先「推翻帝國主義的壓迫和封建軍閥的統治,才能達到」,但於 1911

---

81 晉察冀邊區行政委員會審定:《歷史課本》(高級小學適用課本)(晉察冀邊區新華書店,1943),第 3 冊,頁 35。

年爆發的辛亥革命，革命黨人沒有認清帝國主義是中國人民的主要敵人，封建軍閥又是帝國主義的幫手，因「認不清幫手，結果都遭受失敗」，因「妥協走向投降，辛亥革命流產了」，待中共成立後「革命有了正確方向，又有了團結力量的辦法，這種革命就是新民主主義革命」。

其次，晉察冀軍區編歷史教科書，多表述「階級鬥爭」是推動歷史發展的動力。商代社會主要是階級剝削，貴族建立政權，統治奴隸，「鎮壓反抗他們的奴隸」，貴族更任命「巫」職掌政令，「利用人類缺乏自然現象的知識，和懼怕自然變化的心理，造作迷信，愚弄奴隸，使他們不敢反抗」，商族奴隸主以「最殘酷的刑法，燒紅了銅柱，烙反抗他的人們，一場大革命把他推翻掉了」，周朝的官員只是「設了大小不等的官，這些不勞動，專管壓迫人的統治階級，依靠剝削農奴和手工業人來生活」，封建諸侯只是吸取農民的血汗，發展了封建文化。

前文已指出教科書編者多認為昔日的歷史教科書不重視女性的地位，編者更直說：「孔丘最瞧不起農民，把他們叫做『小人』，說『小人』應該受『君子』的統治，他也看不起婦女，說『唯女子與小人難養也』」，儒學代表人物的孔子，是看不起低下層人民，而歷代君主欲奉孔子，以這種輕視農民及婦女的思想為統治工具，「麻醉人民便利封建統治，欺騙人民，好叫人民像綿羊一樣的服從他們的統治」，為了社會進步，故要「革除封建思想」。

當然，教科書也多加書寫中國歷史上第一位女皇帝武則天的歷史。書中表述武則天甚為能幹，而太子是「無能」的，「她有才能，會團結人，肯接受批評，也會處理政務。所以在她做皇帝的期間，政治不比其他男君主壞」，終「因男權中心社會，輕視婦女，認為婦女當權是不應該的，所以在她八十歲快要死的時候，一般官僚又擁立了她的兒子」，後世的史家因為「輕視婦女的思想作祟，對武則天多方污衊」，便有「不公平」的評價。翻閱武則天治唐的歷史，不能否認其治世仍能維持唐代國威，但也不能說武則天治唐全是對的，如荒淫亂政就是弊政，但書中卻沒有批判武則天施政不當的地方。

談及歷代農民為推動社會發展的力量，當然說及第一個由平民建立政權的朝代——漢代。編者多以階級的劃分方法，力言領導抗秦的領袖陳勝為「河南一個僱農，和同鄉吳廣押着麻醉人民便利封建統治，來欺騙人民，好叫人民像綿羊一樣的服從他們的統治」，其後雖推翻秦朝，在編者看來卻又恢復秦的封建政權，繼續壓迫人民，由是編者稱漢代政權是「農民並沒有翻身，而被野心流氓頭

子劉邦從中討了便宜，奪取了勝利果實，又恢復了中央集權的封建統治」，西漢末君主及地主不體恤農民，故「西漢末年的農民生活，逐漸破產了」，雖有復漢室的東漢政權的建立，但是農民生活迫得又「大『造反』了。最大的一支農民軍是張角領導的『黃巾』」，這些農民軍「在官兵和地主們拼命地屠殺和鎮壓之下，不到一年，就失敗了」。書中也表述隋朝因「奢華殘暴」終致農民到處起義，「雖然推翻了楊廣的統治，後來又被流氓地主利用了，李淵和他的兒子李世民借他在山西的封建力量作基礎，團結了各階層人士」。書中也言導致唐亡的黃巢之亂，課文中表述這位「農民領袖」的黃巢及其領導的群眾，是甚受各地農民歡迎的，黃巢更對群眾說：「『我起兵本為百姓，不像唐家。我是愛惜你們窮人的』」，編者更認為農民軍入長安後，秩序良好，所謂「黃巢殺人八百萬」這全是「統治階級污衊他的。事實恰恰相反，殺害老百姓的，不是當時的農民軍而是『官兵』」，再看書中表述南宋得以建立的政權，主要歸因是北宋亡後，「華北完全淪陷於敵手，不願做奴隸的人們，紛紛組織武裝，抗擊敵人」，看似南宋政權的建立，全是由「農民」支持，才能立國。

　　談及農民起義，也必要談及建立明朝的朱元璋。朱元璋的身份自然是「貧農出身」，但他「利用農民作了皇帝，反過來又壓榨農民了。所以明朝開國不久以後，就不斷地發生農民暴動」，看來導致農民暴動的出現，就是朱元璋壓迫農民所致，明亡就是「農民們的破產了」；教科書中當然也要歌頌領導農民軍的張獻忠及李自成，書中表述李自成及其軍隊是「自成是一個很好的農民領袖，他不好酒色，布衣粗飯，和兵士共甘苦，軍紀很好，把沒收貪官污吏和地主的東西，分給貧民」，而自成終被清軍所滅的歷史事實，被表述為「被物質生活迷住了，不再作肅清反動勢力的準備」，「最後由於脫離群眾，招致了悲慘的結局」；另一位「農民英雄」張獻忠雖然也如李自成一樣，被清軍所滅，卻因張獻忠同情農民辛苦，體察民情，「雖然最後都失敗了，其英勇戰鬥的精神是值得永久紀念的」。

　　此外，教科書編者書寫滿洲人建立的清朝歷史，是「一方面用殘暴的手段鎮壓反抗的漢族。一方面官僚地主、高利貸、大商人，三位一體向農民剝削，引起農民滿族不斷的反抗」，這個滿清建立的「舊中國」政權，不單是充滿農民與非農民階級的衝突，也是漢族與滿族種族紛爭。清中葉，這個奉為「農民革命」典範的太平天國之興起，在教科書的編者看來，因為「海外資本主義入侵中國，中國人民除了受封建剝削以外，又加上一層資本主義的剝削和掠奪」，這個「農民

革命」與昔日不同的是，太平天國也受到「外來資本主義的剝削」。教科書內多介紹太平天國的善政，太平天國對內及對外的施政，「使得滿清皇帝、貴族、地主、豪紳，甚至外國資本主義國家，都震驚起來」，農民階級與非農民階級是對立的。協助清室平服代表「農民起義」典範的太平軍，自然是「奴才兵」，平定太平天國的曾國藩、李鴻章自然被表述為「為了保護地主階級的利益，也甘心當漢奸，殘殺自己的同胞」，在高級小學《歷史課本》第三冊中，更表述「曾國藩是滿清的忠實走狗，也是最可恥的大漢奸，他為了消滅起義的人民，便一面團結豪紳地主，一面又組織湘軍士兵，成為反動的地主武裝」，「曾國藩是仇視人民，就是提倡捕人要多，打算斬草除根，殺個乾淨」，書中多言湘軍每到一地只是「不管士兵居民，全部殺死，死屍幾個月也沒人掩埋，多麼殘忍」，「湘軍紀律最壞，到處掠劫」，另一方面談及太平天國廢除土地私有權，提倡男女平權，禁止買賣奴婢，買賣婚姻及賭博，禁止纏足，太平軍是「紀律很好，絕不損害百姓的利益，到處受人民的歡迎，和人民關係密切」，書中卻不言太平天國內諸王紛爭等弊政，而被清軍所服的原因，主要是「漢奸」與身為「外國海盜」的英人，二者均勾結鎮壓，促成「轟轟烈烈的革命運動，就這樣慘痛的失敗了」，天國之亡是由外國勢力的壓迫，書中也表述曾國藩及湘軍的弊點，就是「仇視人民」，「損害百姓的利益」。[82]

　　歷史教科書也表述了一些沒有農民支持的改革，最終是失敗的，如書中表述晚清康有為及梁啟超領導的維新運動，就是「沒有廣大農民做基礎，想依靠少數人作從上而下的改良，所以一遇到阻力就失敗了」，康有為及梁啟超推動的變法，只是企圖由皇帝來實現改革內政的理想，是「脫離群眾的改良運動」，故可見凡是社會進行革新過程，卻「不依靠廣大群眾，那是無論如何都會失敗的」，然而課文卻沒有太多分析為什麼缺乏農民支持的政權最終是失敗的。

　　至於談及辛亥革命的失敗，編者卻沒有表述缺乏農民支持，成為導致辛亥革命失敗的原因，而是「同盟會大多數黨員不敢也不願把革命進行到底……把革命果實讓給反動的北洋軍閥，辛亥革命就這樣被動搖份子出賣了」，課文沒有說明何謂「動搖分子」，經此表述，得知教科書編者認為只有徹底進行革命，才可以促進社會進步，徹底的革命只好留待中共進行。

---

82 謝豐著，晉冀魯豫邊區政府教育廳編審委員會審定：《〔高級小學適用〕歷史課本》（山西、河南、陝西、延安、山西、左權：華北書店，1943），頁38。

　　另一本《〔高級小學〕小學歷史》（以下簡稱《高小歷史》）教科書也指出：
辛亥革命後，「民軍方面大多數的領導分子，以為革命已經成功，沒有消滅封建
勢力的決心，便和袁世凱妥協了，表面上中華民國是建立起來了，但實際上是軍
閥代替了皇帝來統治中國，人民依然過着受苦的生活」，革命黨人「沒有提出反
帝任務」，革命時「中國無產階級還沒有走上政治舞台，領導革命是資產階級」，
但「資產階級在政治經濟上又是非常軟弱，革命絕不徹底」，辛亥革命未能取得
成果。因為辛亥革命的不夠徹底，沒有消滅「封建主義」，未能把外國勢力驅逐
於中國領土之外，中國人民仍然受苦，只有中共領導下的政權，才可以消滅「封
建主義」，為人民帶來「新」生活，於 1940 年代，中共領導的抗日根據地就是：

> 真正實行了孫中山先生的革命三民主義，使廣大人民享受自由民主幸福的
> 生活，與國民黨統治的大後方比較，簡直一是天堂，一是地獄，這種新民
> 主主義社會才真正是名符其實新中國的雛型。[83]

《高小歷史》又因肯定將來由中共建立的「新」中國，才會改善昔日及現有農民、
工人的生活，正因肯定中共建立政權對「新」中國的貢獻，由是先列出傳播共產
思想的人物，這些人物被奉為「進步學者」，如課本中表述李大釗、魯迅均是「公
開駁斥舊禮教，提倡白話文」的代表。

　　進一步細閱《高小歷史》談及中共建設未來「新」中國的貢獻，例如第十五
課，課題為「中國共產黨的誕生」，其內容主要既強調工人、農民因「帝國主義
在中國開辦了許多工廠」，使工人及農民「受着帝國主義，中國資本家，和封建
勢力的三種壓迫，生活最痛苦」，因工人及農民生活最困苦，所以「革命也最徹
底。一開始參加鬥爭，就表現英勇」，階級鬥爭就是改善生活及「革命」的力量；
同時，「進步」人物如李大釗、毛澤東「先後接受正確的馬列主義思想」，又因
兩位「深入到工人群眾中去，幫助組織工會，建立學習學校，領導工人及農民鬥
爭」，又受到俄國十月革命的影響，「工人們的覺悟更加提高了，開始有自己的領

83 缺編著者，晉冀魯豫邊區政府教育廳編審委員會審定：《〔高級小學〕小學歷史》（山西、陝西、
　　延安：華北書店，1943），頁 52。有關研究中共繼承孫中山倡導「三民主義」，並以此「合
　　法」中共領導「革命」的地位，見賀淵：《三民主義與中國政治》（北京：社會科學文獻出版
　　社，2002），頁 240-256；另有關國民政府建構孫中山的形象，見潘光哲：〈「國父」形象的歷
　　史形成〉，《第 6 屆孫中山與現代中國學術研討會論文集》（台北：國父紀念館，2003），頁 183-
　　198；〈詮釋「國父」：以羅香林的《國父家世源流考》為例〉，《香港中國近代史學報》，第 3 期
　　（2005 年），頁 57-76。

導。中共就在這個基礎上漸漸形成了」,中共也使「工人們開始認識壓迫他們的,
不只是單個的廠主,而是整個的資產階級,和中國舊的社會制度」,自中國共產
黨成立後,便「始終領導中國人民,堅持反帝反封建鬥爭,也就是新民主主義的
革命鬥爭,因為他代表了全中華民族的革命要求」成為抗戰時期中國「獨立、和
平、民主運動的領導中心」。《高小歷史》教科書也表述自中國共產黨成立後,「工
人運動、農民運動有了領導,就更加開展起來」,工人們漸漸因明白「被剝削利
益」,便要求「建立統一的組織,工人的覺醒,就是中國共產黨建立的基礎」。

當然《高小歷史》教科書也力言抗外敵入侵的「民族英雄」,如力言南宋名
將岳飛抗金的史事,藉此傳給學童抗日的民族主義。教科書的編者認為岳飛親自
帶領五百人,大破金兵,追至朱仙鎮,引致「民族運動的怒潮,普遍了大河南
北」,卻因「封建君主」及「漢奸書生」誤國,叫岳飛退兵,把他殺死在風波亭,
古之岳飛抗外敵入侵的史事,就是勉勵中國人民全力抗日。書中更表述滿族入據
北京後,「明的文武官員大都投降,一點民族氣節也沒有」;另一方面,書中也歌
頌不仕異族政權的人物,如南明的史可法,清初顧炎武、黃宗羲等,認為他們是
「很多有骨頭的人,是不上這個當的」,這個「當」就是清推行懷柔招攬文人的政
策,而仕清的漢人則是「無恥的知識份子,都愛上這副好面孔,甘心作滿族的奴
才」,樹立了「好」、「壞」人物的褒貶標準,使學童擇「好」去「壞」,知所效法。
教科書更希望學生明白社會官僚在抗外族入侵事件上是沒有氣節的,「真正反抗
滿清奴役的,是廣大的勞動人民」,真是抗外入侵的力量是「勞動人民」,學童
既來自社會下層的「勞動人民」子弟,也應堅負抗外敵入侵的責任。

教科書談及了 1840 年後列國入侵中國的故事。先看《高小歷史》,書中指
出英國「資本家」為求利益,展開對華擴張,終因清室「舊封建」文化,導致
中國科技落後,中國戰敗,被迫簽訂《南京條約》,允許英教士及英商人在中國
活動,其後,中國更多次被列強入侵,列強也效法英國,享有領事裁判權,自此
「所有的資本主義國家,看到了英法得到利益,就都企圖侵略中國,中國便遂漸
成為列強宰割下的半殖民地了」;而反對帝國主義代表的義和團運動,更被表述
為「征服洋兵,很受人民的歡迎」的「義兵」,卻不言義和團因迷信鬼神而導致
八國聯軍入侵的事實。[84]

---

84 有關研究中共對「義和團」圖像的建構,參見 Paul A. Cohen, *History in Three Keys: The Boxer as Event, Experience and Myth* (New York: Columbia University Press, 1997) 一書。

總之，晉察冀邊區行政委員會審定或編刊的高級小學《歷史課本》及《歷史》，高級小學六年級適用的《歷史》、高級小學五年級適用《歷史》教科書等，主要的教育對象是兒童，書中表述的故事，欲為兒童建構的圖像有：（1）農民及工人階級與非農民、非工人階級對立及鬥爭；（2）非中國共產黨領導「舊中國社會」內，婦女地位是被輕視，舊中國知識份子如孔子，是不同情農民的；（3）非中共領導的「舊中國社會」，與由中共領導的「新中國社會」的對立；（4）建構中共領導下的「新民主主義社會」及「共產社會」是改善工人及農民的「新中國」。

建構「獨立兼日滿一體的滿洲國」圖像
——戰時日本官方國編刊的漢文歷史教科書及教材

1932 年 2 月，日本參謀部乘上海戰爭，既製造東北政權，也攻佔哈爾濱，並在東北成立「滿洲國」。同年 3 月 8 日，溥儀在改名為「新京」（有些學者稱為「偽京」）的長春，任滿洲偽國「執政」，年號「大同」。鄭孝胥為國務總理，掌握實權者為日籍國務院總務廳長，而鄭氏在當天代溥儀宣讀〈執政宣言〉。1933 年，溥儀改稱滿洲國皇帝，年號「康德」，於 1934 年往日本東京，説是「要盡全力為日、滿的和平而努力」，「如果滿洲人有不忠於滿洲皇帝的，就是不忠於日本天皇」。[85] 早於 1932 年，滿洲偽國文教司升為文教部，又以鄭孝胥兼任文教部總長，在文教部下設立教科書編審委員會，從事編纂教科書及教材的工作，明令由南滿教育會教科書編輯部編纂滿洲偽國中小學校用教科書。1933 年於奉天、吉林、黑龍江及熱河，成立特別長官公署，公署屬下為教育廳。1933 至 1934 年間成立「滿洲帝國教育會」，又設立「滿洲書籍配給株式會社」，統管教科書及其他圖書的供給，[86] 並把南滿教育會教科書編輯部編纂的教科書予以發行，及分配在滿洲偽國境內的中小學加以運用。本文運用的《歷史教科書》為 1932 年南滿教育會教科書編輯部編纂，由位於大連的「東亞印刷株式會社」大連支店印刷；

---

85 有關滿洲偽國成立的時代背景，及其與日本關東軍滿鐵的關係，參見解學詩編：《關東軍滿鐵與偽滿洲國的建立》（北京：社會科學文獻出版社，2015），頁 3-72；張芝瑾：《石原莞爾的中國認識與亞洲觀》（台北：國立台灣大學政治學系中國內地暨兩岸關係教學與研究中心，2010），頁 77-100；參見郭廷以《近代中國史綱》（香港：中文大學出版社，1986），下冊，頁 612-616。

86 參見滿洲文教部：《滿洲帝國學事要覽》（大連：南滿洲教育會，1940）（香港大學圖書館藏本），頁 33-38。

本文運用的另一本歷史教科書，為德富正敬著《滿洲建國史讀本》（以下簡稱《讀本》），此書於 1941 年由「滿洲弘報協會大同印刷所」發行，並由位於新京的「滿洲書籍配給株式會社」對外發賣，可見《讀本》是由滿洲偽國官方機構編纂、發賣、發行及印刷的，也由官方機構分發往日治東北地區的中小學，以上的書籍自然可以視為滿洲偽國官方編刊的教科書，故研究這些教科書的內容，自可見滿洲偽國官方藉編刊教科書，以建構一幅官方認同的圖像，此建構的圖像也與日本扶植滿洲偽國政權意識形態甚有關係。同時，以上的教科書均是以漢文書寫，可見教科書的使用者，自是居東北地區的漢族，及可以了解、運用漢字的非漢族群體的教員和學生，如滿洲偽國境內的滿洲人、蒙古人或日本人等。

值得留意的是《歷史教科書》及《讀本》出版的時代背景與二書刪去及保存滿洲偽國官方「認可知識」的情形。1921 年已有日人矢野仁一提出「滿蒙藏非支那本來之領土論」，並因此帶動更多日本學者撰寫學術論文，從考古學、人類學、民族學、語言學及歷史學的角度，結合田野調查、片面考證文獻及蒐集資料的方法，表述滿蒙藏地域均非中國領土，滿蒙藏族群自古已有其獨立的歷史文化，不同於漢族等觀點，由是推論滿蒙藏不應列入中國領土，應是獨立建國。這些日本學者言論一出，引起不少中國學人，如孟森、梁啟超、謝國楨及禹貢派等學者撰文，力斥日本學者言論及其研究結果之不當，甚至有一位年十三歲在浙江奉化鄉村小學就讀的學生周建中，在他的《日記》中也記錄：「日本的侵略：（甲）對滿蒙 （一） 根據矢墅（按：野）博士『滿蒙非中國』的謬論，退竭力向國際宣傳」，可見矢野倡導「滿蒙（藏）非中國」的說法在中國流佈甚廣，更深入至鄉村學塾，連小學生也對此觀點十分反感。[87] 及至 1932 年傅斯年編著及出版《東北史綱》第一卷後，更進一步推動中國學者研究東北史地的學風，很多中國學者運用堅實資料，發表學術研究論文，反駁矢野仁一等日本學者言論之非。[88] 而滿洲偽國官方雖於三十年代初出版《歷史教科書》及至 1941 年才出版《滿洲建國史讀本》，但《歷史教科書》出版之時也是《東北史綱》出版的前後時段，《歷史教科

---

87 《小學生周建中的日記》〔1931 年 10 月 26 日條〕，載入吳珮瑛等：《民國鄉村小學生的日記》（北京：華文出版社，2012），頁 28。

88 林志宏：〈近代中日的「滿蒙」論爭 —— 知識與政治為面向的考察〉，此文已載入本論文集內；參見葉碧苓：〈九一八事變後中國史學界對日本「滿蒙論」之駁斥 —— 以《東北史綱》第一卷為中心之探討〉，《國史館學術集刊》11 期，頁 105-137；葛兆光：〈邊關何處？ —— 從十九、二十世紀之交日本「滿蒙回藏鮮」之學的背景〉，《宅茲中國 —— 重建有關「中國」的歷史論述》（北京：中華書局，2011），頁 229-253。

書》的編者已面對中國人指斥日人建構「滿蒙藏非支那本來之領土論」，但仍把官方認可的滿洲偽國為自古代以來獨立於中國境外的「知識」放進學生必讀的教科書內，教科書自是刪去那些反對「滿蒙藏非支那本來之領土論」的言論及研究成果；其後出版的《滿洲建國史讀本》更為有系統及細膩地把獨立的滿洲偽國和「日滿一體，一德一心」的「知識」，建構成「事實」再傳給學生，由此可見滿洲偽國官方藉編刊《歷史教科書》及《讀本》，以便刪去官方不認可及保存官方認可的「知識」，又可以藉這些教科書以傳播其欲教導的「知識」。

此外，再看三十年代滿洲偽國官方發佈的政令，以見教科書藉建構及傳播官方認同的「知識」圖像。1932 年 3 月 25 日，以國務院總理的名義發佈第 2 號院令，全面廢除國民政府「關於黨義的教科書」，但仍有不少東北地區的中小學用排日教材及三民主義的黨義教科書，故國務院於 6 月 14 日，再次明令區內學校貫徹〈滿洲國建國宣言〉及取締排日教材。[89]

依滿洲偽國民生部教育司於康德四年（1938）編刊《滿洲帝國學事要覽》〈總說〉中指出：「新學制之根本教育方針，係基於建國精神及訪日宣詔趣旨，以確固之精神與強健之身體，及實學為基調之智識技能三者，養成忠良國民為目標」，文中已示「建國精神及訪日宣詔趣旨」指導滿洲偽國施行教育的方針，[90] 要了解滿洲偽國推行教育的方針，便要知悉「建國精神及訪日宣詔趣旨」的內容是怎樣。

依《滿洲帝國學事要覽》指稱「建國精神及訪日宣詔趣旨」，乃是昭和七年（1932）日本東北行政委員會發佈〈滿洲國建國宣言〉及康德二年（1935）年以溥儀名義發出，國務總理大臣鄭孝胥及宮內府大臣沈瑞麟聯名發表的〈（回鑾訓民）詔書〉。[91]

---

89 參東亞經濟調查局編譯，《支那排日教材集》（缺出版社：缺出版機構，昭和四年（1929）），頁 2-3，此書先列漢文本的教材，並以日文翻譯漢文文本。近人已指出早於 1921 年前日本已不滿中國國內出版排日教科書，但行動尚算克制，甚至未確定是否應向中國方面表達抗議，參見林學忠：〈民國初期日本的「排日教科書」批判 —— 以中華書局教科書案為中心〉〔宣讀論文〕，於 2012 年 6 月 30 日至 7 月 1 日，復旦大學、中華書局主辦「中華書局與中國近現代文化國際學術研討會」〔未刊稿〕。

90 文教部學務司總務科編輯，《滿洲帝國學事要覽》（東京：龍溪書舍，2011）〔據：《滿洲帝國學事要覽》（奉天：滿洲共同印刷株式會社，康德四年（1938）），頁 1。此書收錄的官方文件，均以漢文及日文並寫。

91 同上註，頁 1-7。

先看日本東北行政委員會發佈〈滿洲國建國宣言〉的內容：

1. 自辛亥革命，共和民國成立以來，東省軍閥，乘中原變亂，攫取政權，據三省為己有，豺貙相繼，竟將三十年，狼屬貪婪，驕奢淫佚，罔顧民生之休戚，一惟私利是圖，內則暴斂橫征，恣意揮霍，百業凋零，……外則蟻棄信義，開釁鄰邦，擾害地方，傷殘民命。……秕政苛之地，一旦廓而清之，此天予我滿蒙之民蘇息之良機。

2. 內顧中原，自改革以還，初則群雄角逐，爭戰頻年，近則一黨專橫，把持國政，何曰民生，惟利是專，何曰民族，但知有黨，既曰天下為公，又曰以黨治國，矛盾乖謬，自欺欺人，……比來內閧迭起，疆土分崩，黨且不能自存，國何能顧？

3. 赤匪橫行，災禍薦告，毒痛海內，民怨沸騰，無不痛心疾首於政體之不良，而追思政治清明之會，直如唐虞三代之遠，不可及幾，此我各友邦，所共目睹，而同深歎者也。……乃猶諱疾忌醫，怙其舊惡，藉詞民意從違未可遏抑，然則縱其所之，非侵至於共產以自陷於亡國滅種之地而不已。

4. 今我滿蒙民，以天賦之機緣，而不力求振拔，以自脫於政沿萬惡國家範圍之外，勢必載胥及溺，同歸於盡而已。……滿蒙舊時，本另為一國，今以時局之必要，不能不自謀樹立，應即以三千萬民眾之意向，即日宣告與中華民國脫離關係，創立滿洲國。

5. 竊惟政本於道，道本於天，新國家建設之旨，一以順天安民為主，施政必徇真正之民意，不容私見之或存，凡在新國定領土之內居住者，皆無種族之歧視、尊卑之分別，……並竭力鏟除往日黑暗之政治求律之改良，……肅清匪禍，更進而言教育之普及，則當推禮教之是崇，實行王道主義，必使境內一切民族，熙熙皞皞如登春臺，保東亞永久之光榮，為世界政治之型模。[92]

　　日人籌辦的東北行政委員會概括其成立之要點「為新國家建設之理想，商唱左列三大使命」：「一、根本剷除軍閥，以蘇民生。二、門戶開放，機會均等，與世界民族共存共榮。三、安內各外，以厚民生，絕滅階級鬥爭」，文中也附有〈滿洲國建國組織大綱〉也言：「一、新國家稱滿洲國。二、滿洲國之元首稱執政門。三、滿洲國國旗為新五色旗。四、年號稱『大同』。五、新國家政治為民本主義。

---

92 詳見陳覺：《「九一八」後國難痛史》（瀋陽：遼寧教育出版社，1991），頁704-706，此書原名為：《「九一八」後國難痛史資料》。

六、首都奠於長春」。[93]

　　以上滿洲偽國官方表述東北建立的「滿洲國」，為一個實踐王道的政權，也是一個「新」的國家，帶給「國」內群眾「剷除軍閥，以蘇民生」，使民生優厚，國境內行政沒有種族歧視，也為東亞諸國民眾帶來「共榮」，昔日在中國東北的軍閥政權，卻是一個「狼厲貪婪，驕奢淫佚，罔顧民生之休戚，一惟私利是圖，內則暴斂橫征，恣意揮霍，百業凋零」的政權，其他中原政權又是「一黨專橫」使內亂屢興，中共也是帶給民眾「赤匪橫行，災禍薦告，毒痛海內，民怨沸騰，無不痛心疾首於政體之不良」，在對比的書寫筆法下，「新」建立滿洲國自是泯去昔日張作霖領導的東三省，和國共政權施政「不良」的地方。

　　再看以溥儀名義發出，國務總理大臣鄭孝胥及宮內府大臣沈瑞麟聯名發表〈（回鑾訓民）詔書〉，其內容為：

> 我國建立，以逮今茲，皆賴友邦之仗義盡力，以奠丕基，茲幸親政誠惘，復加意觀察，知其政本所立，在乎仁愛，民心之尊君親上，如天如地，莫不忠勇奉公，誠意為國，故能安內攘外，講信恤鄰，以維持萬世一系之皇統，朕（按：溥儀）今躬接其上下，咸以至誠相結氣同道合，依賴不渝，朕與日本天皇陛下，精神如一，爾眾庶等，更當仰體此意，與友邦一德一心，以奠定兩國永久之基礎，發揚東方道德之真義，則大局和平人類福祉，必可致也。[94]

雖然本文研究的教材是刊於 1932 至 1933 年，早於滿洲偽國於 1937 年公佈《滿洲國教育・國民學校規程》，但據已有研究成果指出這〈規程〉，是把 1932 年以來滿洲偽國辦學目的系統化，[95] 由是也可以藉官方發佈的〈規程〉，得見滿洲偽國的辦學目的，文中所列「國民道德之涵養」一項，述及：

> 任何學科均應依「建國精神」及〈訪日回鑾訓民詔書〉之趣旨，使體會日滿一德一心不可分之關係，闡明忠孝之大義，涵養仁愛之至情，及民族協和之美風。教厚其為國家社會效勞之觀念，並依勞作養成愛好勤勞，實踐

---

93 〈滿洲國建國宣言〉，參〈滿洲國建國組織大綱〉，《讀本》，頁 16。又《滿洲建國讀本》一書，收錄了不少滿洲偽國立國初期的文獻，欲了解滿洲偽國成立之初的情況，可詳閱收入此書內的文章。

94 參見〈詔書〉，《讀本》，缺頁。

95 竹中憲一：〈解說〉，《「滿州」植民地中國人用教科書集成》，頁 2-3。

躬行之精神，以期國民道德之徹底。[96]

〈規程〉又表述「國史（按：滿洲偽國）教材」編撰目的，為：

> 使知我國（按：滿洲偽國）之教材，使知我國及日本史實之大要，闡明兩國文化之由來，闡明建國緣由及建國精神，以資涵養國民之精神。關於國史教材之教授，應與國民道德及其他教授事項互相關聯，示以繪畫，地圖及標本等，使知建之由來，忠良賢哲之事跡，國民之勇武，以明日滿兩國之關係。[97]

由國務總理大臣張景惠發佈〈國民學舍及國民義塾規程〉，也表述編寫教材的目的，是：

> 國民道德之教材，應根據建國精神及訪日回鑾訓民詔書之趣旨，使體會日滿一德一心不可分之關係，涵養德性，培養其為忠良國民之信念，並指導道德之實踐。[98]

1931 年滿洲偽國發佈〈滿蒙委任統治草案〉，談及施行教育的目的，文中強調：

> 滿洲新國家及其國民，欲受日本帝國之保護，結唇齒輔車之關係，希冀東洋永遠之和平，宜首先理解並信賴日本及日本人，且宜努力日滿之親善關係，同時，尤應將從來國民政府之錯誤教育，根本推翻，施設滿洲新國家之獨自教育，而統一教育機關，確定教育方針。……從來國民政府編定教科書，多充滿排日、侮日教材，故當滿洲國編定教科書之際，宜嚴選教材，看破日滿之將來關係，以資實現新國家之國是，至於編纂歷史教科書時，尤宜注重滿蒙自體之歷史，及日滿關係之史實。若於初級小學，尚未添授歷史一科時，應將此項教材，填充於小學讀本中。[99]

至於「建國精神」是什麼？依《讀本》所指：「滿洲建國之初，宣言行王道政治，此係以八紘一宇為大理想之日本皇道為其基幹者，日滿一體不可離之關係即在

96〈國民學校規程〉，《滿洲國教育》(1937)，頁 13-16。

97 同上註。

98 張景惠：〈國民學舍及國民義塾規程〉，《滿洲國教育》，頁 21。

99〈滿蒙委任統治草案〉，陳覺：《「九一八」後國難痛史》，頁 763。

此。施行王道政治，乃滿洲建國之精神」，滿洲偽國的王道及日本皇道政治不同
於世界列強的「霸道」，「霸道」是「以一民族征服其他民族，以一國家併吞其
他國家，以一政權支配其他政權者，其究極之目的，要不外弱肉強食」，只是求
榨取土地人民的產出物，以為己用，但「我日本之重道，有包容而無征服，有招
撫而無排斥，有周卹而無榨取。日本在滿洲之建國，其主要目的，即在維持滿之
平和，增進在滿民族之幸福」，「滿洲之王道，不過為日本皇道在滿洲發揚之一
端」，日本不為個人的「自私」，實為「建設東亞新秩序而立定基礎」，日本為求
建立新秩序才「不惜犧牲一切，並有時與世界列國相爭，勇往邁進」，滿洲偽國
「不僅為滿洲國之滿洲國，乃東亞之滿洲國」，王道就是行善政，扶東亞各國和平
進步，不如其他列強的「弱肉強食」。

　　總括以上滿洲偽國官方機構發佈文獻的內容，主要表述：滿洲偽國的官方要
向居滿洲偽國內的「國民」，傳達「國民」的精神及道德，其建構「國民」的精
神及道德的內涵為忠心及尊君，要成為「忠良國民」，忠的對象是滿洲偽國，日
滿政權是「日滿一德一心」，滿洲偽國及日本均行王道，不是霸道，滿洲偽國及
日本國政權也是天與人歸，日本為求使東北居民生活安好，才支持滿洲偽國，滿
洲偽國的政權也是與「舊」軍閥不同，滿洲偽國行利民善政，應受國民尊崇，滿
洲偽國的政權由是天與人歸，「滿洲國係獨立國」，滿洲偽國為東洋國家團體之一
員，日本與滿洲偽國均是「至誠相結氣同道合，依賴不渝」，「精神如一」，「兩
帝國成為一體」，「日滿一體」，可見官方如何建構了滿洲偽國為「民族協和」的
圖像，[100] 滿洲偽國的國民不但要忠於滿洲國，不言而諭也要忠於日本政權。

　　另一方面，在官方編刊的歷史教科書上怎樣建構「滿洲國係獨立國」的圖
像？又怎樣表述滿洲偽國為「新」國家，與「舊」國家有哪些不同？[101]

　　「南滿洲教育會」於 1932 年出版的《歷史教科書》，全書分為上下二冊，既
有漢文版，也有日文版，上冊全書只表述滿洲歷史，下冊第二編為東洋史，第三

---

100 參見塚瀨進：《滿洲国：「民族協和」の実像》（東京：吉川弘文館，1998），頁96-133；參
　　見劉郡直：《第六章「始原」と植民地の政治學 —— 一九四〇年代の中村哲》，山本武利編：
　　《「帝国」日本の學知》（東京：岩波書店，2006），頁232-240。

101 前人已注意滿洲偽國的教育，但多注意羅列滿洲偽國的教育觀點，尚未多注意滿洲偽國官方
　　編教材怎樣實踐其理念，本文有關滿洲偽國推行教育的背景，參見解學詩：《偽滿洲國史新
　　編》（北京：人民出版社，1995），頁571-607；姜念東、解學詩、呂元明、張輔麟編：《偽
　　滿洲國史》（吉林：人民出版社，1980），頁426-472；楊家余：《內外控制的交合 —— 日偽
　　統制下的東北教育研究》（合肥：安徽大學出版社，2005），頁188-267。

編為西洋史，東洋史內容表述近古中國、朝鮮及日本的歷史，西洋史內容表述古埃及、波斯、羅馬、文藝復興、宗教改革、英國革命、法國革命、德國統一、歐洲大戰、歐戰以來的事變、國際聯盟和華會等史事。教科書內容排列次序，先表述滿洲史，把滿洲史與東洋史並列，其中多述及日本和中國的歷史。換言之，把滿洲偽國的地位等同於東洋的日本國及中國，若中國及日本國是具有獨立主權及政治實體，經此表述的「滿洲國」也具有獨立主權及政治實體的獨立國家。

先看《歷史教科書》建構了「滿洲國」早為一個獨立的「國家」。《歷史教科書》上冊便名為「滿洲史」，此課題內課文排列的先後次序為：〈一、肅慎〉、〈二、萬里長城〉、〈三、漢人的移居〉、〈四、挹婁〉、〈五、高句麗〉、〈六、渤海的建國〉、〈七、遼的興起〉及〈八、金的統一〉等共十九課，以下為《歷史教科書》表述的主要內容：

其一，教科書重拾族群先祖歷史記憶，表述了滿洲族早已居在東北。《歷史教科書》〈一、肅慎〉表述了滿洲族是「最古」族群，上追溯至三千年前的肅慎：「肅慎是從三千年前住在滿洲最古的民族；以牡丹江流域為中心，東至日本海，西至東蒙古」，其後各酋長領導，分散在山間河畔，後漢之後的挹婁、靺鞨、渤海、女真、金、清等「國」群眾「都是他的同族」；課文以「國」字指稱挹婁、靺鞨、渤海、女真、金等族群，也就是肯定了這些族群已立「國」，清朝固然可以說是「國」，但金與南宋政權並立，是否為一個控制整個中國的大一統之「國」，若站在漢人書寫教材的角度而言，已質疑金「國」的歷史地位，金「國」只可以表述為部族建立的金「國」，而不是一個統一整個中國的「國」；其他族群建立的「國」，也以漢人編寫的教材而言，多指稱這些民族為「邊疆」民族建立的政權，未可視為「國」，而滿洲偽國官方編的歷史教材已表述這些族群建立的政權，與滿清建立的清國享有同等的地位，又表述為女真、金「國」族群與滿洲族是「同族」，這些族群早已在東北地區立「國」，故滿洲偽國的成立，只是繼承先祖挹婁、靺鞨、渤海、女真等在東北地區已建立的「國」的地位，滿洲偽國是上承多年前滿族先祖在東北已建立的「國」，由是表述日本扶植下建立的滿洲偽國，自然是合理及合法。[102]

既然肅慎為滿洲族的先祖，為一個有信史記載的族群，那樣肅慎也應具有自

102《歷史教科書》，上冊，頁1。這可能就是日本於二十世紀之交倡導「滿蒙回藏非中學論」的觀點，有關此課題的研究，參見《宅茲中國 —— 重建有關「中國」的歷史論述》，頁231-253。

我族群的日常生活史，書中運用考古學知識，表述肅慎族群在上古時期，已在北滿地區生活，「肅慎用的武器，是楛矢和石砮」，從他們使用石器以見「純是未開化的民族，住在北滿的森林河邊，只會做狩獵，爭鬥等事」，自古以來，肅慎已在今天滿洲偽國「國」境內生活，滿洲族與肅慎為同一血緣的族群，肅慎族群早於古代已居住在滿洲偽國領土之內，也就是滿洲族群早於古代已生活在滿洲偽國「國」內。

然而，《歷史教科書》因為被表述為滿洲族群的歷史文化，尚未有清楚表述滿洲偽國的疆界，但另一本由南滿洲教育會教科書編輯部編刊的《地理教科書》，其內容多建構了滿洲地理邊界（boundary）。在《地理教科書》第一篇〈滿洲〉的第一章總說寫道：「我們（按：滿洲偽國國民）所住的滿洲，是在亞細亞大陸的東部，東界俄屬東海濱，東南以鴨綠江日屬朝鮮，南臨黃海、渤海，西南接蒙古和河北省；北以黑龍江，俄屬西伯利亞，在行政上分為奉天、吉林、黑龍江、興安嶺、熱河五省，面積有一百一十五萬丈，人口約三千二百五十多萬人」，[103]而在第二編〈中華民國〉的第一章總說裏，表述了「中華民國」的邊界為：「中華民國古來稱為中國，據亞細亞洲的中部和東部大部分地方，東隔黃海及東海，和日本相對，東南臨南海，南和法領安南及英領印度相連，西及北和俄領中亞細亞、西伯利亞接境，面積約佔亞細亞大陸的四分之一，是世界上的大國，分做中國本部、蒙古、新疆、青海、西藏五區」，經此表述「中華民國」與滿洲偽國的國境規劃，滿洲位於亞細亞大陸的東部，中華民國也是擁有亞細亞洲的中部及東部的大部分地域，故表面上看來，滿洲地域好像是在中華民國國境之內。

其實不然，書中沒有清楚地表述中華民國國境，書中表述中華民國「國」境是東隔黃海及東海，國境範圍應是遠至山東及北平，與日本國境相對；反之，書中表述滿洲則不是「隔」黃海及東海，而是「南臨黃海、渤海」，又滿洲地域的東界為「俄屬東海濱」，中華民國只是「隔」着東海，而中華民國的北邊界是「俄

---

103 南滿洲教育會教科書編輯部編：《地理教科書》（大連：滿洲日報社印刷所，1932），頁1，載竹中憲一編：《「滿州」植民地中國人用教科書集成5》（東京：綠蔭書房，2007）。又不獨是南滿洲教育會教科書編輯出版《地理教科書》一書才建構滿洲地理獨立的圖像，戰時的日本文部省也曾以日文編刊《小學国語読本》、《尋常小學地理書》等教材，內容上也是建構古代日本與中國東北地區、滿蒙的密切連繫，及從地理上表述滿洲是獨立的「國」，處於中華民國國境範圍之外，參見譚建川：《日本教科書的中國形象研究》（北京：北京大學出版社，2014），頁213-241；參祝力新：〈《滿洲評論》及其時代〉，尚俠主編：《偽滿歷史文化與現代中日關係》（北京：商務印書館，2014），下冊，頁433-573。

領中亞細亞，西伯利亞接境」，滿洲北界也是「黑龍江界俄屬西伯利亞」。換言之，中華民國邊界範圍與滿洲偽國邊界雖有重疊的地方，但細閱中華民國的東北邊界範圍是在山東及北平，但滿洲偽國邊界範圍在渤海之上的吉林、黑龍江、哈爾濱、撫順、瀋陽、長春及承德，中華民國的東北區範圍主要在山東，濟南及北京。再細閱《地理教科書》第二編〈中華民國〉的第一章總說，又表述：中華民國應分為「中國本部、蒙古、新疆、青海、西藏五區」，究竟「中國本部」的地域範圍是怎樣？在第二編〈中華民國〉的第二章〈中國本部〉中，表述：「中國本部在亞細亞大陸的東部海岸，佔地理上的位置，地方行政上分為十八省，地理上分中國北部，中國中部，中國南部等三區」，其「境域」「大概是黃河流域，含有山東、河北、山西、河南、陝西、甘肅六省，地理上分山東半島，北中國平野，蒙古高原接壤地，山西台地、渭水盆地，甘肅高原等六區」，[104] 但滿洲「在行政上，分為奉天、吉林、黑龍江、興安、熱河五省」，這「五省」不是在山東範圍，也就是不在中華民國本土的國境範圍，而是在滿洲偽國國境內。再在書中第五編〈亞細亞洲〉的第一章總說表述：「亞細亞洲在東半球的北部，…… 本洲的獨立國除日本和中國、滿洲而外，猶有暹羅、波斯等」，把滿洲偽國與中國及日本國並列，若中國及日本國均是獨立的國家，這樣滿洲已不是一個在中國境內的地區名字，而是一個如日本及中國一樣的獨立國家。[105]

與此同時，編者在《地理教科書》第一編〈滿洲〉的〈七、政治〉中，再清楚表述 1932 年在東北建立的地方政權是「獨立新滿洲國」。因為清朝傾覆，在滿洲有張作霖父子「握有強大的勢力」，文中只以「握有強大的勢力」指稱張作霖的政權，卻未談及此「勢力」範圍，而且編者筆下這個「勢力」的施政，只是「任意增加苛稅，私養數十萬的軍隊，起先是張作霖屢向關內進兵，和別的軍閥等爭霸，弄得人民非常痛苦，張學良又聯絡國民政府，時時露出排日態度，後來因為他的部下，破壞滿鐵路線，結果，使中日兩國的軍隊，引起大不幸的衝突來，可是張學良的勢力，因為這個，就被日軍從滿洲的地方，完全驅除，於是這個獨立新滿洲國，就產生出來了」。[106]

從以上書中表述的故事，已知：一、張作霖父子本已在東北建立奉系軍閥勢

104《地理教科書》，頁 71。

105 同上註。

106 同上註，頁 29。

力範圍，但教科書只以「握有強大的勢力」指稱奉系的軍事力量，而不承認奉系為一個政權；二、張作霖父子的「勢力」，只是帶給「勢力」範圍內居民痛苦的生活；三、因張學良「勢力」時時展露「排日態度」，終導致張氏部下破壞滿鐵路，這樣日軍才攻打張軍，最終張氏「勢力」也被日軍「完全驅除」；四、這個新滿洲國的特色是：「無論任何人，也不許自由專權，務期實行公平無私的政治，更特別規定保障人權的條令，及保護人民的生命財產，使三千萬民眾，能敬享着平等的權利」，因為滿洲偽國能「力除質弊，減輕租稅，維持治安」，這「真是本着光明偉大，給人民建設樂土的真精神，向前進行」，經此表述，滿洲偽國官方建構的「樂土」圖像，不是出現在天上，更不會出現在國統區和中共蘇區，而是在滿洲偽國。

其二，《歷史教科書》表述漢人不是原居在滿洲地，漢人只是「移居」滿洲。《歷史教科書》的編者，表述了滿洲偽國本來不是漢人原居的地方，漢人本居在中國本土地域範圍內，不是居在當時的滿洲偽國「國」境，漢人只於漢朝武帝時東征，漢人才「逐漸移居於南滿，開墾耕地，當時遼陽稱做遼東郡治的所在地」，[107] 漢人只是移往遼東居住，與滿洲偽國「國」境無涉。編者再補充：「遼的領土，東至日本，西至天山，國威益盛，今在滿洲各地尚有許多遼時代的佛寺存在」，既然遼東地區的原本居住族群是遼人，遼人的先祖為女真，女真與滿洲人同為「肅慎」族，故漢人只是「移住」在遼東的「他者」，不是原居在遼東的族群；此外，書中也表述了昔日遼的國土範圍，也是其時的滿洲偽國「國」境範圍，這樣漢人雖是移居遼東，也只是「移居」在滿洲偽國，非原居在滿洲偽國「國」境內的族群。編者再於〈一四、清的滿蒙政策〉課文中，表述清朝建元後，多次施政在滿洲族生活地方自劃疆界，滿洲於康熙時已在東北地區劃「禁地」，主要是保衛清室陵墓，防止民間私往東北發掘當地黃參，及防止蒙漢族群私入圍場，「封禁現於形式上，就是柳條邊牆，其建築的完成，大概在康熙時代」，滿洲族的康熙帝，早已立「禁地」，「禁地」的邊域就是柳條邊牆，三十年代的滿洲偽國已把柳條邊牆劃入領地範圍。加上，三十年代的滿洲偽國疆域，既源自古代的肅慎族，並在清康熙時已確立，由是滿洲偽國應是獨立於中華民國國境之外。

教科書中也反駁漢人史籍多稱東北地區為中國領土，編者表述清朝已多限制漢人入滿洲境，而漢人在清初，只是「注目到柳條邊牆及萬里長城外，繼續向滿

107《歷史教科書》，上冊，頁3。

洲廣野移住」，漢人只是移住滿洲境外的長城及柳條邊牆以外的地方，漢人根本不是居住在滿洲偽國「國」境內，其後漢人終獲好消息：「漢人想不到的福音，是清朝為遏止俄國的南下，纔有獎勵漢人移居滿洲的一件事」，「漢人想不到的福音」一語表述編者認為漢人根本意想不到的是有機會居住在滿洲境內，只是清朝恐俄人南侵，便「招民實邊，以多數民力去維持邊防」，結果導致「漢人的移民，遂漸增多」，教科書一再表述滿洲境內的漢人，不是原居在滿洲偽國，而是「移住」滿洲境內，也至清朝批准才可入住滿洲偽國國境內。[108] 編者也指出這些漢族移民均未能鞏固清室在北滿的邊防任務：「漢人的移民，遂漸增多，其中多有從山東、直隸來的農民，他們全是徒手空拳，自己毫無防禦的武力，最初住在粗陋的窩棚裏」，這些移居的漢人「變為佃戶，結果能成地主」，移居的漢人不單是沒有能力為滿洲族守邊抗俄；在〈四挹婁和扶餘〉課文中，更知道漢族群的「地主」，只會是「拿着人民當奴隸，叫他們擔負耕種的勞苦」，終於因為漢人守邊不力，「結果俄人對於滿洲的山林、草野裏，縱橫的侵略起來」，移居滿洲偽國的漢人，只是求個人利益，欺壓平民，更不實行守邊的責任。這是否意味着保護滿洲境地只可藉滿洲人或是靠日人？

答案在〈一七、日俄戰爭和滿洲〉課文中，表述日俄戰爭的結果是「不獨使俄國畏懼，就是英、美、德、法等的侵略亞細亞也都被阻止，清國才免去被瓜分的大禍，且能使輕視有色人種的歐美人等，從良心上反省，並促進亞細亞民族的奮起，實在都是依賴日本勝俄的成績」，此表述的意思是：只有日本才可保護亞細亞民族抗俄國等歐美列強的入侵，只有日本才可使清國及滿洲等地域，得以保存。[109]

同時，編者在〈一五、俄國南下政策和清國滿洲實邊策〉一課中，又說：「這種殖民實邊的政策，始終未能決定，有時開放北滿，招徠漢人，或有時又禁止漢人入境了，但是遷徙長春、農安、伯都納、雙城堡一帶地方的移民，各達數十萬之眾，也有在黑龍江省，開發呼蘭等處大平野的，他們的成績，實在令人可驚」，漢人在滿洲境的勞動人口日多。

經教科書內第一五及第一七課的表述，自可見漢人不是原居滿洲地域，漢人只是「移居」滿洲，漢人要移居當地要得到滿人批准；及後，居滿洲地的漢移民

---

108 同上註，頁 33。

109 同上註。

未能盡力保衛滿洲，漢移民勇武日失；更重要的是，既然移居的漢人未能保護滿洲族人，只好由日本領導亞洲諸國，因為日本國已進行「明治維新，明治大帝之治世時，國運的進步，各文化的發展，頗為昭著，又是世界人人驚歎的時代」，日本才以「和睦鄰邦的大義」，及恐「滿洲的主人翁，非清國，亦非日本，純粹變為俄國」，大意就是只有日本國才可以協助滿洲抗俄人入侵。

其三，《歷史教科書》表述了滿洲偽國既吸收漢文化，也保存滿洲族群本身的文化。《歷史教科書》的課文表述滿洲偽國的文化既有受漢文化的影響，如仿效漢人整理文獻的工作，修四庫全書，但也保存滿洲族群尚勇武文化，如康乾時代滿洲、蒙古、新疆、西藏、青海、台灣等地「成了直轄領土，並使朝鮮、安南等國朝貢」，版圖「次於元朝，可是高出漢、唐以上」；此外，滿洲族群文教甚盛，完成整理四庫全書的工作，「傳至今日，完全存在的，只有三部，其中一部藏在奉天宮殿文溯閣，此書不獨是滿洲的至寶，並可稱做世界的珍品」，經此表述，滿洲族不獨保存了漢人的經典文化，疆域也遠勝漢文史籍上的漢唐盛世；四庫全書藏在滿洲偽國的奉天宮殿文溯閣，藉此也表述了滿洲偽國文教風盛的圖像。[110]

其四，《歷史教科書》表述居滿洲偽國內的非漢族群，與滿洲族群是「同族」的，由是建構了滿洲偽國內的非漢族族群，如朝鮮族群，與滿洲偽國族群是同源同種。如教科書內表述的挹婁及扶餘族群，為「挹婁居長白山以東，屬於肅慎國，是一種山間的部族」，也就是早已臣服於肅慎國，既然滿洲族是源自肅慎，挹婁民族也臣服於肅慎國，這樣說明了挹婁族群很早已與滿洲族「同族」；至於書中表述扶餘地域的文字為：「扶餘建國約在二千年前占（按：佔）有現今農安附近的肥沃平野，做農業生活」，為證明此事，編者表述了古代扶餘國各部酋長「着人民當做奴隸，叫他們擔負耕種的勞苦」，而扶餘民族便「始在滿洲地方，賜給文化光明的，實在是這扶餘的民族」，古代扶餘族群早已把農業文化帶往滿洲地域，這個滿洲地域就是「現今農安附近」，農安也是三十年代滿洲偽國國境內的範圍，由是建構了扶餘族群與滿洲族群為「同族」，及扶餘把農業文明傳往滿洲，扶餘文化及族群與滿洲族群的文化相互「混同」，表述了扶餘族群與滿洲族群是「同族」的圖像。[111] 至於靺鞨、渤海的族群也與滿洲族甚有關係，編者指出高

110 然而，《歷史教科書》的編者，是否受到日本學者倡議的征服皇朝論的影響，尚要多作研究。
111《歷史教科書》，上冊，頁6。

句麗盤據在南滿時,「在松花江附近有一種滿洲族,叫做靺鞨,又叫做勿吉的居住」,其後築城在東牟山以後定國號叫渤海,「渤海雖稱大國,可是對於唐朝和日本極平和恭順」,「又遣使和日本屢次修好,所派的使臣大概從海參崴附近登舟,渡日本海到日本帝都奈良,拜竭天皇,頗受優待,日本亦遣使答禮,自國初以王滅亡,有二百年,渤海和日本兩國間至為親密;用渤海的毛皮,換日本的綢娟,以後這渤海國,又輸入日、唐兩國文化」。

於此可見:一、渤海國早與日本「修好」交往,經貿互為往還,表述了一幅「渤海和日本兩國間至為親密」的圖像;二、靺鞨原為「松花江附近有一種滿洲族」,也應可視為滿洲族的一支,靺鞨建的渤海國也可視為滿洲族群建立的渤海國,既然靺鞨建的渤海國與日本「至為親密」,滿洲族群早於唐代已與日本「至為親密」。經這此表述,已見古代渤海國的領土,就是滿洲偽國的領土,1932 年宣佈成立的滿洲偽國,「國」境範圍只是上承古代滿洲族群建立領土範圍,滿洲偽國的成立只是重建昔日已有的皇國,不言而喻,滿洲偽國自是一個獨立國家,而居三十年代東北的各個族群,均是同源自古代肅慎族的,其後不斷在東北一地流佈,但仍與滿洲族文化及滿洲族群保持密切的關係,居東北地區的不同族群「同族」又是源自肅慎,建立滿洲偽國只是團結境內同一血緣的「同族」,可見編者欲合理化滿洲偽國獨立的地位,及表述了滿洲偽國境內不同族群同居在一個獨立的「國」境範圍之觀點。

教科書的編者也建構金「國」為「東亞最大的國」。編者表述與滿洲人「同族」的金「國」,其族群早已服屬於渤海國,「金太祖阿骨打……黑龍江流域,有黑水靺鞨,在渤海盛時,服屬渤海,後稱女真」,金定都會寧「現今白城」,書中尤表述金太祖時「創作女真文字」,熙宗「也自作女真小字,共和漢字併用」,並穿漢服,但編者不認同金族群的漢化行動,編者更說因漢化活動,使「日見奢華,文弱了」,更指出部分金「國」族群不為勇武,只是「獨在滿洲的金人,性質都很樸實,像那山地人民,還是住在山洞裏,拿着打獵,做生活的也很多」,肯定了保存種族文化的「滿洲的金人」之地位,而金人活動在南滿地方,此地也存留「遼金時代的遺蹟」。

經此表述,正好實踐了滿洲偽國教育上的要求:一、要求建構「滿洲國為獨立國家」的構想;二、強調渤海國與日本「至為親密」,實踐了滿洲偽國建國上要求「這凡在新國定領土之內居住者,皆無種族之歧視、尊卑之分別」,滿洲偽

國「國」境內各族群保持平等的目的；三、教科書上強調日滿連繫的文字，實踐了滿洲偽國的教學要求：「滿洲新國家及其國民，欲受日本帝國之保護，結唇齒輔車之關係，希冀東洋永遠之和平，宜首先理解並信賴日本及日本人，且宜努力日滿之親善關係」的構想。[112]

其五，《歷史教科書》表述滿洲偽國建國前的東北政權是不理民生的，只有滿洲偽國是「王道樂土」。〈滿洲國建國宣言〉表述自辛亥革命以來，共和的民國雖成立，但東三省軍閥乘中原變亂，攫取政權，據三省為己有，狼厲貪婪，驕奢淫佚，罔顧民生休戚。滿洲偽國的建立就是去軍閥、國民政府及共黨的「弊」政，並實踐了王道樂土的理念。換言之，1932 年滿洲偽國未成立前的東北政權不是「樂土」，《歷史教科書》表述建構一幅滿洲偽國立國前之東北政權，就是一幅「國民的生活，極其不安」的圖像，書中課文〈一八、清的滅亡和革命的爭亂〉，表述：「中國因為建設共和制，廢卻數千年的君主政治，反倒失掉了國家的治安，屢起政變，彷彿（按：彿）像走馬燈一樣」，文中又簡述民國建元後，中國先有袁世凱稱帝，後有廣東政府及北京政府的「對立」，及「共產黨的赤化運動，軍閥和文治派的相爭」，結果中國境內出現「爭亂紛起，民生的痛苦已極，這是民國二十年間的歷史，真是混亂不休的啊」。在編者的表述下，不言民國帶來中國走向共和發展的情況，只是建構民國建元後的國運是一幅「真是混亂不休」的圖像，日本「看到民國的情勢，知道要想確保東亞的和平，非鞏固中、日的關係不可」，才出兵山東，並在歐戰後才締結中日條約，日本出兵山東全是為確保東亞和平及中日交往的關係。

同時，《歷史教科書》〈一九、最近的滿洲〉課文中，除了指出民國建元後中國的混亂情況外，也表述統治東北地區的張作霖及張學良父子之政權是「虐政」。文中說二十年代張作霖能夠控制東三省，因此地總督趙爾巽「做為自己的羽翼，

---

112 除了南滿洲教育會在 1932 年出版的漢文本《歷史教科書》內，建構一幅滿洲偽國與日本「親和」的日滿連繫圖像外，也可參見橋木虎之助〔述〕〔關毅譯〕：〈民族協和的信條和實踐〉，載於《新滿洲》，第 1 卷 6 號（康德元年，1934），頁 7-8。缺作者：〈發刊辭〉，載《同軌》，1 卷 1 期（大同三年，1934），頁 7。有關日中協和的研究，參見黃東：《塑造順民 —— 華北日偽的「國家認同」建構》（北京：社會科學文獻出版社，2013），頁 87-130；有關日本在滿洲偽國表述日本人為首的多元民族協同及「親和」觀念，參見 Annika A. Cuver, "Manchukuo and the Creation of a New Mylti-Enthnic Literature: Nawabata Yasunari's Promontion of "Mauchurian" Culture, 1941-1942," in Richard King, Lody Poalton & Katsuhiko Endo(ed.), *Sino-Japanese Trans-literation From the Late Nineteenth Century to the end of Pacific War* (New York: Lexington Books, 2012), pp.189-196.

其後張作霖的勢力，漸次伸張」，文中以「羽翼」一詞指稱張作霖得位是由一位
早已與張作霖交往的人，才使張作霖的勢力得以延伸，「羽翼」一詞具有貶斥之
意。其後，書中又說：張作霖任東三省巡閱使後，「實際上成了滿洲王」，張氏又
「屢次出兵攻擊中央」，雖於第一次奉直戰爭失敗後，「以保境安民的名義，做為
東三省保安總司令」，又在第二次奉直戰爭後「竟」獲成功，便把勢力伸張到江
蘇；更重要的是，從歷史事實中得見張作霖是被日人炸死的，但教科書內課文只
表述「民國十六年竟升到大元帥的榮位，可是因為這個，蔣、馮、閻三派就組織
國民革命軍，協力壓迫他（按：張作霖），他不得已，纏向奉天退歸，途中被炸
彈斃」，此段文字未言作霖之死是否為國民革命軍所為，其實在此課文的最後部
分指出：張作霖死後子學良繼承父業管治東三省，卻「竟和南方蔣介石相提携做
了國民政府的副司令」，編者認為張學良這樣的行為是「忘敵事仇」。換言之，
「敵」及「仇」的指稱對象不是日本，而是指稱蔣中正及以蔣氏政權為代表的國
民黨，結合整本教科書內的課文，可見蔣中正為什麼扮演了張學良的「敵」人
及「仇」人之角色，主要是蔣中正領導的「國民革命軍，協力壓迫」張作霖，致
令作霖「向奉天退歸，途中被炸彈擊斃」，文中雖未明言張作霖之死是否為蔣中
正等國民革命軍「斃」，其實已不言而喻，國民革命軍與張作霖被「斃」的事
件，甚有關係。這樣藉教科書這種媒體，把張作霖被國民革命軍的壓迫及被炸彈
擊斃的訊息，成為滿洲偽國官方標準化的知識及事實，藉教科書傳播給學生。其
後，張學良繼承張作霖的事業，管治東北，但在教科書表述下學良的東北政權，
是「不知持盈保泰，但極力擴張軍備，儲蓄私財，充實自家的勢力。他又本着國
民政府排外的方針，忘卻和睦鄰邦的大義」，更「蹂躪」日本在滿洲地域的各種
利益，「迫害鮮（按：朝鮮）農」，終「引起不祥之事」，這「不祥之事」就是
1931 年學良的軍隊「在奉天的北方炸壞了滿鐵路線，並擊射巡察路線的日本兵，
故此中日兩方面的軍隊，就引起不幸的大衝突了」，而日軍終能「攻破多數的張
軍及其聯絡的兵匪，到底把他的勢力，由滿洲地方，盡數的驅逐出」。

　　經此表述，既可見滿洲偽國官方漢文教科書全不談張作霖被日軍炸死的事
件，又力言張學良建立的政權只求保護私人利益，不為民眾求服利。更重要的
是，張學良仍以國民政府「排外的方針，忘卻和睦鄰邦的大義」，以「蹂躪」一
詞指稱張學良的軍隊是主動破壞日本人在滿洲的權利，建構了日人在東北只是處
於被動的角色，因知管治下的「鮮農民」受到張學良軍隊「迫害」，出於保障日

人的利益，保護朝鮮農民的生命財產，又因張氏軍隊「炸壞了滿鐵路」和射日本士兵，日人才出兵攻東北，建構了日本人全是處於被動和受襲的角色，課文中更表述日軍終能以少數軍人敵「多數的張軍」，又指稱參與抗日國民政府軍人為「兵匪」，既然張氏政權只為「自家」的利益，不顧民眾，如今把這個主動侵略及求「自家」利益之張學良軍隊遂出滿洲境，使居滿洲境內的人民「從虐政中自然被救得慶更生」，日軍只是為拯救滿洲境內受「虐」的人民，才出兵抗張學良及其「兵匪」，日人只是處於被動下才出兵東北。

　　教科書也表述終於在日軍協助下，滿洲偽國之居民因驅逐張學良的軍隊及「兵匪」，使滿洲偽國「國」民可以「完全脫離國民政府和舊軍閥」的控制，重獲新生，並在新京（長春）建立新國家，這個新國家就是滿洲偽國，滿洲偽國也是王道樂土，施政均是「尊重民意，努力治安」，三千萬民眾可以居在滿洲偽國，獲得「最大幸福」。[113] 經此建構的「新」國家，與「舊」軍閥及國民政府比較，自可見滿洲偽國就是「王道樂土」，實踐了日本表述辦教育的目的，為闡述「新」國家，帶給國內群眾「剷除軍閥，以蘇民生」的理念。

　　其六，《歷史教科書》表述要重視與外國聯繫。書中指斥張學良政權的弊點是上承國民政府「排外的方針，忘卻和睦鄰邦的大義」，其實書中第〈一三、清的黃金時代〉課文，已表述了清國輕視外國是導致亡國的原因之一，此課文談及康熙、乾隆為清國的黃金盛世，但「因為國運隆盛，使國民逐漸妄自尊大，養成蔑視外國的惡風，為後來清室滅亡的一大原因」，[114] 這是否意味着日後在中國建立的政權不應尊大，應多聯繫外國，才可以改變國運？教科書這方面的表述，其實提醒閱讀此課文的教員及學童，應放棄「排外的方針」，求「忘卻和睦鄰邦的大義」，實現與鄰邦和平交往的目的。

　　其七，《歷史教科書》形塑日本國是拯救清國，維持東亞和平，領導東亞及亞細亞諸國國運的形象。《歷史教科書》藉辨析甲午之戰及日俄戰爭史事，表述日本拯救亞洲諸國的知識。不少研究均指出甲午之戰及日俄戰爭，為日本展開侵略中國的開始及重要時刻，但教科書第一六課〈日清戰爭和俄國的經略滿洲〉表述「日清戰爭」的發展，課文首先說出清中葉時，清國勢是十分疲弱，「清國當着北受俄，南受英、法兩國壓迫」，其時鄰國的日本明治帝已推行維新政策，導

113《歷史教科書》，上冊，頁97。

114 同上註，頁31。

致日本「國運的進步和文化的發展，頗為昭著，又是世界人人驚歎的時代」，肯定了日本國力走向富強的境地，書中更表述中、日為鄰國的朝鮮，早於甲午之前為「自主獨立國」，可以自行與鄰國「締結平等的條約」，但清朝「還」以朝鮮為「屬邦」，「事事想要干涉」；其後，朝鮮國內分「獨立」及「事大」兩黨，互相對抗，事大黨依賴中國，獨立黨依靠日本，中國的袁世凱率領大兵幫助事大黨攻獨立黨，獨立黨「一敗塗地」，日本只是「恐因朝鮮問題，將來釀成日清兩國的失和，深以為憂，故此締結天津條約，約定兩國均撤兵退出朝鮮，如有不得已要派兵時，得互相通知」，及後正值朝鮮有東學黨之亂，清國以「鎮服屬邦的名義出兵」，而日本只「以保護居留官民的名義出兵」，終導致兩國軍事互相「衝突」，造成日清戰爭，最終是日本獲勝及締結《馬關條約》。

從其表述文字可見，日本是以「平等」、「獨立」的外交態度，視朝鮮為「自主獨立國，締結平等的條約」，建構了日本尊重朝鮮國「獨立」地位的形象，但清朝「還」以藩屬國的態度視朝鮮為「屬邦」，更「事事想要干涉」，學童若只閱讀課文文本，只知書中表述的中國，以「不平等」的態度視朝鮮，反之日人則持「平等」的態度視朝鮮；其後，日中兩國雖支持朝鮮國內政黨，但課文中沒有談及日人怎樣「援助」獨立黨，反之，學童從課文中已見清朝的袁氏「率領大兵幫助事大黨攻獨立黨」，支持了教科書的編者所言清朝「事事想要干涉」朝鮮內政的「事實」。此外，課文也表述「日本恐因朝鮮問題，將來釀成日清兩國的失和」終與清朝締結和約暫時解決了日中紛爭，可見日人因考慮日清和好，才主動與清朝結約，而不是中國主動結約，看似日本仍希望以維持日清和平交往的態度，以解決朝鮮問題；加上，教科書的課文中也說清室以「鎮服屬邦的名義出兵」，既然前文已表述清朝「還」以朝鮮為「屬邦」，要「干涉」朝鮮內政，再以「鎮服屬邦」一詞指稱清政府出兵朝鮮的原因，前文已知清政府既以從服於天朝上國的藩屬關係視朝鮮與清的交往，不如日本國早以「自主獨立」的態度視朝鮮，而「鎮服」一詞，有君主及持強大武力者，以不平等及威嚇的態度處理臣下或弱者。換言之，教科書多建構清朝仍自視為天朝上國的態度，及以武力威嚇的態度處理朝鮮問題，不如日本早以「自主獨立」的態度視朝鮮，而日本出兵的原因只是「保護居留的官民」，這些課文內容為學童建構了一幅日人既是尊重朝鮮民眾，又是出於保護日本國民才出兵朝鮮的圖像。

教科書〈第一六、日清戰爭和俄國的經略滿洲〉課文最後部分及〈第一七、

日俄戰爭和滿洲〉課文，均談日俄戰爭的課題。在第十六課中表述了甲午戰後，俄、德、法三國認為《馬關條約》，是導致「日本占（按：佔）領遼東，是有碍（按：礙）東亞的和平」，三國更以「武力」向日本勸告，迫使日人放棄遼東之訊息，而編者表述「原來俄國有意在太平洋地方，得一不凍港，所以注目在遼東」，故「日本照條約占（按：佔）領遼東的時候，俄國的奢望就從根本上顛覆，所以俄國引誘德、法兩國出來干涉」，結果是「日本把戰爭所得的遼東，依着一片外交的手段，就還附清國」，編者指出從此「滿洲的主人翁非清國亦非日本，純粹變為俄國了」，其後正值義和團的事變，俄國「說有保護鐵道的必要，就派兵來到滿洲，結果，把滿洲強行占（按：佔）領」，及在〈第一七、日俄戰爭和滿洲〉課文文本中，表述俄國和清國已約定撤兵，但「後來不特不徹退，反倒增兵，築起旅順要塞，整理大連港灣，後又占（按：佔）領韓國的北部，他們這樣舉動，所有清國的領土保存，韓國的自由獨立，以及東亞的和平等，都陷於危險了」，日本對俄國「希望和平解決，但是屢次和他們交涉，到底也沒能聽從，日本為保持極東的和平，和自衛上着想，不得已纔有告宣戰」，日本以「大膽戰策」，「決死的奮鬥，一舉粉碎俄國的大軍」，終促成日俄「媾和」。

　　從其表述可見，雖然是日本向俄國宣戰，但是早於《馬關條約》後，俄國已有控制遼東、取遼東不凍港的野心，加上清、俄雖已約定於遼東撤兵，卻「不特不徹退，反倒增兵，築起旅順要塞，整理大連港灣」，危害「清國的領土保全」，「韓國的自由獨立」及「東亞的和平」，故日人才「不得已」宣戰，這樣日俄戰爭不是啟自日本，日本是處於被動及為保障東亞的安全才宣戰，課文的最後部分，一再表述：「因為日本和俄國有這一次大犧牲，纔把這東亞的和平，確實保全，不獨使俄國畏懼，就是英、美、德、法等的侵略亞細亞，也都被阻止，清國才免去瓜分的大禍，且能使輕視有色人種的歐美人等，從良心上反省，並促進亞細亞民族的奮起，實在都是依賴日本勝俄國的成績」，指出日俄之戰宣戰的一方雖是日本，但日本是不得已的，因為此戰役的結果，是保障了東亞的和平及阻止亞細亞地區免被英美等國的「侵略」，清國也因日本的勝利「免去瓜分」，課文形塑了日本扮演「保全」東亞「和平」及「促進」亞細亞民族「奮起」的領導角色，也形塑了日本為「保全」東亞及清國而開戰。進一步可見三十年代滿洲偽國官方教科書的編者，很有機會受日本官方倡議日本領導「大東亞共榮圈」的意識形態所影響。

以上只是運用《歷史教科書》上冊內表述滿洲族群的歷史，再看《歷史教科書》下冊所表述的中國圖像：

其一，《歷史教科書》表述滿洲族的族群既學習漢文化，也保存了尚武文化，而漢人又尚文治。〈一○、近古的中國〉課文表述了宋代歷史文化特色，但編者認為宋代「把兵權收歸朝廷，除去濫用武力的宿弊，任用文人作地方官」，獎勵學術，振興禮學，終於使「國中纔見太平，但是因為偏於文治，不數傳，就被侮於北遼」，北遼強大就是因為「武力勢強」；課文更表述「自宋朝時代，漢民族的勢力漸次衰微」，反之「北方契丹族的勢力，已達強盛，契丹族在中國北部建立大帝國，國號遼」，在上冊〈一、肅慎〉已表述契丹、遼與滿洲族群均是同源自肅慎，這樣滿洲族群先祖的勢力在宋代時已很強大，反之漢人的勢力自宋代後，「勢力漸次衰微」，而導致遼金強大的原因是這些族國既「仿效輸進漢文化」，但「他們自己的特長也能保守；像那遼的契丹文字，金的女真文字」「全是表示獨立國家氣概的」，而滿洲的強大在吸收漢文化之餘，仍能保存「勇武文化」，[115] 而清亡國既是「輕視西洋人，不肯和他們結同等的國交」，長期「閉關自守」，也因此才導致「勇武漸次衰敗」，經此表述滿洲早已有獨立於漢族文化以外的文化特色，期間滿洲族群雖吸收漢文化，但未有因吸收漢族文化，而失卻滿族群體擁有的文化特色，只因不與海外交往，才導致滿人勇武之風日失，滿洲偽國既為滿人自立的「國」，由是也保存了異於漢文化的「勇武文化」之特色。

其二，《歷史教科書》也從東洋歷史文化發展的角度，表述清國勢力日弱，反之，日本國勢日盛的圖像。教科書〈一七、最近的東洋（一）〉課文表述：「清國從鴉片戰爭以來，內憂外患同時並起，國勢衰頹，然而日本明治維新業已完成，正是國力發展的時期」，清國既不與列國交往，而日本進行維新變法，終導致日清之戰，此課文一再表述：「清國不顧前約，獨自往朝鮮派兵，所以日本也出兵，保護在朝鮮的日本人，並且勸告清國協力改良朝鮮政治，清國不應，反倒要求日本撤兵，終究弄到兩國開戰，清兵被日本軍逐出朝鮮」。經此表述，再一次告訴學童，日清之戰主要是啟自清國違約及清國獨自派兵往朝鮮，日本在開戰前已希望與清國「協力改革朝鮮內政」，但日方誤在「清國不應」，日清之戰不是啟自日本，而是誤在清政府。[116] 日清之戰的結果就是「清國軟弱的真相，居然

115《歷史教科書》，下冊，頁5。

116《歷史教科書》，下冊，頁33。

暴露，歐洲列國，爭先而來壓迫清國」，日本戰勝已證「明治維新成功」，「日本地位居然增高，得和世界列強為伍，日本又和英國重訂盟好，和法俄新定協約，又和美國交換友誼的誓言」，日方也希望可以與列強「共圖東洋的和平，約定保全清國的領土」，其後日俄之戰，俄軍戰敗，結果是「增進韓民的幸福，願將領土和統治權讓給日本」，日本明治天皇「准他請求，特置朝鮮總督，統治此地」，表述了韓民是甘願受日本統治的，日本天皇只是應韓民的要求，完全沒有主動侵佔朝鮮的野心。課文文本中更表述日俄戰後「日本占（按：佔）有亞細亞大陸中的堅固地步；東洋諸國，仰望日本作指導」，建構了日本與東洋諸國和平共存的圖像，也表述了東洋諸國，當然包括清國，也甘心「仰望日本作指導」，無論日清戰爭及日俄戰爭，均見日本只希望藉戰爭以「保持東洋和平」，日本只為東洋「和平」才出兵，課文多次建立一幅清國衰弱，日本國力興盛及強大的圖像，從而建構清國積弱，日本國地位上升，甲午戰後，中日國力此消彼長的圖像。

其三，《歷史教科書》從世界列強競爭的角度，表述日本在東洋的擴張，只是為維持東洋和平，不如其他列強的武力霸政。〈一九、現代的日本〉課文表述了第一次世界大戰時，德奧等國在歐洲互戰，後來波及東洋，「德國以中國的膠州灣為擴張勢力的根據地，放置艦艇，常來威脅東洋的通商」，日本只是「以維持東洋和平，保護通商為目的，要求德國艦隊即時退去，或（按：自）行武裝解除，並要求交還膠州灣租借」，但德國不認同日方的建議，日本才「對德開戰」，日本終取得膠州灣等地，但課文中只表述：「日本把膠州灣交還中國，又把從德國獲得的山東鐵路，照實價讓給中國」，日本是「還」及「照實價讓」給中國，沒有説出日本迫於五四運動及國際壓力，才把膠州灣及山東鐵路交給中國的歷史事實。

其四，《歷史教科書》建構一幅「進化」日本的圖像。教科書〈一九、現代的日本〉課文中，表述了明治政府「持開國進取的方略」促成東洋和平的局面，其後又述及日本政黨內閣的發展，明治時期日本政界思想是「隨着社會急激的進化」，在介紹西洋歷史時，也表述「奧意二國也都改行立憲政治，求急進化，和法德英俄四國算是歐洲的列強，這便是德國統一以後的新局面了」，文中表述歐洲列強的興起乃得力於立憲政治及「急求進化」，如今日本明治天皇已行立憲，明治思想界也是「隨着社會急激的進化」，可見明治政府與世界列強國力，應可並列，日本的明治政府與列強均同屬立憲政府的體制，又是一起追求「進化」的

國力發展模式；[117] 反之，中國漢族群體早於宋代已呈現「衰弱」的現象，共和國建立後「北方有勢力的軍人各用私兵，擁護政權，相爭不已，因此屢次更換大總統，以後又置臨時執政」，其後的中國國民黨，只是以「三民主義為宗旨，黨外不許另有他黨，僅以一黨治國而已」，這樣終於導致中國境內各地「抱不平的國民黨員們，也都繼續起了兵，來反抗蔣介石的獨裁政策」，共產黨也在江西、湖南等地「也起來暴動，並有占（按：佔）領長沙的事情」，南方又有「廣東政府也獨立和南京政府對抗」，「閻錫山、馮玉祥也各有獨立之勢」。

經此表述可見，教科書表述了日本自從明治維新後的政府，既行立憲，又不斷「進化」，及日本的「文化也是很進步的」，結果是日本達到國力強大的境地，日本在日清及日俄戰爭均取勝利，由是日本國可以「引領」東亞諸國走向安定的局面；反之，清朝國力日弱，列強入侵，雖有共和國建立，但仍是政局紛亂，各地政權紛紛獨立，這樣日本不獨代清國管治中國，更要代替中國領導東亞，乃至亞細亞諸國，既然形塑了日本領導亞細亞為合理的事情，滿洲偽國自然是東亞的一國，脫離蔣中正領導下的「獨裁」政權，脫離動亂的國民黨管治範圍，自行獨立建國，也是應該的。因為只有滿洲國因行「日滿一德一心」的政策，自是一個王道樂土的地方，這樣合理化了滿洲獨立建國的論據。

其實，滿洲偽國不獨編《歷史教科書》、《地理教科書》建構滿洲偽國國族認同，更於 1932 年推出《新時代國語讀本》，在《新時代國語讀本》內，更刊載〈滿洲國歌〉，把〈滿洲國歌〉成為學童必修的課文，學生閱讀課文，從兒童的成長階段，已加強向兒童傳播滿洲偽國「國民」身份認同的訊息。

還有，德富正敬著漢文《滿洲建國史讀本》（簡稱《讀本》），則更清楚地建構滿洲偽國是「全然獨立，與中國本部，無何等關係」的圖像。德富正敬所著《讀本》成書於 1941 年，此時的滿洲偽國政權已見安隱，日軍已經發動了 1937 年 7

---

117 參見鄒振環：〈晚清史書編纂體例從傳統到近代的轉變 —— 以漢譯西史〈萬國史鑑〉和東史《支那通史》、《支那通史》為中心〉，《河北學刊》，10 期（2010），頁 1-10；及〈東文學社及其譯刊的《支那通史》與《東洋史要》〉，《域外漢籍研究集刊》，3 輯（2007），頁 347-369；黃東蘭：〈「吾國無史」乎？從支那史、東洋史到中國史〉，孫江主編：《亞洲概念史研究》，第 1 輯（2013），頁 129-158；〈書寫中國 —— 明治時期日本支那史・東洋史教科書的中國敘述〉，《新史學》，4 卷（2010），頁 123-154；Stefan Tanaka, *Japan's Orient Rendering Pasts into History* (Berkeley: University of California Press, 1993), pp.115-152；參見區志堅：〈歷史教科書與民族國家形象的營造：柳詒徵《歷代史略》去取那珂通世《支那通史》的內容〉，冬青書屋同學會編：《卞孝萱教授八十壽辰論文集》（南京：江蘇古籍出版社，2003），頁 71-96。

月 7 日的全面侵華戰爭，而《讀本》內表述的文字，較昔日教科書，更清楚地表述滿洲偽國是一個獨立國家之形象。德富正敬從以下各方面建構滿洲偽國為獨立國家的特色：

其一，《讀本》建構的滿洲是「滿洲者乃滿洲之滿洲，決非中國之滿洲」，「滿洲國係獨立國」的形像。[118] 書中表述滿洲「自古以來」已有居東北地區的「民族」居住，滿洲族群「大半乃為通古斯族，其語源大概與我大和民族相同，彼等之語法，非如漢民族或歐美人種倒敍語，乃為順列語」，此族群「有時與蒙古族相鬥，有時與漢民族相爭，有時與朝鮮民族相爭」，滿洲族群自有其民族源流，自有其語源，不同於漢族群體，甚至是與漢民族自古是「相爭」，書中更反駁「中國人原來雖將滿洲視同一家，但自有史以來滿洲全部並未曾全入中國人手」，雖有漢文資料證明漢武帝、唐太宗時代，滿洲與漢人共處，實「亦不過得其一部而已」，「且不久復脫離漢民族羈絆，將漢民族逐回本土矣」，又在高句麗時代，滿洲人早已領有三十年代的滿洲地域的大半及朝鮮的大同江以北地域，契丹時的通古斯族起於滿洲，國號為遼，已「支配中國之北部」，女真強盛之際，建國號金「幾乎統一中國全土」，至清朝先祖更是起於滿洲，終致統一中國，故有些漢文文獻說康熙乾隆時代「滿洲全部，全被中國支配，此實大誤」，康熙乾隆時實為滿洲支配中國，其非中國支配滿洲；況且，滿洲早已為漢滿「相爭之地」，不為漢族全部控制，當「漢種」興盛之時，漢族群體則向滿洲伸展勢力，蒙古人種盛時，蒙古成吉思汗亦與滿洲地域的民族相爭，而早於上古時滿洲先祖「肅慎族在滿洲盛大時，或為契丹或為遼，或建設渤海及金國，而吸收唐宋文化，在滿洲組成國家」，由此表述「滿洲」自古以來，就是「在滿洲組成國家」，滿洲自古以來，已有獨立的文化及領土地域。[119]

其二，《讀本》建構滿洲偽國的出現是「日本之援助」，「即日本大陸經營之一大效果」及「日滿一心一德」的成果。《讀本》表述渤海國時代，日本已與滿洲交通頻繁，渤海國多次派員入貢日本聖武天皇，「非僅政治上之交通，且為商賈上之交通」，日本藤原時代，皇室用虎表，貴婦人用為飾品採自松花江的珍珠，日人用的靈藥是產自長白山人參。渤海國亡後，國交雖斷，但自明治維新以來，滿洲再與日本發生重要關係，因為「俄國利用南下之勢力，欲併吞滿洲進

118《滿洲建國史讀本》，頁 4、23。

119 同上註，頁 7。

至朝鮮」，清國由滿洲進以勢力扶朝鮮，日本也以朝鮮「備俄國勢力」，故日清之爭（按：甲午之戰），不是日本貪圖朝鮮領土，而是深恐俄國勢下威脅遼東半島，「日本並非貪其領土，實所謂朝鮮之守不固，即日本之守不固；滿洲之守不固，亦即朝鮮之守不固也」；乃至共和的中華民國建立，但東北軍閥張作霖、張學良父子在滿洲只求利己，行「虐政、惡政、暴政」，導致滿洲的森林、田地失去生產力，河川枯乾，舉滿洲成為大沙模，「滿洲亦無秩序安寧之一日」；反之，日滿實是「兩方相輔」，日本只是希望「使滿洲成為秩序之樂土，使滿洲成為殷實繁盛之富國，使生於滿洲之人，享無上之幸福」，故日、滿的關係是「有無相通」，日本「雖於滿洲有所取，然猶以貢獻為急務」，以生產為先，而不同張氏父子「係以搾取為目的」，日本派員在奉天支持滿洲商民興業，只是日本與滿洲居民互相提携，日本只是協助滿洲皇族建省立府，「使滿洲布行王道政治，要望東亞理想之樂土，高呼在三千萬民之間」，日本更為滿洲民眾廣設工廠「尊重滿洲之獨立，促其發展，乃維持東亞永遠之和平，或貢獻世界和平與文化正路」，因為日本支持滿洲偽國的獨立發展，在列國未承認滿洲偽國的領土地位之前，日本為國際上第一個國家「正式承認滿洲國」，又以奉天為中心，支持滿洲族推行「獨立運動」，以袁金鎧為委員長籌辦地方自治委員會，扶助東北行政委員會會長張景惠以滿洲偽國名義，公佈〈建國宣言〉，又協助前清宣統皇帝立國，因為宣統帝溥儀「純係滿洲人」，日本只是協助立一位滿洲人為皇帝，管理其滿洲偽國，此滿洲偽國「固為滿洲皇帝之最好條件，然決非清朝之復辟」，可見協助滿洲「脫離舊東北軍閥的羈絆，已到新帝國建設之黎明期矣」，滿洲偽國的建立，足示日人「八紘一宇之皇謨而發祥者，負有興亞大業使命之新帝國」，日、滿同盟全是「立腳於崇高深遠之理想而規定之新國際關係，以皇道精神為基本精神之外交關係」，日本帝國是「尊重滿洲之獨立，促其健全之發展」，不同於歐洲列國只求「私利」才與同盟，日本先在列國前，率先撤廢日滿條約及日本人享有治外法權，並把南滿鐵路附屬地的行政權「全般移讓」。

總之，中國自鴉片戰爭以來，中國人已高呼打倒列國給中國的不平等條約，要求撤去治外法權，「然至今日亦未能脫卻外國之羈絆，惟滿洲建國以來，未出四年，自撤廢治外法權，享獨立國之體面者，雖云由於日本之力，亦滿洲法律制度整備之結果也，我等不禁為滿洲之王道政治前途祝福」。[120] 文字表述建立滿洲偽

120《滿洲建國史讀本》，頁 21。

國，既有賴日本的協作，更有賴滿洲偽國建立一個獨立的法律制度，其實滿洲偽國的法律體制也是得「惠」於日本「撤廢治外法權」，由是滿洲偽國的建立，就是彰示日本「八紘一宇」，實現日人「負有興亞大業使命」王道政治的理想，也是「日滿一致之協同」理想。[121]

其三，《讀本》表述滿洲偽國的建立就是「新」的「王道精神之完成」。[122]《讀本》表述滿洲偽國的「王道政治」，「係藉以八紘一宇為大理想之日本皇道為其基幹者，日滿一體不可離之關係即在此」，王道政治的目的，是建設道義世界，滿洲偽國法律一改「前之舊政治」，「完全採用新政治組織」，這種政治組織「非專制政治，又非民主主義之議會政治」，又非政黨的「一黨專制」，而是「乃建設道義世界為終極理想之民族協和之實際政治，即為協和政治也」，此政治實際是「不必要有少系統的政治形式或法治形式，乃在於民族協和，宣德達情之實際政治」，不以法治完成國家，「實以德治完成國家」，而「民族協和之原動力」是來自「日滿一德一心之關係」，也是「日滿一心一體」，日滿結盟不是建基在利益，「而在於崇高之道義融合之觀念」，所有滿洲偽國的國防經濟、文化的結盟也是本乎「民族協和」，本乎「日滿一德一心」，滿洲偽國的「新秩序」也是以「日滿一心一體」為根本，王道精神就是實踐在滿洲偽國「建國精神」之中。

《讀本》中更盛言「王道政治」不同於議會政治及黨國政治，「王道政治」是優於其他管治模式，由是引證滿洲偽國行「王道政治之理想，因皇帝（按：溥儀）訪日而完成」，溥儀訪日，把日本管治方法及理想帶往滿洲偽國，學習日人的皇道政治，並在滿洲偽國實行「王道政治」的管治方法。[123]《讀本》表述二十世紀議會政治的內容為自由主義、個人主義、資本主義，進而「成為經濟搾取主義，又有為維持現狀而保持國際主義之白人」，給「白人」對世界擴張的口實，但「白人」的構想最終流為自身矛盾，怨言四起「國民生活之進步發展，原不必期待於

---

121 《滿洲建國史讀本》表述日人「負有興亞大業使命」，此可能與日人於 1937 年後，倡導除了軍事侵略外，也改向保護殖民地的文化，日本軍方推行親隣及大東亞共榮圈的政策有關，參見藤井祐介：《統治の秘法 —— 文化建設とは何か？》，池田浩士：《大東亞共榮圈の文化建設》（京都：人文書院，2007），頁 11-42。

122 《滿洲建國史讀本》，頁 21。

123 同上註。有關滿洲偽國提倡的王道精神，參見鄭孝胥：《王道演講集》（缺出版地：缺出版社，〔據石印本影印〕，1934）一書；又有關王道精神、皇道精神與日本天皇制度的建立，參見陳瑋芬：《近代日本漢學的「關鍵詞」研究：儒學及相關概念之嬗變》（台北：國立台灣大學出版社中心，2005），頁 149-190。

議會政治，且偶一不慎則易招來反對之結果」，滿洲偽國只好選擇「遠離民主主義的議會政治」；另一方面，黨國政治「係於反抗議會政治而出現者」，以歐洲個人主義，唯物史觀為根柢，「以共產黨一黨專制之觀念」，終流為「以強力使成為翼贊的組織，此種政治，一旦中心人物挫折，或遭異變，即成瓦解，極屬危險之至」，但「皇道政治」是「天皇所行之家長政治」，為一君萬民的政治，君主代表萬民的意欲管治國家，不是以個人私利以推行政策，又不是一個以強權侵略征服的「霸道」，而是一個「本乎絕對的愛之政治」，天皇施政就是愛萬民的表現。

「王道政治」一方面是「乃承天意以行政治者」，皇道更有另一翻意思，天皇大權「係自天照大神之詔勅以來，確乎未動，由此發揮八紘一宇之大精神」，皇道政治的發展，必須推奉「天皇為協和萬邦之中心，皇道無依政治學等可下定義之性質，又不得以解釋之」，只是一種以神武天皇立國以來「造成信念，同時又係國民之間以熱如烈日之愛國精神形成之信念」。換言之，皇道政治就是一種信念，以日本天皇協和萬邦（按：八紘一宇）的信念。但王道政治「以德行天之政治也」，德由天所受，「敬順天命，即王道政治受天命而為天子，代天以統民眾之思想」，天子個人能慎行清心治民，天命即在天子身上，一旦天子行霸道，以力假仁，則天命不在天子身上，天意所在就是民意所在，即「民之所欲而與之」，故君主行善政，自是王道政治的呈現。但「中國雖常以施行王道政治為理想，然易姓革命之事相踵而起，王道政治，徒作彼等之理想，幾乎未能實現」，[124] 因為中國的王道政治，實「以權力治天下者」，也就是「霸道」，因現實上的中國是行「霸道」，終導致東亞戰爭不絕，「中國四千年之歷史，乃民族鬥爭之歷史，漢民族與北方民族之鬥爭，實占（按：佔）其歷史之大部分也」，「霸道之民主政治，民國革命以來二十餘年，自袁世凱為大總統以至蔣介石為主腦之國民黨政治時代，徵諸歷史，可稱為反乎東方道義之政治」，中國自古至今均未能實行「王道政治」，中國只是「王道政治，徒作彼等之理想，幾乎未能實現」，但隨日人扶植的溥儀帝訪日，實現了「日滿一德一心」，「即滿洲立國之王道政治，因此獲得確乎不拔之定義」，「日滿一德一心，使王道復活，我國（按：日本）之皇道，滲透於滿洲偽國皇帝之王道，而融合一致且大之根」，滿洲王道就是「仰我皇道政治，以為基調之政治，故已不能將滿洲之王道政治，視同中國古時之王道政治」，滿洲偽國的成功就是「滿洲國保持與日本一德一心之協同關係，由新的王道精神，以行

124《滿洲建國史讀本》，頁 27。

於政治，宜政治、經濟、產業、教育、思想、文化、社會各方面，建設立於道義上之東亞新秩序，將僅成為中國古來聖賢之理想而未能實現之王道政治」，滿洲偽國是實現「新」的「王道政治」，這種「新」的「王道政治」是求王道，不求霸道，不是以權力治天下，而是以民意治天下，民意所在即天意所在。

重要的是，教科書表述了王道雖創自中國，卻流於理念，「幾乎未能實現」，為什麼可以確保滿洲偽國實現王道政治，因為日滿一體，滿洲偽國與日本交往，自然可以受到日本天皇所行的「一君萬民」政治「信念」，這「信念」不是來自制度，而是來自「天皇為協和萬邦」、「八紘一宇」的精神，滿洲偽國「新」的「王道政治」藉求學日本，進而學習日本以天皇統治萬邦的治國精神，以天皇集權的模式，監管及確保滿洲偽國施政「絕對愛之政治」，不求「強權侵略征服之霸道」，滿洲國藉行使絕對天皇「家長政治」，便可以行王道，新的王道既沒有黨國，也沒有民主主義的議會，只是重視把理想放在實踐上，以天皇「家長政治」模式管治萬民。[125]

其四，《讀本》表述滿洲偽國是「樂土」。上文剛言滿洲偽國的管治，因為受日滿一體的教育指令所影響，自是實行「王道」及「皇道」的善政：

（一）依《讀本》表述為溥儀具有「享有人世之大試煉與天生聰叡之御美質，而為滿洲國之理想的皇帝」之形象。如溥儀訪日，在赤坂離宮閱朝鮮海印寺的高麗版大藏經，為支出一萬六千元欲購一部，可見溥儀甚為重視文化，終於在日本學者的協助下，印刷此書並藏入溥儀宮內，以資閱覽；此外，《讀本》表述溥儀閱佛經及信佛教，此以證明「皇帝即行修習」，佛教為皇帝提供「修心養性」之道，這樣溥儀便可閱佛經「扶植根本道義」。

（二）表述溥儀生活不尚奢華，勵精圖治。《讀本》表述宮中的溥儀，常命放演有關時局消息的映畫，並多思及軍人辛苦，要求宮廷行節檢，不可奢華，書中更言：溥儀「基於日滿共同防禦之本義，滿洲國與皇軍協力，參加聖戰之事，極勞御軫念，幾次遣使，以溫旨慰問皇軍」，不避寒暑，臨政務室親裁萬機。

---

125 《滿洲建國史讀本》中表述的是「天皇家長」管治模式，而不是黨國及議會的管治模式，可能近於君主專制的模式，《滿洲建國史讀本》的文本中也未談及天皇家長管治模式，也未談及若天皇行不善之政，人民是否可以推翻天皇家長管治模式，這種天皇管治模式主要是預先肯定了天皇治世是合於王道，因為文中所言「神武天皇肇國以來之史實，造成信念」，確立天皇家長管治模式乃沿自日本人認為天皇行事是具有「愛之政治」，表述天皇行事均具「愛之政治」，沒有誹議天皇行事的不當。

　　（三）建構滿洲偽國的「國家」體制，內政外交「已一強國之存在」的圖像。《讀本》表述滿洲偽國已成為「新國家」，滿洲建國前，東北沒有統一政府，各省人事「皆因獨立政治，有軍閥割據之弊」，滿洲偽國行中央集權制「根本剷除此軍閥割據之惡弊」，並在滿洲偽國國境內分十八省，使中央及地方機能活躍，國務院下設六部，行政簡明，又立國務總理廳「為極強有力之統制指導者」，由是中央對地方也能取得強力的監察，因行政效率快速，成效顯著，「滿洲國於短期間，有驚人之成長，因之半年或一年不見，即生顯著之變化。今就數字述其狀況，鐵道在建國當時，為四千粁。輸送貨物，由一千六百萬噸，已至五千六百萬噸，乘客由八百萬人，增加至六千五萬人」，滿洲偽國生產的汽車，煤產量，鋼塊生產量，電燈盞數量，郵政存款，就讀初等學校的學生人數，均高於滿洲偽國建「國」之初。書中表述在滿洲偽國的外交成效，滿洲偽國建國初，只有日本國承認，其後有羅馬教皇廳、西班牙、意大利、匈牙利等七國確認滿洲偽國在國際上的地位。

　　《讀本》一書也表述了滿洲偽國在文教上的「貢獻」。滿洲偽國把學生修業年限縮短，使全國教育均等，在國內進行智育、德育及體育的培訓，終使「校舍增設」，「兒童之向學心，有日增月益之超勢」，就學率「已達至百分之八十」，在新京有建國大學，大學的學費，生活費均由國庫發給，收容日、滿、鮮（按：朝鮮）、漢、蒙及白系俄人的優秀青年「使其各學孜孜不倦，並鍛鍊其精神」，更有國立科學文化研究所，其他映畫、放送、出版等文化事業「興盛猛進」，歸結是「觀今日滿洲國藝術之邁進，實為滿洲國民心振興之明證」。[126]

　　經此表述，與滿洲偽國建國前東北地區之軍閥割據，致所謂民生受苦之圖像相較，自可見滿洲偽國是「開拓事業，北邊振興，民生振興，交通振興，國兵法等在建國精神之實踐上，為必然的產物」，滿洲偽國也取得其所表述「內則為鞏固國防國基奠定，外則為新東亞之自給自足」的效果。

　　（四）書中表述因日本民族移居滿洲，才帶給滿洲偽國的「成效」。《讀本》表述滿洲偽國的成果，不只是溥儀實踐了中國已有王道政治，而是「新」的「王道政治」，而所謂「新」的「王道政治」是因為溥儀訪日後，明白日本帝國興盛與皇道政治的關係「想我（按：日本天皇）皇室對於滿洲國皇帝，示以人間愛之極致，滿洲國皇帝陛下，體得帝德中最大最高之日本皇道精神，同時對滿洲國

三千餘萬民眾，假乎皇帝一並普及，此不只在理論上，更於實行上，可永久繫兩國於為紐帶者也」，[127] 滿洲偽國的「新局面」是來自日本天皇政治的啟導，從而能夠實現新王道政治，把滿洲成為「樂土」。經此表述，滿洲的「樂土」實得自日本皇道，由此也可以引證「滿洲既與我帝國為一體不可分之關係」。為了建設滿洲偽國的「輝煌樂土」，「我大和民族亦必須堅持不可分關係之鐵則，勇往直前向東亞秩序之建設邁進樂土」，[128]「大和民族」不獨建設滿洲偽國，更要建以建立東亞秩序為要務。

　　但世界上各種民族，為什麼只有「大和民族」才可以領導滿洲偽國及東亞走向「樂土」？書中表述了因為日本國民的特色是敬重天皇，天皇也奉萬民為一家族的觀念，天皇與國民是「互相扶持，彼此和睦」，以皇室為中心，尊崇祖先，將國民全體團結一起，使「全國民均抱有四海同胞，均出自同一祖先之觀念，大和民族決非排外，持有與任何外來民族及他族協和同化」，而歸化日本的其他族群，也「合於大和民族，互相團結，融和於同一民族意識中」，大和民族就是「為八紘一宇之皇道精神所籠罩之結果」，尤以日本國內農民「思想堅實，身體強健」，並已「多數移於滿洲地方，成為滿洲國民中心」，這些日籍農民平日「勤勞奉公之生活，包容四鄰諸民族而與之協和，子孫相繼」，又「實質剛健，富於忍耐力而有不屈不撓精神之優良人物」，既然日本國民有優良精神，日本農民又具備包容四海及實質剛健的體格，故肯定了日本農民移居滿洲的重要，並再引述日本大和民族與其他民族可以「協和同化」，大和民族也「由於東西文明之精粹，盡被日本吸收而同化之，致能築成燦然之日本文化」，故「大和民族之優秀國民性及其文化為中心，與土著民族固有文化相結合，來建設新的大陸文化。欲完成此種大業，則多數大和民族移往定居於滿洲，實為先決條件，大和民族移至大陸之根本意義在此」，大和民族具有優良的日本文化，這種日本文化就是吸收東西文明的精粹，以日本文化一方面可以同化於西洋文化，另一方面又可以與其他文化協和，這樣大和民族「既為滿洲國民中心」，並可以「指導其他民族」，滿洲偽國的繁榮既受日本的協助，也可以引證「日滿一心一德」，日滿不可分的關係，而這種日滿不可分的關係，就是促使滿洲偽國「成功」的動力。書中更進一步引證「我大和民族即滿洲帝國之大台柱」，大和民族的「重大職責之平和與繁榮，

---

127 同上註，頁 45。

128 同上註，頁 143。

則移向於滿洲大陸,實不應有何等逡巡躊躇,而須奮起參加」,大和民族移民往滿洲成為事實,滿洲也要實踐「作兩國一體的重要國策,為建設東亞新秩序,以培養確立道義的新大陸政策」。[129]

既然滿洲偽國的建立有賴大和民族的協作,但為何大和民族要擴張勢力至整個中國及其他亞洲地區?書中表述此主要是中國已衰亡。昔日居住在滿洲的中國人及在「中國」一地建立政權的中國人,漸漸只餘形式,「實際謂為列強所併吞」,「以文化之名詞而言之,中國已成為半殖民地之狀態」,只有「大和民族存在東洋之孤島,對白色人種向亞洲東漸之勢力,防止之,遮斷之,而挽狂瀾於既倒」,在日清之戰及日俄之戰,已見「日本戰勝俄國以來,白皙人種知有色人種之不易欺」,「將亞細亞白色人種手中救出者,大和民族也。若無大和民族,亞細亞終為白色人種之食物民族」,[130] 編者在《讀本》表述了大量日人移居滿洲偽國的現象並視為合理,也建構了大和民族為拯救亞洲各民族的代表,那樣反過來支持日人先移居滿洲偽國,再擴張勢力至整個中國,甚至合理化日人擴張勢力至東南亞。

(五)依〈建國宣言〉中表述滿洲立國的原因之一,是恐「赤匪橫行」,這樣《讀本》中有沒有表述日滿合一為反「共」的力量?答案是有的。《讀本‧第九章蒙疆之獨立自治》一文中,直言:「蒙疆之自治與滿洲建國之大業互為東亞新秩序建設或防共國策之根幹」,外蒙屬於蘇俄聯邦勢力圈內的自治共和國,其他列國全不干涉,但「蘇聯式之政治組織而成立,國內要地、配置蘇聯邦之正規軍,掌握一切實權,外國貿易,亦歸蘇聯獨占(按:佔),蘇聯以外諸國,完全閉鎖不通往來」,外蒙庫倫改名「烏蘭巴特警」,作者認為此名是「赤色英雄之都之意」,由此可知書中的作者,劃分內、外蒙古的標準,「主權移歸於蘇聯」,及表述蒙疆地域,均強調整個地域已是「赤魔包圍之情態」,如今在日本軍人「組織」察南、晉北、蒙古的自治政府及蒙疆聯合委員會,成為「東亞大團結重要之一員」,「對應日滿不可分之關係,日蒙一如之基礎觀念上,而行真摯之提」,日蒙關係是實行「大同協和,以遂防共特殊地帶之重大使命,更為東亞新秩序之礎石」;書中更轉載〈蒙古聯合政府施政綱領〉內,其中兩項:「(四)共產主義毒害中,解族諸族,以資世界防共之強化。(五)結盟友邦,同志相契,以參翼東

---

129 同上註,頁 168。

130 同上註。

亞新秩序之建設」，藉「再生產」（reproduce）〈蒙古聯合政府施政綱領〉的內容，表述蒙疆自治政府與日滿以「一德一心」建立的政權，均可以合力建立一個防共之特殊地帶：「新生蒙疆，完全遮斷赤色路線，為日滿兩國築一大防共鐵壁」，經此表述可知蒙疆獨立政府與日滿政府均持共同意願，希望「共產主義毒害中，解族諸族，以資世界防共之強化」。[131]

要知《讀本》是經滿洲偽國官方機構之一「滿洲國通信社」發行，又為滿洲國官方機構——「滿洲書籍配給株式會社」發賣，《讀本》又得「日本電通信社」社長兼貴族院議員光永星神撰〈發刊趣旨〉，肯定《讀本》為「聖壇獻物」，滿洲偽國官方以為此書的貢獻在「重新認識滿洲國發祥之淵源，此再一度之認識，即鞏固日滿兩國國民決心之唯一手段」，《讀本》為教材就是把「鞏固日滿兩國國民決心」及「日滿一體，一德一心」的知識，成為刊於教科書的「事實」，學童可以藉閱讀《讀本》，以吸收「滿洲國民眾，在我日本國民友誼的援助下，增進其世界理想之鄉之國運，如此滿洲國與本帝國，同享受永久不滅之運命」的訊息，也吸收書中建構「日滿一體」的圖像。

小結

教科書成為建構（construct）及傳播知識的重要媒體之一，特別在其他傳播知識的媒介，如電視、電影等未發達的年代，尤以教科書在特定的時間和空間上運用，課室規定了學生每天吸收知識的場域（field），在指定的場域內，運用特定的教材，教科書、教材由是成為學生吸收知識的重要媒體。但不能否定教科書建構的圖像，是經編著者表述，尤以歷史教科書不僅向後人傳達歷史知識及研究歷史的方法，也傳達「文化記憶」，教科書的編者不斷對歷史進行敍述性質（narrative）的解釋，以今天的觀點來看，教科書具有重新闡發及詮釋歷史的意義，歷史書寫成為古今對話的重要媒體，作為學校課程的歷史課與歷史教科書本身已是「創造」或「發明」歷史知識，把歷史知識及歷史事件，放進歷史教科書，便成為學生學習的「事實」，這些被建構的「事實」，自能影響一時一地的青少年，尤以處在兒童時期的初中及小學生，教科書成為重要的啟蒙媒介。若編

---

131 同上註，頁 183。

刊的教科書是依官方構想之標準，或由官方主辦及資助的機構編刊、出版，在考試制度的配合下自然受到學生歡迎，官方也希望學生閱讀這些官方認可的教科書以培養學童效忠國家、愛國及學習官方認可的歷史知識。然而，近年中外學術界不斷商討教科書的教學價值，不少學者認為學生應反對學習這種被建構的知識，教員要多注意這種建構族群的國家歷史記憶的弊病；另外，也有不少學者提出要重新研究歷史教科書的意義，教科書雖然有不少弊病，但也成為教師必要運用的教材，學生必要閱讀的讀物。究竟歷史教科書是具有「啟蒙」還是「反啟蒙」的作用呢？此將會是討論不休的課題。[132]

　　既然歷史教科書為知識傳播的切入點，特別是處在戰爭時期，不同勢力紛立，若不同政權也編刊教科書，這樣教科書就成為了解不同政權建構「民族國家」形象的媒介。以近現代中國歷史發展為例，上世紀三十年代初，國民政府面對國內中共政權勢力崛起以及日本在東北及華北勢力之擴張，乃至 1932 年在東北地域建立的滿洲偽國。1937 年七七事變，日本全面侵略中國，日後國民政府更自南京遷重慶，而在陝甘寧等邊區又有中共政權，以當時情景考察，在戰時的「中國」國土上出現過不同的政權，不同的政權也出版教科書或民間讀物，本文分析了中共在抗戰時編刊的青少年歷史教科書所表述的內容，雖然仍可以達到向兒童、婦女「啟蒙」的效果，但主要仍以運用過去歷史事實為政治服務，運用被建構的知識，使學生認同中共帶領的「革命中國」方向，藉「好」、「壞」的簡單判別是非的標準，與「資本主義」、「帝國主義」及以國民黨為代表的「封建官僚」、「不澈底」革命的「舊中國社會」劃清界線。中共希望藉教科書建構的知識，使青少年時已認同以中共為代表的「新社會」革「舊社會」之觀點，認同中共對「革命」的看法，又因為中共編歷史教科書之文字更近口語，更接近民眾，由是可以

---

132 參見 Nicholls Jason (ed.), *School History Textbooks Across Culture, International Debates and Perspectives* (Oxford: Oxford University Press, 2006) 及 Laura Hein, Mark Selden, "The Lessons of War, Global Power, and Social Change," Laura Hein, Selden Mark (ed.), *Censoring History: Citizenship and Memory in Japan, Germany and the United States* (New York: Armonk,1999), pp.3-52；讚成教科書扮演了啟蒙角色，參見畢苑：《建造常識：教科書與近代中國文化轉型》（福州：海峽出版發行集團：福建教育出版社，2010），頁 162-233；吳小鷗：《中國近代教科書的啟蒙價值》（福州：海峽出版發行集團：福建教育出版社，2011），頁 132-251；區志堅：〈建構「男勤於外，女亦勤於內」的女性「國民」：陸費逵的教育思想及《中華女子國文教科書》〉，周佳榮主編：《百年傳承 —— 香港學者論中華書局》（香港：中華書局，2012），頁 140-181；〈教師用書傳達「共和愛國」的知識 —— 民初湯存德編《新制中華歷史教授書》〉，中華書局編輯部主編：《中華書局百年研討會紀念論文集》（北京：中華書局，2013），頁 483-507。

從歷史知識傳播的角度看中共「走向民間」的發展方向，如何把建構的知識深入民間。亦可見 1949 年國民政府遷台前，中共政權受到「被壓迫」婦女、工人及農民等群體支持的原因，與中共走向民間及走向農民的政策甚有關係。研究民間讀物，可知中共建構的「革命」形象已漸漸深入低下階層，對低下層民眾的社會動員也較勝於國民黨。另一方面，本文也研究 1932 年後滿洲偽國官方出版、編刊的歷史教科書內容，已見滿洲偽國多致力建構一幅「日滿一體」及滿洲獨立國的圖像，及表述一個「分裂」、「混亂」、「民生苦困」的「中國」形象。若以現時資料所見，滿洲偽國官方編刊教科書動員民間之成效，顯然未及中共和國民政府編刊的歷史教科書，也不及日本殖民政府在台灣編刊教科書對在地學生的影響。[133] 但再進一步研究抗戰期間的歷史教科書，比較重慶國民政府審定及出版歷史教科書、南京汪精衛建立的國民政府編刊的歷史教科書，與本文談及滿洲偽國政權出版的歷史教科書、中共晉魯察冀區編刊的中小學歷史教科書，各個政權所表述的「中國」的圖像，將有助了解戰時「中國」國境內，一幅由不同政權各自運用歷史知識建構出來的「中國」及「世界」歷史圖像。不同政權怎樣針對不同讀者群進行教育？若深入研究這些知識傳播的課題，有助更深入、更全面了解戰時「中國」歷史文化的精神面貌。[134]

---

133 有關研究日本殖民地政府在台灣藉編刊教科書以動員群眾及建構知識的互動關係，參見周婉窈：〈失落的道德世界 —— 日本殖民統治時期台灣公學校修身教育之研究〉，《海行兮的年代 —— 日本殖民統治末期台灣史論集》（台北：允晨文化，2009），頁 364-374。

134 近年已有中國學者注意比較抗日戰爭時期中共、國民政府運用歷史文化知識動員群眾的成效，參見徐彬：《抗日戰爭時期中國共產黨政治動員研究》（北京：中國社會科學出版社，2013），頁 154-211；頁 235-264；又有學者研究戰時中共、國民政府及日偽政府運用傳播「知識」媒體，與政治動員的關係，參見申國昌：《抗戰時期區域教育研究 —— 以山西為個案》（北京：社會科學文獻出版社，2014），頁 368-398；參見張孝芳：《革命與動員：建構「共意」的視角》（北京：社會科學文獻出版社，2011），頁 164-220。

教科書時代的反思：
中國現當代文學學科性的確認

張福貴

吉林大學文學院

在任何一種學術研究活動中，研究者都渴望實現見解的深刻和觀點的突破。而走向深刻和實現突破大致有兩種途徑：認識本質與反思前提。透過現象認識本質幾乎是人們認識世界過程中的共識，是長期的辯證唯物主義教育為中國一代代人提供的一種嫻熟的方法論原則。但是，長期以來反思前提卻往往被人有意和無意忽略。所謂的學術前提是指已經成為基本定論的理論常識，而對於當代中國學術來說，學術前提往往也是學術之外的諸多限定，包括政治前提和思想前提。我們對於學術前提的有意忽略，是因為有的學術前提在確定的思想環境下是先驗的，不可證偽的；而無意忽略則是不必證偽的。受限於我們傳統的思維方式，不能獲得反思某些理論常識的思想能力。半個多世紀學術價值觀的先驗性和偏頗性，導致了思想能力的弱化。對於人類思想中思想前提的無意忽略，最大的莫過於是把殺戮作為榮譽，把殘忍作為崇高，使施惡者與受害者都成為悲劇與罪惡的無意參與者。

一個沒有思想能力的民族是不會有創新能力的，這從 20 世紀以來人類文化發展的事實中已經得到了不幸的驗證，雖說當下中國人文社科學術論文數量已經位居世界前列，但是在影響世界的重大理論建樹中卻罕有當代中國學者的貢獻。我們不僅沒有為人類增加思想的容量，也沒有為民族提升思想的質量。

學術前提對於當代中國學者的影響是無處不在的，有時候當我們在對於某些問題爭論得不可開交或者百思而不得其解時，並沒有想到對於產生這些問題的前提進行反思。因此，社會變革也好，學術研究也好，都應該首先回到問題的起點去，去反思一般的學術前提，從而讓學術和學者變得更純正真實一些。

「後教科書時代」的期待與學術前提的反思

對作為學術前提的一般理論常識缺少反思能力，是因為不具備一種適應的思想環境。對於前提的反思，有時候也是創造和改善思想環境的努力。而要走向深刻和實現突破，必須首先對於其相關的學術前提進行反思。

無論哪一種對於前提的忽略都在很大程度上是受教科書體系影響的結果。

思想環境的構成與教育思想體系有着極大的關係，古代中國是一個沒有嚴格意義的教科書系統卻格外重視教育功能的國度。中國古代的主要知識譜系是政治倫理教化的道德學說，這種「以德為尚」的傳統價值觀一直深深影響着整個民族的判斷尺度和思維方式。而當代中國長期堅持「政治掛帥」的思想原則，又進一步使中國社會更加強化教科書的功能，形成了一個滲透性、長期性和全民性的「教科書時代」。歷史的經驗證明，長期的政治教化或思想灌輸是十分有效的，當下中國民眾那些與世界普世價值相悖的極端化觀點和言論，究其實質就是這一「教科書時代」的思想產物。

教科書時代的文化思想特徵是思想內容的政治化和思維方式的模式化，並構成了制約社會成員精神和行為的完整的思想體系。這一思想體系是通過一整套的體制和程序來維繫和強化的。在這一思想體系下，教育不僅是一種行業，更是一個陣地；學校不只是培養人才，更要培養「革命接班人」。教育事業強烈的「陣地意識」，使教育思想和學術標準高度政治化，從而更加強調教科書功能，強化教科書思想體系。毋庸諱言，教科書體系本質上是國家主流意識形態的思想體系，這作為一種政治邏輯，是無可非議甚至是天經地義的。正像「主旋律文學」一樣，它體現的是一種國家的和政黨的意志，國家和政黨不去倡導主旋律文學，還由誰去倡導？主旋律也是一種旋律，多樣化的追求不能以否定主旋律為目的。只是無論是哪一種合奏都不能只有一種旋律而已。

述而不作的儒家注疏傳統影響和高度規範化的國家意識形態的需要，使當代中國的教育和學術最終成為一種非學術化、非個性化的評價尺度。高度的規約性和鮮明的價值觀，對個人精神的成長和社會生活的存在構成了一種強大的思想環境。當代過度強化的教科書意識最終形成了一個全民性的「教科書時代」，其對於中國社會的影響是巨大而廣泛的。一般學科和學術本體問題都被先入為主地做了一種簡單的定性判斷：哲學教科書中，首先必須釐清的是存在決定意識還是意

識決定存在，是唯心主義還是唯物主義；政治經濟學教科書中，首先要釐清的是經濟基礎決定上層建築，還是上層建築決定經濟基礎；文學理論教科書中，首先要釐清的是文學起源於勞動還是起源於遊戲，是積極浪漫主義的還是消極浪漫主義的；在現代文學史教科書中，首先要釐清的是新文學還是舊文學，是左翼和還是右翼等等。而且這些諸學科的基本原理是不准質疑，更不能證偽的，成為了不容討論的先驗性的學術前提。這是教科書時代一種典型的思想特徵和價值尺度。

要知道，教科書思想體系的建立和強化，是實現全民思想灌輸和思想改造的最有效的方式，也是構築歷史書寫的社會心理基礎。而且在這樣一種思想環境下，經過長期的思想灌輸和自我暗示，受教育者的思想普遍呈現出模式化、規範化的狀態，喪失了自我意識，思想能力極度弱化。特別發人深省的是，絕大多數人身在其中而不自知，盲從和自虐都被做了一種崇高的理解，乃至整個社會出現了「真誠的謊言」和「善意的謀殺」等精神現象，實質上這是集體性的「斯德哥爾摩綜合症」的病態反應。

一個時代的結束往往標誌着一種價值體系的解體，由下至上的思想覺醒往往導致整個社會思想的紛亂和失序。而對於當下社會的精神狀態來說，與其說是政治信仰危機，不如說是政治信任危機；對於學界的學術困惑來說，與其說是學術危機，不如說是思想危機。產生這種狀況的思想根源，是與多年來教科書體系的強化所帶來的思想後遺症是有着直接關係的。

教科書思想體系的極致要求體現在現當代文學史寫作中，便是「黨史體系」式的教科書系統的確立。這不只是一種具體的教科書形式的存在，更是一種思想體系和思維模式的訓練。我一直認為，對於中國現當代文學的研究從來就不是一種學術史和藝術史的評價，而是一種思想史和政治史的評價，中國現當代文學史不過是中共黨史的袖珍翻版。因此，淡化教科書意識，弱化教科書體系，是文學史寫作走出困境的思想前提。毫無疑問，中國現當代文學的發展和其他學科專業相比，與當下思想環境的關係具有先天的緊密性。這是由於中國文學觀和作家思想傳統所決定的，也是中國現當代文學發展的實際存在。文學史觀的變革和文學史寫作的最大問題不是對於這一本質的顛覆，而是如何去評價這一本質。因為關於文學史的評價長期以來不僅是預定的，而且是先驗並不可證偽的前提。

學術前提的先驗性體現在中國現代文學史的寫作中，便是學科性質判斷的明顯政治化和高度一致性。這在 1950 年代中國最早的三部現代文學史教科書——

王瑤的《中國新文學史稿》、劉綬松的《中國新文學初稿》、丁易的《中國現代文學史略》中表現得十分明顯。王瑤的《中國新文學史稿》關於中國現代文學的性質作出了如下的判斷：「它是為新民主主義的政治經濟服務的，又是新民主主義革命的一部分，因此它必然是由無產階級思想領導的，人民大眾的，反帝反封建的文學；[1] 丁易的《中國現代文學史略》認為，中國現代文學「是和新民主主義革命運動分不開的，並且血肉相連而成為新民主主義革命運動的一部分。」「中國現代文學運動是無產階級領導的，統一戰線的，人民大眾的反對帝國主義反對封建主義反對官僚資本主義的文學運動」[2]；劉綬松的《中國新文學初稿》認為，「從五四時期開始的中國新文學運動，中國新文學史即是中國新民主主義革命史的一部分，實質上就是指的那種符合於中國人民的革命利益、反帝反封建、具有社會主義的因素，而且是隨着中國革命形勢不斷地向着社會主義現實主義的方向前進的文學。」[3] 這種性質判斷直到今天還一直被絕大多數文學史教科書所沿用。

其實，這種性質判斷的思想來源如果依時間向上追溯，就會發現是這樣一個完整的承繼過程：1951 年頒佈的新中國第一部中國現代文學史的教學大綱《中國新文學史教學大綱》—— 1949 年郭沫若在第一次全國文代會上的《為建設新中國的人民文藝而奮鬥》的總報告 —— 1942 年毛澤東的《新民主主義論》。在這裏，我們看到一個政治家的個人政治判斷是如何轉變為普遍的學術前提或者學科前提的。即使這種判斷在那個時代是十分真實和必要的，但是其導致文學史觀的單一性是顯而易見的。

教科書思想體系的轉換其實就是社會的思想變革。走出「教科書時代」，進入「後教科書時代」，不僅是學科理念的突破，也是社會發展和變革的思想前提之一。「後教科書時代」相對於教科書時代而言，是指教科書思想體系的淡化，亦即思想價值觀的變革：由模式化轉換為個性化，由政治性轉換為學術性，由階級性轉換為人類性。「後教科書時代」是現代文學史觀實現根本性突破的思想環境，是文學史寫作走出困境的必要學術條件。然而，就當下對於文學史寫作的環境和實踐來說，還沒有真正進入到「後教科書時代」，滯後乃至倒退的文學史觀

1　王瑤：《中國新文學史稿》（上海：新文藝出版社，1953），頁 8

2　丁易：《中國現代文學史略（上）》（北京：作家出版社，1955），頁 4。

3　劉綬松：《中國新文學初稿（上）》（北京：人民文學出版社，1979），頁 8、9。此書初版是受高教部委託由作家出版社於 1956 年出版的，1979 年經修訂由人民文學出版社重新出版。

和文學基本理論，使文學史寫作仍然沒有走出「教科書時代」。

近年來出現的幾種現象表明，上個世紀八十年代已經動搖的教科書體系正在悄然加強：

第一，教育和學術量化評估體系的進一步強化。過度量化的科學研究和本科教學水平的評估體系使知識生產標準化，成為消泯個性的批量生產過程。當下學術正處於一種普遍量化的時代，各種評審指標和程序層層疊疊，嚴密周到，每一個指標後面都排着長長的隊列。表面看來這是源自於理工科邏輯，其實本質上是對於思想個性進行體制性約束，從生存需要和發展需要的角度來迫使知識份子整體上向體制性思想靠攏。因為是否適應這種評估體系，越來越成為個體化生存的關鍵問題。在這樣一個嚴峻而嚴密的情境中，教科書思想體系得到了進一步的加強。

第二，人文學科高校教材編寫通過國家戰略的頂層設計和實施，表明最高領導者對於教科書和文科教育的高度重視，這對於教學與研究的規範化具有極大的促進作用。一部經典性的教材既要接受政治的檢驗，又要經受學術的檢驗。而這種檢驗最後只能通過歷史的檢驗來證明。毫無疑問，教科書不同於學術著作，需要比較規範和一致的評價尺度，需要得到盡可能廣泛的共識。可是，文科教育與研究的特殊性使其教材不可能具備過於統一的標準，而教材寫作的高度組織化必然帶來教材思想的高度組織化，所有思想和學術的差異最終必定要統一於最高的政治意志，教材的個性化和學術化程度也必然受到影響和削弱。要知道，像鳥兒不能關在籠子裏一樣，思想是最不能也不應被束縛的。否則，受損失的最終是我們民族自身。因為馬克思主義本身的思想邏輯就是發展的邏輯，背離了這一邏輯就不是真正的馬克思主義。

第三，近年來實施的某些研究生專業考試全國統一命題，導致高層次文科教育的同一性和模式化的傾向愈加突出。研究生教育與大學教育有所不同，是以啟迪思想為主而不是以傳授知識為主，但是即使如此，連高考都不再採取全國統一命題的方式，而研究生的這種統一考試方式一下子讓研究生教育退回到了中等教育階段，標誌着教科書時代遠沒有終結，甚至還有所強化。

這些現象表明當下仍然是一個「教科書時代」，「後教科書時代」仍然僅是一個未來而已。

學科性的理解與學術常識的確認

　　寬容的文學史觀，多元的教科書系統，個性的文學史寫作，是近年來中國現當代文學學科發展渴盼的訴求。而對於現當代文學學科的反思，不只是體現在對文學史觀變革和文學史寫作上，還在於對基本學科規範和學術常識的探討和確認。

　　就現當代文學學科自身而言，由於沒有解決某些常識性問題，其學科性自然受到質疑。多年來關於「現代文學性質」、「當代文學能否寫史」、「重寫文學史」、「現代性」等問題的討論，都是回歸學術本體增強學科性的努力。這些討論同「民國文學」的討論相似，既令人欣慰又感到悲哀：正如中國高等教育改革的爭辯一樣，有時候我們討論和猶豫的不過是國外大學幾百年前就已經解決的常識問題，答案是公認的和現成的。「摸着石頭過河」是一種改革的勇敢嘗試，但是在爭論和風險之中，豈不知橋就在上邊。當下中國問題的許多討論令人感到困惑和悲哀的，其實就是在證明橋的存在和過橋的正當性問題。要真正的解決問題，我們必須重新回到橋上來。

　　在幾十年來的中國現當代文學史研究中，由於缺少對於學術前提反思的能力，許多常識性的問題並沒有很好的解決，以至於沒有真正確立基本的學科規範，學科性受到人們的懷疑。概括地説，我們還沒有很好的解決學科的以下幾個基本問題：

　　第一，是學科的命名問題。

　　對於中國現當代文學命名的探討似乎是一個無用的工作，因為「中國現當代文學」不僅早已成為學科的常識，而且已經成為高校和學界的課程體系和機構設置，甚至成為了國家頒佈的學科目錄，進入了國家的法規系統。但是，正是通過討論常識和反思前提才能獲得學術思想的深層突破。前面説過，在中國現代文學史研究中，要獲得突破首先要走出「教科書時代」，打破教科書的思想體系。因為這一時代和體系就是限制學術突破的思想環境構成元素之一。而對於中國現當代文學的命名就是這一過程的重要實踐環節。

　　2000 年 6 月，我在西南師大召開的中國現代文學研究會第八屆理事會上，首次提出要用「中華民國文學」和「中華人民共和國文學」的概念，對「中國現代文學」和「中國當代文學」進行重新命名的問題，雖説在當時引起了學界同仁

的注意，但並不太被人們所認同。[4] 隨着時間的推移和思想的變革，中國現代文學原有命名本身所包含的邏輯性矛盾日益突出，並自然而然地呈現了出來。而在近幾年隨着文學史寫作問題討論的深入，人們開始回過頭來重新反思和關注文學史命名這個常識性問題，而「中華民國文學」這一命名也日漸成為人們討論的熱門話題。應該說，這一話題的熱議主要不是來自於思想環境變化所帶來的學術思想的開放，與當時相比，今天的思想環境並沒有為學者們提供更大的空間。這一話題的重新提起，是經過諸多學術難題積累之後自然形成的一種學術邏輯發展的結果，也是學者努力超越思想環境而實現學術自覺，反思學術前提的體現。[5]

我們今天應該用一種什麼樣的稱呼去命名這個現代文學？第一，文學史的命名是有歷史慣性的，這個歷史慣性就是按照政治朝代的命名來命名現代文學。我們在歷史上有先秦文學、兩漢文學、唐宋文學，還有明清文學。按照這樣的發展邏輯，現代文學 30 年就應該準確無疑地命名為「中華民國文學」。這個概念可能引起人們的第一反應就是 ── 這是一個政治化的概念，甚至帶有某種風險性。但是，我們的歷史本身就是一個「中華民國時代」── 這個「中華民國時代」並不等同於「中華民國」，文化概念的意味要強於政治概念的意味。第二，「民國文學史」是一個最典型的時間概念，是指 1911 年到 1949 年期間發生的所有文學現象。在這裏，不只推進了時間界限，把 1911 年至 1917 年的文學時段納入到「現代文學」的領域，而且更重要的是，這個時間概念不再區分是否具有「現代意義」，是否具有「現代形式」，在這個時間範圍內發生的一切文學現象，都具有成為「文學史」的可能，從而擴大了文學史的邊界。

我一直強調，「民國文學」是一個時間概念，不是一個空間概念；「民國文學」不是一個政治概念，不等同於「國統區文學」，而是一個包容性概念。這不僅是為了規避某種多餘的政治風險，也是受制於文學史本身的事實存在。作為一個時間概念，「民國文學」實質是「民國時期」的文學，既包容「現代文學」，也包容

4 此前筆者曾發文認為是 2001 年 9 月在浙江師大召開的「現代文學研究的學術生長點」高峰論壇上提出這一命名主張的，經重新查證確認是在 2000 年 6 月在西南師大召開的「中國現代文學研究會第八屆理事會」上發言提出的。後來主要內容以《從意義概念返回到時間概念 ── 關於中國現代文學的命名問題》為題，發表於 2003 年第 4 期的香港《文學世紀》雜誌，並同時發表在國內一些學術網站的論壇上。

5 張福貴：〈從「現代文學」到「民國文學」── 再談中國現代文學的命名問題〉，《文藝爭鳴》，2011 年第 7 期。關於「共和國文學」命名，實質上近年已有幾位學者在使用。如楊匡漢、孟繁華：《共和國文學五十年》（北京：中國社會科學出版社，1999）等。

「反現代」文學；既包容左翼文學，也包容右翼文學；既包容雅文學，也包容俗文學。至少，我們的文學史觀要從單一走向多元，文學價值觀要從階級觀走向民族觀。而且作為世界文學時代，中國文學更亟待增強一種人類觀。至於文學史家選擇其中怎樣的視角，如何結構文學史，是由於其自身的立場和文學史觀所決定的。因為有多種文學史文本總比只有一種文學史文本要好得多。關於 20 世紀中國文學的邊界問題之所以引起了較大的爭議，根本原因就在於主張者和反對者都使用了一種「意義的概念」，如果換做「中華民國文學」這一時間概念，分歧性就可能會大大淡化。

　　所以「民國文學史」本來是一個非常簡單的，也是非常明確的概念，但由於長期以來在政治上的忌諱，使我們對現代文學進行了這樣短暫的命名，也是不準確的命名。我想，隨着時間的推移，現代文學必將用「民國文學」這樣一個概念指稱它，這將是一個不爭的事實。因為 100 年、500 年後人們在進行「前史後修」時，一定不會使用「現代文學」的概念，按照中國文學史命名和劃分的歷史邏輯，最大的可能就是使用「民國文學」的概念。

　　中國改革開放 30 多年來，無論是人們的實際生活還是精神世界，都發生了巨大的變化。而與此相適應，文學理論其實是有意無意地處於一種被邊緣化的狀態，可是從我們哲學、文史對於改革開放 30 年的貢獻，應該說絕不亞於其他學科領域。19 世紀以來，中國一直處於一種急功近利的思想狀態，今天，我們的學科偏置已經到了非常嚴重的程度。我們忽略了人文科學在整個改革開放 30 年來對國家的貢獻，像實踐是檢驗真理的唯一標準、新時期的「傷痕文學」、「反思文學」和「改革文學」、像史學的歷史觀的討論等等，都在我國的改革開放的進程中起到了超前示範的作用。所以人文學科也是最有資格對改革開放 30 年進行回顧和總結的領域之一。

　　當我們把現代文學 30 年命名為「中華民國文學」之後，隨之而來的一個問題就是對中國當代文學怎樣命名的問題。按照這樣的政治邏輯和歷史性，中國當代文學毫無疑問應稱「中華人民共和國文學」。這種命名不只是概念的變化，還有本質的區分。可能有人認為這樣一個命名和文學史的分期過於政治化，希望能像勃蘭兌斯的《歐洲十九世紀文學主潮》那樣，能從文學自身的發展來編寫文學史，我們也希望中國有這樣的文學史 —— 按照文學本體的運作和發展來寫。但在中國是做不到的，特別是近代以來的中國文學史寫作是很難實現的。因為如果

不把中國文學和政治因素結合一起來看待，就不能把握近代以來中國文學的本質特徵。我們不希望政治和文學走得太近，但是政治和文學的結緣又是近代以來中國文學發展史的事實。無論是從作家，還是從作品的角度看，都很難逃脫這個判斷。所以，以政治時代命名文學史是一個無可奈何，但又是毋庸置疑的命名。

第二，是學科邊界問題。

學科的邊界就是學科的領域，是一個具有相對明晰並得到基本共識的界限，而對於文學史學科來說，就是所包含的領域要有比較具體的時間起點與終點。需要討論的是學術的邊界與學科的邊界的關係問題，這其中涉及到如何確定文學史的劃分標準和選擇個案的問題。首先要思考如何看待 20 世紀中國文學發展史的三個時間「點」：「1911」、「五四」和「1949」。很明顯，這不是一個單純數字的排列，而是「20 世紀中國文學」寫作必須要解釋和評價的三個歷史發展的關鍵點，任何一部同類史書都不能逾越這三個關鍵點的評價。這裏，我想提出「文學時代」的概念：「文學時代」是指一個歷史階段文學的整體風尚或者主體特徵，這種風尚和特徵是由許多個案、細節形成的。一個「文學時代」的構成則是指不同文學整體風貌的本質差異，體現在文學觀念、文學主題、文學樣式、文學語言和接受者範圍等各個方面。同時，還應該對文學發展具有重大而廣泛的影響，具有連續性和繼承性。這樣的個案和細節從有可能成為文學史發展的關鍵點，即成為發生整體質變的標誌。

作為文學史書特別是教科書是與文學史著作具有不同標準的。也就是說，學術的領域和學科的領域是不同的概念。學術的領域是沒有邊界的，可以是任何的個案研究，而學科的確認需要有整體性的判斷和基本共識。如果用學科領域的概念看的話，文學史的劃分必須是「一個文學時代」的標準，不僅是一些單獨甚至孤立的個案。對於文學史的時代劃分而言，任何一種具有表徵性質的個案判斷都應該是對一個時代的整體判斷，至少是主流判斷，個案與局部只是前奏和背景。把後者當做前者來理解和判斷，就可能會模糊對象的本質屬性，邊界是擴大了，但是價值也「攤薄」了。任何界定都是相對的，因為歷史本身就是一個連續不斷的過程。以相對主義歷史觀來看，有一天會不會把《紅樓夢》作為現代文學的「起點」？因為魯迅稱中國小說「到《紅樓夢》為之一變。」而且按照英國學者福斯特的《小說面面觀》中所列出的標準，《紅樓夢》在中國敘事文學中第一次成功地塑造出了「圓形人物」，而過去的作品多為「扁形人物」。而從現代性的標準

看，賈寶玉與林黛玉的愛情觀和愛情故事中，已經具有了「人」的意識。在學術研究特別是有關歷史的學術研究中，常常存在着這樣一種考古學邏輯：總是興奮地改寫歷史書寫的新發現，而且往往是時間愈提前意義就愈重大。這其中可能是一種事實，但有時候也可能是一種評價模式和思維方式。[6]

第三，是現代文學與當代文學的本質差異性問題。

「現當代文學」已經作為學科目錄進入到國家法規之中，成為了不必證偽的學術前提。但是，無論是從中國文學史的實際還是世界歷史概念劃分來看，都存在着明顯的相悖性。現代與當代從一般的歷史時間看，都屬當下或現在，應該作為一個「現代」來稱謂和理解。而如果我們所說的政治時代概念成立的話，中華民國文學史和中華人民共和國文學史這樣兩個命名的差異，正是兩種政治時代的差異。當我們把二者確認是兩個政治時代的時候，你就不會再把現代文學 30 年和當代文學 60 年混為一談。實際上二者之間是存在着本質差異並屬於兩個不同的文學時代的。從文學要素構成的角度可以看到，文學觀念、文學主題、文學運動、作家組織、作家身份、文學刊物和出版物等，都存在着本質的差異性。因為民國文學和共和國文學本身就是兩個不同性質的文學時代。

就文學主題而言，批判的主題走向歌唱的主題；就文學運動而言，圈內的論爭變成由上而下的政治運動；就作家組織而言，由鬆散的同仁團體變成了等級嚴密的行政單位；就作家身份而言，自由知識份子變成國家幹部或國家公務員；就刊物而言，同仁刊物變成具有行政級別的國家出版機構。雖然我們目前還不能把這種變化做一種是非長短的評價，但是有一點可以肯定，那就是每一種變化都對文學發展造成了本質性的影響。當把一種文學和另外一種文學從整體到細部都做這樣一種細緻的辨析之後，你會發現它們之間有多麼大的差異。當從整體到細部都有差異時，怎麼還能把兩種文學時代稱作一種文學？不論是命名還是時代劃分來看，中華民國文學史和中華人民共和國文學史必將成為現代、當代文學的最後命名。但是，要完整系統的闡述這種文學史命名的思想，在當今的思想環境下還不具備成熟的條件。要最終實現這樣一種學科的理念，還有待於思想環境的進一步開放和改變。

第四，是評價標準和價值定位的不確定性問題。

近代以來，在救亡圖存的歷史境遇中形成的國家功利主義訴求，使國家發展

6　張福貴：〈經典文學史的寫作與文學史觀的反思〉，《文藝研究》，2012 年第 8 期。

戰略幾十年來重理輕文，造成學科價值評價的不合理與資源配置、學科待遇的不平衡。其中文學一直處於十分尷尬的位置：被政治看得過重又被經濟看得過輕。對文學創作和文學史的功能、影響力做了過分誇大的理解，當然這種過分與誇大包括正面的和負面的作用。因此在這樣一種認識前提下，主流意識形態對於文學創作和文學史寫作做了遠多於其它文科的思想限制，這是一種長期存在的認識反差現象。由是之故，文學的鴻運和厄運就開始了。文學的這種處境集中地反映在文學史寫作之中。而且，在人文學科內部，由於生成的反傳統思想屬性和時間的短暫，中國現當代文學更被傳統學科看輕甚至是嘲諷。「搞不了古代搞現代，搞不了現代搞當代，搞不了當代搞比較，搞不了比較當領導」之類的笑談，其實也是一種習慣性的學科價值觀的反映。

人文社會科學評價與自然科學評價尺度本身就具有完全不同的體系和標準，不追求一律和量化，不以公共性、唯一性為基本價值標準。人文學科的評價尺度是見仁見智的，是充分個性化的。但是，這種評價的個體差異性和整體的多樣性，並不是由於外在的政治前提變化而改變的。或者說，如果是來自於不同的審美主體而對於同一對象的評價發生改變的話，是正常的變化；如果是由於學理和藝術之外的緣故而對於同一對象評價的變化，則是不正常的變化。有時候變化表明學科的成熟，而有時候變化則表明學科的不成熟。

中國現當代文學史學術評價存在着非自主性和不確定性。由於文學史評價的當下性，因時論人，因人論文，導致學科性的不成熟並被其他學科領域所看輕。

政治的變化導致教科書的不斷修改，雖然表現出對教科書的高度重視，但是因人論文也導致學術評價的非學理性：以往文學史文本對於上個世紀三四十年代黃震遐、無名氏、徐訏、路易士、張秀亞、梅娘等人的排除，對於解放區文藝地位和影響的誇大，七八十年代之後，毛澤東、陳毅及「十老」詩詞在當代文學史中的進出，浩然、張永枚、白樺、劉賓雁、北島、高行健等作家作品的出沒和評價的變化等，都表明了中國現當代文學史學術評價存在着非自主性和不確定性。現當代文學在政治風雲變幻中不斷成為所謂的「重災區」，學術獨立性和學者尊嚴、學術品格問題格外嚴重。學術之外的因素導致了中國現當代文學學科性的不成熟。文學史觀的變革和「民國文學史」、「共和國文學」時間概念指導下的文學史寫作，就是要放棄簡單的先入為主的定性判斷，進行一種文學史的考古學研究，努力還原歷史，解決文學史文本的真實性和經典性問題。

第五，是文學經典的非經典化問題。

經典是一個相對恆定性的概念，具有超越時代和個人的歷史價值和審美價值。與古典文學的經典相比，中國現當代文學史上一些所謂的經典往往存在着非經典化的缺憾。首先是經典的不恆定性，隨着時代政治的變化，一部作品的評價，往往是「傑作」和「毒草」互為置換。其次是經典思想主題具有普遍的單向性。「紅色經典」有着過於鮮明的階級性和黨派性色彩，缺少人類性共識，甚至存在着反人類性意識，歌唱殘酷和殺戮，充滿了仇恨情緒。這種敍事在階級鬥爭激烈的時代具有動員民眾的奇效，但是由於其製造仇恨並利用仇恨，因此不僅很難被世界廣泛認同，而且對於後人情感和思維具有深遠的影響。與此同時，由於政治意識的偏狹和作者的文化素養所決定，許多「紅色經典」在藝術審美上也比較幼稚粗糙，模式化、概念化痕跡明顯，不具備經典價值，大多是因為「紅色」而成為「經典」的，往往是經典性的主題而非經典性的藝術。時過境遷，經典必然發生非經典化的逆轉。

第六，是學科基本理論系統性變革的滯後性問題。

改革開放以來，人文社會科學的基本理論發生了明顯的改變。但是有一個現象卻十分耐人尋味：那就是與經濟學、法學、社會學、哲學、歷史學乃至政治學基本理論的巨大變化相比，中國文學史觀和文學理論發展相對滯後，缺少明顯變化。當然，由於文學學科特別是中國現當代文學專業特殊的歷史關係和意識形態屬性，這種落後不能由文學史家和理論家承擔主要責任，但是我們至少要有一種理論的覺醒和學科的自覺。這幾年我一直在思考一個問題，就是改革開放 30 年來，我們的學科建設和學科理念是否真的達到了成熟的階段？學科性的成熟與學科的歷史積累即學科的時間性是緊密相關的，但是在此之中，最不可缺少的是學者的學術自覺。毫無疑問，我們現當代文學的學科性和其他學科相比，專業性程度不是很高，當代社會中任何一個受過中等教育的人都可以對現當代文學說出一二，甚至說三道四。可是對於經濟學、法學以及哲學等學科，一般的非專業者是很難作出基本評價的。但是正是由於文學學科功能的情感化和大眾化，才更使主流意識形態對其的高度關注和重視，所以變革也就增加了額外的困難和風險。思想永遠是鮮活的，生命要尋找自己的出路，最終只有變化才是不變的。僵化和滯後最終是使主流意識形態本身失去社會的信任和影響。

在不能改變思想環境的情況下，現當代文學學科本體的變革才是學術研究和文學史寫作的生長點。

中國 近代 歷史 教科書의
自國史 構築 過程과 '中華民族'

오병수(吳炳守)
韓國東北亞歷史財團

序言

최근 국제 사회에서, 중등학교 역사 교과서의 이데올로기적 성격이 새삼 주목 받고 있다. 역사 교과서는 과학적으로 입증되고, 사회적으로 합의된 普遍 知識으로 구성되어야 한다는 일반적인 통념과 달리, 오히려 특정 집단과 세력, 또는 國家 理念을 편향적으로 반영하고 있다는 인식이 팽배해지고 있는 까닭이다. 이미 고질이 되어 버린 동아시아 각국 간의 역사 갈등은 그 대표적인 예라 할 수 있다.

물론 이러한 역사 분쟁은 어제 오늘 사이에 등장한, 새로운 현상이나, 동아시아 지역만의 특유한 사례는 아니다. 역사 교육을 둘러싼 중 일간의 외교 마찰은 이미 戰前부터 있었고[1], 또 현재 유럽, 중동, 중앙아시아, 아프리카를 불문하고 세계 곳곳에서 脫植民, 脫近代에 따른 다양한 형태의 역사 갈등이 분출되고 있는 것이 사실이다.

이러한 역사 분쟁과 관련하여서는 통상 자국 중심의 역사 인식을 원인으로 거론하면서, 이른바 민간 사회를 자처하는 준 국가 기구간의 '歷史 對話'를 대안으로 제시하는 것이 보통이다. 그르다고 할 수는 없지만, 생각해야 할 점은 이러한 역사 갈등의 핵심이 개별 사실을 둘러싼 학문적인 해석의 차이보다는, 自國史를 構成하는 方式에서 기인하는 경우가 많다는 점이다. 匈奴와 蒙古, 그리고 "東夷" 족, 또는 貊族 등의 역사적 귀속 문제를 둘러싼 대립적이 논의를 생각하면 쉽게 이해할 수

1 　川島真,「日中歷史認識問題的深源 – 1910~1940 年代教科書問題」『東亞歷史敍述與平和 ; 社會 · 國家 · 世界』(東亞史研究 FRUM 論文集), 東北亞歷史財團, 2011

있을 것이다.

　이러한 맥락에서 역사 교과서의 이념성은 그 내용 지식의 과학성 여부보다는 그것을 구성하는 방식 및 서사 구조와 보다 밀접한 관계가 있다. 따라서 문제에 접근하기 위해서는 역사학의 근대 전환 과정에서 이루어지는 '自國史' 구축 과정을 우선 성찰할 필요가 있다. 이 점은 예컨대 엄격한 사료 비판을 강조하는 독일 문헌 사학을 바탕으로 구축된 일본의 근대 역사학이 시종 제국주의적 침략에 부응하여 전개되었다는 논리나[2], 최근 부상한 중화 민족주의 문제 역시 黨　政 엘리트의 對內外 정책 또는 사회적 선전 체계 보다는 국가 권력의 학술 정책과 연관하여 이해하여야 한다는 주장[3]에서 설득력을 얻을 수 있다. 동아시아 각국 간의 역사 갈등 역시 근대 지식 체계의 형성과 관련하여 이해하여 한다는 의미이다.

　본고에서는 이러한 맥락에서 중국의 역사학의 근대 전환 과정에 주목하면서, 중국의 근대 역사 교과서의 자국사 / 국사 구성 및 서술 방식을 분석해 보고자 한다. 근대 학제의 수용과 함께 등장한 역사교과서에서 핵심은 역시 통사 형식의 자국사 서술이다. 그것은 '상상의 공동체' 로서 "국가" 와 "民族" 의 내력을 계통적으로 서술함으로써 집단으로서 자신과 타자를 구별하고, 국가건설에 참여하는 국민적 정체성 형성을 목표로 한다. 민족 (인종) 강역　문화를 매개로 특정한 시간과 공간을 유기적으로 통합하여 성립한 통사 서술에서 그 핵심은 역시 "민족" 이라 할 수 있다. 이 글에서는 바로 이점에 주의하여, 양계초의 新史學이래 중국의 역사학이, 과학성과 제도성을 확보하면서 근대 사학으로 전환하는 과정과 연동하여, 중국의 역사 교과서가 자국사 구축한은 과정을 살펴보되, 중화민족을 구성하는 방식을 이해하여 보고자 한다.

　이미 기왕에 활발하게 진행되었던 學術史 연구를 통해 중국 근대 사학사의 상당 부분이 정리되었고[4], 淸末 民初의 역사교과서에 대해서도 '國民形成' 이라는 틀

2　Stefan Tanaka, *Japan's Orient; Rendering Pastts into History*, Uni. of California Pr., 1993 ; 山室信一編、『「帝國」日本の學知・空間形成と世界認識』岩波書店, 2006

3　Berry Sautman, "Pakingman and the Politics of Paleoanthropological Nationalism in China", *The Journal of Asian Studies* 60-1, 2001; Sigrid Schmalzer, *The People's Paking Man;Popular Scince and Human Identity in 20th-Century China*, Uni. of Chicago Pr. 2008

4　羅志田 編,『20世紀的中國：史學卷 (上)』, 山東人民出版社, 2001. ; Brian Moloughney & Peter Zarrow edt, *Transforming History; The Making of a Modern Academic Discipline in Twentieth-Century China*, Hong Kong ; Chinese UP, 2011

속에서 개략적인 분석이 이루어졌다.[5] 이를 통해 청말 민초를 거치면서 중국의 역사학은 엄밀한 '史料' 처리와 확충을 통한 과학적 방법론의 확립과, 대학과 학회, 학술 잡지 등 근대적 학문 제도의 형성을 통해 근대적 전환을 이루었다는 점은 잘 밝혀져 있다. 그렇지만 이러한 연구들은 일차적으로는 중국의 국민국가 건설의 논리 속에서, 중국 역사학의 근대적 전환 과정 자체를 해명하는데 목적을 두었기 때문에, 근대 역사학의 자국사 구축의 정치사회적 맥락과 그 이데올로기성을 충분히 해명하지는 못하였다. 또 중국의 역사 인식의 기초인 중화 민족주의와 관련하여서도 적지 않은 논의가 있었지만 역시 역사교과서의 서술과 관련한 분석은 소홀하였다.

본고는 우선 청말 양계초의 신사학에서 시작하여 역사학의 근대 전환이 완료되는 남경 정부 수립기까지의 역사학과 역사교과서를 각각 청말 민초와 오사시기, 그리고 남경정부 수립 이후의 세 단계로 나누어 살펴보고자 한다. 대략 학제와 역사학의 근대적 전환 과정을 기준으로 한 것이다. 물론 이러한 분석을 위해서는 근대 지식이 유전과 전파 속에서 지역성과 국민성을 형성함으로써 성립한다는 지식사적인 맥락을 전제하여야 하겠으나, 우선은 중국의 근대 지식의 형성 자체가 일본식 근대의 영향을 강하게 받았다는 점. 특히 일본이 국민국가를 해석하는 과정에서 해석한 근대를 수용하면서 상당한 혼란을 겪었다는 점에 착안하여[6] 동아시아적 맥락 속에서 문제를 검토할 것이며, 특히 근대를 선취한 일본의 작용 및 그에 따른 조선 등에 대한 인식을 포함하고자 한다.

이처럼 동아시아 근대 지식의 맥락에서 중국의 역사 서술 및 민족 인식 체계를 이해하면, 한중간의 역사 갈등의 기원을 근대 체계 속에서 이해할 뿐 아니라 역사 민족주의가 충돌하는 동아시아 각국의 역사 갈등을 새롭게 이해할 수 있는 단서를 제공할 수 있을 것이다.

新史學의 自國史 構想과 '中華民族'의 創案

중국에서 근대 역사학이 본격적으로 모색되기 시작한 것은 청일전쟁 이후엿

---

5 朴章培,「近現代 中國의 歷史教育과 中華民族 整體性 1」『中國近現代史研究』19(서울), 2003 ; 田中比呂志,「創られる傳統 : 清末民初の國民形成と歷史教科書」『歷史評論』659, 2005; 沙培德(Peter Zarrow),「啟蒙「新史學」 : 轉型期中的中國歷史教科書」, 王汎森 等,『中國近代思想史的轉型時代』, 聯經出版社, 2007

6 桑兵,「清季變政与日本」『江漢論壇』2012-4

다. 대외적인 위기의식에 따른 국민주의의 대두가 그 배경이었다. 당시 중국 지식인들은 서구와 일본의 역사 서술을 접하면서, 국가 건설의 한 방편으로 새로운 자국사 서술을 모색하였다. 국민 국가에 걸맞는 새로운 "국사"의 서술을 절박한 과제로 인식하였다. 당시 梁啓超가 新史學을 제창한 것은 획기적인 일이었다. 그것은 왕조사를 대신한 "국가사"와 '과학으로서 역사'를 주장한 것이니, 근대 역사학이 나아갈 두 가지 방향을 함께 제시한 셈이었다.[7]

또 양계초는 國家와 國民, 人種과 民族등 근대적인 개념과 사회진화론 등을 폭넓게 구사하면서 적극적으로 國家 民族史로서의 중국사 서술을 기획하였다.[8] 이를 위해 양은 먼저 과거 청 제국의 판도와 흡사한 몽고, 티베트(西藏)는 물론 조선, 일본, 베트남, 미얀마까지를 포괄하는 "지나 문명"권을 설정하면서, 중국사를 구성하는 강역과 인종의 범위를 획정하였다.[9] 즉 전자는 1. 中國本部, 2. 新疆, 3. 淸海, 4. 蒙古, 5. 滿洲를 제시하고, 후자와 관련하여서는 苗種, 漢種, 티베트종, 蒙古, 匈奴, 퉁구스족등 6 부족을 망라한 것이었다. 그리고 양은 중국사의 전개 과정을 漢族과 諸 종족 간의 競爭, 그리고 동화 과정으로 파악하였다. 同化의 범위 역시 지나 문명권인 전 아시아로 확대하였다. 예컨대 중국사를 上世(黃帝-秦), 中世(秦-淸), 近世(건륭 이후)로 구분하고 각각 "中國의 中國", "아세아의 中國", "世界의 中國"으로 명명한 것이다. 또 더욱 구체적으로는 漢族이 苗族(上世), 匈奴, 西藏, 몽고, 퉁구스 각 종족(中世)을 정복 동화시킴으로써 이루어지는 중화 민족의 발전, 확대 과정으로 중국사를 구상하였다. 청의 멸망 역시 만주족이 고유의 언어와 풍속의 상실이라는 점에서 최후의 漢化과정으로 이해하였다.

"狹義의 東胡族은 고래에 동삼성 및 조선반도에 거주하던 자를 가리킨다. 史籍중의 肅愼, 挹婁, 勿吉, 靺鞨, 高句麗, 渤海, 女眞등이다. 최근 만주가 중국에

---

7 양계초는 5·4기 사상 변화 속에서도 이 두 방향을 추동하였다. 예컨대 기왕에 왕조사로서 부정하였던 전통 역사서를 모두 사료로 이해함으로써 사료의 범위를 확충하거나,『中國史研究法』(1922),『中國史研究 法補編』(1926)을 통해 랑케 사학 등 서양 역사학의 방법론을 중국사 연구에 적용할 수 있는 방법을 제시하였다. 이처럼 분과 학문으로서 역사학의 확립에 기여한 점은 胡適, 顧頡剛, 그리고 傅斯年등과 맥이 닿은 것이었다. 黃進興,「中國近代史學的雙重危機:試論"新史學"的誕生及其所面臨的困境」『中國文化研究所學報』6, 香港:中文大學出版社, 1997

8 拙稿,「中國國民史學的形成與人種·疆域問題;以梁啓超、章炳麟的滿洲認識為中心」『東北亞歷史論叢』14, 2007

9 梁啓超,「亞細亞地理大勢論」『飲冰室文集』三冊

들어 온 것이 이 族의 전성시대라 할 수 있다. 그러나 청대 200 여 년간 우리에게 동화되어 지금에 이르러서는 완전히 그 민족으로서 지위를 잃었다." [10]

    이러한 논리는 경쟁과 동화라는 개념을 통해 중화민족의 형성과 확대를 개념화 한 것이었다. 양계초의 이러한 구상은 이후 자국사 서술에 지대한 영향을 미쳤다. 강역과 인종 개념은 물론 서사 구조에 이르기까지 그렇지 않은 것이 없었지만 특히 중요한 것은 중국사의 주체로서 "중화족" 을 설정하였다는 것이었다. 양에 따르면, 중화족은 夏 · 商 · 代의 諸夏族을 근간으로, 제 종족을 동화시킴으로써 형성된 것으로, 사실상 漢族을 동화와 우열의 주체로 간주한 발상이었다. 물론 이는 당시 세계를 劣等 (人種) 民族에 대한 優等 (人種) 民族의 끊임없는 同化　征服과정으로 보는 진화론적인 사고, 또 우월한 제도와 문화를 통해 주변 민족, 또는 열등한 토착 민족을 동화시킴으로써 강력한 帝國의 실현을 바랐던 그의 強國夢을 투영한 것이었다. [11]

    그런데 주목할 점은 이러한 양계초의 구상은 그 자체가 일본식 那珂通世, 桑原騭藏등 支那史, 또는 東洋史를 참고하여 구성된 것이라는 점이었다. 이들 역시 漢族과 제 종족의 경쟁으로 서술하되, 중국 本部에 구성한 政權을 중심을 두고 支那史를 구성하였기 때문이다. 예컨대 桑原騭藏은 동양사를 중국사 중심으로 서술하고 上古, 中古, 近古, 近世로 구분하고, 각각 漢人種膨脹時代, 漢人種優勢時代, 蒙古人種最盛時代, 歐人東漸時代로 명명한 것은 漢種의 盛衰로서 分期하였다. [12] 다만 桑原은 蒙古人種最盛時代라는 장 속에서 遼, 金, 元, 明을 강조하였다. 漢族을 중시하면서도 漢族이 중국 역사를 주도한 것이 아니라 漢族과 퉁그스족, 몽고족등 북방민족을 대등한 경쟁을 강조한 것이다. [13]

    물론 중국의 근대 역사학 자체가, 메이지 시기 일본이 수용한 서구 역사학의 영향을 받았음은 잘 알려진 사실이다. [14] 특히 메이지 시기 일본이 번역한 기조 (Francois Guizo) 나 버클 (Henry T. Buckle), 그리고 그를 계승한 후쿠자와 (福澤諭吉) 류의 문명사 영향은 절대적이었다. 이러한 문명사는 전통시대의 왕조 중심

10 梁啓超,「中國歷史上民族之硏究」『飮冰室專集』四十二冊, p. 7
11 梁啓超,「論民族競爭之大勢」『飮冰室文集』二冊
12 桑原騭藏,『初等東洋史』, 大日本圖書株式會社, 1899
13 桑原騭藏,『東洋史要』, 東文學社, 1899, pp. 6~8
14 王晴佳,「中國近代「新史學」的日本背景；清末的 "史界革命" 和日本的 "文明史學"」『台大歷史學報』32, 2003

적인 서술 구조를 바탕으로 하면서도, 일본 문명의 진보를 과시할 수 있는 다양한 측면(사회, 경제, 종교, 문화와 지식등)을 장절로 편제한 것이 특징이었다. 일본의 교과서 역시 이러한 체제를 모방하여 정치 경제의 계기적 발전과 고대, 중세, 근대 등 유럽식의 시대구분법을 이용하여 국가사로 구조화하였다. 상술한 那珂通世, 桑原隲藏등의 支那史, 東洋史는 그러한 예에 불과하였다. 그리고, 이러한 서술 방식은 물론 국가유기체적 사고나, 사회진화론에 물들어 있던 중국 지식계와 상당한 친화력이 있었다. 梁啓超는 물론이고, 鄧實이 주창한 民史나 章炳麟이 구상한 중국사 역시 그 실제 모델은 이러한 일본식 문명사였다.

　그러나 일본식 동양사의 수용은 일본의 근대 역사학이 본질적으로 內藏한 제국주의적 침략성도 함께 수용할 가능성을 안고 있었다. 이후 일본이 식민화 또는 침략을 감행했던 조선, 만주, 몽골 등에 대한 서술은 특히 그러하였다. 우선 중국사를 구성하는 민족의 설정에서 그 단서를 볼 수 있으니, 예컨대 당시 일본의 지나사　동양사 교과서들은 중국사를 구성하는 '중국 민족'과 관련하여 漢族을 우월한 종족으로 전제하면서, 苗, 漢, 蒙, 滿, 回回등 5 종 [15] 또는 支那種, 韓種, 東胡種, 韃靼種, 圖伯特種, 江南諸蠻夷種의 6 종으로 제시하였다 [16]. 물론 한족과 제 종족의 관계는 역시 경쟁과 동화의 관계로 이해하였다. 다음 인용을 보면 알 수 있다.

　"支那種은 漢人이니 자칭 華人이라고 한다. 支那를 개창한 자가 이들이다. 처음에는 北嶺 북쪽에 살았으나 일찍부터 黃河 변에 문화를 폈고, 이후 長江과 淮水 유역에서 번성하여, 남해 18 성에 이르렀다 [17].

　"그래서 漢族을 동양사상 가장 중요한 종족이라고 한다. 애초 한족의 주위에는 수많은 蕃族이 있었지만, 차례로 그들을 驅逐 또는 정복하여 판도를 넓혔으니, 지나 본부에 세력을 떨치고, 皇紀 1300 년 경에는 國威를 미치는 바가 東은 朝鮮, 滿洲에 달하고, 서는 중앙아세아를 포함하며, 북은 시베리아, 남은 인도제국에 이르렀다. 이 과정에서 지나의 제도 문물은 동양 제국에서 크게 風靡하여 일본의 개명에도 큰 영향을 미쳤다." [18]

　"苗種은 태고시에 황하와 양자강 연안에 살았으나, 漢人이 서북에서 들어와

15 市村瓚次郎, 『支那史要』吉川半七, 1895

16 那珂通世의『支那通史』, 中央堂, 1889

17 『위 책』

18 桑原隲藏, 『新編東洋史教科書』, p.2

묘인을 구축하고 중국 본부를 점유했다 ." [19]

일본식 동양사가 중국사를 한족을 중심으로 한 제 종족의 경쟁과 동화 과정으로 파악하고 있음을 알 수 있다 . 다만 이상의 저술들은 漢族을 중시하면서도 漢族이 중국 역사를 주도한 것이 아니라 漢族과 퉁그스족 , 몽고족등 북방민족과의 대등한 경쟁을 강조하였다 .[20] 그러나 이른바 "중화민족"을 중심으로 한 양계초의 자국사 구상은 일본에서 생산된 이러한 지나사 , 동양사 지식을 국민주의적 입장에서 전유한 것이었다 . 따라서 그것은 조선에 대한 서술에서 알 수 있듯이 주변 제민족에 대한 침략성을 내포할 가능성이 농후하였다 . 그리고 그것은 일제의 만선사관등 만몽에 대한 침략 논리에 대응과정에서 실제 구체화되었다 .

淸末 民初 歷史 敎科書의 自國史 敍述과 中華民族論

(1) 淸末 民初 歷史 敎科書의 自國史 敍述

20 세기 초반부터 , "新史學"의 영향 하에 자국사 서술이 활발하게 시도되었다 . 그러나 夏曾佑의 『중국고대사』를 조금 예외로 한다면 , 실제 「국사」서술은 먼저 근대 학제와 함께 등장한 역사 교과서를 통해 실현되었다 . 국사 서술에 필요한 근대 사학 연구와 그 제도적 기초 확립이 지체되었던 반면 , 역사 교육의 필요성은 절실하였기 때문이다 . 1904 년 學堂章程 제정 이후 새로운 학교가 출현하고 , 文明書局 , 商務印書館 , 中華書局등 대형출판사를 통해 蒙學用 (초급소학), 고등소학당 , 중학당용의 역사교과서가 본격적으로 출판 보급되었다 .[21]

당시 역사 교과서 서술은 몇 가지 특징이 있었다 . 첫째는 전통시대의 啓蒙書 형식을 취하였다는 점이다 . 특히 "帝國史"인 기왕의 正史에서 중요한 故事를 취하여 章節로 배치하는 형식이었다 . 예컨대 『(高等小學) 最新中國歷史敎科書』(姚祖義 , 1904, 商務印書館) 의 경우 매권 60 과씩 4 권의 책으로 편제하면서 五帝開化 , 夏之興亡 , 商之興亡 , 成康之治 , 周宣中興與東遷 , 齊桓 宋讓之覇……식으로 삼황오제로부터 역대 왕조 흥망과 정치사를 중심으로 장절을 배치하였다 .

---

19 市村瓚次郎 , 『앞 책』

20 桑原騭藏 , 『東洋史要』, 東文學社 , 1899, pp.6-8

21 華範 , 「從蒙學敎科書到最新敎科書 : 中國近代敎科書的誕生」『山西師大學報』 33-2, 2006

『綱鑑望知錄』등 청대 계몽서와 같은 방식이었다. 둘째는 朝代를 초월한 국가사 형식을 취함으로써 청조의 정통성을 강조하고 있다는 점이었다. 예컨대 책머리에 "歷朝國統" 또는 "歷代系統" 이라는 제목 하에 唐虞로부터 大淸에 이르기까지 정통왕조의 계보를 제시하고, 역대 문화영웅과 정복영웅 등을 내세우면서 왕조의 흥쇠라는 중복적 서술 구조를 통해 청조의 권위를 정당화 하였다. 물론 내용적으로도 非漢族 정권인 遼, 西夏를 宋과 대등하게 서술하거나, 명청 교체를 청의 건국을 통한 사회 혼란의 종식, 청조의 강역 개척 사실 등 청조의 치적을 서술하기도 하였다. 이러한 서술은 내용 조직의 유기성이나, 문화적 정체성 형성에 필요한 일관성의 측면에서는 다소 미흡해 보이지만, [22] 당시 "忠君" 과 "尊孔" 이 교육 목표였던 현실과 크게 어긋나는 것은 아니었다.

그런데 당연하지만, '阪泉之戰', '涿鹿之師', '以雲紀官' 식의 고사 활용에는 "四夷征伐", "領土拓廣", "西夏事遼, 素稱恭順", "四夷內屬者, 卽其部落. 置羈縻府州. 多至八白餘." 등과 같이 華夷論的인 표현이 뒤따랐다. 주변국에 대해서도 '朝鮮國은 周나라 때 箕子를 위해 봉한 나라이다'. 따위의 전통적 서술도 그러한 예였다.

특히 이민족 정권인 遼, 西夏를 宋과 나란히 기술하면서, 전통적인 중국의 판도를 자국사의 범주로 서술하였다. 기자 습봉 이래 한중 관계를 들어 한국 등을 중국사로 범주로 포섭한 것도 같은 맥락이었다.

"古朝鮮은 盛京 남부에 있었다. 箕子가 封을 받은 곳이다. 漢 초에 燕人 衛滿이 國人을 이끌고 조선에 이르러 왕 箕準을 몰아내고 대신하였다. 武帝 때에 위만의 손자 右渠가 漢의 관리를 죽이자 武帝가 대거 병을 일으켜 토벌하여, 멸망시키고 四郡을 설치하였다. 당시 조선 반도의 북부에 있었고, 그 남쪽에는 馬韓, 辰韓, 弁韓 삼국이 있었으니 이른바 三韓이다. 한이 북쪽에 군을 설치하여 한과 교통하였고, 이때부터 일본의 서쪽 주민들도 중국에 入貢하였다." [23]

신라가 어지러워지자, 고려가 사직을 회복하였다. 고려태조 왕건은 조선을 통일하였다. 요 성종은 고려가 송과 통하는 것에 노하여 병사를 보내 멸하였다. 이때 遼의 疆土는 동쪽으로는 日本海에서 서쪽으로는 天山에 이르렀다. [24]

---

22 沙培德 (Peter Zarrow), 「앞 글」

23 丁保書, 『蒙學中國歷史教科書』, 文明書局, 1903 (1907 년 3 월 20 판), pp.14-5

24 『위 책』 p.78

이러한 왕조사적인 서술 패턴은 신해혁명 이후 변화 속에서도 기본적으로 유지되었다. 혁명의 이념 보다는 역시 왕조교체의 흥망성쇠를 통해 공화국을 정당화 하는 방식을 채용한 것이다. 변화라고 한다면 우선 五族共和와 "중화민족"을 전면에 등장시키면서, 민족의 기원으로서 黃帝의 역할을 강조한 점이었다.25 민초 역사 교과서는 대부분 책 머리에 "우리나라의 역사는 항상 漢族의 역사를 위주로 했고, 타족에 대해서는 부정적인 서술이 많았다. 本書는 五族共和를 綱으로 하므로, 滿蒙回藏 4 族의 興隆과 進化 및 세력 分合 등을 빠짐없이 구함으로써 현실에 부합하고자 한다. 그들과 한족의 충돌부분에 대해서는 일률적으로 오족 연합의 정신에 따라 해석하겠다."고 하여 오족 공화의 정신을 역사 서술의 목표로 선언하였다.26 그렇지만 구체적인 서술은 黃帝를 蚩尤와 싸워 굴복시킨 영웅으로 서술하면서, 漢族의 조상인 황제가 서북쪽(바빌론)에서 황하 연안으로 들어와 先住民인 苗族을 정복하여, 문명사회를 건설하였다고 서술하였다. 황제를 종족의 개창자이자 개국 영웅으로 부각시키면서, 그의 치적을 상세히 서술하는 것은 물론이고 장강이북의 화북 및 동북지역을 포괄하는 강대한 영역을 그 시대의 강역으로 제시하기도 하였다 27. 黃帝를 漢族, 蚩尤를 苗族의 조상으로 간주한 것인데, 이처럼 황제를 종족과 관련짓는 것은 那珂通世, 桑原騭藏, 市村瓚次郎등이 저술한 일본 교과서의 영향이었다.28

물론 당시 중국 근대 역사학이 그러하였듯이 교과서 역시 일본의 절대적 영향하에 있었다. 일본 교과서를 번역하거나 교과서 서술 방식을 그대로 채용하는 경우가 대부분이었다. 교과서 제작에 따른 경비와 효율성 때문이기도 하지만 아직 자국사 서술 관행이 성립되어 있지 않는 역사학의 조건 속에서 일본 유학생 출신의 지식인이 교과서 편찬에 참여하고, 일본식 학제와 인쇄 기술 및 자본의 수용에 따른 당

25 趙玉森(『共和國 敎科書 本國史』上冊, 商務印書館, 1913)의 경우처럼 五族 외에 苗族을 추가하는 교과서도 있지만, 기본적인 서술 구조는 변화가 없었다.

26 鍾毓龍, 『(新制) 本國史敎本』, 中華書局, 1914. p.1 ; 『新制中華歷史敎科書』, 中華書局, 1913

27 章嶔・丁錫華 編, 『中華高等小學校歷史敎科書』 一冊, 中華書局, 1913. p.1 ; 20 세기 초 중국의 민족주의의 발흥에 따라 황제가 재창조되었고, 그 과정에서 일본의 영향을 받았음은 이미 다수의 논자가 설명한 바와 같다. 孫隆基, 「淸季民族主義與黃帝崇拜之神話」『歷史硏究』 2000-3 ; 石川貞浩, 「20 世紀初頭中國における "黃帝熱"」『二十 世紀之 硏究』 3, 2002

28 三苗에 대한 기술은 고래부터 있었고, 羌人을 三苗의 후예로 비정하기도 하였다. (王明珂, 이경룡 역, 『중국 황하 변경과 중화민족』, 동북아역사재단, 2008. p.131) 그렇지만 황제를 한족의 조상으로, 치우를 묘족의 조상으로 정형화 한 것은 근대 이후의 일이다.

연한 현상이었다. 중요한 것은 이러한 일본의 절대적 영향 속에서 일본이 생산한 지식 역시 교과 지식으로 고스란히 전이 되었다는 점이다.

당시 역사 교과서는 역대 정사를 이야기체로 요약하면서, 내적으로는 漢族과 非漢族을 위계화 하는 하고, 나아가 한국 고대사 및 임나일본부등 전통시대의 한일 관계의 지식과 관련하여 일본의 식민주의적 시각을 그대로 수용하였다. 물론 이렇게 수용된 일본의 역사 인식은 중화주의와 결합하면서 제국적인 역사 인식을 형성하였다. 예컨대 당태종의 "고구려 정벌" 이유가 고구려의 무도함과 신라의 內附 문제에 있다거나. 고려와 여진, 요의 관계를 주종 상하 관계로 묘사하면서 조선과 일본의 관계도 같은 방식으로 정리한 것은 그러한 예이다. [29]

그렇지만 일본 교과서의 가장 큰 영향은 그 서술 형식에 있었다. 시대구분, 인물 중심의 서술 방식도 그렇지만, 특히 『史略』(1872) 이래 일본의 교과서가 시종, "神代期"로 시작하면서, 역대 천황의 계보를 제시하고, 건국(天照大神)-국내통일(神武, 日本武尊)-대외 정복(神功皇后) 영웅을 단선적인 계보로 서술한 것처럼, 중국의 역사 교과서 역시 역대 정통 왕조를 계보로 제시하면서 黃帝로부터 秦始皇, 漢武帝식으로 이어지는 동일한 서술 구조를 채택한 것이다.

물론 이러한 공동의 조상과 단일한 서술 구조는 민족국가라는 집단적 정체성을 창안하고, 제국적 침략의 논리로 국민을 동원하기에는 매우 유효한 서술 방식이었다. 그렇지만 한편으로는 이민족과 교류가 적고, 단일민족 신화가 가능한 일본식 국가서술에 적합한 방식이라고도 할 수 있다. 중국사의 경우처럼 제 민족 간 경쟁이 치열하고, 이민족과 문화교류가 빈번하며, 역사 경험의 폭이 넓은 국가의 역사 서술 방식으로는 문제가 없을 수 없었다. 양계초가 이를 심각하게 비판할 정도였다. [30] 그렇지만, 중국 역사가 지속적으로 藩部와 소수민족의 통합을 과제로 삼은 것도 크게는 여기에서 연유하였다. 양계초가 漢族을 중심으로 하는 中華族을 창안한 것은 이에 따른 불가피한 방식이겠으나 근본적인 해결이 될 수는 없었다. 일본에서 수용한 자국사 서술 방식 자체가 현재와 같은 역사 갈등을 일으킨 문제의 기원이라 할 수 있을 것이다.

---

29 姚祖義 編纂,『(高等小學)最新中國教科書』2권, 上海: 商務印書館, 1904, p.27

30 梁啟超,「中國歷史教本改造案并目錄」『梁任公近著目錄』第一輯. 下, 商務印書館, 1924, pp.126-27

(2) 오사 이후 새로운 역사교과서의 등장과 중화민족 구성

오사 이후 자국사 서술에 대한 관심이 새롭게 고조되었다. 일차대전 이후 국민주의가 새롭게 대두하는 한편, '과학'과 '민주주의'를 표방한 한 반전통주의 사조 속에서, 전통에 대한 새로운 정리가 요구되었기 때문이다. 한편으로는 북경대학, 청화대학 등 각 대학을 중심으로 학과체제가 갖추어지고, 근대 역사학의 방법론이 도입되면서 현대 역사학의 건립이 시도되었다. 민족, 언어, 문자, 경제, 정치 등을 대상으로 한 "整理國故"는 "과학적 학술" 운동의 핵심 표어였다. 고사변 역시 그 방법 중의 하나였다.31

이러한 배경 속에서 呂思勉의 『白話本國史』(1923), 柳詒徵의 『中國文化史』 등 통사가 등장하고 다양한 교과서가 새로 출판되었다. 그러나 당시 시대 배경을 잘 반영한 것은 역시 顧頡剛의 『初中本國史敎科書』(商務印書館, 이하 『本國史』로 간칭)였다.32 『본국사』는 1921년부터 구상하고, 1922년 3월 집필에 착수하여, 그 해 말에 초고를 완성하였다. 이는 "從前의 敎科書는 正史의 縮約本이나 다름 없"고, "현재 좋은 중학 本國史 敎科書는 한권도 없으니, 전혀 새로운 역사 교과서가 필요하다"는 문제 의식에서 알 수 있듯이 통사 저술에 대한 그의 관심을 구체화 한 것이었다.33 또한 그것은 그가 이미 진행하기 시작한 고사변 운동과 궤를 같이 하는 것이었다. 고힐강은 이미 "정리국고는 사료의 정리"라 하여 양계초의 신사학과 명확히 결별하는 한편 34 교과서 집필 기간에도 "累層的으로 만들어진 중국 古史"설이나, "중국 민족의 일원적 기원설을 타파하자"는 등 고사변의 기본

---

31 Q. Edward Wang, *Inventing China Through History ; The May Forth Approach to Historiography*, State Uni. of New York, 2001; 王汎森, 「民國的新史學及其批評者」, 羅志田, 『앞 책』

32 『現代初中本國史教科書』는 상책이 1923년 9월 초판이 간행되어, 1927년 9월까지 총 55판이 간행되었으며, 중책은 1924년 2월 초판 간행후 26년 1월까지 25판, 하책은 24년 6월 초판, 26년 1월까지 총 25판이 간행되었다. 1929년 사용이 중지되기 까지 중등 역사교과서로서는 가장 많은 發行量을 자랑하였다. 李長銀, 「未竟的志業 : 顧頡剛與中國通史編纂」 『史學月刊』 2014-1 ; 같은 기간에 顧頡剛은 葉聖陶와 함께 『新學制初級中學國語教科書』(商務印書館)를 합편하기도 하였다. 『顧頡剛年譜』, 中華書局, 2011

33 顧頡剛, 「中學校本國史教科書編纂法的商榷」 『教育雜誌』 14-4, 1922年 4月 20日

34 顧頡剛, 「景西雜記(五). 清史資料」(1921년 6월) 『顧頡剛全集 · 顧頡剛讀書隨筆記卷一』, 中華書局, 2011, p.300

적인 구상들이 발표하고,35 또 中國書目 (서지학), 가족제도사 , 사학사 , 中國史辨僞 , 중국사회사 등 연구 영역의 확충과 향후 장기적인 중국사 연구를 모색하였다 .36 실제 교과서 집필이 끝난 1924 년 顧詰剛은 곧바로 北京大學 國學門 助敎로 복귀하여 정력적으로 학술 활동을 전개하였다 . 교과서 집필 역시 그의 학술활동의 일환이었음을 알 수 있다 .

당연하지만 교과서 집필은 착상과 立案단계부터 시종 그의 스승인 胡適과 상의하였고 , 실제 작업은 그의 親友이자 공동 집필자인 王鍾麒와 분담하였다 .37 집필과정에서는 또 새로운 교과서의 집필에 필요한 다양한 사료 수집이 이루어졌다 . 『尙書』, 『史記』, 『資治通鑑』등 전통사서는 물론 양계초의 『歷史硏究法』, 張相文의 『中國地理沿革史』등을 두루 참고하였다 .

『본국사』는 총 6 편으로 , 1,2 편은 상고사 (秦以前), 3 편은 중고사 (秦初 ~ 五代), 4 편은 근고사 (宋初 ~ 明末), 5 편은 근세 (淸朝), 6 편은 현대사 (中華民國) 편이었다 . 역내 문명의 출현 및 형성 (成因) 기 , 중국 민족문화의 脫變 (중고), 중국문화의 爭存時期 (근고), 동서 문명의 접근 시대 (근세), 중국 문명의 세계화시대 (현대) 로 分期하였다 . 중국의 문명 , 민족 , 문화를 근거로 계기적이고 통합적인 서술을 의도하고 있음을 알 수 있다 . 전체적인 서술 지침을 밝힌 「編輯大義」를 통해 부연하자면 『본국사』의 궁극적인 목표는 朝代 중심의 斷代史를 극복하고 , 연속성과 전체상을 가진 민족사 , 국가사를 창출하는 것이었다 . 이를 위해 고는 “ 시대정신 ” 과 “ 민족문화 ” 라는 개념을 대안적 서술 기준으로 도입하였다 . 그것은 “ 정치 , 경제 , 사회 , 학술 변천 등에 드러난 특징과 , 후세에 미친 영향이 큰 ” 요소 , 즉 시대적인 패러다임과 , 또 민족 문화 형성에 영향력이 큰 민족 , 사회 , 정치 , 사상 , 학술 등 제 영역의 변화를 의미하였다 . 왕조 중심의 정치사를 넘어서 중국사를 보다 통합적으로 서술하는데 필요한 개념이었다 .

고는 교과서의 서술 범위를 “ 인류의 처음부터 지금까지 사회생활과 관련 있는 일체의 진화 과정 ” 과 “ 일국 내 일체 사회활동을 규명하는 것이지만 , 인간의 역사는 고립될 수 없으므로 , 본국과 관계사항을 모두 서술 ” 하는 원칙에 따라 생활사 , 사

35　顧詰剛 ,「與錢玄同先生論古史書」『讀書雜誌』10, 1923. 6.(『古史辨自序』上 , 河北教育出版社 2000); 顧詰剛 ,「答劉胡兩先生書」『讀書雜誌』11, 1923. 12.(『위책』)

36　『顧詰剛日記』1(1922 년 7 월 31 일), 聯經出版社 , 2007, p.259

37「王鍾麒致胡適」(1922 年 7 月 6 日), 中國社會科學院近代史硏究所編 ,『胡適來往書信選』上冊 .1986, p.15

회사를 강조하고 , 지역사와 세계사의 균형을 추구하였다 .

『본국사』의 내용은 이러한 편제 원칙에 따라 배치되었다 . 우선 왕조나 중요
인물 중심의 편제에서 벗어나 사회사 , 문화사를 중심으로 다원적인 편제를 시도하
였다 . 다음과 같이 上古 (先秦) 의 장절만을 경우만 보아도 이를 알 수 있다 .

> 1. 사회의 진화와 건국의 추형
> 2. 홍수전설
> 3. 군위세습과 신권정치
> 4. 봉건제와 가족주의
> 5. 제후의 겸병과 당시 사회
> 6. 사상의 변동과 귀족사회의 傾覆

단순한 왕조교체를 넘어서 , 정치 , 사회 , 사상 , 문화를 중심으로 중국사에 대
한 통합적 서술을 시도하고 있음을 알 수 있다 .

그렇지만 역시 본국사의 가장 큰 특징은 전통적인 삼황오제의 계보를 해체하
고 , 합리적 해석을 시도하였다는 점이다 . '황제' 전설은 국가 雛形시기에 만들어진
신화이며 ,[38] 堯舜은 周代 말기에 託故改制에 의해 만들어진 이야기라는 것 [39] . 또 고
대 禪讓등 傳賢之局은 후대의 公天下 정신을 투영한 것 .[40] 그리고 주대 封建制는
이상적인 것이 아니라 , 계급사회의 모순을 내포한 역사 사회였다는 것이었다 .[41] 五
帝 및 홍수신화 역시 중국의 자연 조건과 결합된 역사의 일반적 발전과정을 반영하
는 것으로 이해되었다 . "민족" 서사의 중요 부분인 기원 문제에 대한 새로운 견해를
제시한 것이었다 .

그렇지만 이러한 편제가 곧 민족의 해체를 의미한 것은 아니었다 . 기실 그의 작
업은 의고라고는 하지만 진화론에 따라 신화가 갖는 상징적 의미를 사회적인 맥락
에서 해석하였을 뿐이었다 . 오히려『본국사』서술에서 가장 염두에 둔 부분은 민족
과 강역문제였다 . 이는 다음과 같은 본국사 인식 목표의 진술에서도 잘 알 수 있다 .

> 1. 중화민족은 어떻게 조합되었나 ?

---

38 『現代初中本國史教科書』 p.25

39 『위 책』 p. 30

40 『위 책』 p. 3

41 『위 책』 p. 42

2. 중국이 받아들인 외연적 문화의 영향은 어떠한가?

3. 중국 세력의 영향은 어떻게 외연에 미쳤으며, 어떠한 변화를 일으켰나?

4. 중국의 현유의 영역은 어떻게 변화해 왔나?

이와 관련하여 고힐강은 中國을 구성하는 민족으로 華, 苗, 東胡, 蒙古, 突厥, 藏, 韓등 7개 민족을 제시하였다.[42] 韓族을 포함시킨 것은 이채롭지만,[43] 우선 華族에 주목할 필요가 있다. 고힐강은 華族에 대해 "… 나머지 족은 모두 일찍부터 華族의 영향을 받았다."[44]고 하여 그 문화적 원천성과 주도성을 인정하였다. 또 화족은 "황하 양안에 번성하면서 중국 본부를 점령하였으며, 수차 이민족에 정복되었으나, 결국 동화시켰다. 화족 안에는 역사상 동화된 많은 민족을 포괄한다."고[45] 하였으니 사실상 漢族을 대체한 개념이었다. 또 苗族에 대해서는 '江淮 지역에서 번식하다가 화족에 쫓겨 서남지역으로 축소되었으며, 현재 貴州, 廣西지역에 살다, 改土歸流 후, 華族에 동화되었다.'고 하였다. 기본적으로는 양계초의 중화민족론과 궤를 같이 하고 있음을 알 수 있다. 다만 한족과 제 종족간의 관계에서 夷狄의 역할을 부분적으로 승인하고, 漢族에 의한 同化 과정을 상대화 시키고 있는 점은 양계초와 다른 점이다. 이는 아래와 같이 화이론을 상대화 시키고 있는 데서도 알 수 있다.

"華夷의 구별이 지극히 상대적인 것이어서, 秦 楚, 吳 越은 모두 중원과 처음 접촉시 蠻夷라고 불렀으나, 오랜 시간 이후 동화되어, 이후 그 기원을 고대 제왕과 연관 짓게 되었다. 楚의 시조가 문왕의 師였다거나, 吳의 시조 至德의 太伯이라는 식으로 가탁하여 중화 문화가 되는 것이다. 그리고 다시 다른 민족을 이적으로 호칭하는 것이다."[46]

---

42 『위 책』 p. 10

43 당시 呂思勉의 『白話本國史』 (商務印書館, 1923) 와 같은 개설서 중에는 일부 韓族 또는 貊族을 중화민족에 포함시켰다. 교과서에서 이러한 경우는 매우 드물었다. 이는 같은 판형으로 제작된 『現代教科初中本國地理』 (p.48) 가 여전히 중화민국을 한, 만, 몽, 회, 장 오족 대연합으로 서술하는 것과도 대비된다. 역사면은 貊族을 靺鞨, 勿吉, 읍루와 구별되는 부여, 고구려, 백제 등으로 지칭하고, 역사적으로 고대 중국 경내에 있다가 점차 조선 반도에 퍼졌으며, 한 무제에 정복된 이후, 한화 된 종족으로 보았다. 『呂著中國通史』, 華東師大學出版社, 1992, p.358-60

44 『現代初中本國史教科書』 p.12

45 『위 책』 p. 12

46 『위 책』 p. 70

이렇게 화이론을 상대화 시키는 그의 논리는 사실 민족 기원의 一元論, 역사 전개의 ──統論을 해체하려는 그의 고사변적 입장의 핵심 주장이었다.[47]

물론 이러한 논리는 華族이라는 개념으로 한족의 種族性을 거세하면서, 다른 한편으로 문화를 매개로 중국의 지속적인 확대를 지향하고 있다는 점에 주의할 필요가 있다. 예컨대 고는 남북조시기처럼, 夷族의 침략과 동화에 의해 새로운 四裔가 탄생하였고, 이러한 과정에서 중국 문화도 탈변과 발전을 지속했다고 주장하였다. "중국문화는 漢, 魏 시대에 이미 末期에 도달했다. 중간에 많은 수다한 민족과 정신적인 新血을 받아들여 점차 노인에서 童子로 변하고 당조의 찬란한 문화를 이루었다." 는 것이다. 같은 맥락에서 고힐강은 문화의 중심을 중원에 두면서도 티벳 불교를 비중 있게 서술하였다. 夷族을 단순한 동화의 대상이 아니라 민족 문화를 구성하는 일부로서 포섭한 것이다.

또한 이러한 논지는 결과적으로 華族의 지속적인 확대를 전제로 하고 있다는 점에서 역시 제국성과 무관할 수는 없었다. 가장 대표적인 예는 역시 韓族을 중화 민족에 포함시킨 것이라 할 수 있다. 『本國史』는 韓族에 대해 上古의 嵎夷, 周代의 濊人, 漢대의 三韓에서 朝鮮에 이르기까지 高句麗를 뺀 조선 역사상 종족과 국가 명칭을 인용한 뒤 "유구한 민족으로서 자고이래 중국과 가장 관계가 깊어서 중국문화의 外府라 할 수 있다. 그래서 일본에 겸병되었지만, 중국에 와 歸化를 요청하는 경우가 많은 것이다." 라고 하였다.[48] 고래로 부터의 중국과 문화적 상관성이 높았다는 것이다. 또 "기자가 요하 유역에서 8 조를 가르칠 때 은의 유민으로 따라간 자가 5 천인에 이르렀고, 秦시 한반도 남부로 이주한 유민들이 後韓國을 세웠다." 고 하였다.[49] 중국 대륙으로부터의 이주를 또 다른 근거로 내세운 것이다. 아울러 고힐강은 다음과 같이 고대 한국을 고대 중원 왕조와 역사적 관계를 들었다.

조선은 箕子 이후 世傳不絕하였다. 戰國시 燕에 속했고, 秦대에는 遼東의 外廓이었다. 秦末 中原이 크게 어지러워질 때 燕齊의 난민들이 다수 이주하였다. 漢初에 땅이 멀어 수비하기 어렵자, 요동의 故塞를 수리 하였는데 浿水 (大同江) 를 경계로 하여 燕에 소속시켰다. 이후 …… 燕人 衛滿이 무리를 모아 망명하여, 浿水를 건너, …… 기자의 후손 箕準을 攻破하고,

47 顧詰剛,「答劉胡兩先生書」(1923 년 6 월 20 일)『古史辨』1, pp. 99-101
48 『위 책』 p.16
49 『위 책』 p.12

王儉 (평양) 문 도읍하였으니 , 개척한 땅이 매우 넓었다 . …… 무제는 蒼海
郡을 설치했다 . 우거는 辰國을 막고 , 한과 통교를 못하게 ……[50]

그런데 그가 이처럼 韓族을 중화 민족의 일원으로 편입한 배경은 무엇일까 ?
그것은 상술한 바와 같이 일본 동양사학의 논리를 중국사학의 논리로 전유하였을
가능성도 있지만 그 보다는 오사 이후 , 일본이 공식적으로 제기하기 시작한 滿蒙
除外論에 대한 대응으로 볼 수 있다 . 이미 여사면의 예에서 고대 동북 및 한반도의
역사가 국민주의적 관심으로 제기되었음을 알 수 있지만 그 배경 역시 당시 일본이
워싱턴 회의를 시작으로 국제적으로 제기한 만몽제외론과 관련이 깊다 .[51] 당시 양
계초는 이를 공개적으로 비판하는 한편 『禹貢』 등 고대 지리서를 근거로 동삼성 및
조선이 고래로 중국의 판도였고 연 이래의 영토였음을 역설하였다 .[52]

고힐강 역시 이러한 동향을 주목하였다 .[53] 『時事新報』 21 년 6 월 19 일부터
연재되기 시작한 일본의 남양연구에 관련 기사에 대한 소감이지만 일본의 학술연
구가 사실상 정치적 침략으로 연결되고 있다는 점 , 그리고 그 대안은 연구를 통해
서 이루어져야 한다는 점을 명확히 하였다 .[54] 결국 그가 韓族을 중화민족으로 포섭
한 의도는 이러한 사정에 대한 고힐강의 대처로서 추론하여도 무방할 것이다 .

그렇지만 이후 고힐강은 적극적인 고사변 운동을 통해 이른바 "帝系 , 道通 ,
聖經을 파괴" 하고 다원적 역사 체계를 주장하였다 . 고대사를 해체한 그의 성과는
당시 형성되기 시작한 중국 학계에 대단한 영향력을 행사하였다 . 특히 당시 학계
주류로 등장하는 胡適과 傅斯年등의 절대적인 지지를 얻었다 . 그것은 청말 의고사

---

50 『 위 책 』 p.96

51 이른바 만몽제외론은 일찍부터 제기되었지만 , 일차 대전 후 군비 문제 처리를 위해 소집된 워싱
턴 회의에서일본이 공식제기함으로서 국제적으로 공론화 되었다 . 특히 이 논리는 그전에 일제가
표방한 日鮮同祖論 , 또는 이후의 만선사관과 함께 제국적 침략을 위한 이데올로기였다 . 葉碧苓 ,
「 九一八事變後中國史學界對日本 "滿蒙論" 之駁斥 — 以 《東北史綱》 第一卷為中心之探討 」 『 國
史館學術集刊 』 11, 2007

52 梁啟超 , 「 太平洋會議之中國問題 」 『 時事新報 』 1921 년 12 월 6 일 (『 飲冰室文集 』 之 37,
대만 : 중화서국 , 1978, pp.13-20 ; 다만 양은 조선을 "箕子 受封 이래 3 천년 이상 역사적인 관계
를 맺어 왔지만 , 光 대 甲 午년에 해결에 실패하였으므로 현재 중국사에서 제외한다" 고 명쾌하
게 서술하였다 . 梁啟超 , 「 歷史研究 法 」 『 飲冰室專集 』 一冊 , 台灣 : 中華書局 , 1978, p.101

53 顧頡剛이 『 時事新報 』 와 梁啟超의 동향에 민감하였던 것은 그의 『 일기 』 에서 散見된다 . 『 顧
頡剛日記 』 1921 년 6 월 8 일 , 10 월 24 일 , 26 일 , 22 년 3 월 20 일 등 .

54 顧詰剛 , 「 侍洋錄 (二) · 日本海外侵略 」 (1921 년 6 월) 『 顧詰剛全集 · 顧詰剛讀書隨筆記卷一 』
, 中華書局 , 2011, pp. 151-5

학과 일맥상통하는 그의 고대사론이 사실은 직접적으로는 諸子百家에 대한 서술로서『중국고대철학사』를 시작한 호적의 영향을 받은 것이었고, 또 그것은 유교에 대한 일관된 비판과 함께 신문화 운동 시기 제기된 반전통주의의 표현이었기 때문이었다.

호적은『고사변』1책을 중국 사학계의 혁명적인 책으로 칭송하였고, 또 傅斯年 역시 고힐강의 성취에 대해, "삼백년 중국 사학의 최고봉" 이라 평가하고 지지하였다.[55] 傅斯年은 나아가 고힐강의 논리를 바탕으로 자신의 고대사 구상을 정립하였다. 예컨대 기자와 관련하여 商頌의 "相土烈烈, 海外有截" 이라는 구절을 근거로 "湯 이전에 이미 北韓 遼東은 濟와 서로 대치하였을 것이다. 그렇지 않으면 敗喪한 箕子의 무리가 어떻게 삼천리를 넘어 朝鮮을 통치했겠는가? 朝鮮은 분명히 원래 殷의 땅이었지만, 周의 병력이 미치지 못하자 不臣하게 되었고…," 라고 하여 韓族과 古代 한국사를 중국사로 편입하려는 그의 고대사 구상의 토대를 닦은 것이다.

고힐강은 이러한 지지 속에서, 자신의 자국사 구상을 더욱 확충하였다. 특히 북경대학 국학연구소에 이어, 廈門大學, 中山大學에 적을 두고, 단순한 문자학을 넘어, 민속학, 민족학, 인류학등으로 연구분야를 확충하였다. 특히 그가 주도했던 중산대학 語言研究所는 史錄國, 梁成志등을 廣西에 파견하여 서남 소수민족지역을 조사하게 한 것은 그 단적인 예였다 56. 또 같은 배경에서 부사년의 주도로 1928년 중앙연구원 歷史語言研究所가 설립되었다. 史學(주임: 陳寅恪), 言語學(趙元任), 고고학(李濟), 그리고 인류학조등으로 나누어 자국사를 구축하는 것을 목표로 하였으니, 이로써 중국사를 구축할 수 있는 제도적인 틀이 완비된 것이었다.

國民政府의 成立과 "中華民族"의 國家 이념화

확실히 1929년은 중국 사학사에서 획기적인 해였다.[57] 北伐을 통해 국민 정부가 들어서면서, 학술 문화적인 측면에서 새로운 "국민국가" 를 정당화 할 필요성

---

55 顧潮 編,『顧頡剛年譜』, 中華書局, 2011, pp.140-41;「傅斯年致顧頡剛」(1926년 9월) 王汎森 等 主編,『傅斯年遺札』, 中央研究院 歷史語言研究所, 2011

56 『顧頡剛年譜』 p.184, 191

57 葛兆光,「《新史學》之後 :1929 年的中國歷史學界」『歷史研究』2003-1

이 대두되고, 그에 조응하는 제도화가 추진되었기 때문이다. 中國史學會가 조직되고, 中央研究院 歷史語言研究究所가 北京으로 옮기면서, 北京大學, 清華大學과 함께 본격적인 활동에 들어간 것은 우연이 아니었다. 자국사와 자국의 학문(국학)을 국민국가적 차원에서 진행할 수 있는 제도가 갖추어진 것이다. 여기에 北京猿人의 人骨이 발견되고, 安陽에서 商代의 유적 발굴이 진행되는 등 새로운 자료와 방법에 기초한 자국사 구성의 가능성이 넓어졌다. 동시에 이러한 배경에서 국제 학계에 중국학을 발신하려는 "학술 민족주의" 도 어느 때 보다도 고조되었다. 그것은 유럽이나 일본이 아닌 중국 중심의 중국학 / 동방학의 창출을 지향하는 것으로, "과학적 동방학의 정통은 중국에 있다" 는 선언으로 압축되었다.[58]

　그런데 이러한 현상과 맞물려 주목할 만한 사안이 발생하였다. 1929 년 국민정부가 새로운「교과도서 심사규정」에 따라 顧頡剛의『本國史』를 불법출판물로 규정하고, 사용을 금지한 일이었다. 형식은『본국사』가　三皇五帝를 부정하는 "非聖無法" 이라는 산동 참의원 王鴻一등의 탄핵을 받아들인 것이었다. 그렇지만 사실상 국민당의 사상 통제와 政敎一致의 교육 정책에 따른 결과였다.[59] "학자로서의 토론은 가능하지만, 교과서는 이렇게 하면 안 된다. 민족의 자신력을 동요시켜, 국가에 불리하게 할 것이기 때문이다. 중국 사람들이 단결할 수 있는 것은 모두 인민들이 공동의 조상으로부터 나왔다는 같은 믿음에서 연유하기 때문이다." 라는 것이었다.[60] 당시 새로운 정권으로서 국민당은, 戴季陶가 해석한 儒家的 三民主義를 통치이념으로 내세우고 있었다. 孫文을 堯舜禹湯의 계승자로 신성화하려는 국민정부의 입장에서는 고힐강의 古代史 비판과 反儒敎主義는 수용하기 어려웠다. 黨義에 어긋날 뿐 아니라 말 그대로 國本을 뒤 흔들 수 있는 "惑世誣民의 邪說" 였던 것이다.[61]

　그러나 이미 교육부의 승인을 받아 널리 쓰이고 있던 교과서 사용을 금지하였

58　傅斯年,「歷史語言研究所工作之旨趣」, 1928

59　국민정부는 북벌 이후 교육부를 통한 집권적 관리체계를 확립하고, 政敎一致에 따른 黨化敎育을 실행하였다. '민족주의 발양', '민권 사상의 제고', '민생행복의 증진', '세계대동의 추구' 등 삼민주의가 교육의 종지였다. 劉超, 「學術與政治:『現代本國史』 敎科書案」『史學月刊』 2006-7; 拙稿, 「中·西에 가린 동아시아: 중국 중등학교 역사교육과 동아시아 인식」『동북아역사논총』 19, 2008, pp.72-3

60　顧頡剛,「我與古史辯」『顧頡剛年譜』 p.193

61　阿斗,「近事雜評(二十二) 一件比蔣桂戰爭還要戰爭」『醒獅週報』 198(曹伯言 整理,『胡適日記』 1929 年 4 月 1 日에서 재인용)

으니 논란이 없을 수 없었다. 당시 평자들은 이를 사상 투쟁, 또는 학계내의 파벌 투쟁으로 해석하였다. 이른바 胡適으로 대표되는 留美派, 또는 반전통주의자들과 戴季陶류의 보수 당권파간의 갈등이라는 것이었다.[62] 당시 "人權論戰" 을 전개하며 國民政府와 대립하고 있던 胡適은 "학자가 역사교과서를 편찬하면서 三皇五帝에 대해서 懷疑를 표시한 것이, 과연 정부의 여러 사람들이 公憤할 일인가? 더구나 戴季陶 선생은 商務印書館에 100 만원이나 벌금을 매기겠다니! …… 이 교과서는 曹錕, 吳佩孚시대에도 금지되지 않았는데, 마침내 (혁명정부에 들어와서) 금지되고 말았다"고 공개적으로 힐난하였다.[63] "사상의 자유" 를 근거로 한 비판이었다. 고힐강 역시 후일담이지만 "우리민족의 자신력이 정말 삼황오제를 기초로 구축되는 것인가? 우리는 입버릇처럼 "炎黃 신명이 보호하사", "하늘에 계신 炎黃의 신령에 의지하여" 라고 하지만 왜 우리 漢族은 늘 "모래알 같고, 단결하지 못하는가?" 우리의 자신력은 마땅히 이성을 기초로 하여야지, 삼황오제는 믿을 것이 하나도 없다. 우상을 유지시켜야 할 이유도 없는 것이다." 라고 비난 하였다.[64] 과학주의를 표방하는 고사변 운동의 논리이자, 민족주의를 국가 이념화 하는데 대한 비판이었다.

　물론 事案이 民族의 기원과 고대사에 대한 문제이기 때문에 학술적인 논쟁을 야기할 만한 문제였다. 그렇지만 당시 초기단계의 고고학적 성과나, 甲骨, 金文정도를 이용하여 殷周시대를 밝힌다고 해서, 華族의 기원 문제가 해결될 수는 없는 문제였다. 이는 사실 규명보다는 해석에 가까운 문제였고 따라서 당장 결론이 날 성질은 아니었기 때문이다.[65]

　따라서 사태는 蔡元培를 통해 상무인서관과 當局이 협상하여, 上古史 부분을 새로 쓰고, 일부 내용을 개정하는 조건으로 마무리되었다. 그 결과 第一課는 "옛 역사의 光榮" 이라는 주제 하에 "중국은 立國이 이르고, 文化는 가장 오래되었다." "三皇五帝는 고대문명의 창조자, 황제는 태고문명의 집대성자, 요순시대는 선양시대" 식으로 고힐강이 해체했던 고대사를 원래대로 복구하였다.[66]

---

62 「위 글」

63 胡適,「新文化運動與國民黨」『新月』2 卷 6.7 合期, 1929 年 9 月

64 顧頡剛,「三皇考自序」『古史辨』七, pp.46-7

65 何炳松,「中華民族起源之新神話」『東方雜誌』26-2, 1929

66 王鍾麒,『新時代本國歷史敎本』上, 商務印書館, 1929

　　같은 맥락에서 교육부는 1929 년 潛行課程標準과 32 년 課程標準을 통해 민족주의 교육을 강화하였다. 특히 潛行課程標準은 初中과 高中 課程의 첫 번째 목표로서 각각 "중국 정치경제 변천의 개황을 연구하고, **근세 중국 민족이 열강의 침략을 받게 된 경과**를 알게 하여 학생의 민족정신을 격발하고, 중국민족운동상의 책임감을 각성케 한다." [67] 또는 "본국 **민족의 分合**, 정치제도의 연혁, 민생경제의 利病을 진술함으로써, 금일 중국 민족 형성의 유래와 각종 정치사회 문제가 발생하는 원류를 설명함으로써 삼민주의의 역사적 근원을 밝힌다"[68] 고 서술하였다. 그렇지만 1932 년 과정표준에서는 보다 직접적으로 "우리 **민족의 演進**을 연구한다 ; 특히 역사상의 光榮과 근대 열강의 침략을 받게 된 경과를 알게 하여, 학생의 민족부흥의 사상을 격발하고……" [69], "우리 **민족의 拓展**과 역대 문화정치사회의 변천을 서술하여……[70]"식으로 민족주의를 더욱 강조하였다. 역사교육의 핵심을 민족의 진화, 광영, **拓展**을 이해하는 데 둔 것이다.

　　교육부는 또 교과서 서술 지침을 제정하였으니, 일률적으로 上古 (太古 - 秦의 統一), 中古 (秦의 통일 - 明末), 近世 (明末 - 淸末), 現代 (淸末 -1905 년) 로 나누고, "중화민족"을 머리에 세워 그 형성, 발전 등을 서술하게 하는 것이었다. 교과 내용은 황제에서 시작하여 한족에 의한 諸族의 정복 동화를 민족융합으로 강조하는 것으로 채워졌다. 그리고 근대의 열강의 침략에 따른 민족적 수난과 삼황오제 이래 과거 중국의 빛나는 고대 역사를 대조하는 방식으로 학생의 애국심을 고조시키고자 하였다.

　　이에 따라 三民主義라는 국가 이념을 교과서 편집의 방침으로 밝히고,[71] "우리 중화민족은 유사 이전부터 황하 유역에서 살았다. 유사 이래 평화적 또는 전쟁을 통해 사방으로 擴展하여 隣近 支族을 흡수하고, 서로 융합하여, 위대한 국민 단체를 형성하였다. 대개 중화민족은 漢族이 중견이다. 太古에서 唐虞 三代는 한족과 묘족의 융합시기이다. 이후 춘추전국시기에는 東夷, 西戎, 南蠻, 北狄의 혈통이 가입하였고, 三國六朝시대에는 匈奴, 烏桓, 鮮卑, 氐, 羌의 혈통이 가입하였다.

67「初級中學歷史潛行課程標準」, 課程教材研究所 編,『20 世紀中國中小學課程標準 · 教學大綱匯編』, 人民出版社, 2001, p.21

68「高級中學普通科本國史潛行課程標準」『위 책』 p.30

69「初級中學歷史課程標準」,『위책』 p.43

70「高級中學歷史課程標準」,『위책』 p.50

71 李直 編,『新中華歷史教本』, 中華書局, 1931

隨唐時代에는 高句麗, 百濟, 突闕, 鐵勒, 回紇, 沙陀, 黨項, 吐藩, 혜, 契丹혈
통이 가입하였으며 宋元시대에는 契丹, 女眞, 蒙古 및 서역 제국의 혈통이 가입하
였다. 청대에는 만주혈통이 가입하였다. 민국에 이르러서는 역내 민족의 융합이
더욱 공공해지고, 함께 국민의 노력을 다해서 國基를 공고히 하고, 민족을 부흥시
키며, 세계열강과 공존공영한다." 는 식의 서술이 교과서의 머리를 장식하였다.[72]
실제 내용 서술에서도 황제의 建國이 강조되고, 漢族 중심주의가 득세하였다. 이
러한 내용 편제는 周予同이 저술한 두 교과서의 목차를 비교하면 단적으로 알 수
있다.

A.『開明本國史教本』, 1932	B.『新標準中等教本本國史』1934
1 편 서설	1 편 상고사
1. 역사의 범위와 취지	1. 태고의 신화와 전설
2. 중국의 강역 개략	- 역사와 史前時代, 천지개벽의 신화, 전
3. 중국민족의 분포	설중의 초민생활
(漢族 - 만족 - 몽족 - 회족 - 장족 - 묘	2. 중국민족의 건국
족 - 韓族 - 중국민족의 기원전설의 의문)	- 황제의 건국, 黃帝制作의 전설, 漢族의
4. 중국사기의 분기	來源과 定居
(역사의 시기구분 - 상고 - 중고 - 근고 -	3. 唐虞夏商의 政教
근세 - 현대)	- 唐虞 禪讓의 전설, 夏商의 政教
2 편 상고사	4. 上古의 社會와 문화
1. 신화 전설 속의 古史와 석기시대의 문화	- 중국 본토 원인의 발견, 석기시대 유물
2. 신권정치의 발달과 군주세습제의 형성	의 발견, 은허 유물의 발견
3. 봉건제의 건립과 종법사회의 완성	5. 주의 건국과 그 정교
4. 봉건제도의 동요와 귀족계급의 붕괴	- 주초의 정치건설, 주초의 문화건설, 정
5. 철인 사상의 발흥과 고대문학의 연변	전제의 전설
6. 고대생활의 조감	6. 春秋와 戰國
3 편 중고사	……

같은 저자와 동일 출판사의 교과서로서, 민족주의 교육을 강조하고 있지만, 잠

---

72 孟世傑 編著,『高級中學 本國史』上, 北平文學社, 1933

행과정표준 (1929) 와 과정 표준 (1932) 이라는 다른 교육과정에 따라 내용 편제를 달리하고 있음을 알 수 있다. 우선 전자는 전체적으로 중국 문화의 성장, 접촉, 탈변, 접촉, 再變으로 편제하였으니 왕조보다는 문화를 중심으로 내용을 통합 조직한 것이다. "중국 민족" 과 관련하여서도 漢族과 韓族을 포함하여 7 대민족을 제시하고, 또 漢族의 기원에 대해서는 동원설과 다원설, 西來説과 本土説의 논쟁이 있음을 기술하여 토론의 여지를 두었다. 그러나 후자는 黃帝의 建國을 中國民族의 건국으로 동일시함으로써 한족의 주도성을 강조하고 있다. 내용 편제의 원리 역시 한족에 의한 종족의 동화과정을 조대별로 서술함으로써 한족주의를 강화하였다. 이 경우 韓族을 중국민족으로 직접 언급하지는 않았지만, 내용 서술을 통해 "기자의 습봉시 이미 중국에 귀화하고, 전국시대 臣屬하였으며, 漢四郡의 설치로 직접 중국의 관할에 들었음" 을 명시하였고 영토의 척경을 강조하는 지도를 통해 고구려를 중국사 (북위) 의 관할로 표시하는 등 표현은 훨씬 강화된 것이었다.[73]

　　이러한 현상은 일차적으로는 국가권력이 교육 과정이라는 제도를 주도함으로써 자국사 서술의 윤곽을 확정하고 역사 서술을 강제한 결과라고 할 수 있다. 물론 교과서는 당시 고고학적 발굴 성과 등을 참작하면서 황제 이전의 신화를 더 이상 사실로 인정하지는 않았다. 오히려 구석기, 신석기 식의 고고학적 지식이 자국사의 머리를 장식하였다. 그렇지만 고힐강의『본국사』와 달리 古代를 黃金時代로 미화하고, 문화보다는 朝代別 서술을 내용편제의 기준으로 삼았다. 이러한 편제에서 소수민족이나, 지역등 역사의 다양한 주체의 역할은 드러날 수 없으며, 오로지 중원 왕조에 의한 통합만이 강조될 뿐 이었다. 국민 정부가 추구하는 국민통합의 원리가 왕조시대의 경우와 유사해진 셈이다. 당연하지만 이러한 과정에서 韓族은 주요한 교과서와 개설서에서 중화민족을 구성하는 칠대민족으로서 더욱 공고한 일원이 되었고, 한국사는 중국사와 관련성 속에서 자국사로 포섭되었다.[74]

　　주목할 점은 이러한 국민정부가 추진한 민족주의 중심의 역사교육은 이후 동아시아 정치상황의 진전에 맞추어 더욱 강화되었다는 점이다. 일제의 만주 침략에 이은 지속적인 침략에 따른 학술적인 대응의 필요성 때문이다. 알려진 것처럼 9.18

---

73 周予同,『新標準中等教本本國史』, 開明書店, 1934, p.89, p.101

74 적어도 교과서는 46 년까지, 개설서는 48 년까지도 韓族을 중국사를 구성하는 七大民族, 또는 苗族과 함께 (오족 외) 其他民族으로 서술하였다. 단 種族으로서 韓族은 중화민족이지만, 지리적으로 朝鮮은 중국과 구별되었다. 周予同,『開明本史教本』 (初級中學學生用), 上海 開明書店, 1932; 周谷城,『中國通史』 1948, p.75

이후 傅斯年이 "學術報國" 을 구호로 『東北史綱』 (1932) 를 저술하고, 金毓黻이 『동북통사』 를 저술한 것, 그리고 고힐강의 1934 년 『우공』 을 창간하고 변강연구에 나선 것은 같은 맥락이었다 75. 특히 傅斯年은 일제 침략의 논거인 만몽배제론, 일선동조론을 염두에 두고, 고대 이래 동북이 중국의 강역임을 논증하고자 하였다. 고래로 동북이 중국과 하나였음을 역사, 문화, 강역, 인종을 통해 해명한 것이다 76. 동시에 한반도의 강역, 인종과 관련하여 이주한 漢族 = 중국인과 부여, 고구려의 지배족, 예맥족, 한족등을 분리함으로써, 한반도, 또는 한국이 단일한 역사 단위임을 부정하고, 오히려 대대로 중국의 판도에 있음을 논증하고자 하였다. 사실상 일본의 만주침략에 대한 대응으로 만주 및 한반도의 고대사를 중국사로 편입한 것이다. 교과서 서술이 이를 반영한 것은 당연한 일이었다. 그리고 그것은 항일전쟁이라는 총력전 속에서 더욱 공고하게 내면화 되었다.

結語

근대 역사학은 국민주의를 배경으로 하면서 근대적인 학술 방법 및 학문 제도를 바탕으로 이루어진다. 이 글에서는 중국 근대 역사교과서의 자국사 구축과정을 이러한 중국 역사학의 근대 전환 과정과 연계하여 살펴보았다. 특히 자국사 구성의 핵심인 '중화 민족' 개념을 지식사적인 맥락에서 검토함으로써, 현재 동아시아 역사 갈등 문제를 근대적인 지식 체계의 차원에서 이해하고자 하였다.

중국의 근대 역사학은 청말 열강의 침략에 따른 위기의식을 배경으로 등장하였다. 특히 청일전쟁에 패배 이후 중국 지식인들은 국가건설의 방편으로 자국사 서술을 모색하기 시작하였다. 대표적인 예가 신사학을 주창한 양계초였다. 양계초는 일본식 문명사와 진화론, 그리고 근대 국가 구상을 투영하여 자국사를 구상하고 기획하였다. 그것은 '지나 문명권', '중국사' 와 같은 개념을 통해 청 제국의 판도를 역사 강역으로 포섭 하면서 漢族을 중심으로 제민족에 대한 정복과 동화를 통해 이루어지는 "중화민족" 의 역사였다. 특히 그가 개념화 한 '중화민족' 은 明治 日本의 支那史 東洋史가 제시한 개념을 국민주의적 관점에서 전유함으로써 이루어

---

75 유용태, 「중화민족론과 동북지정학 : "東北工程" 의 논리근거」 『동양사학연구』 93, 2005

76 김창규, 「傅斯年의 민족문제 이해와 "동북" 인식」 『역사학보』 193, 2007 ; 이병호, 「東北工程前史 – 傅斯年의 『東北史綱』 비판」 『동북아역사논총』 20, 2008

진 것이었다.

　새로운 자국사 구상은 청말 민초 교과서를 통해 구체화 되었다. 그것은 형식적으로는 일본식 문명사의 틀을 빌어 전통적인 고사를 정리하는 방식이었다. 특히 역대 천황의 계보와 건국, 국내통일, 대외정복 영웅을 중심의 서사로 이루어진 일본식 교과서의 틀을 그대로 수용하였다. 이에 따라 청말 교과서 역시 역대 정통 왕조의 흥망성쇠를 중복적으로 서술하면서, 자국의 건국, 통일, 정복, 문화영웅의 활동을 서술하는 방식을 취했다. 민국초기 역사교과서는 五族共和를 강조하는 것이 특징이었지만, 실제 서술은 黃帝로부터 비롯되는 한족 중심의 정치사가 두드러졌을 뿐, 서술 방식은 큰 차이가 없었다. 이러한 과정에서 전통적인 역사 서술에 내포된 화이론적 시각이나, 일본 근대가 생산한 역사 지식이 그대로 교과 지식으로 전이되었다. 조선 및 동북 지역의 역사 대한 서술은 대표적인 예였다.

　5.4 운동 이후 중국 지식인들은 근대 학술 방법에 입각한 자국사 서술을 모색하였다. 고힐강은 整理國故를 표방한 고사변 운동을 바탕으로, 반전통주의 및 반유교주의에 기초한 새로운 자국사 서술을 시도하였다. 그 핵심은 중화민족 기원의 一元性, 一統性을 해체하고, 유교를 대신한 제민족의 문화를 민족사로 포섭하는 다원적인 서술에 있었다. 그러나 그가 '본국사' 의 주체로 설정한 華族 역시 문화를 매개로 여러 종족에 대한 지속적인 통합과 확대를 의미한다는 점에서 양계초의 중화민족론과 다를 바 없었다. 특히 고힐강은 일본이 공식적으로 만몽배제론을 제기하는 가운데, 중화민족의 구성 범위를 韓族까지 포함한 칠대 민족으로 확장하였다.

　국민정부 수립 이후, 정부는 집권적 교육체제와 교육 과정등을 통해 민족주의 교육을 강조하였다. 민족의 다원성과 민족 문화의 다양성에 대한 논의나 인식은 허용되지 않았다. 국가 정책 수행에 필요한 중화 민족 단결의 논리 속에서 漢族의 역할이 다시 강조되고, 주변 종족에 대한 융합이 강조되었다. 다만 근대 전환이 이루어진 학술성과를 바탕으로, 새로운 방식의 자국사를 서술할 수 있는 가능성이 넓어졌다. 또 이를 바탕으로 일본과 서구의 중국학에 대응하려는 학술 민족주의가 풍미하였다. 그렇지만, 일제의 만주침략으로 시작된 제국주의적 침략은 이러한 다양한 가능성을 제약하였다. 오히려 일제에 대항하는 민족적 통합이 강조되면서, 한족과 지족의 통합 과정이 교과서 서술의 중심을 이루었다. 이러한 과정에서 韓族과 한반도의 북부를 중화민족과 중국사의 범주로 편입하는 방식은 더욱 보편화 되었다.

중국의 자국사 구축 과정은 그 구상과 형성 과정에서 시종 민족주의 이데올로기가 작동하였다. 역사학의 근대 전환 자체가 근대 국민주의를 배경으로 할 뿐 아니라 실제 국민 국가 제도의 틀 속에서 이루어진다는 점에서 당연한 현상일 수 있다. 문제는 韓族을 중화민족으로 포섭하는 등 자국사를 구성하는 방식에 있었다. 그것은 애초 일본 제국으로부터 수용한 서술체계, 소수민족의 동화를 전제로 한 중화민족론, 제국의 위협으로부터 변강을 방어해야 하는 정치 환경 등 요소가 두루 작용한 결과였다. 중국의 자국사 인식은 이처럼 근대 이래의 긴 지식의 축적 과정을 통해 구성된 것이며, 상대적으로 한국 근대 역사학은 애초부터 중국과 일본의 이중적 제국주의 역사학과 대면하는데서 출발하였음을 이해할 필요가 있다.

참고문헌

Brian Moloughney & Peter Zarrow edt, Transforming History; The Making of a Modern Academic Discipline in Twentieth-Century China, Hong Kong ; Chinese UP, 2011

Sigrid Schmalzer, The People's Paking Man ; Popular Scince and Human Identity in 20th-Century China, Uni. of Chicago Press, 2008

Stefan Tanaka, Japan's Orient; Rendering Pastts into History, Uni. of California Pr., 1993

Q. Edward Wang, Inventing China Through History ; The May Forth Approach to Historiography, State Uni. of New York, 2001

Berry Sautman, "Pakingman and the Politics of Paleoanthropological Nationalism in China", The Journal of Asian Studies 60-1, 2001

Leibold, James, "Competing Narratives of Racial Unity in Republican China : From the Yellow Emperor to Peking Man," Modern China, Vol.32-2, 2006

Peter Zarrow, 「Liang Qichao and the Coceptualization of "Race" in Late Qing China」, 『中央研究院近代史研究所集刊』 52, 2006.

이병호, 「'東北工程' 前史 – 傅斯年의 『東北史綱』 비판」 『동북아역사논총』 20, 2008

山室信一編, 『「帝國」日本の學知　空間形成と世界認識』, 岩波書店, 2006

川島眞, 「일중 역사 인식 문제의 심원 – 1910~1940 년대 교과서 문제」 『동아시아의 역사 서술과 평화 – 사회·국가·세계』 (동아시아사 연구 포럼 논문집), 동북아역사재단, 2011

王汎森, 『中國近代思想與學術的系譜』, 台北 : 聯經出版社, 2003

王汎森,「古史辨運動的興起：一個思想史的 分析」台北：允晨文化實業, 1987

王晴佳,「中國近代「新史學」的日本背景；清末的"史界革命"和日本的"文明史學"」『台大歷史學報』
　　32, 2003

田中比呂志,「創られる傳統－清末民初の國民形成と歷史教科書」,『歷史評論』659, 2005

朴章培,「近現代 中國의 歷史教育과 中華民族 整體性 1」『中國近現代史研究』19, 2003

吳炳守,「中　西에 가린 동아시아：중국 중등학교 역사교육과 동아시아 인식」『동북아역사논 총』19,
　　2008

吳炳守,「中國 國民史學의 形成과 人種·疆域문제；梁啓超·章炳麟의 만주 의식을 중심으로」『동북아역
　　사논총』14, 2007

李丙仁,「'種族'에서 '國民'으로의 轉換摸索과 屈折：中華民國時期 '邊疆教育'과 歷史教科書」『歷史
　　教育』96, 2005

李丙仁,「國民黨의 "國民"養成：당화교육」『중국근현대사연구』30-2, 2008

金昌奎,「傅斯年의 民族問題 理解와 "東北"認識」『歷史學報』193. 2007

金漢宗,「歷史敎科書의 社會文化的 機能과 國家이데올로기」『歷史教育』131, 2014

柳鏞泰,「中華民族論과 東北地政學："東北工程"의 논리 근거」『동양사학연구』93, 2005

柳鏞泰,「近代 中國의 民族帝國主義와 單一民族論」『동북아역사논총』23, 2009

華範,「從蒙學教科書到最新教科書：中國近代教科書的誕生」『山西師大學報』33-2, 2006

葛兆光,「《新史學》之後：1929 年的中國歷史學界」『歷史研究』2003-1

黃東蘭,「書寫中國：明治時期日本支那史　東洋史教科書的中國敍述」『新史學』4, 中華書局, 2010

黃進興,「中國近代史學的雙重危機：試論"新史學"的誕生及其所面臨的困境」『中國文化研究所學報』6,
　　香港：中文大學出版社, 1997

葉碧苓,「九一八事變後中國史學界對日本"滿蒙論"之駁斥－以《東北史綱》第一卷為中心之探討」『國史
　　館學術集刊』11, 2007

劉超,「學術與政治：『現代本國史』教科書案」『史學月刊』2006-7

都冕會,「韓國 近代歷史學의 창출과 通史체계의 확립」『역사와 현실』70, 2008

都冕會　尹海東 엮음,『歷史學의 世紀；20 세기 한국과 일본의 역사학』, 휴머니스트, 2009

羅志田 編,『20 世紀的中國：史學卷（上）』, 山東人民出版社, 2001.

中國近代歷史教科書建構
本國史的過程與「中華民族」

吳炳守

韓國東北亞歷史財團

論文摘要：東亞各國之間歷史認識的問題越益嚴重。本文以「中華民族」為中心，分析中國近代歷史學的近代轉型与歷史教科書建構本國史的過程。因為通過對本國歷史敘述中包含的近代意識形態的省察，才能找到解決問題的線索。

在中國，近代歷史學是清末國民主義為背景開始出現的。但是從其構思階段開始就受到明治日本的文明史與進化論的影響。具有代表性的例子就是梁啟超借用日本的支那史、東洋史設定的範疇和概念，劃定中國史的範疇並製造了「中華民族」概念。

清末民初教科書對新的本國史的記述方式也是借用日本文明史的模式，加以整理傳統故事。尤其是全盤收容日本教科書以英雄為中心敘述歷代天皇系譜和建國、國內統一、對外征服等的模式，因此也以歷代正統王朝的興亡盛衰為基本結構組成建國、統一、征服、文化英雄的活動。在這樣的過程當中，包含在傳統歷史技術中以中國為中心的華夷論觀點，或者日本近代的帝國主義的歷史知識，全部均滲入教科書中。

五四運動以後，中國的知識份子探求以近代學術方法為基礎描述本國史。尤其是顧頡剛企圖以反傳統主義思潮為基礎，從多元角度進行描述，摒棄中華民族一元性與一統性，把諸民族的文化納入民族文化。這種描述方式表現了中國的歷史學從方法和制度上維持近代性，同時預告其多樣的發展可能性。

但是，此後國民政府通過集權教育體制和教育過程強化民族主義教育，比起民族和民族文化的多元性，更強調了漢族的主導性和對周邊種族的融合過程。這樣的邏輯在日本侵略中國的政治背景下擴散為動員大眾的邏輯。而且在對應日本的過程當中，更為普遍地把韓族或者東北和韓半島北部地區納入到中華民族或者

中國史當中。

　　中國本國史的建構，在其構思和形成的過程中，民族主義始終在作祟。這源於日本帝國的記述體系，以少數民族同化為前提的中華民族論。最近，中國對韓國歷史的認識就是通過近代以來長年積累知識而得出的結果。

清末、民國的教科書及教材

晚清留日學生的英語教育
與日本英語教科書在華之譯刊 [1]

鄒振環

復旦大學歷史系

　　19 世紀的中國與日本均面對來自西方的文化衝擊，並各自作出回應。在近百年兩國現代化的進程中，日本通過明治維新成功地躋身於列強之林；而中國則在甲午戰後開始了通過日本這一管道學習西方，步入現代化的艱難歷程。在 20 世紀初的十年間，留日學生是通過日本學習西方知識的重要媒介。以往的研究比較注意留日學生的日語教育，留日學生在日本當然以學習日語為主體，但我們也不要忽視，晚清日本也是留日學生學習歐語的重要場所，不少留日學生正是在日本成功地接受了英語教育而轉道赴歐洲留學的。

　　本文嘗試從留日學生在日本接受英語教育這一特殊的角度出發，通過日本的英語教育和留學生學習英語的環境，神田乃武與「英文典」的漢譯、齋藤秀三郎及其創辦的正則英語學校與編纂的正則英文教科書，日本須因應英語教科書的出版與中日英語教科書市場的互動等方面，指出明治維新後日本所創造的英語學習的環境，日人所編的英語教科書對在日中國留學生的英語學習，乃至後來在中國國內英語學習的推進，來展示 20 世紀初的這一段中國外語教育的特殊經歷，由此可以見出 20 世紀初中國、日本與歐洲在語言交流上的互動關係。

1　本文於 2013 年 6 月 28 至 29 日和 7 月 6 至 7 日曾先後提交香港樹仁大學歷史系主辦的「近現代歷史科及其相關課題教科書國際學術研討會」和復旦大學中華文明國際研究中心訪問學者工作坊第 5 期「近代中國的知識生產與文化政治 —— 以教科書為中心」，特此說明。參見鄒振環：〈晚清留日學生與日文西書的漢譯活動〉，《中國近代現代出版史學術討論會文集》（北京：中國書籍出版社，1990），頁 93-105。

日本的英語教育和留學生學習英語的環境

日本雖然在明末以來相當長的時期裏是通過中國的中介接觸西學的，但就設立外語學堂的時間先後來講，中日雙方差距很小。直到 19 世紀初日本還是通過荷蘭語學習西學的，文化五年（1808），六個日本「蘭通詞」，即荷蘭語翻譯奉命學習英語和俄語，文政五年（1822）最早的日語荷蘭語與英語的對譯辭書《諳厄利亞語集成》問世，作者是長崎的通詞馬場佐十郎。天保十一、二年（1840-1841）澀川六藏譯出了《英文鑒》上下編。弘化四年（1847）藤井三郎編成《英文範》一書。可以説日本人編著英日對照辭書較中國人編寫英漢對照辭書要略早。19 世紀中葉英美在東方的影響日益增大，1848 年美國捕鯨船 Plymouth 號船員 Ronald MacDonald（1824-1894）漂泊到日本，政府讓他給 14 個長崎通詞（荷蘭語翻譯）開班教授英語，教學內容包括語音、語法和詞彙，還教日人讀寫。[2]嘉永元年（1848）江戶蘭學家箕作阮甫編輯出版了《改正增補蠻語箋》。1854年，古賀謹一郎向幕府提出開設洋學所的建議，安政二年（1855）由德川家茂將軍創設了「洋學所」，從事蘭學翻譯與蘭書講習。[3]安政五年（1858）七月，在長崎成立了英語傳習所，荷蘭海軍將校 Wichers 和荷蘭人 Devoge、英國人 Fietcher 等為教師，學英語的學生有唐通事、蘭通詞及其他地方官員的子弟。19 世紀 50至 60 年代，日本學者編寫或增訂的一系列英語教科書先後問世，如安政四年（1857）柳川春三編著的《洋學指針》出版，安政六年（1859）中濱萬次郎譯出了《英米對話捷徑》，萬政元年（1860）福澤諭吉的《增訂華英通語》問世，萬延二年（1861）長崎通詞石橋政方編輯出版了《英語箋》上下卷。1860 年英國湯姆・羅伯聘（Robert Thom，1807-1846）在華刊刻的《華英通用雜話》也在日本再版。文久二年（1862）蕃書調所改稱「洋書調所」，繼而又改稱「開成所」。同年橫濱創設了英語學校，元治元年（1864）正月設立了語學所，教授英、法、俄三國外語，允許一般人入學。慶應元年（1865）八月改稱濟美館，除外國語以外，也教授歷史、地理、算術、物理、化學、天文等。同年老皂館出版《英吉利文範初編》，福澤諭吉創設慶應義塾。1866 年開成所出版了《英語訓蒙》初編、

2　［日］重久篤太郎：《日本近世英學史》（東京：教育圖書株式會社，1941 年日文版），傳記篇中有其詳細傳記。

3　［日］櫻井役：《日本英語教育史稿》（大阪：敞文館，1936 年日文版），頁 42。

《英語階梯》和第五版的《英吉利文典》，印刷了 1000 部《改正增補英和對譯袖珍辭書》。同年在橫濱還開設了英佛學傳習所。[4] 顯然，無論民間，還是官方，明治維新前英語學習和英語出版的熱情，較之中國都要更早和更高。

德富豬一郎說：「日本人學西文，造成學者；支那人學西文，造成買辦。」[5] 此話固然太絕對，但日本知識界學習英語的熱情與中國士大夫排斥西語學習的風氣確實形成了鮮明的對比。明治維新後日本學習外語和接受西學的速度的確更大大加快，有突飛猛進之勢。就外語教育而論，明治二年（1869）由於官制改革而設立的外務省，在處理與外國打交道的事務及在日外國人的各種問題中，深感翻譯人才極少，很不方便。特別是發現「通達英、法語者甚少。」外國公使要求神奈川縣官廳派遣翻譯一名，該縣竟然以人手少而未諾。於是政府開始着手計劃建立洋語學所，學科有英、法、德語。「明治四年（1871）設立文部省，尋頒學制，於各大學區分設諸校，有外國語學校，以英語為則。（先是習外國語者，多從傳教士習學，通計全國教士書塾不下數百。及是官立語學校，民間聞風慕效，爭習英語，故英語最為盛行。）」有不少專門學校聘請外國教師，如日本開成所 1869 年就聘請法國人普塞、戈羅；英國人巴里；美國人伏魯貝奇任外語教師，而且將外國人教師用外語上的課列為正課。[6] 當時中國出版的《萬國公報》稱讚日本沿海內地均延聘西人教導語言各事，所習以「英美之書居多，而俄法普荷德諸國次之。」[7] 這一時期先後問世的日本人編著的英語教科書有 1868 年渡部一郎的《英蘭會話譯語》、小幡篤次郎等《英文熟語集》、池門寅的《和英初學便覽》初編和桂川甫策的《英佛單語便覽》；1869 年有石川寧靜齋的《英學入門》、大鳥藏版的《和英對譯商用便覽》、品川英輔《和英通翰階梯》、廣島洋學校版的《英學階梯》等。1870 年各地英語學校紛紛設立，僅 1871 年至 1873 年三年間問世的各種英語讀本和辭書就多達 180 多種。據統計 1874 年外國語學校數已達 91

---

4 參見〔日〕竹村覺：〈日本英學發達史年表〉，《日本英學發達史》（研究社，1933 年日文版），頁 299-320；S. Katsumata, *A Short History of English Studies in Japan*, (Tokyo: Kenkysha, 1938)；上述提及的具體英文讀本詳見杉本つとむ編：《日本英語文化史資料》（東京：八坂書房，1985 年日文版）。

5 〈支那人之真影〉，《湖北學生界》第五期，（台灣國民黨當時史料編纂委員會，1968），頁 708。

6 〔日〕六角恒廣著，王順洪譯：《日本中國語教育史研究》（北京：北京語言學院出版社，1992），頁 19-29、40-41。

7 佚名：〈日本改讀西字書〉，《萬國公報》，同治十三年（1874）八月二十九日至九月六日。

所，外國語學校學生共 6638 人，外國語教員總數為 269 人，其中外國教員 103 人。英語學校 82 所，在校學生 5957 人，外國教員 51 人；官立英語學校 7 所，學生人數 1005 人；愛知、廣島、宮城、東京、新瀉等都有官立學校。[8] 日本的開成學校，有法科、理科、工科諸藝；礦山學為專門五科。並確定以法、理、工之三科以英語進行教授。而東京大學亦分法學、理學、文學三學部，因為專門學問的本國師資缺乏，於是也採取英語教授，因此除第一外語英語外，還要求學生兼習法語或德語。

　　幾年來的外語教育，成績顯著。晚清郭嵩燾在日記中也非常推崇日本的外語教育，如稱讚日本書記官西郎「能漢文，兼通俄、法、英諸國文字。東西洋人才之盛，百倍中國」。[9] 光緒三年三月初一（1877 年 4 月 14 日）郭嵩燾在日記中記述了他遇到的日本留學生英語水平要遠遠超過中國學生，「詢問日本在英國者約二百餘人，倫敦九十人，學律法者為多。此外栗溫浦、蘇士阿摩登及各海口皆有之。是日通名姓者：長岡良之助，前為諸侯，自治一國，今猶世爵也，亦在英國學律法；一領事南保；一伊賀陽太郎，亦學律法者。凡日本二十餘人，皆通英國語言，中國不如遠矣。」[10]1889 年美國美以美會傳教士李安德（Leander W. Pilcher，1848-1893）估計當時在日本有 3 萬年輕人在學習英語，並且有數千名女學生也在學習英語。[11] 掌握了西語的日本外交官在歐美外交舞台上扮演了令人羨慕的角色。1886 年出任美國、西班牙、秘魯三國公使的張蔭桓在日記中經常為自己不懂外語而羞愧，因為在同一場合的日本使節「攜婦致敬，西裝西語，靈慧趨時。」[12]

　　1903 年 5 月《遊學譯編》第七期刊出的《與同志書》中主張出洋留學的首要前提就是要學好外語，「與其俟出洋之後，而始從事於西文，何如未出洋之先，即從事於西文之為愈也。出洋留學，所費不資，有志之士，半多寒酸，經費難籌，安得不熟計之哉」。指出日本倒是有一個不錯的學習外語的環境：「日本高

8　[日]竹村覺：〈日本英學發達史年表〉，頁 321-333。

9　郭嵩燾：《倫敦與巴黎日記》（湖南：嶽麓書社，1985），頁 136。

10　同上註，頁 166。

11　[美]李安德：〈中國的新式教育〉（The New Education in China），《教務雜誌》（The Chinese Recorder），缺期數(1889)，頁 346-347。

12　任青、馬忠文整理：《張蔭桓日記》（上海：上海書店出版社，2004），頁 107。

等學校教科書，無不用西文原本者，講說亦多用西人發音。誠以精深之學理，雋妙之神味，固必求之於原書，非譯筆之所能達也。泰西學術，日新月異，譯稿未終，已為陳跡。非通西文，曷能追步哉。今日之天下，東西兩洋，交通密切，山陬海澨，罔非西人足跡之所至，無一人無西人之交涉，無一日無西人之交涉，不通語言文字，則扞格必多矣。故今日日本，以英語為普通之教育。欲學商業者不可不通英文，欲學法律者不可不通法文，欲學陸軍及工學者不可不通德文，欲學外交者不可不遍通各國之文。」[13] 清末不少留日學生是通過日本這一外語環境作為中介來學習其他西方語言的，當時有不少接受中國留學生的外語學校，如 1904 年的統計資料中，在正則英語預備學校中就讀的有 45 人；國民英語學校 3 人；英語學會 4 人；英佛和語學校 1 人。[14] 王國維在東文學社受日本教習的誘發開始學習英語，1900 年他受羅振玉資助，東渡日本就讀於東京物理學校「專修物理」，他白天學習英語，晚上學習數學，經過一段時間的學習，基本上掌握了英語這門工具，以後他在讀哲學時，經常採用的方法是用英文原版與日文譯本對照，認為二者結合，可以疏通扞格滯澀之處而能加深理解和記憶。[15] 1907 年李四光在宏文書院畢業後考入大阪高等工業學校，該校第一年課程中就有英語，1909 年李四光的期末考試英語成績達到了全班第四。1913 年他被官費派送到英國留學，但英語基礎顯然是在日本時期打下的。[16] 楊毓麟和楊昌濟兩位日本留學生在 1908 和 1909 年先後擔任清政府的歐洲留學生總監蒯光典的秘書來到英國，如果沒有很好的英語基礎是難以勝任工作的。後來他們和章士釗、楊曾浩一起進入英國厄北澱大學，還免試了中文和日文。[17] 湖北羅田的官費生李元和湖南長沙的官費生黃輝在日本女子大學讀的也是英文科。[18] 在早稻田大學經濟科就讀的張君勱雖然進過日本的語言學校，但日文並不怎麼好，僅能勉強看書，說話和寫作都很困難。當時早稻田大學除了講義是日文外，所有的參考書幾乎全是英文，如威爾遜的《國家論》、柏基氏的《憲法》、薩里門的《經濟原理》、奧本海的《財政學》等，而

13 張楠、王忍之編：《辛亥革命前十年間時論選集》（一）上，（北京：三聯書店 1978），頁 395。

14 李喜所：《近代中國的留學生》（北京：北京人民出版社，1987），頁 149-154。

15 雷紹鋒：《王國維讀書生涯》（北京：長江文藝出版社，2000），頁 18-20。

16 馬勝雲、馬蘭編著：《李四光年譜》（北京：地質出版社，1999），頁 18、20、28。

17 王興國：《楊昌濟的生平與思想》（湖南：湖南人民出版社，1981），頁 60-61。

18 參見謝長法：〈清末留日女學生〉，《近代史研究》，1995 年第 2 期，頁 276-279。

且考試也允許學生用英文寫論文，這對於曾在廣方言館受過英文訓練張君勱來說是一個極大的便利，英文在日本也成了張君勱學習求知的重要工具。[19]宋教仁從1905年開始就在日本不斷學習英語和日語，1906年4月20日他在「中國書林購得《英文典》及《華英字典》各一，又至三省堂購得《漢和大字典》一冊。」5月5日「購得《英語動詞活法要覽》」。[20]我們從《宋教仁日記》中可以看到很多雙語學習的記錄，如7月12日訂立計劃「上午則習英文；下午習日文、日語及歷史、地理、哲學、數學諸科」，請日人小川升一郎「來教日文」，並至「同文館，購得《日本俗語大典》及《花笑翁》一冊」。[21]9月15日讀《漢譯東文軌範》，「尚未得要領。又觀《英語發音之誤》，此書專論英音之理者，頗中肯綮。餘擬每日觀數頁即筆錄之，如譯書然。」[22]有資料表明，魯迅也是在日本通過日本人所編的《英文典》學習過英文的。魯迅從日文、德文譯出過大量的西方文學和社會科學的作品，偶爾也通過英文翻譯。周作人雖然在江南水師學堂學過英文，但大量的英文閱讀還是在日本進行的，如他在《東京的書店》一文中寫道：「我於一九〇六年八月到東京，在丸善所買最初的書是聖茲伯利（G. Saintsbury）的《英文學小史》一冊和泰納的英譯本四冊。」並請丸善書店定購了不少歐洲大陸文學的英譯本，1909年所刊的他與魯迅合編的《域外小說集》二卷，其中不少作品就是從這些英譯本中選取。[23]1907年他與魯迅合譯出的《紅星佚史》的幾節，在同學中傳觀，有的同學認為其「筆法超越林文」，「林琴南也望塵莫及了」。[24]

　　日本外語教育的特點不僅僅體現在日文教學上，還體現在其他語種的教學上，如魯迅就是在日本學習德語和俄語的。郭沫若指出過日本外語教育的特點：「日本高等學校的功課，有一半乃至以上是學外國語，第一外國語，第二外國語。甚至學第三種的拉丁語。一個禮拜的外國語時間在二十二三個鐘點以上。加之日人教外國語的方法是很特別的，他們是特別注重讀。教外國語的先生大概

19 鄭大華：《張君勱傳》（北京：中華書局，1997），頁12。

20 湖南省哲學社會科學研究所古代近代史研究室校注：《宋教仁日記》（湖南：湖南人民出版社，1980），頁172、177。

21 同上註，頁202。

22 同上註，頁242。

23 鍾叔河編：《周作人文類編·日本管窺》（湖南文藝出版社，1998），頁77-78。

24 沈瓞民：〈回憶魯迅早年在弘文學院的片斷〉，魯迅博物館等編：《魯迅回憶錄》散篇（上）（北京：北京出版社，1999），頁43-45。

都是帝大出身的文學士，本來並不是語學專家，又欲學生們所志願的學科沒有涉歷，他們總愛選一些文學上的名著來做課本。」[25]「日本人教外國語，無論是英語、德語，都喜歡用文學作品來做讀本。因此，在高等學校的期間，便不期然而然地與歐美文學發生了關係。我接近了泰戈爾、雪萊、莎士比亞、海涅、歌德、席勒，更間接地和北歐文學、法國文學、俄國文學，都得到了接近的機會。」[26]

神田乃武與「英文典」的漢譯

　　明治時代的日本有兩大英學者，即神田乃武、齋藤秀三郎所編的英語教科書在華都有中譯本，神田乃武和齋藤的讀本在 1908 年先後由商務印書館編譯所推出。神田乃武（1857-1923），原名松井信次郎，1857 年出生在江戶（東京），1868 年被明治時期著名蘭學家神田孝平收養，15 歲那年隨森有禮公使赴美，1871 至 1875 年他在美國麻塞諸塞州頗有名氣的貴族男校艾姆赫斯特高級中學（Amherst High School）就讀，1875 年進入艾姆赫斯特學院（Amherst College）深造，接受了很好的英語教育，1879 年獲得了碩士學位後回國。在以後的 20 年間先後執教於第一高等中學、東京帝國大學、東京高等女學校、東京高等商業學校、一橋大學、東京外國語大學等。1897 年主編《外國語學雜誌》。明治三十四年（1901）曾赴歐美考察英語教育，明治四十二年（1909）又隨澀澤子爵的商業視察團考察美國，著有 *Kanda' s Crown Readers*（《神田首要讀本》等英語教科書多種。[27] 其著述甚多，最早的為 *Intermediate English Grammar*（《中級英語語法》，三省堂 1899 年版）；*English Grammar for Beginners*（《初級英語語法》，三省堂 1900 年初版，1903 年改訂再版）、*Higher English Grammar*（《高級英語語法》，三省堂 1900 年初版，1904 年改訂再版）、1909 年 *English Grammar*（《英語語法》）全兩卷由三省堂出版，這些英語教科書組成為所謂「神田文典」。1899 年三省堂還出版由他編的 *New Series of English Readers*（「英語讀本新系

---

25 郭沫若：《學生時代》（北京：人民文學出版社，1979），頁 43。

26 同上註，頁 12。

27 神田紀念事業委員會編：《神田乃武先生追憶及遺稿》（*Memorials of Naibu Kanda*），（東京：東京株式會社太空社，1996），頁 3-43；〔日〕櫻井役：《日本英語教育史稿》，頁 272-273；〔日〕佐佐木達、木原研三編集：《英語學人名辭典》（東京：東京株式會社研究社，1995 年日文版），頁 169-170。

列」No.1-3）一至三卷和 *How to Translate Japanese into English*（《和文英譯教科書》）；1900 年三省堂還出版有 *Kanda's New Series of English Readers*（「神田英語讀本新系列」）全六卷和 *Kanda's English Readers for Primary School*（《小學英語讀本》）全四卷，1901 年三省堂有 *Kanda's Supplementary Reader*（《神田補充讀本》）。1905 年三省堂出版有他所編的 *First Book of English Composition*（《英文作文第一書》）；1911 年還刊行有以會話為中心的 *Kanda's Standard Readers*（《神田標準讀本》）全五卷和 *Modern English Readers for Middle and Commercial*（《為中東和商業編纂的現代英文讀本》）。英和辭典方面有《英和雙解熟語大辭典》（與南日恒太郎合編），有朋堂 1909 年初版，1914 年已印行了 25 版。1911 年有《英和例解要語大辭典》。

　　神田乃武的英文典尚未進入中國讀者市場前，已經受到了赴日中國教育考察者的注意，據楊澧《日本普通學務錄》，當時日本學堂使用的西語教材有神田乃武著的《訂正英語讀本》、《英語字帖》；花輪宮井著的《英語讀本》；大村氏著的《德文楷梯》，以及《獨逸羅典習字手本》、《德文讀本》等。[28] 在華最早譯出神田乃武英文教科書的可能是 1906 年昌明公司推出的《中學英文讀本》卷一，該書筆者未見，據 1906 年 8 月 27 日《申報》載「《中學英文讀本》卷一為日本帝國大學文科講師神田乃武所著，舉凡讀法、文法、默寫、會話、中英互譯，足資學生練習者，無不賅備，且常述教授法為教者之助，頗合中小學之用。」[29] 同年河北譯書社出版的於振宗譯《英文典教科書》，該書筆者亦未見，據光緒三十二年九月十日（1906 年 10 月 27 日）《中外日報》有「英文典教科書」出版廣告：「日本神田乃武著，棘津於振宗譯附〈英語變遷源流考〉。吾國中學以上以英文為重要學科，而文法課本闕焉不備，學者憾之。此書為日本中學校通用課本，舉國風行，明瞭簡單，於教學最為適當。原著者英文專家神田乃武，直隸於君振宗取而譯之。譯者夙研究英文，博通其法，今譯此書，復附以英語變遷源流考，導使學者知文字之原，以期不勞而獲。其譯筆之雅潔而出以淺，尤為便初學。吾中學堂一、二年級取為課本，可信其適宜也。茲書已出版發行於東京留學生會館。上海文明書局、天津保定兩官書局、北京浣花書局識者鑒之。河北譯書社謹白。」

---

28 楊澧：〈日本普通學務錄〉，王寶平主編：《教育考察記（下）》（上海：上海古籍出版社，1999），頁 678。

29 佚名：〈謝贈英文讀本〉，《申報》，1906 年 8 月 27 日。

清末神田乃武所著英語讀本在華影響較大的要推其所著《初等英文典》
（*English Grammar for Beginners*）、《中等英文典》（*Intermediate English Grammar*）和《高等英文典》（*Higher English Grammar*），三書均由商務印書館編譯所譯述出版，後經民國教育部審定為中學校用教材。《初等英文典》由商務印書館編譯所譯述，1908 年的《東方雜誌》已見該書的出版廣告。「學部審批商務印書館呈請審定教科書」稱「《英文典》分為初等、中等、高等三卷，由深而深，層級井然，間以中文解釋文義，又以中國事實作譬，尤便學者。間有不合，均已簽出，改正後定為中學堂參考書」。[30] 商務印書館編譯所譯述《中等英文典》初版於 1908 年 4 月出版，1919 年 8 月訂正 10 版，1930 年推出第 23 版，版權頁上題有「訂正中等英文典・教育部審定中學校用」。譯者在《序》中稱：「近者世界大通，吾國教育，亦不能不與世界大勢相應，各學堂於是以英文為必修科。……顧吾國學校所用之英文教科書，枝節凌亂，罕得善本，大率取材於英美人所編輯者，其未能切東亞之情事，而墨守師承，以施教術，不待智者而後見也。文典一門，取徑艱深，尤為學者所病，是不可不亟求適宜之書，以惠來者。日本英文學大家神田子爵有初等、中等、高等英文典各一冊，層級井然，敍述明暢，洵為一時之冠。論文時純用國文，更便初學，惟原書為日本人所作，所選材料，不合我國之用，因一一改譯之，而於原書美善之點，則絲毫不失吾知。是編一出，而向者習英文典之艱苦，可以盡去。而區區輸納文明之忱，亦得稍慰也。」「《英文典》分為初等、中等、高等三卷，由深而深，層級井然，間以中文解釋文義，又以中國事實作譬，尤便學者。間有不合，均已簽出，改正後定為中學堂參考書。」該書《譯例》稱是書「繼《初等英文典》而作，循序漸進，學生既學習初等英文典之後，讀之最為合宜。然尋常中學生略有英文典之初級知識者，無不可用也。」書中「說理之語，仍用國文，惟問題則全系英文，緣學生之程度，至此略高，教員可操英語而詰問，因使學生操英語作答。然如教員見學生尚未能勝任，則譯作國語問之亦可，正不必拘泥。」全書不是按照課程逐級編纂，而是採用章節體。全書分兩部分，一是語法，重點在英語詞類知識的介紹，二是句子，重點在句子結構的分析。《英文典》的三個系列，傳達是各個層次語法的內容，在廣度和深度上都有不同的遞進關係。《中外日報》光緒三十四年（戊申）五月二十二日（1908 年 6 月 20 日）有商務印書館《中等英文典》出版廣告，稱「《中等英文

典》，學習英文，注重文典，近用教本皆西人原著，不適合國人之用。故英文典一科，遂若畏途。本館近譯日本神田乃武所著之英文典，為吾東亞學士之偉著，出生平之閱歷成嶄新之課本，合心理速進步。其〈初等〉一編，前已發行，初學英文者無不奉為良導師。是編繼前書而作，尚有〈高等〉一編不日亦當出書。定價每冊大洋四。」

「英文典」系列因其循序漸進的特點，在華反響不小。直至民國時期仍是不少中學採用作英語教材，如 20 世紀 40 年代在四川樹德中學就讀的熊習禮在回憶錄《記憶中，少年時代我的母校》一文中寫道：樹德中學英語教學「分為英語（Reader）、英文即文法（Grammar）兩門學科，初中的文法課採用日本人神田乃武所編《初等英文典》和《中等英文典》為教材。初三還要加英作文課（Writing）。每一個星期六下午有兩個學時寫作文，單周中作文，雙周英作文。高中的英文教材是《實驗高級英文法》（*Experimental English Grammar*）和《納氏英文法》。二年級以上還要請美國人徐達林來教會話課（Conversation）。」[31]

齋藤秀三郎及其創辦的正則英語學校與正則英文教科書

齋藤秀三郎（1866-1929），出生於日本宮城縣仙台，父親是音樂教育家齋藤秀雄。1874 年進入宮城英語學校，1879 年畢業，1880 年考入東京帝大工部大學，專攻化學與造船，在該校受到英籍英文教師狄克遜（James Main Dixon）等學者的薰陶和專門訓練。[32] 後執教於宮城中學校，1887 年任第二高等學校助教授等職務。1893 年出版處女作《英會話文法》（*English Conversation Grammar*），1896 年創設正則英語學校，並長期擔任該校校長。1904 年出任東京帝國大學文科大學講師。先後編有《熟語本位英和中辭典》（1915 年）、《英和·和英辭書》等，堪稱日本英語教科書編纂方面的大家，在日本英語學界有很高的聲譽。

---

31 資料來自：http://scnews.newssc.org/system/2009/03/26/011725059.shtml

32 James Main Dixon（1856-1933），1878 年畢業於英國畢業於聖·安德魯斯大學（Andrews University），1879 年任教於日本東京大學工學部教授英語，他的學生有齋藤、夏目漱石等。1892 年到 1901 年赴美國擔任華盛頓大學英語文學教授，1905 年起任南加州大學教授等職，著有 *Helps to the Mastery of English*（1881）；*English Lessons for Japanese Students*（1886）；*Elements of Word Formation*（1890）等。參見 [日] 佐佐木達、木原研三編集：《英語學人名辭典》（東京：東京株式會社研究社，1995 年日文版），頁 73。

1917 年 5 月至 7 月的《中外英字新聞》中，第 24 卷第 10 至 14 號刊有多篇關於《熟語本位英和中辭典》的討論問答。其所編英文教材除 *English Conversation-Grammar*（《英會話文法》，興文社，1893 年）外，還有 *First English Primer*（《初級英語第一書》）和 *Second English Primer*（《初級英語第二書》，金港堂，1896 年）、*Practical English Grammar*（《實踐英語語法》，全 4 卷，興文社，1900 年）、*English Language Primer*（《英語語言入門》，第一、二卷，興文社，1900 年）、*Advanced English Lessons*（《高級英語課程》，全 7 卷，1901-1902年）、*Monograph On Prepositions*（《介詞專論》，全 13 卷，1904-1906 年）；*Class-Books of English Idiom ology*（《英語習語易解》，全 10 卷，1905-1909年）、*Studies in Radical English Verbs*（《英語動詞詞根研究》，全 8 卷，1909-1911 年）等；在文法教科書方面有 *First Book of English Grammar*（《英語語法第一書》，興文社，1899 年），*English Grammar for Beginners*（《英語語法入門》，興文社，1900 年）和《邦文英文法初步》（興文社，1900 年）；作文書有 *Text-Book of English Composition for Middle School*（《中學英語作文教科書》，2卷本，興文社，1900 年 -1901 年），另外還有 *Spelling and Pronunciation*（《拼寫與發音》，三卷，興文社，1903-1904 年），*The World's English Lessons*（《世界英語課本》，第一卷單音節詞，第二卷分音節、重讀和發音，第三卷雙音節詞的重讀，第四卷三音節詞的重讀，第五卷多音節詞的重讀，日英社，1911 年）、*Middle School English Lessons*（《中學英語課本》，全五卷，興文社，1908 年）、*Shorter Middle School Lesson*（《簡明中學英語課本》，全五卷，興文社，1911年）、1912 年日英社出版了一系列齋藤的英語教科書的參考讀本：*The Easy English Lessons*（《簡易英語課本》）、*One Hundred Anecdotes for Recitation*（《逸事選文一百篇》）、*One Hundred Famous Stories for Recitation*（《故事選文一百篇》，全 2 卷）、*Macaulay's lord Clive*（《麥考利的克萊夫勳爵》）、*The Adventures of Tom Thumb*（《大拇指湯姆歷險記》）、*Hawthorne's Biographical Tales*（《霍桑歷險的故事》）、*Common Sayings for Recitation*（《俗語選篇》）等多卷本英語教科書和教學參考書，在日本有着廣泛的影響，開創了日本明治英學界的所謂「齋藤時代」。1928 年日英社出版《齋藤和英大辭典》是齋藤秀三郎一生最

後一部作品，1929 年 11 月 9 日病歿。[33]

　　齋藤是日本明治和大正時期著名的英語教育家和學者，在清末民初時期的中國也有很大的影響，「齋藤秀三郎」的名字是與「正則」英語學校和「正則」英語教科書聯繫在一起的。所謂「正則」，按照福澤諭吉 1883 年的《要提高洋學的地位》一文，西洋人在日本直接傳授的學問稱「正則」，由日本洋學家向學生輾轉授受的稱「變則」。[34] 可以説，「正則」類似漢語的「正宗」之意。在晚清對中國英語教學影響最大的日本外語學校，可能就是正則英語學校。該校又稱正則英語預備學校，1896 年由齋藤秀三郎創立，是當時日本頗有影響的一所專門教授中等與高等英語的專門學校。該校的第一方針就是讓教師喜歡教，讓學生樂意學。因為語言學與講解自然關係的數學不同，語學和文學一樣，屬於「人間學」，因此，在語學教學和研究上，就需要有「博愛」、「義俠心」和良好的交際能力。[35] 所謂「正則英語」，又是特指在英語的學習上追求純粹和正確的發音和語法的方法，與當時有學者提倡的所謂「變則英語」的教學方法相對立，「變則英語」是為非英國母語系統設計的教學方法，強調實用與速成。[36] 如渡邊研據 Noah Webster 所著譯出的《正則英語獨案內》（大阪青木嵩山堂，1885 年）、青木富士編的《正則英語自在》（大阪青木嵩山堂，1886 年）、玲木政男編的《正則英語獨稽古》（大阪田中宋榮堂，1886 年）、勝岡信三郎著《正則英語獨學》（東京大東館，1886 年）、飯田駒吉編《正則英語五千便》（大阪梅原市松，1887 年）、植田英次郎編《正則英語二萬便》（大阪明玉堂，1887 年）、木內文友編的《實用正則英語入門》（東京金壽堂，1887 年）、富松佶郎編譯的《正則英語活用全書》（大阪西野文榮閣，1887 年）、鈴木政男編的《正則英語獨學自在》（大阪田中宋榮堂，1887 年）、東條種家著《正則活用英語獨學大全》（大阪吉岡寶文軒，1888 年）、高橋奄雄著《正則英語自修新書》（東京大日本普通學講習會出版部，

33 參見［日］大村喜吉等編集：《英語教育史資料》（東京：東京法令出版株式會社，1980），第五卷「英語教育事典・年表」，頁 97；［日］櫻井役：《日本英語教育史稿》，頁 170-171；［日］佐佐木達、木原研三編集：《英語學人名辭典》，頁 300，將其去世的時間定為 1930 年。

34 福澤諭吉：《福澤諭吉教育論著選》（北京：人民教育出版社，2005），頁 49-50。

35 齋藤秀三郎：〈英語研究談〉，《英語世界》第 7 卷第 2 號，轉引自［日］大村喜吉等編集：《英語教育史資料》，第四卷「英語辭書・雜誌史」，頁 382。

36 參見［日］大村喜吉等編集：《英語教育史資料》，第五卷「英語教育事典・年表」，頁 129-130。

1906 年)、石川辰之助著《正則獨修英語讀本》（東京有朋堂，1906-1908 年）等，[37] 都是在這一「正則」理論指導下完成的教科書和自學讀本，數量極多，在日本廣泛流傳。

陳獨秀、蘇曼殊、章士釗、鄭貞文和楊端六等都曾在東京正則英語學校就讀過。陳獨秀 1907 至 1909 年曾就讀於該校，打下了良好的英語基礎，儘管他懂法文和日文，但最擅長的還是英語，曾與蘇曼殊合譯過不少英詩，還編寫過中學英語教科書和英文詞典。[38] 蘇曼殊良好的英語基礎也是在這裏打下的，他 1906 年譯出《拜輪詩選》（1908 年在日本出版）和《文學因緣》（1908 年？在日本出版），[39] 並在國內一些新式學堂教授英文。章士釗 1905 年赴日本留學，1906 年進入正則英語學校學習英文，24 歲始識英文字母而不以為恥。同年他還在實踐女校教中國留學生古漢語，為了向學生講授古漢語語法，他以英語語法規則來解釋漢語語法，編成了《中等國文典》一書，1907 年該書在上海出版，他以此書稿費作路費赴英國留學。[40] 可以說，是正則英語預備學校給章士釗打下了最初的英文基礎。該校所編的教科書在日本英學界獨樹一幟。據介紹「其體裁，於一課之中，文法、點讀、作文、會話四者兼備，既非偏重，亦不繁蕪。於所舉譯例，多運用入學科常識，為將來研究高深者預植基礎。編法新穎，便於教學。」[41]1905 年以官費派赴日本留學的湖南人黃尊三在 11 月 23 日日記中寫道：同鄉張少留在正則英語學校學英文，對齋藤校長高度讚揚，又稱留學生在該校學習者人數不少，其中有年已四十以上的吳景鴻，頭髮雖然落了不少，但熱心向學，使黃尊三驚歎不已。張少留告訴黃尊三將來如要入正式學校，英語日語都是很重要的。黃尊三信

---

37 參見日本國立國會圖書館編：《國立國會圖書館藏書目錄·明治期》（國立國會圖書館、紀伊國屋書店，1994 年日文版），第 5 篇〈藝術·言語〉，頁 458-460、466、511-513。

38 陳萬雄：《新文化運動前的陳獨秀》（香港：香港中文大學，1979），頁 6-9。

39 柳亞子：〈蘇曼殊之我觀〉，載《語絲》第 108 期，1926 年 12 月 4 日。

40 鄒小站：《章士釗社會政治思想研究（1903-1927）》（湖南：湖南教育出版社，2001 年），頁 26-27。

41 參見群益書社版陳光益、黃識編著的《英文書翰鑰》新書廣告。

服其説，請代辦正則英語學校的入學手續。[42]

　　正則英語讀本在留日學生中影響很大，如宋教仁 1905 年到達日本後不久，2 月 6 日他就在留學生會館購買了《正則英文教科書》。[43] 正則英語教材正是通過留日學生傳入中國內地，在華漢譯並產生了廣泛的影響。上海昌明公司 1903 年初出版了齋藤秀三郎《正則英文教科書》第一編，由美國 R. H. Andison 校字，湖北中學教科書社纂譯，英文書名為 English Language Primer 全書分五冊，第一冊從 26 字母開始，分語音、拼寫、名詞、動詞、形容詞、副詞、連接詞等，同時配有習題答案，稱「問題之答」。光緒三十年四月十六日（1904 年 5 月 30日）《中外日報》有「正則英文教科書・第一學年第一冊・第二學年第二冊改正再版已到」廣告稱「是書為日本正則英語學校長齋藤氏著、美人阿氏校正。日本全國中學校用本，每年發行數十萬冊，內容先列英文句語，次以漢文，間英語述文法，次列英問題，次列漢問題，由淺入深，每學年一冊，共五學年，五大冊讀畢，中學英文法會話均獲完善。第三、四冊准五月初出版外，第一、二冊問題之答今月出版，務使教者受者兩得便利。第一、二冊各大洋六角，問題之答各大洋一角五分。發行所上海四馬路東華里昌明公司」。該書 1904 年 2 月再版，1904年 11 月推出訂正 6 版，1907 年 1 月有訂正 9 版。齋藤秀三郎《正則英文教科書》的第二編，由美國 S. H. Oloson 校字，湖北省同鄉會中學教科書社編譯，清國留學生會館 1903 年 7 月在上海初版。上海至誠書局 1907 年亦推出《正則英文教科書》，光緒三十三年（丁未）七月二十四日（1907 年 9 月 1 日）《中外日報》刊載該書五冊出全廣告，稱：「本書發行以來頗蒙海內外學界歡迎，購者不絕，無容贅述。今當五冊完全出齊，詳將第一、二冊損益改正。本書最近印行者，為最完全之本。且補原書所不及，實英學界第一佳本也。五冊告成餉我同胞。凡購讀者從廉出售。第一冊六角，第二冊六角，第三冊六角，第四冊七角五分，第五冊一元。第一冊第二冊『問題之答』一角五分，即日出版。第三至第五冊『問題之

---

42 1906 年 8 月 15 日，黃尊三在每天早上 7 時起到青年會的英語講習會學習英語一小時。在暑假裏他每天上午看英文，讀《莎翁文集》和《魯賓遜漂流記》，下午練習日文、日語。燈下作英文日記。預科第二學期英文課時明顯增加，英作文文法 6 節、英文講讀 9 節、英文會話 1 節、英文默寫 1 節、英文音讀 1 節，而日文作文則只有 1 節。7 月他還計劃學習德文。1908 年 3 月 27日他通過早稻田大學特別預科的畢業考試，升入高等預科。參見［日］實藤惠秀著，譯汝謙、林啟彥譯：《中國人留學日本史》（北京：三聯書店，1983），頁 126-138。

43 湖南省哲學社會科學研究所古代近代史研究室校注：《宋教仁日記》（湖南：湖南人民出版社，1980），頁 35。

答』准於來月出版。總發行所四馬路東至誠書局。」

　　若干齋藤秀三郎的正則英語教科書在中國未用「正則」的名稱，如 1904 年赤城學校出版有張（嘈）所譯《英文法教科書》；1905 年赤城學社浙江同鄉會編輯支部、清國留學生會館刊有天台藐姑射山人編譯有《最近英文法教科書》，英文書名為 *Saito's English Grammar Series*，封面標注為該書為「尋常中學校用、尋常師範學校用、高等女學校用」。該書分兩個部分，第一部分是譯者序言，交代編譯者的編譯經過和主旨，指出當時流行的英文讀本值得推薦的有《英文法程》和《英文漢詁》，但都不適合於中學程度，不能「於英文法中種種困難之處，施以嶄新意匠者」，雖然英美都不乏善本，「然一國文典，必有一國特殊之質點」，為彼國人所編纂的教科書在言語習慣上「遂不免有隔閡不通之憾」。該書「特於歐人所略之處，反復申論，可謂獨具隻眼」。第二部分為《譯例》，稱該書原本出版後，「日本全國學校靡不採用，發行之數約以萬計，其為學界所歡迎可見一斑。」認為嚴復的《英文漢詁》「乃善文法，書惜無練習，不合教科之用，讀者當以是書為課本而參考《漢詁》，更佐以英美讀本，則於英言一道通之易矣！」[44]全書主體分為八個部分，一是句子與詞性，二是名詞，三是代名詞，四是形容詞，五是動詞，六是副詞，七是前置詞（今譯介詞），八是接續詞（今譯連詞）等。

　　齋藤秀三郎所著《英會話文法》（*English Conversation Grammar*）也是正則英文教科書之一。經謝洪賚改譯為《英語捷徑》前後編，前編由商務印書館 1908 年 5 月初版，後編出版於 1908 年 7 月。原版屬於日本中學堂初級英語課本，共50 課，其中有會話、有文法、有翻譯，是供日本中學堂初級及其它程度相等之學堂所用。齋藤在《原序》中稱：「邇來從事英語教授者，咸知普通英文文法書不能使教者、學者兩相愜意。僕任英文教習有年，亦同此憾。因著此書，合體用而為一，以補初等文法書之缺。使初學者於英文特質漸能領會。而及其發為言語或見諸文字時，自能訴合無間。且於英國慣用之語，亦不至多所背戾焉。近世出版之書，用以教授外國語而收效甚廣者，莫如 *Conversational Method*（《英會話文法》），是書即據為基礎，然其相異之點，亦頗不鮮。本書課程，每一課析為三段，曰會話，曰文法，曰練習。會話一段，當先誦讀，並宜熟記，然後再習文法一段。文法應由教習為之解說，而生徒更宜切記，勿稍遺忘，學者勿遽畏其難

---

44 ［日］齋藤秀三郎編，天台藐姑射山人編譯：《最近英文法教科書‧譯例》（赤城學社浙江同鄉會編輯支部、清國留學生會館，1905）。

也。蓋第二段所引申者，早已隱寓於第一段之會話中矣。然猶恐生徒於理法有所未明，故更繼以練習一段。生徒逐句翻譯，呈之教習，教習當為之訂正。復令誦讀一過，而自能心領神會矣！」他稱該書的編纂「並不依普通文法書之位置，且較之普通文法書略有欠缺也。文法以動詞一類為最難，世所公認。本書於動詞申說最先，且於全書中為最詳。惟動詞之形式及其使用，往往隨他類之詞而發明之。初不限於動詞本類之下，此非作者之故違通則也。人以言語表明其意思，而以法律約束其所表之言語，使有條理，是為文法。夫欲使言語有條理，則著書者亦求不背條理足矣。」[45] 由會話到文法，將所學語法的理論放到一定的會話情景中，正是該書的顯著特色。初版譯者在〈緒言〉中指出：「日本於吾為同文之國，故其習歐美諸國文之途徑，亦大略相同。齋藤秀三郎，為彼國英語學界鉅子，主講正則英語學校，以善教授聞。所需書籍，每自編纂。嘗謂英美通行課本不適束方初學之用，因就其閱歷之所得，別辟溪徑，以為先導，學者稱便。讀是書〈原敍〉，謂以備生徒未習普通文法書之前之用，兼以補初等文法書之缺。蓋誠非率爾操觚者，宜為彼國文部省檢定，而頒諸學校，以為教科書善本矣。吾國習英文者日有增益，與其捨近求遠，沿用英美成書，曷若問道已經且就途徑相同者乎。書為日本人作，有專言彼國事者，則悉以我國事代之，蓋亦求適實用俾無耗學者腦力，顏曰捷徑，猶此意也。」[46] 該書的體例以課為單位，每一課內容都包含着會話、文法、練習三部分，突出會話是為了讓學生擺脫長期學習英語而不能開口會話的缺點，文法部分是希望學生通過語言現象的學習，上升到理性的認識，最後的練習部分，希望學生通過會話和英語語法知識的認識，取得爛熟於心的效果。前編 38 課，後編 31 課。採取先英文後中文的編纂形式，全書涉及英語中的主要語法九大詞類，以及時態（語態）、情態動詞、各類從句、不定式、現在分詞、過去分詞、規則動詞、不規則動詞等內容。但語法部分沒有翻譯成漢語，譯出的僅僅是句子練習部分。這也是貫徹了原作者強調的通過練習來鞏固與強化英語知識的特點。該書修訂者方豪指出該書長處，一是「能將『文法』和『會話』合成一體……我國向來選擇或編譯英文教科書的……往往將『文法』、『讀本』、『會話』，分成了三個部分；似乎彼此不相容式底。所以其結果往往發生了『會寫不會說』和『會說不會寫』的兩種弊病來。犯了以上兩種弊病的人，叩之曾經學過

---

45 商務印書館編譯所編纂：《英語捷徑・前編》（商務印書館，1947），〈譯原序〉。

46 商務印書館編譯所編纂：《英語捷徑・前編》・〈緒言〉。

英語的，恐怕要十居八九。所以本書的第一長處，就是能夠把『文法』、『會話』、『讀本』，陶熔在一爐……這確是編書的人有見到的地方。」二是該書的體裁是採取「會話式的教授法」（Conversational Method）來編纂的，這一教授法較之「誦讀式的教授法」（Reading Method）的長處是很快能夠學以致用。在修訂過程中，修訂者還將第三人稱的中文譯詞分出了性別以示區別，以符合英語的語言特點。[47] 該書出版後，受到學術界的好評，被認為「洵為學英語者之捷徑，凡中學堂初級英文學生用之獲益匪淺，誠英語教科書空前之傑作也」。[48] 學部給出的評語為：「是書以語言文法並論之故，不按普通文法書之次序，而以會話、文法、練習三者互相為用，使學者循序漸進，誠初學之捷徑也。審定為中學堂教習參考之用。」[49] 由於該書在學界的巨大影響，1920 年夏天商務印書館考慮到初版譯文是文言文，難於適應新文學時代的要求，於是決定與時俱進，委託方豪進行修訂，同年 9 月修訂完成推出新版，1947 年 1 月發行第 9 版，可見影響相當持久。

由於正則英語教科書在華銷售太好，豐厚的利潤也引起齋藤本人的不滿，於是他上訴公廨，企圖阻止正則教科書的翻印，於是在上海有所謂「正則教科書案」。留美學生劉成禹及留日學生但燾將齋藤的《正則英文教科書》譯為漢文，陸續在昌明公司等處寄售，1908 年劉成禹、但燾與馬華甫另外在上海開設了至誠書局，銷售譯本，且風行一時。由於該漢譯本原是正則英語學校編譯部漢譯、東京興文社翻印。1908 年 11 月齋藤秀三郎就派人來上海，恐嚇說如果至誠書局繼續銷售《正則英文教科書》，他們就準備上訴會審公廨。但至誠書局不為所動，於是齋藤以翻印侵權等理由向日本領事永瀧呈告，要求禁止出售，函請公廨查究。至誠書局也在光緒三十四年（1908）十一月間亦將齋藤誣訴案函訴到上海市書商業同業公會。書商業同業公會「因查光緒二十九年（1903）《中日通商行船續約》第五款：日本臣民為中國人備用起見，以中國語文著作書籍以及地圖、海圖執有印書之權，亦允由中國國家定一章程保護云云。而《正則英文教科書》原本專備日本人之用，又係以英、日二國語文成書，則我國對於此書原本自無保護之責，雖係原文翻印，日人亦無權過問。況譯為漢文且經刪改乎！我國未入版權同盟，除條約所載外，無論何國之書，法律均許翻譯翻印，齋藤亦無控告之權。

47 方豪：〈修訂「英語捷徑」序〉，商務印書館編譯所編纂：《英語捷徑‧前編》，〈緒言〉。

48 商務印書館廣告 203 號，《教育雜誌》，第 1 年第 4 期，1909 年 5 月。

49 商務印書館廣告 384 號，《教育雜誌》，第 2 年第 4 期，1910 年 5 月。

事關中國教育，萬難遷就。」公會還為至誠書局聘請高易律師進行辯護，結果齋藤可能覺得勝訴無望，延不到庭。[50]齋藤另外還以華英對譯英文兩冊，請日本領事轉請上海道台禁止翻刻，經書業公會審核，認為是劉成禹譯本刪改而來，屬於正則教科書案件纏訟，因此要求駁回。[51]1909 年 1 月 2 日《申報》刊載《公共公廨為版權事致日領事照會》，稱「中國新學書籍半由東西各籍譯印，邇來向無控告之事，翻譯者固不必論，即翻印而並非華文者，中國未入版權同盟。按照條約，齋藤秀三郎亦無控告之權，此事關係我中國全體教育前途甚大，本分府斷難稍涉遷就」，於是要求日本領事查照將案件註銷。[52]

「正則教科書案」齋藤是敗訴了，但他在華英語學界的影響卻在清末民初不斷發酵，正則英語教科書在中國產生了持續的影響力。陸殿興《清末重慶府中學堂》一文稱該校當時「初學英語以日本人編的《正則英語》為教本。此書首列拼音，對拼音規則講得很詳，用符號標音，如 A 字七個音，E 字五個音，I 字六個音等等。我們學了兩個月的拼音，唯讀字音，不講字義，頗覺枯燥沉悶。但經過這番笨拙工夫，對所有生字憑標音符號，大致都發得正確的音。以後讀正課就很順利了。《正則英語》的編法，從我的學習中，我感到很好。每課首列生詞，次列正文，開始用對話體。如 What is this？This is a book。What is that？That is a pen。這些對話，要求學生牢記爛熟。再次是文法。由名詞、代名詞等由淺入深地慢慢講解。最後是漢譯英練習。練習的句式和正文一樣。此外每堂課都規定抽拼生字：先背字母，次拼音，次說字義。生字逐漸記多了，各種句式用熟了，造句寫短文自漸容易了。一二年後我們已有了初步基礎，就開始讀《國民讀本》和《納氏文法》。到了四五年級，我們當中勤學苦讀的已能夠閱讀淺近的書如英文地理書、《伊索寓言》之類；寫作方面，有的可以做簡單翻譯、寫信或短

50 參見〈美商版權交涉始末記〉，張靜廬輯注：《中國近現代出版史料》（上海：上海書店出版社，2003），頁 333。

51 上海檔案館藏：《上海市書業同業公會檔案》S313-1-100；轉引自樊琳、王京芳整理：《上海市書商業同業公會檔案選輯（二）》，《出版博物館》2012 年第 2 期。

52《申報》，1909 年 1 月 2 日。

文。」[53] 郭沫若稱 1907 年他在中學堂用的也是日本正則英文學校的教本，可惜那位教英文的楊先生「以他僅僅在高等學校學了一兩年的程度，把那『比阿把』、『比奧保』、『比愛把』的拼音便教了我們半年。」[54] 民國初年《正則英文教科書》還在讀書界流傳，群益書社還出版過楊啟瑞譯述的正則學校的課本《中學英語教科書》。1913 年 6 月 23 日《吳虞日記》中還有他購取該書的記錄。[55] 陳獨秀曾以自己所學的正則英語教科書為模本，以 CC 生筆名編輯了《新體英文教科書》四冊。這是一套供中學用的教科書，因生意不好，只出了前兩冊。《甲寅》第 I 卷第 7 號（1915 年 7 月 10 日）有該書的介紹：「歐美人之習他國文，皆於讀本、文典外，另制一種 LESSON 書，糅合會話、文法、翻譯而為之，且釋之以國文；蓋習外國文異趣必如是，始能速解而曲喻也。吾國英文教科書，若斯之類，有《英文法程》及譯本、《正則英文教科書》二種，顧《法程》解釋文法過略，《正則》書又失之繁瑣破碎。茲據《正則》最近改編之本，就吾國教學英文之習慣而損益之。按中學程度由淺入深，由簡而繁，計分四冊，以應中學四年之用。英文詞句務為雅馴，漢文解釋力求顯達。不獨學校可按程教授，以補讀本、文法之不及，即稍通英文門徑者，亦可循序自習，以日進精深，誠善本也。第一、二冊業已出版。」[56]

齋藤秀三郎在華英語界的影響不僅在教科書領域，在英漢詞典方面亦影響深遠。戴鎦齡在《商務印書館與英語書刊》一文中還專門談到了齋藤所編《熟語本位英和中辭典》對於商務印書館 1927 年出版的《綜合英漢大辭典》的影響，指出：齋藤的英語教材和英語辭典「以搜集的材料為基礎，在分析上善於比較英語與學習者本族語的結構異同，對中國學生頗有啟發，所以他的《熟語本位英和中辭典》有英、美辭典，尤其美國辭典所不具備的精華。商務把這些精華毫無遺漏地收進了《綜合》（即 1927 年出版的《綜合英漢大辭典》）。儘管齋藤所着眼

53 朱有瓛主編：《中國近代學制史料》（上海：華東師範大學出版社，1987），第二輯（上），頁 536。引文中的《正則英語》是日本正則英語預備學校的課本。陳獨秀、蘇曼殊、鄭貞文和楊端六等都先後在東京正則英語學校就讀過，後來陳獨秀轉入早稻田大學學習英語。（參見王光遠編：《陳獨秀年譜》（重慶：重慶出版社，1987），頁 15。也有學者認為事實上陳獨秀在日本僅入過宏文學院、正則英語學校和法蘭西學院。（參見陳萬雄：《新文化運動前的陳獨秀》，頁 6-9。）

54 郭沫若：《少年時代》（北京：人民文學出版社，1982），頁 110。

55 吳虞：《吳虞日記》（四川：四川人民出版社，1984），頁 94。

56《甲寅》，第 I 卷第 7 號新書廣告，1915 年 7 月 10 日。

的是書面語言，部分又是較舊的書面語言，分析上也有偏重形式之處，他的辭典確有獨到的頗大的參考價值。商務編譯齋藤，竭盡了全力，《綜合》可以說在我國出版界移植英和辭典上開闢了新的途徑。《綜合》編輯人中有為數頗多的留東學生，而稿件又經慎重審校，故譯文可靠，比之有些辭書抄襲英和辭典，望文生義，不求甚解，以至錯誤屢見不鮮，那是不可同日而語的。商務不清任何社會名流為《綜合》作序推薦，然而《綜合》不脛而走，其成功固然超過《雙解韋氏大學字典》，甚至為顏惠慶的《英華大辭典》所不及。因為商務從事《綜合》的編譯，已有編印兩書的經驗可借鑒，故能針對當時中國人學習英語的需要。再則《綜合》編譯歷時之久，取材途徑之廣，也遠過於兩書。《綜合》還有值得稱道之處，即編譯者多通曉專科知識的人，如醫學、生物、化學、佛學、法律等等，包括日後以譯法國作品知名的黎烈文，各盡所長，通力合作。主持人明白，只懂英語不一定能為「綜合」性英語辭典作出貢獻，而一本略具規模的語言辭典，內容總在若干方面涉及多科知識的。單從語言學習角度看，齋藤的「熟語本位」被移植到《綜合》中，對過去教英語及譯英語書的人提供了相當大的方便。這實際上也是承認我國會寫會說英語的人雖已增多，而日本進入大正年代，外國語辭典編輯卻有為我國取法的先進之處，和明治年代井上哲次郎複印羅存德《英華辭典》的情況大不相同了。齋藤的辭典印於大正四年，商務採用它，已為昭和初年。比之以前商務襲用南日恒太郎、神田乃武等日本英語學者編著，這次移植齋藤是跨進一步了。」[57]

日本須因頓英語教科書的出版與中日英語教科書市場的互動

日本英語教科書的出版也直接影響了中國出版英語教科書的選題。如美國須因頓（William Swinton，在中國多譯為司文登）的出版熱潮，直接催發了中國讀者對商務印書館出版的司文登英文教科書的更大的熱情。

美國英文教育家維廉・司文登（William Swinton，1833-1892，日本譯為須因頓），曾任美國從軍記者，1869-1874 年曾任英文教師。1877 年出版有 *A Grammar Containing the Etymology and Syntax of the English Language* 和 *New Lan-*

---

57 戴鎦齡：《戴鎦齡文集》（廣東：廣東人民出版社，1998），頁 275-276。

guage Lessons：*Elementary Grammar and Composition* 兩書，1880 年出版有 *Studies in English Literature*。他的英語語法書在近代日本有着相當大的影響。他的 *New Language Lessons：Elementary Grammar and Composition*，1884 年被齋藤秀三郎譯成日文本《須因頓氏英語學新式直譯》，由十字屋、日進堂合刊。[58]*A Grammar Containing the Etymology and Syntax of the English Language* 由平井廣五郎譯述為《須因頓氏大文典講義》，1889 年西京文港堂出版。*Studies in English Literature* 也是司文登著名的教科書，該書選篇的範圍，空間上包括英國和美國的作家，時間上從莎士比亞、培根、彌爾頓、斯威夫特、佛蘭克林、高爾斯密司、吉卜林、司各特、蘭姆、華盛頓·歐文、狄更斯、艾略特等一直到 19 世紀後期的 40 名作家的作品，各篇都附有作品的解說、注釋、分析和術語彙編。第一卷開篇還專門討論了文學的定義、修辭學、英詩韻律法講義和作詩法。其目的是為了説明高級中學、師範學校、學術界和女校的學生和研究者進行英語文學的系統學習。該書由岡村愛藏譯注為《須因頓氏英文學詳解》，1911 年由興文社出版。[59] 他所著的 *Outlines of the World's History, Ancient, Mediaeval, and Modern, with special relation to the History of Civilization and the Progress of Mankind*，是 1874 年在美國出版的供高級中學學習歷史的課本，被松島剛譯述為維廉·斯因頓《萬國史要》，島連太郎 1888 年重版。

在商務印書館編譯所工作過的謝洪賚曾經專門注意過司文登的作品，他在《普通學報》辛丑（1901 年）第二期上發表了題為《論英文讀本》的文章，其中對司文登的英語作品有一個綜合的評價：「編者史君 Swinton 為美之編文語教科書老手，所著有《文典》*New Grammar*、《文典小課》*New Language Lesson*、《英文選本》*English Literature* 等書，風行一時，所編讀本，體例選料不異常調，課首生字，志以音號，綴以注釋。末無習問而有文法，課頗詳備。《初階》字大語淺，童蒙易習。自序謂有五長焉。列字之序按音韻之例，一也；所集句語俱日用淺字，二也；由淺而深有條不紊，三也；附列草書便於摹仿，四也；溫習前課另編新句，五也。書本較厚，所采多美士筆墨，末列短詩備文匯之需。」並特別

---

58 [日] 豐田實：《日本英學史的研究》（東京：岩波書店，1940 年日文版），頁 250-256。

59 [日] 大村喜吉等編集：《英語教育史資料》（東京法令出版株式會社，1980 年日文版），第五卷「英語教育事典·年表」，頁 121-123、128。

指出 Swinton 的作品「日本有翻印本，廉而可用」。[60] 約 1903 年左右，商務印書館出版有司文登（William Swinton）編《英語文規》（*New Language Lessons*），該譯本與 1884 年被齋藤秀三郎譯成日文本《須因頓氏英語學新式直譯》是同一原本，這是司文登「語言課本」的修訂本，包括英語語法和作文精華兩部分，分六章，一詞的種類，二句子及其成分，三語言部分的分解，四語言部分的修飾，五句法，六分析與綜合，最後是附錄。該書的核心內容是詞源和句法，最後是綜合分析，所有部分都附有練習題。約 1908 年前後商務印書館還推出《司文登英文範》（*Swinton's English Grammar*），商務印書館編《華英書目提要》中稱該書是司文登「新語言系列」的模式和教範，用具體的例子充分地討論了詞源和句法，並以範文和評論的方式，對如何進行英文寫作進行了具體分析。[61] 很明顯，商務印書館重視並譯刊司文登編纂的英語教科書是受到了日本大規模選譯「須因頓」讀本的影響。

小結

20 世紀初中國有一個通過日本轉道學習西學的過程，與早期英語讀本編譯主要來自西方原版不同，晚清留日學生和中國出版界將神田乃武和齋藤秀三郎的英語教科書和須因頓的英語讀本輸入中國，使中國英語讀本的來源有了更為寬廣的管道，通過日本這一環節引入日本的英語讀本，一方面仍然通過日人英語教學上對「正則」的追求，再次強調英語原版教材的正宗性，同時也是希望通過神田乃武具有循序漸進的特點「英文典」系列，以及因其經過日人在語言符號層面學習西方的經驗，通過經過齋藤秀三郎豐富教學經驗的結晶，即將「文法、點讀、作文、會話四者兼備」的英語讀本，來尋找學習英語和掌握英語文化的捷徑。商務印書館重視並譯刊美國司文登編纂的英語教科書，也同樣受到了日本大規模選譯「須因頓」讀本的影響，可見，即使在選譯歐美英語教科書讀本的過程中，日本仍然充當了先行者的角色。戴鎦齡在《辭典述評》一文中指出：「日本明治維新後 130 年左右努力教英語學英語的實踐也曾給予後人很多可貴的經驗，主要體現於教材及工具書，齋藤的詞典是其中的佼佼者。齋藤以習語及句子結構為重

---

60 謝洪賁：〈論英文讀本〉，《新學大叢書》，1903 年版，卷 56，文學 10，語學。

61 商務印書館編：《華英書目提要》（上海：商務印書館，1921）。

點，對於外國學生，尤其對於那些翻譯英語的日本人，可能幫助很大。而就一般外國人說，解決上述問題也是學好英語的一個關鍵。……但限於時代，齋藤所用例證偏重書面語言，忽視口語及 19 世紀後葉以來的重要資料，這一點怕是日本明治年代英語教材中常見的缺漏。」[62] 這一段分析，不僅僅點出了齋藤秀三郎詞典所顯示出的優缺點，其實也是概括了晚清日本英語教科書的一些共同的問題。

此一時期的學習西方，不僅僅體現了物質技術的工具層面和制度文化層面，也表現了語言符號的文化層面。而學習西學的路徑，可以不僅僅通過西方的直接管道，也可以通過明治維新後日本的間接管道，而且將深受儒學漢文漢字的影響的日人所編的英語教科書譯成漢語，在讀法和語氣上都對中國人學習提供了某些便利之處，為 20 世紀初開始的國人編纂英語教科書提供了重要的借鑑。

---

62 戴鎦齡：《戴鎦齡文集》，頁 352。

清末民初的歷史教育：
以新式教科書為中心

張偉保

———————— 澳門大學教育學院 ————————

引言

　　經過百日維新和晚清新政的洗禮後，實施了一千三百年的科舉制度終於敵不過時代的巨輪，在 1905 年黯然結束。代之而興的是新式教育的引入。為配合「廢科舉、興學堂」的時代需要，[1] 由民間主導的新式教科書遂陸續出現。其中，由張元濟主持的商務印書館率先傾力組織編寫人員，短時間內即推出全套的語文、修身、歷史、地理等不同學科的教科書。而著名學者如劉師培也曾編寫了《經學教科書》、《歷史教科書》等一批教科書以應社會的急切需求。設於上海的商務印書館、文明書店等出版社，在編輯這些教科書時，均嚴格按照清政府在 1904 年頒佈的《癸卯學制》，為初等小學堂、高等小學堂和中學堂的各級學生提供適切的課本。隨着新式學堂的逐步普及，教科書市場有了急劇的發展。其中，與歷史教育關係密切的新式中國歷史教科書亦正式出現。據現在能夠掌握的資料來看，最早的歷史教科書在光、宣之際產生，並廣泛在各級學堂中使用。由於歷史教育需要切合本國國情，在實行帝制的晚清，歷史教科書的編輯者必須秉持忠君愛國的立場。然而，在數年之後，革命成功，共和政體成立。以往推崇帝制的歷史教科書，一變而為共和政體國民教育的基本教材。由於國情出現巨變，歷史教科書的立論和觀點上也必須加以相應的調整。本文試圖探究這個與國情有緊密聯繫的學科在這些年的一些變化，以填補這方面認識的空白。

1　參看拙作：《中國第一所新式學堂》(北京：中國社會科學出版社，2012)，第七章〈從「變科舉」到「廢科舉、興學堂」〉，頁 106-124。

清末歷史教科書的產生

　　國民教育的主體內容其實就是歷史教育。古代的歷史教育大概與六經的關係最為密切。當中，通過閱讀《尚書》、《詩經》和《春秋》等儒家典籍，大概能對古代歷史有一定程度的理解。漢唐以後，一些識字課本如《急就章》、《三字經》等，都包含了一些粗淺的歷史知識。在蒙學階段以後，《左傳》、《史記》、《資治通鑒》、《通鑒綱目》、《御批通鑒輯覽》等都是歷代士子喜歡閱讀的歷史教材。至於一般老百姓，也透過觀賞小說、戲曲、說書、彈詞等通俗文學來充實自己的歷史知識。這些通俗作品雖不具系統性，但仍不失為一些可供參考的歷史材料。

　　傳統蒙學識字課本以《三字經》最為流行。每句三字，多屬隔句用韻，便於學童諷誦記憶，也十分配合中國文字的特性。內容除品德教育外，也包含一些粗淺的歷史知識。現以民國初期章太炎修訂的《三字經》為例，其記載的歷史知識雖甚為簡略，但仍具備貫通古今，簡而有序的優點。據統計，《三字經》用了三百多字便能對自上古到清末的全部中國歷史作一素描，且頗具系統性。其對傳統歷史教育具有一定的貢獻，值得學者的注意。

　　清末產生的歷史教科書，除了政治觀點偏於保守的時代局限外，在內容和修習安排上，均能對傳統歷史教材作適度的改良，故整體而言，實在有不少進步的地方。即使以今天的標準，這些歷史教科書不但佔有較重要的位置，還是在蒙學基礎上走出一條貫通古今、由淺入深的歷史學習之路。編訂這些教材的人，或是留日學生，或是具備新時代視野的知識份子。他們繼承傳統歷史教育的經驗，對不同程度的學堂學生施以合適其心智和年齡的歷史教育，對國民教育作出重要的貢獻。與語文教材不同，[2] 歷史教科書的內容較具完整性和可操作性，除按時間先後以紀事本末方面為主外，並加入內容簡明、文字淺白的人物傳記。這兩方面的內容都承繼了對敍述史事始末的紀事本末體和人物傳記為主的紀傳體史書的優良傳統，再輔以簡約淺白的文字，以適應年幼學童的需要。此外，這些教科書也沿用蒙學教材的編寫方法，加入插圖和簡明地圖以加強兒童的直觀印象，以增加其

2　語文教科書因以中國語言文字為主要學習目標，編寫時受表意文字的特性所限制，難以借鑒於以拼音為主的西方語文教材。當時，商務印書館語文教科書的主要編者蔣維喬曾撰寫〈編輯小學教科書的回憶〉（張靜廬輯注：《中國近現代出版史料補編》[上海：上海書店出版社，2003]，第 6 冊，頁 138-148），對當日國文教科書的編輯過程有詳細的記述。

學習的興趣。歷史教科書以說故事的方法來吸引兒童的學習興趣,是符合兒童的學習心理的。人物傳記亦容易產生激勵模仿的作用,鼓勵其立志向上,促進其發展個人能力的重要意義。這類作品應以柳詒徵在 1902 年 9 月據日人那珂通世的《支那通史》(卷四至宋代止)的基礎上,增輯元明兩卷的《歷代史略》為最早。

　　晚清初等小學學制為五年,高等小學學制為四年。以完成高等小學為十五歲的兒童來計算,高等小學的班級約相當於今天的小六到中三的程度,而初等小學則約是小一至小五的程度。以清末比較流行的商務印書館編輯的《初等歷史教科書》為例,全書合共四卷,「專備初等小學第四第五兩年教授之用。」其〈編輯大意〉首先提出在措詞方面力求顯淺,以便兒童易於領會。而在字數方面亦盡量配合兒童需要,故課文必定「限定字數,自一百餘字至二百字為率,以期適合程度」。[3] 由於中國的師範教育尚在起動階段,一般小學教員均缺乏正式師範學歷,故此,商務印書館在編輯小學教科書時,並同時出版教師參考用書。出版社特別指出:「教授兒童,與尋常研究史學不同,故別撰《教授法》一冊,以為教師講解之助。」[4] 商務印書館這套小學歷史教科書是最先配合新學制的教本,所設課文多為日後同類課本所沿襲,具有一定的創新作用,今詳列本書課目以供參考:

卷一

1 三皇	11 周室東遷	21 孟子	31 七國之叛
2 伏羲神農	12 管仲	22 藺相如	32 漢武帝
3 黃帝	13 鄭子產	23 戰國四公子	33 張騫
4 堯舜	14 伍員申包胥	24 荊軻	34 漢宣帝
5 夏禹	15 夫差句踐	25 秦並(併)六國	35 王莽
6 少康中興	16 孔子	26 秦始皇	36 漢光武
7 商湯	17 三家分晉	27 豪傑亡秦	37 佛教東來

3　姚祖義:《最新中國歷史教科書(初等小學堂課本)》,二冊,(商務印書館,光緒三十年(1904)甲辰季冬月初版,光緒三十二年(1906)丙午孟夏月九版),上冊頁一,〈編輯大意〉第 2、3、5 條。按:姚氏另有《最新高等小學中國歷史教科書》四冊,也是由商務印書館在光緒三十年(1904)甲辰季冬月初版,到了光緒三十二年(1906)丙午三月已出第十版。後者於 2013 年 2 月26 日摘自 http://book.kongfz.com/item_pic_10362_111547440/

4　同上註,頁一,〈編輯大意〉第 9 條。

（續上表）

8 伊尹傅說	18 商鞅	28 項羽	38 班超
9 周武王	19 蘇秦張儀	29 漢高祖	39 東漢黨禍
10 周公	20 燕齊構兵	30 諸呂之變	40 董卓

卷二

1 曹操	11 中原大亂	21 隋煬帝	31 唐憲宗
2 諸葛亮	12 拓跋氏之興	22 李唐之興	32 唐代宦官
3 孫氏據江東	13 劉裕	23 唐太宗	33 牛李黨爭
4 司馬氏統一	14 宋魏構兵	24 唐初兵威	34 朱全忠
5 八王之亂	15 齊篡宋及梁代齊	25 武氏之亂	35 五季分裂
6 五胡亂晉	16 元魏遷都	26 唐元（玄）宗	36 李存勗
7 晉保江東	17 魏分東西	27 安史之亂	37 李嗣源
8 石勒	18 侯景亂梁	28 唐肅宗	38 石晉臣契丹
9 桓溫	19 周滅齊及隋代周	29 郭子儀	39 郭威篡漢
10 苻堅	20 南朝之亡	30 唐代藩鎮	40 周世宗

卷三

1 宋太祖	11 岳飛	21 元征日本	31 王守仁
2 寇准	12 秦檜	22 海都	32 嚴嵩
3 天書	13 宋孝宗	23 燕帖木兒	33 倭寇
4 西夏	14 韓侂冑	24 元末內訌	34 豐臣秀吉
5 范仲淹	15 成吉思汗	25 元順帝	35 大清肇基
6 王安石	16 蒙古滅金	26 明太祖	36 東林黨
7 司馬光	17 蒙古西征	27 明惠帝	37 明三大案
8 宋徽宗	18 蒙古滅宋	28 明成祖	38 魏忠賢

（續上表）

9 阿骨打	19 兩宋學派	29 土木之變	39 袁崇煥
10 宋高宗	20 元世祖	30 于謙	40 明懷宗

卷四

1 大清開國	11 回部	21 張格爾	31 收復伊犁
2 史可法	12 高宗南征	22 鴉片肇釁	32 中法之戰一
3 明遺臣起兵	13 征撫安南	23 發匪之亂一	33 中法之戰二
4 明桂王	14 改土歸流	24 發匪之亂二	34 中東交涉一
5 吳三桂	15 本朝法制一	25 撚匪之亂	35 中東交涉二
6 鄭成功	16 本朝法制二	26 剿平回匪	36 中東交涉三
7 尼布楚之約	17 歐人東來	27 北京條約	37 讓割台灣
8 喀爾喀	18 白蓮教	28 基督教	38 戊戌變政
9 西藏	19 艇盜	29 中俄新界	39 義和拳一
10 準噶爾	20 天理教	30 復位新疆	40 義和拳二

　　事實上，這是第一部以現代學制為基礎的新式歷史教科書，供學童在年約 10 至 11 歲時修習。全書以配合晚清新式學堂的使用，全部共兩冊四卷。卷一、二為上冊，卷三、四為下冊，每卷 40 課，合共 160 課。以每學期二十週、每週二課時、每小時學習一課計算，這部教科書足供兩年四學期使用。如上文所言，每課約百餘至二百餘字，以平均一課一百五十字計算，全書共約二萬四千字。以內容分佈而論，卷一為上古至秦漢；卷二為三國至五代；卷三為宋元明；卷四為清朝。誠如編者所言，對史事的安排屬於詳近略遠。其中，晚清七十年約佔全書八分之一，篇幅比例明顯較其他時段為高。這種安排至今仍具十分重要的參考作用。另一部較流行的歷史教科書是陳慶年著的《中國歷史》，全書共 6 卷，在 1903 年初版。陳氏這部書在清末頗為流行，到了 1909 年 3 月，這書改名為《中國歷史教科書》，並於 12 個月內出第三版。陳氏將中國歷史分為上古（太古至秦統一）、中古（秦統一至唐亡）、近古（五代至明）和近世（清建國後的三百年），其分期與商務版的略有不同。至於內容的詳細程度，由於是中學堂用書，自然遠

遠超過前者。

再就本文較為關注的清代政體的變化而論，商務版初小歷史教科書雖未在書中提倡排滿革命的思想，但對明末君臣的評論尚屬客觀。例如，該書對明末重臣楊漣、左光斗、熊廷弼、袁崇煥、史可法、黃道周以至抗清名將的鄭成功、鄭經父子等人的評述均屬正面，[5] 與清朝的官方立場頗有異同，這也許能夠反映當時政治氣候已經有所改變，故編者的立場遂與官方有一定距離。

民國初年歷史教科書的變化

清社既覆，民國成立，原有的教科書遂被禁止。原因是共和政體已經成立，原來以清朝為崇敬物件的行文和版式均亟需改正。其中，以清光緒三十二年商務印書館出版的初等小學和上海文明書局在宣統二年（1910 年）出版的《中國歷史教科書》為例，內裏遇到涉及清朝或清帝的敍述，格式上都會空格。[6] 這種安排自然必須改正，以符合共和體制。根據民國元年新任教育總長蔡元培在 1912 年 1 月 25 日頒佈的〈中華民國教育部暫行辦法通令〉[7] 稱：

> 民國既立，清政府之學制有必須改革者，各省都督府或省議會鑒於學校之急當恢復，發臨時學校令，以便推行……惟是省自為令，不免互有異同，將使全國統一之教育界俄焉分裂，至為可慮……？將辦法及暫行課程表列如下：
>
> 一、從前各項學堂，均改稱學校。監督、堂長，一律通稱校長。
>
> 二、（略）
>
> 三、在新制未頒行以前，每年仍分二學期……
>
> 四、初等小學可以男女同校。
>
> 五、（略）
>
> 六、凡各種教科書，務合乎共和民國宗旨。清學部頒行之教科書，一律禁用。
>
> 七、凡民間通行之教科書，其中如有尊崇滿清朝廷及舊時官制軍制等課，並避諱、抬頭字樣，應由各該書局自行修改，呈送樣本於本部、本省

5　商務版《初等小學歷史教科書》，下冊，頁 21、23、25-28。

6　按：商務版空一格，文明版則空三格，而涉及清朝則稱為本朝或大清。

7　中國蔡元培研究會編：《蔡元培全集》（浙江：浙江教育出版社，1996），第二卷，頁 7。

民政司、教育總會存查。如學校教員遇有教科書中有不合共和宗旨者，可隨時刪改，亦可指出呈請民政司或教育會，通知該書局改正。

八、小學讀經科，一律廢止。

九、（略）

十、（略）

十一、（略）

十二、（略）

十三、中學校、初級師範學校，均改為四年制畢業……

十四、廢止舊前獎勵出身（按：如由捐納取得資格），初高等小學畢業者，稱初等、高等小學畢業生；中學校、師範學校畢業者，稱中學校、師範學校畢業生。

以上數項，均與本文較有關係者，其中第六、七兩項需要稍加說明。這兩項明顯標示新時代的來臨，各種教科書的內容必須合符「共和民國」宗旨。由此而言，一切不合符此宗旨者自當予以取締。而「共和民國」一詞不但不曾出現帝制時代，即便在民國時期，這個四字詞也確屬罕見。

政體變革對歷史教科書的影響

共和既立，帝制政治體制遂改變為全新的「民國共和」政制，而教育部門亦公告晚清教科書或即行廢止，或由出版商自行依據新政體加以改訂。由於實行審查制度，歷史教科書在立場、觀點也必須加以改變。現以 1912 年商務印書館出版的中學歷史教科書為例，對上述轉變加以說明。這書為精裝硬皮，全一冊，合共六卷。此書原在 1907 年三月初版，是一部配合「廢科舉、興學堂」而出現的中學堂歷史課本。到了 1912 年重新校訂，以配合帝制終結、民國肇始的新局面。這部書十分流行，到了 1913 年一月，已印了四版。（按：晚清共印十三版，民國元年（1912 年）四月重訂，在九個月後已需第四次重印。）本書的重訂者為「丹徒趙玉森」。書中靡頁上端由右至左特別標明「民國元年校定」六字，中間部分大書《新體中國歷史》六字。讀者一經翻閱，必能察覺是民國新版，與晚清舊版截然不同，十分醒目。頁一〈重訂新體中國歷史序〉所記十分能反映當時的時代思潮，故詳引如下：

　　是書原為漢陽呂瑞廷、丹陽趙澂璧所編，成於前清光緒三十三年
（1907 年），至宣統三年，凡行十三版，頗為海內人士所共歡迎。近頃國
體既新，萬端更始，凡從前專制時代之所諱飾，自不得不概予擴（廓）清，
而我中華民國之所開始經營，尤不得不特加紀（記）載。爰將原書參酌校
訂，闕者補之，繆者正之，務期合於共和宗旨，以餉遺我學術界。倘蒙鴻
達匡其不逮而糾其不及，是則民國前途之幸福也夫。

　　新紀元四月重訂者識

　　此序文有不少值得注意的地方。首先，這篇文字原先是沒有任何標點符號
（按：引文中的新式標點，是筆者所加），符合當時文壇對較重要文字的處理習
慣。其次是特別指出「近頃國體既新，萬端更始，凡從前專制時代之所諱飾，自
不得不概予擴（廓）清，而我中華民國之所開始經營，尤不得不特加紀（記）載。」
足證我國歷史教科書重視現當代史的傳統，讓青少年學生能夠「通古知今」，
以增加學習本科的趣味性和實用性。此外，序文也提及「專制時代」、「共和宗
旨」一類明顯政體變更中的觀點立場應加以改變的言論。由此而言，一般民眾對
實行了二千多年的皇帝制度已經走到盡頭，似乎已取得共識。因此，所有傾向於
帝制的行文格式、諱飾和觀點，大底都在這次重訂中一掃而空。這對民國政體的
確立，必然產生深遠的影響。例如，當曾經宣誓「效忠民國，擁護共和」的袁世
凱製造輿論，圖謀恢復帝制時，便很快受到梁啟超的聲討，發表〈異哉所謂國體
問題〉，最終讓帝制陰謀在世人的責備中告終。而其後的張勳復辟，更演變成為
一場鬧劇。歷史教科書在推動民智方面，曾在民國發揮積極作用。參加 1919 年
五四愛國運動的中國青年，或多或少均曾接觸這時期的歷史教科書，深受其中所
貫注的時代精神所洗禮。

　　正如本書的重訂者強調，「我中華民國之所開始經營，尤不得不特加記載」，
故關於辛亥革命的敍述方面，可再進一步加以分析。本書卷六第二十節〈武昌之
革命與清帝之退位〉曾列出清朝覆亡的遠因和近因，頗值得讀者的注意：

　　　其覆亡原因，至為複雜。前者為諸帝之極端專制。後者為近時之假飾
　　立憲。而最大之公例（引者按：即「原因」），實為專制政體，必不容於今
　　日之新世界。至於最近的導線，則鐵路國有，為之動機也。[8]

8　商務版《新體中國歷史》卷六，頁 67。

課文對當時的演變情況析述如下：

> 宣統三年（1911 年），詔以鐵路國有。所有商辦成案，皆行取銷（消）。人民起而爭者，朝旨嚴厲，迭下格殺勿論之諭。愈激愈烈，四川遂有保路會之舉，停課罷市，風潮日急。政府力主痛剿，戕殺無算，人心思亂。八月十九日 [9]，革命軍起事於武昌。總督瑞澂夜遁。公推黎元洪為都督。兩日間遂據漢口、漢陽。出示安民，秩序井然。東西各國嚴守中立，蓋已默認為交戰團矣。清廷大震，命陸軍大臣蔭昌督師，起用袁世凱為湖廣總督。未幾東南各省，聞風回應，組織民軍，宣告獨立，勢益蔓延。清廷乃以袁世凱組織責任內閣，以馮國璋督師攻武漢。久之，漢口漢陽先後陷落，而民軍克復南京。北方諸省，亦有起義者。清廷乃命停戰議和。袁世凱委任唐紹儀為代表，民軍委任伍廷芳為代表，會議於上海，久而未決。會孫文歸自海外，各省因公舉為臨時大總統，以十一月十三日 [10] 就職於南京。改用陽曆，即以是日為中華民國元年之元旦。

由於當時並不是每位國民都對革命黨有所了解，故編者再補充了一段孫中先生等人的革命活動資料。編者說：

> 孫文者，粵之香山人也。素持革命主義，奔走四方。秘密結社，所謂興中會是也。民國紀元前十七年，謀舉事於廣東，未成而洩，僑寓南洋群島，僑民多歸附之。又遊歷歐美日本，所至鼓吹革命，徒黨益眾。唐才常、徐錫麟、熊成基、趙聲、黃興等，先後舉事，前仆後繼，終不稍餒。
>
> 孫文既就職，袁世凱撤銷唐紹儀代表名義。自與民軍通電續議，久之，議成，清帝退位，民國予以優待條件。南北既統一，孫文辭職。因公推袁世凱為臨時大總統。黎元洪為副總統。合本部、滿洲、蒙古、回部、西藏五大部之民族，為共和國雲。袁世凱以三月十日就職北京，任唐紹儀為內閣總理，組織新內閣，於是統一政府乃成立。

由於政體的變更，歷史教科書對傳統民本思想的敘述也有所改變。例如，重視民本觀念的孟子，在民國初年出版的高等小學歷史科中，對其學說的敘述如下：「孟子學既成，欲行孔子之道，時戰國君臣上下，競尚功利，孟子周遊列國，以養民之政，告其君主，當時無用其言者。乃退與弟子講學論道，著《孟子》七

9　按：即西曆 1911 年 10 月 10 日。

10　按：即西曆 1912 年 1 月 1 日。

篇，傳於後世。孟子好言仁義，尤重民權。嘗曰：「民為貴，君為輕。」湯放桀，
武王伐紂，孟子謂之誅一夫。其論用人也，曰：「國人皆曰賢，然後用之，國人
皆曰不可，然後去」[11]，較之清末相類的教科書，明顯增多了關於「民貴君輕」的
內容。又如同書第六冊的最後一節，課目為〈近世之文化〉，文中總結了「五族
共和，文明日新」的現代意義，對民國新形勢分析頗為深刻。其文如下：

> 綜而言之，我國數千年來文化，非一民族之功，即今日改專制為共和，
> 亦我五大民族共同之力，故將來發達文化、鞏固國家，必賴五族之相親相
> 保矣。試觀漢族移殖海外者數百萬人，前代不加保護，遂至受人凌虐；又
> 如緬甸多藏族，中亞、西北非多回族、西伯利亞多滿蒙二族，以不能相保，
> 外人掠奪其地而奴視其人，故我國民雖有五千年文化，雖有廣土眾民，雖
> 中華民國已成立，五族已為一家，尚宜實體共和之旨，互相愛護，永鞏民
> 國萬年之基，豈第國內文化，光輝日新，且將遠庇海外諸同族，俾同享人
> 類之幸福，增世界之和平焉。國民其共勉之。[12]

根據以上兩套歷史教科書所引述的內容，一些維護專制統治的觀點已在民初
作出全面修訂，其立場和論點已基本配合共和政體的根本主張，人民才是新中國
的主人翁。同時，這些局部的修訂也反映晚清歷史教科書其實正逐步動搖專制政
治的根基。因為，自從有了貫通古今的歷史教科書，人們才較容易和較正確的掌
握中華民族的發展。假若細看上文所徵引的初等小學歷史課本的 160 篇課目，
簡要地展示中國歷史的全部發展過程，對讀者必然產生較為完整的印象，也客觀
反映朝代興替的必然過程。而中學歷史科仍屬必修，其內容也更詳盡。青年學生
於年齡日長、心智愈趨成熟的過程中，對中國歷史的全域也較能掌握。這種全新
的、淺易的、貫通古今、循序漸進的歷史讀本，對普通民眾提供較客觀和較全面
的中國歷史教材。這對推動清末的革命運動，有不容低估的作用。

---

11 傅玉森編：《高等小學新歷史教授法》（商務印書館，1913 年 6 月初版，同月十版），第一冊，
　　頁 22。

12 傅玉森編：《高等小學新歷史教授法》（商務印書館，1913 年 3 月初版，同年十二月十五版），
　　第六冊，頁 58。

小結

　　晚清面對接踵而至的內憂外患，政治權威日趨低落。同時，自甲午戰爭之後，中國教育正逐步走上變革的歷程。「廢科舉、興學堂」的口號終於在二十世紀初逐步實現，並在 1905 年因為停科舉而激起千層浪花。在新學制之下，中、小學堂逐漸取代了傳統書院的角色。學生在接受蒙學教育以後，接續的便是進入初等小學、高等小學和中學堂。由於我國重視經史教育的傳統，歷史科自然成為當時各個學習階段的必修科，大大促進了我國的歷史教育的水準。通過對五千年歷史文化的初步了解，青少年學童在學習本國史時定必激起愛國心，是清末民初我國民氣鼎盛的一個主因。正如上文所言，袁世凱違背自己「擁護共和」的誓詞，強行恢復帝制，終於受天下人的唾棄，鬱鬱而終。而五四運動時青年學生愛國情緒的高漲，自然也是植根於十多年來施行的歷史教育的良好效果。其中的因果關係，或不易證明，但良好的歷史教育對愛國情懷的激勵作用，已是各國教育界的共同認識。

清末新學制的建立
與科學教材的編輯出版

白天鵬

中國科學院自然科學史研究所

科學教育是人類社會發展到一定階段的產物，科學教材則是實施科學教育的基本工具與重要成果。晚清以降，西學東漸，近代科學開始湧入中國，當時的一些教會學校，已經設置了不同門類的科學課程，以自然科學知識為主要內容的教材資料開始陸續出現。在一些由洋務派人士創辦的新式學堂中，也出現了供學生使用的科學教材與書籍。但是直到 20 世紀初期，新學制建立之後，教材的編輯與出版才邁出了重要的步伐。壬寅、癸卯學制的制定與頒行，使得科學教材無論是在編寫質量上，還是出版數量上，均取得了突破性的進展。

清末新學制的創建 —— 科學教材出現之動因

近代以來，清政府在歷次對外戰爭中，大多以失敗告終，付出之代價亦逐次遞增。1900 年的庚子事變，不僅令清廷顏面掃地，也使其再次領教到了科技強大的威力。經過這場慘敗後，清廷上下深刻地認識到變法新政之於國家安危、民族存亡的重大意義。由此，清政府開始主動推行包括重視科學技術在內的一系列新政活動，希冀以此達到強國禦侮的目的。在各項新政活動中，較為顯著的便是對新式學制的制定與頒佈。新學制的頒行，直接推動了晚清科學教育體系的發展，更進一步促使科學教材大規模地出版問世。

1902 年 8 月，清政府首先頒佈了《欽定學堂章程》，即「壬寅學制」。這是中國歷史上首個較為完備的學制系統文件。在這個新學制中，科學教育被正式納入到國家教育體系之內，且在其中佔有舉足輕重的地位。在欽定學堂章程中，從小學堂、中學堂到高等學堂再到大學堂，對自然科學的教授內容都作出了明確

的規定，科學課程依據難易程度相應地進入各級學堂，科學教材也隨之廣泛地傳播。

　　欽定學堂章程要求當時的大學堂籌備設立預備科，在預備科中分設政、藝兩科，以藝科集中實施科學教育。在三年的肄業期內，藝科被要求開設算學課、化學課、物理學課、地質礦產學課及動植物學課。章程規定，藝科中的算學課講授的內容應有三角函數、解析幾何、平面幾何、微積分等；化學課則要教授無機化學與有機化學的基礎知識；物理學課講授力、熱、光、電等內容；地質礦產學課教授地質材料、地質構造、礦物種類、礦物形狀與礦物化驗等；動植物學課程講授的內容有動物與植物的種類、構造等。[1]大學堂還被要求成立師範館，在館內也設置算學、物理學、地理學、化學、博物學等各門自然科學課程。欽定學堂章程對各地高等學堂中科學課程的門類與內容的設定，與大學堂預備科中藝科的設置要求基本一致，而且章程中還特別提出高等學堂中的科學教習也應分科而立，與中小學堂不同，「而高等學業漸近專門，教法自應別立，應使各教習以其所長學科通教各班之學生：如長於物理、算學者，專教各班之物理、算學，長於地理、史學者，專教各班之地理、史學，與中、小學堂以一教習統教一班學生之各項學科者不同。」[2]由於高等學堂講授的科學知識已有一定的深度，需要在課堂上向學生演示各種實驗，為此欽定學堂章程針對高等學堂在教室、實驗室的建置方面也作出要求，「高等學堂之講堂分二式：一式為通常講堂，一式為特別講堂。特別講堂為教圖畫、物理、化礦等學之用。其物理、化礦等學，並須於講堂之外再設試驗房為實習之所。」「高等學堂之圖書、器械、標本諸室宜分建，不得並於一處。此外，一切應用諸室均宜備之。」[3]

　　對於各地的中學堂的科學教育，欽定學堂章程規定其應設立算學、地理學、物理學課、化學及博物學等五門課等。在四年修業的時間裏，算學課的教學內容主要是面積、直線等平面幾何內容與比例、分數、代數方程等；地理學講授「本國各境」、「亞洲各境」與「歐美各境」；物理學課內容主要是物理分類學大概；化學課則教授化學大意即無機化學的基礎知識、化學實驗；博物學的內容為「動

1　參見〈欽定大學堂章程〉，璩鑫圭、唐良炎編：《近代教育史資料彙編 —— 學制演變》（上海：上海教育出版社，1991），頁 239。

2　〈欽定高等學堂章程〉，《近代教育史資料彙編 —— 學制演變》，頁 257。

3　同上註，《近代教育史資料彙編 —— 學制演變》，頁 262。

物狀」、「植物狀」及生理學與礦物學等。[4] 中學堂也要修建特別講堂與實驗室，以滿足科學教學的需要，「特別講堂為教圖畫、物理、化學等類之用。其物理、化學並須於講堂之外另設試驗房，為實習之所。」[5] 至於小學堂，也要設置一定的科學課程，如算學、地理學等，其內容都是較為淺顯的基本知識。新學制也要求各地小學建造特別講堂以滿足科學教學的需要，同時根據自身的實際情況購置各種儀器、標本以滿足教學需要。

清廷對欽定學堂章程即壬寅學制中的各項規定是比較滿意的，諭令各省督撫按照學制中的規條籌措經費，實力奉行。在這份學制頒行後，清廷在其基礎之上又進行了一定程度的修訂與調整，最終於 1904 年 1 月推出了新的學制章程，即奏定學堂章程，又稱癸卯學制。

與壬寅學制相比，癸卯學制在科學教育方面有了進一步的充實。不僅科學教育實施的範圍有了拓展，科學教學的內容也有了一定的深度，這在大學堂中科學教育規劃中有明顯地體現。欽定學堂章程對只對大學堂預備科、師範館等機構作出規定，但對大學堂本科階段中科學課程的內容沒有進行具體的規劃，奏定學堂章程則彌補了這一缺憾。奏定學堂章程規定，大學堂內的專門正科實行分科教學，共分立八科，即格致科、工科、醫科、農科、政法科、文學科、經學科、商科，與科學技術相關的科目主要是格致科、工科、醫科、農科這四類。章程還對每一科下設的專業與每個專業內的課程設置，都進行了詳細的規定與說明，例如格致科被要求下設六門專業，分別是算學門、物理學門、化學門、星學門、動植物學門、地質學門，其中算學門所應設置的課程有微積分、幾何學、代數學、算學演習、力學、函數論、部分微分方程式論、代數學及整數論、理論物理學初步、理論物理學演習、物理學實驗等；物理學門的課程則應包括力學、天文學、物理學、物理學實驗、數理結晶學、物理化學、應用力學、物理實驗法最小二乘法、化學實驗、氣體論、毛管作用論、音論、電磁光學論、應用電氣學、星學實驗、物理星學、微積分、幾何學、微分方程式論及橢圓函數論、球函數等。[6]

奏定學堂章程對高等學堂內科學學科的設置規定，也有了進一步的完善。它

---

4 〈欽定中學堂章程〉，《近代教育史資料彙編 —— 學制演變》，頁 264、265。

5 同上註，頁 269。

6 〈奏定大學堂章程〉，《近代教育史資料彙編 —— 學制演變》，頁 361、363。

將各地高等學堂中的學科分為三類，其中第二類與第三類與自然科學有關，「第二類學科為預備入格致科大學、工科大學、農科大學者治之；第三類學科為預備入醫科大學者治之。」[7] 高等學堂第二類學科設置的科學課程有算學、物理、化學、地質礦物學等，高等學堂第三類學科設置的科學課程則是動植物學、算學、物理、化學等課，這些課程的教學內容與欽定學堂章程中的相關要求較為接近。對於各地中學堂內科學課程的設置，癸卯學制亦有明確的規定，中學堂內應開設的科學課程仍是算學、地理學、博物學、物理學及化學，其中算學、物理學、化學等課程與壬寅學制的規定相比，變動不大，地理學與博物學的授課內容則是在原壬寅學制規定的基礎上又增加了地文學與衛生學。[8] 對於各地的小學堂中科學教育的內容，奏定學堂章程制定的更為詳細。小學堂被分為初與高等兩類小學堂，這兩類小學堂內都要求設置算術、地理與格致等科學課程，雖然門類相同，但相比之下，高等小學堂中科學教學的內容略有加深，其地理課要講授中國地理與外國地理大要，算術課則應講解比例、分數、珠算等內容，格致課主要教授「植物、動物、礦物及自然物之形象。」「授尋常物理、化學之形象。」「原質及化合物，簡易器具之構造作用。」「植物，動物之互相關係及對人生之關係，人身生理衛生之大要。」[9]

壬寅、癸卯學制的制定與頒行，使近代科學教育的發展有了制度上的保障，它不僅是推動了各門類科學教材在當時大量編撰與出版的直接原因，同時也為日後科學教材的修訂與完善奠定了重要的基礎。新學制的頒佈與實施推動了中國教育走上現代化的方向，標誌着近代中國科學教育體系的初步創立，也標誌着近代中國科學教材的編輯與出版進入了一個新的時代。

新學制頒行後科學教材的編輯出版

由於壬寅、癸卯學制的頒佈與實施，各地新式學堂大量開辦，科學教育得到迅速發展，科學教材的編寫與出版也隨之進入了一個相對活躍的時期。不同種類、不同級別的科學教材開始大量湧現。

7　〈奏定高等學堂章程〉，《近代教育史資料彙編 —— 學制演變》，頁 329。

8　〈奏定中學堂章程〉，《近代教育史資料彙編 —— 學制演變》，頁 323-325。

9　〈奏定高等小學堂章程〉，《近代教育史資料彙編 —— 學制演變》，頁 311、312、313。

　　此期，與自然科學相關的教材資料有許多是從國外翻譯而來，編寫者也大多是民間人士與民間團體，如樊炳清從日本翻譯引進的《科學叢書》，該叢書包含物理、化學等在內八種書籍，該書對物理學、化學等學科的基本理論，對力學、熱學、光學、電學、無機化學、有機化學等內容面面俱到地進行講解，被一些學堂作為教材來使用。據近代物理學家周昌壽統計，在清末新政時期，民國成立之前，各地所出版的自然科學書籍數量超過三百四十種[10]，其中有很多質量上乘的書籍被採用為教科書，這裏面也包括對洋務運動、戊戌維新時期的舊書重譯再版。

　　雖然諸多科學教材是由私人編撰，但是這些教材在具體內容的編寫上，都要遵循一些共同的基本準則，這也是新學制對科學教材的編寫所作出的規範性要求。在中學科學教材的編輯中，就算學教材而言，首先是介紹各種基本運算與三線八角、珠算，而後才是代數與平面幾何、立體幾何的內容等，「先講算術（外國以數學為各種算法總稱，亦猶中國《御制數理精蘊》定名為數之意，而其中以實數計算者為算術，其餘則為代數、幾何、三角。幾何又謂之形學，三角又謂之八線）。其筆算講加減乘除、分數、小數、比例、百分算，至開平方、開立方而止，珠算講加減乘除而止。兼講簿記之學，使知諸帳簿之用法，及各種計算表之制式，次講平面幾何及立體幾何初步，兼講代數。」[11]就編寫博物學教材而言，要先敘述植物學，次及動物學，再及人體生理學，最後介紹礦物學，具體內容則是「其植物當講形體構造，生理分類功用，其動物當講形體構造，生理習性特質，分類功用，其人身生理當講身體內外之部位，知覺運動之機關及衛生之重要事宜，其礦物當講重要礦物之形象、性質，功用，現出法、鑒識法之要略。」[12]地理學類教材的編寫，則需從地理學總論開始，由中國地理到外國地理，逐步論述，具體內容安排為「先講地理總論，次及中國地理，使知地球外面形狀、氣候、人種及人民生計等事之大概，及中國地理之大要，兼使描地圖。次講外國地理，使知亞洲、歐洲、美洲、非洲、大洋洲（指澳大利亞及太平洋各島）諸國地勢。次講地文學，使知地球與天體之關係，並地球結構及水陸氣象之要略（外國謂風、

10 周昌壽：〈譯刊科學書籍考略〉，胡適、蔡元培、王雲五編：《張菊生先生七十生日紀念論文集》（上海：商務印書館，1937），頁 433。

11 〈奏定中學堂章程〉，《近代教育史資料彙編——學制演變》，頁 321、322。

12 同上註，頁 322。

雲、霜、雪、雷、電等物為氣象）。」[13] 物理教材的編寫也要遵循一定的次序，並注意前後內容的連貫，「其物理當先講物理總綱，次及力學、音學、熱學、光學、電磁氣。」[14] 化學類教材的編寫，則需含納化學基礎知識與無機、有機化學中的各項內容，「其化學當先講無機化學中重要之諸元質及其化合物，再進則講有機化學之初步，及有關實用重要之有機物。」[15]

　　在當時眾多的民營出版機構中，出版科學教材比較顯著的當屬商務印書館。自壬寅學制頒行後，商務印書館即開始出版「最新教科書」系列教材，其中便包括很多適用於中小學的科學教材，如《最新中學教科書物理學》、《最新中學教科書力學》、《最新理科教科書》、《最新中學教科書化學》等等。商務印書館出版的這些科學教材，由於編寫得法，而具備了諸多優點，深受當時教育界、學術界之歡迎，例如《最新中學教科書動電學》一書圍繞電流、電壓、電阻以及電磁關係由淺入深地展開論述，對動電學的基本理論，如歐姆定律、焦耳定律、電磁感應定律等都進行了系統而明確的闡述，並配以公式與大量的例題進行講解。該教材既注意到科學知識本身的邏輯連貫性，又顧及到學生接受能力的不同，因而在文中穿插了各種物理試驗以與理論知識互相論證，便於學生理解。這僅是其中的部分代表。商務印書館出版的中小學類科學教材，在全國各地學堂中廣為流行，其中有的科學教材再版達十餘次，這在當時的《申報》上有所登載，「格致教科書、教授法（十三版）三冊，書中習見之事物以明瞭親切之筆敍述之，列表既多，圖畫尤富，足以增智慧而資觀察，實為格致教科書中別開生面者⋯⋯」[16]

　　除了商務印書館外，上海的文明書局也編輯出版了一批科學教材，如《初等化學教科書》、《普通博物學教科書》、《最新化學教科書》等等，其他的出版機構，像會文學社、群益書社、廣智書局、昌明公司等也都在壬寅癸卯學制頒行後出版過各個門類的科學教材。

　　除了這些民間機構編輯出版科學教材外，當時的清政府也曾主動編譯過一些教材圖書。清政府在當時的京師大學堂內的開辦譯書局，負責編譯各級各類教材資料。在民國成立之前，大學堂譯書局編成的包括自然科學在內各種圖書，已有

13 同上註，頁 321。

14 同上註，頁 322。

15 同上註。

16《申報》，1909 年 1 月 25 日。

十餘種，「其譯成之書，則有罕木枂斯密算法一卷、威理斯形學五卷、洛克平三角一卷、斐立馬格納力學一卷、額伏列特動力學一卷、氣水學、熱學、光學、電學各一卷、垤氏實踐教育學五冊、歐洲教育史要三冊、中等礦物學教科書、東西洋倫理學史、格氏特殊教育學、獨逸教授法各一冊。」[17] 與編譯教材相比，官方機構更多的是對各類科學教材進行審定，審定過後頒行於世，准予流通全國。1903年，清政府首次公佈了通過其審查的各類教材書目，要求全國各地學堂根據書目進行採用。其中通過審定的算學教材有數種，分別是「商務印書館之普通珠算課本，益智書局本美狄考文著、鄒立方譯之筆算數學代數備旨形字備旨，美華書館本美羅密士著、潘慎文譯之代形合參，利瑪竇偉烈亞力譯徐光啟、李善蘭筆述之幾何原本等書，並稱此門科書甚多，參考丁福保撰算學書目提要雲。」[18] 通過審定的博物學類包括動植物學在內的教材有「列入英傅蘭雅著格物須知本動物須知、植物須知、全球須知，英約瑟著西學啟蒙本植物學啟蒙，作新社譯植物學教科書，中等植物學教科書，動物啟蒙，科學叢書本，日本藤井健次郎著、樊炳清譯之近世博物教科書，五島清太郎著、樊炳清譯之普通動物學教科書，譯輯社本美斯起爾原本、何炯時譯補之中學生理教科書等書。」[19] 通過審定的地理學類教材有「中外輿地門，列入作新社編之世界地理，丸善日本矢津昌永著、吳啟孫譯之世界地理學輿地學會譯印之大地平方圖、皇朝一統總圖、五大洲總圖等書。」[20] 通過官方審定的物理學與化學教材亦有數種，「物理化學門，列入格致須知本英傅蘭雅著之重、力、電、聲、光、氣、水、熱等八種，科學叢書本日本木村駿吉著樊炳清譯之小物理學，開明書店售教科書譯輯社本日本水島久太郎編、陳幌譯補之物理學，會文學社本美那爾德著範震亞譯化學探原，科學叢書本樊炳清譯理化示教等書。」[21] 至 1905 年清政府成立了學部後，官方編輯、審定教材的門類與數量相繼有所增加。

　　這些科學教材的編輯與出版，極大地促進了中國近代自然科學的研究向着專

---

17 鄭鶴聲：〈八十年來官辦編譯事業之檢討〉，黎難秋主編：《中國科學翻譯史料》（合肥：中國科學技術大學出版社，1996），頁 701。

18 參見〈教科書之發刊概況〉，張靜廬輯注：《中國近現代出版史料》（上海：上海書店出版社，2003），近代初編，頁 230。

19 同上註。

20 同上註。

21 同上註。

門化、系統化的方向發展。科學教材的編寫本身也是近代科學研究活動的一種表現形式。儘管這些書籍在編寫過程中尚存在種種缺點，但它們終究是中國人自行科研的初步成果，代表了國內科學教育所取得的進展。

此期，在科學教材大量出版的同時，社會上也出現了一些傳播科學理論、科技知識的刊物，其中既有專門性質的科學期刊如《科學世界》，也有許多綜合性的雜誌如《東方雜誌》、《大公報》等開闢出專欄，刊登與自然科學知識相關的內容。這些刊物所傳播的科學知識不僅有對民眾普及常識的內容，而且還登載了許多具有學術價值的文章，有力地配合了科學教材的出版發行，進一步促使科學知識深入民眾當中，為日後社會觀念的轉變做了必要準備。

出版發行科學教材所引發的社會效應

新學制的建立是清末科學教材大量出現的直接原因，而科學教材又是當時社會中傳播科學知識的主要載體。隨着科學教育體系的逐步發展、科學教材於全國各地流通發行，教材中所攜帶的科學知識在整個社會中得到深入普及，其產生的影響不僅是學堂內部知識層面的增革損益，更重要是對社會觀念的轉變產生了深遠的影響。

科學教材被廣泛出版使用，這自然引發世人對科學、科學教育的關注與討論，許多知識份子曾就當時的科學與教育提出各種看法，如吳稚暉即認為科學與社會的進步不可分離，西方社會之所以有今天這樣發達的文明是與科學的作用分不開的，「科學者，進化之利器也；迷信者，思想之桎梏也，二者固絕對的不同物。以有科學之發明，故始有今日之文明；以未行迷信之革命，故僅止於今日之文明。謂予不信，曷一翻宗教科學相爭競之歷史。」[22] 正由於科學有如此大的作用，所以在發展教育過程中，普及自然科學知識是一項十分重要的任務，「故除以真理、公德所包之道德，即如共同博愛、平等、自由等等，以真理、公德所包之智識，即如實驗科學等等，實行無政府之教育，此外即無所謂教育。」[23] 李石曾也大力提倡自然科學，他認為與社會科學與人文科學相比，自然科學具有自身特點，其重要性不可忽視，「政法空虛，易學速成，而科學不能也。政治乃管理之

22 絕聖：〈排孔征言〉，《新世紀》，1908 年 6 月第 52 號。

23 燃燒：〈無政府主義以教育為革命說〉，《新世紀》，1908 年 9 月第 65 號。

人，而科學在支那人眼中乃一才一藝，於是有尊卑之觀念。」「科學所尚者為實理，政法則由人意之創造。」「學業中惟科學為正當之學，因其不外乎真理，故各國之科學無異。」[24] 褚民誼則明確提出科學技術的發展與進步，是歷史發展的必然趨勢，是任何勢力所無法遏制的，「蓋新理新學之出現，時勢使然，人不過隨其後而實行之耳。彼不量力不度德之獨夫民賊，好阻新理新學，然阻於此而伸於彼，終必無濟。且以物理學之公例言之，阻力愈大，則抵力亦愈大，往往以其阻力而速其實行者甚多。」[25]

晚清學者嚴復一直對自然科學大加頌揚。在新學制建立後，各類科學教材的翻譯、出版，也引起了他對教育特別是理科教育的關注，他曾就物理學教育的問題發表過演說，指出科學是對自然規律的探索和把握，與人類社會的生存發展息息相關，「誠以科學所明，類皆造化公例，即不佞發端所謂自然規則。此等公例規則，吾之生死休戚視之，知而順之，則生而休；昧或逆之，則戚且死。」[26] 而且他提出科學教育的實施，不僅是知識、技能上的受益，也是對受教育者心性、習氣的改善，「物理科學，但言物理、則兼化學、動植、天文、地質、生理、心理而言，誠此後教育所不可忽，然欲得其增益智慧、變化心習之大果，又宜知其教授之法，與他項學業劃然不同。」[27] 因此，科學教育的實施乃當務之急，不容拖沓，「夫物理科學，其於開瀹心靈，有陶煉特別心能之功既如此，而於增廣知識，其關於衛生保種，大進實業又如彼，然則教育所用學科，宜以何科為當務之急，為吾國所最缺乏而宜講求者，諸公胸中宜了了矣。」[28] 只有科學知識得到普及，教育宗旨中尚實的目標才有可能實現，國家之發達才有希望，「囊讀詔書，明定此後教育宗旨，有尚公、尚武、尚實三言……一切物理科學，使教之學之得其術，則人人尚實心習成矣。嗚呼！使神州黃人而但知尚實，則其種之榮華，其國之盛大，雖聚五洲之壓力以沮吾之進步，亦不能矣。」[29]

---

24 真：〈談學〉，《新世紀》，1907 年 8 月第 7 號。

25 民：〈好古〉，葛懋春、蔣俊、李興芝編：《無政府主義思想資料選》（北京：北京大學出版社，1984），上冊，頁 201。

26 〈論今日教育應以物理科學為當務之急〉，王栻主編：《嚴復集》（北京：中華書局，1986），第二冊下，頁 280。

27 同上註，頁 283。

28 同上註，頁 284。

29 同上註，頁 282。

　　科學教材介紹的是自然科學的基本理論與基礎知識，然而當時的學術界、教育界對科學的認識與討論卻並未局限於自然科學的知識形態內。由科學教材大量出版而引發的對科學的關注，已開始越過自然科學的邊界。雖然許多知識份子對自然科學有着一定程度理解與掌握，如上文提到的李石曾、褚民誼等人，但他們同時又把科學的含義擴展至價值領域，科學所具有的價值裁判權已經顯露出來。李石曾就曾將科學作為其批判封建社會的有力武器，他以是否符合科學真理為標準，提出了「三綱革命」、「祖宗革命」等號召，明確提出「祖宗迷信之反背科學，有傷公理，為知道者所最不能堪者也，革命無非為求伸公理而已。然支那人生平最早所遇不合公理之事，未有如崇拜祖宗者也。是故祖宗革命，為支那革命黨之『初學試驗品』無疑」。[30] 可見，科學已經成為其進行革命活動的合法依據，這背後必然意味着科學已經佔據了道義制高點。只有具備了評判是非對錯的權力，才有資格發號施令。褚民誼更是直接把科學與宗教迷信對立起來，他把宗教的出現視為舊日科學落後的結果，「昔以無科學，真理無從發見，亦無從證明，被大教主大聖賢者，不過加尋常人一等，其智識之幼稚，其理想之謬誤，今可想見矣。」[31] 現時代，科學技術有了日新月異的發展，就應當打破宗教迷信，「今世紀，科學日以發達，真理日以顯明，當以正當的教育代宗教，以真理的科學破迷信，而不當以宗教代教育替科學也。」[32] 他堅持認為科學與宗教不能並存，兩相悖逆，科學成為他反對宗教的直接理由，以此展開對宗教的撻伐，「宗教與科學，適為反對。科學求真理，而宗教尚妄誕；科學重實驗，而宗教尚虛偽。求真理，智識日以發達；尚妄誕，思想日以謬誤；重實驗，則理、新學、新器之發明日見；尚虛偽，則無益、無用、無理之事日多。」「有宗教，則科學不得發達；欲發達科學，不得不反對宗教。故反對宗教，一以普及革命，一以發達科學，誠對於社會之急務矣。有志於社會之改良，人道之進化者，可不一念及此乎。」[33]

　　由以上種種可知，在世人的心目中，科學不只是一種單純的研究活動與知識體系，已儼然成為了正確無誤的代名詞，科學變得至高無上，不容置疑。因編輯

30 真：〈祖宗革命〉，《新世紀》，1907 年 6、7 月第 2、3 號。

31 民：〈普及革命〉，葛懋春、蔣俊、李興芝編：《無政府主義思想資料選》（北京：北京大學出版社，1984），上冊，頁 186。

32 同上註，頁 186。

33 同上註，頁 187。

出版科學教材而生起的社會意義，在此得到凸顯，即它拉開了科學含義在近代中國泛化的序幕。[34] 科學已經從教材中走了出來，在人們的價值觀念中開始佔有重要席位。也正是這份價值屬性，給科學帶上了神聖的光環，贏得了社會對其無比的尊重與敬仰，這反過來又將自然科學逐漸塑造為一門顯學，進而推動了科學教育體系的不斷發展，最終促使科學教材在編撰方面進一步完善，在出版發行上更為暢通。而科學知識則借助教材這一重要的物質載體廣泛傳播，為日後社會思潮的變動提供了新的資源與動力。

34 所謂科學含義之泛化是指，科學在保有對自然世界進行研究活動及由此所形成的知識體系的這一基礎上，又衍生出了價值評判的含義，擁有了裁決是非對錯的權力。

新學制下的兒童教科書：
民初《國語教科書》的知識傳播

侯勵英
香港教育學院文學及文化學系

引言

　　自鴉片戰爭以來的百多年裏，中華民族遭遇了前所未有的一連串動盪與不安，在面對西方炮火與內部動亂的同時，亦迎接了西學東漸的機緣。隨着近代印刷技術的引進，出版物不論在質量上或是數量上，俱有良好的改善，使印刷工業走向機械化。因此之故，各式各樣的刊物，例如報章雜誌、字典古籍、海報圖書、參考工具書等均應運而生，其中新式教科書正好是這股浪潮下的現代產物。教科書除了體現近代學制的發展，還成為不少民營出版社的重點出版項目，[1]是近代中國出版文化史上不可或缺的一頁。

　　1905年，慈禧太后（1835-1908年）下詔廢除歷經一千三百多年的中國科舉制度，在西方教育思想的影響下，中國各地興起了新學堂、新課程、新教材以至新教法。而在晚清到民初種種學制改革之下，兒童教育也有着長足的發展。為了配合新式的小學課程，不少有識之士均參與編撰教科書的工作。教科書是一種由官方指定的學校讀本教材，由教師到學生都需要根據它的內容來加以施教和學習，因此，它是教學課程、考核內容以至教授方式的核心部分，甚具公信力和權威性。1917年，商務印書館出版了《國語教科書》，分為上、下兩冊，由莊俞（1876-1940年）等編寫，張元濟（1867-1959年）校訂，圖文並茂，文字淺白，

1　有關在19世紀90年代至1949年9月期間，中國中、小學教科書的出版概況，可參王有朋主編：《中國近代中小學教科書總目》（上海：上海辭書出版社，2010），書中就「課程標準」、「教材書目」、「小學教材」、「中學教材」、「師範學校教材」、「職業學校教材」、「函授學校教材」、「幼稚教育教材」、「民眾學校教材」、「軍訓（童子軍）教材」等各方面，詳細而具體地介紹個中出版情況，當中涉及政治、法制、公民、修身、語文、作文、歷史、地理、數學、自然科學、生物學、常識、農業、商業、體育、音樂、勞作等多個範疇。而有關近代新式教科書出現的情況，可參肖東發主編：《中國出版圖史》（廣州：南方日報出版社，2009），頁203-207。

是一本適合小學初級學生的專用教科書。此書由初版面世到之後的十數年間，共發行了七、八千萬冊之多，得見它是民初時期其中一本較有影響力的語文教科書。本文欲以《國語教科書》為個案說明，來探討兒童在知識建構的過程中，一方面如何學習語文，另一方面，怎樣接收中國文化的意涵，從而了解教科書在擔當傳遞知識與文化的雙向功能。

早期商務印書館的教科書出版

1897 年，商務印書館在上海成立，初僅為一家規模細小的印書所，發起人有夏瑞方（1872-1914 年）、高鳳池（1864-1950 年）和鮑咸亨、鮑咸昌兄弟，合共 4 人。他們同是上海美華書館的員工，後來有感於當時出版市場忽略了華人的實際需要，故各投資 1,000 元，購置機器，租用廠房，先印刷《華英初階》來測試市場的反應。結果，由於這是一本註有中文解釋的英文教科書，在當時來說實在是一個創舉，因此，吸引了大批老師和學生的注意，銷售甚為理想，盈利可觀。[2]1902 年，張元濟加入商務印書館，重申出版的理念與方針，把昔日以印刷為主的方向，改以出版為事業重點，以實踐其「出版救國」的宏願。張氏體會到「出版之事業可以提攜多數國民，似比教育少數英才為尤要」，[3]遂加入主持商務印書館編譯所，其首要任務就是聯合眾人，進行編撰教科書的工作，如出版「最新教科書」系列。由於此系列書刊採用了新式的編寫體例，[4]故甫一面世，

---

2 有關商務印書館的發展，可詳參蔡佩玲：《商務印書館：中國圖書館發展的推手》（台北：台灣商務印書館，2009）；李家駒：《商務印書館與近代知識文化的傳播》（香港：香港中文大學出版社，2007）；史春風：《商務印書館與中國近代文化》（北京：北京大學出版社，2006）；劉曾兆：《清末民初的商務印書館：以編譯所為中心之研究 (1902-1932)》（台北：花木蘭文化工作坊，2005）；〔法〕戴仁 (Drège, Jean Pierre) 著、李桐實譯：《上海商務印書館，1897-1949》（北京：商務印書館，2000）；久宣：《商務印書館——求新應變的軌跡》（台北：利豐出版社，1999）；楊揚：《商務印書館：民間出版業的興衰》（上海：上海教育出版社，2000）；吳相：《從印刷作坊到出版重鎮》（南寧：廣西教育出版社，1999）；樽本照雄：《初期商務印書館研究》（京都：清末小說研究會，2000）；《商務印書館一百年，1897-1997》（北京：商務印書館，1998）；汪家熔：《商務印書館史及其他》（北京：中國書籍出版社，1998）；高翰卿等：《商務印書館九十五年：我和商務印書館：1897-1992》（北京：商務印書館，1992）等書。

3 張元濟：〈致蔡元培〉，《張元濟書札》（北京：商務印書館，1997），下冊，頁 1247。

4 有關「最新教科書」系列的編輯特色，可參苑：〈清末商務版教科書開啟「教科書時代」〉，《傳承》，2010 年 16 期，頁 50-52。

即深受新式學堂的歡迎，使「商務印書館由此一躍成為全國最大的教科書出版和供應中心」。[5] 王雲五（1888-1979 年）曾明言商務印書館之所以「成為我國歷史最長之大出版家，實始於張君之加入，至高夏二鮑諸君之創業，殆可稱為前期耳」。[6] 無疑，晚清以來，教育學制的改革和新式學堂的興起為教科書的出版帶來新契機。根據學部的統計數字，1907 年中國各省的學堂合計有 37,888 所，學生有 1,024,988 人；到了 1909 年，學堂數目增至 59,177 所，而學生人數共達 1,639,641 人之多。[7] 加上，1902 年的「壬寅學制」和 1903 年的「癸卯學制」以至 1905 年時廢除科舉制度，均使學界對新式教科書的需求甚為殷切。由是，商務印書館獨以民營出版家的身份，把握時機，按照官方所規定的課程指引，編製出適合中、小學各級的教科書，「故在事實上，堪稱我國教科書之首創編印者」。[8]

　　從《東方雜誌》的記載裏，可以了解商務印書館由創辦到 1904 年期間有關出版教科書及教科補充的情況，[9] 詳見下表：

書名	編撰者	內容介紹	售價
《中國通覽》	商務印書館譯輯	各國皆有本國法制一門，誠以學為民者不可不自知其國也。是編即據此意編輯成書。凡我國地理、官制、政體、時事、風俗、民情，無不詳載；門分類別，井井有條。讀之於本國之事可明大要。	每部 1 冊價 5 角

5　王余光、吳永貴：《中國出版通史》（北京：中國書籍出版社，2008），民國卷，頁 389。

6　王雲五：《商務印書館與新教育年譜》（台北：台灣商務印書館，1973），頁 1-3。

7　王餘光：《中國新圖書出版業初探》（武漢：武漢大學出版社，1998），頁 7。

8　王雲五：《商務印書館與新教育年譜》，頁 10。關於商務印書館與近代教科書出版的情況，可參宋軍令：〈近代商務印書館教科書出版研究〉（中國四川大學，碩士學位論文，2004）。

9　《東方雜誌》，1 卷 1 期，1904 年 1 月，廣告版面。有關學界對《東方雜誌》的研究，可留意黃良吉：《東方雜誌之刊行及其影響之研究》（台北：台灣商務印書館，1969）；洪九來：《寬容與理性：《東方雜誌》的公共輿論研究（1904-1932）》（上海：上海人民出版社，2006）；范永聰：〈《東方雜誌》與近代中國文化的變遷〉（香港浸會大學哲學博士論文，2005，未刊稿）等。

（續上表）

書名	編撰者	內容介紹	售價
《普通珠算課本》	無錫誦芬室主人編輯	珠算在尋常日用中最為便捷，但歸除之法亦頗奧妙。不善學者往往徒勞無功，是編彙集各種口訣，詳細解釋；無論何人一閱便悉，誠珠算之津梁也。此書經學務大臣審定。	每部 1 冊 價 1 角
《筆算教科書》	商務印書館編輯	此乃初等小學用書，備小學 5 年之用，屬學堂教科書，以國文及算學尤為小學堂所注重，故亟印備用。是書由陽湖徐君崍秉筆，經日本教育家小谷重君長尾槙太郎君校訂。其程度按照奏定小學章程並東西各國成法，按年分級。前 2 冊兼實物各圖，以引起兒童興味。	全 5 冊 第 1 冊售 1 角 5 分 第 2 冊售 1 角 5 分 第 3 冊售 2 角 第 4 冊售 2 角 第 5 冊售 2 角
《算術教科書教授法》	商務印書館編輯	此乃初等小學用書，專為教習者實際教授時所用，無此則教授時必枯寂無味，與《筆算教科書》相輔而行。	全 5 冊 第 1 冊售 2 角 5 分 第 2 冊售 2 角 5 分 第 3 冊售 3 角 5 分 第 4 冊售 3 角 5 分 第 5 冊售 4 角
《新出數學教科書》	商務印書館編輯	小學校數學教科書尚無善本，間有一二，非失之繁冗，即嫌於凌躐，教育家憾矣。本書館按照小學程度精心編輯，應有盡有，最便實用。	每部 2 冊 售 3 角

（續上表）

書名	編撰者	內容介紹	售價
《文學初階》	紹興杜亞泉著	此乃初等小學用書，書分6卷，自淺入深，循循善誘。始以一二字相聯綴，導其先路；繼而三四未成詞句，掖其進步，依次遞進，如升階然。篇中詞尚淺近，意取明晰，務使童蒙易悟。附圖數百幅，凡飛潛動植，服飾器用等類，靡不惟妙惟肖。首卷並列教授諸法，尤便講解，學生約半年讀1冊，是敷3年教課之用。	全6卷 第1卷售1角 第2卷售1角 第3卷售1角 第4卷售1角 第5卷售1角5分 第6卷售1角5分
《理財學課本》	美國華克著；上海顏惠慶譯	我國財政困乏，非人工物力使然，實筦財政者不知計學公理故也。是書取計學精要之義，逐條指出，最便初學揣摩。顏君留學美國多年，精於彼國語言文字，故能取深奧之理而達以淺顯之詞，誠理財學之階梯也。	每部1冊 售5角
《普通新歷史》	普通學書室編輯	此乃高等小學用書，是書以日本中等學科教授法研究會所著東洋歷史為藍本，取其序次明晰，記錄簡要，適合教科之用。原書本以我國為樞紐，今悉刪其參附者，尤為繁簡得宜。且近世之事較詳，亦佔教育公理，洵善本也。	每部1冊 售2角
《中國歷史教科書》	商務印書館編輯	此乃中學堂用書，經學務大臣審定，此軼分為7卷，歷朝大事無不備戰，繁簡適當，斷制謹嚴，可為現時中學教科善本。	每部2冊 售1元

（續上表）

書名	編撰者	內容介紹	售價
《國史初級教科書》	商務印書館編輯	此乃高等小學堂用書，分 3 卷，一為上古史，自太古至戰國；一為中古史，自漢至隋；一為近古史，自唐至今。擷要提綱，有條不紊，展讀一過，可以瞭然於四千年來之大勢，文詞亦簡潔名貴，足稱史筆。	每部 1 冊 售價 3 角
《西洋歷史教科書》	日本本多淺治郎著，出洋學生編輯所譯	此書經學務大臣審定，凡 6 篇，首為古代史，二為中代史，三、四、五皆為近代史，六為近史。條理井然，首尾貫串，每事皆摘舉綱要，列為款目，尤便記憶，地名人名均附注原文，亦便查檢。	每部 1 冊 售價 5 角
《教育心理學》	日子高島平三郎著，江陵田吳炤譯	此書經學務大臣審定，教育程度必以心理為衡，否則躐等以幾，必傷學者腦力，求益反損。我國教育近始萌芽，各學堂學科程度亟待參酌，故斯學尤關緊要。是書著者自序，謂力求平易，便於自修。田伏侯先生亦謂為從事教育者不可不讀，特代本館繙譯，詞達理舉，足供教授。	每部 1 冊 售價 3 角 5 分
《中國歷史問答》	商務印書館編輯	詳載中國歷代史事，自上古迄國朝，上下數千年間依次敍述，瞭如指掌，並設為問答，俾易明曉，實史學中最新最善之書。	每本售 2 角 5 分

（續上表）

書名	編撰者	內容介紹	售價
《世界歷史問答》	商務印書館編輯	研究實學，歷史為先。但欲貫注古今，於紀事編年等書中，尤以問答體者為易明晰。此編分上古、中古、近世，一切大事無不備載。	每本售 2 角
《普通博學問答》	商務印書館編輯	是書發明飛潛動植，聲光化電，一切原理窮奧極微，推究盡致。設為問答，詞旨簡明，最合格致教科之用。	每本售 3 角
《地文學問答》	商務印書館編輯	地文為天然科學，研究地理者不可不知，若空中之水分，陸界之組成，生物之分佈，皆格致學之最要者。是編詞簡意賅，允推初學善本。	每本售 3 角
《生理學問答》	商務印書館編輯	泰西各邦莫不以研究生理為學術之要，為衛生之源，是編討論營衛，出顯入微，尤便推闡。允宜家置一編，以為強固形體之助。	每本售 2 角 5 分
《富國學問答》	商務印書館編輯	富國之學為當今急務，是書取一切理蘊，衍為問答，無理不達，無蘊不呈，盡人能讀，教授初學尤宜。	每本售 5 分
《學校管理法問答》	商務印書館編輯	歷舉一切管理學校之法，簡明詳備，今各省學堂起爭端，實由管理未盡其道。取閱本編，當知改良之策，學者受益不少。	每本售 2 角

　　從上表可以看出，晚清時期的商務印書館所出版的教科書已十分多元化，涉及的領域包括語文、文學、數學、金融、生理學、中國歷史、世界歷史、教育心理學、學校管理法等，反映出商務印書館的深厚財力、物力和人力。1906 年，

清朝學部通過了第一次「審定初等小學暫用書目」的名單，使民營出版社受到很大的鼓舞。當時共評審了 102 冊的小學教科書，詳見下表[10]：

書名	冊數	出版者
《最新初等小學國文教科書》	54	商務印書館
《初級蒙學修身學》	30	文明書局
《心算教授法》	10	直隸學務局
《初等小學讀本》	4	南洋公學
《普通各科教授法》	1	時中書局
《畫學教科書》	1	化固小學
《圖畫臨本》	1	武昌圖書館
《蒙學修身學》	1	未有註明

從以上數據得悉，民營出版社佔了 80%，一改昔日多由教會和官方書局參與的局面，而商務印書館更是獨當一面，盤據小學教科書的主要市場。值得留意的是，由 1903 年到 1907 年這段時間裏，商務印書館出版了一套名為「最新教科書」的中、小學學校用書，此乃是根據學部課程規定，並依學年的年期而設計出來的一系列教學用書，開創了新式教科書的先河，成為其他出版社的參考指標。[11]較有代表性小學教科書書目如下：

---

10 參王雲五：《商務印書館與新教育年譜》，頁 44，把相關資料加以整理。有關晚清時期學部審定教科書的情況，可參楊慧慧：〈晚清學部編審教科書的活動〉（中國吉林大學，碩士學位論文，2006）；參區志堅：〈晚清辦學要旨與「審定」中國通史教科書內容的考察〉，林啟彥、李金強、鮑紹霖主編：《有志竟成 —— 孫中山、辛亥革命與近代中國》（香港：香港中國近代史學會，2005），頁 772-815。

11 關於「最新教科書」的情況以及中學用書的部分，可參畢苑：〈中國近代教科書研究〉（中國北京師範大學，博士學位論文，2004），頁 40；張人鳳：〈商務《最新教科書》的編纂經過和特點〉，《商務印書館一百年》（北京：商務印書館，1998），頁 156-158；又可參石鷗：〈開現代教科書之先河的《最新教科書》〉，載《湖南師範大學教育科學學報》，7 卷 3 期（2008 年 5 月），頁 27-30。

初等小學用書：

出版年份	作者／編者	書名
1904	姚祖義編輯；夏曾佑、張元濟參閱	《最新中國歷史教科書》
1905	商務印書館編譯所編纂	《最新修身教科書》
1905	謝洪賚編纂	《最新地理教科書》
1906	杜秋孫編纂	《最新初等小學珠算入門》

高等小學用書：

出版年份	作者／編者	書名
1904	Yao Tsu_I, M.A. 著	《最新高等小學教科書中國史》
1904	姚祖義編輯，金為校訂	《最新中國歷史教科書》
1904	謝洪賚編纂	《最新理科教科書》

大體而言，作為出版先鋒的商務印書館在晚清時已穩坐了小學用書的市場，並廣泛地得到學界的支持與認同。及至 1911 年中華民國成立，民國政府決心大力推行教育改革，因此產生了「壬子學制」（1912 年）和「癸丑學制」（1913 年）的倡議。當時教育部提倡教育宗旨應要「注重道德教育，以實利主義，軍國民教育輔之，更以美感 [教育] 完成其道德」為目的，[12] 當中關於小學學制方面，公佈了以下改革項目：

1. 小學校四年畢業，為義務教育，畢業後得入高等小學或實業學校；
2. 高等小學校三年畢業；畢業後得入中學師範學校、或實業學校；
3. 小學校及高等小學校設補習班，為畢業生欲升入他校者補修學科，兼為職業上之預備，均二年畢業；
4. 注重手工科、兵式操；
5. 廢止讀經；

---

12 王雲五：《商務印書館與新教育年譜》，頁 77。有關近代中國教育的發展，可參舒新城：《近代中國教育史料》（上海：上海書店，1990）；陳學恂主編：《中國近代教育史教學參考資料》（北京：人民教育出版社，1986-1987）；陳啟天：《近代中國教育史》（台北：台灣中華書局，1969）；王炳照：《中國近代教育史》（台北：五南圖書股份有限公司，1994）。

6. 初小三年起兼讀珠算；

7. 改良傳統的教科書等。[13]

同時，教育部也規定小學的科目和授課時間，[14] 大致情況如下表：

初等小學：

科目內容	修身	國文	算術	手工	圖畫	唱歌體操
授課時數	2 小時	10-12 小時	5-6 小時	1 小時	1 小時	4 小時

按：女生需另上縫紉 1-2 小時；每周男生共上課 22 小時；每周女生共上課 22-24 小時。

高等小學：

科目內容	修身	國文	算術	本國歷史及地理	理科	圖畫	唱歌	體操	農業	英語
授課時數	2 小時	8-10 小時	4 小時	2 小時	2 小時	1-2 小時	3 小時	3 小時	2 小時	3 小時

按：女生不用修讀農業課，但需另上縫紉 2 堂，共 4 小時；每周男生共上課 30 小時；每周女生共上課 30-32 小時。

此外，1912 年，教育部頒行〈普通教育暫行辦法通令〉，內文強調「凡各種教科書，務合乎共和民國宗旨，清學部頒行之教科書，一律禁用」；[15] 又發佈〈審定教科用圖書規程〉，明確指出：「初等小學、高等小學、中學校、師範學校教科用圖書，任人自行編輯，惟須呈請教育部審定」，[16] 由是，不少出版社乘勢冒起，紛紛為新政局度身製造教科書，以應市場。有學者直言：「商務印書館、中華書局等一些大的出版機構，均因教科書而崛起，亦以教科書為今後營業之大宗。」[17] 因此之故，為了呼應新時代的氣象和課程改革的浪潮，商務印書館毫不怠慢地全

13 王雲五：《商務印書館與新教育年譜》，頁 73，77。

14 王雲五：《商務印書館與新教育年譜》，頁 73，76，根據相關資料整合而成。

15 轉引自王余光、吳永貴：《中國出版通史》，民國卷，頁 390。

16 張靜廬輯注：《中國近代出版史料》（北京：中華書局，1957），二編，頁 410。

17 王余光、吳永貴：《中國出版通史》，民國卷，頁 388。

力投身於「共和國教科書」的編印工作上，編輯團隊非常龐大，包括有包公毅、杜亞泉（1873-1933 年）、杜就田、沈頤、沈慶鴻、秦瑞玠（1874-？年）、秦同培、孫毓修（1871-1923 年）、莊俞、張元濟、陶保霖、傅運森（1872-1953 年）、壽孝天、戴克敦、駱紹先等人，前後只是花了 4 個月的時間，便付印了一套適合國情的初等和高等小學教科用書，反應之快，效率之高，也正好展示出民初時期商務印書館的穩健規模，以及編輯團隊所具備的非凡實力，盡顯出專業編輯的才華。[18] 這套成於 1912 年的「新編共和國教科書」雖然是追趕風氣的新生兒，但確是表達了在新舊政權交替下教科書所需要承擔的責任，有言道：

> 國之盛衰，以教育之優劣為樞機。無良教育，何以得良國民。無良教科書，何以得良教育。同人學識淺陋，竊不自揣，爰於壬癸之際，糾合同志，從事教科書之編輯。迄今已逾十年，為社會所共知。乃者民國成立，數千年專制政體，一躍而成世界最高尚最完美之共和國。政體既已革新，而為教育根本之教科書，亦不能不隨之轉移，以應時勢之需要。此又同人所不敢不自勉者也。東南光復以來，本館即將舊有各書遵照教育部通令大加改訂。凡與滿清有關係者，悉數刪除，並於封面上特加訂正為中華民國字樣，先行出版，以應今年各校開學之用。更聯合十數同志，日夕研究，本十餘年編輯上教授上之經驗，從事於教科書之革新。博採世界最新主義，期以養成共和國民之人格，造端甚微，影響至鉅，不敢稍有稽延，尤不敢或滋草率。現小學各書，大致粗具，陸續發行。其編輯之要點有四：
>
> （1）各科互相聯絡，期教授之統一；
>
> （2）力求淺顯活潑，期合兒童心理，不以好高騖遠，致貽躐等之弊；
>
> （3）初等小學之教材，男女並重，以便男女同校之用；
>
> （4）關於節候之事物，依陽曆編次，至於文字圖畫之內容，紙張印訂之形式，成書具在。[19]

得見此書旗幟鮮明地打正「共和國」的口號，最重要的使命是欲培育出新一

---

18 中華民國成立之際，當時原在商務印書館工作的陸費逵卻突然另起爐灶，創辦中華書局，並以出版中小學教科書為首個核心項目。一時之間，商務印書館有點亂了陣腳；然而，旋即調動人馬，按舊版本為據，加以改編補充，終在短期內付梓出版，以供市場所需。參王雲五：《商務印書館與新教育年譜》，頁 69；沈頤、戴克敦編纂，高鳳謙校訂：《共和國教科書新修身》（上海：商務印書館，1912），正文前扉頁；又有關民初「共和愛國」觀念的流佈，見區志堅：〈教師用書傳達「共和愛國」的知識——民初湯存德編《新制中華歷史教授書》〉，中華書局編輯部主編：《中華書局百年研討會紀念論文集》（北京：中華書局，2013），頁 483-507。

19〈新編共和國教科書說明〉，轉引自王雲五：《商務印書館與新教育年譜》，頁 68。

代的國民人格，不分男女，都要面向民主共和，隱約地滲出「國家」的象徵意味。這套書分有「中華民國初等小學用書」、「中華民國高等小學用書」和「中華民國女子學校用書」三個主題，每個主題分別出版多種書目與之配合。如「中華民國初等小學用書」中有《最新修身教科書》（10 冊）、《簡明修身教科書》（8 冊）、《最新國文教科書》（10 冊）、《簡明國文教科書》（8 冊）、《簡明筆算教科書》（4 冊）、《簡明歷史教科書》（2 冊）；「中華民國高等小學用書」中包括《最新修身教科書》（4 冊）、《最新國文教科書》（8 冊）、《簡明國文教科書》（8 冊）、《最新歷史教科書》（4 冊）、《最新地理教科書》（4 冊）、《共和國民讀本》（2 冊）、《中國英文讀本》（6 卷）；而「中華民國女子學校用書」計有《初等小學修身教科書》（8 冊）、《高等小學修身教科書》（4 冊）、《初等小學國文教科書》（8 冊）。[20]而這套「共和國教科書」，不論在編寫體例上或是內容質量上，相比起早佔先機由中華書局出版的「中華教科書」系列更勝一籌，而且更迫使中華書局這所「與商務印書館匹敵的全國第二大教科書出版機構」必須「重起爐灶，重新編寫新的教科書」，開展了出版文化史上一場教科書革命。[21]據統計，直至抗日戰爭之前，商務印書館共出版了小學教科書共 8 套，中學教科書共 6 套，其中小學部分，除以上的「共和國教科書」，還有「實用教科書」系列（1916 年）、「新法教科書」系列（1920 年）、「新學制教科書」系列（1923 年）、「新撰教科書」系列（1924年）、「新時代教科書」系列（1928 年）、「基本教科書」系列（1931 年）和「復興教科書」系列（1933 年），[22] 由是可知，從開館到民初的時期，在芸芸眾多的教科書中，小學生用書成為商務印書館的出版刊物之其中一個重要環節，為幼童教育付出了不少努力。

---

20 王雲五：《商務印書館與新教育年譜》，頁 68-69。有關「新編共和國教科書」系列的說明，可參瞿駿：〈民初童蒙教育的變與不變 —— 以商務版共和國教科書為中心〉，《華東師範大學學報》（哲學社會科學版），2013 年 3 期（2013 年 5 月），頁 110-115。

21 王余光、吳永貴：《中國出版通史》，民國卷，頁 390-391；當然可以多注意另一間民初重要出版教科書的機構中華書局與推動學風的關係，見區志堅：〈建構「男勤於外，女亦勤於內」的女性「國民」：陸費達的教育思想及《中華女子國文教科書》〉，周佳榮主編：《百年傳承 —— 香港學者論中華書局》（香港：中華書局，2012），頁 140-181；〈教師用書傳達「共和愛國」的知識 —— 民初湯存德編《新制中華歷史教授書》〉一文。

22 王余光、吳永貴：《中國出版通史》，民國卷，頁 392。

《國語教科書》的編校人員與內容特色

　　《國語教科書》由商務印書館於 1917 年在上海出版，莊俞為主編，經張元濟校訂，一書分上、下兩冊，主要是供給初級小學的學生之用。[23] 簡單來說，此書從兒童的生活和日常見聞入手，圍繞著「家居」、「處世」、「社會」等不同的課題來撰文，言詞精到，平白易明，再配以插圖，讓小朋友從中得到啟發，初步掌握一些實用知識，藉此循序漸進地體會生活文化中的具體細節。自初版問世，在往後的十多年間，多次重印，共發行達七、八千萬冊，可以說是民國時期影響最大的語文教科書之一。

　　有關《國語教科書》的主要編校人員的生平事跡，略述如下。莊俞是此套書的主要編撰，他是江蘇武進人，名亦望，字伯俞，又字我一。1900 年（光緒二十六年）受聘為武陽公學教習，積極從事教育活動，曾創辦體育會、演說會、天足會、私塾改良會、藏書閱報社等。1901 年，他加入商務印書館任編譯，從事出版教科書的工作，先後編撰的有《最新國文教科書》、《簡明教科書》、《共和國新教科書》、《單級教科書》、《實用教科書》、《新法教科書》、《新學制教科書》等多種課本。1905 年，商務印書館創辦小學師範講習所，並設立一所附屬小學以供實習。惜講習所只辦了一年，附屬小學則予以繼續，改校名為「尚公」，重新組織校董會，莊俞成為其中一位校董。1912 年，首任教育總長蔡元培於北京召開臨時教育會議，議決民國初期的教育宗旨、法規、學校系統以至教育行政制度等。當時莊俞應邀出席，他把是次會議的情況寫於日記中，後來更在《教育雜誌》發表出來。莊俞曾直言：「計自光緒二十七年至民國十年止，我館［商務印書館］為了創編教科書，經張菊生先生領導之下，編譯人自數人增加至百數十人，在館外幫忙的還不計其數，篳路藍縷，煞費苦心，得成一種輔助教育的新事業」。得見莊俞一生奉獻在文教出版事業之中，1938 年逝世，享年 62 歲。[24]

---

23 本文所參的《國語教科書》是 2005 年由上海科學技術文獻出版社根據上海圖書館館藏的版本所重印出來的。

24 黃春木：〈莊俞〉，《教育大辭書》，轉引自國家教育研究院主理：〈雙語詞彙、學術名詞暨辭書資訊網〉，http://terms.naer.edu.tw/detail/1310769/?index=7，瀏覽日期：2014 年 4 月 14 日。莊俞：〈三十五年來之商務印書館〉，蔡元培等編：《最近三十五年來之中國教育（1897-1931）》（香港：龍門書店，1931）。關於莊俞參與教科書編輯工作的情況，可參蔡元培等著：《商務印書館九十年：我和商務印書館：1897-1987》（北京：商務印書館，1987）。

《國語教科書》的另一位主要負責校訂人員是張元濟。張元濟，字筱齋，號菊生，浙江海鹽人，幼承庭訓，25 歲已中進士，歷任翰林院庶吉士、刑部主事、總理各國事務衙門章京等職。1898 年，由於他曾參與百日維新，故被清廷下令將其「革職永不敘用」。在解除官職之後，張元濟轉到文化出版的事業上，曾出任南洋公學譯書院的院長和總理的職務。1902 年，他加入了商務印書館，先後擔任編譯所所長、經理、監理、董事長，直至 1959 年逝世為止。張氏在商務印書館工作期間，曾引入先進的印刷技術，並積極參與多項出版計劃，貢獻良多，例如，編輯小學教科書、刊印雜誌共 19 種、編輯工具書如《辭源》、出版科技書籍達數百種、其他叢書也有數十種之多，其中尤以整理和出版古籍最為後世所稱頌。為了便於校印古本史籍，故他創辦了涵芬樓與東方圖書館，大量收集善本古籍，以為參考備用。經他主持編印的古籍中，較有代表性的有《四部叢刊》、《續古逸叢書》、《百衲本二十四史》及《叢書集成初編》四大叢書，得見他嚴謹的治學精神，在目錄學、版本學以及校勘學上表現了非凡的成就。[25]

商務印書館這套《國語教科書》的出版目的就是為了切合新學制的教育宗旨 ——「以留意兒童身心之發育，培養國民道德之基礎，並授以生活所需之知識技能」，[26] 及「施行國家根本教育，以注意兒童為身心之發育，以施適當之陶冶，並授以國民道德之基礎，及國民生活所需之普通知識技能」[27]，因此，課文內容除讓學生增強語文能力外，還特別加強以生活文化為主要骨幹，大致上可分為「讀書求學」、「禮儀品德」、「人物推介」、「作息衛生」、「自然科學」、「生活常識」、「遊樂運動」這七個題材，現分述如下：

首先，關於「讀書求學」方面，自古以來中國社會提倡「玉不琢，不成器；人不學，不知義」之理，[28] 因此對小童的學習多表關注，而在近代教育制度下，這更加是不容怠慢的當前急務。為了吸引小朋友上學的興趣，上冊的第一課只用了

---

25 王珠美：〈張元濟〉，《圖書館學與資訊科學大辭典》，轉引自國家教育研究院主理：〈雙語詞彙、學術名詞暨辭書資訊網〉，http://terms.naer.edu.tw/detail/1681341/?index=1，瀏覽日期：2014 年 4 月 14 日。關於張元濟的研究，可參吳方：《仁智之山水：張元濟傳》（上海：上海文藝出版社，1994）；隗瀛濤：《智民之夢：張元濟傳》（成都：四川人民出版社，1995）；汪家熔：《張元濟》（上海：上海辭書出版社，2012）等。

26 〈小學校令〉，1912 年，轉引自陳俠：《近代中國小學課程演變史》（福州：福建教育出版社，2007），頁 24。

27 〈國民學校令〉，1915 年，轉引自陳俠：《近代中國小學課程演變史》，頁 24。

28 引自王應麟：《三字經》（北京：華文出版社，2009），頁 237。

「入學」一詞，配以一幅小學生們列隊回校的圖像，他們穿着整齊的服飾，背着書包，由家長的陪同下，懷着歡愉的心情上學去，學校門前懸掛着五色旗幟，象徵新時代的來臨。另外，又以圖畫的形式表達了「課室規則」、「操場規則」，旨在言明不論在課室上課時或在操場玩耍時，也要遵守規矩，不宜妄行；又以「溫課」、「勤學」、「好學」、「專心」等為題，勸勉孩子要專心學習，不要只顧玩樂，要悉心安排時間來溫習功課，即使在下雨天或假期完結後，都要堅持上學，不容躲懶。[29] 因此，書中有「謝生初至校，每日功課，不能及人，心恥之。乃益勤學，雖遇日曜日，溫習不輟。及考試時，謝生功課最熟，師大獎之」；[30] 或是「學堂暑假，一月已滿。今日早起，穿新衣，入學堂。先生授我新書，告我曰，汝讀此書，當比首冊，更有味也」的文章，[31] 藉此鼓勵孩童努力讀書，以免浪費光陰。

　　第二，關於「禮儀品德」方面，舉凡小朋友可以接觸到的人物，個中交往的禮節，書中均運用了圖文來加以說明，教導孩童要「孝父母」、「敬師」、「愛同學」、「友愛」、「敬老」、「敬客」、「睦鄰」、「扶助他人」等，誘導小朋友培養出如「黃香九歲，事父至孝，夏則扇枕席，冬則以身溫被」這顆孝心。[32] 還利用燕子、猴子、狗等這類合群的生物來輔助解說，有說「一犬傷足，臥於地上，一犬見之，守其旁不去」，又有「母雞孵卵，數周成雛，隨母出行，未嘗遠離。母雞每得食，必先喚其雛。若遇貓犬，盡力護之，與父母愛子無異」等，[33] 無不是欲表達父母之愛，引導孩子要愛護家庭，發揮互相幫忙的精神。與此同時，小朋友也應該從小養成良好的品德，諸如「守時」、「守信」、「守秩序」、「誠實」、「正直」、「禮貌」、「去爭」、「合群」等，因此，如果打破了花瓶，必須勇於認錯；又如果有客人到訪，則必須「迎入室中，正立客前，對客行禮」；或若「與人共食，不

---

29 莊俞等編著：《國語教科書》（上海：上海科學技術文獻出版社，2005），上冊，第四課：〈課室規則〉，頁5；第五課：〈操場規則〉，頁7；第十四課：〈溫課〉，頁20；第十五課：〈勤學〉，頁22；第十九課：〈好學〉，頁27；第四十課：〈好學〉，頁54；第廿三課：〈專心〉，頁33。

30 莊俞等編著：《國語教科書》，上冊，第一百零五課：〈勤學〉，頁129。

31 莊俞等編著：《國語教科書》，下冊，第一課：〈學堂〉，頁2。

32 莊俞等編著：《國語教科書》，上冊，第二課：〈敬師〉，頁2；第十課：〈孝父母〉，頁17；第十一課：〈友愛〉，頁18；第廿五課：〈親恩〉，頁35；第廿六課：〈愛親〉，頁37；第廿七課：〈敬老〉，頁39；第廿八課：〈敬客〉，頁40；第三十一課：〈扶助他人〉，頁43；第四十五課：〈睦鄰〉，頁61；第四十三課：〈事親〉，頁58。

33 莊俞等編著：《國語教科書》，上冊，第五十課：〈愛同類〉，頁68；第八十八課：〈母雞〉，頁112。

可爭食，與人同行，不可爭先」。[34] 課文中更從益智故事入手來啟發小朋友的同理心，令他們積極思考並孕育出高尚的情操，例如以「宗愨年十四，有盜至，愨挺身拒之，盜十餘人，不得入室」；[35]「王戎七歲，與眾同觀虎，虎忽大吼，觀者皆懼，戎獨不動」；[36]「龜與兔競走，兔行速，中道而眠，龜行遲，努力不息，及兔醒，則龜已先至矣」；[37]「徐湛之出行，與弟同車，車輪忽折，路人來救，湛之令先抱弟去，然後自下」；[38]「王華行池畔，見地有遺金，華置金水邊，守其旁，待遺金者至，指還之」[39] 等來表達勇敢、鎮定、毅力、路不拾遺以及捨己救人的精神。

　　第三，關於「作息衛生」方面，從小開始，師長宜灌輸正確的生活習慣與衛生常識給小朋友，讓他們好好掌握自己的時間以及懂得照理自己的身體。由是之故，小朋友要「夜間早眠，日間早起」，作息定時，並要自行打理儀容，注意個人衛生，他們既要動手動腳去沐浴又要自動自覺地去洗衣服。「凡盥面必以巾遮護衣領，捲束兩袖，勿令沾溼，櫛髮必使光整，勿令散亂」。書中還清楚地教導小朋友：「手有五指，指端有甲，甲過長，則作事不便，又易藏垢，故宜常剪之」。同時，也鼓勵他們每天收拾書本，整理書包。[40] 有趣的是，課文中曾以問答的形式令孩子明白身體不潔將容易引致生病之理，有言：

> 嫂洗衣，小姑問其故。
> 嫂曰：「衣服污穢，能使人病。」
> 小姑取所玩泥人，解其衣，請嫂教之洗。
> 既畢，曬竿上。

34　莊俞等編著：《國語教科書》，上冊，第十八課：〈守時刻〉，頁 25；第二十課：〈守秩序〉，頁 28；第六十二課：〈守時〉，頁 85；第廿一課：〈誠實〉，頁 29；第四十六課：〈正直〉，頁 62；第四十七課：〈禮貌〉，頁 63；第四十八課：〈去爭〉，頁 64；第四十九課：〈合群〉，頁 66。

35　莊俞等編著：《國語教科書》，上冊，第五十三課：〈勇敢二〉，頁 73。

36　莊俞等編著：《國語教科書》，上冊，第五十四課：〈鎮定〉，頁 74。

37　莊俞等編著：《國語教科書》，上冊，第五十五課：〈戒惰〉，頁 76。

38　莊俞等編著：《國語教科書》，上冊，第六十課：〈友愛〉，頁 82。

39　莊俞等編著：《國語教科書》，上冊，第六十五課：〈不拾遺〉，頁 88。

40　莊俞等編著：《國語教科書》，上冊，第六課：〈儀容〉，頁 9；第七課：〈早起〉，頁 11；第十三課：〈衣服〉，頁 20；第十七課：〈休息〉，頁 24；第廿二課：〈整理〉，頁 31；第三十四課：〈起居〉，頁 46；第三十六課：〈清潔〉，頁 49；第五十六課：〈整潔〉，頁 77；第七十五課：〈指甲〉，頁 99。

> 嫂曰：「泥人非能病者，人之衣服，久而不洗，則真能致病矣。」[41]

嫂子是小朋友經常接觸的長輩，故這段對話足使他們代入其中，仿如家中嫂嫂跟自己說話一樣，從而了解清潔的重要性。再者，小朋友也需注意飲食，講求「慎食」，「渴則飲，飢則食，多飲多食，皆能傷身」。[42] 除個人整潔之外，小孩也要協助打掃庭院和課室，保持地方清潔，書中更舉例說明：

> 朱生有疾，張生視之。至臥室，甫掀簾，穢氣觸鼻。
>
> 張生曰：「居室不潔，非所以衛生也。每晨，掃庭戶以去塵垢，開窗牖，以通空氣，則疾病自少。」
>
> 朱生從之，疾漸愈。[43]

因此，「室中宜常灑掃，以去塵垢，窗戶宜常開，以通空氣，以透日光」，[44] 也這是防止疾病的好方法。課本中有圖像配以詞語來介紹一般清潔用具，如手巾、牙刷、舌刮、漱盂、臉盆、梳、篦、刷子、肥皂、皂莢、雞毛掃、胰子、鹼、痰盂、抹布、拖把、樓帚、拂帚、噴壺、畚箕等，[45] 讓小朋友認識物件的形狀及其用途，從而運用它們來進行清潔的工作。

第四，關於「生活百科」方面，雖然小學生年紀尚幼，但是亦應該掌握一些日常生活的小知識，以拓寬眼光。舉例來說，學習一些常用的家居器物，諸如飯碗、筷、碟、調羹、酒盅、箱、櫃、櫥、長檯、圈椅、方桌、茶几、靠椅背等，提醒小朋友「人居室中，飲食臥起，皆需器具。惟匠人造器，勞心、力，費時日，其成不易。用器之人，應知愛惜，不可任意毀傷也。」[46] 認識帽子的種類，包括大禮帽、常禮帽、草帽、緞帽、氈帽及其作用，「天暑時，多用草帽。天寒時，多用呢帽，或以緞、布為之」；[47] 了解衣服的款式，計有大禮服、常禮服、

41　莊俞等編著：《國語教科書》，下冊，第廿二課：〈洗衣〉，頁 40-41。

42　莊俞等編著：《國語教科書》，上冊，第十二課：〈慎食〉，頁 19；第三十七課：〈節飲食〉，頁 50；

43　莊俞等編著：《國語教科書》，下冊，第三十七課：〈衛生〉，頁 70。

44　莊俞等編著：《國語教科書》，上冊，第八課：〈清潔〉，頁 12；第五十七課：《衛生》，頁 78；

45　莊俞等編著：《國語教科書》，下冊，第八十課：〈不潔之害〉，頁 140-142。

46　莊俞等編著：《國語教科書》，上冊，第一百四十二課：〈器具〉，頁 168-169；第一百四十三課：〈鏡〉，頁 170 等。

47　莊俞等編著：《國語教科書》，上冊，第七十八課：〈帽〉，頁 101-102。

袴、褌、袍、女子禮服、裙等,「人之衣服,因寒暑而異」;[48] 分辨水果及食物的名稱,如香蕉、橘、蓮蓬、桃、石榴、枇杷、柿、梨、菱角、橄欖、葡萄、荔枝、蘋果、櫻桃、餅、饅頭、糕、糰、餃、湯包、油炸燴、掛麵、燒賣、切麵、酥糖、餛飩、糉子等,但是「一日三餐,皆有定時,足以充飢。若恣口腹之欲,飲啖無節,則胃中多積滯,非養身之道也。故餅餌之屬,偶食無傷,豈可以為常乎?」[49] 明白什麼叫做簾,就是「可以隔內外,阻灰塵。夏時炎熱,用簾以蔽日;冬時嚴寒,同簾以御風,故門、戶、窗牖,皆可用簾」;[50] 體會怎樣插秧,當於「大雨如注,田水驟滿,既晴,數農夫,戴草笠,入田插秧,秧針出水,長二三寸,分列成行」;[51] 又「農夫種稻,手足勤勞,歷春夏秋三時,始得粟。又用礱去殼,用臼去糠,始成白米。然後炊之釜中,或為飯或為粥,食者當知其不易也」;[52] 學習水的重要,是故「飲食之水,或取於河,或取於井。水有清濁,濁者多污物,又有小蟲,飲之,易致病。故烹茶煮飯,宜用清水」;[53] 明白火的重要功能在於「養生之事,不可一日無火。燈與燭,非火不明。飯與菜,非火不熟。天寒之日,燒炭爐中,又可藉以禦寒」。[54] 同時,也教導小朋友千萬不可以玩火,課中曾舉出「杜兒持紙向火為戲。母見之曰:『火能燃物,偶不慎,小則灼肌膚;大則焚房屋,不可戲之。』兒自是不復戲火」,[55] 以為警示。

　　第五,有關「自然科學」方面,書中以輕鬆的手法闡釋了方向、時間、季節、人體、生物等課題。如在方位上,便指出「清晨,祖攜孫出門。祖曰:『爾知方向乎?日出於東,沒於西,今爾向日而行,是為東方,背後為西,右手為南

48 莊俞等編著:《國語教科書》,上冊,第七十九課:〈衣〉,頁 103。

49 莊俞等編著:《國語教科書》,上冊,第一百廿九課:〈果園〉,頁 153-154;下冊,第六十三課:〈多食之害〉,頁 110-112。

50 莊俞等編著:《國語教教書》,上冊,第八十三課:〈簾〉,頁 107-108。

51 莊俞等編著:《國語教科書》,上冊,第九十六課:〈插秧〉,頁 120-121。

52 莊俞等編著:《國語教科書》,上冊,第一百三十二課:〈米〉,頁 157。

53 莊俞等編著:《國語教科書》,上冊,第九十七課:〈水〉,頁 121。

54 莊俞等編著:《國語教科書》,上冊,第九十八課:〈火〉,頁 122。

55 莊俞等編著:《國語教科書》,上冊,第九十九課:〈勿戲火〉,頁 123。

方，左手為北，故視日之出沒，可以辨四方也。』」[56] 在時間上，即言「一日一夜，分為十二時，子丑寅卯辰巳午未申酉戌亥是也。夏日長而夜短，冬日短而夜長。夜半為子，日中為午。午前曰上午，午後曰下午」。[57] 又在四季上，課文說到「冬居四季之末，十月為孟冬，氣候漸寒。十一月為仲冬，十二月為冬季，天氣更冷。北風時起，水冰地凍，棉亡不暖，故年老者多亡裘，又熾碳以禦寒」。[58] 此外，還用上歌謠的方式來介紹夏季的情況，歌詞寫道：

> 夏至後。一九至二九，扇子不離手。三九二十七，冰水甜如蜜。四九三十六，拭汗如出浴。五九四十五，樹頭秋葉舞。六九五十四，乘涼不入寺。七九六十三，上床尋被單。八九七十二，被單添夾被。九九八十一，家家打炭墼。[59]

由是小朋友藉着唱歌一邊學習炎夏時的活動，一邊卻在不知不覺中唸懂一些乘數法則。另外，在人類身體結構上，指出：

> 人體可分三部，曰頭；曰幹；曰肢。頭中有腦，為運動知覺之本，外有耳、目、口、鼻。耳司聽，目司視，鼻司呼吸，口司飲食、言、語。自頸至腹為幹，內有臟腑，所以消化食物，運行氣血。兩手兩足為肢，以手作事，以足行路，此全體之功用也。[60]

對小學生而言，這百多個字已是一個十分詳細的說明了，令小朋友初步明白人體的一些基本構造和功能。又於人類牙齒的生長情況上，說道：

> 孩童初生，口內無齒。七八月之後，次第發生，名曰乳齒。至七八歲時，

---

56 莊俞等編著：《國語教科書》，上冊，第一百零八課：〈方向〉，頁 132-133。很有趣的是，這篇課文在下冊又在出現，不過，文字卻有所增多，即是「清晨，祖送孫入學堂，迎日而行。祖曰：『汝知方位乎？』吾語：『汝向日之方曰東，背日之方曰西；右手曰南，左手曰北。汝試轉大路向北行，則背為南。左西而又東矣。』與上冊的課文互相比較，便可知道下冊課文的重覆就是為了肯定身為孫子的小孩子已完全學懂如何辨認方向了。見莊俞等編著：《國語教科書》，下冊，第三十五課：〈方位〉，頁 66-67。

57 莊俞等編著：《國語教科書》，下冊，第廿一課，頁 39。

58 莊俞等編著：《國語教科書》，下冊，第三十九課：〈冬季〉，頁 72-73。

59 莊俞等編著：《國語教科書》，下冊，第七十九課：〈夏至諺〉，頁 137-138。

60 莊俞等編著：《國語教科書》，上冊，第一百五十二課：〈全體之功用〉，頁 181。

乳齒漸脫，盡換新齒。新齒生時，乳齒動搖，拔去之，則新齒排列整齊。
新齒既生，喜齕襟、袖，及指甲，久則成習，不可不戒也。[61]

再者，生物方面，書中介紹了獅子、象、貓、犬、猴、雞、鴨、羊、燕子、
鴉、蝙蝠、蟻、蜘蛛、鸚鵡、蝴蝶、蜜蜂、螢火蟲、蟋蟀、松、櫻桃、菊、茶
等，[62] 圖文並茂，把牠或它們的習性及其貢獻一一描述出來。舉例來說，寫到牛的
時候，書中指出「牛性馴，力甚大。我國農夫，常用以耕田。其肉與乳，可以養
身。其角與皮，可以為器。牛之用大，犬與羊豕，皆不及也」，充分把牛的生活
特性描繪出來。[63]

第六、關於「人物推介」方面，書中舉出一些歷史人物，讓小朋友了解他們
的一些生平事蹟。例如：書中介紹了中華民族的始祖——黃帝，他「姓姬，名軒
轅。時有蚩尤作亂。帝與戰而勝之，遂殺蚩尤。諸侯尊為天子。黃帝作弓、矢，
以供戰爭。作舟、車，以利交通。作衣服、器具，以為養生之用。後世利之」；[64]
又介紹始蠶之神——嫘祖，「上古之民，未有衣服，其用以蔽體者，夏則樹葉，
冬則獸皮。及黃帝時，西陵氏有女，曰嫘祖，為黃帝元妃。發明蠶絲之用，乃教
民育蠶治絲以製衣裳」。[65] 從而讓小孩體會中華民族的源遠流長，並了解中華文明
的進步。課文有指出匡衡雖「家貧無書，其邑有富人，藏書甚多。衡乃往為僕而
不求償。主人問其故，衡曰：『願得藏書遍讀之。』主人稱其賢，假以書。匡衡
遂成名儒。」[66] 又舉宋太祖喜愛打獵，道出：「一日，獨騎逐獸。馬蹶，墜焉。太

---

61 莊俞等編著：《國語教科書》，上冊，第一百五十三課：〈齒〉，頁182。

62 莊俞等編著：《國語教科書》，上冊，第六十九課：〈燕子〉，頁93；第七十一課：〈蝙蝠〉，頁
    95；第七十三課：〈松〉，頁97；第八十四課：〈蟻鬥〉，頁108；第八十五課：〈蜘蛛結網〉，
    頁109；第九十一課：〈櫻桃〉，頁115；第一百零一課：〈鸚鵡〉，頁125；第一百零二課：
    〈蝴蝶〉，頁126；第一百十二課：〈螢〉，頁136；第一百十七課：〈蟋蟀〉，頁141；第一百廿
    七課：〈獅〉，頁151；第一百三十課：〈菊〉，頁155；第一百四十五課：〈象〉，頁174；第
    一百四十七課：〈狼〉，頁176；第一百七十二課：〈蜜蜂〉，頁202；第十四課：〈貓鬥〉，頁
    25-26；第十七課：〈馴犬〉，頁31-32；第十八課：〈猴戲〉，頁33-34；第二十課：〈雞〉，頁
    37-38；第廿三課：〈鴉與鴨〉，頁42-43；第五十三課：〈茶〉，頁95；第六十六課：〈群羊〉，
    頁116。

63 莊俞等編著：《國語教科書》，下冊，第十二課：〈牛〉，頁23-24。

64 莊俞等編著：《國語教科書》，上冊，第一百五十七課：〈黃帝〉，頁186。

65 莊俞等編著：《國語教科書》，上冊，第一百五十八課：〈嫘祖〉，頁187。

66 莊俞等編著：《國語教科書》，上冊，第一百四十六課：〈匡衡〉，頁175。

祖大怒，拔劍欲刺馬。既而悔曰：『我自不慎以取顛困，馬又何罪，乃舍之。』」[67]
甚至引介華盛頓的故事，這是整套課本中唯一一個外國人物，談到：

> 華盛頓七歲時，遊園中。以斧斫櫻桃樹，斷之。其父歸，見而怒曰：「櫻
> 桃吾所愛，誰斫之？」家人懼，不敢言。華盛頓趨至父前，自承曰：「斫
> 櫻桃者，兒也。」父遽釋怒，執其手慰之曰：「汝能不欺予，不責汝矣。」[68]

從認識這些事例中，小朋友可以汲取個中教訓與道理，體會到好學不倦、寬大仁
愛、勇敢認錯等的多種美德。至於其他人物有大禹的治水、湯武的革命、孔融的
讓梨、黃香的孝道、韓康的忠實、宗愨的勇敢、王戎的鎮靜、劉寬的仁愛、傅迪
的勤勉、蕭遙欣的慈悲、韓樂吾的慷慨、曹沖的稱象等，[69] 凡此種種，都成為小孩
所學習的榜樣。

　　最後，關於「遊樂運動」方面，古代中國社會對兒童的遊戲並不太重視，加
上，誤解了「勤有功，戲無益」[70] 的真正意思，故多強迫孩子勤於學而免於戲。
在近代新學制之下，這種風氣自然有所改變了，因此書中提倡小朋友宜適當地分
配時間來玩樂一番，以達到「讀書有時，遊戲有時」之效。孩童在遊戲時，可以
伸展筋骨，活躍腦部，與此同時，在參與群體遊樂的時候，也能夠培育出合群團
結的精神，有助建立良好的人際關係。課文中鼓勵的玩意有跳繩、踢毽、拍球、
轉陀螺、拋藤圈、吹奏樂器等，[71] 於是，「午飯已畢，先生率學生集於體操場，或
唱歌，或擊毱、或抽陀螺，隨意遊戲，及聞鈴聲排班入課堂，無一後至者」。[72]
而且，課文內容中也教導小學生如何正確地玩樂，舉跳繩為例，建議小孩「取一
繩，執其兩端，向上擲之。繩自頂過，將及地，跳而越之。且擲且跳，旋繞不
已。既畢，更選二人，分立左右，持長繩而轉之。繩至地，則一人躍入，漸增至

---

67 莊俞等編著：《國語教科書》，下冊，第五十六課：〈宋太祖〉，頁 99-100。

68 莊俞等編著：《國語教科書》，上冊，第一百七十課：〈華盛頓〉，頁 198-199。

69 莊俞等編著：《國語教科書》，上冊，第四十三課：〈事親〉，頁 58；第四十六課：〈正直〉，頁
62；第五十三課：〈勇敢〉，頁 73；第五十四課：〈鎮定〉，頁 74；第一百六十六課：〈禹〉，
頁 195；第一百六十七課：〈湯武〉，頁 196；下冊，第三課：〈孔融〉，頁 5；第四十四課：〈劉
寬〉，頁 81；第四十七課：〈傅迪〉，頁 85；第四十九課：〈蕭遙欣〉，頁 87；第五十七課：〈韓
樂吾〉，頁 101。

70 王應麟：《三字經》，頁 252。

71 莊俞等編著：《國語教科書》，上冊，第五課：〈操場規則〉，頁 7；第十六課：〈遊戲〉，頁 23。

72 莊俞等編著：《國語教科書》，上冊，第一百三十五課：〈遊戲〉，頁 160-161。

三四人，同躍同止。足不蹴繩，至數十次乃已。」[73] 又如籠毬的玩法，就是「學生十餘，同往遊戲。場中豎長竿，竿頭繫小籠，分學生為甲、乙二隊，對立竿之左右。甲隊各持紅球，乙隊各持白球，爭擲籠中。擲畢，解籠數之，紅球多於白球，勝負乃決。」[74] 此外，小孩也可以透過不斷的練習，把技術進一步提升，如同「馮兒善擊毬，百不失一，高下進退，惟意所欲。又能以球向壁橫擊之，亦不墜落。群兒皆羨之，叩其術。馮兒曰：『是在習熟而已，豈有他哉。』」[75] 當然，小孩要妥善地分配溫書和玩樂的時間，這是十分重要的，故書中也以圖樣來表明讀書時要專心，不要只顧玩耍；[76] 又提醒飽飯後不宜作劇烈運動，曾舉出「鍾兒飯罷，跳躍為戲。未幾，氣喘汗出，腰腹作痛。父曰：『運動失宜，有礙衛生。飽飯之後，當緩步院中，使所食之物，易於消化。今汝飯後跳躍，是失宜也。後當慎之。』」[77]

除了以上的項目，書中還介紹了一些節日習俗、[78] 地理風光、[79] 機械設計、[80] 寓言典故等，[81] 題材多樣。綜觀《國語教科書》，內容豐富，用字淺易，並穿插了不少被描述為孝順和聰明等性格的兒童故事。由於這是中國語文的教科書，故在每篇正文的頂部均標示出一些「生字」，讓學生先來重點學習，從而訓練他們的寫作能力。要留意的是，上冊的課文共 178 篇，下冊則有 106 篇。而在上冊的首三十四課文裏，只有圖像和標題的表達，因此在學習的過程中，學生主要透過老師的引導，以至其心領神會來明白個中知識或道理，藉此希望達到看圖既識字又

---

73 莊俞等編著：《國語教科書》，上冊，第一百七十四課：〈跳繩〉，頁 203-204。

74 莊俞等編著：《國語教科書》，上冊，第一百七十課：〈籠毬〉，頁 199-200。

75 莊俞等編著：《國語教科書》，下冊，第五十二課：〈擊毬〉，頁 93-94。

76 莊俞等編著：《國語教科書》，上冊，第廿三課：〈專心〉，頁 33。

77 莊俞等編著：《國語教科書》，上冊，第一百六十二課：〈運動〉，頁 191。

78 莊俞等編著：《國語教科書》，下冊，第十九課：〈中秋〉，頁 35-36；第四十二課：〈元旦〉，頁 78 等。

79 莊俞等編著：《國語教科書》，下冊，第六十九課：〈長江〉，頁 120-121；第九十五課：〈太湖〉，頁 168-169 等。

80 莊俞等編著：《國語教科書》，下冊，第八十七課：〈走馬燈〉，頁 154；第八十九課：〈時辰鐘〉，頁 157-160 等。

81 莊俞等編著：《國語教科書》，上冊，第一百四十八課：〈歲寒三友〉；下冊，第廿六課：〈犬銜肉〉，頁 28-49；第廿七課：〈守株待兔〉，頁 50-51；第六十五課：〈鷸蚌相爭〉，頁 114；第六十八課：〈杞人憂天〉，頁 119；第九十二課：〈永某氏之鼠〉，頁 163-164 等。

明理的教學目的。隨後的課文，正文的篇幅愈來愈詳盡，特別是在下冊的文章幾達三百多字，明顯地，這是按着小學生的教育程度而逐步提升其閱讀水平的。

《國語教科書》的教育意義

從以上的內容來看，可以了解商務印書館所出版的《國語教科書》雖是一套教授中國語文的小學生用書，但壓根兒它是希望透過插圖和短文，來向小朋友灌輸一些生活知識以至道德價值，讓他們在潛移默化的薰陶下，認識倫常禮教、古今人事，傳統文化，進而打從心底裏建立一套合乎國情的人生觀，並對中華民族產生愛護的情感，最終得而培養出承擔保衛民族的責任。作為傳播知識的教科書，在《國語教科書》的課文篇目中，大體上可看出以下六種教育意義：

第一、教授不同的中文詞彙，提高學生的識字能力：整套課本的詞彙運用和語法結構均是從小學教育的程度出發，由淺入深，讓小朋友先接觸一些筆劃較少的單字或詞語，而這些詞語多與其日常生活有着密切的關聯，足以引發他們學習的動機；然後，循序漸進地在篇幅上或語法上加強訓練。因此之故，《國語教科書》雖多屬文白夾雜，但不難發現在上、下兩冊的課文裏會出現重覆的課題，如課題「松」，在上冊寫道：「松，大樹也。葉狀如針，性耐冷，雖至冬日，其色常青，幹長而巨，可以造橋，可以造屋。」[82] 而在下冊，就是「松，大樹也。隨地生長，頗易繁茂，山麓海濱，無不宜松。葉狀如針，蒼翠之色，四時不變。其幹長而巨，不易朽腐，故房屋橋樑器具之屬，多以松木為之。」[83] 相比之下，得見此二文的大意相若，惟句中的長短以及詞語的深淺卻有所分別。

第二、運用對話、歌謠、圖像、情景圖等的幫助，加強學生的學習興趣：對於初入學的兒童來說，透過一些簡單而輕鬆的對話、歌詞或圖畫，配合文字的表達，的確可以有效地令他們吸收一些新知識和新事物，諸如日常用品、農耕器具、動植物的種類、居室的環境、寓言故事等，不論在教學上或是在學習上，均收到良好的效果。舉例來說，上冊有〈衣〉一文，寫道：「莊兒將入學，母曰：『兒尚着棉衣，不覺熱乎。人之衣服，因寒暑而異。今日天熱，可易夾衣。』兒曰：

---

82 莊俞等編著：《國語教科書》，上冊，第七十三課：〈松〉，頁 97。

83 莊俞等編著：《國語教科書》，下冊，第五十四課：〈松〉，頁 96-97。

『諾。』遂易衣而出。」[84] 從而看到本文以母子的對話來增加學生閱讀時的親切感，促進他們對內容的理解。又講到文彥博灌水取球的故事時，文字的表達是：「文彥博少時與群兒擊毬，忽躍入樹穴。群兒謀取之，穴深不能得。彥博以盆水灌入穴中，毬遂浮出。」[85] 對小朋友來說，未必可以透過文字完全掌握個中情況，但是由於配了一幅文彥博正向大樹下的洞口灌水而球向外浮出來的圖畫，就能生動地把情景交代出來，達到看圖識字明理的作用了。

第三，教導小朋友明白求學的重要性，儆戒懶惰：課文中有不少篇幅都是勸勉小朋友要專心讀書，否則，「人不讀書，不能成人」，「與禽獸何異？」不論男女也應該勤於學，因此，「兄弟入學」，[86] 女子也需要入學，有言道：「我國舊俗，重男輕女。凡為女子者，幽居深閨。不事學問，非特古今大事，未之聞知，即作書信，理帳目，亦多依賴他人。今女學漸興，舊俗漸改，少年女子，亟宜求學以圖自立，庶不為人所輕視也。」[87] 女子要講求自立，與此同時，男子何嘗不是也要講求自立？因此在下冊的〈戒惰〉一文裏，直言男子不事生上產，終日游手好閒之弊，談道：

> 任生性惰，父責之曰：「汝心不向學，手不執藝，將終身累人乎。」
>
> 生曰：「吾家素封，衣食足以自給，何累於人？」
>
> 父曰：「汝之衣，由棉而紗而布，需人力乎？汝之食，由耕而穫而炊，需人力乎？人用力而成汝之衣與食，汝安享焉？不勞心力以酬報之，非累人而何？況吾家之所以素封者，由乃祖乃父，戮力苦心，而後得之也。汝若無以益之，而侵蝕之，其能久乎？且不幸而遭水火盜賊，流離失所，又將何以自給？」
>
> 任生惕然。[88]

以上的一番訓話，簡直是威嚴的父親對懶散的兒子作出了狠狠的當頭棒喝。當小朋友閱讀這篇課文的時候，當有所感悟和反省，明白勤學自立的道理。

---

84 莊俞等編著：《國語教科書》，上冊，第七十九課：〈衣〉，頁 102-103。

85 莊俞等編著：《國語教科書》，上冊，第七十二課：〈文彥博〉，頁 96。

86 莊俞等編著：《國語教科書》上冊，第十課：〈讀書〉，頁 19；下冊，第六十八課：〈讀書〉，頁 92；第八十五課：〈兄弟入學〉，頁 150-151。

87 莊俞等編著：《國語教科書》，下冊，第八十四課：〈女子宜求學〉，頁 148-149。

88 莊俞等編著：《國語教科書》，下冊，第一百課：〈戒惰〉，頁 176-177。

　　第四、宣揚中國傳統美德，並授以西方的道德價值：中國素來以禮儀之邦見稱，提倡「仁、義、禮、智、信、忠、孝、廉、恥、勇」十項美德。而西方國家在講求「智慧、公正、勇氣和適度」的同時，也標榜公德的意識。因此之故，課文的內容屢屢表達出孝親敬師、愛親護友、誠實正義、勇敢公平、謙遜有禮等觀念。舉例來說，「禮」的表現可以是如此：「余兒行路中，遇先生。鞠躬行禮，正立路旁。先生有命，兒敬聽之；先生有問，又敬答之。俟先生去，然後行。人皆稱為知禮」，[89] 得見文中強烈地表示出學生對待老師不論何時何地都應抱有尊師重道的態度。除此之外，也要求小朋友培養出公德心，例如，教導他們要清理門前雜物，打理學校環境，愛護自然生物，樂於幫助別人，「用物宜愛惜，不可妄費」，[90] 從而訓練他們自幼養成良好的公德心。而在中國傳統美德當中，當以孝道最為要緊，提到「人初生時，飢不能自食，寒不能自衣。父母乳哺之，懷抱之。子有疾，則父親憂之，加意調護，居不安，食不飽。諸生思之，父母育子，勞苦如此，豈可忘其恩乎」，[91] 故為人子女者，當「父年老侍奉甚勤，朝起，為父取衣履；夜眠，為父鋪被席；當食，為父設杯箸。父命入學，又能勤讀，故人皆稱之」，[92] 這才是孝道的體現。

　　第五、傳遞團結合群的思想，讓小朋友體會生存之道：書中有不少課文都是以動物之間的競逐為主題，當中既提出物競天擇的道理，同時，也注重守望相助的精神。無可否認，生活在近代中國的國民正正是處於弱肉強食的舞台裏，只有富強才令國家走出陰霾。而所謂「強弱」在乎於武力和智力這兩方面的表現，誠然「強國之道，以兵為本；用兵之道，以器為先」，[93] 所以，「黃白二貓，於屋頂，呼呼而鳴，聳毛豎毛，四目對射，兩不相下。久之，白貓稍退縮，黃貓奮起逐

89　莊俞等編著：《國語教科書》，上冊，第一百零四課：〈路遇先生〉，頁 128。

90　莊俞等編著：《國語教科書》，上冊，第三十一課：〈扶助他人〉，頁 43；第三十二課：〈公德〉，頁 44；第三十三課：〈愛生物〉，頁 45；第三十八課：〈惜物〉，頁 52。

91　莊俞等編著：《國語教科書》，下冊，第三十三課：〈父親之恩〉，頁 62-63。乃至三十年代，仍有時人提倡以中國民間傳說故事，教導小學生的德行，見區志堅：〈社會科學下「兒童」歷史教學法及觀點：三十年代商務出版《小學校高級用復興教科書歷史教學法》〉，載《香港中國近代史學會會刊》，14 期（2014），頁 36-58；〈古今中外文化並列的時代：三十年代商務《小學生文庫》為「兒童」建構中國特色的現代性知識〉〔未刊稿〕。

92　莊俞等編著：《國語教科書》，下冊，第四課：〈孝子〉，頁 6-7。

93　莊俞等編著：《國語教科書》，下冊，第七十二課：〈兵器〉，頁 127。

之，白貓走入室中，不敢復出」；[94] 又有「兩雄雞，鬥院中，皮破血流，羽毛紛落而奮鬥不止」，[95] 這便是武力之強的表現。書中也寫到「群羊入山，以狗為衛。狼來，輒迎而嚙之，狼不得逞，因語羊曰：『吾何仇於爾，所惡者狗耳，爾誠去狗，誓不傷爾也。』羊悅，謝狗。狗去，狼食羊」，[96] 縱使這個故事表達了羊群的智力不足，致令身犯險境，此足以為戒。而課文中另提到當遇到強敵的時候，必須保持團結，合力排外，正如「鳩乘鵲出，占居巢中。鵲歸，不得入，招其群至，共逐鳩去」，[97] 只要齊心相助，奮戰不懈，終有勝算的機會。與此同時，還教導小朋友應建立濟貧扶弱、投桃報李之心，如「女出門，見貧婦，衣服不完。入門告母，母取舊衣贈之」[98] 或是「孫趙二女，同校讀書。孫女得新書，持贈趙女，趙女取紙筆報之」，[99] 都是很好的說明。

　　第六、培養小學生具備現代國民的品格，以順應時代之需要：自晚清以來，如何改造國民的素質成為熱點話題，不少知識份子紛紛表達己見，尋求改良國民的方法。[100] 如何塑造小學生擁有現代國民的素質，《國語教科書》主要傳遞了三個重要的訊息：一為強身健體；二為各司其職；三為涉獵新知。首先，在強身健體方面，課文中特別強調運動的重要，只有「勤習體操，身體日強」，[101] 於是，「溫課已畢，弟謂兄曰：『吾輩可遊戲乎？』兄曰：『弟欲何戲？』弟曰：『吾輩有竹刀、木槍，習為兵隊可乎。』兄曰：『可。』遂率諸弟，為兵隊之戲。」[102] 從「兵隊之戲」之中，小朋友一方面鍛鍊尚武的精神；另一方面則磨練身體，身體好，自然可以抵禦外侮。正如書中引用「齊榮顯幼時，集群兒，為戰陣之戲。榮顯持刀指揮，群兒各就行列，無一喧嘩者」，[103] 由是，鼓勵「兒童戲習兵操，削竹為刀，執

---

94 莊俞等編著：《國語教科書》，下冊，第十四課：〈貓鬥〉，頁 25-26。

95 莊俞等編著：《國語教科書》，上冊，第五十三課：〈勇敢〉，頁 72。

96 莊俞等編著：《國語教科書》，下冊，第六十六課：〈群牽〉，頁 116-117。

97 莊俞等編著：《國語教科書》，上冊，第六十六課：〈御侮〉，頁 89。

98 莊俞等編著：《國語教科書》，上冊，第五十一課：〈濟貧〉，頁 69。

99 莊俞等編著：《國語教科書》，上冊，第六十四課：〈投報〉，頁 87。

100 有關晚清至民初的國民文化，可參秦德君：《中國公民文化 —— 道與器》（上海：東方出版中心，2011），頁 67-97。

101 莊俞等編著：《國語教科書》，上冊，第三十五課：〈衛生〉，頁 48。

102 莊俞等編著：《國語教科書》，上冊，第八十二課：〈兵隊之戲〉，頁 106-107。

103 莊俞等編著：《國語教科書》，上冊，第六十七課：〈尚武〉，頁 90。

木為槍，以竹筒為巨礮，使小犬曳之。年長者，持刀指揮，分群兒，為三隧。令行則皆行，令止則皆止，行列整齊，進退有節。」[104] 其次，在各司其職方面，書中教導小孩明白社會上有不同的分工，每人皆要按其能力而擔當一些工作，仿如「貓捕鼠，犬守門，各司其事，人無職業，不如貓犬」，[105] 故再三重申「人之立身，須有職業。讀書者為士，耕田者為農，造貨物者為工，販貨物者為商，守護國家者為兵。士農工商，皆宜當兵。農工兵商，皆宜讀書」，[106] 如此的話，人民各安其分，緊守崗位，社會才能夠穩定地發展下去。最後，在涉獵新知方面，書中引進一些新知識，讓小朋友掌握新資訊，才不致與時代脫軌。例如，電話在當時來説是一項嶄新的通訊技術，故文中用了頗長的篇幅來介紹它的特性，有言道：

> 人之言語，輕者達數尺，重者達數丈。數丈以外，不復可聞。自有電話，則雖相去千里，而無語不可以達矣。電話之製，略如電報，而以受語送語二機傳達聲音，故所隔雖遠，對語自若，便執大焉。幼稚之童，嘗有以數丈之線，分系其端於兩竹筒，而藉以傳細語者，其理與電話同。惟選料不精，又不知用電，故未足以及遠。然即其理而推之，則於電話之製，思過半矣。[107]

由以上得知，文中不僅初步解釋了何謂電話，更進一步提出小朋友可以動動腦筋，自行根據電話的原理，製造一些簡單的傳聲玩意。此外，書中還介紹了汽車、地圓説、機械鐘等，希望藉此啟發小孩的科學頭腦，令其產生探索新事的興趣。

結語

《國語教科書》是近代中國在西方新式教育思潮影響下所誕生的新生兒。顧名思義，它以中國語文的教育為本，其宗旨不僅純粹要提高小學生的中文閱讀水平，並欲藉課文內容來傳遞中國的傳統核心價值以至西方的新知新事新思想，

---

104 莊俞等編著：《國語教科書》，下冊，第廿五課：〈兵隊之戲〉，頁 46-47。

105 莊俞等編著：《國語教科書》，上冊，第五十二課：〈職業〉，頁 70-71。

106 莊俞等編著：《國語教科書》，下冊，第三十二課：〈職業〉，頁 60-61。

107 莊俞等編著：《國語教科書》，下冊，第一百零六課：〈電話〉，頁 186-187。

得見它糅合了兩者的精華，是傳統與現代和中與西的有機融合。在普及知識的同時，令學生增進學識、開放眼光，且啟發思維。書中以圖文並重的方式，言簡意賅，引導小朋友走進一個新的文化領域裏，清除舊有專制政權下的渣滓。以剪辮為例，課文着意指出留辮已不合時宜，必須予以剔除，有言道：「辮髮為滿州制度。我國古時無有也，世界萬國亦無有也。民國成立之初，即下令剪髮，既便於作事，又合於衛生，有百利無一弊。凡我國民，切固守陋習也。」[108] 並且，培養小朋友自治、自愛、自學的情操，還需要富有公德心和同情心，凡此種種，讓小學生明白作為小大人、小國民，甚至小公民所要承擔的責任。

綜觀全書，分有兩冊，上冊重倫理，下冊重知識，取材都是以小學生的一般生活體驗為主，所灌輸的道理都是積極而正面的。不過，要留意的是，雖然這是小學生的用書，但是它的內容並不完全是真正站在兒童的角度出發。課文中曾明確地指導小朋友如何保養身體，強調「人之身體，以衣護之，以食養之。衣食不足，即有凍餒之虞。然衣過暖，食過飽，皆足致病。隨氣候而易衣，定時刻而食物，則身體自安」，[109] 可是，兒童要保重身子的最終目的是為了保家衛國，對抗外侮，因此，閒時以兵操列隊或是模擬戰爭來耍樂一番。此外，縱然鼓勵女子求學，她們在社會上的角色依然是比較保守的，正如書中有言：「周氏之女，好妝飾，不事女工。母誨之曰：『人生於世，無論男女，皆貴自立。今裁縫紡織，汝皆不能，是無用之人也，雖衣服麗，都 [多] 妝飾炫耀，有識者且輕汝矣。』」[110] 又說「母命女，入廚學烹飪。女辭曰：『此傭婦之事，兒不屑為也。』母曰：『女子以治家為職，豈有不知烹飪，而能治家者乎？且家富，則有僕婦；家貧，將奈何，汝其學之。』」[111] 因此，民初的社會依舊以女子是否善於女紅烹飪為品評優劣的標準，女子的生活還是被囿限於把持家務的事情上，尚未呈現出現代獨立女性的姿態。

最後，以文中的一首歌謠為總結，從中亦可窺探出《國語教科書》的一些點滴——

---

108 莊俞等編著：《國語教科書》，上冊，第一百五十四課：〈薙髮〉，頁 183。

109 莊俞等編著：《國語教科書》，上冊，第一百三十一課：〈衣食〉，頁 156。

110 莊俞等編著：《國語教科書》，下冊，第五十課：〈妝飾〉，頁 89。

111 莊俞等編著：《國語教科書》，下冊，第四十課：〈烹飪〉，頁 73-75，文中更附上有關烹飪用品的圖像，如碗、筷、碟、匙、鍋灶、醋、油、酒、醬、糖、鹽等。

學堂歌，樂如何？請君聽的放假歌，吾曹自到此，一歲忽將過。
同學相親愛，先生勤教科，讀書已兩冊，識字一千多。
學堂歌，樂如何？請君同唱放假歌。[112]

112 莊俞等編著：《國語教科書》，下冊，第四十一課：〈放假歌〉，頁 76-77。

呂思勉《初中標準教本：本國史》 與國民身份建構

鄧錦輝

伯特利中學

引言

呂思勉（1884-1957）出版過多種中國歷史教科書，《初中標準教本：本國史》在 1935 年由上海學生書局出版。近年《呂思勉文集》陸續整理出版，其中一種是《呂著中小學教科書五種》（上海古籍出版社，2013），《初中標準教本：本國史》即收錄於此，以下簡稱《本國史》。《本國史》遵照當時教育部課程標準編寫，完整及簡明地展示中國歷史的發展過程和面貌。《本國史》有四方面特別重視：（1）歷史分期：分四編，包括上古史、中古史、近世史、現代史四期，每期設「本期總結」。（2）民族形成。（3）中國文化。（4）對外關係。1927 年至 1937 年期間，正值中華民國政府「國家建構」時期，呂思勉先生在當時所編寫的歷史教科書，與及他所採用的編寫方法，有沒有回應及塑造二十世紀民族主義興起底下，所熱烈追求的國民身份認同？本文將就此討論。

《本國史》的概況

對於歷史教學，呂思勉一直認為，歷史教學不在於記述多少史事。[1] 呂思勉指史學作用是説明社會之所以然，説出現在的社會為什麼成為這個樣子。對於現在社會的成因，既然明白，據之以推測未來，指示路徑。[2] 呂思勉主張的歷史教學，必須以社會學所説的社會進化作骨幹，給學生一個清楚的社會進化觀念，[3] 最好是

1　張耕華：〈呂思勉治學的創新精神〉，《文匯報》（上海），2011 年 10 月 10 日。

2　呂思勉：《中國通史》（上海：上海古籍出版社，2009），頁 2。

3　呂思勉：《歷史研究法》，《史學與史籍七種》（上海：上海古籍出版社，2009），頁 34。

史學與社會學相輔而行。所以呂思勉編的歷史教科書，都特別注重社會文化的敍述。

　　歷史教科書是歷史教育最重要的項目。呂思勉出版過多種中國歷史教科書，《初中標準教本：本國史》在 1935 年由上海的學生書局出版。近年，《呂思勉文集》陸續整理出版，至今出版十八種，第十七種是《呂著中小學教科書五種》[4]（上海古籍出版社，2013），《初中標準教本：本國史》即收錄於此。《本國史》完整及簡明地展示中國歷史的發展過程和面貌。李永圻、張耕華的《呂思勉先生年譜長編》有簡單介紹：

> 先生所編《初中標準教本本國史》由上海中學生書局初版。此書分四冊，係遵照教育部課程標準編寫，章節細目則依據江蘇省教育廳初中歷史科教學進度。本書敍述詳盡，行文淺顯，便於學生自學。文獻中難明的，或涉及專門考證的解釋，都放入附注中。每章之後設有若干習題，以備學生參考，還配有歷史地圖、古蹟、歷史人物等各類圖片。[5]

《本國史》內容分五編，第一編上古史，講述傳說時代至戰國的歷史。第二編中古史，講述秦至明的歷史。第三編近世史，講述清代歷史。第四編現代史，講述辛亥革命至民國二十年代的歷史。第五編綜論，講述中國文化的演進。每編都介紹各時期的社會經濟文化情況，內容完整，學界甚至認為，「《初中標準教本本國史》文字與程度……頗值得今日高中教材取法。」[6] 這種歷史教科書的編排方法，在當來説是先進的，並且是在塑造國民身份認同。

歷史教科書與國家建構的背景

　　晚清以來，隨着教育制度的轉變，體現了一個政府對當代知識份子的要求。首先是「癸卯學制」時期。1904 年 1 月，清廷頒布《奏定學堂章程》，其教育宗旨是「忠君」和「尊孔」，而當時日本人寫的中國歷史教科書，均需經清廷「審

4　呂思勉：《初中標準教本：本國史》，《呂著中小學教科書五種》（上海：上海古籍出版社，2013）

5　李永圻、張耕華：《呂思勉先生年譜長編》（上海：上海古籍出版社，2013），頁 483。

6　王家范：〈呂著中國歷史教材研究芻議〉，《歷史教學問題》，2008 年第 1 期。

定」，符合旨要，始准頒行。[7]

　　然後是「壬子學制」時期。[8]1912 年 1 月，中華書局成立，隨後迅速推出了民國第一套教科書《中華教科書》。這套新的教科書在中華書局出版，出版宗旨明確，首要為：「養成中華共和國國民」。1912 年 4 月，商務印書館出版了民國第一套商務版教科書，名為《共和國教科書》，倡明「注重自由、平等之精神，守法合群之德義，以養成共和國民之人格」、「注重國體政體及一切政法常識，以普及參政之能力」、「注重漢滿蒙回藏五族平等主義，以鞏固統一民國之基礎」、「注重博愛主義，推及待外人愛生物等事，以擴充國民之德量」。[9]

　　最後是「壬戌學制」時期。1922 年的「壬戌學制」，是在 1915 年以來新文化運動開創的生機勃勃局面的歷史背景下應運而生的。作為學制的指導原則有七項標準，即：發揮平民教育精神；注意個性之發展；力圖教育普及；注重生活教育；多留伸縮餘地，以適應地方情形與需要；顧及國民經濟力；兼顧舊制，使改革易於着手。這些內容可見教育制度的轉變。

　　這三個時期的學制及章程之中，「癸卯學制」是舊社會對教科書的要求。「壬子學制」和「壬戌學制」都充分反映了社會的轉變和社會的要求。清末民初，因為科舉的廢除、政府制度的改革、教育的普及、報紙的流行，開始有「國民」身份的討論，例如梁啟超對國民身份的討論尤其多。綜合當時對國民身份的討論，「國民」代表了一種生活方式，從衣着到禮貌、再到生活目的的追求，逐漸形成一套相應的文化系統，從身份意識、行為規範到形象展現，這些名詞概念由新奇到內化，有一個建構過程。以「女學生」這名詞與身份的產生來說，是舊社會所沒有的，是新時期新學制底下出現的，亦是國家制度與社會思潮轉變底下的產物。[10]而呂思勉《本國史》就國民身份的思考，是從文化、民族，及面臨的危機作回應，以編寫歷史教科書。

7　區志堅：〈辦學要旨的實踐：以晚清「審定」漢譯本中國歷史教科書為例〉，鮑紹霖、李金強、林啟彥主編：《有志竟成 —— 孫中山、辛亥革命與近代中國》（香港：香港中國近代史學會，2005），下冊，頁 773。

8　雷頤：〈新文化與新教育〉，《歷史：何以至此 —— 從小事件看清末以來的大變局》（太原：山西人民出版社，2011），頁 128。

9　王海亮：〈清末民初教科書以養成國民人格為己任〉，《中國新聞社》，2011 年 10 月 11 日。

10　科大衛：〈建構二十世紀的中國普通人〉，《國史研究通訊》（台北：國史館，2013），第一期。

民族主義與國民身份的建構

史家孫國棟著〈論國家〉，提出「歷史文化」乃建構國家不可或缺的一環，欠缺作為國家軟件之歷史文化，即使擁有主權、土地、人民等硬體，仍係國不成國。[11] 在國學大師章太炎看來，不讀史書，則無從愛其國家：「昔人讀史，注意一代之興亡，今日情勢有異，目光亦須變換，當注意全國之興亡。此讀史之要義也」。[12] 可見在知識份子心目中，歷史文化是國家的建構重要的組成部分。

「民族意識」是在甲午戰爭之後開始出現的。戰敗打破中國「同心圓等級結構」的天下觀，「民族」、「國家」、「領土」、「主權」、「世界」等西方觀念大量進入中國媒體和書籍中。[13] 至二十世紀初，中國知識界普遍產生了「國民意識」的覺醒，而「國民身份」的特質，是超越家庭、宗族、地域和傳統信仰的畛域和羈絆。[14]

1927 年至 1937 年間，正值中華民國政府「國家建構」時期，呂思勉先生怎樣考慮編寫當代歷史教科書，又怎樣回應當時知識份子，都在思考的國民身份問題？歷史上中華民國政府的國家建構過程並不順利，論者以為當時「大部分國人仍未能及時演化為現代『國族』，不能『化民成國』，上下一心。」所謂「化民成國」，指將「久為封建臣民之中國民眾轉移而成西方族主人翁之國家公民的嘗試或其過程」，[15] 羅志田認為：「近百年中國何以久亂而不治？一言以蔽之，就是沒有一個文化、社會、思想的重心。」[16] 又說：

> 近代中國重心之失落，還是國人已失其故，缺乏一個重建民族認同的文化基礎。沒有這樣一個基礎，即使收拾一些西方的學理，仍談不上對外來思想資源的消化、借鑒和利用。沒有這樣一個基礎，也不可能建立起社會和

11 轉引張學明、趙鍾維：〈孫國棟教授行誼述略〉，《明報月刊》（香港）2013 年 9 月號，頁 41。

12 轉引褚福幹：〈章太炎論讀史〉，《中國新聞社》，2011 年 10 月 8 日。

13 張驥：〈甲午戰爭與中華民族意識的誕生〉，《明報月刊》（香港）2014 年 7 月號，頁 32。

14 羅福惠：〈從族類、王朝認同到民族國家認同：辛亥革命與中國民族共同體的演進〉，《共和維新 —— 辛亥革命百年紀念論文集》（香港：城市大學出版社，2013），頁 325。

15 鮑紹霖：〈化民成國？辛亥革命九十年回顧〉，載鮑紹霖、李金強、林啟彥主編：《有志竟成 —— 孫中山、辛亥革命與近代中國》，上冊，頁 53。

16 羅志田：〈失去重心的近代中國〉，《文史知識》編輯部：《近代中國的歷程》（北京：中華局書，2012），頁 1。

政治的重心。重心不立，則亂多於治的現象必然反覆出現。胡適所謂「再造文明」，正是要重建這樣一個民族認同的文化基礎。[17]

國民普遍對民族缺乏信心，以致重心驟失之際，呂思勉以歷史角度出發，在教科書內講述中國「未來的希望」：

> 我國有廣大的土地、眾多的人口，立國之古，民族之大，文化根柢的深厚，世界無與倫比，難道目前區區的危難，就足制我們的死命？[18]

這些中國的優點，正好是羅志田所講的重心的所在。王汎森認為：「三種概念：『國家』、『國民』、『群』對新學術影響最大。」[19] 而這三種概念背後重要的內容都是民族的強大與否的問題。呂思勉以歷史上民族的發展入手，建構新中國人的身份和概念。

《本國史》特別注重講述中國民族與文化的發展。即張漢林所指的：「呂思勉構建的歷史體系中，有三個線索貫徹始終，一是中華民族的由來與發展，一是中國歷代政治的治亂興衰，一是中華文明的發展與變遷。」[20] 呂思勉將中國歷史分四期：即上古史、中古史、近世史、現代史四期。每期設一節「本期總結」，內容專門概括每期的民族形成、文化發展、對外關係三方面的情況。最後有「綜論」一編，總結民族形成、文化發展、對外關係的發展。這種編寫手法，都在連續新舊中國歷史與重建中國人的信心，並在承傳民族文化之外，開出新窗，整理對外關係，重塑國民身份。

再講「民族主義」一詞源於法國大革命，在中國最早可追溯至晚清時期的梁啟超[21]。而今日香港學者區志堅指出「民族主義是指一個族群內的各份子對該族群

17 羅志田：〈失去重心的近代中國〉，《文史知識》編輯部：《近代中國的歷程》，頁 7。

18 呂思勉：《初中標準教本：本國史》，《呂著中小學教科書五種》，頁 1266。

19 王汎森：〈晚清的政治概念與新史學〉，《近代中國的史家與史學》（香港：三聯書店，2008），頁 29。

20 張漢林：〈呂思勉《新學制高級中學教科書本國史》述評〉，《歷史教學問題》，2013 年第 1 期。

21 《中國大百科全書：民族卷》（北京：中國大百科全書出版社，1986），302 頁。

自我體認，由體認產生族群犧牲的精神及感情。」[22] 民族主義對這時期的史學產生巨大影響。在今日中國學者葛兆光指出 1929 年後的史學界的發展特徵：

> 新史學……通過「現代性」的引入而確立民族史學的「主體性」，另一方面，則對民族歷史與傳統的認同基礎可能被瓦解而憂心忡忡，試圖通過維護中國歷史與傳統的依據，通過維護歷史研究的獨立性，取得解釋中國的權力，也就是說，是希望通過民族主義的詮釋策略和研究方法，使中國歷史學在世界歷史學中確立自身的位置。無論是前者還是後者，其實都蘊涵着掌握「中國歷史解釋話語權力」的意識，都開始試圖建立「中國」的歷史學，同時，也都表明歷史學擁有了世界背景，不再是傳統意義上孤立的中國歷史學了。[23]

由呂思勉一路走來，民族主義成為歷史學其中一種領導方向。

傅斯年亦認為「歷史一科與民族主義之關係密切」，而「本國史之教育的價值，本來一部分在啟發民族意識上」。[24] 教科書需有幾項內容要意：

　　（1）說明中國人對世界文化上的貢獻
　　（2）親切的敍述歷代與外夷奮鬥之艱
　　（3）親切的敍述國衰、國亡時之恥辱與人民死亡
　　（4）詳述民族英雄之生平
　　（5）詳述興隆時代之遠略 [25]

論者認為傅斯年「懷有民族主義訴求，希望中國能平等地列居世界民族國家之中」。[26]

---

22 區志堅：〈歷史教科書與民族國家形象的營造：柳詒徵《歷代史略》去取那珂通世《支那通史》的內容〉，冬青書屋同學會編：《慶祝卞孝萱先生八十華誕：文史論集》（南京：江蘇古籍出版社出版，2003）

23 葛兆光：〈《新史學》之後 —— 1929 年的中國歷史學界〉，《歷史研究》，2003 年 1 期。

24 傅斯年：〈閒談歷史教科書〉，歐陽哲生主編：《傅斯年全集》（長沙：湖南教育出版社，2003），第五卷，頁 61。

25 傅斯年：〈閒談歷史教科書〉，歐陽哲生主編：《傅斯年全集》，第五卷，頁 61。

26〔德〕施耐德：〈調和歷史與民族？ —— 歷史性、民族個別性以及普遍性問題〉，〔德〕施耐德著，關山、李貌華譯：《真理與歷史：傅斯年、陳寅恪的史學思想》（長沙：湖南教育出版社，2003），頁 233。

「史家的任務就是去重拾民族精神」。[27] 就此呂思勉對民族發展有獨特的看法，借助歷史正面理解中國民族的優點，藉此產生認同。首先呂思勉認為民族與種族有分別：

> 前人對於民族二字，每有一種誤解：以為容貌的不同，就是民族的差異……
> 容貌的不同乃是種族之異，而不是民族。[28]

這講法顧及中國係多民族統一國家的特點，避免了狹義的民族主義。劉超認為，清末民國時期中學中國歷史教科書的編寫，在「1930 年代後民族融合成為主要表述方式，注重中國各民族歷史上的融合以及現實中的平等關係，他們互相影響，共同創造了中國的歷史和文化，中華民族成為全民族的認同」。[29] 而呂思勉採取較直接的論述，指中國民族形成是同化其他種族的結果：

> 中國民族，在古代，不過是黃河流域的一個民族。他的四圍，都有文化不
> 同的異民族，所以他以中國自稱……因為漢族文化的優越，經過相當的時
> 間，大部分亦都同化。中國民族，就如此逐漸形成。[30]

因此呂思勉對中國民族顯得充滿信心，他認為「民族主義是國民活力之泉源」，[31] 而「中國民族，本來是以能融合異民族，和改進其文化，著稱於世界的」。[32] 具信心之餘亦提出改進：

> 中國民族，可以說是世界上最優等的民族……雖然優越，近幾百年，卻比
> 人家少了一步。我們民族，相形之下，就現出衰敗的樣子來，不能不注意
> 於復興的運動……民族既以文化為特徵，則文化的融合，就是民族的融合。

---

27 〔德〕施耐德：〈調和歷史與民族？──歷史性、民族個別性以及普遍性問題〉，〔德〕施耐德著，關山、李貌華譯：《真理與歷史：傅斯年、陳寅恪的史學思想》，頁 233。

28 呂思勉：《初中標準教本：本國史》，《呂著中小學教科書五種》，頁 1271。

29 劉超：〈現代中華民族觀念的形成：以清末民國時期中學中國歷史教科書為中心〉，《安徽史學》，2007 年第 5 期。

30 呂思勉：《初中標準教本：本國史》，《呂著中小學教科書五種》，頁 1272。

31 田亮：〈略論呂思勉的民族主義史學思想──以抗戰時期為中心〉，《同濟大學學報》（社會科學版），第 17 卷，第 6 期，2006 年 12 月。

32 呂思勉：《初中標準教本：本國史》，《呂著中小學教科書五種》，頁 1219。

我們努力於文化的改進，就足使我們民族的量，更形擴充。[33]

呂思勉對中國民族有信心的原因是中國文化的優點：

> 我們的文化優點，到底在哪裏呢？（一）我們的文化，最為廓然而大公。
> 我們是以世界大同為主義的。……（二）我們最崇尚德化，而鄙薄以力服
> 人。……（三）從知識方面論：我們最普遍的觀念為易，我們大家所公認
> 為最適當的手段是中庸……我們現在所差的……只是在科學上的發達上，
> 少走了一步。[34]

以鼓勵當時讀《本國史》的中學生。

　　呂思勉講，建構國民身份方面，強調民族性的發揮，是受壓迫而興起。呂思
勉肯定辛亥革命的成功，及認同國民政府乃繼清朝而來的。[35] 也以民國政府為本
位，論述了民國初年之外交大事，讓讀者以民國國民身份面對國際形勢上的需
要，更依此形勢來編寫「國計民生」，這在當時是先進的。

白話文與國民身份認同

　　呂思勉在 1920 年已經完成一部以白話文編寫的中國通史《白話本國史》，
有相當完整的基礎，所以能簡明淺白地編寫教科書。《初中標準教本：本國史》
以白話文寫作，不引用史籍原文，這做法是經過實踐而積累的經驗，也是先進
的。1934 年出版的《高級中學教科書：本國史》例言：

> 民國十三年商務印書館出版的《新學制高中本國史教科書》，係鄙人所
> 編……惟（1）該書係用文言，（2）敍述力求揭舉綱要，其詳留待教師的
> 指示和學生的參考，因此措語較為渾括，而讀之遂覺其過深。[36]

---

33 同上註，頁 1272。

34 同上註，頁 1275。

35 同上註，頁 1229。

36 呂思勉：《高級中學教科書：本國史》，《呂著中小學教科書五種》（上海：上海古籍出版社，
　2013 年），頁 319。

所以後來編的教科書都注意用白話行文。周振鶴認為：「語言是文化的核心，語言認同的變遷意味着文化的變遷，語言認同實際上就是文化的認同。故德國語言學家威廉・洪堡有言：『民族的語言即民族的精神，民族的精神即民族的語言』。」[37] 呂思勉率先用白話文寫，開創建構新時代的文化認同。

結語

總而言之，呂思勉《初中標準教本：本國史》是一部淺白完整，內容豐富的歷史教科書。而最重要的是，呂思勉從歷史角度，對中國民族的正面論述，一方面建構國民身份，一方面以此身份面對國際形勢上的需要。

區志堅在〈近現代歷史科及其相關課題教科書國際學術研討會紀要〉[38] 一文中，提到本文表述了呂思勉編教材時，受到國民政府國家建構的觀念所影響，實只提其一，更重要的是《本國史》這本教科書，是呂思勉在古代璀璨的中國歷史中，找出重建中國人信心的內容，從中國紛亂的環境中重塑中國人的身份，幫助中國人走向未來。

---

37 周振鶴：〈從方言認同、民族語言認同到共通語認同〉，《余事若覺：周振鶴隨筆集》（北京：中華書局，2013），頁 192。

38 區志堅：〈近現代歷史科及其相關課題教科書國際學術研討會紀要〉，《國史研究通訊》第五期。

金兆梓論歷史教學
——談專家修撰教科書

姚繼斌
香港教育學院社會科學系

引言

　　清末民初時期，隨着新史學的興起，歷史教育也出現了巨大的變化。1949年齊思和分析這時期的史學說：

> 新史學思想的傳入，引起了改編國史的運動。其最迫切的需要，莫過於學校的課本。[1]

「改編國史的運動」，很自然地導致學校歷史課本的改編。1912年和1920年時，陸費逵和余家菊都以「教科書革命」，來形容民初改編教科書的迫切性與重要性。[2]

　　民國時期出版教科書的機構，鼎足而三，[3]1912年成立的中華書局在這方面扮

1　齊思和：〈近百年來中國史學的發展〉，《燕京社會學報》，第 2 卷（1949 年 10 月），頁 25。該文後以〈晚清史學的發展〉為題，收入齊思和《中國史探研》（北京：中華書局，1981），頁 340-357，及齊思和：《齊思和選集》（北京：北京師範大學出版社，2010），頁 178-208，二者較 1949 年文有所修改。

2　參陸費逵：〈中華書局宣言書〉，俞筱堯、劉彥捷編：《陸費逵與中華書局》（北京：中華書局，2002），頁 430，按該文原刊《中華教育界》，第 1 號（1912 年 2 月）；余家菊：〈教科書革命〉，余子俠、鄭剛編：《余家菊卷》（北京：中國人民大學出版社，2013）頁 22-25，按該文原刊《少年世界》，第 1 卷第 1 期（1920 年 1 月）。

3　陸費逵說：「民國成立，中華書局開辦……全國所用之教科書，商務供給什六，中華供給什三，近年世界書局的教科書亦佔一部分。」（陸費逵：〈六十年來中國之出版業與印刷業〉，《陸費逵與中華書局》，頁 476。）

演着十分重要的角色。[4]金兆梓（1889-1975）長期任職中華，[5]受員工尊稱「老夫子」而不名，[6]他 1962 年憶述在中華書局工作的歲月説：

> 我進中華書局一共三次：第一次是 1922 年，第二次是 1929 年，第

4　詳參周其厚：《中華書局與近代化》（北京：中華書局，2007），頁 98-135，有關「中華書局與教科書近代化」一節。

5　金兆梓生卒的年月日是 1889 年 7 月 12 日至 1975 年 6 月 15 日，參邵延淼編：《辛亥以來人物年里錄》（南京：江蘇教育出版社，1994），頁 673；又《上海出版志》編纂委員會編：《上海出版志·金兆梓條》（上海：上海社會科學院出版社，2000），頁 1048；又中華書局編輯部編：《中華書局百年大事記 1912-2011》（北京：中華書局，2012），頁 205，1975 年 6 月 15 日條。按：據 1930 年進入中華書局工作的吳鐵聲所述，金氏卒於 1975 年 6 月 5 日（吳鐵聲：〈我知道的中華人〉，中華書局編輯部編：《歲月書香：百年中華的書人書事》，第 1 集，2012 年，頁 91），此説誤植「 6 月 15 日」為「 6 月 5 日」，因吳鐵聲文原刊《學林漫錄》第 4 集（1981 年），頁 34 記金氏「於 1975 年 6 月 15 日逝世，終年八十六歲」；有關吳鐵聲與中華，參吳鐵聲：〈解放前中華書局瑣記〉，《歲月書香：百年中華的書人書事》第 1 集，頁 97-144。

6　姚紹華：〈金兆梓先生傳略〉，中華書局編輯部編：《回憶中華書局》（北京：中華書局，2001），頁 18-23，「老夫子」稱號見頁 21。就金兆梓的生平學術，及他與中華書局，有關的記錄和討論，除上文已引文獻外，主要有（按撰著先後羅列）：金兆梓：〈五十年來之自述〉，見卓立、吳梵編：《當代作家自傳集》（重慶：出版界月刊社，1945），頁 21-31；金兆梓：〈我在中華書局的三十年〉，《回憶中華書局》，頁 227-233，按文末有編者按語：「本文係作者生前在 1962 年為慶祝中華書局成立五十週年所作。」（頁 233），又該文原以「金兆梓遺稿：〈我在中華書局三十年〉」刊《學林漫錄》，第 4 集（1981 年），頁 16-23；文心：〈「風雪中的北平」和金兆梓〉，見氏編：《中學國文參考資料》（香港：香港宏業書局出版，1966），第 1 輯，頁 89-94；李立明：〈金兆梓〉，見氏著：《中國現代六百作家小傳》（香港：波文書局，1977），頁 221-222；趙金銘執筆：〈金兆梓〉，見中國語言學家編寫組編：《中國語言學家》（石家莊：河北人民出版社，1981），第 1 分冊，頁 61-66；中華書局編輯部：〈解放前中華書局創辦人和負責人小傳·副總編輯金兆梓〉，中華書局編輯部編：《回憶中華書局》上編，（北京：中華書局，1981），頁 238；關國煊：〈金兆梓〉，《傳記文學》，第 45 卷第 2 期（1984 年），頁 140-141，按該文經刪節後以〈金兆梓傳〉篇名收入金兆梓：《尚書詮譯》（北京：中華書局，2011 年重印），頁 437-441，附錄五；金永祚：〈回憶先父的瑣事 —— 為紀念先父金兆梓（1889-1975）百年誕辰而寫〉，《金華縣文史資料》，第 1 輯（1989 年），頁 87-105；金永禮：〈記金華兩位史學家 —— 柏丞先生與家叔子敦先生〉，劉寅生、謝巍、何淑馨編：《何炳松紀念文集》（上海：華東師範大學出版社，1990），頁 370-374；洪廷彥：〈懷念金兆梓、傅振倫、王仲犖三位先生〉，見中華書局編輯部編：《我與中華書局》（北京：中華書局，2002），頁 323-327；中國民主促進會蘇州市委員會主辦：《蘇州民進·人物傳略·金兆梓》（2008 年），http://www.suzhoumj.gov.cn/news/list.asp?id=751&typeid=89（瀏覽日期：2013 年 1 月 2 日）；周川主編：〈金兆梓〉，《中國近現代高等教育人物辭典》（福州：福建教育出版社，2012），頁 405；張姚俊：〈金兆梓勸子歸國的前後〉，《世紀》，2012 年 2 期，頁 58-61；李福長編：《20 世紀歷史學科通論》（濟南：齊魯書社，2012），頁 536，「金兆梓」條；李志茗：〈金兆梓及其史學〉，《史林》，2012 年 6 期，頁 130-138；李志茗：〈金兆梓的生平與學術〉，復旦大學歷史系、出版博物館、中華書局、上海辭書出版社編：《中華書局與中國近現代化》（上海：上海人民出版社，2013 年），頁 283-297。

三次是 1957 年。這三次中，前兩次的工作主要是搞教科書。中華書局是一個以教科書起家的出版機構，而我來參加工作時，一半以上的時間也都和教科書有關。[7]

金氏是中華書局教科書的重要策劃人和編纂者，[8] 他編纂的歷史教科書馳名於世，時人以此而譽他為「歷史教育家」。[9] 金兆梓在民國時期能編撰深受歡迎和切合時代需要的歷史教科書，他對歷史教學必有深邃獨到的見解。因此，他的歷史教學觀，是值得我們研究的。

金兆梓編撰歷史教科書

金兆梓編著多種歷史教科書，主要由中華書局出版，小量由新國民圖書社出版，且按出版年份先後羅列於下：

1. 金兆梓、洪鋆編，陸費逵等校：《新小學教科書歷史課本》，1-4 冊，上海：中華書局，1923 年 1-7 月初版。[10]

2. 金兆梓編、戴克敦、張相校：《新中學本國歷史》，上、下冊，上海：中華書局，1923 年 1-8 月初版。[11]

3. 金兆梓編、戴克敦、張相校：《新中學世界史》，上海：中華書局，1924

7　金兆梓：〈我在中華書局的三十年〉，頁 227。

8　金兆梓說：「余之入中華，先生（按：指陸費逵）即以教科書事囑余主持，自『新標準』後亦已三次。」（金兆梓：〈追憶陸費伯鴻先生〉，《陸費逵與中華書局》，頁 368，該文原刊《陸費伯鴻先生大祥紀念冊》〔1943 年 7 月〕。）金氏又說：「但我一生的工作中，卻從來不是化學而是歷史，尤其是教科書。」（〈我在中華書局的三十年〉，頁 227。）

9　金兆梓說：「於是就有人恭維我是個歷史教育家。」（〈我在中華書局的三十年〉，頁 228。）

10　北京圖書館、人民教育出版社圖書館合編：《民國時期總書目 (1911-1949)：中小學教材》（北京：書目文獻出版社，1995），頁 87，該書為教育部審定新學制高年級用。另據《中國近代中小學教科書總目》，該書稱《新小學歷史課本》，校者還有戴克敦、朱文叔和張相，參王有朋主編：《中國近代中小學教科書總目》（上海：上海辭書出版社，2010），頁 226。復據《中國近代中小學教科書總目》，頁 235，有金兆梓、褚東郊、洪鋆、劉佩琥編，戴克敦、張相校，《新小學歷史課本教授書》，1-4 冊，（上海：中華書局，1923 年 3 月）。

11　《民國時期總書目 (1911—1949)：中小學教材》，頁 217，該書為大學院審定，目錄頁及卷端題名「新中學教科書初級本國歷史」。按《中華書局圖書總目 (1912-1949)》謂該本名《初級本國歷史》，由金華、金兆梓編，疑誤以金氏籍貫「金華」為另一編者，參中華書局編輯部編：《中華書局圖書總目 (1912-1949)》（北京：中華書局，1987），頁 204。

年 8 月初版。[12]

4. 金兆梓編、鄭昶、張相校:《新中華本國史》,2 冊,上海:新國民圖書社,1928 年 10 月 -1929 年 5 月。[13]

5. 金兆梓編、張相校:《新中華外國史》,上海:新國民圖書社,1930 年 1 月。[14]

6. 金兆梓編:《新中華本國史》,3 冊,上海:新國民圖書社,1932 年 3 月 -1933 年 8 月。[15]

7. 金兆梓、洪鋆編,張國基校閱:《南洋華僑歷史課本》,1-4 冊,上海:中華書局,1932 年 5 月 -1935 年 8 月出版。[16]

8. 金兆梓編:《新中華本國史》,上海:中華書局,1933 年 2 月初版。[17]

9. 金兆梓編:《高中外國史》,1-3 冊,上海、贛州:中華書局,1934 年 11 月 -1935 年 12 月。[18]

10. 金兆梓編:《高中本國史》,上、中、下冊,上海:中華書局,1935 年 -1948 年 8 月出版。[19]

11. 金兆梓編:《新編高中本國史》,上、中、下冊,上海:中華書局,1939

12《民國時期總書目(1911-1949):中小學教材》,頁 223-224,該書目錄頁、版權頁題:《新中學教科書初級世界史》。又《中華書局圖書總目(1912-1949)》稱《初級世界史》,見頁 204。按此本疑為《中國教育大事典:1840-1949》所錄金兆梓編:《新中華世界史》(全一冊),(上海:中華書局,1924),參劉英杰主編:《中國教育大事典:1840-1949》(杭州:浙江教育出版社,2001),頁 349。

13《中國近代中小學教科書總目》,頁 561,為初級中學用。另有記錄本書有 1932 年中華書局版,參吳艷蘭編:《北京師範大學圖書館館藏:師範學校及中小學教科書書目》(北京:師範大學出版社,2002),頁 152。

14《中國近代中小學教科書總目》,頁 576-577,為初級中學用。

15《中國近代中小學教科書總目》,頁 567-568,為高級中學用。

16《民國時期總書目(1911-1949):中小學教材》,頁 88,為高等小學用。

17《中華書局圖書總目(1912-1949)》,頁 204,高級中學適用。

18《中國近代中小學教科書總目》,頁 581;又《中華書局圖書總目(1912-1949)》,頁 204,為本書新課程標準適用。

19《民國時期總書目(1911-1949):中小學教材》,頁 220,新課程標準適用。又《中國近代中小學教科書總目》以該書出版於 1935 年 8 月 -1936 年 9 月,見頁 569。

年 -1948 年 8 月出版。[20]

12. 金兆梓編：《新編高中外國史》，1-3 冊，上海、重慶：中華書局，1937
年 7 月 -1948 年 8 月出版。[21]

另外，金兆梓也參與校閱多種歷史教科書如下：

1. 鄭昶編、金兆梓校：《新中華語體本國史》，2 冊，上海：新國民圖書社，
1930 年 7 月 -1931 年 1 月出版。[22]

2. 鄭昶編、張相、金兆梓校：《新中華語體外國史教科書》，上海：新國民圖
書社，1930 年 7 月出版。[23]

3. 姚紹華編、金兆梓校：《小學歷史課本》，1-4 冊，上海：中華書局，1933
年 5 月 -1936 年 9 月出版。[24]

4. 姚紹華編、金兆梓校：《初中本國史》，1-4 冊，上海：中華書局，1933 年
7 月 -1941 年 8 月出版。[25]

5. 羅良鑄、姚紹華編，陸費逵、金兆梓校：《新課程標準小學歷史課本》，1-4
冊，上海：中華書局，1935 年 5 月 -7 月出版。[26]

6. 姚紹華編、陸費逵、金兆梓校：《最新南洋華僑小學歷史課本》，1-4 冊，
新加坡：中華書局，1937 年 10 月出版。[27]

20《民國時期總書目 (1911-1949)：中小學教材》，頁 220，為教育部審定，修正課程標準適用。又
　據《中國近代中小學教科書總目》，以該書出版於 1937 年 7 月，見頁 569；另有渝（重慶）版，
　出版年份為 1943 年 2 月 -4 月，見頁 570。

21《中國近代中小學教科書總目》，頁 581-582；又《民國時期總書目 (1911-1949)：中小學教材》，
　頁 225，為教育部審定，修正課程標準適用。

22《中國近代中小學教科書總目》，頁 262。

23《中國近代中小學教科書總目》，頁 577。

24《民國時期總書目 (1911-1949)：中小學教材》，頁 88，為教育部審定，新課程標準，高等小學
　適用。有謂該書又名《新課程高小歷史課本》，參劉英杰主編：《中國教育大事典：1840-1949》
　（杭州：浙江教育出版社，2001），頁 338。又《中國近代中小學教科書總目》以該書出版於
　1933 年 5 月 -8 月，見頁 228。

25《民國時期總書目 (1911-1949)：中小學教材》，頁 219，為教育部審定，新課程標準適用。又
　《中國近代中小學教科書總目》以該書出版於 1933 年 7 月 -1934 年 8 月，見頁 563。

26《中國近代中小學教科書總目》，頁 228。

27《中國近代中小學教科書總目》，頁 229。

7. 姚紹華編、金兆梓校：《初中本國歷史》，1-4 冊，上海、香港：中華書局，1937 年 2 月 -8 月。[28]

8. 盧文迪編、金兆梓校：《初中外國歷史》，1-2 冊，上海：中華書局，1937 年 -1940 年 9 月出版。[29]

9. 國立編譯館主編，聶家裕編輯，金兆梓等校訂：《初級中學歷史（修訂本）》，1-6 冊，上海：國定中小學教科書七家聯合供應處，1945 年 10 月 -1947 年 7 月。[30]

10. 國立編譯館主編，蔣子奇、聶家裕編輯，金兆梓、鄧廣銘校閱：《高級小學歷史課本》，1-4 冊，上海：商務印書館、中華書局等 11 出版機構出版，1947-1948 年。[31]

11. 國立編譯館主編，聶家裕編輯，金兆梓、鄭鶴聲、黎東方等校閱：《初級中學歷史 (第 2 次修訂本)》，1-6 冊，上海：商務印書館、中華書局等 7 出版機構出版，1947-1948 年。[32]

此外，金兆梓還參與編寫或校閱歷史參考書，和歷史課本教學法書如下：

1. 金兆梓編、李直校：《初級本國歷史參考書》，2 冊，上海：中華書局，1926 年 4 月。[33]

2. 范作乘編、金兆梓校：《小學歷史課本教學法》，1-4 冊，上海：中華書局，1933 年 7 月 -12 月。[34]

3. 姚紹華、盧文迪編、金兆梓校：《初中外國史參考書》，2 冊，上海：中華書局，1935 年 12 月 -1936 年 4 月。[35]

---

28 《中國近代中小學教科書總目》，頁 564。

29 《民國時期總書目 (1911─1949)：中小學教材》，頁 225，為教育部審定，修正課程標準適用。

30 《中國近代中小學教科書總目》，頁 565-566。據《北京師範大學圖書館館藏：師範學校及中小學教科書書目》，該種為 5 冊，見頁 154。

31 《中國近代中小學教科書總目》，頁 231。

32 《中國近代中小學教科書總目》，頁 554。

33 《中國近代中小學教科書總目》，頁 572。

34 《中國近代中小學教科書總目》，頁 236-237。

35 《中國近代中小學教科書總目》，頁 583，為新課程標準適用。

4. 范作乘編、金兆梓校：《小學歷史課本教學法》，1-4 冊，上海：中華書局，1936 年 7 月 -1937 年 12 月。[36]

5. 范作乘編、金兆梓校：《（修正）最新南洋華僑小學歷史課本教學法》，1-4 冊，上海：中華書局，1937 年 12 月 -1938 年 12 月。[37]

6. 姚紹華、盧文廸編、金兆梓校：《初中外國史參考書》，2 冊，昆明：中華書局，1940 年 6 月。[38]

在民國時期，金兆梓共編撰了 12 種中、小學歷史教科書，另外參與校閱的有 11 種，而編寫校閱的歷史教學輔助書有 6 種，數量是很多的。[39] 金氏可以說是在這段時期，一位很有代表性的歷史教科書的編撰者。

金兆梓編撰的中、小學歷史教科書很暢銷，他回憶第一本由中華書局出版的教科書說：

> 我一進局，他（按：張相）就教我編著一部新學制的初中本國史教科書。……不意這書一出，半年中銷數便達二萬五千部。這樣的銷數，在現在不足為奇，在 1922 年的中國，可就是破天荒的事了。[40]

金兆梓初編歷史教科書，便有這樣驕人的成績，確實有過人之處。

金兆梓編撰的多種歷史教科書，銷量很大，有些能一再重版至二三十次。例如：1.《新小學教科書歷史課本》，第 1 冊有 26 版，第 2 冊有 18 版，第 3 冊有

---

36 《中國近代中小學教科書總目》，頁 237。

37 《中國近代中小學教科書總目》，頁 237-238。

38 《中國近代中小學教科書總目》，頁 583，為修正課程標準適用。

39 本文所錄金兆梓歷史教科書類著述，主要依據《民國時期總書目 (1911—1949)：中小學教材》、《中華書局圖書總目 (1912-1949)》、《北京師範大學圖書館館藏：師範學校及中小學教科書書目》、《中國教育大事典：1840-1949》和《中國近代中小學教科書總目》幾種，容或有所遺漏。又金氏除了歷史教科書，也參與編著其他學科的教科書，本文不一一贅列。又據《中國教育大事典：1840-1949》，民國時期小學歷史教科書印行總數是 89 種 (1912-1921 有 23 種，1922-1928 有 18 種，1929-1949 有 48 種)，中學歷史教科書印行總數是 178 種 (1912-1921 有 25 種，1922-1928 有 19 種，1929-1949 有 134 種)，參頁 199。

40 〈我在中華書局的三十年〉，頁 227-228。按：金氏說 1922 年，應該是 1923 年 1 月的誤記，因為金氏 1922 年進中華，第一種由他編著，戴克敦、張相校的《新中學本國歷史》上、下冊，是在 1923 年 1-8 月由中華書局初版。

25 版，第 4 冊有 20 版。[41] 2.《新中學本國歷史》，上冊有 38 版，下冊有 26 版。[42] 3.《新中華本國史》，1、2 冊均有 13 版。[43] 4.《新編高中本國史》，上冊有 39 版，中冊有 34 版，下冊有 27 版。[44] 5.《新中學世界史》有 23 版。[45] 6.《新編高中外國史》，上冊有 21 版，中冊有 21 版，下冊有 18 版。[46] 我們可以説，金兆梓編撰歷史教科書，種數多，銷量大，影響也是深遠的。

相信讀過金兆梓歷史教科書的學生一定不少，史家洪廷彥是其中一個，他説：「我上中學時，讀的就是金老編的初中本國史和高中外國史教科書。」[47] 金氏編著的歷史教科書，應當影響無數中、小學生認識歷史，這正好説明時人稱金氏為「歷史教育家」的原因。金氏編撰歷史教科書有這樣的成績，中華書局在出版行業的優勢當然重要，[48] 而他對歷史教學有深刻的體會、專精的理解，這一點肯定也是金著受歡迎的原因之一。因此，金兆梓的歷史教學觀是值得我們去探討的。

金兆梓的歷史教學觀

姚紹華與金兆梓共事中華書局多年，他説金氏在抗日戰爭前曾經撰就《史學通論》書稿，後因抗戰亂起散佚。[49] 筆者相信該書一定記載了金氏有關史學和歷史教育的論述，可惜書已不存，我們現在只能透過金氏的其他著作，包括專書《芚庵治學類稿》，和散見在期刊雜誌的論文，來討論他的歷史教學觀。下文會從（1）歷史教學目的，（2）歷史學科與民族精神教育，三、生活歷史的教學觀，

41 《中國近代中小學教科書總目》，頁 226。

42 《中國近代中小學教科書總目》，頁 560。

43 《中國近代中小學教科書總目》，頁 561。

44 《中國近代中小學教科書總目》，頁 569。

45 《中國近代中小學教科書總目》，頁 576。

46 《中國近代中小學教科書總目》，頁 581-582。

47 洪廷彥：〈懷念金兆梓、傅振倫、王仲犖三位先生〉，頁 323。洪氏的歷史研究成果，可參洪廷彥：《洪廷彥史學文存》（北京：中華書局，2012）。

48 中華書局出版歷史教科書成功的討論，參拙文〈中華書局與歷史文化教育：以教科書為中心〉，周佳榮編：《百年傳承 —— 香港學者論中華書局》（香港，中華書局，2012），頁 182-212。

49 姚氏説：「抗戰前，他所撰著的《史學通論》，因戰爭爆發，成稿散失。」（〈金兆梓先生傳略〉，頁 22-23。）

四、歷史教材的選擇，五、歷史教科書的編纂等幾個方面，來分析金兆梓的歷史教學觀。

有關歷史教學的目的，金兆梓的論說主要見諸〈歷史教學的我見〉一文。[50] 他認為歷史教學的目的很重要，因為它決定了教學內容的取捨，他說：

> 歷史研究的對象，是歷史的本體，其態度是科學的。至於歷史教學卻不然，那是要有一個預定的教育的目的或作用，在提出史實討論之前，要當以這預定的目的或作用為標準來衡量而加以別擇——合於這預定的目的或作用的便提出來討論，否則只好一筆抹殺；概括的一句話，歷史教學的對象是歷史的作用，其態度是教育的。[51]

金氏指出歷史教學有預定的目的，合乎這些目的的史實才討論、才施教，不合的史實可以一筆抹殺。

歷史教學的目的這麼重要，其內容為何？金兆梓提出：

> （歷史教學）這種目的或作用究竟是什麼？……這個問題的解答，是國與國不同，一時代與一時代不同，甚至一個人與一個人不同。[52]

歷史教學目的既然因時（時代）、地（國家）、人（個人）而不同，就 **1930** 年代中國而言，金氏舉列了當時教育部門的課程標準為例，以作說明：

> 我國現行學制中各級學校關於歷史一科的教學目的，已由教育部於新課程標準中明白規定。綜小學社會科及初高級中學歷史科課程標準規定的目標而攝其大意，大概不外下面的四項：
> (1) 喚起民族的自覺；
> (2) 闡發三民主義之歷史的根據；
> (3) 由過去的政治社會，認識現代政治社會之所由形成，以為因應之方針；
> (4) 明了本國外國古今文化的演進，以策進國民在文化上的努力。

---

50 金兆梓：〈歷史教學的我見〉，《教與學》，第 1 卷第 4 期（1935 年），頁 59-65，後收入金兆梓：《芚庵治學類稿》（上海：中華書局，1949），頁 161-167。

51 金兆梓：〈歷史教學的我見〉，《芚庵治學類稿》，頁 161。

52 金兆梓：〈歷史教學的我見〉，《芚庵治學類稿》，頁 163。

這四項的中心，便是民族復興思想的培養，換句話說便是激發民族精神。[53]

金兆梓以「民族復興思想的培養」，或即「激發民族精神」，為當時中國的歷史教學之中心目的。他列舉例子作闡釋，其中一個是關於黃帝炎帝的：

> 歷史研究者以我們「黃炎華胄」的民族始祖黃帝炎帝都只是神話中的人物，
> 當初並沒有這樣兩個人；而在歷史教學者為要達到培養民族精神的目的，
> 勢不能不維持他們向來那民族始祖的地位，並且還要維持其人性的存在。[54]

為了「達到培養民族精神的目的」，炎黃雖然是神話人物，「當初並沒有這樣兩個人」，仍為「歷史教學者」維持其「人性」以為「民族始祖」，藉此團結國民。[55]金氏用這個例子，來說明歷史教學目的之重要，因為它決定了教學內容的取捨。

有關歷史學科與民族精神教育，金兆梓在〈歷史教學的我見〉一文中，很堅定的指出：

> 我們現在的歷史教學的目標，既已規定是借此激發民族精神，我們似乎應
> 該仿效德國和日本，一意以積極的養成民族自尊心為重心。[56]

首先，金氏批評當時的歷史教科書未能達到這個歷史教學目標，因為教材過於側重「我民族的受人凌辱」的歷史，他說：

> 就課程標準中所定的教材大綱關於近代現代兩部分，可說大半部是外交失
> 敗史，亦即國恥史。……學校中懸掛的有國恥教材，教師補充的有國恥教
> 材，紀念日報告的有國恥教材，中小學用的教科書中而尤其是歷史教科書

---

53 金兆梓：〈歷史教學的我見〉，《芚庵治學類稿》，頁 163-164。有關金氏綜合出來的 4 項歷史教學目的（目標），是撮寫自 1932 年的《初級中學歷史課程標準》和《高級中學歷史課程標準》。它們是《初級中學歷史課程標準》的第 1 項「激發學生民族復興之思想」，第 3 項「喚起學生在本國民族運動上責任的自覺」，以及《高級中學歷史課程標準》第 1 項「闡發三民主義之歷史的根據」，第 5 項「研討我國應付世界事變之方策」，和第 6 項「策進我國國民在文化上急起直追之努力」；而「激發（按：學生的）民族精神」一語，則來自 1929 年的《初級中學歷史暫行課程標準》。參課程教材研究所編：《20 世紀中國中小學課程標準·教學大綱匯編 —— 歷史卷》（北京：人民教育出版社，2001），頁 21、43、50。

54 金兆梓：〈歷史教學的我見〉，《芚庵治學類稿》，頁 162-163。

55 有關黃帝傳說與建構中國國族的研究，可參沈松橋：《我以我血薦軒轅 —— 黃帝神話與晚清的國族建構》，《台灣社會研究季刊》，第 28 期（1997 年 12 月），頁 1-77。

56 金兆梓：〈歷史教學的我見〉，《芚庵治學類稿》，頁 166。

不必說國恥教材尤盡量採用。[57]

金兆梓「懷疑」過多的「國恥教材」，只會使學生「司空見慣渾閒事」，失去「情感的刺激這一種作用」。[58] 因此金氏提出了「對於歷史教材取捨別擇的一個偏見」：

> 我倒有一個偏見，我們現在的歷史教學的目標，既已規定是借此激發民族精神，我們似乎應該一意以積極的養成民族自尊心為重心，……所以我們現在這脆薄的民族精神是祇可從正面去培養，不可再從反面去刺激。……但對此等史事（按：國恥教材），必要用純理智的科學的態度去求因果。[59]

怎樣才可以「正面去培養」，和「積極的養成民族自尊心」？金氏在〈歷史教學的我見〉一文中沒有具體說明，我們可以從他著名的歷史教科書中了解他這個教學觀。

金兆梓《新編高中本國史》「結論——本國史的回顧」一節說：

> 可知我中華民族是東亞大陸文明的開發者，是對世界文明有這偉大的貢獻者，所以我們有光榮燦爛的歷史；而且自古以來，至於今四五千年，雖其間有盛衰，而始終以漢人為中心，在世界上生存着，活動着，歷史未嘗一刻間斷，和我並時或先後的文明古國如埃及巴比倫印度以及希臘，至今都是山河猶在，景象已非；所以我們又有世界上最悠久的歷史。……
> 歷史昭告我們，吾民族這部光榮而悠久的歷史，來不是一帆風順演化出來的，而是經過無數次的民族生存競爭而有今日的。吾民族不特不因禍患而斷喪其生存；反之，每經一度禍患，吾民族因應力量愈強，分佈範圍愈廣，文化內容也益複雜。五胡之亂華，遼夏金之建國北方，以至元清兩朝之入主中原，不久都被漢人所同化，而成為整個的中華民族。所以我們千萬不要自餒，應在三民主義的旗幟之下，團結一致為整個的力量，共同來復興中華民族，發揚中華民族的文化。[60]

正值日本侵華之際，金氏在歷史教科書的總結語，強調國史上漢族「同化」異族的「民族生存競爭」史，正好說明了怎樣「正面去培養」，和「積極的養成民族

57 同上註，頁 164。
58 同上註，頁 165-166。
59 同上註，頁 166-167。
60 金兆梓：《新編高中本國史》（香港：中華書局，1948），下冊，頁 328-329。

自尊心」的撰寫歷史教科書的取向，這和當時一些歷史教科書側重書寫「國恥教材」有所不同。這便是金兆梓揭櫫的民族精神教育的歷史教學觀。[61]

有關生活歷史的教學，金兆梓極之重視這方面的教學，他在〈中學歷史教材的商榷〉一文中提出：[62]

> 所以我所假定的中學歷史教學的目的是：
>
> 「就過去各民族的活動中，取其和現代生活有影響的各方面，尤其應注意社會生活的各方面，加以綜合的觀察，比較其異同利害，以期明白我民族整個的現代生活所由來，並認識其在各民族間的地位，而定今後活動的方針。」
>
> 所以要特別注重社會生活者，就因民族的形成，原是為得應付生活而組成的集團。[63]

換句話說，「我們所以要去曉得歷史的事實，原是要追溯現代生活的由來，」[64] 是「以為應付現代之用」。[65]

在另一篇主要的歷史論文〈通史新詮〉中，金兆梓提出治史的根本在明變通今，並以此來反覆論述生活史的重要：

> 其實治史根本不是講是非善惡的學問，也不是講鑑戒成敗的學問，而是探索現實生活的來蹤去跡的學問。[66]

---

61 章巽 1940 年 6 月替金兆梓《中國史綱》撰序，說：「每一個民族及國家，都要求生存，都有他們求生存的經過，歷史便是這種經過的紀錄。裏面包含着無數可歌可泣的故事，無數求生存的經驗，教訓，和鼓勵。每一個民族及國家的成員，都應該熟讀這種紀錄，以增進相互間的團結，並且從歷史中取得經驗和勇氣，努力使他們所屬的這個民族和國家能夠獲得永久的生存。」（章巽：〈中國史綱‧序〉，金兆梓：《中國史綱》，上海：中華書局，1941 年 [1945 年再版]，頁 1。）用「可歌可泣」的歷史來激發民族精神，達致民族團結之目的，正是章、金二氏的歷史觀。

62 金兆梓：〈中學歷史教材的商榷〉，《中華教育界》，第 19 卷第 4 期 (1931 年)，頁 207-219，此文沒有收入《芚庵治學類稿》。

63 金兆梓：〈中學歷史教材的商榷〉，頁 212-213。

64 同上註，頁 213。金氏〈中學歷史教材的商榷〉一文，「生活」一詞，共出現 37 次，可見他多重視生活史。

65 同上註，頁 211。

66 金兆梓：〈通史新詮〉，收入《芚庵治學類稿》，頁 135-149，引文見頁 138；該文原刊《新中華》，第 4 卷第 19 期 (1936 年)，頁 1-8。

金氏認為「唯有明其變以通今，方可算是治史」，又説「研治的雖是往史，而眼光卻要注射到當今」，[67] 這是金氏「明變通今」的歷史觀。[68] 他講的今，是現實的生活，要明瞭現實生活的「來蹤去跡」，便要從研治生活的歷史入手。就這一點，金氏援引司馬遷《史記‧貨殖列傳》來作説明。他極之推崇該傳，認為司馬遷在傳中寫出「人為的提高生活水準」的歷史，[69] 閱後「好像讀了一遍古代中國社會進化史」，[70] 認為該傳是「縱而古今，橫而天下，實為全書之總結論」。[71] 在金氏筆下，《史記‧貨殖列傳》正正是「明變通今」（通古今之變）的歷史，和重視社會生活史的典範。[72]

　　因此，金兆梓重視生活歷史的教學，這點成為教材選擇的標準：

> 中學歷史教學的目的既定，便可依此目的來做教材選擇的工夫。這種教材選擇的標準第一重要的，便是要和現代生活有影響或關係，否則便不是好教材。[73]

他在論文中以圖表顯示與現代生活有關的教材（教學內容），包括了「自然、社會、宗教、哲學、文學、藝術」六個「人類各方面的活動」，和「各種活動間的交互的影響」。[74] 在金氏的歷史教學觀中，教學內容（教材）的範圍，相對於傳統的帝王家譜、公侯將相的歷史，明顯是擴大很多。

---

67 金兆梓：〈通史新詮〉，《芚庵治學類稿》，頁 137。

68 同上註，頁 137。

69 同上註，頁 144。

70 同上註，頁 145。

71 同上註，頁 142。金氏認為《史記》是「以整個社會為對象的」（頁 146）史書。

72 金氏用了頗多篇幅來討論《史記‧貨殖列傳》，參〈通史新詮〉，《芚庵治學類稿》，頁 141-146。金氏順筆批評「孟堅那記一姓興亡的《漢書》；自此一後，有作者莫不奉《漢書》為楷模，而歷史乃成了帝王的家譜」（頁 146）。

73 金兆梓：〈中學歷史教材的商榷〉，頁 213。

74 金兆梓：〈中學歷史教材的商榷〉，頁 213。相類的討論和圖表，復見〈通史新詮〉，《芚庵治學類稿》，頁 146-149。其實金兆梓早在 1921 年，還未進入中華書局任職之前，已有這個看法。他在一篇比較簡短的論文〈編纂本國史材料的商榷〉中提出：「直接的衣食住，間接的政治，法律，論（按：原文用論）理，教育，宗教，金融，交通，以至思想美術偉人，都是人類要滿足其求生的結果，……所以歷史的真價值真意義就是應該將這些現象，用系統的方法，推究其原因結果，活潑潑地的記載下來，……歷史記載的本體，是人類社會生活的情況；……」（金兆梓：〈編纂本國史材料的商榷〉，《史地叢刊》，1921 年第 2 期，頁 61-67，引文見頁 62。）

就歷史範圍（在歷史教學是教材），金兆梓在〈歷史是不是科學〉一文還有討論，他引《大英百科全書》語：

> ……從前傅理曼 Freeman 下歷史的定義，說「歷史是過去的政治」，這實在是一個錯誤。歷史的範圍，現在已侵入人類活動的各方面了。[75]

金氏進一步說：

> 照這一解釋，物理、生物、社會、藝術、文學、政治無不各各有其變動不居的歷史，而歷史的範圍已侵入自然科學、社會科學、藝術、文學的範圍。那末歷史之為學，竟是一切學問的綜合，固然不屬於哲學、文學，自也不屬於科學，所以說「歷史只是歷史」。[76]

在〈中學歷史教材的商榷〉中，金氏還說：

> 因歷史觀念的變遷，史料的取去上也跟着變遷，……從前所謂歷史，只認政治軍事為值得記述的史實，其餘的史實都不過是居於附庸的地位；至於關於人民實際生活的材料，幾乎不給牠（按：依原文）們闖入歷史的範圍。現在卻不然了，現在的歷史，是要記述整個人類社團的生活，政治軍事只居其一小部分，不能給牠們多占篇幅，對於實際的人民生活，如衣食住行的發展，生產事業方式的變遷，人民的迷信和信仰，社會的風俗和意識，

---

75 金兆梓：〈歷史是不是科學〉，收入《芚庵治學類稿》，頁 150-160，引文見頁 160。該文原以〈歷史是否科學〉為題，刊《改造雜誌》，創刊號（1946 年 11 月），頁 40-43。據作者，該文作於 1930 年（參金兆梓：〈讀書筆記雜存〉，《芚庵治學類稿》，頁 402-403）；復按：〈歷史是不是科學〉亦曾以〈現代史學的特質〉為題，收入孫本文編：《現代社會科學趨勢》（上海：商務印書館，1948），頁 179-193。

76 金兆梓：〈歷史是不是科學〉，《芚庵治學類稿》，頁 160。80 多年前，金兆梓說「歷史之為學，竟是一切學問的綜合」一語，在今天香港經歷中學課程整合的時期，和通識教育科發展之初，能給予教育工作者很大的啟示，及再思考歷史科和通識教育科的關係。

都是重要的史料了。[77]

　　金兆梓認為歷史的範圍需要擴大，歷史教材都是「人民實際生活的材料」。如此，歷史教學和兒童的現實生活，便能夠有息息相關的連繫，歷史學習對現實生活才有用處，學生自然萌生學習的興趣。惟有如此，才能改正「歷史教育之不良」，與及歷史「和現實都不相干」的歷史教學困境。[78]

　　有關歷史教材的選擇，由於「歷史是人類因生活而活動的過程的紀錄，……歷史要無所不包」，[79] 但要進行歷史教學，便必須選取合適的教材。金兆梓認為歷史教材的選擇，主要的標準是「教材選擇的標準第一重要的，便是要和現代生活有影響或關係」，[80] 這一點上文已作介紹。其次，金氏指出：

> 歷史專門研究者……研究所得的結果，為當世學者所公認了，纔可以將這新得的園地，加入中學歷史的領域來。[81]

基於這兩項考慮，金兆梓列舉了六項去取歷史教材的標準：

1. 「根本在歷史上不曾發生影響過的歷史事實」，如鴻門之宴「不曾發生什麼影響」，而杯酒釋兵權「便不能説牠（按：依原文）對中國歷史不發生影響」。[82]

2. 史事曾發生影響，「但因受新生事實的影響而中斷，和現代生活已無關係

---

77 金兆梓：〈中學歷史教材的商榷〉，頁 214-215。金兆梓這個歷史範圍擴大的論述，可以說是清末以來興起的新史學的延續。有關金氏史著與新史學思潮，參李志茗：〈金兆梓及其史學〉，頁 138；又有關新史學的簡略介紹，參張學書：《中國現代史學思潮研究》（湖南：湖南教育出版社，1998），頁 9-23，「20 世紀初新史學思潮的簡單回顧」一節。我們今天重溫 80 多年前金氏對歷史範圍擴大的看法，特別是重視：「整個人類社團的生活……實際的人民生活，如衣食住行的發展……人民的迷信和信仰，社會的風俗和意識……」，也佩服他對歷史研究、歷史教學有那麼廣潤的視野。他的看法大概可以和 1980 年代以來，在西方與中國興起的新文化史思潮，就歷史研究領域的開拓，作一對比。有關新文化史思潮，簡略的可參李福長編：《20 世紀歷史學科通論》，頁 282-285「新文化史」一節；詳盡的可參蔣竹山，《當代史學研究的趨勢、方法與實踐：從新文化史到全球史》（台北：五南圖書出版股份有限公司，2012），頁 135-136。

78 金兆梓：〈通史新詮〉，《芚庵治學類稿》，頁 135。

79 金兆梓：〈中學歷史教材的商榷〉，頁 208。

80 同上註，頁 213。

81 同上註，頁 213。

82 同上註，頁 213。鴻門宴在歷史上有沒有發生影響，大抵是可以另作討論的課題。

的，也可以不必要」，如秦始皇築長城，因秦之長城已毀，又「北族，也未嘗因長城的阻隔的不南下」，這史事在中學「可說可不說」。[83]

3. 史事「僅為歷史事實所結的果，而並無與於現代生活的」，如漢代戚宦之禍，只是「專制政治和太后稱制當權的結果」，講中學歷史可「併到君主身上去講」。[84]

4. 「因從前的生活和現代的生活有不同」，史事對從前的社會生活有影響，對現代的沒有，如「君主的家譜世系及繼統問題」。[85]

5. 「因歷史觀念的變遷，史料的取去上也跟着變遷」，如上古「無稽的神話，擱過一邊，連辨偽的工夫都不值得去做」。[86]

6. 「古人偽作的書，……不當作信史看了，例如《古文尚書》、《周官》等」。[87]

金兆梓這六項去取歷史教材的標準，及其舉列的歷史例子，或有值得商榷之處，未必為歷史教育工作者所接受，但足以反映金氏能認真和仔細地，從好幾個方面探討歷史教材選擇的問題，這是歷史教科書的編作者都必須慎重思考，透切分析，小心去取的課題。金氏編撰教科書能夠有如此成績，與嚴謹地選取教材不無關係。

有關歷史教科書的編纂，金兆梓有詳盡的討論。他認為教科書在當時的學校，是重要的「教學工具」，有些是「唯一的工具」，「這小小幾片紙幾個字的教科書竟要負着這樣的大使命」，[88] 因此教科書的編纂在他的教學觀中佔着重要的位置，他要為兒童請命，呼籲「國內教育家對於這個重大問題注意一下」。[89]

金兆梓有極其豐富的編纂和出版各科教科書的經驗，他憶述在中華負責教科書的編輯工作說：

---

83 金兆梓：〈中學歷史教材的商榷〉，頁 213-214。筆者相信秦築長城，在中學還是會說的。而金氏《新編高中本國史》，在「 中原文化之廣播與疆域之拓展」，和「 秦漢之武功」兩節，亦有簡略講述秦築長城的事，參《新編高中本國史》，上冊，頁 52-53、121。

84 金兆梓：〈中學歷史教材的商榷〉，頁 214。

85 同上註，頁 214。

86 同上註，頁 214-215。

87 同上註，頁 215。

88 金兆梓：〈從教科書的編纂說到教科書的使用〉，《中華教育界》，第 19 卷第 4 期 (1931)，頁 51-67，引言見頁 52。

89 〈從教科書的編纂說到教科書的使用〉，頁 53。

從初一到高中所有的學科起碼有十種以上，這十多種學科，又得按初高小、
初高中四級高低不同程度為之配置材料；同時又將英、國、算、文、史、地、
數、理、化、音樂、美術、勞作各科的編輯先生都合併到教科圖書部中來
歸我領導。我當然不可能科科都升堂入室，但門口總得張這麼一張，這樣
張一張就已夠苦了我。[90]

金兆梓肩負中華教科書的出版領導工作，對中、小學各學科都有認識，能注意
和掌握「高低不同程度為之配置材料」，這正正是編纂教科書的另外一個核心課
題——教科書的選材須適合學生的程度。

有關歷史教科書的選材，上文第 4 點已作討論；有關學生的程度，金氏說：

「怎樣編纂教科書」的一個問題，可根據他的縱剖面所示學生的程度來說
一說。教科書編纂方面，最重要的便是如何可以由淺入深，由簡入繁，由
具體到抽象，由常識而到研究的一種循序漸進的安排。……就程度上看，
教科書應用的重要似與程度為反比例，就是說程度愈高，教科書應用的重
要性愈減。因為程度愈高了，學生的經驗知識愈豐富，領會力愈強，自動
研究自動學習的習慣和興趣也愈成熟，那麼借重教科書幫助的需要自然
減少。[91]

就金氏所述，我們可以注意兩點，一是編纂教科書要「循序漸進」，二是有關學
習的「興趣」問題。

金兆梓認為編纂教科書的標準，「只能以年齡——也便是程度——為唯一的
標準」，[92] 他用了不少的篇幅，分析了由初、高小，到初、高中的四個階段，如何
「循序漸進」的編教本，這裏不作詳引，只簡述其分作四個階段的主要依據：

1. 在小學前期，按兒童「經驗」引入教材，要「合於兒童的活潑而好遊戲的
   心性」，並要「觸動其好奇心」。

2. 在小學後期，因學生「活潑好遊戲的心性」增加，而「好奇心和試驗的勇
   氣」略減，要「略加思考的教材」和「引入理解的性質」。

3. 在中學初級，學生「喜自由思考，自由動作」，心性變為「生活的需要，

90 金兆梓：〈我在中華書局的三十年〉，《回憶中華書局》，頁 228。

91 金兆梓：〈從教科書的編纂說到教科書的使用〉，頁 56。

92 同上註，頁 57。

富於愛美性而強於感情」，教材要是「人生必要的」和「系統性的整個的
知識」，與及是「公認的確定的事實」。

4. 在中學高級，學生的「理智、意志和感情並強」，「教材須以富於研究性的
為主」。[93]

　　根據上列四項按程度編書的依據，見金兆梓明白要依循學生心理成長的各個
階段，來編纂教科書。筆者相信他編撰的歷史教科書受到歡迎，與他能根據「循
序漸進」的原則，按學生的心理需要編寫教本，是有着密切關係的。

　　此外，金兆梓很強調學生學習的「興趣」，他說：

> （按：人類）有為娛樂而活動的本能，……為娛樂而活動……是發於興趣的，
> 是發於內心的。……兒童的喜歡遊戲，正因為……自然而然的，毫無所為
> 的，發生出來的一種活動的興趣。……對於基本工具的修養，基本知識的
> 灌輸，都要用興趣去鼓動。[94]

因此，他指出初小的教科書，「要富於趣味」；高小的教科書，「仍要富於趣味」；
中學初級的教科書，要「培養趣味感情」；中學高級的教科書，要「使他們全部
趣味都引入研究的途徑上」。[95] 編纂教科書，處處考慮讀者 —— 學生 —— 能否感
到「趣味」，金兆梓編撰歷史教科書很受到歡迎，趣味先行，大概是一個主要的
原因。中華書局成為民國期間出版教科書的重鎮，與它能照顧學生的心理需要，
不無關連。

　　就教科書的編纂，金兆梓還討論了歷史的編排問題。他先提出一般史書可作
的論理的排列：

> 論理的排列大別可分為三種：按照人類活動各方面的演進，分頭敍
> 述，……由近推遠的上行式的排列，由當前的現狀一步一步往古回溯，……
> 就是按照歷史本身的事實而排列的，這是現在一般的歷史的排列法。[96]

金氏提出三種編排歷史的方法，即「分頭敍述」、「由近推遠」和按史實排列，他

93　金兆梓：〈從教科書的編纂說到教科書的使用〉，頁 57-59。

94　同上註，頁 56。

95　同上註，頁 58-59。

96　金兆梓：〈中學歷史教材的商榷〉，頁 217。

指出前二者不合歷史教科書之用，因為「分敍式的排列法」是「專門史的辦法，而不是通史的辦法」；「上行式的歷史」（由近推遠），容易使學生「摸不清頭緒和來歷」，是「逆水行舟的功夫」。故此，「還是現在通行的一般歷史教本為適宜了」。[97]

　　一般通行的歷史教本，是「按照歷史本身的事實而排列的」，是順時序的，是較為適宜的，但不表示沒有問題。金兆梓指出這個排列有兩個缺點：一是先講上古，逐步的講到近世、現代，但上古歷史不比近世現代淺易，這是不按程度深淺作排列標準的辦法；[98] 二是教者編者容易犯的毛病，「就是將古代的歷史用全力去鋪敍講述，到後來時間不夠，便將最重要的現代史，或可說是學習歷史的目的點擱了下來不及講。」[99]

　　為了解決這毛病，金兆梓提出「折衷的斡旋的辦法」，就是把歷史教材分兩部分，甲部是由形成現代生活由來的極重要事變起，到現代止；乙部是由上古到這極重要事變。本國史的極重要事變是「歐人東漸」或「鴉片戰爭」，世界史的極重要事變是「產業革命」。[100] 這個建議，基本上是一個詳近略古的教科書排列方法，[101] 也和金氏重視生活史，即現代生活由來的歷史觀配合。

　　金兆梓的〈我在中華書局的三十年〉一文中，有如下一段說話：

---

97 金兆梓：〈中學歷史教材的商榷〉，頁 218。按：金氏還有討論其他的教本排列方法，如週期法，因非特指歷史教科書，從略。參〈從教科書的編纂說到教科書的使用〉，頁 59-61，另參周其厚：《中華書局與近代化》，頁 112。

98 金兆梓：〈中學歷史教材的商榷〉，頁 217。即低年級學生學古史，古史艱深，學生習史興趣頓減。

99 金兆梓：〈中學歷史教材的商榷〉，頁 218-219。這是我們說的詳古略今的毛病。

100 金兆梓：〈中學歷史教材的商榷〉，頁 219。

101 金兆梓曾按這個歷史排列方法修史，成《新中華本國史》（1928 年 10 月初版），其具體方法是：「金先生曾有如下的說明：本國史的推移，實以國際不平等條約之締結為其最重要之關鍵。本書即以此為分界，將全書分為上下兩編。上編述國際不平等條約締結前的史實，下編述自此以後的史實。」（章巽：〈中國史綱·序〉，頁 3。）可見金兆梓是有意願把個人的歷史教學觀付諸實踐的歷史教育家。按：《新中華本國史》，即現存的金著《中國史綱》和《近世中國史》，參章巽〈序〉，而《中國史綱》版本見前引，《近世中國史》參見金兆梓：《近世中國史》（上海：中華書局，1947）。復按：齊思和認為金著《中國史綱》（按：齊文誤值《中國通史》），和章嶔、繆鳳林、錢穆的中國通史課本，都是 1930、40 年代通行的史著。（參思和：〈近百年來中國史學的發展〉，頁 27。）章、繆、錢書，都是史學名著，受學界重視，其實金史亦值得注意。

　　那時資本主義經營方式下，教科書是各家發行的最大目標，因為它利潤最
　　大銷量最穩定。寫書的人就不能不在這非千篇一律不可的教材標準中爭奇
　　鬥勝。要這樣做，就得在文字技巧上、資料繁簡上、交待是否明白上，要
　　些花招，使教者有發揮所學的餘地，使讀者也容易領受和消化。[102]

金氏講的「要些花招」以「爭奇鬥勝」，雖然說是花招，實在對教科書的質素有
很大的影響，如「文字技巧」。金兆梓在〈從教科書的編纂說到教科書的使用〉
說教科書的「文字的斟酌」，是「不可忽略的」：[103]

　　　　文字的風格，……有幾個必須的條件：（1）要鮮明生動有如圖畫；（2）
　　要音飾諧和便於閱讀；（3）要富於暗示性；（4）要能吸引學生的注意；（5）
　　要要言不煩……（6）要淺顯而又親切，猶如和學生對談一樣；（7）每課……
　　主意所在，……用加重的語；（8）……教材的關係，必須於銜接處用加重的
　　語氣……
　　　　教材……若沒有文學的技術，給他們聯綴成一種有意義有趣味的課
　　文，仍不成其為教科書。[104]

筆者認為這些不是「花招」，是為了讓學生易於學習的文詞表達技巧，也是高
質素教科書需要具備的條件。這一點亦反映了金兆梓同時是語言學家、文學家的
本色。[105]
　　金兆梓提出的所謂「花招」，還有「圖表的利用」。他認為「圖和表在現在

---

102 金兆梓：〈我在中華書局的三十年〉，《回憶中華書局》，頁 228。民國時期教科書市場競爭
　　激烈，參周其厚：〈民國兩大書局教科書之爭〉，見編輯委員會編：《近代文化研究的繼承與
　　創新》（北京：中華書局，2010），頁 389-398。

103 金兆梓：〈從教科書的編纂說到教科書的使用〉，頁 61。

104 同上註，頁 62。

105 金氏在語言學上的成就，參趙金銘執筆：〈金兆梓〉，《中國語言學家》第 1 分冊，頁 61-
　　65。金氏著有兩本語言學專書，即金兆梓：《國文法之研究》（上海：中華書局，1922），和
　　金兆梓：《實用國文修辭學》（上海：中華書局，1932）。文學方面，金氏曾加入「文學研究
　　會」，與傅東華合譯《詩之研究》，事參金兆梓：《兩個感想》，見鄭振鐸、傅東華編：《我與
　　文學》（上海：上海書店，1981（據 1934 年生活書店影印），頁 108-110；另 Perry, Bliss 著，
　　傅東華、金兆梓譯：《詩之研究》（Study of Poetry），（上海：商務印書館，1933）。又金氏的
　　散文〈風雪中的北平〉，曾在 1960 年代，編為香港五年制中學國文科課程（初中部分）的教
　　材範文，參文心：〈「風雪中的北平」和金兆梓〉，《中學國文參考資料》，第 1 輯：〈前言〉，
　　無頁碼。到今天，〈風雪中的北平〉仍然是香港初中中文科的一篇範文。

教科書的位置，僅次於文字」，[106] 金氏歷史教科書的插圖、附表，可謂質量俱佳，可達到他定下的教科書編纂的要求，即「交待是否明白」這一點。[107]

金氏又指出教科書與他種書籍不同，在於「如何幫助學生學習，學生學習的目的，並對於教材的了解、記憶和應用，……尤重要的是應用。」[108] 怎樣幫助學生「應用」教材，使知識（前人經驗）成為自己的經驗呢？金氏突出「學習輔導的設計」，來培養學生的「思考力」，方法是設計「發問」和「作業」。就發問，他提出四種：簡單的發問、分析綜合的問題、啟蒙的問題、試驗的問題。就作業，他提出三種：教式中作業、課外作業、校外作業。[109] 金氏的歷史教科書，每章後均有「提問要點」。[110]

上文從五個方面，包括歷史教學目的、歷史學科與民族精神教育、生活歷史的教學觀、歷史教材的選擇和歷史教科書的編纂等，討論了金兆梓的歷史教學觀。可見金氏對歷史教學有全面的，也是深入的看法，並撰寫成為幾篇見解獨到的論文，他對歷史教學，是有深邃的體會的。金兆梓編撰歷史教科書卓有成績，被譽為歷史教育家，是實至名歸的。

結語

金兆梓在 1945 年的一篇自述中說：

> 自念十餘年來，以一礦冶學生，忽而教育，忽而文學，忽而歷史，忽而外交，忽而關稅，幾乎莫名一藝（按：戰後印刷品，質劣字難辨，推測為藝字），大非所計；師（按：張相）本文史大師，決從師治文史，不復他去。師亦大喜，謂史本綜合之學，非專一科者所能善其事，子不主一科，正宜治史。[111]

---

106 金兆梓：〈從教科書的編纂說到教科書的使用〉，頁 63。

107 這個觀點，參金兆梓：〈編例〉，《新編高中本國史》上冊，（上海：中華書局，1941），頁 3。

108 金兆梓：〈從教科書的編纂說到教科書的使用〉，頁 63。

109 金兆梓：〈從教科書的編纂說到教科書的使用〉，頁 63-65，金氏在發問和作業的論述，均有舉出一些例子，在此不詳引。

110 金兆梓：〈編例〉，《新編高中本國史》，上冊，頁 2-3。

111 金兆梓：〈五十年來之自述〉，《當代作家自傳集》，頁 30。按金氏求學及工作閱歷，詳參注 6 各條，不贅。

金氏本好化學，進北洋大學念礦冶，[112] 後走進文史一途，在中華書局一展所長，以編撰歷史教科書享譽於時。其實金兆梓家學淵源，出身金華書香府第，特別受長兄金兆豐影響，又師承張相，加上同遊者多史學大師，如同鄉何炳松，及其後的章巽、顧頡剛、周谷城等。家學師友，互相砥礪，終於造就了金氏成為史學專家。[113] 本文所述金兆梓論歷史教學，用意在替中國近現代的歷史教育史，提供一個專家修撰教科書的例子。

史學專家編小書——教科書，[114] 正反映專家們對教科書及教育的重視。清末張元濟很早便主張由「大君子」編撰教科書，[115] 這是主張「大師編小書」的好例子，[116] 商務印書館出版教科書的成就，實建基於此。

近年來，史學界有指出教科書的重要性，如王家范說：

> 中學歷史教材更以每年數以千萬計的法定發行量，……也成了歷史學通向社會唯一最為寬廣的「世紀大道」。
>
> 編寫歷史教材在傳統的眼光裏未必能成名成家，卻關係一代新人成長中的人文歷史素養，還可能影響未來民族人格的塑造，事體非小。[117]

誠如王氏所說，編寫歷史教科書未必使作者「成名成家」，因此很多學者專家視教科書為小書，但卻「事體非小」，汪家熔即以「民族魂」來形容教科書。[118]

---

112 金兆梓：〈我在中華書局的三十年〉，頁 227。

113 金氏治學，及其家學師友，當另為文，方可詳述。姑舉一例，金兆梓有〈何炳松傳〉一文，說：「綜余兩人，生同閈，出同業，游同踪，道同術，嗜者有同好，由是與君之相處也，半此生而強。」（金兆梓：〈何炳松傳〉，見劉寅生、謝巍、房鑫亮編：《何炳松論文集》（北京：商務印書館，1990，頁 256。）足見金何二氏，情誼深厚。

114 金氏筆下的教科書是小書，他曾說：「很少有人出來做過具體的研究，使小小的教科書，如何而能不致辜負他絕大的使命。」（〈從教科書的編纂說到教科書的使用〉，頁 53。）

115 張元濟在光緒二十三年(1897)戊戌變法之前，給汪康年的信中說：「初學書（按：指教科書）不可不急撰，問答體尤宜，歌訣只便幼童，再進則非所急。中國史書興地宜亟編，不能不為後來者一乞大君子之手援矣。」（張元濟：〈張元濟致汪康年書（十三）〉，上海圖書館編：《汪康年師友書札》，第 2 冊，上海：上海古籍出版社，1986，頁 1700。）可見張氏如斯重視教科書。

116 「大師編小書」一語，引自鄧延康：〈老課本隨筆〉，見氏著：《老課本‧新閱讀》（香港：天地圖書有限公司，2011），頁 355。

117 王家范：〈從「釋中國」說到歷史教材的陳舊〉，見氏著：《漂泊航程：歷史長河中的明清之旅》（北京：北京師範大學出版社，2013），頁 15。

118 汪家熔：《民族魂——教科書變遷》（北京：商務印書館，2008）。

這幾年來有清末民國教科書重版再刷的風氣，[119] 筆者希望金兆梓的歷史教科書也在重版的名單上，讓今天的歷史研究者、教育工作者、以至大中學生，體會大半個世紀以前，專家修撰教科書的成果，並引來更多的繼起者。

119 如前引鄧延康：《老課本‧新閱讀》，即為一例。鄧氏說：「當年印數多多的老課本現已四方難覓，可歎百年間抗戰內戰煙火、文革大破四舊、近年拆遷搬家移民，哪一項不是舊書宿敵？」（〈老課本隨筆〉，頁 356）；又說：「這些泛黃的線裝課本大多已七旬至百多歲，課本主人也多已過世，書卻仍存體溫。我翻閱他們曾經翻閱……奔入中國悲欣交集的現代史。」（〈序〉，頁 9-10)。

民初修身教科書中的責任認知

顧紅亮

華東師範大學中國現代思想文化研究所暨哲學系

引言

在傳統儒家思想中，責任是一個重要的道德觀念。它主要被理解為道德責任。儒家的道德責任不僅表現為對父母盡孝，更表現為以天下為己任的使命感，「先天下之憂而憂，後天下之樂而樂」，士大夫的這份責任感和使命感，幾乎是與生俱來的，是代表其身份的一個價值符號。

晚清以來，西方的自由意志理論和權利學說進入中國，為近代學人理解責任觀念打開了一個新的視域。相應地，責任觀念的內涵發生較大的變化，成為一種現代價值。如何理解這種變化的軌跡？如何理解儒家責任觀念的現代內涵？回答這些問題，既可以從近現代中國哲學家和思想家的著作和論文入手，這是很多學人採取的研究方法；也可以從倫理教科書、修身教科書和新聞報刊入手。清末民初，大量修身教科書在出版界和教育界湧現。對這些教科書進行細緻研究，可以看到近代中國知識份子的修身思想和責任倫理。從修身教科書來研究上述話題，提供了一個平實的、新穎的研究責任觀念的視角，例如，汪家熔在《民族魂 —— 教科書變遷》中介紹晚清和民國時期的修身教科書的演化概況，[1] 王小靜的《清末民初修身思想研究》一書介紹了教科書提及的國民義務內容。[2] 一些論文也談到修身教科書對於德育、義務思想、公民身份的塑形。[3] 這些研究大多着眼於責任或義務的修身實踐，還沒有從理論上澄清責任觀念在何種意義上成為一個現代價值觀

1　參見汪家熔：《民族魂 —— 教科書變遷》（北京：商務印書館，2008），頁 76-100，136-139，152-163。

2　參見王小靜：《清末民初修身思想研究 —— 以修身教科書為中心的考察》（北京：人民出版社，2012），頁 160-172。

3　參見畢苑：〈從「修身」到「公民」：近代教科書中的國民塑形〉，《教育學報》2005 年第 4 期；黃興濤、曾建立：〈清末新式學堂的倫理教育與倫理教科書探論 —— 兼論現代倫理學學科在中國的興起〉，《清史研究》2008 年第 1 期；沙培德：〈倫理教科書：民初學校教育裏的修身與公民道德〉，華東師範大學「個人、國家與天下」學術會論文，2012 年 6 月。

念，而不僅僅是一個儒家的道德責任觀念，傳統的責任倫理在何種理論的武裝下轉化為現代的責任價值。這正是本論文的關注點。

本論文通過對民國初期修身教科書的研究，揭示現代的責任觀念是如何在自由意志理論和權利學說的影響下被建構起來的。這個話題主要涉及三個理論問題：第一個問題：人為什麼要為自己的行為負責？是出於良知的警示，還是出於自由意志的抉擇？第二個問題：在現代社會裏，作為國民的個人必須承擔什麼樣的責任？是道德責任，還是法律義務？這兩種責任的內容是什麼？第三個問題：個人在承擔責任的同時，是否要求享有對等的權利？權利與義務之間的關係是對應的嗎？本論文第二、三、四節試圖分別回答上述三個問題。

本論文研究的教科書，以蔡元培的《中學修身教科書》（1912 年）、商務印書館的《共和國教科書‧新修身》（1912 年）、中華書局的《新制中華修身教科書》（1913 年）為代表。論文使用責任、義務、本務等概念，它們的含義基本一致，在具體行文中有一些用法上的差別，會在文章中指明。

良心和自由意志作用下的責任

人為什麼要為自己的行為負責？在儒家學說中，道德良知是答案。良知命令每個人擔負起各自的道德責任。西方的自由意志理論被引入後，良知論的解釋效力受到了一定的挑戰。如何化解良知論和自由意志論之間的「爭執」。在這一點上，蔡元培的《中學修身教科書》的處理方式頗有代表性。

蔡元培編著《中學修身教科書》，闡發一套現代中國的責任倫理學。[4] 本務是這套責任倫理學的核心觀念，那麼何謂本務？蔡元培說：「本務者，人與人相接之道也。」[5] 本務關涉到人與人的交往之道。他繼續說：「本務者，人生本分之所當盡者也，其中有不可為及不可不為之兩義，如孝友忠信，不可不為者也；盜竊欺詐，不可為者也。是皆人之本分所當盡者，故謂之本務。」[6] 本務與本分基本同

4　參見顧紅亮：〈本務與責任 —— 蔡元培的責任倫理思想〉，《哲學門》（北京：北京大學出版社，2012），第十三卷（2012 年），第一冊，頁 1-12。

5　蔡元培：《中學修身教科書》，《蔡元培全集》（杭州：浙江教育出版社，1997），第 2 卷，頁 99。

6　同上註，頁 161。

義，指當做之事或當盡之責，指道德責任，包括兩方面，一指不可為之事，即不許做、不准做、不可做的事情，二指不可不為之事，指應當做的事情，這裏包含強制的意思，不是法律上的強制，而是道德上的強制，即某人的良心或社會輿論迫使他做某事。

　　道德本務的源頭在哪裏？道德本務的產生不是無緣之水。「人之有當為不當為之感情，即所謂本務之觀念也。是何由而起乎？曰自良心。」[7] 良心是道德本務的源頭。道德本務不僅關聯着良心，也關聯着道德行為，本務的履行與不履行最終表現為行為上的做與不做。行為上的做與不做、做得好與不好都關聯到行為的理想。合乎理想的行為是值得讚賞的。道德理想構成道德本務的標準，所以，蔡元培說：「故本務之觀念，起於良心，而本務之節目，實准諸理想。理想者，所以赴人生之鵠者也。然則謂本務之緣起，在人生之鵠可也。」[8] 蔡元培在此話中區分「本務觀念」和「本務節目」。他所說的「本務觀念」指「人之有當為不當為之感情」，這實際上指的是本務感。他所說的「本務節目」指道德責任規範，指具體的行為規範條目。本務感源於良心，本務規範合於理想。

　　良心和理想的關係如何？蔡元培說：「持理想之標準，而判斷行為之善惡者，誰乎？良心也。行為猶兩造，理想猶法律，而良心則司法官也。司法官標準法律，而判斷兩造之是非，良心亦標準理想，而判斷行為之善惡也。」[9] 良心是一個道德主體，其進行道德判斷的標準在於理想。無論是良心的作用還是理想的實施，最後都落實到個人對本務的體認和實踐上。本務或責任是良心和理想的體現者或承載者。

　　在《中學修身教科書》裏，蔡元培既使用本務概念，也使用責任概念，並對兩者的用法做了一定的區分。他認為責任包含兩個含義，一個含義指本務概念內在包含着履行本務的責任，本務指那些你應該去做或者不應該去做的道德義務，應該與不應該的表述預示着人的責任。本務的本義是要去實行的，不是停留在理論範圍內的，因此，本務包含實行的責任。第二個含義指當你履行本務之後，你應該為相應的後果承擔責任，指事後的責任。蔡元培舉了一個例子說明這兩個含義，例如，當我的室友生病時，照顧室友是我的責任或本務，這是責任的第一個

7　同上註，頁 162。

8　同上註，頁 162。

9　同上註，頁 156。

含義。在我的室友生病期間，我對室友的照顧是否盡心是否得當，是否克盡我的能力，這是責任的第二個含義，指對已經實施的行為及其後果承擔責任。因為蔡元培已經用本務概念表達了責任的第一個含義，因此，他對責任的討論僅限於第二個含義。章士釗也有類似的界定。「蓋無論何人，所為何事，皆自覺其有不可不守之常經，並知苟不守之，人之於我，輕將加以惡感，重且科以嚴罰。前者謂之義務，後者即謂之責任。是故義務者自守者也，責任者人加諸我者也。義務可自修之，至一言責任，則必有相對之個人或團體，始生意味。」[10] 義務是主體自覺到的規範，不得不去做的，相當於蔡元培所說的本務，即責任的第一個含義；責任是指對行為後果負責，相當於蔡元培所說的責任的第二個含義。因為蔡元培已經用本務概念表達了責任的第一個含義，因此，他對責任的討論僅限於第二個含義。

在行動過程中，個人為什麼要為自己的行為承擔責任？蔡元培的回答是意志自由。人的行為的選擇出於意志自由，我之所以做這件事而不做那件事，是我的意志自由選擇的結果，因此，責任主體一定是我。「人之行事，何由而必任其責乎？曰：由於意志自由。凡行事之始，或甲或乙，悉任其意志之自擇，而別無障礙之者也。夫吾之意志，既選定此事，以為可行而行之，則其責不屬於吾而誰屬乎？」[11] 蔡元培承認意志自由是人承擔責任的前提或根源。從這個角度出發，蔡元培談到道德法（道德規範）與自然法（自然規則）的區別，道德法承認意志自由的作用，而在自然領域，自然現象的發生受到因果規則的制約。「一任意志之自由，而初非因果之規則所能約束，是即責任之所由生，而道德法之所以與自然法不同者也。」[12]

蔡元培認為，意志自由是擔負道德責任的前提，這裏的責任指第二個含義。前面講本務或道德責任起源於良心，這裏的責任指第一個含義。儒家很少講或不講自由意志，更多講道德良知與責任的關係。蔡元培繼承了儒家的良知論和責任觀，用良知來解釋責任的起源，即是說，我該不該負責地做某事，是出於良知的召喚，但是良知的召喚不直接等於負責任的實踐，例如，我體會到良知的召喚，

---

10 章士釗：《國家與責任》，《章士釗全集》（上海：文匯出版社，2000），第 3 卷，頁 112-113。

11 蔡元培：《中學修身教科書》，《蔡元培全集》（杭州：浙江教育出版社，1997），第 2 卷，頁 164。

12 同上註。

如果我是一個有德性的人，我就會按照良知的命令去做負責任的事情，這是一種可能性，還有一種可能性是：我可能以現實環境、條件為藉口，不執行或推諉良知的命令。在得到良知的命令之後，我有權選擇去做或不去做，我的選擇出於我的自由意志。一旦我選擇去做某事，在我完成該事之後，還有一個我該不該為此事的後果負責的問題，良知告訴我應該為此事的後果負責，我的自由意志可以選擇去為此事的後果負責，也可以選擇不對此負責或者選擇不那麼盡心盡力地負責，所以，自由意志有較大的選擇權能，它可以選擇照良知的命令去執行，也可以選擇不照良知的命令去執行，它可以照良知的命令全心全意地執行，也可以照良知的命令馬馬虎虎地執行。在傳統儒家的責任觀中，良知的命令覆蓋一切，幾乎沒有自由意志的活動空間。現在，蔡元培把自由意志論引進來，在良知和自由意志之間劃出一道界線，各自履行相應的功能：良知發出負責任的道德命令，是責任的起源；自由意志有選擇的權能，選擇是否執行良知的命令，選擇是否承擔相應的責任。

蔡元培在《中學修身教科書》中做出的一個理論貢獻是把西方的自由意志理論引入中國的道德理論，試圖在道德良知、責任理論中給予自由意志以一定的位置，使自由意志論與儒家的良知論銜接起來，又有一定的職能分工，豐富了儒家的責任倫理思想。

道德責任與法律義務

前面從良知論和自由意志論的角度回答人為什麼要為自己的行為負責？寬泛地說，這個問題可以有倫理的回答，也可以有法律的回答。從法律的角度看，人要為自己的行為負責是出於維護社會秩序和國家秩序的需要，法律對人的行為和社會秩序做出種種規定。在現代中國，個人在為自己的行為負責的同時也是在為獨立而富強的國家、為自由而繁榮的社會負責，從這個意義上說，個人為自己的行為負責實際上是在塑造一種國民認同，培植一種現代國家觀念影響下的國民身份。這種責任更多帶有法律和政治的意義，而不同於道德責任。道德責任和法律義務的區分，在民國初期修身教科書中已經有較多討論。古代中國也講法律義務，按照瞿同祖「以禮入法」的觀點，法律受儒家綱常禮教支配。「儒者為官既

有司法的責任，於是他常於法律條文之外，更取決於儒家的思想。」[13] 古代法家所說的法律義務有強烈的道德色彩，現代的法律義務則與道德責任有明確的界線。

在《中學修身教科書》中，蔡元培談到法律義務與道德責任的區別和共同點。他說：「我不欲人侵我之權利，則我亦慎勿侵人之權利，斯己所不欲勿施於人之義也。我而窮也，常望人之救之，我知某事之有益於社會，即有益於我，而力或弗能舉也，則望人之舉之，則吾必盡吾力所能及，以救窮人而圖公益，斯己欲立而立人欲達而達人之義也。二者，皆道德上之本務，而前者有兼為法律上之本務。」[14] 蔡元培用儒家的術語「己所不欲勿施於人」表達道德本務和法律本務兩層含義，用「己欲立而立人欲達而達人」表達道德本務。這樣，道德本務有兩類，「己所不欲勿施於人」表示消極的道德本務，「己欲立而立人欲達而達人」表示積極的道德本務。

「己所不欲勿施於人」既指道德本務，又指法律本務，點出了兩者的共同點，那麼，道德責任和法律義務有什麼區別呢？蔡元培說：「本務者，無時可懈者也。法律所定之義務，人之負責任於他人若社會者，得以他人若社會之意見而解免之。道德之本務，則與吾身為形影之比附，無自而解免之也。」[15] 道德責任如果不能免除，即使別人原諒我的行為，但是我的良心仍然發出自責要求。法律義務於此不同，可以因他人的意見而得以免除。如果他人不追究我的法律責任，例如撤銷對我的訴訟，那麼我就不用承擔法律責任。

關於法律義務和倫理本務的區別，杜亞泉比蔡元培講得更加明確，他在《人生哲學》（《高級中學教科書》，商務印書館 1929 年）中以簡潔的筆調講了以下三點：第一，「法律上的義務和倫理上的本務，其最顯著的差別，即違反法律上的義務時，有國家的或國際的公權，從外部加以制裁，責其履行，或加以懲罰；若違反道德上的本務時，只有內部良心的制裁，或伴以社會的非難」。[16] 違反法律義務和倫理本務所受的懲罰是不同的，前者受外部的懲罰，後者受內部的制裁。第二，「法律上的義務，只以現於外部的行為為止，內部的動機如何，置諸不

13 瞿同祖：《瞿同祖法學論集》（北京：中國政法大學出版社，2004），頁 365。

14 蔡元培：《中學修身教科書》，《蔡元培全集》（杭州：浙江教育出版社，1997），第 2 卷，頁 118。

15 同上註，頁 162。

16 杜亞泉：《杜亞泉著作兩種》（北京：新星出版社，2007），頁 157-158。

問。道德上的本務，不僅以外部行為為止，內部的動機，尤為重要」。[17] 法律義務看重外在的行為，倫理本務看重內在的動機。第三，法律義務大多是有明文規定的，即使是不成文法律，也有明確的説明。道德本務與一個社會的傳統和習俗相關，常常沒有明確的規定。杜亞泉和蔡元培是以思想家的眼光而不是以法學家的眼光來看待法律義務和道德本務的差別，這在一定程度上説明法律義務和道德本務的關係問題已經成為當時很多知識份子的共同關注對象。

從商務印書館和中華書局的修身教科書所教授的課程內容來看，大部分內容是關於道德責任的，有少部分內容是關於法律義務的。有的課程內容標以「國民義務」，實際上講的是法律義務或法律規定的國民義務。商務印書館《共和國教科書》高小部分《新修身》第六冊中的第十八課，講的是「國民義務」，列舉了現代國民應該擔當的四種義務：即守法、服兵役、納税、教育。

第一，國民有守法的義務。《新修身》指出：「法律者，保護人民之生命、財產、名譽者也。一國之中，必人人無凌雜侵欺之事，而後可以樂業遂生。」[18] 這是強調法律維護社會秩序的作用。《新修身教授法》糾正人們對於法律與自由的誤解，以為提倡自由，就可以蔑視法律。其實，「真實之自由，根據於法律。若無法律，是放肆也，是擾亂也，非自由也」[19]。守法是對自由權的尊重；不守法，是對自由權的踐踏。守法的義務具有積極的含義，即對自由價值的高揚。

第二，國民有服兵役的義務。《新修身》説：「保護國家，防禦外寇，亦國民應盡之天職。」[20]「天職」一詞凸顯了服兵役義務的神聖性。

第三，國民有納税的義務。《新修身》説：「人民既享安寧之福，應出賦税以供國用。惟國體共和，人民有監督財政之權，政府不能濫用也。」[21]《新修身》教材點出了納税人的義務與權利的統一性，國民有繳納税收、充實國庫的義務，也有監督政府合理使用税款的權利。商務印書館《新修身教授法》直接點明「納税為人民第一義務」。

第四，國民有教育的義務。《新修身》突出了教育在國民身份塑造過程中扮

---

17 杜亞泉：《杜亞泉著作兩種》，頁 158。

18 包公毅、沈頤編撰：《共和國教科書・高小部分・新修身》（北京：新星出版社，2011），第六冊，頁 13。

19 莊慶祥編撰：《共和國教科書・高小部分・新修身教授法》（北京：新星出版社，2011），頁 221。

20 同上註，頁 13。

21 同上註，頁 14。

演的重要作用：「民智、民德，恃教育而發達。國家盛衰之原，實由於此。故為國民者，不論貧富貴賤，均當受義務教育。父母之教育其子女，實為對於國家當然之義務。」[22]《新修身》所說的教育義務包括兩層意思，第一指所有國民都有義務接受教育，這是「國家盛衰之原」；第二指父母有教育子女的義務。

　　商務印書館的《新修身》教材簡述國民的四種義務，中華書局的修身教科書也做了同樣的規定，[23] 它們都屬於法定義務。把國民的法律義務放在修身教科書裏，體現了傳統儒家的道德教化的思路。《新修身》教科書帶有道德訓練的目的。其編輯大意說：「自共和民國成立以來，今日之所首宜注重者，尤汲汲於民德之增進。蓋國者，集人民而成者也，人人品行正，風俗美，道德智識日益進步，則國之強盛又奚待言。」[24] 作者把道德的規訓和國家的強盛聯繫起來，「一國之強弱，視人民之德行」[25]，道德訓練被納入強國話語結構，其目的在於塑造新國民的身份認同。

　　《新修身》在介紹「國民義務」之後，緊接着介紹「人權」。教科書的這個編排說明一個現代國民必須具有相應的權利和義務意識。該教科書對人權的界定是：「人權者，人人所自有，而非他人所能侵損者也。」[26] 權利為人人自有，說明權利的天賦性；權利非他人所能侵損，說明權利受法律的保護。

　　《新修身》指出：人的權利分兩類，一是對於公眾的權利。「組織社會，參預政治，選舉議員，舉吾學識之所及，皆得發佈於外。以求有益於人類。此人權之對於公眾者。」[27] 這是強調國民參與公共事務的權利。二是屬於個人的權利。「信教自由，營業自由，生命自由，財產自由，意志所在，即權力所在，非他人所得干涉，此人權之屬於個人者。」[28] 這話突出普通國民享有的種種自由權利。中華書局的修身教科書做出更細的規定，指出人的權利有十種，分別為：「人民一律

---

22 同上註。

23 參見戴克敦、沈頤、陸費逵編：《新編春季始業中華修身教科書》（高等小學校用）（上海：中華書局，1913），第四冊，頁 11。

24 包公毅、沈頤編撰：《共和國教科書・高小部分・新修身》（北京：新星出版社，2011），第一冊「編輯大意」。

25 同上註，第六冊，頁 16。

26 同上註，頁 14。

27 同上註。

28 同上註，頁 14-15。

平等，一也。言論出版集會結社一切自由，二也。通信自由，不得侵其秘密，三也。自由信教，四也。自由居住遷徙，五也。自由營業並保有財產，六也。自由保有身家，非依法律不得逮捕搜索，七也。有訴訟法庭及陳請議會之權，八也。得任官吏，九也。得投票選舉及被選舉，十也。」[29] 這個權利清單刻畫出現代國民是權利的享受者。

上面列舉的國民義務和權利內容，只是商務印書館《新修身》中兩個課程所授的知識。《新修身》共分六冊，通篇講的是道德責任，兼及法律義務。該教材第一冊第一課就點明義務、道德和世界發展的關係。「世界日益進化，物質之文明愈發達，則道德之關係愈重大。故人生世界中，對於己，對於人，對於家，對於國，對於世界，對於萬物，均有應盡之義務。」[30] 個人生活的道德世界，是道德義務編織成的世界。《新修身》不僅普及更新道德責任知識，而且普及國民的法律義務和權利知識。修身教科書在一定意義上強化國民的身份認同，強化國民對於國家和個人的責任意識。但是，這種身份認同和責任意識被放置在修身教科書的課程之中，被納入到現代儒者的素質框架之中，成為強化國民的儒者教養的重要方面。

商務印書館和中華書局的修身教科書都提到法律的權利和義務，都提到道德責任，人們自然會追問，在權利上，除了法律權利外，道德層面是否也有權利一說？對於這個問題，蔡元培的回答是肯定的。他在《中學修身教科書》中談到法律權利和道德權利的區別。「蓋權利之屬，本乎法律者，為其人所享之利益，得以法律保護之，其屬於道德者，則惟見其反抗之力，即不盡本務之時，受良心之呵責是也。」[31] 如果個人沒有盡到道德責任，良知會發出譴責，使人深感羞恥或愧疚，這是道德權利的作用。道德權利和法律權利有很大的不同，後者指根據法律規定人所享有的正當的利益，而前者指良知規定的人所享有的德性，它可以起一種警示和督促的作用。

29 戴克敦、沈頤、陸費逵編：《新制中華高等小學修身教科書》（上海：中華書局，1913），第三冊，頁9。

30 包公毅、沈頤編撰：《共和國教科書・高小部分・新修身》（北京：新星出版社，2011），第一冊，頁1-2。

31 蔡元培：《中學修身教科書》，《蔡元培全集》（杭州：浙江教育出版社，1997），第2卷，頁162。

與權利既對應又不對應的責任

前面討論到道德責任和法律義務的區分以及修身教科書對於權利、義務的具體規定，沒有討論到權利與義務之間的關係。在權利與義務的關係問題上，民初修身教科書的態度有點模糊，兩種觀點並存，一種觀點視權利與義務為對等關係，另一種觀點視權利與義務為不對等關係。

在《中學修身教科書》裏，蔡元培持第一種觀點，認為權利和義務是對等的。「凡有權利，則必有與之相當之義務。而有義務，則亦必有與之相當之權利，二者相因，不可偏廢。我有行一事保一物之權利，則彼即有不得妨我一事奪我一物之義務，此國家與私人之所同也。」[32] 無論國家還是個人，享有一定的權利，須履行相當的義務。這個觀點是在《中學修身教科書》第四章「國家」的總論中提出來的，此處的權利和義務主要指政治和法律的權利和義務。

商務印書館的修身教科書也把權利和義務看作是平等的。在「平等」一課中，修身教科書說：「凡權利、義務，一切以法律為斷，不相侵犯。此之謂真平等。」[33] 該教科書的「教授法」進一步論證權利與義務的對等性，指出：「人民盡何等義務，即有何等權利。如我所有物，我有自由使用之權利，即他人於我所有物，有不可侵犯之義務。⋯⋯權利者，法律特定之可能力，義務者，法律特定之羈束力，初不以貧富貴賤為區分。」[34]「教授法」在法律層面上界定權利和義務，認為兩者是平等的。中華書局的修身教科書也表達類似的觀點。「至於納稅、當兵、服從法律，又為人民應盡之義務。蓋權利與義務，互為比例。不盡義務，不能享權利也。」[35] 這裏的「互為比例」一說，突出權利與義務相對應的意思。周日濟的《講習適用修身教科書》（中華書局，1913 年）和賈豐臻的《新體修身講義》（商務印書館，1918 年）都表達權利與義務相待而成之義。

在近代中國思想史上，梁啟超較早闡述過權利與義務的對應性觀點。他在

---

32 同上註，頁 133。

33 沈頤、戴克敦編撰：《共和國教科書・初小部分・新修身》（北京：新星出版社，2011），第八冊，頁 10。

34 包公毅、沈頤編撰：《共和國教科書・初小部分・新修身教授法》（北京：新星出版社，2011），第四冊，頁 247-248。

35 戴克敦、沈頤、陸費逵編：《新制中華高等小學修身教科書》（上海：中華書局，1913），第三冊，頁 9。

《新民說》中採取兩種策略來論證這個觀點。第一論證策略是用天賦論來論證權利與義務的對應性。梁啟超認為，權利和義務是相匹配的。「義務與權利對待者也，人人生而有應得之權利，即人人生而有應盡之義務，二者其量適相均，……苟世界漸趨於文明，則斷無無權利之義務，亦斷無無義務之權利。」[36] 這句話在肯定權利與義務的相對性的同時，還提出一個觀點，存在着天賦的權利和義務，兩者生而有之，這種天賦說似乎是要證明權利和義務的相對性也是天賦的，權利與義務的統一具有天然的正當性。第二個論證策略是用進化論來論證權利與義務的對應性。無權利的義務和無義務的權利都是不正常的現象，無法維持長久。這是為什麼呢？梁啟超用物競天擇來解釋。他說：「權利何自起？起於勝而被擇。勝何自起？起於競而獲優。優者何？亦其所盡義務之分量，有以軼於常人耳。」[37] 這句話表明權利是人通過自身的力量競爭得來的，他在生存競爭中具有優勢，這種優勢的獲得和他所擔負的相應的義務是對等的，他享有更多權利的前提是他承擔了比常人更多的義務。權利與義務的一致性符合天演論的合理要求。民國初期修身教科書沒有提供像梁啟超這樣的理論論證。

我們也發現，修身教科書在權利與義務的關係上，存在一定的曖昧性，並不是所有的教科書或教授書把權利和義務看作是對等的。中華書局的修身教科書裏講權利與義務「互為比例」，但是在「教授書」裏，觀點出現偏差，認為權利與義務是不對等的。「教授書」說：「權利因義務而生。享權利而不盡義務，則國家危敗；凡有權利，均不可保。慎勿謂既有權利，即可不盡義務也。」[38]「權利因義務而生」這句話表明：由義務衍生出權利，義務在先，權利在後，義務是權利的來源，權利是義務的產物。羅家倫在《新人生觀》一書中，也談到這個觀點：盡責先於權利享受。他的理由是：「權利是責任的產物，不是憑自己的欲望去要求的，更不是坐享其成可以得到的。我們現在所享的權利，就是旁人已盡責任的結果。」[39] 權利不是天賦的，而是人類背負責任不斷奮鬥得來的。「我」所享受的權利正是他者盡責任的結果。

---

36 梁啟超：《新民說》（鄭州：中州古籍出版社，1998），頁 177。

37 同上註。

38 繆徵麟、吳廷璜編：《新制中華高等小學修身教授書》（上海：中華書局，1913），第三冊，頁 17。

39 羅家倫：〈新人生觀〉，《新人生觀‧鴨池十講》（瀋陽：遼寧教育出版社，1997），頁 89。

　　蔡元培在一篇文章中談到類似的觀點，他在《全國臨時教育會議開會詞》中指出，權利和義務並不對應，有先後之分。「蓋人類上有究竟之義務，所以克盡義務者，是謂權利；或受外界之阻力，而使不克盡其義務，是謂權利之喪失。是權利由義務而生，並非對待關係。而人類所最需要者，即在克盡其種種責任之能力，蓋無可疑。」[40] 權利由義務生發出來，只有主體先盡了義務，才會有權利享受。相比之下，義務或責任具有基礎性的地位。教育的任務之一是培養學生履行義務或責任的能力。此處所說的權利和義務指道德權利和道德義務。在道德領域，盡義務盡責任具有優先性；在法律和政治領域，權利和義務是對等的和連帶的，沒有一方具有優先性。所以，概括地說，權利和義務既對應，又不對應，說兩者對應，是基於法律的視角；說兩者不對應，是基於道德的視角。

結論

　　通過閱讀民初的修身教科書，人們大致可以了解在民國初期，道德責任、法律義務、權利與義務觀念以何種理論面貌進入國民教育課程體系，如何在國民教育的普及教材中得到呈現。總的來說，民初的修身教科書給我們呈現的是有現代價值內涵的責任觀念，超越了傳統儒家的道德責任觀念。

　　第一，不少研究者指出，修身教科書在文本上培育現代國民觀念。[41] 這個判斷有一定的道理。商務印書館的修身教科書的編輯大意裏說：「務取國民教育之本旨，為養成偉大國民之基」。現代的國民認同被納入到修身教科書編撰者的視野中。通過修身教科書的普及，希望着力培養有較高道德修養的現代國民。這種國民已經與傳統的臣民有很大的區別。但是，修身教科書提倡的內容大多是關乎道德責任的，修身教科書規定具體的行為規範，這些行為規範可以作為道德責任來領受。儘管其內容已經和傳統的倫常禮教有較大的改變，被注入現代道德要求和倫理規範，但是修身教科書編寫的思路仍然沿襲古代儒家道德教化的傳統。「一

40　蔡元培：〈全國臨時教育會議開會詞〉，《蔡元培全集》（杭州：浙江教育出版社，1997），第 2 卷，頁 178。

41　參見王小靜：《清末民初修身思想研究 —— 以修身教科書為中心的考察》（北京：人民出版社，2012），頁 189。

國之強弱，視人民之德行」，「蓋世界者，為道德所維繫之世界也」[42]，這些儒者的道德觀念依然在現代國民的心中根深蒂固，「修身、齊家、治國、平天下」的儒家理路沒有發生實質性的改變。修身教科書的道德意味並未隨着儒家思想在近代所遭受的批判而消退。在某種意義上，與其說修身教科書是在建構現代國民身份，不如說是在塑造現代的儒者。現代儒者與傳統儒者的一個主要差別在於前者把國民認同和公民認同化為儒者的內在意識。1922 年教育部頒佈《新學制課程標準》，修身科被取消，社會科和公民科取而代之。社會教科書和公民教科書的出現，突破儒者修身的觀念，宣揚社會公民觀念，此後，儒者身份認同在教科書中被遮蔽起來。

第二，一些研究者對民初修身教科書中的責任觀念未予以足夠的重視，也沒有系統梳理現代責任觀的新內涵。但是，仔細研究修身教科書的內容，可以發現教科書提供了一套新的責任觀念框架。在道德責任觀念框架之內，修身教科書把自由意志論和良知論結合起來，為道德責任的承擔提供更合理的論證；在道德責任觀念之外，接納法律義務觀念，使儒家的責任觀念發生了現代的轉化。修身教科書使我們認識到，它雖然教給人們的是一套觀念形態的責任規範體系，但是它傳達的潛台詞是把現代中國人塑造成為一個有責任心的人，一個有責任感的儒者。修身教科書和其他的一些思想史文本把責任看成現代中國人的主要價值原則之一，認為責任構成現代中國思想世界的主要內容和前提。[43] 在當下的學術界，責任價值遠未得到應有的重視。

第三，很多學者在法律層面上解讀權利與義務，把權利和義務的關係看作是對等的。[44] 其實，在民國初期的修身教科書裏，權利和義務的關係不僅可以在法律的層面上得到理解，也可以在倫理的層面上得到理解，把道德責任看作是優先於道德權利的，享受道德權利是盡道德責任的結果。儘管民國初期修身教科書對權利和義務之間關係的兩種處理方式，給讀者帶來理解上的複雜性，但是，這多少豐富了我們對現代責任觀念的理解和對權利與義務之辨的認識，使法律權利與義務、道德權利與責任之間的界限更為清晰。這也引發我們從更多角度討論道德

---

42 包公毅、沈頤編撰：《共和國教科書・高小部分・新修身》，第一冊，頁 1-2；第六冊，頁 16。

43 參見顧紅亮：〈現代中國思想前提與責任觀〉，《浙江學刊》，2010 年第 6 期。

44 參見王小靜：《清末民初修身思想研究 —— 以修身教科書為中心的考察》（北京：人民出版社，2012），頁 160。

權利與道德責任的多種組合。例如，就「我盡責任」而言，至少有四種不同的組合：(1) 我盡責任，我享權利；(2) 我盡責任，他人享權利；(3) 我盡責任，我不享權利；(4) 我盡責任，他人不享權利。就「我不盡責任」而言，也有四種可能組合：(1) 我不盡責任，我享權利；(2) 我不盡責任，他人享權利；(3) 我不盡責任，我不享權利；(4) 我不盡責任，他人不享權利。修身教科書沒有討論這些組合關係，它對責任的認知足以啟發我們更細緻地辨析權利與義務的關係。

在一定意義上，民國初期修身教科書構築了現代的責任價值體系，在理論上初步澄清了道德責任與自由意志的關係、道德責任與法律義務的關係、權利與義務的關係，為現代的儒者身份的建構提供了相應的知識保障。

新文化運動與民族觀念的重構——
常乃德《中華民族小史》的成書意義

趙雨樂
香港公開大學人文社會科學院

引言

晚清以來，「中華民族」成為革命與改良兩派知識份子重建國家理論時的重要觀察對象。無論是梁啓超、章太炎以至孫中山，對「中華民族」組成的近代國家均具深刻的理解，藉此闡揚中國的民族主義。進入民國以後，嶄新的國族理念有助中國在世界民族國家之間尋索生存的位置，同時為北洋政府提供合理的治國依據。中華民族史的研究，一時衍為學界中的顯學，匯聚了精通歷史學、民族學、社會學、政治學等知識份子，共同於學理上關注國家民族的前途。民國建立以來，國人受新學問、新風尚洗禮之餘，切實體會中國在山東、滿蒙等問題上所處的外交困局，列強勢力繼續覬覦中國，遑論中華民族的自尊自立。故此，我國的民族研究可謂刻不容緩，它是國家文化首要的重構工程，也有助民國政府於共和政權的演繹。

在國族危機的籠罩下，常乃德在 1928 年寫成的《中華民族小史》便別具時代意義。作為中華民族的一本通俗簡史，內中對我國各族的源流進行了系統分析，為同類書籍的撰述開創先河。加上常氏活躍於新文化運動，積極在中學普及教育理念，對國家民族文化的育成尤具創見。他又是中國青年黨創立的舵手，推動政治改革不遺餘力，在黨政理論方面廣涉西方社會學理念。常乃德前後任教燕京大學、廈門大學、河南大學、四川大學、齊魯大學、華西大學，是少數南北學術人脈貫通的活躍學者。20 年代初，是書已展示其「生物史學」的部分重要觀點，對中國和世界的發展脈絡，民族內部與國家關係，以至各民族國家之間的交融，皆提供深入淺出的理論線索。本文試從文本研究出發，發掘作者為文與時代的關係，從中說明中國民族史的編寫配合着其時普及教育的方針，同時通過介紹該書涵蓋的範圍，以了解外強侵略下，知識份子建構民族國家理論的重點所在。

常乃德的生平及學術理念

　　常乃德（1898-1947），原名乃瑛，字燕生，山西榆次人。父常運藻，曾任清朝詹事府主簿、河南商城知縣。常氏自幼受名師啓蒙，經史的學問根底穩固。1913 年，學習於太原陽興中學，1916 年考入北京高等師範學校史地部預科班。入讀大學之後，積極投入新文化運動，就中國傳統和新文化的問題，以及西方相關的社會思想，在刊物上發表個人的評論。1919 年「五四運動」展開，他參與北京學生聯合會教育組主任的工作，擔任《國民雜誌》編輯。1920 年在高師畢業之際，與徐名鴻、周予同等創辦《平民教育》雜誌，提倡教育向社會普及。

　　北京高師畢業後，常乃德留學日本，回國擔任北京高師附中、上海吳淞公學教師和上海商務印書館編譯室編輯。1925 年，在北京任燕京大學教授，同時參與魯迅主辦《莽原》週刊的編輯工作。1925 年 11 月，常乃德加入中國青年黨，成為青年黨的中央委員兼宣傳部長，與曾琦、左舜生、李璜、陳啟天、余家菊皆為青年黨的中堅成員。他在《醒獅》週報上鼓吹國家主義，以在野黨的角色監督國民政府運作。1931 年「九‧一八」事變爆發，他在北京公開呼籲各界聯合抗日行動。次年，國民黨政府聘他為國難會議員，鑒於與蔣介石分歧漸深，常氏拒絕參與其中。1933 年他加入山西閻錫山的秘書幕僚，兼任山西大學、山西教育學院教授。直至 1937 年「七七事變」繼起，青年黨主動與蔣介石消除隔閡，常乃德遂赴四川重慶，任四川大學、華西大學教授，又為青年黨報《新中國日報》主筆。面對國民黨的執政分裂，他毅然反對汪精衛、周佛海等人的媚日外交，1939 年以中國青年黨的代表身份訪問延安的共黨領袖。此後，他連任歷屆國民參議會議員，1946 年 1 月政治協商會議在重慶召開，常乃德以青年黨代表之一參與。1947 年，他出任國民黨政府行政院政務委員和國府委員，數月後病故於華西大學醫院，時年 49 歲。

　　學界對常乃德的認識，每重視他在中國青年黨的相關活動，政治層面的剖析遠大於其人學術上的思維探討。此一觀察比重的失衡，使兩岸研究常乃德及中國青年黨局限於國、共意識對立的層面判斷，未能從文獻研究當中全然掌握常氏處於五四時代的所思所感。事實上，常氏與青年黨的中堅人物如曾琦、左舜生、李璜，不乏由政治延伸至學術的洞見，在國體的擁護下，如何確立民族的自尊以競存於新時代，成為該黨的忠實思路。若以 1923 年創黨至 1940 年代為觀察時

段，他們既認同民族主義國家的論調，但不忽略民主憲政中多黨制的訴求；黨中
有主張與執政黨對話合作，亦有痛陳國民黨專政的敢言者；該黨既關注社會民生
條件，卻同時反共、反階級鬥爭；在反帝國主義入侵的同時，仍不時檢視封建傳
統帶來的文化陋弊。此等多面的思想趨向，一新民國政治的僵固思維，惟不免受
國、共兩黨攻擊，處於狹窄的小黨政治空間。常乃德見證着青年黨的成長與失敗
歷程，自始至終並不執意於黨部權力的擴張，青年黨的組織與策略在民國政治上
未為強勢。相反而言，基於建構國家主義的戰略高度，釐清黨派之間問題，青年
黨特別重視政治背後的學理建構，投入的文化精力甚多，開闢了近現代新型史學
與學問南移之勢。[1]

　　常乃德關心政治，致力於教學和學術研究，先後用過凡民、平生、萍之、惠
之等筆名進行寫作。他的治學範圍廣闊，舉凡歷史、教育、哲學、社會學、文
學、佛學等領域均曾涉獵，是一位歷史學家、教育思想家和哲學家。粗略統計，
其著作近 30 多種，學術性與普及性兩種讀物兼具。常氏將政治思想融入學術，
把國家主義思想散播於教育範疇。他視平民教育為社會啓智的切入手段，撰寫普
及的世界史及中國歷史教科書，針對青年自學而編寫的世界歷史作品，便有《法
蘭西大革命史》（中華書局，1930 年）、《文藝復興小史》（中華書局，1934）、《西
洋文化簡史》（中華書局，1934）等。在艱苦抗戰的環境下，他寫成《德國發達
簡史》（中華書局，1934），又譯著《十九世紀初年德意志的國難與復興》（重慶
出版，1939 年），刻畫了該國知識份子在民族危亡之際，建立強國的歷程。常氏
以宏觀的角度看待各國歷史，探究中國與世界歷史的發展軌跡，在考察中西民族

1　關於中國青年黨的研究，香港學者在中、台之間據地利與思想自由之便，具較早的發展。參
閱 Chan Lau Kit Ching. *The Chinese Youth Party, 1923-1945*, (*Centre of Asian Studies*) (Hong Kong:
University of Hong Kong, 1972); 陳敬堂：〈留法勤工儉學會與中國政治黨派〉（香港：珠海學院歷
史研究所碩士論文，1972）及〈五四時期四川青年在法國的組黨活動〉，《東亞季刊》，第 21 卷
第 3 期，1990；李金強：〈民國史學南移 —— 左舜生生平與香港史學〉，《中國近代史學會會
刊》，第 3 期，1989；〈中國青年黨人與五四愛國運動關係之探討 (1918-1919)〉，《中國歷史學
會史學集刊》，第 23 期，1991；〈國共兩黨之外：曾琦及其《國體與青年》〉，《二十一世紀雙
月刊》，第 15 期，1992；吳國榤：《國共以外的選擇：中國青年黨之研究 (1923-1949)》（香港：
香港中文大學研究院歷史學部哲學碩士論文，1998）。八、九十年代，隨着兩岸關係緩和，學
術交流氣圍趨於多樣，大陸及台灣的研究成果相繼面世。例如陳雲卿：《中國青年黨的創建與初
期發展 (1923-1929)》（台北：台灣師範大學歷史研究所碩士論文，1988）；周淑真：《中國青年
黨在大陸和台灣》（北京：中國人民大學出版社，1993），均有助深化此一課題的全面研究。也
可參閱陳正茂：《中國青年黨研究論集》（台北：秀威資訊科技股份有限公司，2008），「近五十
年來有關中國青年黨之研究概況與述評」，頁 3-12。

國家的建構經驗中，他看到內部凝聚、生長與成熟的自然通則。1928 年，常乃德已開始了中國史的撰述工作，是年以「小史」冠名的書籍，分別有中華書局出版的《中國文化小史》，愛文書局出版的《中國政治制度小史》和《中華民族小史》，取其簡明通俗之意。《中華民族小史》的封面，由上海著名國畫大師黃賓虹題字，展現新文化運動以來地域文人頻繁多元的活動交友網絡。[2] 從此書表達的內容，我們可略知常氏生物史觀形成的一個研究雛型，有助理解五四時期知識份子豐富的文化思維。

自嚴復將赫胥黎（Thomas H. Huxley）的 Evolution and Ethics 翻譯為《天演論》，達爾文（Charles Darwin）的物種進化及社會演化理論始為國人所識。由晚清進入民國，中國繼續吸收西方理論，例如杜威（John Dewey）的實驗主義，羅素（Bertrand Russell）的改良主義、杜里舒（Hans Driesch）的新生機主義諸說，為新文化運動增添有力的社會改革理據。常乃德的史學理念，即受孔德（Auguste Comte）的實證主義、斯賓塞（Herbert Spencer）的社會達爾文主義、李里菲（P. Lilienfeld）的社會有機體論，以至賴朋（Gustave Le Bon）的國民性理論多所啓迪，逐漸在二、三十年代衍成獨特的「生物史觀」。[3]

常氏在五四時期已注意孔德的理論，認為是折衷唯心和唯物爭論的思想出

2　1920 年代初，常乃德從日本回國，輾轉由北京至上海覓職，當過吳淞公學教師和上海商務印書館編譯室編輯。一代畫壇巨匠黃賓虹（1865-1955）則在 1921 年秋開始，經陳叔通舉薦任上海商務印書館美術部主任，相信二人相交基於同一工作機構。至 1925 年，黃氏辭去上海商務印書館職務，轉任神州國光社編輯，參加經亨頤創辦的「寒之友」社活動，而常氏於是年亦轉任燕京大學教授，並參與魯迅《莽原》和中國青年黨，兩者俱為坦率人物，以畫人、學者的不同途徑關注於國家文化事業，雖然相隔京滬兩地，卻仍保持聯絡。參閱吳晶：《畫之大者 —— 黃賓虹傳》（杭州：浙江人民出版社，2003），〈黃賓虹大事年表〉，頁 315。

3　近年常乃德的史學研究逐漸為人重視，學者在其眾多的著作中不但發掘了多元的討論題材，並且發現其國家主義理論在著述內呈現高度的一貫性，其中如何通過生物史觀作為剖析中外政治、社會、文化現象，是最明顯的例子。參閱張燁、郭方，〈以國家主義為中心構建的歷史體系 —— 常乃德世界史研究成就探析〉，《史林》，2008 年，第 3 期；敖光旭，〈1920-1930 年代國家主義派之內在文化理路〉，《近代史研究》，2006 年第 2 期；葛兆光，〈思想史研究歷程中薄薄的一頁 —— 常乃德和《中國思想小史》〉，《江海學刊》，2004 年第 5 期；孫承希，〈析國家主義派的「新法家主義」與「生物史觀」〉，《復旦學報》，2003 年第 3 期；黃敏蘭，〈一個嚴謹的史學理論體系 —— 常乃德史學理論述評〉，《史學理論研究》，1994 年第 1 期。

路，有助緩和國內科學、玄學孰輕孰重的兩極爭論。[4] 1920 年代，正當《東方雜誌》與《新青年》就科學與玄學展開激烈的論爭時，常氏發表《東方文明與西方文明》，揭示了中國必須以自身經驗進行文化重整。[5] 他反對胡適所持的全盤西化理論，力陳東西文學屬於不同類型，兩者難以互補，唯有因應中國固有的民族習性，考慮自身地緣文化條件，始能掌握社會發展的真實面貌。[6] 對於我國以至亞洲民族國家的前途，任何人均不能忽略其國家主義的自覺意識，因為「國家主義是人類文化發展到某一階級自然要產生的一種結果」，「不過因環境的關係，其發達容有遲早之別」。[7] 由此觀之，常乃德的史學思想在 1920 年代開始醞釀，它從西方社會演進理論中找到合適的參考，並嘗試在五四新文化、新思潮中脫穎而出，以作為中國青年黨高舉國家主義時的理論核心。

常氏認人類社會的發展有如生物演化的過程，同樣經歷四個階段：家族社會階段、部落社會階段、民族社會階段、國族社會階段。當社會發展到較高階段，便會產生一種集團性格以支配整個社會組織，常氏將此作用稱為民族性，並分析民族性如何在先天遺傳、自然環境、社會環境的三種條件下構成。常氏直指這種民族性是支配一切歷史動態的總因，也是解釋 20 世紀國家主義出現的各種行為形態。[8] 有機的民族國家發展觀點，貫通了常乃德的歷史哲學著作，在其《生物史觀與社會》（1930）、《生物史觀研究》（1936）、《歷史哲學論叢》（1941）當中，均可找到相關的論述。常氏特別重視民族成熟以後的國家建構，他對德國經歷一次世界大戰的重創，瞬間在 1920 年代後期迅速恢復，給與高度的評價。常氏認為此一實例，正好說明德意志具備堅苦卓絕的民族性，在國家萬難中得以復

4　眾所周知，歐洲文藝復興末期，康德（Immanuel Kant）、黑格爾（Georg Hegel）代表的德國古典哲學，正面臨各種科學論證思潮的挑戰。孔德的實證主義，一方面批評 18 世紀機械唯物論重於物質層次分析，少從對整體現象作整合觀察。他亦指出德國唯心主義哲學重於純粹理念推敲，忽視經驗證明的缺陷，因而主張知識再造，重建完善的綜合哲學調和科學與哲學，促成其社會學體系的草創。孔德的社會學觀點，與達爾文進化論相關，視人類文化為三期的演進，即神學時期、玄學時期與實證時期。在常乃德看來，孔德的貢獻乃將自然科學中的實證精神及具體方法，引進人文科學研究之中，以期把玄學時期推進至科學實證時期。這種時代轉換下的思想變遷，對處於新舊文化交替的近代中國而言，是頗具啟導作用的。

5　常乃德，〈東方文明與西方文明〉，《國民》，第 2 卷第 3 號，1920 年 10 月 1 日。

6　常燕生，〈東西文化問題質胡適之先生〉，《現代評論》，第 4 卷，第 90、91 期，1926 年 8、9 月。

7　常乃德，〈黃色民族的國家主義運動〉，《醒獅週報》，第 138 期，1927 年 7 月 2 日。

8　常燕生著、黃欣周編：《常燕生先生遺集》（台北：文海出版社，1967），第 2 冊，頁 539-541。

興，成功締造強力的國家主義。[9] 常氏的國家發展理論，反映着兩面意思：由家族社會演進至民族社會，民族意識一旦凝定，集團組織便愈加鞏固，有機的性質乃更加彰顯，因而不會輕易消滅，得以演至國族社會；[10] 惟因外在環境和社會本身故障，中途難免發生種種挫折，結果產生不同的演化遭遇，或生長、衰頹以至死亡，或分裂、合併以達融和，凡此均為人類社會演進成敗的各種常態。[11] 箇中的研究法則，西方學者本據所處的外國事象觀察而得，隨着社會學說在 20 年代流行中國，常乃德思以應用於中國場合，可謂以生物史觀治國史的先行者。[12]

「中華民族」觀念的建構與常乃德《中華民族小史》

　　20 世紀初以來，中國由改革而革命的政治道路曲折，知識份子貫注心力於「中華民族」的國族重塑議題。復因多變的國家政情左右，好像國家與族群的利益分配，集權與自治的管轄方向，以至中央與地方權力向背等等，問題蕪雜而分歧，大大削弱了民族國家的理論建構成效。縱觀二十年間，梁啓超論析中華民族，雖然初步奠定中國由一大民族組成類於近代西方興起的民族國家（nation-

9　常燕生著、黃欣周編：《常燕生先生遺集》，第 4 冊，頁 1706。

10　常燕生著、黃欣周編：《常燕生先生遺集》，第 2 冊，頁 710-754，823-829，875-879。

11　常燕生著、黃欣周編：《常燕生先生遺集》，第 2 冊，頁 511-512，755-756。

12　學者許冠三在其《新史學九十年》（香港：香港中文大學出版社，1988），下冊，第十一章：「常乃德：生物法則支配一切」中，曾分析常氏史學主要吸收了達爾文、斯賓塞和李里菲的觀點。李氏認為生物有機體所有的特徵，如繁殖、生長、分化、疾病、死亡、復生、凝聚、官能間的整合、結構上的完備、貯能蓄力，以及有目的、有精神等，都在人類社會中找到。他又分有機體為五類，由細胞，而組織（細胞的複合），而官能（組織的複合），而個人（官能的複合），而國家或社會，臻至有機體的最高形式，此兩點皆為常氏所取。頁 41-56。筆者認為另一生機主義哲學家杜里舒（Hans Driesch）的來華，也是不容忽略的。1922 年他以萊比錫大學教授身份，應梁啓超等人組成的「講學社」邀請來中國講學，先後在上海、南京、武漢、天津等地巡迴演講，又留在東南大學授課一學期，開辦「生機哲學」、「哲學史」、「歐美新近哲學思潮」等課程。此種生機主義哲學主張生物自身的發展、變化並不受物理、化學原則的支配，因為生物體內部有一種自主自產的動力，自由釋放，與機械論所主生物的生、老和繁殖等現象，像機械一樣受自然界的物理、化學原則支配，並不相同。例如觀察海膽卵的分裂過程，任取其中一個細胞或者將其細胞擾亂，都能發展成為一完整的幼蟲，顯示每一細胞都有發展成一生機體的公平可能。任何生物體最終都是由一個細胞分裂而來，經過無數次細胞分裂而形成複雜的生機體，生物遺傳與發生不能由機器說解釋。1922 年 10 月，杜里舒於上海吳淞同濟學校及中國公學分析過「自由意志」的課題，認為人類歷史上也常有進化的現象超出經驗規範。常乃德於析述民族性的自覺與發展時，當參考了類似唯物論以外的唯心說法，使其理論活潑而兼採多說。

state），仍然無法擺脫來自西方民族學解構國族之間究為一元成分（mono-ethnic）抑或多元成分（multi-ethinic）組成關係的質疑。常乃德的民族史研究貢獻，首要在借鑒生物史觀，由族群性質與類別的爭拗，轉至以西方自然科學方法解讀社會結構現象，進一步說明民族之間的細胞分合運動，在中國歷史上清晰可見，從而活現國族形成的輪廓。究其研究動機，無疑欲以西方宏觀的社會學說應對微觀的民族學挑戰，茲以下文梢加論析。

　　誠如學者所言，「中華民族」一詞意涵甚廣，經過漫長的歷史演化，逐漸具備中國、中原文化及漢人、文明族群等內容特徵。明清以降士大夫對傳統中國禮教的維護，講究華夷之別，近世所論「中華」，已衍為包含國家、地域、族類和文化共同體認同意義的綜合概念。[13] 把中國民族作為描述的主體，連繫於現代的民族觀念者，始自梁啓超撰文以後。1899 年，梁啓超於《東籍月旦》文中，通過對歐洲世界史著的介紹，開始使用日本語中常見的「民族」一詞。在其 1901 年的《中國史敍論》中，首次提到「中國民族」的概念，將中國民族的演變劃入上世、中世和近世諸階段。1902 年，梁啓超在《論中國學術思想變遷之大勢》點名戰國時期的齊國為「海國」，總結曰：「上古時代，我中華民族之有海權思想者，厥惟齊。故於其間產出兩種觀念焉，一曰國家觀，二曰世界觀。」直至 1903 年梁氏發表《政治大家伯倫知理之學說》以後，中華民族內部漢族與各族關係，界定漸為清晰。其謂：「吾中國言民族者，當於小民族主義之外，更提倡大民族主義。小民族主義者何？漢族對於國內他族是也。大民族主義者何？合國內本部屬部之諸族以對於國外之族是也。」按梁氏的國族理解，就是「合漢合滿合蒙合回合藏，組成一大民族」，亦即六族共和的最終構成。此一論說，代表中華民族一體多元的結合形式，故 1905 年梁氏《歷史上中國民族之觀察》便云：「中華民族自始本

---

13 關於「中華民族」內涵的學術討論不在少數，參閱徐文珊：《中華民族之研究》（台北：三民書局，1969）；費孝通主編：《中華民族多元一體格局》（北京：中央民族大學出版社，1989；陶緒：《晚清民族主義思潮》（北京：北京人民出版社，1995）；羅志田：《民族主義與近代中國思想》（台北：東大圖書公司，1998）；徐迅：《民族主義》（北京：中國社會科學出版社，1998）；馬戎、周星主編：《中華民族凝聚力形成和發展》（北京：北京大學出版社，1999）；李世濤主編：《知識份子立場：民族主義與轉型期中國的命運》（長春：時代文藝出版社，2000）。惟此一問題既深且廣，對於華夏文化在中華民族的構成位置，以至各地域民族的民族主義進程，均呈現各種新的理解方向，以專文發表亦多，詳閱沈松僑，〈我以我血薦軒轅 —— 黃帝神話與晚清的國族建構〉，《台灣社會研究季刊》，1997 年，第 28 期；魏鴻鳴、張謀等著，〈建國五十年來關於民族概念的研究〉，《黑龍江民族叢刊》，1999 年第 2 期；黃興濤，〈民族自決與符號認同：「中華民族」觀念萌生與確立〉，《中國社會科學評論》，2002 年，創刊號。

非一族，實由多元混合而成。」

　　梁啓超建構「中華民族」的國族理論，其時在留日學生團體之間產生深遠影響，諸如《浙江潮》、《江蘇》、《二十世紀之支那》、《民報》、《國民報》、《童子世界》，無不廣泛探究中華民族的內涵，以及民族主義的肇起。而中國疆域之內民族與民族的交往，又引申出錯綜複雜的融和關係，其間主次位置不無爭議。1907 年楊度的〈金鐵主義說〉遂深化了梁氏之說，將民族意識提升至超越民族的血統局限，種族融合的結果為文化共同體的生成，其文化的凝聚和不可分的性格，是中華民族得以茁壯成長的動力泉源。中國民族主義的昇華，同時改變孫中山等革命黨人漸次放棄排滿思想，朝「五族共和」的建國理想進發。進入民元時期，社會對國族關係愈為關注，例如 1911 年 11 月 19 日《大公報》上，「無妄」撰文《中國存亡問題系於民族之離合》曰：「且夫中國之所以為中國，中國之所以為大國者，以其相容並包合滿漢蒙回藏各種民族以立國，而非彼單純一民族之小國所得比其氣派也。故我中國雖屢遭蹉跌，國勢之積微至於斯極，尚有轉弱為強之望，而不至如安南、緬甸、琉球、朝鮮諸國之一蹶即亡者，亦未始非國民龐大多之賜也。是則中國者，全體國民肩頭之中國，非一民族所能獨立補救之中國也。……蓋民族與土地宜合而不宜離，合則互相聯助，興也勃焉，離則罅隙四呈，亡也忽焉。」由此觀之，聯合漢、滿、蒙、回、藏的五族共和為民國賴以生存的首要條件，惟事與願違，民國政情混亂不堪，國族共和的疆域仍難以全面開展。單就觀念而言，「中華民族」若由多族構成，其中便產生民族的數目疑問。1917 年《東方雜誌》第 14 卷 12 號便轉錄《地學雜誌》的〈中國民族同化之研究〉一文，認為中華民族同化問題應作細緻處理，強調上述五族之外，苗族同屬中華民族的一個構建成分。一葉知秋，中華民族論有待完善之處甚多，梁啓超當察覺到民族與國家重整時於政治和學理上的種種技術問題。為了強化民族國家觀念，梁氏與陸費逵等有識之士啓動以「中華」為探討核心的文化事業，以期有日達至高度的社會共識。[14]

　　常乃德編寫簡史，顯然是看到時代的迫切性。袁世凱、張勳等人的帝制復辟，傳統社會裏根深柢固的地方主義，均反映國家民族的統一流於口號。巴黎和

14　梁啓超在民國以後的雜誌活動與中華書局關係密切，筆者嘗就其時共和體制施行的困難，促成梁氏欲深化民族國家理論，作過概括聯繫分析。參閱拙文〈民國共和體制的抉擇 —— 從梁啓超主編《大中華》雜誌說起〉，於周佳榮主編：《百年傳承 —— 香港學者論中華書局》（香港：中華書局，2012），頁 307-330。

會之上，中國的領土完整完全被國際忽視，列強在華的勢力範圍形同合法。五四運動，在政治意義上是反對帝國主義的入侵，在文化意義上是檢討舊社會體制的殘破，引進有利改革的現代元素，代表着一體兩面的人民現實訴求。教育可以救國，彷彿成了知識份子抵禦外侮的有效工具，微觀如學校課程體制，如何讓民族文化知識普及於學習階段，迅速成為散播新思想的園地，在中國教育界逐漸掀起了熱論。各種跡象顯示，《中華民族小史》從醞釀至落筆，與道爾頓制（Dalton Plan）等課程設計的引入互為因果。1920 年，由美國著名教育實驗家派克赫斯特（Helen Parkhurst）於麻塞諸州道爾頓中學（The Dalton School）創立的「道爾頓制」，使新式中學教育邁向劃時代階段。按照此套教學原則，名科教師必須為學生設計不同的作業表，供學生自訂學習計劃及學習時間分配，以便在一個月內完成各科所指定的功課。學生可以按照自己的能力與需要，自由選擇合適的教材、進度和上課時間。由於它不強求學習過程的一致性，可以打破年級與班級的固定形態，學生可以在分科自學或實驗室，與不同的學生共同研習心得，適切學習者的個性發展，一時引為自由教育的風尚。自 1920 年代開始，道爾頓制自西方輸入中國，在上海、北京、南京、開封等地作教學試點的不在少數，相關的教學理論與實踐原則，為五四新青年所廣泛認識，常氏也是其中一員。[15]

　　1921 年，常乃德在任教吳淞中國公學期間，與舒新城、沈仲九等人引入道爾頓制，廢除課堂教學、班級和作息制度等舊規，把各科學習內容整合為每月的作業大綱，藉以鼓勵學生自由創作、開放研習的風氣。道爾頓制的設計精髓，在於要求編著初級中學歷史學科的目錄，內中定為八篇，每篇定出四章的四大段，合為每月的一大段，每章其下又分四、五節，每節為一小段，共計一篇應有十八節，作為每學期十八小時之用，相等於一學分的課程。課程內容與教學時數的制度化，令中學歷史課程的編寫朝簡明扼要的方向發展。1923 年，常氏在《初級中學歷史課程綱要》認為中學歷史課程的目的，在於「研究人類社會生活狀況之變遷，以培養學生適應環境，制禦天然的能力。啟發人類的同情心，以養成學生博愛、互助的精神。追溯事物的原委，使學生了解現代各項問題的真相。隨時以

---

15 1921 年派克赫斯特將道爾頓制介紹於英國，在當地掀起了試驗熱潮，她所撰寫的《道爾頓制教育》(*Education on the Dalton Plan*)，1922 年 7 月在倫敦出版，1922 年至 1924 年間連續再版三次，至 1926 年並翻譯成 17 種文字，約有 1500 所中小學在試驗道爾頓制。中國方面，1922 年發行了它的中譯本，由上海商務印書館作為北京師範大學叢書，又在 1924 及 1927 年再版，可謂十分普及的西方新式教學指引。

研究歷史的方法直到學生，以培養學生讀史的習慣。」[16] 根據以上標準，常氏擬定「上古史」佔 6 學時，「中古史」佔 10 學時，「近古史」佔 6 學時，「現世史」佔 8 學時的學習課程。學生畢業的最低限度，應能知曉人類文化的演進，掌握中國及重要各國政體變遷的概況，務求以通達為評核的原則。於是，在國史編撰的過程中，他更多提倡通盤鳥瞰的形式，以一章包含四、五節的分論概說主題，以便學習者了解中國文化與政體的演變。[17]

　　常氏撰寫的小史，當參考了梁啟超《中學國史教本改造案並目錄》的建議，即以文化史取代政治史，以縱斷史取代橫斷史，把年代、地理、民族、政治、社會經濟、文化等六個範疇，通過嚴密的互扣，做成六部的專門史。常氏的《中國文化小史》、《中國政治制度小史》、《中華民族小史》，可說是實現了當中半數的通史著述計劃。以民族本位來了解國家歷史的切入觀點而論，則民族史一項更是重中之重。[18] 常氏不單為處理中國歷史上民族演遷的過程，且有意把這種學術判斷延伸至中國近代政情，解釋內外形勢，成為一部活生生的有機民族史。他所說的民族凝聚力量在於文化上的同化，作者對國中多元民族自覺性的漢化趨勢評價甚高。[19] 論析國家內部的民族內容時，重點均集中於解釋「中華民族」的形成，而此民族結成的現象又是通過全體民族活動的範圍來一併檢視。它是中國歷史累積的成果，亦為釐定中國作為民族國家應有幅圓的最佳明證，常氏在書本的開章謂：

16　參閱程光、梅生：《儒商常家》（太原：山西經濟出版社，2004）；課程教材研究所編：《20 世紀中國中小學課程標準·教學大綱匯編》，（歷史卷），（人民出版社，2001）；顧友谷，〈常乃德中國史編撰研究〉，《湖南社院學報》，2012 年 1 期；何成剛：〈1923 年《初級中學歷史課程綱要》論析〉，《歷史教學》2007 年第 12 期。

17　常乃德〈「道爾頓制」功課指定的一個實例〉，《教育雜誌》，1922，14 卷 11 期，頁 1；〈新制初級中學歷史課程編制之一得〉，《中華教育界》，1924 年，14 卷 1 期，頁 4；〈世界教育的新趨勢與中國目前教育的出路〉，《中華教育界》，1930 年，19 卷 3 期，頁 43。

18　梁啟超認為供現代中國人觀看的理想中國史，應兼顧幾方面的元素，例如在民族方面，中華民族是否中國之原住民，還是移住民，又中華民族由幾許民族混合而成，其混合醇化之蹟如何。就政治方面，中華民族之政治組織，分治與合治的交迭推移之蹟如何。至於經濟基件、衣食住行等狀況，自初民時代以迄於今日，其進化的大勢如何等等。參閱梁啟超：《中國歷史研究法》（台北：台灣商務印書館，1995），第一章：「史之意義及其範圍」，頁 1-10。

19　常乃德：《中華民族小史》（上海：愛文書局，1928），第一章：「何謂中華民族」，序論部分載：「中國，世界之著名古國也，中華民族，世界之著名偉大民族……五千年來，經許多哲人志士之苦心毅力，慘淡經營，乃得將此許多各不相關之異民族搏結融會而成為一大民族，而後中華民族之名出焉。中華民族，非一單純之民族也，中華民族，非盡黃帝之子孫；然至今日，則人盡自覺為中華民族之一員，人盡自覺為黃帝之子孫，此無他，五千年來文化陶鎔之所自也，五千年來哲人志士發揮心力之成事而已。」頁 1。

　　上古中華民族活動之範圍，本無如今日之廣大。中華民族之最初活動，僅起於黃河流域之中部，即河南及山東西部，山西西南部而已。其後春秋中葉，陝西、湖北以及江蘇之一部始入於中華文化範圍，戰國末年，直隸，四川，浙江諸省始逐漸同化於中國，秦漢以降，廣東、福建亦版圖，宋元以後，雲南、貴州、廣西、湖南，漸成文化，至於近百年來，則關東三省，內蒙諸區，始逐漸全成為中華民族活動之舞台，而蒙藏兩部以及新疆回族，猶未能盡具有中華民族同具之條件，其活動之擴大，蓋若是之難也。[20]

　　該書前十章的篇幅均在界定各族在中國境內的成長與同化趨勢，至於中華民族向外遷播及對外關係，則在後四章加以發繁。不同於大多數近代歐洲民族國家由單一民族組成的國家經驗，常乃德的中華民族論建基於現存中國境內多個民族的活動痕跡，認定國家的形成是在漢族活動擴大下逐步與各民族融會同化的結果，彼此互有重疊之處，最終構成對同一文化圈的內部認同。至於中華民族的組成部分，常氏參考中外研究心得，總歸為漢、滿、蒙、回、藏、苗六族主體，以此說明漢族主體與其他五族相互關連的文化遷播關係，其謂：

　　今日中國境內民族之大別，號為漢，滿，蒙，回，藏，苗六大族，其實漢族與其他五族性質並不相同。其他五族俱係單純之民族，而漢族則為複雜之民族。漢族之中包括其他五族之成份甚多，如滿洲族之東胡、鮮卑、契丹、女真；蒙古族之匈奴；回族之突厥、回紇；藏族之羌；苗族之一部分土司，今已均完全變為漢族，故漢族者許多原始單純種族混合而成之總名，非一族之名也。吾人敘中華民族之歷史大部分俱根據於漢族歷史者，非有所偏愛於漢族，蓋以漢族非一單純民族之名，實此許多民族之混合體耳。惟今日普通習慣，以漢族與其他滿蒙諸族土名並列，苟僅以漢族代表其他諸族，易滋誤會。且漢本為朝代之名，用之民族，亦未妥治，不若「中華民族」之名為無弊也。[21]

　　近世民族考古的學說，多少夾雜着西方文化的主導意識，常乃德於析述六族構成的中華民族，必須妥善交代族群的由來問題，對於有違本論的中國民族西來說，或者是苗族本體說，常氏辨析謂：「自近世西人有研究中國史者，乃創意謂中國民族係由西方遷來，或以為中國內地本為苗蠻族所佔據，漢族乃由中亞等

20 常乃德：《中華民族小史》，第一章，第一節：「中華民族之活動範圍」，頁3-4。
21 常乃德：《中華民族小史》，第一章，第二節：「中華民族之命名」，頁4-5。

地侵入，戰敗苗族而始代興者，中國近代學者亦多附和此說；然就吾人研究之結果，主張外來說者其證據多不堅確，而從中國近年來地質學者發掘之結果，則長城以北冰期時已有人跡，即河南中原一帶，亦發現石器時代之遺骨及陶器，可見至少五萬年前，中國已有人跡，雖其後有無外族遷徙不可知，然中國原始民族至少總有一部分係土著，可不辯而明也。」[22] 漢、滿、蒙、回、藏、苗六族血裔既定，為清楚展現中國古今民族遷演的圖像，常乃德繼而按各族活躍於不同地界的關係，分別細析為九個族群，即（1）諸夏系，（2）東夷系，（3）巴蜀系，（4）東胡系，（5）閩粵系，（6）北狄系，（7）氐羌系，（8）西藏系，（9）苗蠻系，順序說明各系在中國史上的融合過程。

　　對於影響至巨的諸夏系，常氏強調：「此系為漢族之主體，發源於黃河流域，中國古代帝王相傳皆屬此系，雖不可全信，要之此系文明發達最早，故能以其文化征服其他蠻族，逐漸合併而成為龐大之漢族，且有代表全中華民族之趨勢，吾人講中華民族構成及發展之歷史，實即講諸夏系同化其他民族之歷史耳。此系之勢力範圍在春秋時尚僅在黃河下流一帶，至戰國而勢力及於吳楚蜀，秦漢以後直至近代，滇，粵，閩，遼等處逐漸合併，至今日則本部十八省及東三省，均完全為此系文化所及矣。」[23] 對於頗具學術論爭的苗蠻系，常氏不忘補充：「此系起源甚早，當黃帝時已甚文明。或謂中國內地本為此系所據，則未可遽信也。至春秋時已退據湖南，廣西，雲南，貴州一帶。歷漢及三國雖屢經討伐，猶未同化。至唐有南詔國興起，采唐朝文明，建設制度，頗可可觀。宋時變為大理及後理，後為蒙古所滅。元明清三代雖列為行省，然土族勢力猶強未盡歸化。至最近百年來，漢人遷入者極多，始純變為中國本部之一。其苗人則退處於萬山之中，日漸漸滅矣。此族在中國境外所建之國，尚有安南，暹羅，緬甸三國。」[24] 觀微知著，常氏的《中華民族小史》名為簡史，實際行文頗見法度，中華民族如何體現國家一統，必然涉及漢族文化披及各處的主調，各族於不同時期間或呈現割據獨處局

---

22 常乃德：《中華民族小史》，第一章，第三節：「中華民族之起原」，頁 6-7。常氏的解釋是不言而喻的，位於北京市西南的周口店遺址，自 1921 年 8 月由瑞典的地質學家安特生 (John Gunnar Andersson) 和奧地利的古生物學家師丹斯基 (Otto Zdansky) 發現，1927 年起已進行大型的發掘工作。成書的時候，常氏雖未及見 1929 年由考古學家裴文中發掘的「中國猿人北京種」（Sinanthropus pekinensis）完整的頭蓋骨，但從各種出土器物可知，舊石器時代以來中國本土人種在長城一帶已然相當活躍。

23 常乃德：《中華民族小史》，第一章，第四節：「中華民族之成分」，頁 8。

24 同上註，頁 12。

面，惟從華夏民族方面強烈承受中原文化則蓋無疑問，由此衍為中華民族的組成
內容。

民族國家的危機：近代以來中國邊疆民族所受的外部侵略

「民族」與「國家」的觀察本來為兩個不盡相同的課題，民族研究固然可超
越國家疆土的界限，從民族遷轉的歷史中，看到其獨特的文化個性。西方的民族
學觀念中，對跨地域的民族動向，以至各民族自身文化的孕成，素以宏觀而開放
的態度對待。惟跨界的民族研究輸於日本以後，卻淪為野心家企圖破壞中國民族
疆域界說的另類工具，往往混淆視聽。[25] 因此，在學說紛陳的新文化運動時期，
中國學者應否全然採納類此西學觀點，不須理會國家成立的前設，以發掘族群在
地歷史、語言及風尚，可說是 1930 年代社會史論戰前夕，整理國故的重大觀念
分歧。對此，常乃德的民族國家觀乃持一定說，將國內民族的存亡命運，緊密連
繫於國家的政治前途。常氏認為在漫長的中國歷史長河中，國家為民族提供生生
不息的發展機遇，國家興盛之時締造了漢、唐光輝歲月，強化各族的交往。在國
家處於分裂動盪，共通的文化紐帶又令各族休戚與共，故而致力保存各族在中國
的活動空間。常乃德的國家主義論調，是國家先行於民族和文化，國家承擔各族
共存的母體角色，脫離國家生存而空談文化本位或國粹保存，屬於本末倒置的想

---

25 從各種跡象顯示，1902 年梁啟超在《中國史敘論》析述中國民族時，已頗具意識地將各族的活
動納入於中國範圍，文中一方面肯定日本東洋史學的啟導作用，同時亦指出中國黃種人中包含
了苗（今散佈於湖南、貴州、雲南、廣西等地）、漢（現時遍於中國，所謂「文明之胄」）、伯
特（現居西藏及緬甸之地）、蒙古（今蔓延於內外蒙古及天山北路）、匈奴（今自天山南路以至
中亞細亞）、通古斯（自朝鮮之北部經滿洲而蔓延於黑龍江）等六個種族，隨年月遷移拓展，漸
次融和為統一的中國民族。時至 1926 年，學者繆鳳林在《學衡》上仍批評王桐齡新著的東洋
史，過分受日本史觀左右，他舉該書的內容謂：「以九黎三苗為今苗族之祖，鮮卑靺鞨、奚、
契丹屬通古斯族，匈奴為多數之蒙古及少數之通古族之混血兒，蒙古為純粹之世家古民族，鐵
勒、突厥、回紇、薛延陀、沙陀皆屬突厥。」此等敘說，無疑置各邊疆民族於平面之上，忽略
漢族文化的主導性，並華夏民族與這些民族的交流過程。日本史學界自東京學派白鳥庫吉開
始，一直存在無視中國由六族組成一國民族國家的現實，往後「征服民族」的史觀與其大陸政
策的推進互為表裏，欲將滿洲、蒙古、西藏等視為非中國的領土，為近代中國有識之士所激烈
反對。參閱拙文〈梁啟超的政見與時代階段論〉，《文化中國的重構 —— 近現代中國知識份子的
思維與活動》（香港：香港教育圖書公司，2006），頁 36-66；〈學衡派在中國文化史的建樹〉，《國
家建構與地域關懷 —— 近現代中國知識人的文化視野》（香港：中華書局，2013），頁 150-190。

法。[26] 常氏所見的民族國家危機，是晚清至民國以來外力介入邊疆民族的各種事實，當日滿、蒙、疆、藏等地區幾為列強擺佈，貿然宣佈為民族獨立國家，在在挑戰中國作為整全的民族國家，邁向共和的願望，此等亂象必須通過歷史教育予以正視。

以滿、蒙地區為例，民國建立以前，滿蒙獨立運動在日本浪人在華策動下已然醞釀，明治日本先後在甲午、日俄諸戰中取得勝利，逐步控制朝鮮半島及南滿鐵路的經營權，鼓勵此等運動的升級。1912 年 6 月制定的《俄國對滿蒙及新疆之經營》，讓日本陸軍參謀本部展開全面的大陸政策，把此等地區視為日本的特殊利益。1912 年，川島浪速得到日本軍官貴志彌次郎、小磯國昭等人的支持，策動第一次滿蒙獨立運動，以圖擁立肅親王，並慫恿蒙古喀喇沁王公貢桑諾爾布起兵，建立滿、蒙聯合王國。1915 年，袁世凱宣佈廢除共和，反袁各省開展護國運動，日本的大隈重信內閣乘機展開第二次滿蒙獨立運動。川島浪速、肅親王善耆，以及蒙古貴族巴布扎布，在日本參謀本部、關東都督府等機關的援助下組織勤王復國軍，再圖復辟滿清。袁世凱病死後，日本轉而支持段祺瑞政府，直至 1916 年巴布扎布在林西縣被北洋政府的直系軍閥擊斃，滿蒙獨立運動始告式微。

晚清至民國時期，領土分崩危機此起彼伏，外蒙因中國政府勢弱為俄國所乘，鼓吹獨立得逞。1911 年 7 月，外蒙古獨立的首倡者土謝圖汗部親王杭達多爾濟率團出訪俄國，受俄國軍事支援。1912 年 10 月俄國前任駐華公使廓索維茨在庫倫與「哲布尊丹巴政府」簽訂《俄蒙協約》，翌年又迫使袁世凱簽訂《中俄聲明》，要求北洋政府承認外蒙古自治，必須撤退在外蒙古派駐的中國官民。俄國十月革命以後，蘇維埃在 1919 年 7 月發表對蒙古聲明，稱外蒙古為獨立的國家，兩年後外蒙古遂建立親蘇的君主立憲政府，1922 年訂立了《蘇蒙修好條約》。1924 年 5 月，北洋政府與蘇聯雖簽訂《中俄解決懸案大綱》，同年 11 月蒙古人民黨旋即宣佈廢除君主立憲制，成立蒙古人民共和國。面對日、俄肆意分

---

26 常乃德對文化和國家關係有一番的論析，他認為將中國本位的文化，理解為一切文化應以國家的生存與發展為依歸，固無不可，惟不可將文化凌駕於國家之上。國家與文化兩位一體，主張愛國的，一定擁護固有的中國文化，而反對中國文化的，也常呈現反對中國國家獨立自存的傾向。他進一步指出，文化只是國家發展過程中遺留下來的一些痕跡，它應國家的需要而產生，反對國家可亡，文化不可亡的講法。由始至終，他視國家是一個有機的生命，「並不僅僅是由文化思想所造成的一個抽象的觀念，國家的存在無待於文化，而文化卻有待於國家」。「與其保全了文化滅亡了國家，不如保存了國家，而放棄舊文化，另行創造一種新文化」。參閱常燕生，〈文化與國家〉，《國論月刊》第 1 卷第 2 期，1935 年 8 月。

裂蒙古，位處其左右的新疆和滿洲岌岌可危，從中國剝離為早晚之事。新疆的第一次獨立運動與滿洲國的成立，距離《中華民族小史》成書只有三、四年，常氏寫民族史的沉重心情可想而知。

此等地區或頻臨紛亂，或形同獨立，標誌着中國完整的領土的一大流失，惟從漢化的意義上，此等地區民族與中國仍保持血濃於水的關係。常乃德的觀察是敏銳的，《中華民族小史》的成書意義，即有以確立中國作為民族國家的主權尊嚴，從民族活動範圍、文化披及幅度、歷史地理印證等多元推論，立為存據。因此，述滿洲源流必及於東胡系，蓋謂此系為今滿族之前身，根據地在東三省及直隸北部，強調契丹、女真於唐宋進入中國，已為中國同化的歷史事實；[27] 述蒙古系必追溯於北狄，認定此系即今蒙古族之前身，根據地在蒙古及青海，備其可考的淵源，縱然外蒙獨立，仍不能抹殺內蒙、東蒙的漢化經歷；[28] 述西藏系則謂其與氐、羌及巴蜀兩系種族當甚接近，同受漢化，以西藏為根據地，西藏今已獨立，各時期出現的政教權力與明清中國關係密切。[29] 述氐羌系則連繫於回族，根據地在新疆、甘肅、青海等處，認為至清末雖未全然同化，但因滇、徽、湘等地

27 常乃德：《中華民族小史》，頁9，第一章，第四節：「中華民族之成分」，東胡系條下載：「相傳舜時有肅慎氏，為此族最初見歷史之國。至春秋初為山戎，戰國時燕強後，在直隸者多同化於燕，惟居東三省者曰東胡。至西漢末變為烏桓、鮮卑二種。鮮卑後強盛，侵入中國本部，建燕、魏、齊、周諸國，然均同化於漢族。留在東三省者，唐初為渤海國，唐末為契丹（即遼）──北宋末為女真（即金），此二族均為入中國，又均為中國所同化。至明末滿洲族興起，滅明而統一中國，建國垂三百年始變為民國。」

28 同上註，頁10-11，北狄系條下載：「古代直隸、山西、陝西之北部亦均為此勢力所及。黃帝時之獯鬻，周之獫狁，春秋時之赤狄、白狄均為此系。其初勢甚強大，屢侵凌諸夏小國，經齊桓、晉文屢次撻伐，其在中國本部者始逐漸同化於漢族，其在塞外者，戰國末變為匈奴，建設一大帝國。其勢力東達滿洲、朝鮮，西及中央亞細亞，南與秦漢爭雄。經西漢、東漢屢次之經營，始將其族覆滅，一部分降居中國，一部分逃至歐洲。其居中國者至西晉末起而為亂，亂後均同化於漢族。其殘留蒙古者，均服屬於他族，無甚勢力。直至南宋時，始有蒙古族興起，建統一亞歐之大帝國，然未及百年又均瓦解。其居中國者至元亡復逃回蒙古，歷明世常為邊患。清時服屬於清，民國成立為五族之一。然外蒙至今猶獨立，惟內蒙、東蒙一帶已多為漢人移住，即有蒙民亦漸同化於漢矣。」

29 同上註，頁12，西藏系條下載：「古不通中國。六朝末年始有吐蕃國出現，雜取中國及印度兩大文明而混合之，至唐方其勢甚強。南宋時始為蒙古所滅，明為烏斯藏，政教統於喇嘛之手，清代亦然。至民國列為五族之一，然西藏至今獨立焉。」

移民實邊，與漢人逐漸接近。[30] 從常氏類似的民族描述可見，無論滿蒙、抑或疆藏，其原住民眾俱有史跡可尋，其間內部縱有勢力範圍區別，仍須視為中華民族融和與統一過程中的必然現象。對於滿蒙疆藏與中國關係，他分別以四個專章討論，陳述「滿洲之同化」（第五章）、「蒙古之加入中國版圖」（第七章）、「西北之開拓」（第八章）、「西藏之加入中國版圖」（第十章）。計上述的篇幅，與敘述漢文化重心的發展的部分，即「黃河流域之開化」（第二章）、「長江下流之同化」（第三章）、「長江上流之同化」（第四章）、「珠江下流之同化」（第六章），幾成五五之比，益知作者對中國邊疆民族地位的重視。

　　值得注意的是，常乃德認為這些地區才是漢族同化較晚期的新建「殖民地」，時間上遠早於列強勢力入侵以前，部分地區在目前縱然受外力併吞干預，最終仍希望通過「民族自決」的表達方式重歸中國懷抱，擺除帝國主義的長期制肘。在「滿洲之現狀」一節，即凸顯了這種建構民族國家，同時超越時代局限的現代進步史觀，其謂：

　　　　清入中國後慮故土被漢人侵入，乃以滿洲為禁地，禁漢人移殖其間。直至清末俄羅斯人東侵，一八五八年（咸豐八年）、一八六〇年（咸豐十年）兩次強迫清廷訂約，將黑龍江以北，烏蘇里江以東之地盡割讓於俄。俄又伸張其勢力於滿洲內部，一八九六年（光緒二十二年），租旅順、大連二港，又獲得航行，採木，開礦，築路諸權。日本亦自一八九四年（光緒二十年）戰敗我國後，北上經營滿洲。一九〇四年日、俄因爭滿洲而開戰，結果日勝，遂平分滿洲為二，自吉林、長春以南為日人勢力範圍，以北為俄人勢力範圍。北之中東鐵路，南之南滿鐵路縱貫境內，又有京奉鐵路北自北京直達奉天。於是滿洲之門戶遂大開放。近五十年來內地漢人相率遷入滿洲，而滿人則因駐防政策之故多居於內地，於是東胡族數千年來之根據地遂一變而為諸夏族之殖民地矣。然外患日迫，強藩割據，前途尚未可樂觀。惟以滿洲土地之沃，物產之富，倘吾國人能好為經營，必有大發達之一日耳。況今日俄屬東海濱省及阿穆爾省，其初均我國領土，其地居民亦以東

---

30 同上註，頁 11-12，氏羌系條下載：「上古時為西戎，其勢力侵入陝西之西北部，後為秦所敗，始漸退居西部。或有謂周、秦二代亦均屬此族者，則不可考矣。至東漢末為氏、羌諸侯，屢為邊患。西晉時侵入中國本部建前秦、後秦等國，然均同化於漢族。至隋唐時有突厥興，據蒙古與唐爭衡，突厥衰而回紇起，此二族均可屬之氏、羌系。宋時黨項羌據甘肅而建西夏國，後為蒙古所滅。此後羌族勢力遂衰。然至清時尚屢次作亂，清末新疆改為行省，雲南及安徽、湖南人多移居於此。土人與漢人逐漸接近，今雖仍未全同化，然其勢力已微，無能為力矣。此族自唐以後，多信回教，故又稱回族云。」

胡民族居多,今雖受制於白種帝國主義者之下,然依民族自決之原則,他日收回領土,使我中華民族統一於祖國政府之下,不得不有賴於後人之勢力也。[31]

整體而言,常氏對滿蒙前景至為擔憂,對新疆形勢則較樂觀,考其地方外禦成效差異,亦端賴漢化的深淺關係而定斷。他總括謂:「左宗棠在新疆整兵備戰,俄人不取堅持,乃別遣曾紀澤於 1882 年(光緒八年)另結新約,遂成現在之國界。自此清廷知西北之緊要,遂於同年改設新疆省以內地之制施之,至今數十年得以無事。又自左宗棠征西北後,所率湘子弟多留居於此,於漢、回種族之融合大有力焉。將來隴海及京漢鐵路全修通,西北之開發當更有望矣。」[32] 至於西藏問題,則處於懸而未決的處境,視乎中英政府的角力結果。常乃德認為,自 1889 年(光緒十五年),英國首先將西藏列入其保護國,草簽條約,惟關於西藏、印度通商事宜,因為「藏人不欲,迄未實行」。至 1905 年,中國與英再訂協議,內中亦訂明藏人內政不受他國干涉,而「他國」及「他國人」者,中國不在其內。1909 年,清廷派兵入藏,達賴奔印度,與英、俄兩國結納,清遂革其封號。1913 年中英重新議約,雖云「英認我宗主權,我亦承認外藏有自治權」,但由於「所謂內外藏者,僅以紅藍線畫於附圖,外部電令勿簽字,迄今尚為懸案」。常氏以為,「前年班禪為達賴所逐,復逃至中國,將來我政府如何處理,尚未定也。」[33]

常乃德以中華民族的結成,歸功於各民族向漢族的同化,漢化作用既避免了國內的民眾分裂,同時將華夏文化推及於鄰國,締造更廣闊的東亞文化網絡。例如「朝鮮、日本與近中國,受我國之文化較深,世稱同種同文之國,以今觀之,二國種族雖未必與我相同,而文化則甚一致也」。由此,以跡近文化交通史的撰寫方式,闡述其中華民族向四鄰披覆的情況,寫成「朝鮮日本與中國歷史上之關係」(第十一章),分述周初至漢初朝鮮如何由獨立建國時代,發展至由漢武帝至南北朝中國在朝鮮的經營,以至隋唐時代中國對高麗、日本的交涉,最後朝鮮進入宋元明清的藩屬時期,為近代日本所吞併。[34] 而在「中國民族在後印度半島及

31 常乃德:《中華民族小史》,第五章,第五節,頁 43-44。
32 常乃德:《中華民族小史》,第八章,第六節:「近代西北之開拓」,頁 43-44。
33 常乃德:《中華民族小史》,第十章,第四節:「現在之西藏問題」,頁 83-84。
34 常乃德:《中華民族小史》,第十一章,序論部分,頁 85。

南洋群島之發展」（第十二章）裏，常氏認為這些地區「即今安南、暹羅、緬甸諸國以及南洋群島之英領荷領諸地，距中國甚近，地產肥沃，故我國人之殖民於是者甚多」。也就是說，早在列強進駐該區以前，自宋代以來為中國屬國時代，如何演為元明清的我國殖民發展時代，到明末以降，始出現西力東漸下我國殖民失敗的時代。[35] 海路事業如此，中華民族於陸路西披亦為明顯，按常氏的認識，「我國為大陸國，對於海上交通發展較遲，而陸路則甚早，古籍所載，如黃帝適崑崙，穆王見西王母等說，雖荒渺無稽，然足證吾先民對於西方觀念之注意矣。中世以後，印度文明輸入，對於吾國民之精神生活影響尤大，故治中國民族史者，對於此種史蹟，不可不加以注意」。書中又以專章述「歷史上之中國與西亞文明之交換」（第十三章），說明秦漢以來的西域，在六朝至唐初續受中印佛教交流愈為興盛，經過唐代經營西方，阿刺伯文化漸次輸入中國。南宋末至明初，為蒙古人主動遠征西方，近代中國與西亞關係，則由俄、英等勢力移入該處，加速了地緣政治的變化。[36]

　　對中華民族文化產生深度震撼者，為西方全面進入亞洲的時代，也為是書解構民族興衰的一個轉捩關鍵，常乃德在第十四章「白人之東漸與中華民族之危機」中加以剖析。在全書的處理上，它既是終章，同時涵蓋了前述各章涉及中國及其在地民族於列強侵逼下所處困局。從世界人種到國族之爭，他展示了晚清近代以來知識份子所見的真實狀況，內中便謂：

　　世界人種或曰五種，或曰三種，而要以黃白兩種為最重要。亞洲中部之鹹海流域實為黃白兩種之分界線。自此往西，白色之民族數十，以歐洲亞利安民族為最重要；自此往東，黃色之民族亦十數，以中華民族為最重要。此二大民族者，自昔關係甚少也，直至近世，歐洲阿利安人奮其智力，鞭撻宇宙，儼然以世界之主人翁自居，而我中華民族幾有為其俎上肉之勢，此誠人類史上極大之事實。[37]

　　常氏為說明此一消長趨勢，除概述了明代以前中國與歐人之交通外，更就英吉利、俄羅斯、法蘭西、德意志、美利堅與我國關係分論於各節。於述及民國與

35 常乃德：《中華民族小史》，第十二章，序論部分，頁 95。

36 常乃德：《中華民族小史》，第十三章，序論部分，頁 101-102。

37 常乃德：《中華民族小史》，第十三章，序論部分，頁 109。

列強交往之往跡，民族感情洋溢紙上，不無揭露各國陰暗面貌，以為國家防範準備。茲摘錄如下：

（英吉利與我國）民國初年，六國銀行團之組織，實操我財政命脈，至今日國內輪船、鐵路、銀行、礦業各種經濟事業，無不與英人發生關係。馴致於民國十四年五月卅日，而有慘殺華人之事，則其兇殘之野心，已暴露無餘矣。……

（俄羅斯與我國）民國十三年，與我國締結中俄協定，仍保留大部分權利，又利用中國共產黨使加入國民黨，以金錢收買青年，至國民黨北伐進展，共黨在兩湖遂乘機把持一切，幸國民黨覺悟尚早，勵行清黨，又於十六年十二月對俄絕交，俄人氣燄一時少戢。然共黨潛勢尚大，兩湖及廣東慘殺焚燒之事，日有特聞，非國民自己而辦團自衛，殆無法以制止其活動。……

（法蘭西與我國）民國以後，以兩國國體相同，往法留學者甚多，對於國內文化運動頗有影響。然近數年來，國內軍閥私戰，法人之供給軍火最多，是法人之對於中國雖無侵略之力，亦不能謂其無侵略之心也。……

（德意志與我國）蓋歐戰以前，與俄國並為侵略我國之最強悍者焉。歐戰中膠州灣為日本所奪，東方勢力完全失墜，戰後國勢凌夷，自保不暇，其在我國所享種種特權，因得乘機收回焉。……

（美利堅與我國）自巴拿馬運河開後，美人在東方軍事勢力益加穩固，與日本衝突最甚，故識者皆憂日、美戰爭之萬不能免。然美人人種之見實最深，其本國民眾對於黃人排斥不遺餘力。未來太平洋之大問題，美人實佔最重之地位，如後中國對於日、美競爭究應取如何態度，實與對付蘇俄之問題同一重要也。[38]

民國政治紛亂，列強各有盤算，按常氏當日判斷，中國竟無一可資信任的國外盟友，對中華民族的自存伸出同情之手，是為殘酷的政治生態。各種外交描述雖未必為事實的全部，但作為常乃德所處國內政治夾縫，而中國又處於國際亂局的夾縫之中，閱讀是書，仍可看見作者對國家民族的熱望，並對現實政治擔憂的複雜心理。

---

38 常乃德：《中華民族小史》，第十四章，「白人之東漸與中華民族之危機」，頁 113-116。

結論

　　一部民族史該如何撰著，在各時代有不同的書寫方式。二十世紀的二十年代，中國正經歷民國建立以來翻天覆地的改變，辛亥革命以來一直抱持的共和體制理想，遭袁世凱以下的北洋軍閥嚴重破壞，外國勢力的入侵並未因中國改朝換代帶來徹底的進步。常乃德在中國種種政治艱困下，以中華民族的發展福祉為大前提，為中國此一民族國家定性，強調中華民族的組成是國民團結的發展成果，無論是漢、滿、蒙、回、藏、苗，皆沿同一華夏文化軸心推演變化，世代相承，漸成近代中國的偌大疆域。其民族文化的同化原理，遠高明於武力征服的管轄手段，因而在中國文明歷史中，產生良性的社群互動。西力東漸下產生的近代政治氛圍，諸如「勢力範圍」、「殖民地」等概念，在常氏生動的筆觸下，被活用於中華民族的同化過程當中，政治含意十分深遠。常氏從生物史學角度看到民族融和和擴展的軌跡，中國在其間化解了無數來自民族內部的動盪挑戰，成就一個民族國家的合法管治。近代列強罔顧中華民族上述的成立經驗，意圖侵略中國民族土地，在檢視我國民族歷史的同時，普羅大眾均應該予以提高警惕。各種執筆的考慮，也讓本書風格更形活潑多元，既是一部民族簡史，亦為廣涉東西交通與對外關係的教育讀物。

香港歷史教科書上的
「五四在香港」論述

陳學然

香港城市大學中文及歷史學系

1997 年以前香港中史教科書上的「五四」：
客觀持平有餘而深廣度不足

　　1970 年代以前，香港的中等教育並未有教授中國歷史科的系統規劃。雖然如此，但不少中學還是開設了「中國歷史」科。當時編寫教科書的應該多是一些自國內來港的南來學人。他們的歷史教本讓我們看到當時的編史者大多基於生活經驗而有其去國懷鄉之強烈國破家亡感，使他們在香港出版的近代史相關著述時往往帶上傳統史家論史述事時的傷時救國情調，對於國運的悲涼境遇與外侮着情痛陳。[1] 除了南來學者外，當時的教科書也很可能有些是由各中等以上學校的教師自行編寫，也有的是專門為特定組群學校編寫。目前所見的一本於 1962 年出版的《英文中學中國歷史》課本上，我們可以看見「五四運動」是當時的教育工作者所關心的其中一個重要史事。但與今人理解的五四運動有一些不同，當時在篇幅上只有五百多字的文章，所要說明的五四運動大概是一場政治層面的反日自救運動，頗類似於周策縱所說的「狹義的五四」，所謂的五四精神不外乎就是「外爭主權」、「內除國賊」八字，至於相關的時代意義與精神價值等論述可謂欠奉。[2] 1972 年，香港課程發展委員會（1988 年由委員會改作議會，下簡稱作該會）成立，全港中小學的課程發展自此得到系統和統一的規劃和發展。

　　該會於 1982 年頒佈了《中學課程綱要‧中國歷史科課程綱要（中一至中三

1　陳崇興編著：《增訂近代中國史綱要》（香港：大公書局，1956），頁 84-88。蘇慶彬、孫國棟、胡詠超：《中國歷史（第 12 冊）》（香港：香港人人書局有限公司，1976），頁 187-197。

2　集成圖書公司編輯部：《英文中學中國歷史（第九冊）》（香港：集成圖書公司，1962），頁 48-49。

適用）》。在〈引言〉部分，指出該課程綱要乃「根據 1975 年頒佈之中國歷史科暫定課程綱要及過去數年間各中學教學試驗之結果修訂編成」。這標誌了香港中學體制裏的史學教育得到正式確立。在初中三年的教學內容裏，有關五四運動的內容被安排於中學三年級「學術思想及宗教概說」部分。但重點在於探討新文化運動反映的中西思想之衝突面相。

在 1983 年出版的一本歷史教科書中，以「中國近代思想的啟蒙」介紹五四運動，從中國的外交困局、國內外政治形勢、社會經濟情況和新思想文化衝擊等數點內容闡述這場運動如何為中國人帶來思想變化的時代意義。在為五四運動定性時，該書並不如今天的教科書般開宗明義地將之視為「愛國」的表現，其言曰：

> 五四運動表面上看來是愛國的具體表現，實質說來，卻是一個複雜的現象。
> 它包括新思潮、學生運動、文學改革、工商界的罷工罷市和抵制日貨運動，
> 也有知識份子所提倡的政治和社會改革。[3]

這種做法頗能反映香港當時的實質社會氛圍。在 1967 年「反英抗暴運動」以來，「愛國」一詞被視作禁忌。諸如「愛國學校」、「愛國社團」的另一層涵義就是「親中」、「親共」、「左派」的意思，對殖民政權構成威脅。同時間，1970 年代展開的所謂麥理浩（Sir Murray MacLehose）「黃金十年」時代，再加上香港輕工業帶來的經濟騰飛有利因素，造就了中產意識抬頭，社會改革呼聲日大，政治參與比過去百年因而顯得相對開放。職是之故，這個時候的教科書在論述五四運動的精神時，實際上反映了當時的社會現實。

1990 年，該會編訂《中學課程綱要・中國歷史科課程綱要（中四至中五適用）》。該綱要共分甲乙課程兩大類。甲類以斷代史形式講述歷代歷史之興衰，「五四運動」自成一章被置於最後的「現代」部分。乙部分則以史上的重要政經制度與社會思潮興革為探討中心，「新文化運動」上接「宋明理學」而獨成一章。1992 年，課程發展議會編訂了《中學課程綱要・中國歷史科（高級程度）》其中亦規定教授五四運動及新文化運動，但其主調則在於闡明前者是在於「中國在現代西方思潮衝擊下」自然產生之迴響的問題，可說是承接西方史家「衝擊」「回應」然後改變的歷史發展模式，使五四運動與新文化運動之興起的背後複雜現象未必

3　四海教育社編輯委員會：《中國會考程度中國歷史第六冊》（香港：四海教育社有限公司，1983），頁 132。

能有深廣的闡發，忽略了五四之爆發與國內有清末以來自我更新變革的思想發展潮流。

1997 年以來：彰顯「愛國」題旨與五四的在地化探討

一、彰顯「愛國」題旨：回歸後歷史教科書的五四精神敍述主調

香港課程發展議會於 1997 年編訂《中學課程綱要‧中國歷史科（中一至中三）》唯是次綱要在「探討五四運動的背景及影響，認識五四運動的發展概況」以外，同時提出了「配合公民教育及品德教育」的要求，「五四運動」這個課題上所要達至的「學習目標」是「培養愛國觀念」。[4] 當課程綱要指出培養五四運動的愛國觀念後，不少教科書也就不難看到承襲相關思路，將之定性作「愛國運動」。以下僅舉數例觀之：

（1）自晚清至民國建立初期，國家內憂外患不斷，民生困苦，民心激憤，終發展為大規模的愛國運動。五四運動的背景如下……五四運動在北京大專學生的帶領下，得到全國各地學生、工人、商界紛紛回應，成為一個全國性的愛國運動。……五四運動是一場全國性的愛國運動，在各方面均產生重要的影響。[5]

（2）1919 年 5 月 4 日，北京學生為了抗議北洋政府對日的屈辱政策，發起了遊行示威。這次事件觸發了一場席捲全國的大規模愛國運動，促使了年青一代的覺醒，對現代中國影響深遠。……五四運動不僅是愛國運動，它的影響更引發了一連串有關政治、經濟、社會、文化的更新，它象徵的意義和影響既深且遠。[6]

（3）五四運動喚起中國人尤其是青年的民族意識和愛國情操……五四運動激發國民的愛國熱情，他們提倡國貨，抵制日貨，對阻止列強的經濟侵略及維護國內工商業發展具有積極意義。[7]

4　香港課程發展議會編訂：《中學課程綱要‧中國歷史科（中一至中三）》，1997 年，頁 32。

5　陳志華、黃家梁等編撰：《高中中國歷史‧乙部課程》（香港：現代教育研究社有限公司，2004），頁 101、104、106。

6　呂振基、王穎芝等：《高中中國歷史（五上）》（香港：現代教育研究社有限公司，2009），頁 38、42。

7　梁一鳴、梁操雅等：《全方位中國歷史（3 上）》（香港：時信出版（香港）有限公司，2011），頁甲 5.21。

（4）五四運動是一場愛國運動，它不僅激發國民的愛國熱情，加速新文化運動的發展，促進知識份子繼續推動思想文化的突破和革新，同時引發了一連串的改革。……傳統禮教和儒家思想受到猛烈批判，西方思想盛行一時，馬克思主義的傳入，促成中國共產黨的誕生。由此可見，這場愛國運動的意義和影響既深且遠。[8]

1997 年以來的教科書對五四運動的內容介紹較為豐富和深廣，與編撰者廣泛引用學術界研究成果有關，周策縱、余英時等人有關五四運動的「廣」、「狹」釋義也見於一些教科書裏。[9]同時，值得注意的還有，不少教科書能夠因應時代的轉變，隨着已經「回歸」的既定事實，普遍的論述反映了撰者能自覺地把五四運動定性為一場「愛國運動」，也使其影響力或歷史意義直接反映在「掀起了學習馬克思主義的浪潮，促成中國共產黨的誕生。」[10]這點可說是漸與國內的主流史觀保持一致步伐。

二、「五四運動在香港」：未能如實反映的五四在地化論述

香港課程發展議會於 1997 年頒佈的《中國歷史科課程綱要》增添了香港史部分。〈課程簡介〉的「教學內容」第二點「香港史教學」説：

> 認識本土歷史有助提高學生對本科的學習興趣，以及建立鄉土感情和民族認同感。中國歷史不少史事與香港有關，教師在教授相關課題時，可與學生研習有關事蹟。

該綱要指出：「在〈課程內容〉及附錄的〈香港史事年表〉中列述了部分相關香港史事，可作為教學上的參考；教師亦可因應需要，作出補充。」但是，遍尋整份綱要，並沒有把「五四運動」與香港扣上關係的論述，故綱要實際上沒有視五四運動為香港史事範疇。由此或可推知，1997 年後出版的歷史教科書之所以

8　現代教育研究社有限公司：《寶安商會王少清中學‧校本版‧中國歷史 3》（香港：現代教育研究社有限公司，2012），頁 85。

9　陳志華、黃家梁等編撰：《高中中國歷史‧乙部課程》，頁 105；現代教育研究社有限公司：《寶安商會王少清中學‧校本版‧中國歷史 3》，頁 84。

10 現代教育研究社有限公司：《寶安商會王少清中學‧校本版‧中國歷史 3》，頁 89。

普遍增添「五四運動在香港」的課題，該是編撰者或教師方面因應現實教育需要而為的。這很多時候與涉事者在 1997 年以來認識中國當局近大半個世紀來重視五四歷史資源的文化傳統有關，同時也與港府或在港政治團體於回歸以來重視五四青年節的態度有關。

承上，絕大部分教科書因應加插「香港史」這一變化而致力於在論述每段大國史後另闢諸如「香港當年」、「香港尋根」、「香港倒後鏡」、「認識香港史」、「香港史考察」、「血脈相連話香港」的專欄。透過介紹一些香港本地史料，「以提高學生的學習興趣，建立鄉土感情和民族認同感」。[11] 1997 年或以前的中學歷史教科書除了較少彰揚五四運動的「愛國」精神外，也沒有注意到香港與五四運動或五四新文化運動之間的關係。在這種情況下，回歸以來出版的歷史教科書，讓我們看到了上述兩點的明顯變化。

關於「五四運動在香港」這個課題成為了中學歷史教科書上的史學教研新領域，同時也在學術研究裏受到注意，特別是有關五四運動的傳播力度和在不同文化地域裏的在地化發展模式，在未來一段時間裏該仍有其研究價值。可惜，目前的五四運動領域和香港歷史研究領域對這個問題的探究在質與量上均未太足夠。

史學教科書在回歸以來熱衷於向學生闡述五四與香港之間的關聯問題，與現實上需要加強港人的國民身份認同與民族家國歸屬感息息相關。教科書的編撰者很自然地因應當局的指引和時代政情、民心趨勢作出相應配合。在教科書的「五四運動」大國史課題裏特設一欄闡述屬於香港歷史的問題。正如上述，這些欄目一般都冠有一個與香港史有關的名稱。但略為可惜的是，當中有不少歷史資料是不盡不實的。我們很有需要予以糾正，否則將繼續影響歷史教學的原意和果效。相關論述的內容得失，現分述以下：

1. 史料有誤的香港與五四：街頭層面的反日運動與思想層面的新文化運動

由梁元生與李漢英編撰的《歷史與文化課程》[12] 直接引述了源自於陳謙〈五四

---

11 譚松壽、陳志華、黃家梁、羅國潤：《中國歷史 (3)·教師用書》（香港：現代教育研究社有限公司，2004），扉頁之「編輯要旨」。

12 梁元生與李漢英編撰的《歷史與文化課程》（中三級），頁 204-205。

運動在香港的回憶〉一文，[13] 並將之分作「五四運動時期香港各界人士反日的行徑」及「新文化運動對香港各界人士的影響」兩部分。在第一部分顯示了香港在五四運動發生後即迅速受到衝擊，引致社會不同階層的人群競相抵制日貨以示反日的決心：

> 第一、「灣仔群眾」蜂擁至日本商店門前擲石示威，破毀櫥窗，高呼抵制日貨口號……，
>
> 第二、「漢文學校老師」在講壇上慷慨陳述國恥，以啟發學生愛國心；又以提倡國貨抵制日貨作為課文命題。
>
> 第三、「學生」把家裏的日貨搬至中環擺花街及荷李活道鄰近香港中環警署的地方，當眾燒毀。
>
> 第四、「家庭主婦」拒絕使用中興候嘜這一日本商品。
>
> 第五、「華商」議決提倡國貨，歡迎各界人士到公司內檢查有無賣仇（日）貨。
>
> 第六、「個別人士」倡議國人齊心協力，三年內都不吃日本海味以拖困日本經濟。

第二部分顯示了新文化運動層面的五四對香港的影響：

> 1. 五四運動後青年學生改穿西服，男女平等參加體育運動。
> 2. 香港書店售賣的新文化書籍往往被港人搶購一空。

事實上，上述舉列之事例絕大多數都是欠缺史實基礎的。在我們後續的論述中也可以看出它們與目前所見的「五四在香港」陳述基調有高度的相似性，彼此間的存在着轉相援引的關係；最後，我們也可以總結出目前相關持論其實都是源自於一的。

2. 港人在五四運動中的「表現」：與國內民眾憂戚與共的愛國熱誠

在另一本歷史教科書裏，我們看到了作者乃至其他教科書的相關編撰者，實際上所直接引用的資料是陳謙的，或者是一位名為劉偉的作者的文章。但究其實，劉偉的文章其實也是抄錄自陳謙的回憶文章。關於這一點，我們確實需要在

---

13 陳謙：〈五四運動在香港的回憶〉，中國人民政治協商會議廣東省委員會、文史資料研究委員會編：《廣東文史資料》（廣州：廣東人民出版社，1979），第 24 輯，頁 40-45。

此先作出一些説明。

　　陳謙曾於香港大學讀書，他回憶五四運動在香港的形成經過時已年逾八十。用他的話說，他是在一種「事隔六十年，年老體弱，記憶力衰退，所見所聞，泰半遺忘」的情況下憶述其所了解的「五四在香港」。[14] 就這樣的一篇寫於 1979 年的回憶文章自發表後很快就受到香港史研究者的轉相援引。據目前資料所見，劉偉是其中一位較早便注意到陳謙文章的人，他全盤接收陳謙的論述，於 1983 年或以前完成〈五四運動在香港〉，該文被輯入於該年 7 月由廣角鏡出版社出版的《香港掌故》。[15] 劉偉之文章主要內容有逾八成是與陳謙的文章相同。廣角鏡出版社後來於 1989 年出版的《五四運動畫冊》，在核心內容上與劉偉文章也無甚差異，反映出這兩篇文章均源自陳謙的憶述。目前絕大部分教科書中均提及香港民眾於 6 月 3 日在日僑聚居的灣仔一帶示威，更向日本店舖拋擲石塊，高呼抵制日貨，而員警也迅速趕至驅散人群，並勸告日本人不要外出，而商舖則暫停營業。[16] 相關論述均可見於上述提及的文章。它們在具體內容上源出於陳謙，但在具體日期上則可能是脫胎自後二者。

　　目前教科書的時間論述方面，很可能是把劉偉的上下文論述串連一起而得出相關記述。

　　1979 年陳謙的〈五四運動在香港的回憶〉一文章指出：

　　　　上海各地商人罷市，工人罷工……我香港同胞義憤填膺，愛國心並不後人。那時居住在灣仔的群眾，蜂湧至日本商店門前擲石示威，破毀櫥窗，高呼抵制日貨口號，員警旋制止旋發生，連續數小時不停，員警不得已勸日人商店緊閉門戶，暫停營業。並勸日僑要居家內，切勿出外閒遊，避免事故。[17]

　　1983 年劉偉的〈五四運動在香港〉一文指出：

14　陳謙：〈五四運動在香港的回憶〉，《廣東文史資料》，頁 40。

15　劉偉：〈五四運動在香港〉，魯言等著：《香港掌故》（香港：廣角鏡出版社，1983），第 6 集，頁 105-115。

16　關於這點論述，基本上遍見於目前的中史教科書中，彼此間的內容只是大同小異而已。有關論述轉引自譚松壽、陳志華、黃家梁、羅國潤編撰：《中國歷史 (3)‧教師用書》（香港：現代教育研究社有限公司，2004），頁 99。

17　陳謙：〈「五四」運動在香港的回憶〉，《廣東文史資料》，第 24 輯，頁 41。

　　6 月 3 日，上海各地商人罷市、工人罷工，而香港的中國居民亦都義憤填膺，紛紛抵制日貨。

　　在灣仔，民眾湧至日本商店門前擲石示威，高呼抵制日貨口號，員警旋至，但亂事連續幾小時不停，員警不得已，只好勸日本商店緊閉門戶，暫停營業。並勸日僑要留在家中，不要外出招遙，避免事故。[18]

1989 年《五四運動畫冊》一書的〈五四運動在香港〉一文指出：

　　6 月 3 日開始，上海和全國各地商人罷市、工人罷工，而香港的中國居民亦皆義憤填膺，紛紛抵制日貨。

　　在港島灣仔，民眾湧至日本商店門前石擲石示威，高呼抵制日貨口號，員警旋至，但亂事連續數小時不停，港英員警不得已，只好勸日本商店緊閉門戶，暫停營業。並勸日僑要留在家中，不要外出招遙，避免事故。[19]

　　事實上，我們遍尋 1919 年 6 月 3 日的中英文報紙，只看到當天只有九名「陶英」學生的「持傘遊街案」的新聞報導和評論，並沒有發生日人店舖被集體破壞的事情，在往後數月的報紙中也沒有看見類似新聞。是以見出很多教科書編輯者，在沒有仔細查證歷史的情況下，接受了陳謙或劉偉本身基於某些不實數據當作五四運動在香港引起迴響的錯誤論述，然後又錯誤地將這些行動植入成為 1919 年 6 月 3 日發生的事情。教科書編撰者的有關言說，極有可能是參考自較易接觸的劉偉文章或《五四運動畫冊》文章，又或者是在各書編撰者轉相借鑒對方的成果而出現目前這種「以訛傳訛」的論述。

　　在「香港史」這個課題下，所見的第二本、第三本、第四本教科書⋯⋯但凡論述「五四運動在香港」時，均是承接陳謙之言，展示學生們當時港人雖然在英國統治下，但其愛國熱情與全國各地人民無異，社會各界「本着情系祖國的愛國熱誠⋯⋯自發行動起來」。中學生們成立「學生聯合會」，「聯繫內地學生，務壯大救國運動的隊伍」；教師「紛紛在講壇上痛陳國恥，啟發學生愛國之心。」廣大市民在鄰近中環警署地方當眾焚毀日貨，家庭主婦拒絕使用日本火柴。市民的反日行動最後「在政府的強力鎮壓下⋯⋯逐漸走向低潮」。[20]

18　劉偉：〈五四運動在香港〉，《香港掌故》，第 6 集，頁 107。

19　廣角鏡出版社編：《五四運動畫冊》（廣角鏡出版社有限公司，1989），頁 79。

20　陳秋來、戴健衡：《中國歷史世界（三上）》（香港：導師出版社有限公司，2000），頁 113。

3. 忽視「英日聯盟」史實下的闡述：日軍艦艇示威恫嚇

五四運動既被看作在香港造成了巨大迴響，而香港人的愛國心也被普遍看作與國內各大城市的同胞無異，他們在五四風潮影響下紛紛湧上街頭示威，齊心罷用日貨，並向日人店舖拋擲石塊洩憤，這種舉動也順理成章地如大量教科書所言的導至殖民地當局動用警力干預。更有甚者，就是日方出動了三艘最新型號的巨型戰艦向港人實行軍事威嚇。這種論述，頗有把香港當成是國內的其中一個城市，忘記了當時正被英國管轄的香港是不可能出現日艦脅逼港人事件的。這些教科書這樣記載：

(1)《中國歷史旅程 (3)》：

> 香港反日情緒高漲，日本政府十分不滿，要求香港政府嚴查中文課本內的反日言論，更派出軍艦駛往鯉魚門威嚇港府。港府為了避免外交風波，唯有採取措施，壓制反日的行動和言論。[21]

(2)《新理念中國歷史 (第二版)》：

> 市民亦湧往日本僑民聚居的灣仔春園街一帶示威，又向日本商店擲石。員警勸諭日人不要出外，商店亦暫停營業。日人加以報復，除派軍艦駛入鯉魚門恐嚇港人外，還要求港英政府嚴查中文課本內的反日言論。[22]

(3)《初中中國歷史》：

> 日方不滿港人的反日行為，要求港府禁制學校的反日言論，更派軍艦駛至鯉魚門游弋。為免觸發外交衝突，港府只好採取措施，遏制反日行為。[23]

上述的敍述，反映了以下兩個常識性的基本問題：一，反映香港的反日示威態勢已發展到港英政府軍警不能控制，竟然要動用日方軍艦恫嚇以保護其國民的人身安危。二，港府或英廷竟然容許別國軍艦在轄地上「耀武揚威」而袖手旁

---

21 李偉科主編：《中國歷史旅程 (3)》（香港：天行教育出版，2007），頁 114。

22 杜振醉主編：《新理念中國歷史 (第二版)》（香港：香港教育圖書公司，2007），頁 132。相同論述再見於該書於 2012 年出版之第三版。

23 梁國全、沈思敏：《初中中國歷史 (甲部課程 3A)》（香港：天行教育出版），2012 年，頁 152。

觀。歷史教科書的編輯者恐怕沒有了解到 1919 年的英國與日本之間是同盟國的關係。根據英日兩國於 1911 年簽訂、至 1921 年才解除的第三次英日同盟條約，規定了兩國之間任何一國的權利如受到第三國家或列強的侵害，則另一國必定與受害國站在同一陣線，並且是在力求充分溝通和竭誠協商的情況下合力維護共同利權、採取一致行動解決問題。[24] 在此關係基礎上，英國有責任保障轄屬地的日本國民的身家安全和維護日方的國家利益，甚至是要在國際事務上做到彼此守望相助，用以抗衡別國在遠東的擴張，特別是合力維護二國在東亞及印度的既有利益。

　　根據上論，日方戰艦既無理由、也無需要炮口對準香港。當然，編撰者乃至他們援以為據的資料撰述者均忽略了在 1910 至 1920 年代的十多年間，日本軍艦禮節性的軍事訪港其實是很頻繁的。但是，上述所言之三 不可能在 1919 年抵港。「長門」（ながと，NAGATO）、「陸奧」（むつ，MUTSU）、「扶桑」（ふそう，FUSO）三艦之中，除「扶桑」外，其余二艘在 1919 年仍未建成下水。[25] 它們第一次出現在香港水域是 1928 年 4 月，乃應邀「訪港」和進行「軍事交流」，絕非「示威恫嚇」。對此，當時中西報刊足資證説。事實上，教科書中所謂的港人激烈反日行動其實是發生在 1928 年的濟南慘案之後，只為陳謙錯誤地嫁接到 1919 年的五四運動身上。可惜的是，一眾教科書編撰者根據了錯誤的資料而向廣大中學學生灌輸錯誤的「五四運動在香港」歷史。

24 "……the two Governments will communicate with one another fully and frankly, and will consider in common the measures which should be taken to safeguard those menaced rights or interests. (Article 1). ……If by reason of unprovoked attack or aggressive action, wherever arising, on the part of any Power or Powers, either High Contracting Party should be involved in war in defense of its territorial rights or special interests mentioned in the preamble of this Agreement, the other High Contracting Party will at once come to the assistance of its ally, and will conduct the war in common, and make peace in mutual agreement with it." (Article 2) ("Treaty of 1911")
　　 "Agreement Between The United Kingdom And Japan" (Signed at London, July 13, 1911), *Anglo-Japanese Alliance and Franco-Japanese Alliance*, World Public library Edition, p.3.

25 三艦均為主力艦。「長門」於 1920 年 11 月 25 日竣工，「陸奧」於 1921 年 10 月 24 日竣工，「扶桑」1915 年 11 月 4 日竣工。據資料所載，「扶桑」曾進行兩次改裝，第一次是在 1919 年 5 月 12 日完成。詳見椎野八束：《日本海軍軍艦總覽》（東京：新人物往來社，1997），頁 46-57。「長門」「陸奧」被合稱為「戰前日本海軍的象徵」。前者為聯合艦隊司令山本五十六的座乘旗艦，後者則是中途島戰役中的後方部隊主力。詳見片桐大自著，陳寶蓮等譯：《聯合艦隊軍艦大全》（台北：麥田出版股份有限公司，1997），頁 27，37。

4. 缺乏根據的史料敘述：港人自覺自發的愛國心與文化更新行動

第三本引以為例的教科書，同樣讓讀者了解到當時香港社會與國內城市無異，民眾得悉北京爆發的五四運動後，便自覺、自發地響應五四運動的號召。該書指出：

> 消息傳出後，香港的中文報紙紛紛登載反對日本帝國主義的言論。其後，華人到處張貼抵制日貨的傳單，並湧到灣仔日本人商店門前示威。他們高喊「還我青島」、「廢除二十一條」等口號，又向日人店舖投擲石頭，員警於是勸籲日本商舖暫停營業，以策安全。在一片抵制日貨的聲音下，先施、永安、大新、真光等百貨公司提倡國貨，藉以打擊日本的經濟。[26]

上述的歷史敘述，其參考資料部分沿襲自陳謙的憶述，部分很可能是撰者之想當然耳，有關文字一再顯示香港市民踴躍走上街頭反對日本侵略行徑的愛國熱情。然而，我們知道的是，在 1919 年五四運動爆發前後一段時間裏，香港只有《華字日報》一份中文報紙。香港的中文報紙在港英殖民地監管下，根本不可能刊載任何反對、攻擊或批評其聯盟國日本的言論，所謂「紛紛登載反對日本帝國主義的言論」是不可能出現的。事實上，我們也沒有任何史料證明港人曾在 1919 至 1928 年「濟南慘案」發生前的一段時間裏湧向日人門前示威高呼口號、向他們的店舖投擲石頭的事例。即使港人受「濟南慘案」影響，為了三千名被日本軍隊屠殺的中國軍民亡魂追討公義，但一切排日運動在港英政府的嚴厲控制下最終也只能是運而不動。另外，從 1919 年至 1941 年 12 月香港淪陷前的一段長時間裏，香港華文報紙舉凡反日的字眼都是嚴格不准刊登的。「日」字要麼以「X」代替，要麼以「某」字代替。

該書另亦指出陶英學校學生「手持寫上『提倡國貨』的雨傘」被捕後，「經校長到警署擔保後，全數獲得釋放。」[27] 對於這則史料的敘述，也出現了兩處錯誤。第一，學生的雨傘上只寫上「國貨」二字，沒有「提倡」二字。沒有「提倡」二

---

26 梁一鳴、葉小兵等：《互動中國歷史（三上）》（香港：文達出版（香港）有限公司，2003），頁 140。

27 相同的觀點還見於李偉科主編：《中國歷史旅程 (3)》（香港：天行教育出版，2007），頁 114。該書指出：「由於學生在遊行期間沒有任何暴力行為，最後在校長的擔保下全數獲釋。」另見：梁一鳴、葉小兵等編：《互動中國歷史 (3 下)》（香港：時信出版（香港）有限公司，2007），頁 22。梁國全、沈思敏：《初中中國歷史甲部課程 (3A)》（香港：天行教育出版，2012），頁 152。

字正是學生的遊行不構成煽動民情或抵制日貨的罪行的原因。第二，學生並非無罪釋放，他們經過了為期 8 天的聆訊，於 6 月 10 日結案。他們的控罪是：第一，未得華民政務司同意之下私自出會；第二，向群眾散發傳單。但被判罰的則只有為首的最大年紀學生（17 歲）伍秉德，他被罰款十元，其餘七歲至十六歲的小孩子則未受懲罰。以下是涉及該案的人物圖表：

	《華字日報》內中文名稱	Hong Kong Telegraph, South China Morning Post, The China Mail, Hong Kong Daily Press 等英文報紙內英文名稱
學生：	陳榮生、陳保常、黃福澤、司徒桂創、司徒長信、麥柏泉、陳柏芬、凌汝創、伍秉德	
校長：	伍榮樞	
拘捕學生的員警（即在學生遊行時一路跟隨，最後表露身份拘捕學生的員警）：	巴刺司路幫辦	Inspector Brazil
主控官：	正員警司胡樂甫、胡警司	Captain Superintendent of Police Mr. Wolfe The Hon. Mr. E. D. C. Wolfe, C.S.P.
辯護律師：	廖亞利馬打律師	Mr. Leo. d'Almada, Mr. d'Almada
裁判官：	連裁判司、連司	Magistrate Lindsell, Mr. Lindsell

　　事實上，該校校長伍榮樞涉嫌背後指使學生而被拘捕，後無足夠證據而獲

釋。還有，絕大多數的教科書都說是有八名學生，但事際上涉及的學生共有九
人。

　　在這裏，我們從小學生走上街頭而被捕被審和受罰的事例看到，除了可以如
實感受到當時港人的愛國心和確定五四運動在香港確曾引起一些迴響的事實外，
更讓我們看到了殖民地當局對當時的遊行示威是有一定的社會控制的，致使大學
生或社會上的精英不易走上街頭。1919 年時就讀香港大學的陳君葆指出國內的
五四風潮在香港只引起「一些」衝擊，他指出：

> 大規模的示威遊行是沒有的，可是零星的，三五個人持油紙傘結隊的巡行，
> 並不是不曾有過。油紙傘上面也不過用大字寫着「抵制日本」，「振興國
> 貨」這樣的很和緩的字眼。[28]

至於大學生不是不想有所行動，而是他們一群港大學生本有向校方要求拍發抗議
巴黎和會和取消「二十一條」電報的行動，但在校方「勸諭」後「默默地散去。
一時的鼓譟漸靜止下來，憤恨像石頭一樣硬咽向肚裏去。」[29] 由此，大概也反映了
當時的大學生在國家民族危難的問題上是難以與國內各大城市裏的學生相提並論
的。但這種情況並不叫人感到意外，這正是作為英國殖民地的香港，在政情、人
心上不可能對等或相同於國內的原因所在。

　　當時在香港大學讀書而後來對五四運動在香港情況亦作有記述的人，還有
獲北京教育部官費資助赴港的沈亦珍（原屬南京高等師範學校工科生，1918 年
於港大就讀，他們這群為數十人的官費生於港大被稱為「北京學生」Peking
Students），他是陳君葆、孫壽康以外的另一名歷史見證人。他的一段回憶也說
明了這一切：

> 我們在港大幾年的生活，用「死讀書，讀死書」六個字來形容，似乎並不
> 太過。記得我入港大的第二年，巴黎召開和會，舉世矚目，人人關心，我
> 等一班港大學生，好像無動於衷。同年五月，五四運動發生，如火如荼，
> 全國振盪，而港大始終未受到波及，學生也一直沒有任何表示，這可能是

---

28 陳君葆著、謝榮滾編：《陳君葆文集》（香港：三聯書店，2008），頁 384；香港《新晚報》，
　　1959 年 5 月 4 日。

29 同上註，頁 384。

受了殖民地環境的影響。[30]

此外，所謂「五四運動爆發以後，推動了反對舊傳統、宣揚新思想、提倡文學改革的新文化運動的發展」這種陳述，很多時候是目前香港史研究者乃至參考他們言說的教科書編撰者在受到大國史觀影響下走不出大五四既有論述框架而有的慣常轉述。據另一位當時正在皇仁書院讀高中的學生孫壽康（受匡）的文章，我們可以看到五四運動爆發後的一段很長時間，香港的教育界或學生界、文壇也不過是死水一潭，香港的主流學生群體被他譏為以下數派：「刨書派也、片面覺悟派也、混帳派也、歎息派也、罵新亦罵舊派也、不理事派也、奴隸派也」。[31]不過，學生輩對於國是國難的不關心或欠缺時代氛圍，直接反映的是教導或影響他們價值觀養成的成年長輩群體的家國意識或時代關懷的問題，而這一情況也就構成了香港社會的文化氛圍保守、鬱悶和欠缺時代氣息的整體氣氛。

職是之故，才會有後來 1927 年魯迅來港演講後對香港社會風氣批判甚力的事例，同時也有胡適對香港大學文學氣氛很不以為然的指陳。直到 1930 年代中期許地山和南下文人湧進香港後，香港的文化界才算是有了一些新的轉機和景象。但本土的文學作家在上世紀前期基本上還是默默無聞，1949 年前後的一段很長時間佔據文壇要津的還是南下文人。

5. 塑造五四愛國精神：「尋根」意識下的五四在香港敍述

第四本教科書專論「五四運動在香港」的課題時，將之放在「香港尋根」的視角下進行，該書有段文字向讀者說明香港如何與五四拉上關係的：

> 1919 年 5 月，內地爆發了轟轟烈烈的五四運動，香港民眾也群起響應。他們舉行遊行示威，高呼抵制日貨口號，燒毀家裏的日貨。各華商同業公會也紛紛集會，決議提倡國貨，不賣日貨。這些抗議行動，使五四運動在香港留下了痕跡。[32]

---

30 沈亦珍：〈五十年前港大生活回憶〉，《大成》33 期，頁 4。

31 孫受匡：〈香港學生；學「生」乎；學「死」乎〉，《熱血痕說集》（香港：虞初小說社，1923），頁 59-70。

32 譚松壽、羅國潤等：《中國歷史（三上）》（香港：現代教育研究社有限公司，2009），頁 135。

與上述其他歷史教科書一樣，在論到五四在香港時，所援用的資料大體上都是援用陳謙的一家之言。但較可取者是它加入了一些新資料說明香港學界的師生如何表現他們「熱愛國家民族」的行動。譬如「208 名香港學生聯名向北洋政府發出通電，以聲援北京學生的愛國行為」這條史料則不是其他教科書所發現的。事實上，這份以陳君葆為主事者的聯名電文，反映了在香港難有公開行動的限制上學生群體如何與國內大學生憂戚與共的心懷。這條事例就好像九名中小學生撐傘遊街案例一樣，都有助於闡明早期港人愛國救國和心系祖國的實際心境，讓讀者了解到這場「早已成為歷史」的運動在香港引起的迴響究竟是如何的一回事。

此外，該教科書設計的「相關活動」，提供了香港中央圖書館五樓縮微資料閱覽區中的舊日香港報刊索書號和《新青年》珍本資料，這一活動設計對深化了解五四運動在香港的在地化發展有其獨見之處，不只是人云亦云的史料堆砌。此一教學活動的教授主題旨在讓學生認識到這場雖然已成歷史往事的運動，其影響力是如何延續不斷的，其所要努力闡揚的論點莫過於這點：「五四運動的愛國精神卻一直活在每個中國人的心裏」。透過「尋找五四運動足跡」的活動，學生在搜尋舊史料的過程中無疑能在情感與知識上加深體會這場運動的歷史意義的。

餘論

五四運動是一場「外爭主權、內除國賊」的全國性社會運動，其反抗帝國主義、外力侵略的旗幟是港英殖民地政府所忌諱的。故上世紀上半期處於冷戰「恐怖平衡」時期，凡涉及民族主義情感的社會運動、學生運動同樣是英國殖民地政府所特別警戒的，而香港的社會文化機構也往往是政治背景複雜的。故香港回歸中國前，五四運動未能在教科書上被詳細而全面的講述、五四運動的周年紀念日未見有大型的紀念活動，這些都是不難明白的。

回歸以來，中史教育仍存在不少問題，這就值得我們要認真面對和小心處理。其中一點是學制的改變，使近十年來提供中史學科的學校下降不少。雖然如此，教科書上圍繞五四運動的專題探討在內容方面無疑比以前深化了不少，但內容的受眾層面大幅縮窄也是事實。要之，教科書質素的整體提升，似乎未能使莘莘學子得到幫助。如放手讓中史教育式微，將直接影響香港新一代對五四運動乃至中國近代史的認識機會。

　　透過五四運動在香港的研究課題，可供反思的問題不少。其中一點是，相關探討並不是純粹關注五四在地化的傳播途徑或其在地化過程那麼簡單，它有助於我們思考在研究香港歷史時應該如何書寫香港史的問題。譬如說，在香港回歸以來，如何編寫以「五四在香港」為中心的早期香港史，直接涉及了如何處置本地史與國家認同、身份歸屬的問題。故有關問題在目前乃至未來一段時間都是一個值得深縱開拓的教研領域。

　　無庸置疑的是，香港雖然有其百年殖民情境，但水陸相連而兩地民眾血濃於水的親情關係又使之與中國的關係極其緊密。目前香港社會上，一些論者因為要維持香港獨特性因素而在論述香港史時出現了排拒中國史的傾向，這是一種錯誤的做法。在這種情況下，有關「五四在香港」的發展問題或在地化發展問題的教研工作就顯得很重要了，這讓我們看到中國的大歷史如何影響到每個地方的發展──儘管是偏遠的南方殖民小島也是同樣受到影響的。

　　當然，如果過於用大國史觀的眼光和準則書寫香港史，這也會造成某些人在史料運用上出現削足適履之弊的同時，又未能深入探究應當重視的史實。不仔細區分「五四」於香港的在地化發展與它在內地大城市發展的異同經驗，將會忽略百年殖民地經驗造成香港異於內地各大城市的城市個性而失其獨特性。這樣的香港史，並不是真正的香港史。

　　當然，如果沒有中國史的香港史，無疑會更為殘缺不全和片面狹隘，罔顧歷史事實之餘，也暗藏了「去中國化」的禍心。

「啟蒙」和「救亡」雙重變奏的社會實踐——以「新國文」建構「新國民」

賴志成

香港教育學院中國語言學系

緒論

清朝末年，中國出現了「千年未見之大變局」：國家從目空一切的「天朝大國」，步入了「生死存亡之秋」；面對着強大的西方文明，國人不禁產生了深重的危機感，許多知識份子熱切地尋找變革、自強的方法、道路，而其中的兩大主題，就是「啟蒙」和「救亡」，希望能使國家擺脫亡國滅種的命運，走向富強，步向現代化。

如何能更有效地進行「啟蒙」和「救亡」？如何能把國人從一盤散沙的蒼生，轉化為現代的「新國民」？精英們認為新式教科書，特別是「新國文」教科書，是其中一樣最好的工具。另外，雖然戊戌變法失敗了，但種種事實都證明科舉已經不能適應新時代的需要，取而代之的，是新式學校的設立，這也為新式教科書，特別是脫離了科舉體系的中國語文教科書——「新國文」教科書的普及提供了條件。這種改變，雖然在很大程度上是受到了西方教育制度的影響，但無可否認，它也是和中國文化中「經世致用」思想有非常密切關係的。

「新國文」教科書「啟蒙」和「救亡」，建構「新國民」構想的形成

一、應對挑戰的「經世致用」思想

「經世致用」的實用理性主義思想的對與錯，筆者在此暫不評論。但是，面對國家的困境，精英們積極思考救國之法，其中之一就是「經世致用」。中國傳

統的實用理性主義反對玄談，主張經世致用。他們提倡崇實，反對空疏。這是
與清末國弱民窮，國家瀕臨滅亡的絕境，國人奮起維新救國的思想有密切關係
的。《大學》所提的「格物、致知、修身、齊家、治國、平天下」，本身就是一個
完整的「經世致用」哲學體系。而儒家的「萬物皆備於我」，道家的「天地與我
並生而萬物與我為一」等理論，也體現着天地萬物是需要靠「我」——人這個主
體，它們的價值才能被發揮的經世致用思想觀念。在 20 世紀初當「進化論」進
入中國的時候，它的實用價值馬上和「經世致用」思想一拍即合，許多學者甚
至認為其「物競天擇，適者生存」的理論是和中國傳統的實用理性主義不謀而
合的。

鴉片戰爭的徹底失敗，把仍然沈浸在天朝大國美夢的國人驚醒，朝野上下
開始意識到落後就要挨打，需要放下「中央帝國」的架子向西方學習。福澤諭
吉認為：

> 現代世界的文明情況，要以歐洲各國和美國為最文明的國家，土耳其、中
> 國、日本等亞洲國家為半開化的國家，而非洲和澳洲的國家算是野蠻的國
> 家。這種說法已經成為世界的通論，不僅西洋各國人民自詡為文明，就是
> 那些半開化和野蠻的人民也不以這種說法為侮辱，並且也沒有不接受這個
> 說法而強要誇耀本國的情況認為勝於西洋的。不但不這樣想，而且稍識事
> 理的人，對事理懂得越透澈，越能洞悉本國的情況，越明了本國情況，也
> 就越覺得自己國家遠不如西洋，而感到憂慮不安。於是有的就想效仿西洋，
> 有的就想發奮圖強以與西洋並駕齊驅。亞洲各國有識之士的終身事業似乎
> 只在於此。（連守舊的中國人，近來也派遣了西洋留學生，其憂國之情由
> 此可見）。[1]

此時，魏源提出了「師夷長技以制夷」的呼籲，其「中學為體，西學為用」的主
張，正是「經世致用」的思維方式。郭嵩燾力主發展近代教育事業，培養新式
人才，並建議廢止科舉。他認識到歐美國富民強的關鍵，是在於重視新式教育：
「西洋之法，通國士民一出於學，律法、軍政、船政下及工藝，皆由學開而專習
之。」[2] 郭嵩燾後來出使英國，特別考察了英國的各類學校，體會了教育的發達和
國家富強的緊密關係。他在日記中寫道：「士進者名就其才質所長，入國家所立

1　［日］福澤諭吉著、北京編譯社譯：《文明論概略》（北京：商務印書館，1982），頁 9。
2　郭嵩燾：《郭嵩燾奏稿》（長沙：嶽麓書社，1983），頁 344。

學館，如兵法、律法之屬，積賢任能，終其身以所學自效。此實中國三代學校遺制，漢魏以後士大夫知此義者鮮矣。」[3] 郭嵩燾為使新式教育在建立上減少阻力，遂將之與夏、商、周三代連接起來，其目的不外乎是使新式學校的發展更為順利，更為合理化，並希望能通過新式教育，把國人建構成新時代的國民。正所謂「欲新一國之民，必先新其觀念，欲新其觀念，則先新其教育」，這時「新國文」教科書的構想逐漸形成，這也是中國文化中的實用理性主義和經世致用思想。

二、「舊國民」觀念所面臨的挑戰

但是，「欲新一國之民，必先新其觀念」談何容易！首先要面對的，就是要解決現代「國家」、現代「國民」的觀念。就如梁漱溟所說的：「中國人心目中所有者，近則身家，遠則天下；此外便多半輕忽了。」[4] 民族國家（nation-state）的觀念起源於歐洲，在近代歷史，民族的成型是與當時國家的建構同步的，後來眾多的民族國家的建立與發展，則進一步鞏固和發展了這種民族國家觀念。「民族國家成功地證明了它組織世界的能力，將社會團體限制在其疆域內，遮罩了所有可能質疑事物當前狀態的觀念。」[5] 由於民族國家結構有着這種獨特的凝聚、組織能力，所以在現當代的世界發展史中，它們成為參與全球政治活動，活躍在世界舞台上的主角。

而在中國的政治文化中，雖然也有「華夷之防」的民族觀，但歷史一直以來都是以皇朝為中心，正如梁啟超所言：

> 二十四史非史也，二十四姓之家譜而已。其言似稍過當，然按之作史者之精神，其實際固不誣也。吾國史家，以為天下者君主一人之天下，故其為史也，不過敍某朝以何而得之，以何而治之，以何而失之而已。舍此則非所聞也。昔人謂《左傳》為相砍書，豈惟《左傳》，若二十四史，真可謂地球上空前絕後之一大相砍書也。雖以司馬溫公之賢，其作《通鑑》，亦不過以備君王之流覽（其論語無一非忠告君主者）。蓋從來作史者，皆為朝廷上之君若臣而作，曾無有一書為國民而作者也。其大蔽在不知朝廷

3　同上註，頁 379-380。

4　梁漱溟：〈中國文化要義〉，《梁漱溟全集》，（濟南：山東人民出版社，1990），第三卷頁 163。

5　卜正民、施恩德：〈導論：亞洲的民族和身份認同〉，葡正民、施恩德主編，陳城等譯：《民族的構建：亞洲精英及其民族身份認同》（長春：吉林出版集團有限責任公司，2008），頁 1。

> 與國家之分別，以為舍朝廷外無國家，於是乎有所謂正統閏統之爭論，有
> 所謂鼎革前後之筆法。如歐陽之《新五代史》、朱子之《通鑑綱目》等，
> 今日盜賊，明日聖神；甲也天命，乙也僭逆。正如群蛆啄矢，爭其甘苦；
> 狙公賦茅，辨其四三，自欺欺人，莫此為甚！吾中國國家思想，至今不能
> 興起者，數千年之史家，豈能辭其咎耶？[6]

可以説，在鴉片戰爭之前，國家政體仍然是以傳統的「普天之下，莫非王土，率
土之濱，莫非王臣」的家天下思想為主導，這個世界除了「中央帝國」，其他就
是東夷、南蠻、西戎及北狄，中國人並沒有平等的民族觀，更沒有現代的民族國
家這個觀念。

在和西方政治文化的激烈碰撞後，國人逐步接納了民族國家的觀念，但代表
着中國政治正統地位的清廷政權，這時卻面臨着進退兩難的困難境地：一方面，
在大清這廣袤的大帝國，國民是以漢族為主體，稀少的滿洲人與之比較之下少得
不成比例，他們的危機感可想而知。但作為以滿洲貴族為核心的清廷，卻始終不
願意為了所有中國人民的利益而犧牲其小集團的特權，仍然希望這個龐大的大清
帝國能永遠在他們的統治之下；但在另一方面，清政府在國際情勢下又不得不接
受民族國家作為參與國際活動主體的遊戲規則，這種矛盾在某一方面也拖慢了國
人「民族國家觀念」的建立及「民族國家」法理上的確立。

但是，歷史的巨輪是不會以少數人的意志為轉移的，「民族國家」觀念逐漸
成為國人思想的主流。梁啟超在其〈論民族競爭之大勢〉一文中曾稱：

> 今日欲救中國，無他術焉，亦先建設一民族主義之國家而已。以地球
> 上最大之民族，而能建設適於天演之國家，則天下第一帝國之徽號，誰能
> 篡之。特不知我民族自有此能力焉否也。有之則莫強，無之則竟亡，間不
> 容髮，而悉聽我輩之自擇。[7]

6　梁啟超：〈新史學〉，《飲冰室合集》（北京：中華書局，1989），第 1 冊，頁 3；有關「國民」
　　觀念，參區志堅：〈建構「男勤於外，女亦勤於內」的女性「國民」：陸費逵的教育思想及《中
　　華女子國文教科書》，周佳榮主編：《百年傳承 —— 香港學者論中華書局》（香港：中華書局，
　　2012），頁 140-181；〈怎樣教導婦孺知識？盧湘父編撰的早期澳門啟蒙教材〉，澳門理工學
　　院編輯委員會編：《辛亥百年與澳門國際學術研討會論文集》（澳門：澳門理工學院出版社，
　　2012），頁 407-426。

7　梁啟超：〈論民族競爭之大勢〉，《飲冰室合集》（北京：中華書局，1989），第 2 冊，文集之十，
　　影印版，頁 35。

但在 1903 年之後，因為受到「伯倫知理學說」[8] 的影響，梁啟超改變了對共和政體和民族國家的看法，他質疑革命黨當時所提出的「排滿方能建國」理論，認為必須「合漢合滿合蒙合回合苗合藏組成一大民族」，[9] 把中國要建設成為一個新型的民族國家。

晚清「民族國家」、「國民」意識的崛起激發了對新式國民教育的呼聲。何謂「國民」？「國民」二字在漢語裏很早就出現了，但古人所使用的「國民」一詞與近代以來所形成的「國民」的意義有很大的距離，是表示「一國或藩封所轄的百姓」的意思，可以與「臣民」、「庶民」、「黎民」、「黎首」等詞互相替換使用，如《周禮・春官・墓大夫》有：「令國民族葬。」《左傳・昭公十三年》有：「先神命之，國民信之。」《史記・東越列傳》有：「威行於國，國民多屬，竊自立為王。」《漢書・王子侯表下》有：「坐恐獨國民取財物。」在傳統觀念中，「國民」是國君的子民，並不是具有完整政治人格的「公民」，涵蓋「具有或取得某國國籍，並根據該國法律規定享有權利和承擔義務的人」[10] 意義的「國民」自古未聞，所以梁啟超在〈論近世國民競爭之大勢及中國前途〉中針對國家興亡之責時說：「國土云者，一家之私產也；國際（即交涉事件）云者，一家之私事也；國難云者，一家之私禍也；國恥云者，一家之私辱也。民不知有國，國不知有民。」[11] 認為在傳統的國家概念中，一切的國家難題，都只是國君的問題，與平民無關。晚清時與國家命運緊密聯繫起來的「國民」觀念是從西方，特別是從日本「逆輸入」之

8 1903 年初，梁啟超去美國考察，發現中、美兩國政情民俗的巨大差異，認識到中國根本沒有實行共和政體的條件。因此，他回國之後即於 11 月發表〈政治學大家伯倫知理之學說〉，引進德國教授伯倫知理和波倫哈克的國家學說，肯定了共和政體的五大優點，也系統地駁斥了盧梭主權在民的片面性：一則實行全民的自由、平等是不可能的；二則首領更迭頻繁，政局不穩，無法規劃未來；三則首領多從實利主義出發，無暇研究「無形之文明」以導進國民人格；四是主權在民說，被一部分人盜竊共和名義，成為「專制的國民主權」，此法國大革命後之教訓也。該文頗為具體地分析了美國、瑞士共和政體的建立是由於他們都有長期的民主自治基礎；法國大革命前長期處於封建專制統治之下，毫無民主自治傳統，在盧梭學說鼓動下實行大革命，經數十年動亂而後定，中南美墨西哥等國也是如此。

9 梁啟超：〈論民族競爭之大勢〉，《飲冰室合集》，第 2 冊，文集之十，頁 76。

10 呂叔湘、丁聲樹主編，中國社會科學院語言研究所編纂：《現代漢語詞典》第 5 版，（北京：商務印書館，2010），頁 473。

11 梁啟超：〈論近世國民競爭之大勢及中國前途〉，《飲冰室合集》，文集之四，頁 56、60、56；參區志堅〈中小學生也要學習「進化」的知識 —— 以清末民初中小學中國歷史教科書為例〉〔宣讀論文〕，中央研究院近代史研究所主辦「全球視野下的中國近代史研究」國際學術研討會，11-13. 8. 2014，頁 1-23。

後，[12] 新的「國民」觀念在清季思想界出現了。在戊戌變法之後，梁啟超對「國民」作了較為明確的界定，他說：

> 國民者，以國為人民公產之稱也。國者積民而成，舍民之外，則無有國。以一國之民，治一國之事，定一國之法，謀一國之利，捍一國之患。其民不可得而侮，其國不可得而亡，是之謂國民。[13]

梁啟超又說：「朝也者，一家之私產也。國也者，人民之公產也。」[14] 國家是由國民組成，國家為國民所擁有，「國之事」、「國之法」、「國之利」、「國之患」均與國民息息相關。「國民」不再是帝皇的私有財產，而是國家的主人，所以，國家興亡，匹夫有責，所有「國民」都要熱愛國家，為國家出力。他說：

> 中國者，吾黃帝子孫之國，非白種之國也。……吾等同為國家人民，各有救國之職，各有復我權利之本分，安可互相推諉，以我生長之國，膏腴之土，拱手讓諸外人耶？[15]
>
> 中國而有國民也，則二十世紀之中國，將氣凌歐美，雄長地球，固可翹足而待也。中國而無國民也，則二十世紀之中國，將為牛為馬為奴為隸，所謂萬劫不復者也。故得之則存舍之則亡，存亡之機間不容髮，國民之不可少也如是。[16]

又謂：

> 蓋國者，國民之身體也，國民者，國之性命也。國之於國民如魚之於水，人之於空氣然。魚無水，魚立僵，人無空氣，人立戕，國無國民，國立亡，其道一也。[17]

國民既然如此重要，那麼與「舊國民」完全不同的「新國民」應該是怎樣的呢？又要怎樣做才能算真正的愛國呢？福澤諭吉說：「凡力圖伸張本國的權利，

---

12 桑兵：〈晚清民國的知識與制度體系轉型〉，《中山大學學報》，2004 年第 6 期。

13 同註 9。

14 梁啟超：〈少年中國說〉，《飲冰室合集》，文集之五，頁 10。

15 薛錦江：〈二十世紀之中國〉，《童子世界》，1903 年第 25 期。

16 梁啟超：〈說國民〉，《國民報》，1901 年第 1 卷第 2 期。

17 同上註。

使國富民強，提高本國人民的智德，和發揚本國榮譽的人，稱為愛國的人民，這種思想稱為愛國精神。」[18] 梁啟超認為：「凡一國之能立於世界，必有其國民獨具之特質，上自道德法律，下至風俗習慣文學美術，皆有一種獨立之精神。」[19] 時人或強調國民應具備「獨立之精神」、「合群之性質」、「自主之品格」、「進取之能力」、「協圖公利之思想」、「不受外界抑制之氣魄」。[20] 當時文獻中論及的「國民意識」有權利、義務、自由、平等、獨立、自尊、自信、自治、尚武、進取、冒險、愛他、合群、功德、毅力、愛國、進步、國家思想等，「國民意識」的內容非常豐富。

當時所謂的「國民」，意義更接近英語的「national」，而非「citizen」。「national」強調的是人民對國家的責任，而「citizen」則突出人民的政治權利。雖然晚清各派政治勢力對「國家」、「國民」的解釋有所不同，但對於均側重國民對國家的責任卻是一致的。

如何才能造就合格的新國民？梁啟超有如下的答案：「新民云者，非欲吾民盡棄其舊以從人也。新之義有二：一曰，淬礪其本所有而新之，二曰采補其本所無而新之。二者缺一，時乃無功。」[21] 梁啟超認為步向「新國民」的方法，是一方面要努力發揚我中華民族優秀的文化傳統，使之更為完美高尚；另一方面，就是要學習西方的先進文化，兩者缺一不可。發揚中華民族優秀的文化傳統，學習西方的先進文化，其路徑就是教育，這種新時代的教育，就是國民教育。「所謂國民者，斷非今日下一令日：凡為吾國之民，皆當為國民以保國，明日下令日：凡為吾國之民，皆當為國民以保種，循是空言所能造成者也！必先廣播國民之種子，然後可靜觀國民之結果，廣播國民之種子，舍教育奚由，舍國民教育奚由。」[22] 因此，「國民教育」是把國人從一盤散沙的「臣民」轉化為現代的新國民的重要工具。楊昌濟大聲疾呼：「欲圖根本之革新，必先救人心之陷溺。國民苟無道德，雖有良法，未由收效……欲救國家之危亡，舍從事國民之教育，別無他法。」[23]

---

18 [日] 福澤諭吉，北京編譯社譯：《文明論概略》，頁 175。

19 梁啟超：《新民說》（瀋陽：遼寧人民出版社，1994），頁 5。

20 萬聲揚：〈中國當重國民教育〉，《湖北學生界》，1903 年第 2 期。

21 梁啟超：《新民說》，頁 3。

22 萬聲揚：〈中國當重國民教育〉，《湖北學生界》，1903 年第 2 期。

23 王興編：《楊昌濟文集》（長沙：湖南教育出版社，1983），頁 46。

他將「國民教育」與國家的前途，民族的盛衰緊密地結合在一起。楊昌濟在宣傳普及國民教育的同時，更希望「強避桃源作太古，欲栽大木柱長天」，為努力培養能「經綸天下」、「扶危定傾」的國家棟梁而奔走。在晚清士人看來，「以教育塑造新國民」似成不易之論，清末興學熱潮的出現與這種認識不無關係。清末新政，把教育國民、培養新式人才看作是救亡圖存的關鍵。

三、利用「新國文」教科書「啟蒙」和「救亡」，建構「新國民」的觀念

這時，精英們認為新式教科書，特別是「新國文」教科書是宣傳國民教育的最好工具。那國民教育的內容是什麼呢？在近代中國內憂外患之情境下，國民教育無不以「啟蒙」和「救亡」為宗旨。明治維新前，日本也跟中國一樣，面臨着內憂外患，所以福澤諭吉說：

> 文明既有先進和落後，那末，先進的就要壓制落後的，落後的就要被先進的所壓制。在從前閉關自守時代，日本人還不知道有西洋各國，然而，現在已經知道有西洋國家，並且也知道了他們的文明情況。同他們的文明相比，知道彼此之間有先進和落後的差別，也知道我們的文明遠不及他們，並知道落後的要被先進的壓制的道理。這時，我國人民首先考慮到的，就是自己國家獨立的問題。[24]

他認為若不發奮圖強，在這個弱肉強食的世界，國家和人民就永遠被別人欺負。深受福澤諭吉影響的梁啟超進一步指出：

> 昔者吾中國有部民而無國民，非不能為國民也，勢使然也。吾國巍巍然屹立於大東，環列皆小蠻夷。與他方大國，未一交通，故我民常視其國為天下。耳目所接觸，腦筋所濡染，聖哲所訓示，祖宗所遺傳，皆使之有可以為一箇人之資格，有可以為一家人之資格，有可以為一鄉一族人之資格，有可以為天下人之資格；而獨無可以為一國國民之資格。夫國民之資格，雖未必有以遠優於此數者，而以今日列國並立，弱肉強食，優勝劣敗之時

---

24 ［日］福澤諭吉，北京編譯社譯：《文明論概略》，頁 168。

代，苟缺此資格，則決無以自立於天壤。[25]

因此，開導民德、民智、民力的「新國文」教科書是「啟蒙」和「救亡」重要途徑之一。

1897 年，南洋公學外院使用的幾種教科書，是現今可考的，第一次在中國出現的「教科書」，而「教科書」在官方文牘中出現的時間則是稍晚的 1901 年初，當時劉坤一、張之洞在其著名的「江楚會奏變法三折」中，使用了「教科之書」的說法，明確了「教科書」的意義。1901 年，清政府頒佈「興學詔書」：「興學育才，實為當務之急」，鼓勵興辦新式學校[26]。第二年的 1902 年，清政府又頒佈了《欽定學堂章程》，這是中國新學制的開始，雖然後來因種種原因並沒有實施，但它注重國民教育和實業教育的思想對中國的教育事業有很大的影響。稍後的 1904 年，清政府頒佈《奏定學堂章程》，這是中國教育史上第一個完整的學制系章程，把中國教育推上了近代化的道路。《奏定學堂章程》確立教學目標：「無論何等學堂，均以忠孝為本，以中國經史之學為基，俾學生心術壹歸於純正，而後以西學淪其知識，練其藝能，務期他日成材，各適實用，以仰副國家造就通才、慎防流弊之意。」[27] 它規定了各級學堂的辦學要求，在堅持「忠孝為本」的前提下，將培養「愛國奮發之心」作為中小學堂教育的中心[28]。1906 年，清政府正式頒佈了「忠君、尊孔、尚公、尚武、尚實」的教育宗旨[29]。

政治的變革，文化的革新，促進了教育制度的改良和近代教科書完善。教科書是近代社會的產物，它無疑是近代文化轉型、教育改良和知識轉型的重要代表，它更和近代社會的文化啟蒙、教育變革緊密相連，教科書編纂者們用它來寄託改造社會文化、塑造國民的希望。

---

25 梁啟超：《新民說》，頁 8。

26 璩鑫圭、唐良炎編：〈光緒二十七年十二月初一日諭切實舉辦京師大學堂並派張百熙為管學大臣〉，《中國近代教育史資料彙編·學制演變》（上海：上海教育出版社，2007），第 8 頁。

27 璩鑫圭、唐良炎編：〈奏定學堂章程〉，《中國近代教育史資料彙編·學制演變》，頁 298。

28 璩鑫圭、唐良炎編：〈奏定初等小學堂章程〉規定初等小學堂「以啟其人生應有之知識，立其明倫理、愛國家之根基，並調護兒童身體，令其發育為宗旨」；〈奏定高等小學堂章程〉規定高等小學「以培養國民之善性，擴充國民之知識，強壯國民之氣體為宗旨。」《中國近代教育史資料彙編·學制演變》，頁 300、315。

29 璩鑫圭、唐良炎編：〈學部：奏陳教育宗旨折〉，載《中國近代教育史資料彙編·學制演變》，頁 543。

國民教育「以救亡國亡種為宗旨，以愛同胞合群力為精神，以輸灌新道德，新知識為手段。」[30] 以這樣的宗旨作為編制新教材的指導思想，顯示了具有救國救民的時代特點，而這種「為中國之救亡之教育，現今各國小學校所不設，而我國所宜獨有。」[31] 的教育思想反映在教材的編制上，就突顯了「明恥，輯近百年來外人侵略中國土地，虐待中國人民，奪我路礦權利等事，以官話編成小學教科書」[32] 的特色；這樣具有「愛國奮發之心」的教科書，對學生進行國民教育，意義重大。

在編寫「新國文」教科書方面，如留學生陳寶泉歸國後曾與高步瀛合作，用語體文編寫《國民必讀》一、二、三編，發行約十萬餘冊，這個數字可以反映當時的影響範圍。1904 年至 1906 年，商務印書館出版了初等小學用的《最新國文教科書》，共十冊。這一套書的前幾冊，經過不少專家如蔡元培、蔣維喬等人的悉心研究及編定，素質非常高。「新國文」教科書被人們視為國民教育的重要教材，是因為其內容反映了近代國民意識的理念。

根據石鷗和廖巍的介紹，在 1906 年，彪蒙書室出版的「新國文」教科書作文課本《蒙學論說實在易》，介紹了論說的十四種方法，即「點題法、起法、承法、轉法、合法、開合法、平側法、譬喻法、議敘法、翻空法、堆疊法、呼應法、感歎法、總束法」。對於每一種方法，課文會先用白話解說，說明此方法的功能及種類。[33] 解說之後，就是「舉例」。課文的「舉例」會解說每一種方法時例舉六到七篇文章，希望學生能從多種角度對這種方法進行學習，並且在每一種解說後都有與它相關的問答練習，用以確定學生能否對該方法有所掌握。值得一提的是，作者在編排例文時，十分注意引入科學、民主以及強國富民的內容。如《空氣有各種能力論》、《萬物始於質點論》、《靜重學動重學論》、《恒星行星彗星流星》等，是關於自然科學的，《植國之要在法律論》、《歐西政治多博愛主義論》、《泰西國民有議政權論》、《權利與責任相連論》、《國政無一定程式論》、《日本刑罰論》、《大資本家有益於貧戶論》等是關於民主與政治學科的，《三育次序論》、《師範傳習所》、《普通學論》、《專門學論》、《腦筋為主動力論》等是有關教育科學的，《始皇焚書坑儒論》、《大彼得戰敗以耗兵費比之學生論》、《日爾

---

30 佚名：〈教育與群治之關係〉，《湖北學生界》，1904 年第 4 期。

31 佚名：〈留美學生稿：普及教育議（續）〉，《時報》，1906 年 2 月 15 日。

32 同上註。

33 見石鷗、廖巍論文：〈最早的白話語文教科書——彪蒙書室的語文教科書系列〉。

曼宗教改革論》等是有關歷史學科的,《柔軟體操兵式體操論》、《衣服宜勤滌論》等是有關體育衛生的,而《中國交通新法惟電報最為發達論》、《推廣郵政論》、《鐵路礦產贖回自辦論》、《名為租借實為割地論》、《南洋群島屬列強管轄論》等是有關經濟發展與國家主權的。[34] 此等種種,都是希望能收到「啟蒙」和「救亡」之效。

四、「新國文」教科書對「啟蒙」和「救亡」,建構「新國民」的影響

清朝末年,風起雲湧,知識份子們深深體會到,若要國家在這個新時代脫穎而出,立於不敗之地,最重要的因素,就是有能適應新時代的國民;若想有能適應新時代的國民,就要有良好的文明教育;若想有良好的文明教育,不可或缺的,就是優秀的教科書。「新國文」教科書對「啟蒙」和「救亡」,建構「新國民」的影響很大,分述如下:

第一是意識形態觀念:人文和社會學科課程,特別是語文科目,從來都是社會中價值爭奪的重要的領地,是社會支配文化與統治階級意志的縮影,是社會思想控制的極為重要的領域。語文類課程直接承擔着官方意識形態灌輸的職能,更明確規定着是非善惡的標準及具體的行為準則,其依據至少為社會支配階級所制定或認可。這些課程所蘊涵的社會控制色彩都是外顯的。課程通過對事實的選擇、解釋與評價而滲透着官方的意識形態與價值取向,其社會控制色彩有一定的內隱性,所以語文類課程是支配國家政治意識形態觀念的「知識」。「新國文」教科書所建構起的話語解釋體系,在學生長年的接受教育過程中,已對其心靈形成了一種控制性力量,影響着學生的終身。所以「新國文」教科書所形成的情感控制是一種觸及到個體生命體驗底層的社會控制。

第二是國家民族觀念:清末「新國文」教科書的憂國憂民思想,有效引領青年學生成為救中國的主力軍。如梁啟超所說:

> 故今日不欲強吾國則已,欲強吾國,則不可不博考各國民族所以自立之道,彙擇其長者而取之,以補我之所未及。今論者於政治、學術、技藝,

---

34 同上註。

皆莫不知取長以補我短矣；而不知民德、民智、民力，實為政治、學術、
技藝之大原。不取於此而取於彼，棄其本而摹其末，是何異見他樹之蓊鬱，
而欲移其枝以接我橋榦？見他井之汩湧，而欲汲其流以實我晉源也？故採
補所本無以新我民之道，不可不深長思也。[35]

中國專制政治經夏、商、周三代的孕育、春秋戰國時代諸侯異政和諸子異說的相
激相蕩，到秦漢之後蔚為大觀，逐漸發展為中國歷史、制度、文化和社會結構的
主流正脈。從 1840 年到 1919 年的前後八十年中，中國人走上反對專制政治，救
國救民的征途。為了使中國變成國富民強，清末民初教科書的政治啟蒙，從有限
滲入到廣泛傳播，不斷呈現出理想的政治圖景，並且堅定表達。新的政治思想由
最初少數知識精英群體關注而通過學生成為浸潤到社會各階層民眾的普遍思想，
衝擊和改變着人們既有的觀念，在一定程度上動搖了中國社會封建專制思想，為
青年學生成為近代民主力源奠定了重要的基礎。從五四運動大學生的背影中我
們分明看到了他們在中小學接受教科書民主政治啟蒙的場景。

　　第三是倫理道德觀念：清末「新國文」教科書的現代倫理精神啟蒙，消解着
三綱五常的倫理教條，在進化論指引下突顯人的生命存在的價值與意義。人類歷
史上幾乎重大社會變革時期，總會伴隨着一場人生價值觀和倫理精神的革命。雖
然 19 世紀 60 年代洋務運動強調中體西用，但是不論是教會學校還是洋務學堂的
國文教科書，傳統的儒家倫理思想仍然佔據核心和主幹地位。甲午戰敗，國家處
在危急存亡之秋，國文教科書闡釋了開民智、鼓民力、新民德之說。清末民初國
文教科書，吸收了物競天擇、適者生存進化原理，關切人的內在本質，營造全新
的價值偏愛系統。教科書啟蒙自主獨立的個人逐漸從群體本位的歸屬系統中獲得
解放，重鑄國民新品格。

　　第四是經濟民生觀念：從崇本抑末到四民之綱，清末「新國文」教科書的現
代商品經濟啟蒙挑戰着自然經濟的農本視野，推廣了國民生計必需的商業觀念和
知識技能。在商務印書館 1915 年出版的《普通教科書新國文（高等小學）》中，
連續兩篇課文介紹 1912 年 4 月 10 日啟航的《鐵達尼郵船遇險記》，可見編撰者
對此重大商業事件的重視。教科書大膽言商、大肆言富，推廣國民生計必需的商
業觀念和知識技能，逐步確立富出於商，商為四民之綱的理念，直接挑戰了自然
經濟的農本視野，轉變了自先秦以來形成的農本工商末思想。

35 梁啟超：《新民說》，頁 8、9。

第五是生活習慣觀念：從病夫到強種，清末「新國文」教科書的現代文明生活方式啟蒙轉變着人們積弱已久的生活陋習，確立以身體健康為核心的科學生活習慣標準。鴉片戰爭以後，西方文明的進化觀以及西方人的生活方式作為西方文化漸次傳入中國，文明各組成部分構成一個有機整體、必須連帶變革與綜合推進的時代意識及其直接攜帶的一系列現代性價值觀念之勃興。清末民初「新國文」教科書的現代文明生活方式啟蒙，從漸進到突進，在強國保種中大量展演。教科書啟蒙的一個明顯的特徵是以新的生活習慣觀念為中心點，宣導改變愚昧、迷信、不科學的生活方式，為「新國民」的建構貢獻了很大力量。

總結

在簽訂屈辱的「南京條約」後，中國被迫進行了一系列的改革。第一個時期，是從鴉片戰爭到甲午戰爭，這個階段的「洋務運動」是器物層面 —— 有形的物質的改革；第二個時期，是從甲午戰爭戰敗到戊戌變法、辛亥革命，這個階段的是制度層面 —— 政令法律的改革；第三個時期，是從辛亥革命到新文化運動，這個階段的是思想層面 —— 人心的改革。無可否認，中國在這三個時期的改革道路都是走得步履蹣跚、跟跟蹌蹌，這和另外一個外源性後發展國家 ——日本變革的成功存在着巨大的差別。福澤諭吉認為：

> 人心有了改變，政令法律也有了改革，文明的基礎才能建立起來，至於那些衣食住等有形物質，必將隨自然的趨勢，不招而至，不求而得。所以說，吸取歐洲文明，必須先求其難者而後其易者，首先變革人心，然後改革政令，最後達到有形的物質。按照這個順序做，雖然有困難，但是沒有真正的障礙，可以順利到達目的。倘若次序顛倒，看來似乎容易，實際上此路不通，恰如立於牆壁之前寸步難移，不是躊躇不前，就是想前進一寸，反而後退一尺。[36]

在這裏，我們可以看到中國的改革步驟，和福澤諭吉所構想的次序剛好相反，這或許也是中日兩國的變革雖然是在同一起步點，但日後走上完全不同的道路的原因之一。福澤諭吉認為變革的首要任務，就是「變革人心」。因此，用「新國文」

---

36 [日] 福澤諭吉，北京編譯社譯：《文明論概略》，頁 14。

教科書來建構「新國民」，變革人心，是國家步向現代化的重要一步。「以史為鑒，可以知興替；以人為鑒，可以明得失」，清末民初「新國文」教科書內容的訂定及其塑造「新國民」的目標，在極其艱苦的客觀歷史歲月中無庸置疑在某程度上是成功了，但當然也存在着許多的問題，帶給我們許多的教訓。筆者希望從梳理、分析約一百年前的史料，能使我們從當時的中文教育狀況，學習到其中得失，希望為今後的中文教育發展，乃至我國的現代化進程找出一條更為可靠，更為光明的道路。

近代教科書：文物價值與文化傳承 ——以文化遺產為視角

王 雷

瀋陽師範大學教育科學學院

引言

近代教科書已經成為具有歷史價值、學術價值、藝術價值和教育價值的文化遺產。近代教科書具有物質文化遺產的屬性，是珍貴的教育文獻遺產；近代教科書具有非物質文化遺產的屬性，與各種學校教育生活密切相關，包含世代相承的傳統教育表現形式，體現在教育文學、教學技能、教育藝術、兒童教育遊戲、教育禮儀、教育世家的教育教學傳統之中。

近代教科書是教育發展的重要資源，是民族教育特色，民族文化特色的重要標誌，是傳承民族文化教育的重要載體。教科書是教育發展與變遷的歷史見證，是教育發展過程中證史、存史、續史的主要依據。同時，教科書也是教育史的一面鏡子，它映射着教育發展的成敗得失，透露着教育發展的經驗教訓。回顧百年教科書的發展歷程，深化中國教育遺產的研究，重視教科書教育遺產在教育改革發展中的作用，是中國教育承前啟後、既往開來的重要課題。

近代教科書的文物價值

近代教科書主要指 1840 年至 1949 年期間出版使用的各級各類學校教科書。具有文物價值的教科書主要是各級各類學校開設課程的初版教科書、首版教材、第一次印刷的教科書原件以及與重大教育事件、重要教育人物、重要教育實踐活動有關的教科書原本。

近代教科書是伴隨着中國教育現代化進程出現的一種特殊而又重要的教育文獻資源，具有十分重要的歷史價值、學術價值、藝術價值和教育價值。

　　近代教科書的歷史價值主要體現在它是中國近代學校教育內容演變、課程發展以及教學質量和標準的歷史見證，是中國近代學校教學內容以及教育思想觀念的載體，通過近代教科書可以了解近代學校教育教學發展狀況，分析其學校教學內容及其程度，研究教學的經驗和不足，探討各個學科，各種層次，各種教育對象使用教科書的特點，總結教科書使用以及編寫的經驗與規律。

　　近代教科書的學術價值主要從內容的科學價值、編寫的科學價值以及思想的科學價值等方面去挖掘整理。近代教科書的編寫、發行以及使用，正處於中國近代「新舊之爭」，「古今之爭」，「中西之爭」，「黨派之爭」的文化教育轉型過程之中。教科書的科學含量，民主價值以及促進人的發展和社會發展的積極因素受各種因素所制約。在「開民智」、「作新民」以及救亡圖存的歷史背景下，教科書無疑是這個時期思想啟蒙，提高國民素質以及救國救民的重要工具和文獻。

　　近代教科書的藝術價值在於編寫的藝術性、內容的通俗性以及圖文並茂的可接受性。尤其蒙學教科書以及義務教育階段的小學教科書、中學教科書等，極具觀賞性、可讀性和通俗性。符合各個年齡階段學生的身心特點。早期一些經典教科書現在看來仍有其美學價值，受到研究者和收藏者的關注。近代教科書正處於中國語言由文言文向白話文過渡的時期，正處於西方語言文字以及日本語言文字翻譯和新的詞彙激增的時代，因此，語言的特點加上科學內容的引進以及各種插圖的運用，使經典教科書具有文物價值。

　　近代教科書的教育價值在於它是那個時期教育思想理論的體現者，其教學內容、教學方法體現着那個時代的教育觀念。相對於各種出版物，教科書是真正意義上的國民基礎讀本，也是真正發揮教育作用的國民教材，是真正付諸實施的教育實踐，具有直接的教化意義和教育效能。通過教科書可以了解國民知識程度以及國民素質的狀況，可以分析各級各類學校教育的質量和教學的程度，可以總結教科書編寫、設計以及使用的原則和規律。

　　近代的教科書經歷着戰爭、內亂以及政府的更迭，使得教科書不斷地體現着各種政治勢力的壓制和指使，其內容和科目不斷的在新與舊、先進與落後、反動與進步中增減和生存。這就使得教科書命運多舛，存留難定。教科書作為學生的學習課本，往往隨用隨棄，圖書館和藏書家又很少關注，過了一個多世紀，回頭再要去找就很難，可以說近代與廢科舉興學堂相伴而生的教科書已是一種傳世十分稀少的圖書品種，能保留至今的都很珍貴，已經有了收藏價值。百年以後的教

科書已經具備了文物的屬性和保護研究與收藏的價值，有些經典教科書已經成為重要的教育文化遺產。

近代教科書的文化傳承

教科書是文化傳承的主要載體。從歷史來看，一個民族文化的傳承，教科書是最主要的載體與工具，也是最為有效、穩定的載體與工具。因為教科書的特殊性就在於它是有計劃、有目的、有組織的傳承，比其他文化傳承更為直接，更為有效。

教科書的文化傳承主要表現在它具有非物質文化遺產的傳承屬性，教科書具有與教學生活密切相關、世代相承的傳統教育表現形式，並具有週期性、穩定性和「活太」的傳承特點，體現在傳統教育文學、傳統教學技能、傳統教育藝術、傳統兒童遊戲、傳統教育禮儀、傳統教育民俗、教育世家的教育教學傳統之中。

非物質文化遺產視角下，回顧與審視近代教科書的文化傳承，我們應該注意以下幾點啟示。

一、教科書要研究與傳承豐富多彩的民間教育文學

教育文學是以教育為內容的文學作品，通過文學的題材，表達、記敘、反映教育人物、教育事件、教育思想的文學表現形式。傳統民間教育文學通過教育傳說、教育故事、教育雜詩、教育歌謠、教育對聯、教育諺語、民間蒙學課本等豐富多彩的形式表現出來，是一部十分厚重的民間教育「詞典」，體現着豐富的教育學價值，承載着千年教育的知識經驗，傳達着民間教育的智慧與觀念，構成了多姿多彩的民間教育畫卷。

傳統民間教育文學的經驗缺乏總結，很少受到教科書研究者或教育史研究者的關注，因而，顯得成果少，有效挖掘和利用的作品不多，各類博物館以及教育博物館中，關於教育文學的物品、展覽都很少。系統整理民間教育傳說、教育故事、教育雜詩、教育歌謠、教育對聯、教育諺語的成果不多。由於研究與提升的力度不夠，因而使得民間教育文學的發展缺乏有效的計劃組織，使得多種形式的教育文學難以繼承與創新，難以發揮其教育效能。

教科書研究與編寫要關注近代以來豐富多彩的民間教育文學，要總結傳統教育文學的教育經驗，研究其教育學內涵、價值和教育表現形式，分析其教育規律和積極因素。從非物質文化遺產視野下研究傳統教育文學的歷史價值、科學價值、藝術價值和教育價值，提煉其教育精華，承繼其教育經驗，創新其教育內容與形式，教科書要引領與發展新的形式多樣、豐富多彩的民間教育文學。

二、教科書要總結與繼承教育世家教學經驗

教育世家是以教育專業、行業或職業世代相承的家族或家庭。現在對教育世家的認定，是指連續三代或三代以上從事教育教學或教育管理服務工作的教師，教育技術人員，教育管理人員以及教育工作者。

傳統教育世家主要指中國教育史上以教育為終身職業，以教育傳家，三代或多代從事教育工作的教師家族或家庭。「以硯為田，以筆為耕，以培養士氣為耘籽」，是古代讀書人以教師為業的重要出路。不少後來為官者，出身是教師，不少為官者後來以教書為業。古代各類學校，無論是私塾，還是書院，無論是官學，還是私學，以教師為業是讀書人的重要選擇，期間形成了眾多的教育世家、教育家族，成為中國教育史一個獨特的「風景線」，承載着千年教育的事業，積累了大量的教育經驗與教育智慧，成為中國教育一份珍貴的教育遺產，值得後人挖掘、整理和批判繼承。

教育世家需要挖掘、整理的教育經驗很多，諸如教學技能、教學方法、教學組織形式、教學管理經驗，作為教師世家的教育精神、教育態度以及可以提升為教育理論的教育思想、教育觀念等，這些對於今天的教育發展有着十分獨特的作用。

但是，教育世家面臨着傳承斷代的危險，許多歷史久遠，家學深厚的教育世家，在歷史的發展中已經失去了「教師之家」的美譽，由於得不到社會以及教育界有效的保護與傳承，許多教育世家，難以傳承，許多教育世家的教育經驗，教育技能已經失傳。因此，教科書研究在保護教育世家，傳承教育經驗方面應該有所作為。「十年樹木，百年樹人」，為了教育事業的持續發展，中國教育需要教育世家。

三、教科書要搶救、保護與傳承「老字號」教學「絕活」

中國教育的「老字號」是指教育歷史久遠，可以世代相傳，在教育的發展中，被社會認同，在教育產品、教育技藝或教育服務等方面，具有獨特教育價值，教育質量的品牌。

私塾、書院是中國教育的「老字號」，是中國教育的名片，是中國教師教育產生與發展的重要源頭。私塾、書院長達千年的教育實踐，積累了十分豐富的教師教學經驗，成為中國教師建設與發展教育的重要資源，挖掘、傳承與創新私塾與書院「老字號」教育傳統，是教育改革與發展過程中的重要課題。「老字號」建築空間，教育價值豐富，「老字號」教育產品，科學價值廣泛，「老字號」教育技能，藝術價值多樣。

教師教學「絕活」，通常指屬教師獨家所創，其他人員不能複製，不能替代的各種教學技能。教師的教學「絕活」具有極強的個體性，是在長期教學磨練過程中積累形成，練就的獨家教學本領，難以傳承和學習。諸如塾師長期積累的教學「絕活」——語言技能——詩文吟誦；教學技能——因材施教、善問善答、善講善解；樂教——集詩、歌、舞一體；書寫教學——口傳心授等，歷史上難以傳承，難以保護，難以書面總結。每個名師的教學「絕活」都是個體遺產，在自身教學實踐中能夠很好的展示，但是，其最大的弱點是難以展現，難以傳承，難以形成具有一定程式，可以操作的教學技藝，供後人參觀學習和繼承，一個名師離去，其教學「絕活」也就意味着失傳，所以，教科書應該成為名師教學遺產的載體，成為名師教學經驗的藏體，教科書應該成為經得住歷史考驗的非物質文化遺產。

四、教科書要繼承與創新樂教、詩教、書教傳統教學藝術

傳統教育藝術是指中國古代各種教育教學過程中運用藝術形式，採取藝術手法，增加藝術元素，在教育教學過程中，為完成教育任務，提高教育教學效率，所產生運用和形成的教育方法技能。中國古代的教育藝術包括：樂教、詩教和書教等。

中國教育史上，樂教源遠流長，西周時期教育內容「禮、樂、射、禦、書、

數」就包括「樂教」。大教育家孔子就是一個樂教家，他提出「興於詩、立於禮、成於樂」。從其發生與發展的原生態來看，樂教是一門綜合教育藝術，具有音樂、詩歌、舞蹈多種因素，三者三位一體，是一種獨具特色的教學藝術，一直是先秦時期教育的重要組織形式和表現形式。

詩教最初包含於樂教之中，是詩、歌、舞一體形式中的一部分，科舉興盛以後，由於考試詩賦，詩與詩教逐漸發達，並獨立發展，在詩教的過程中，詩文吟誦成為隋唐以後中國具有特色的教育語言藝術。

書教就是書法教育，其教育藝術就是教人言字、讀字、寫字、學字、行字的教育教學行為。在科舉的推動下，寫字成了讀書人關乎命運，關乎門面的大事，因而，書教日益發達。教書法也就成了一門具有美學行為的教育藝術，表現於「口傳手授」的執筆、用筆、結構的教學過程中。

樂教、詩教與書教是中國古代教育精華，是最具民族特色的教育遺產，具有非物質文化遺產的特性，是一種多內涵、多功能、多形式的教育藝術，具有豐富的教育學價值，對人的全面發展，對社會的進步有着極高的意義。

教科書的編寫形式應增加教育藝術內涵，應在繼承傳統樂教、詩教、書教的基礎上，創新各種教育藝術，在各科教科書中增加教育藝術的含量，豐富教學形式，採用藝術手法，提高教育教學質量，促進學生的全面發展。

五、教科書要搶救傳統兒童教育遊戲，開發經典兒童遊戲課程

兒童遊戲是兒童的天性。教育要遵循兒童的天性，就要繼承與發展兒童教育遊戲，讓兒童在遊戲中學習，在遊戲中感悟，在遊戲中領會，在遊戲中健康成長。遊戲是兒童最重要，最簡單，最喜聞樂見的學習方式，在遊戲中學習各種知識，領會社會民俗，增長才幹和各種能力，發展團隊意識和合作精神，接受社會道德的約束和人生的各種體驗。歷史上流傳下來的各種兒童遊戲，都有其教育的價值，不同地區，不同民族，不同季節，不同場合，遊戲形式豐富多彩，多種多樣，適應和滿足着各個年齡階段兒童、少年、青年成長的需要。

兒童教育遊戲是我國十分珍貴的非物質文化遺產，具有極高的歷史價值、科學價值、藝術價值和教育價值。從歷史價值來看，兒童教育遊戲是古代兒童教育思想觀念的載體，蘊含着豐富的兒童教育經驗。從科學價值來看，兒童教育遊戲

體現着科學的教育知識和教育方法。從藝術價值來看，兒童教育遊戲具有美育的色彩，可以愉悅、觀賞、休閒，可以引發兒童的想像。從教育價值來看，兒童教育遊戲可以促進兒童的全面發展，具有德育、智育、體育、美育等多種教育功能。

兒童教育遊戲已經成為教育領域急需搶救、保護與開發建設的教育資源。教科書編寫要充分認識到經典兒童遊戲資源的作用，要開發利用各種兒童教育遊戲，開發成校本課程，列入教學計劃。

六、教科書要成為新教育禮儀的載體

傳統教育禮儀主要指古代教育領域內的各種禮節與儀式，存在於私學、官學、書院、科舉等各個教育文化空間以及各種教育教學活動之中。教育禮儀是教育禮儀制度和教育禮儀表現形式的綜合體，是為教育任務、目標服務的，具有禮儀的一般特徵，也有教育禮儀的特殊性。中國古代是以禮儀治學，在長期的教育發展中形成了學校教育禮儀制度，但同時，從教育內容來看，古代學校都有禮儀教育內容，學禮、知禮、懂禮、講禮、行禮成為學校禮儀教育的完整體系。

古代教育禮儀具有非物質文化遺產因素，挖掘其教育遺產構成，提煉其教育思想精華，具有極高的歷史價值、科學價值、藝術價值和教育價值。中國傳統教育最重要的教育禮儀包括釋奠禮、釋菜禮、束脩禮、視學禮、開筆禮等。這些教育禮儀是中國古代教育的信息載體，蘊涵着豐富的教育知識、教育思想和教育觀念，體現着先賢的教育智慧。這些教育禮儀傳承千年，已經成為一定的教育原則和規律，包含着許多教育的科學因素和合理的教育價值，需要後人總結繼承。

教科書要傳承與創新傳統教育禮儀，形成教育禮儀文化。學校的視學禮、入學禮、開學禮、尊師禮、人生第一課禮、公民禮、成人禮、畢業禮、校慶禮等都應該得以創新發展，創新禮儀規制，借鑒古代教育禮儀，創造新的教育禮儀文化。

參考文獻

王文章主編：《非物質文化遺產概論》。北京：文化藝術出版社，2006。

李曉東：《文物學》。北京：學苑出版社，2005。

汪家熔：《民族魂 —— 教科書變遷》。北京：商務印書館，2008。

陳青之：《中國教育史》。北京：東方出版社，2008。

張倩如：《江蘇古代教育生態》。南京：鳳凰出版社，2005。

單霽翔：《從「文物保護」走向「文化遺產保護」》。天津：天津大學出版社，
　　2008。

Locating China in the World:
Geography Textbooks in Late Qing Period

Tze-ki Hon

State University of New York at Geneseo, USA

Introduction

In their monumental study of the epistemological assumptions of the Eurocentric global order, Martin Lewis and Kären Wigen focus attention on "a set of spatial structure" that presents Europe as the core of the world.[1] Calling this spatial structure "metageograhy," Lewis and Wigen reveal the ideology behind the ordering of the knowledge. Specifically, they highlight the discursive power of "the myth of continents" (such as Africa, Americas, Asia, Europe, and the Oceania) to denote that "continents are at once physically and culturally constituted."[2] To further their argument, Lewis and Wigen caution us that "the myth of continents" is dangerously deceptive because "[e]ach continent is accorded its own history, and we locate its essential nature in opposition to that of the other continent."[3] As a totalizing framework, "the myth of continents" presents a taxonomy of races that favors Europeans who, because of their geographical advantages, led the world during the Age of Exploration (1500-1700) and the Age of Global Industrialization (1700-1900).

Behind the empirical facts about continents is the idea of environmental determinism that "social and cultural differences between human groups can ultimately be traced to differences in their physical environments."[4] For Lewis and Wiggen, a

---

1 Lewis and Wigen, *The Myth of Continents The Myth of Continents: A Critique of Metageography* (Berkeley: University of California Press, 1997), ix-xi.

2 Lewis and Wigen, *The Myth of Continents*, p. 42.

3 Lewis and Wigen, *The Myth of Continents*, p. 2.

4 Lewis and Wigen, *The Myth of Continents*, p. 42.

prime example of this environmental determinism is the belief that only the temperate climate can produce a rational mind, a disciplined body, and an organized community. With this correlation between the temperate climate and modernity, a hierarchy of races is established that privileges the white race (who happens to live in the temperate climate) over other races.[5] In short, both "the myth of continents" and environmental determinism are concepts that help to center Europe as "the locus of enunciation" or the "point zero" of the global system.

In late Qing China, this Eurocentric metageography was taken for granted when Chinese intellectuals were avidly interested in learning about world geography. This interest—first marked by the publication of Wei Yuan's 魏源 Haiguo tuzhi 海國圖誌 (1842) and Xu Jishe's 徐繼畬 Yinghuan zhilue 瀛寰志略 (1848)—led to the rise of geography as a system of knowledge in late Qing China. It was also an impetus for the growth of professional associations and publication networks that energized China's print capitalism centered in Shanghai, Beijing, and Tianjin.[6]

But as Zou Zhenhuan 鄒振環 has pointed out, this Chinese quest for geographical knowledge was greatly shaped by the European missionaries in China and the Westernizers in Meiji Japan.[7] For the European missionaries, they had an invested interest in teaching world geography to young Chinese students. Their teaching was to subvert the Sino-centric tribute system and highlighted Europe as the center of the global system. For Japanese scholars, their country's rapid rise to power in East Asia after the Sino-Japanese War (1894-95) was the result of Meiji westernization. For them, the Eurocentric metageography provided an ideological basis for Japan to replace China as the new leader of East Asia. In short, whether learning from European missionaries or Japanese geographers, the Chinese intellectuals were basically learning the same

5 Lewis and Wigen, *The Myth of Continents*, pp. 41-46.

6 For the significance of geographical studies at the turn of the 20th century China, see Wang Yong 王勇, *A History of Geographical Studies in China* 中國地理學史 (Taipei: Taiwan shangwu yinshu guan, 1986), pp. 217-262; Guo Shuanglin, *Xichao jitang xiade wanqing dilixue*.

7 Zou Zhenghuan 鄒振環, *Wanqing xifang dilixue zai zhongguo: yi 1815 nianzhi 1911 nian xifang dilixue yizhu de chuanbo yu yinxiang wei zhongxin* 晚清西方地理學在中國：以1815年至1911年西方地理學譯著的傳播與影響為中心 (The Western Geographical Studies in Late Qing China: On the Spread and Impact of the Translations of Western Geographical Works from 1815 to 1911) (Shanghai: Shanghai guji chubanshe, 2000), pp. 158-308.

Eurocentric metageography. Ironically, in "opening their eyes to see the world" (kaiyan kan shijie) after the Opium War,[8] the Chinese did not see the whole world; they only saw a Eurocentric world.

In this article, I will assess the impact of the Eurocentric metageography by comparing four geography textbooks of the New Policies period (1901-1911): Zou Daijun's 鄒代鈞 Lectures on Chinese Geography at the Beijing Imperial College 京師大學堂中國地理講義 (1902), Tu Ji's 屠寄 Chinese Geography Textbook [for secondary schools and normal schools] 中國地理教科書 (1905), and Liu Shipei's 劉師培 Chinese Geography Textbook [for primary schools] 中國地理教科書 (1905), and Zhang Xiangwen's 張相文 New Geography Textbook [for secondary schools and normal schools] 新撰地文學 (1908). I choose these four textbooks because they cover all four levels of the new Chinese school system: the university, the normal school, the secondary school, and the primary school. In addition, the authors of the four textbooks represent two generations of Chinese geographers attempting to locate China's position in the world. Whereas Zou Daijun (1854-1908) and Tu Ji (1856-1921) belonged to an older generation of geographers who, during the second half of the nineteenth century, devoted themselves to learning Western cartography and the Western geographical concepts, Zhang Xiangwen (1866-1933) and Liu Shipei (1884-1919) belonged to a younger generation of geographers who, at the dawn of the twentieth century, wanted to assert China's uniqueness within the Eurocentric global order.

Their generational differences notwithstanding, the four authors criticized European imperialism. For them, while Europeans dominated the world system, they did not completely control the world. They argued that being the biggest continent in the world, Asia (including both East and South Asia) had the resources and manpower to compete with Europe in all fronts. Due to the fact that these four textbooks were

8 To many contemporary Chinese historians, the late Qing is significant because it was the period when Chinese began "to open their eyes to see the world." For an example of this view, see Song Dachuan 宋大川, "Yanshen de diping xian: Xu Jishe yu Yinghuan zhilüe 延伸的地平線：徐繼畬與瀛寰志略 (An extension of horizons: Xu Jieyu and *A Brief History of the World*)" in Xu Jiyshe 徐繼畬, *Yinghuan zhilüe jiaosh* 瀛寰志略校注 (A brief history of the world, an annotated version), annotated by Song Dachuan (Beijing: Wenwu chubanshe, 2007), pp. 1-13; see also Yu Bo, *Zhang Xiangwen yu Zhongguo jindai dilixue de xingqi*, pp. 1-3.

reprinted many times in the 1900s and the 1910s,[9] they greatly shaped the views of many young Chinese who, in one way or another, witnessed China's difficulty in coping with the Eurocentric global order.

The Eurocentric Metageography

To many Chinese intellectuals, the Eurocentric metageography had three major characteristics. First, it divided the world "scientifically" into north, south, east, and west by a graticule of longitude and latitude. The scientific division of the world not only located continents, regions and nations, but also defined the relationship among different spatial units as parts of the globe. More significantly, this scientific representation of the world offered a "god-like vision" that looked at the globe from a single, neutral, and omniscient perspective. It also gave a spectacular view of the world as if it was seen from above the earth, beyond time and space.[10] Second, underlying the scientific representation of the globe is a taxonomic principle based on environmental determinism. It was said that only the temperate climate would produce a rational mind, a disciplined body, and an organized community. Therefore, due to its ideal location, Europe was the best continent to develop industrial production, global transportation, and rational organization. Third, the taxonomic principle based on environmental determinism could be easily translated into a hierarchy of races with the white race in Europe at the top, followed by the yellow race in Asia, the brown race in India, and the

9   Take, for instance, Tu Ji's textbook. The Commercial Press in Shanghai first published the textbook in 1905. The press republished it in 1911, shortly before the revolution. See the back cover of Tu Ji, *Chinese Geography Textbook*. Same is true of Zhang Xiangwen's textbook, *New Geography Textbook*. The Chinese Geographical Society (*Zhongguo dixue hui*) published it three times: 1908, 1909, and 1913. See the back cover of Zhang's textbook.

10 Different scholars refer to this "god-like vision" differently. For instance, Jerry Brotton calls this god-like vision "terrestrial globalism." See his essay "Terrestrial Globalism: Mapping the Globe in Early Modern Europe" in *Mapping*, edited by Denis Cosgrove (London: Reaktion Books Ltd., 1999), pp. 71-89. Barney Warf calls this god-like vision "ocularcentricism." To him, ocularcentricism is "a neutral, disembodied gaze situated above space and time. The view is "disembodied" because it is deliberately rendered the viewer without body or place." See Barney Warf, "Dethroning the View from Above: Toward a Critical Social Analysis of a Satellite Ocularcentrism," in *Down To Earth: Satellite Technologies, Industries, and Cultures*, edited by Lisa Parks and James Schwoch (New Brunswick, NJ: Rutgers University Press, 2012), pp. 42-60, especially pp. 42-46.

black race in Africa. This hierarchy of races was manifested concretely in the white race's domination of the world, such as the rule of the British Raj in India, the European partition of Africa, and the displacement of aborigines by European migrants in North and South Americas.

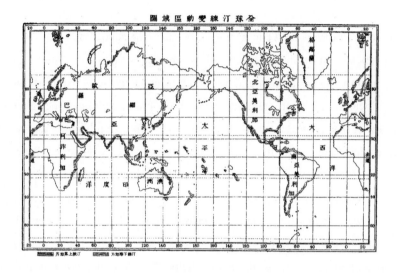

Figure 1: The world map of the coastlines of the continents in Zhang Xiangwen's Chinese Geography Textbook (1908). Notice that the world is divided in grids made up of longitude, latitude, and equator. The "scientific" representation of the world provides a "god-like vision" seen from above the earth.

Of the four late Qing textbooks, Zou Daijun's Lectures on Chinese Geography at the Beijing Imperial College (1902) was most clear in explaining the Eurocentric metageography. A cartographer by training,[11] Zou Daijun devoted one-third of his book to discussing the location of continents, the weather patterns, and the topography in different regions. For Zou, one must first understand "world geography" (shijie dili 世界地理) before one can understand the geography of one's own country. And by world

11 Zou Daijun came from a cartographer family and he was instrumental in establishing the first cartographer association in China in 1898. For a brief biography of Zou, see Zou Zhenghuan, *Wanqing dilixue zai zhongguo*, pp. 322-328; see also "Qianyan 前言" (Preface), Zou Daijun 鄒代鈞 , *Xizheng jicheng, Zhong'e jieji* 西征紀程，中俄界記 (A chronicle of a trip to Europe, The Sino-Russian boundary), annotated by Tao Xinhua 陶新華 (Changsha: Yuelu shushe, 2010), pp. 1-5.

geography, he meant broadly the relationship between the earth and the galaxy (shuli dili 數理地理), and the geological characteristics of the earth (ziran dili 自然地理).[12] According to Zou, the seemingly remote knowledge about the galaxy determined the characteristics of continents, human civilizations and races on the earth, thereby directly affecting the political, social and economic structures in different communities.[13] By dint of environmental determinism, Zou explained the evolution of human civilizations, dividing the world into four groups: the civilized, the semi-civilized, the uncivilized, and the barbaric.[14] By the same token, he described the hierarchy of races, explaining why the white race was superior to the black because of where they lived. Based on the same logic, he used the hierarchy of races to explain the hierarchy of languages, demonstrating why phonocentricism in the European languages was the more effective way of communication.[15]

Different from Zou Daijun, Tu Ji did not focus on astronomy and geology. Instead, in his Chinese Geography Textbook (1905), Tu concentrated on the geography of China—its mountains, rivers, deserts, plains, and coastlines. Even so, before he discussed the geography of China, he reminded his readers that China was part of Asia which, in turn, was one of the continents of the globe.[16] To drive home his point, he gave the exact location of China by defining its position in terms of longitude and latitude.[17]

As a specialist of Mongol history which was full of stories of military expansion,[18] Tu was heavily interested in China's territorial sovereignty. On this score, although Tu was not as overt and elaborate as Zou Daijun in explaining Eurocentric metageography, he accepted one of the foundational notions of Eurocentric metageography—a spatial structure of the globe based on nation-states. For Tu, the goal of studying geography

12 Zou Daijun, *Lectures on Chinese Geography*, 1: 1a-1b.

13 Zou Daijun, *Lectures on Chinese Geography*, 1: 21a-21b.

14 Zou Daijun, *Lectures on Chinese Geography*, 1: 21b-22a.

15 Zou Daijun, *Lectures on Chinese Geography*, 1: 22a-24b.

16 Tu Ji, *Chinese Geography Textbook*, pp. 1-40.

17 Tu Ji, *Chinese Geography Textbook*, p. 24.

18 Tu Ji made a reputation for himself by writing a majestic account of the history of the Yuan dynasty, known as *Meng Wuer shiji* 蒙兀兒史記 (A historical account of the Mongols).

was to find out the three main components of a nation-state: its land, its people, and its sovereignty.[19] To drive home his point, Tu focused on the long and fluid boundary between China and Tsar Russia, along Manchuria, Mongolia, and the Xinjiang.

Compared to Zou Daijun's and Tu Ji's, Liu Shipei's geography textbook appears traditional. First, as a classicist, Liu discussed geography based on a careful reading of classical texts such as the Zhouli, the Yugong, the Erya, and the Shanhai jing.[20] He also supplemented his analysis with a meticulous reading of the geography sections in historical texts such as the Shiji and the Han Shu.[21] Second, similar to Tu Ji, he focused on the geography of China, particularly how the land was divided up under the Qing, namely, the eighteen provinces in China proper where the Han race resided, the three provinces in Manchuria from where the Manchus originally came, and the three Qing's allies in Mongolia, Tibet and Xinjiang.[22] Like traditional geography (commonly known as yudi 輿地), Liu wrote his book to help readers understand China's administrative structure.

Seemingly traditional notwithstanding, Liu supported the Eurocentric metageography by locating China scientifically in terms of longitudes and latitudes. He wrote:

China is located in the southeast of Asia. In the south it begins at latitude 18° 13' N, and in the north at latitude 53° 50' N. In the east it starts at longitude 18° 15' E measured from the east of Beijing, and in the west longitude 42° 11' E. From north to south, its length is more than 7,100 li. From east to west, its length is more than 8,800 li. Its total size is 3,262,882 square li. It is indeed the biggest country in Asia.[23]

Additionally, in discussing the early history of the Han race, Liu emphatically accepted "the myth of continents," claiming that the Han race migrated from Mesopotamia.[24] For Liu, the migration was tremendously significant because it

---

19 Tu Ji, *Chinese Geography Textbook*, zixu 自序 : p. 1.

20 Liu Shipei, *Chinese Geography Textbook*, xu 序 : 1a-1b.

21 Liu Shipei, *Chinese Geography Textbook*, xu 序 : 1a-1b.

22 Liu Shipei, *Chinese Geography Textbook*, Book 1: 4a-4b.

23 Liu Shipei, *Chinese Geography Textbook*, Book 1: 4a.

24 Liu Shipei, *Chinese Geography Textbook*, Book 1: 1a-1b.

brought agricultural production and sophisticated metalogy from "the cradle of human civilization" to China. The migration fundamentally transformed the mode of production in China from hunting-and-gathering to agriculture, and thereby changed the Chinese society from tribal to sedentary. More importantly, the migration showed the same origin of the Han race and the White race, both of whom traced their roots to Mesopotamia.

Similar theme of environment determinism was found in Zhang Xiangwen's New Geography Textbook (1908). In style, Zhang's textbook resembled Zou Daijun's. In both textbooks, the Chinese geography was subsumed under "world geography" in which the relationship between the earth and the galaxy was first discussed.[25] More strikingly, Zhang shared Zou's view that the evolution of human civilizations and the hierarchy of races were inextricably tied to geographical environments. For Zhang, geographical environment determines the weather, the weather determines the kind of crops that could be grown, and the produces shape the level of civilization of the people of the land.[26] Similar to Zou, Zhang believed that the temperate climate (where the white race lived) was the best environment for producing a rational mind, a disciplined body, and an organized community. In the final analysis, it was the geographical condition in Europe that determined the success of the Europeans in the nineteenth century.[27]

Discontentment With The Eurocentric Metageography

Considering their different backgrounds, it was striking that Zou Daijun and Zhang Xiangwen were so similar in accepting the Eurocentric metageography. In terms of training, Zou was a cartographer specializing in mapping the world according to the European geographical standards. Particularly he made a reputation by creating a Chinese template for drawing maps that followed strictly the conventions of European

---

25 Zhang Xiangwen, *New Geography Textbook*, pp. 1-27.

26 Zhang Xiangwen, *New Geography Textbook*, pp. 188-195.

27 Zhang Xiangwen, *New Geography Textbook*, pp. 194-195.

cartographers.[28] As an official serving in the foreign services, Zou had had the opportunities to travel abroad. Thus, his knowledge of the world came not only from book learning but also from his first-hand observation.[29] For this reason, Zou was given the honor to teach geography when the academic discipline was first founded in the imperial academy in 1902.[30]

By contrast, Zhang Xiangwen was an autodidact who did not receive formal training in geography and cartography. Rather, he taught himself to read Japanese, and through reading Japanese books he learned about modern geography. More importantly, through reading Japanese books, he became an effective geography teacher in primary and secondary schools. During the New Policies period, Zhang Xiangwen published a number of popular geography textbooks including A Chinese Geography Textbook for Primary School 蒙學中國地理教科書 (1903), A Geography Textbook for Secondary School 中學地文學教科書 (1905) and A Textbook for Geology 地質學教科書 (1905). Approved by the Broad of Education (Xuebo), Zhang sold thousands of copies of his textbooks to students in the newly established national schools. As an accomplished teacher, Zhang also wrote manuals for teaching geography. His lesson plans for geography classes in Nanyang gongxue 南洋公學 (1898-1904) and Beijing University (1917-1920) were widely circulated among primary and secondary teachers.[31]

Despite their different backgrounds, Zou Daijun and Zhang Xiangwen ended up sharing similar view on world geography. Their similar view demonstrated the overwhelming discursive power of the Eurocentric metageography in late Qing China. The Eurocentric metageography was powerful not only because it was coherent, persuasive and scientific, but also because it was strongly supported by empirical facts such as the rise of Europe since 1500 and the European domination of the world in the

28 See "Qianyan," Zou Daijun, *Xizheng jicheng, Zhong'e jieji*, p. 1.

29 Zou wrote extensive notes of his trip to Europe in 1886. See Zou Daijun, *Xizheng jicheng, Zhong'e jieji*, pp. 3-139.

30 Scholars offer different dates of Zou's teaching at the imperial academy in Beijing. Tao Xinhua 陶新華, for instance, dates it to 1907. See "Qianyan," Zou Daijun, *Xizheng jicheng, Zhong'e jieji*, 1. Using gazette sources, Yu Bo 于波 provides concrete evidence to show that Zou taught geography at the imperial academy in 1902. See Yu Bo, *Zhang Xiangwen yu zhongguo dilixue de xingqi*, p. 35.

31 For Zhang Xiangwen's geographical writings, see Zhang Xinglang, ed., "The year-by-year chronicle," *Dixue zazhi*, 1933 no.2: pp. 13-19.

nineteenth century. As a totalizing spatial framework, the Eurocentric metageography made perfect sense when global connectivity (through shipping, railroads, telegraphs and telegrams) was considered to be a symbol of modernity, and an empty, homogeneous globe was accepted as the "real picture" of the world.

Yet, as much as the authors of the four textbooks subscribed to the Eurocentric metageography, they also expressed discontentment with the metageography. One common discontentment among the four authors was China's loss of territorial sovereignty due to European imperialism. Of the four authors, Liu Shipei was the most explicit in condemning European imperialism in China. In his textbook, he devoted four pages to chronicling China's loss of territories along its coast (zhongguo yanhai shidi biao 中國沿海失地表).[32] Less explicit but equally poignant was Tu Ji's discussion of the centrality of sovereignty (particularly territorial sovereignty) in defining a nation-state.[33] Even Zou Daijun, the most avid supporter of the Eurocentric metageography, included passages in his textbook that discussed the loss of China's rights to foreigners in shipping, railroads, and postal services.[34]

Another way that the four authors expressed their discontentment was to highlight the importance of Asia in the world. For instance, Zou Daijun emphasized that Asia was the largest continent in the world, and it was the most populous.[35] While on the surface Zou seemed to be presenting empirical facts, he skillfully turned environmental determinism on its head by using it to support the supremacy of Asia. More specifically, he showed that because Asia was larger in size and more populous, it had the potentials to develop into a global power.

Similar to Zou, Tu Ji wrote lengthily about Asia. To underscore the vastness of Asia, Tu wrote separately on the five parts of Asia: its eastern, northern, central, southern, and western regions.[36] Like Zou, Tu Ji's purpose of describing the vastness of Asia was not only to glorify Asia, but also to underscore the potentials of China's future

---

32 Liu Shipei, *Chinese Geography Textbook*, Book One: 12a-16a.

33 Tu Ji, *Chinese Geography Textbook*, zixu: p. 1.

34 Zou Daijun, *Lectures on Chinese Geography*, pp. 31a-31b.

35 Zou Daijun, *Lectures on Chinese Geography*, pp. 33a.

36 Tu Ji, *Chinese Geography Textbook*, pp. 3-5.

development. He stressed that although Asia occupied one-third of the world's land, by the turn of the twentieth century there were only two countries—China and Japan—that were able to preserve their independence from European imperialism. As such, he counseled his countrymen to make full use of the vast land and the abundant resources that China provided.[37] For Tu, environmental determinism worked both ways. It could explain the rise of Europe due to the temperate climate; it could also explain the revival of China due to its size and its huge population. In Tu's view, the future of China was bright because it had futile land, warm weather, and above all, a vast population spreading across a huge territory.

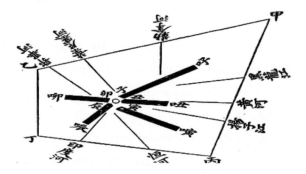

Figure 2: Tu Ji's depiction of Asia being a huge continent centered in the Himalayas and extended (through rivers) into Central Asia, China, Inner Asia, India, and Western Asia. The diagram appears on page 3 in New Geography Textbook. Similar diagram is found in Zou Daijun, Lectures on Chinese Geography, p. 33.

Of the four authors, Zhang Xiangwen was most thoughtful in expressing his discontentment with the Eurocentric metageography. Instead of complaining about European imperialism (like Liu Shipei), Zhang put European imperialism in the context of human evolution. He saw human evolution as a four-stage process that started in the Age of Mountains and the Age of River Valleys, and then continued on in the Age of Open Seas and the Age of the Great Plains. Corresponding to these four-stages was the evolution of human organization from individuals to families (the Age of Mountains), from families to tribes (the Age of River Valleys), and from tribes to nation-states

---

37 Tu Ji, *Chinese Geography Textbook*, pp. 18-21.

(the Age of Open Seas and the Age of Great Plains).[38] Based on this schema, European imperialism was indeed a product of the Age of Open Seas (waihai) where mercantilism, organized production, and controlling the communication and distribution networks were the keys to success. Being a land-based power, China could not compete with European countries in the Age of Open Seas, and therefore it must endure the frustration and humiliation of losing some of its sovereignty. And yet, like Zou Daijun and Tu Ji, Zhang saw hope in China because of its vast land and abundant resources. When the fourth stage—the Age of Great Plains (dalu)—arrived, Zhang asserted, China would prosper when it fully developed its land and skillfully utilized its resources. "In the fourth stage," Zhang concluded, "China will definitely be the major power in the Eastern Hemisphere."[39]

The Pardox of The Eurocentric Metageography

As indicated in Zhang Xiangwen's four-stage process, the Eurocentric metageography could be a tool for supporting or supplanting Eurocentricism. It supported Eurocentricism if one focused on global connectivity that was dictated by trade routes, shipping lines and telegraph hubs controlled by Europeans. By centering on the Age of Exploration and the Age of Global Industrialization, the Eurocentric metegeography presented an image that the Europeans were omnipotent and omnipresent. By emphasizing global connectivity, the metageography gave the impression that the world system was transparent, free-flowing and open to all. And yet, both in structure and content, the metageography privileged Europe as the core of the globe by, for instance, starting the meridian with the Greenwich Observatory in England,[40] and emphasizing the temperate climate as the ideal environment for the modern man.

This contradiction between global openness and European domination was

38 Zhang Xiangwen, *New Geography Textbook*, pp. 195-197.

39 Zhang Xiangwen, *New Geography Textbook*, p. 197.

40 Zou Daijun alerted readers that the graticule of longitude and latitude was an artificial construction when he commented on the location of Greenwich Observation. He mentioned that there had been futile efforts to move the prime meridian to other places. See Zou, *Lectures on Chinese Geography*, 1:6b.

magnified in China when some of its coastal cities and lands were lost to Europeans on the grounds of improving trade and transportation. As shown in the four late-Qing geography textbooks, this contradiction between openness and domination became a central theme in geography lessons to students from primary and secondary schools to colleges. Thus, from the beginning of the twentieth century, the Chinese students were taught that geography was not only a representation of the world, but also as Brian Harvey puts it, "a social process deeply wrapped up in the complex dynamics of colonialism and political domination."[41]

41 Quoted by Barney Warf in *Down to Earth*, edited by Lisa Parks and James Schwoch, p. 45.

晚清地理教科書中的全球圖像

韓子奇

—— 美國紐約州立大學 Geneseo 分校 ——

論文摘要： 眾所周知，晚清地理教科書是中國人「開眼看世界」的重要渠道，也是中國人了解自己國家命運的重要資源。但當中國人開眼看世界時，看到的「世界」是怎樣的？ 看到的「世界」與現實的世界是否吻合？看到的「世界」背後包含了哪一種人類進化公理？本文將採用文本分析法，對上述三個問題作初步探索。文章將比較四本地理教科書：鄒代鈞的《京師大學堂中國地理講義》（1902），屠寄的《中國地理教科書》（1905），劉師培的《中國地理教科書》（1905）和張相文的《新撰地文學》（1908）。這四本教科書分別在「新政時期」（1901-1911）出版，一定程度上反映了清季最後階段士大夫對「世界」的不同看法。更重要的是，這四本教科書證明晚清士大夫相信社會進化「公例」是公平的。世界上所有的人都可以參與「物競天擇、適者生存」的公平競賽，今天的進步者明天可以變為落後，今天的落後者明天可以超前。在這個信念推動下，晚清士大夫相信中國人如果能夠埋頭苦幹，假以時日，他們總會趕上歐洲人。

Foreign Conquest Dynasties in Chinese Textbooks of the 1920s: The Search for a National Identity[1]

Julia C. Schneider

University of Göttingen

Introduction

Already in the 1900s, before the downfall of the Manchu Qing Dynasty (1636/1644–1912), Chinese nationalist thinkers had begun to link their nationalist aims to a new kind of historiography. This development had been triggered by Liang Qichao 梁啓超 (1873–1928), who laid out his ideas how to approach history so that it would strengthen the nationalist sentiments of the Chinese people in his well-known essay "Xin shixue" 新史學 (The Renewal of Historiography[2], 1902). This essay was the starting point for many Chinese historians to make it their purpose to support China's nation-building project by strengthening a certain Chinese national sentiment (minzu sixiang 民族思想) in their work.

A further change happened in the 1920s, when history departments became integral parts of the newly founded universities in the urban centers of the Republic of China (RoC, 1912–1949). New history textbooks had to be written in order to teach students Chinese history. Chinese historians were aware of the crucial role, which Liang Qichao had given to history in the process of nation-building by animating a feeling of national unity among the citizens of the young republic.

One important problem of the RoC was the separation of certain non-Chinese

---

1 This paper is based on the fifth and last chapter of my dissertation, written as a joint PhD at Ghent University and the University of Göttingen. (J. Schneider, 'Ethnicity and Sinicization'.)

2 The mostly given translation is "New Historiography" or also "New History". I am grateful to Rudolf G. Wagner, Heidelberg University, who pointed out that *xin* rather has the meaning of "renewal" here.

regions, which had been part of the Manchu Qing Empire, but showed no inclination to stay part of the RoC after 1912: (Inner) Manchuria (that is, the three provinces Fengtian 奉天 , Heilongjiang 黑龍江 and Jilin 吉林), Inner and Outer Mongolia, Inner and Outer Tibet and Xinjiang 新疆 . Before 1912, Chinese political thinkers intended to integrate these regions in their vision of the future nation-state. In the 1920s, however, Outer Tibet was acting based on its declaration of independence issued in 1912. Although Tibet had not been officially acknowledged, neither by the RoC nor by most other countries, the Nanjing government did not have the political or military power to bring Outer Tibet under Republican rule. Also Outer Mongolia had declared its independence in 1912 as a theocratic monarchy. In the 1920s it became a People's Republic, supported by the Russian Soviets. Even in Xinjiang the situation was far from settled, and Republicans, Soviets and Turkish Muslims (Uyghurs) were competing for supreme power in this region. Also in Manchuria the RoC government had no standing and Japanese and North Chinese warlord influence were strong.

Against this political-historical background, Chinese historians wrote their history textbooks in the 1920s. I will introduce two examples as case studies in my paper, Lü Simian's 呂思勉 (1884–1957) Baihua benguo shi 白話本國史 (Vernacular History of Our Country, 1923) and Liu Yizheng's 柳詒徵 (1880–1956) Zhongguo wenhua shi 中國文化史 (A History of China's Culture, 1928). In each short analysis, I will begin with the authors' understanding of China's history in general and then proceed to parts of their accounts of certain medieval conquest dynasties of non-Chinese ethnic background.[3] In the case of Lü's Baihua benguo shi this will be the Jurchen Jin 金 Dynasty (1115–1234), in the case of Liu's Zhongguo wenhua shi this will be the Khitan Liao 遼 (907–1125), the Tangut or Western Xia (Xi Xia 西夏) (1038–1227), and the Jurchen Jin. It will become clear that their historical writing was deeply influenced – directly or indirectly – by their wish to support the Republican claim for the entire Manchu Qing geo-body as the territory of the newly founded Chinese nation-state. My

---

3 On the issue of using the term "ethnicity" in a historical context and how it then has to be understood see Elliott, *The Manchu Way*, pp. 16‒20. Like Elliott does in this remarkable analysis of Manchu Qing rule of his, I use "ethnicity" as a term for "identity [⋯] as a form of discourse arising from the social organization and political assertion of culture- or descent-based difference, actual or perceived." (Elliott, *The Manchu Way*, p. 16.)

focus lies on their understanding of the foundation histories of these three dynasties, which is based on their aim of making the histories of these non-Chinese dynasties part of a Chinese national history and thus including their assumed descendants into the Chinese nation.

The 1920s are both a beginning and an end of a historiographical development in China. They are a beginning in so far as in the 1920s Liang Qichao's and Zhang Taiyan's 章太炎 (1868–1936) call for a general history of China (Zhongguo tongshi 中國通史) written in a nationalist mode were finally fulfilled. In their general histories, the historians of the 1920s followed Liang's and Zhang's earlier demands. They shortened complex historical events, used vernacular Chinese, and aimed at strengthening the Chinese national sentiment. Especially the last approach is closely related to their ideas on non-Chinese peoples' histories, which were included into China's general histories.

With regard to the non-Chinese peoples' histories, on the other hand, the historiographical works of the 1920s are a temporary end. Lü Simian and Liu Yizheng like other historians of that time adapted the idea of a so called "Chinese assimilative power" (Zhongguo tonghua li 中國同化力), first mentioned by Liang Qichao in 1903, which would further on be the main basis for the analysis and the interpretation of non-Chinese peoples and histories in general histories and history textbooks.[4]

Lü Simian's Baihua benguo shi (1923)

The Baihua benguo shi is the first of several general histories of China Lü Simian wrote. The foreword is dated to 1920 and the book was published in 1923 by by Shangwu yinshuguan (Commercial Press), for which Lü had worked as an editor until 1919.[5] Lü's book was based on lectures he had given at universities.[6]

Until 1914 and after 1920, Lü worked as a lecturer, teaching at universities and schools. In the years from 1914 to 1920, he found employment with the two large

---

4 Liang, 'Zhengzhixue dajia Bolunzhili zhi xueshuo', p. 76. In 1922, Liang rephrased it as "assimilative power of the Zhonghua ethnicity" (Zhonghua minzu tonghua li 中華民族同化力). (Liang, 'Zhongguo lishi shang minzu zhi yanjiu', p. 32.)

5 Lü, Baihua benguo shi, 'Xu li', p. 4.

6 Lü, Baihua benguo shi, 'Xu li', p. 1.

Chinese publishers, the Zhonghua shuju (Zhonghua Book Company) and the Shangwu yinshuguan.[7] He became a follower of the Doubting Antiquity School in the 1920s, in contrast to Liu Yizheng, who did not only criticize this school of thought, but was also criticized by its followers, i.e. for using only textual sources.[8] However, Lü's approach in the chapters of the Baihua benguo shi relevant for us here do not yet reflect an approach much different from Liu's. Lü uses only textual sources and does not consider material sources as required by the Doubting Antiquity scholars, which admittedly might have been rather limited with regard to the Jurchen Jin Dynasty analyzed here.

In his foreword Lü claims that in order to understand China's history properly one would have to tell the histories of Southeast and Central Asian states and peoples as well. However, as space would be limited in a general history, he decides to concentrate only on those, who

entered China and changed into an ethnicity of China.

入於中國，變為中國之一民族。[9]

Lü devotes several subchapters to the Liao and the Jin dynasties, mainly based on their history in relation to the Song dynasty.[10] I will show Lü's approach to the non-Chinese dynasties in his Baihua benguo shi by an exemplary analysis of his idea of the origin of the Jurchen people.

Lü begins with a certain chain of ancient ethnicities from which the Jurchen derived and in which they resolved.[11] This chain was started in the Shiji, where the ethnograph "Sushen" is defined as "the Yi from the Northeast" (dongbei Yi 東北夷) and

---

7　Li, Pan and Yu, Lü Simian xiansheng bian nianshi ji, pp. 123f.

8　Hu and Zhang, Zhongguo jindai shixue sichao yu liupai, pp. 322 – 325; Hon, ʻCultural identity and local self-governmentʼ, p. 515.

9　Lü , Baihua benguo shi, ʻXu liʼ, p. 3.

10　Lü , Baihua benguo shi, vol. 3, pp. 22 – 39, pp. 61 – 115.

11　Sushen 蕭慎 of ancient times, Yilou 挹婁 of Han times, Mohe 靺鞨 (also called Wuji 勿吉) of the Southern and Northern Dynasties and Tang times, Jurchen since Liao times, Manchus since Ming times. (Lü , Baihua benguo shi, vol. 3, p. 61.) This line of succession is given for the Jurchen and Manchus until today. Already in the Sanchao beimeng huibian 三朝北盟會編 (1194) and in the Jinshi 金史 (1343), the Sushen, Wuji and the Black Water Mohe (Heishui Mohe 黑水靺鞨) are given as the ancestors of the Jurchen. (Jinshi, ch. 1, p. 1; Xu, Sanchao beimeng huibian, ch. 3, pp. 1 – 2; see also Franke, ʻChinese texts on Jurchen, IIʼ , p. 415; Franke, ʻChinese texts on Jurchenʼ , p. 122.)

has been extended in every dynastic history since. Also the Jinshi (Official History of the Jin Dynasty) gives such a chain. There is, however, a small but important difference between the Jinshi list and Lü's list and that is the descent from the Mohe. The Jinshi explicitly gives parts of the Black Water Mohe (C. Heishui Mohe 黑水靺鞨) as the ancestors of the Jurchen tribes, who founded the Jin Dynasty. Only Hanpu 函普 (10th century), the ancestors of the Jin imperial clan, is said to have stemmed from Goguryeo (C. Gaoli 高麗, 37 BC–668 AD). Lü on the other hand claims that the Jurchen would have been connected to another Mohe tribe, the Sungari Mohe (C. Sumo Mohe 粟末靺鞨), a people living at the Sungari River (C. Songhuajiang 松花江). They are seen as the ancestors of the Balhae (C. Bohai 渤海), who ruled a kingdom of the same name (698–926) in today's North Korea and Northeastern Chinese provinces. Liu Yizheng makes a similar case and it will become obvious further below why this link of the Jurchen to the Sungari Mohe and the Balhae people is essential for Lü's and later also Liu's argument for claiming that the Jin Dynasty was assimilated to Chinese culture and people.

With regard to the Jin Dynasty's political and institutional system Lü makes a culturalist argument. He writes that apart from some few original Jurchen tribal offices,

the rest of the offices were all conveniently set up imitating the Chinese system.

其餘的官，便都是摹仿漢制設的。[12]

Several decades after Jurchen social-military units had been resettled among the Chinese people in the South of the empire their

former martial practice and spirit withered with each day.

從前尚武的風氣。又日以消亡。[13]

This ultimately led to their defeat by the Mongols.[14] Lü's first line of argument it thus one of cultural change and assimilation. This is similar to Liu Yizheng's approach to argue how the Jurchen Jin became a Chinese dynasty.

However, Lü's ultimate argument why the Jurchen are legitimately part of a general history of China and had been "an ethnicity of China" (Zhongguo zhi yi minzu 中國

---

12 Lü, *Baihua benguo shi*, vol. 3, p. 151.

13 Lü, *Baihua benguo shi*, vol. 3, p. 161.

14 Lü, *Baihua benguo shi*, vol. 3, pp. 105–112.

之一民族) even before they founded the Jin dynasty, is one based on certain blood relations. According to this, the Jurchen were racially already an ethnicity of China, before they became one also culturally. Lü writes:

The imperial clan of the Jin Dynasty[15] simply are blood related descendants of the Chinese ethnicity. Why? Because the Jin clan from the Korean Peninsula emerged from China.

則金朝的王室，簡直是漢族的血胤了。為什麼呢？因為朝鮮半島的金氏，實在系出中國。[16]

In a rather long and very complicated argument Lü completes his chain of proofs as follows: First, the founders of some southeastern states on the Korean Peninsula, namely Silla (C. Xinluo 新羅, 57–935 AD) and three others, are supposed to have come from Chinese regions in Qin times and thus to be blood related to the Chinese people. Lü broadens this to the assumption that all people on the Korean Peninsula would be blood relatives of the Chinese people. Second, one of the ancestors of the Jurchen imperial clan, Hanpu, allegedly came from the northern Korean Peninsular. Lü broadens this to the assumption that all Jurchen people were related to the people of the Korean Peninsular and via them to the Chinese people.

As if these arguments based on a kind of racial descent were not sufficient proofs of the Jurchen being related to the Chinese people, Lü also mentions the connection of the Jurchen to the sinicized Balhae, which Liu Yizheng also emphasized. Lü writes that the Balhae

used the Tang Dynasty as their model and were really not ashamed to become [like] the civilized state in the East of the sea.

以唐朝為模範。真不媿為海東文明之國。[17]

The Jurchen were Chinese in a double sense: racially via Hanpu and Silla, and culturally via the Balhae and their own borrowings from the Chinese institutional and cultural systems. Their integration in a general history of China and as a part of Chinese ethnicities thus seemed unquestionable.

---

15 Lü refers to the Wanyan 完顏 clan.

16 Lü, *Baihua benguo shi*, vol. 3, p. 65.

17 Lü, *Baihua benguo shi*, vol. 3, p. 63.

Liu Yizheng's Zhongguo wenhua shi (1928)

Liu Yizheng's Zhongguo wenhua shi, like Baihua benguo shi based on a lecture series Liu gave in the late 1910s, was first published as a series in Xueheng 學衡 (Critical Review)[18] in the early 1920s. Its first edition as a complete version appeared in 1928.

The images of Liu the historian are divers. On the one hand, he is often classified as a conservative historian, also because he was co-editor of the above mentioned Xueheng, whose contributors stood in opposition to the New Culture Movement (Xin wenhua yundong 新文化運動) in the 1910s and 1920s.[19] On the other hand, Hon Tze-ki shows, that the image of Liu as a conservative emerged also due to the overestimation of the May Fourth historians, especially the Doubting Antiquity School (Yigu pai 疑古派) with Gu Jiegang 顧頡剛 (1893–1980) as its spearhead. Also Axel Schneider does not consider Liu as a one-dimensional conservative and writes that especially the approach in the Zhongguo wenhua shi "seems to fit our image of a modern, nationalist historian."[20]

One point made with regard to the Zhongguo wenhua shi and its approach towards non-Chinese culture is, that Liu would not have argued in a Han-centric or Chinese-centered nationalist way, but accepted the equality of other cultures.[21] However, by a closer reading it comes to the fore that Liu does indeed accept certain aspects of the Indian Buddhist and Western, that is, European cultures, so called "high cultures", as being equal to the Chinese culture, but this approach is not valid for the non-Chinese cultures in the direct neighbourhood.[22]

In Liu's foreword, certain ambivalences come to the fore. Liu defines Zhongguo 中國 as being one of the world's largest countries, thereby clearly referring to the former Qing territory now claimed by the RoC, which as described above was in fact rather

---

18 Published monthly 1922 – 1927, and bimonthly 1928 – 1933.

19 Hu and Zhang, *Zhongguo jindai shixue sichao yu liupai*, pp. 322 – 325.

20 A. Schneider, 'Nation, history, and ethics', p. 279, see also pp. 280f., 286f.

21 Hon, 'Cultural identity and local self-government', pp. 508 – 509; A. Schneider, 'Nation, history, and ethics', pp. 279 – 280.

22 Liu, *Zhongguo wenhua shi*, vol. 1, p. 1.

fragmented in the 1920s.[23] But although Liu territorially includes the non-Chinese regions into China, he does not equally do so with regard to these regions' histories. He mentions those parts of non-Chinese histories which directly affect what he considers to be China's history. Otherwise, he concentrates on proofing the assimilation of non-Chinese peoples, especially those who founded those dynasties which conquered larger parts of Chinese inhabited regions.

In his foreword, Liu also gives a justification for this approach. He mentions that China would have three "special characteristics" (teshu zhi xingzhi 特 殊 之 性 質): first, its immense territorial expansion; second, the age of its civilization; and, third, its complexity of races. The third characteristic is crucial with regard to his understanding of non-Chinese people. Liu argues that the Chinese people would not be pure of blood, but be mixed because

the other races they absorbed and assimilated during the last millennia were unbelievably hundreds upon hundreds.

數千年來，其所吸收同化之異族，無慮百數。[24]

Liu lists some of these assimilated people, among them the Khitan, Tangut and Jurchen, already mentioned above as the founding people of three powerful dynasties in the 10th to 13th century. In Liu's interpretation, however, the absorption and assimilation of so many non-Chinese people had no changing effect on the Chinese people as become clear in chapter 2.3 of Zhongguo wenhua shi. In this chapter, "Zhu zu bing xing juqi tonghua" 諸族并興及其同化 (The bloom and assimilation of ethnicities)[25], Liu explains his general idea of assimilation. He accepts an idea of "assimilative power" of the Chinese people, calling it "power to absorb other ethnicities and to imbue [others] with culture" (xishou yizu guanshu wenhua zhi li 吸收異族灌輸文化之力).[26] Liu bases this on the claim that irrespective of whether the Chinese people were in power or conquered, this power would be at work. In any case, the Chinese people would be able

---

23 Liu, *Zhongguo wenhua shi*, vol. 1, p. 2.

24 Liu, *Zhongguo wenhua shi*, vol. 1, p. 3.

25 This chapter is about a time figuring crucially in Liu's periodization of China's history, that is, the four hundred years between Cao Cao's 曹操 (155－220) coming into power in 196 AD and the founding of the Sui Dynasty (589－618).

26 Liu, *Zhongguo wenhua shi*, vol. 1, p. 357.

to assimilate others living around them.[27] His assumption that there always happened one-directional assimilation and not an exchange or fusion of cultures or peoples Liu bases on the following conditions: first, "intermingled living" (zaju 雜居) and the fact that non-Chinese people would already be used to Chinese politics and teachings; second, the universal validation of Chinese politics and teachings and the fact that "all-under-Heaven generally knew about them"; and, third, the fact that all non-Chinese people, who established dynasties, "used Chinese people to govern" (yong Hanren wei zheng 用漢人為政).[28] These conditions are in fact closely related to each other. Only if the second condition is accepted, that is, only if Chinese politics and teachings are considered to be universally valid, it is possible that intermingled settling and the usage of Chinese people as officials and advisers result in assimilation to the Chinese.

Chapter 2.20, "Liao Xia Jin zhi wenhua" 遼夏金之文化 (The culture of the Liao, Western Xia and Jin dynasties), gives a thorough impression of Liu's usage of the theory of "assimilative power" as a basis for the analysis of non-Chinese ethnicities' history. The method Liu uses for analysing not only the three dynasties in question, but employs in all his other chapters, too, is to make a case in one or two sentences and to verify it with one or several quotations from sources. Thus, a large part of his book is made up by word-for-word quotations which stem mostly from sources like official and private histories, and occasionally from other works.

In order to fully understand Liu's usage of the thesis of assimilative power, I will use his understanding of the foundations of the three dynasties Liao, Western Xia, and Jin. These are helpful cases, because Liu saw the pre-foundational and foundation histories as the basis for the third of his three conditions why the "assimilative power" would be effective only in one direction. This condition was the "usage of Chinese people to govern". Moreover, from Liu's explanation one can deduct what he regards as the basis of East Asian non-Chinese peoples' culture in general and what he thinks of their ability to found their own dynasties in particular.

Liu characterizes the ascension of the first Liao emperor, Abaoji 阿保机 or Liao Taizu 遼太祖 (872–926, r. 907–926) with the words:

---

27 Liu, *Zhongguo wenhua shi*, vol. 1, p. 3, 357f.

28 Liu, *Zhongguo wenhua shi*, vol. 1, p. 364.

The rise of Taizu was actually based on the teachings of the Chinese people.

太祖之立，實本漢人之教。[29]

To verify this claim Liu quotes from the Xin Wudaishi 新五代史：

The Chinese people taught Abaoji: 'The king of China is not replaced by another one, who ascends the throne.'[30] Therefore, Abaoji increased his power and controlled all tribes, unwilling to abdicate.

漢人教阿保機曰：「中國之王，無代立者。」由是阿保機益以威制諸部，而不肯代。[31]

The Chinese people mentioned as Liao Taizu's advisers might have been captives from some conquered Tang dynasty towns. According to the Xin Wudaishi, they gave him advice on the Chinese way of reigning, the greatest difference to the Khitan tradition being the lifelong reign of one emperor. Liu assumes that Abaoji developed the idea of expanding his power – and not abdicating after three years as was Khitan tradition – only due to these Chinese advises. He gives the impression that Abaoji's initiative of achieving unlimited supreme command of the Khitan was in fact based on the teachings by Chinese people. According to this assumption, the basis of the Liao Dynasty was therefore Chinese teaching and culture – the first step of their assimilation was done even before the foundation of their dynasty.

The Western Xia Dynasty was founded by the Tangut people in 1038. Liu's first step to argue that the Western Xia was assimilated to the Chinese is their descent from the Tabgach (C. Tuoba 拓拔) clan of the Xianbei 鮮卑 (also Syanbi) people. He writes:

The Western Xia originated from the Tabgach clan, who had served as Tang and Song officials for generations, thus also mastering the Chinese language.

西夏出於拓拔氏，世為唐、宋官，故亦通漢文。[32]

It is not clear if by "Western Xia" Liu refers to the imperial family only or to all people living under their reign. Connections between the first emperor of the Western Xia, called Li Yuanhao 李元昊 (1003–1048, r. 1038–1048) in Chinese sources, whose

---

29　Liu, *Zhongguo wenhua shi*, vol. 2, p. 527.

30　They alluded to the Khitan tradition of electing a new highest chieftain every three years.

31　Liu, *Zhongguo wenhua shi*, vol. 2, p. 528.

32　Liu, *Zhongguo wenhua shi*, vol. 2, p. 533.

original surname was Tabgach, and certain Tabgach chieftains of Xiazhou 夏州 (in today's northern Shaanxi Province) during Tang times are indeed mentioned in the account of the Western Xia state in the Songshi 宋史 (Official History of the Song Dynasty).[33] Tang emperors granted two of these chieftains the Chinese surname Li 李 and bestowed official titles upon them. However, Liu's claim that they would "have served as Tang and Song officials" is not entirely in accordance with the facts as described in the Songshi. Xiazhou, where these Tabgach chieftains lived, was an ancient Xiongnu 匈奴 town at the non-Chinese side of the defence walls of Han and pre-Han times, the Great Wall (changcheng 長城). The bestowing of official titles to non-Chinese chieftains was a symbolic act and an attempt to include them in the empire's tribute and loyalty system. This practice had been in use already since before Tang times with various other people, although not always turning out to be advantageous for the Chinese side. But bestowing symbolic titles to certain chieftains did certainly not mean their inclusion in the Tang's institutional system, equal to that of a normal Tang official.[34]

His command of the Chinese language, howsoever, was the reason why the first Xia emperor was able to read Chinese Classics and use them to establish his dynasty according to Liu.[35] This is Liu's second step in his argument to show that the Tangut were not only already soaked with Chinese culture through their assumed Tabgach forefathers, but that the Tangut – like the Khitan – also made considerable use of Chinese models to establish their dynasty. Liu writes that

the foundation of offices and the installation of officials were all based on [the offices of] the Tang and the Song.

設官置吏，亦多本於唐、宋。[36]

Also with regard to the foundation of the Jurchen Jin Dynasty Liu tries to show that the Jurchen had been assimilated to Chinese culture already before they officially proclaimed their dynastic name in 1115. Similar to his approach to the Tangut, he bases

---

33 *Songshi*, ch. 485, p. 13982.

34 See Fairbank, *The Chinese World Order*.

35 Liu, *Zhongguo wenhua shi*, vol. 2, p. 533.

36 To verify this, Liu cites from the *Songshi* listing Western Xia offices and official titles. (Liu, *Zhongguo wenhua shi*, vol. 2, p. 534.)

the assimilation of the Jurchen on the assimilation of an ethnicity he installs as their assumed ancestors, the Balhae (C. Bohai 渤海). The Balhae had ruled a kingdom of the same name (698–926) in today's North Korea and the northeastern Chinese provinces.

Liu proceeds in two steps: he proofs, first, that the Jurchen indeed stemmed from the Balhae people; and second, that the Balhae were already assimilated to the Chinese people during Tang times and that thus the Jurchen were equally assimilated. It exceeds the scope of this essay to explain Liu's rather complicated explanations in detail. In order to proof that the Jurchen stemmed from the Balhae, who according to Liu "had a script, rituals and music, and a institutional system" (you wenzi, liyue, guanfu zhidu 有文字、禮樂、官府制度), Liu has to take some efforts.[37] Let me just mention that he tries to create a link between the Jurchen and the Sungari Mohe (Sumo Mohe 粟末靺鞨), a people living at the Sungari River (Songhuajiang 松花江), usually seen as the ancestors of the Balhae. Another part of the Mohe, the so called Black Water Mohe (C. Heishui Mohe 黑水靺鞨) are usually given as the ancestors of the Jurchen since Jin times. They lived further north at the shores of the Amur River (C. Heilongjiang 黑龍江). Liu argues that the Sungari Mohe were "advanced" (xianjin 先進), so that they were able to "absorb the script and teachings of China" (xishou Zhongguo zhi wenjiao 吸收中國之文教).[38] The Jurchen's ability to absorb Chinese culture inherited from their Sungari Mohe forefathers was further encouraged by their conquest of the Northern Song capital Bianjing 汴京 in 1127, which was full of cultural treasures not only from the Song, but also from the Liao, which "could not but influence the [Jurchen] ethnicity" (bi yingxiang yu minzu 必影響於民族).[39]

In all three accounts of the dynasties' respective foundation history, Liu tries to show that the non-Chinese founding people, Khitan, Tangut or Jurchen, not only came into contact with what he considers to be Chinese culture before the foundation of their dynasties, but moreover, that it was this culture which in fact gave them the ability to found their dynasties in the first place. Liu claims that only because of their earlier assimilation these people were able to establish their powerful and long-living states.

37 Liu, *Zhongguo wenhua shi*, vol. 2, p. 536.

38 Liu, *Zhongguo wenhua shi*, vol. 2, p. 536.

39 Liu, *Zhongguo wenhua shi*, vol. 2, p. 536.

Conclusion

As mentioned above, in the history textbooks of the 1920s the Chinese scholarly discourse on non-Chinese histories and the questions of cultural-ethnical assimilation come to a temporary halt. Since it had been initiated by Liang Qichao in the 1900s, this discourse had not been a multi-layered one. Its participants thought of the Chinese people as being superior to those living in their closer surroundings, mainly the other four of the so called "five ethnicities" (wu zu 五族) of the Manchu Qing administration – Manchus, Mongols, Tibetans, and Turkish Muslims.

Before 1912, Liang Qichao, Zhang Taiyan and other thinkers had combined culturalist perceptions with the new requirements of nationalism. They thought that the stimulation of an assumed "assimilative power" of the Chinese people would enable them to include the vast non-Chinese regions of the Qing Empire into a nevertheless Chinese nation-state, that is, a nation-state, which already was or sooner or later would become Chinese.

In the histories written in the 1920s, culturalism was still crucial for the understanding of Chinese people opposed to non-Chinese peoples and their mutual interactions, also based on the fact that nationalist-political challenges were more pressing than ever. Neither Liu Yizheng nor Lü Simian was able to develop multi-cultural approaches to China's history against this background. They assumed that the Chinese "hosts" (zhu 主), who assimilated others,[40] would always have been the culturally dominant ethnicity in China's history, assimilating many other culturally dominated ethnicities, the non-Chinese "guests" (ke 客). This resulted in an ambivalence towards non-Chinese histories, which becomes obvious in the two textbooks used for a short case study analysis above: they all include non-Chinese histories, but at the same time, these histories appear only in their relations to Chinese history and are based on the attempt to make them part of China culturally and ethnically.

Liu Yizheng in his Zhongguo wenhua shi and Lü Simian in his Baihua benguo shi wanted to proof that the non-Chinese founders of influential non-Chinese conquest dynasties were assimilated. They attempt to show how this process happened, and as a

---

40 Liang, 'Zhongguo lishi shang minzu zhi yanjiu', p. 33.

consequence how these non-Chinese people and their territories became part of China. They tried to use scholarly means to verify the assimilation of the founding ethnicities, but had a tendency to generalize and simplify in order to make their books useful for the requirements of the nation-state and its education system.

Like the participants of the Chinese discourse on non-Chinese histories before 1912, also those in the 1920s like Liu Yizheng and Lü Simian believed in the idea of a cultural superiority of the Chinese people and the easy assimilation of non-Chinese coming into their sphere of influence. Liu's image of non-Chinese people as empty vessels, which can be filled with Chinese cultural and ethnical identity, is valid for many historians of the 1920s, despite their different social, academic and political background. The acceptance of Liang's "assimilative power" now seemed complete and unquestioned. The historians of the 1920s used it as a basic assumption, even as a basic theoretical background for their analyses of non-Chinese cultures and histories. The discourse on non-Chinese peoples' histories was closed for the time being.

Literature

Textbooks:

Liu Yizheng 柳詒徵, Zhongguo wenhua shi 中國文化史 [first published in 1928], 2 vols (Shanghai: Zhongguo dabaike quanshuo chubanshe, 1988).

Lü Simian 呂思勉, Zixiu shiyong Baihua benguo shi 自修適用白話本國史 [first published in 1923], 4 vols (Shanghai: Shangwu yinshuguan, 1933).

Other:

Axel Schneider, "Nation, history, and ethics: The choices of post-imperial historiography in China", in *Making History Modern: Constructing the Discipline in China*, edited by Brian Moloughney and Peter Zarrow. Hong Kong: Chinese University of Hong Kong Press, 2012, pp. 271–302.

Herbert Franke, "Chinese texts on the Jurchen: A translation of the Jurchen monograph in San-ch'ao pei-meng hui-pien", *Zentralasiatische Studien 9* (1975), pp. 119–186.

Hon Tze-ki, "Cultural identity and local self-government: A study of Liu Yizheng's

'History of Chinese Culture' ", *Modern China 30.4* (2004), pp. 506–542.

Hu Fengxiang 胡逢祥 and Zhang Wenjian 長文建, Zhongguo jindai shixue sichao yu liupai 中國金代史學思想潮與流派 (Shanghai: Huadong shifan daxue chubanshe, 1991).

Jinshi 金史, compiled by Toqto'a (C. Tuotuo 脱脱, 1314–1356). Beijing: Zhonghua shuju, 1975.

John K. Fairbank, ed., *The Chinese World Order: Traditional China's Foreign Relations.* Cambridge MA: Harvard University Press, 1970, 1st edition 1968.

Julia Schneider, 'Ethnicity and sinication: The theory of assimilative power in the making of the Chinese nation-state (1900s–1920s)'. PhD dissertation, Ghent University and University of Göttingen, 2012.

Li Yongqi 李永圻, Pan Zhequn 潘哲群 and Yu Xinhua 虞新華, Lü Simian xiansheng bian nianshi ji 呂思勉先生編年事輯 (Shanghai: Shanghai shudian, 1992).

Liang Qichao 梁啓超, 'Xin shixue' 新史學 [first published in 1902], in *Yinbingshi heji* 飲冰室合集, Wenji 文集 9. Beijing: Zhonghua shuju, 1983, pp. 1–32.

Mark C. Elliott, *The Manchu Way: The Eight Banners and Ethnic Identity in Late Imperial China.* Stanford: Stanford University Press, 2001.

Pamela Crossley, 'Thinking about ethnicity in Early Modern China', Late Imperial China 11.1 (1990), pp. 1–34.

Songshi 宋史, compiled by Toqto'a (C. Tuotuo 脱脱, 1314–1356). Beijing: Zhonghua shuju, 1977.

Xu Mengxin 徐夢莘, Sanchao beimeng huibian 三朝北盟會編, Shanghai: Shanghai gujin chubanshe, 1973.

Zhang Taiyan 章太炎, 'Zhonghua minguo jie' 中華民國解, in Zhang Taiyan quanji 章太炎全集, vol. 4. Shanghai: Shanghai renmin chubanshe, 1984, pp. 252–262.

———, 'Chinese texts on Jurchen, II: A translation of chapter one of the Jinshi', *Zentralasiatische Studien 12* (1978), pp. 413–452.

———, 'Zhengzhixue dajia Bolunzhili zhi xueshuo' 政治大家伯倫知理之學説 [first published in 1903], in *Yinbingshi heji*, Wenji 13. Beijing: Zhonghua shuju, 1983, pp. 67–89.

———, 'Zhongguo lishi shang minzu zhi yanjiu' 中國歷史上民族之研究 [first published in 1922], in *Yinbingshi heji*, Zhuanji 專 集 42. Beijing: Zhonghua shuju, 1983, pp. 1–34.

————, *Zhongguo lishi yanjiufa* 中 國 歷 史 研 究 法 [first published in 1921] Shanghai: Shanghai guji chubanshu, 1998.

二十年代歷史教科書中的
遼、西夏和金

Julia C. Schneider

德國哥廷根大學

論文摘要：辛亥革命成功後，新國民政府不斷面對內憂外患，其中非漢族地區（包括滿洲、蒙古、新疆、西藏）的獨立行動，對國民政府構成極大威脅。面對非漢族地區的紛紛獨立，國民政府除動用各種力量打擊獨立行動之外，也通過學校教育建立新的史觀去融合國民、提倡愛國精神。本文將分析二十世紀二十年代的歷史教科書，以說明國民政府如何利用學制鞏固以漢族為本位的共和政體。文章將比較兩本教科書：呂思勉的《白話本國史》（1923）和柳詒徵（1880–1956）的《中國文化史》（1928）。分析前一本書時，重點將放在呂氏對金朝（1115–1234）的看法；分析後一本書時，重點將放在柳氏對遼（907–1125）和西夏（1038–1227）的看法。兩本教科書雖在體例和內容上各有不同，但都採用當時流行的「中國同化力」論點，把非漢族納入「中國人」的「大家庭」裏。今天我們回過頭來讀這兩本教科書時，更深切了解歷史記憶對建立民族國家的重要性。

第三部分

1949年後海峽兩岸的教科書及教材

關於兩岸四地聯合編撰 中國歷史教科書之我見

魏楚雄
澳門大學歷史系

好的歷史教科書去哪了？

　　本人任教已二十載有餘，但對於教科書的情懷，卻可以追溯到五十年之前。迄今我仍清楚記得，孩童時代的我，在小心翼翼地翻開散發着油墨清香的第一頁新課本時，便猶如見到了初戀的情人一樣地入迷，如癡如醉、愛不釋手。課本對一個剛剛步入啓蒙的學童來說，幾乎是神秘而又神聖的。它那充滿童趣、簡單而又深奧的每一頁內容、每一字句和每一插圖，都會被如飢似渴、點滴不漏地吸收下來，無形中轉化為成長的養料。教科書成了打開孩子們好奇心和知識殿堂大門的鑰匙，也是他們走向人生道路上的第一個重要夥伴和精神糧食。然而，曾幾何時，教科書逐漸失去了以往的魅力，始讓學生們頭疼和煩惱，因為隨着知識難度和學習任務的加重，再加上極左時代教科書的日益政治化、教條化和枯燥化，它們也就越來越艱澀難懂、越來越沉重複雜，幾乎喪失了過去曾經擁有的那種吸引力，有時甚至成了苦惱的來源和出氣的對象。當學生們開始不喜愛甚至唾棄他們手中的教科書時，他們的老師們情何以堪！更嚴重的是，有些如蔡朝陽這樣的中學老師，開始抨擊大陸的小學教科書「讓小孩子們吃錯了藥」，是小朋友們的「毒奶」。[1]於是乎，大陸在 2009-2011 年間掀起了一股民國教材熱，試圖返璞歸真，從未政治化、未思想意識形態化的時代中尋找啓迪，為學生們找到真正的好教科書。

　　所以，教科書對於一位教師來說，其重要性並不亞於學生。一本編撰出色的教科書於一位教師，就像一架精密靈巧的攝影機於一位攝影師、一支製作出色的毛筆於書法家、一輛性能高超的賽車於賽車運動員一樣，是其夢寐以求的、得

1　《優酷》，「教育：名人名嘴」，一席：蔡朝陽，「以自由看待教育」，http://v.youku.com/v_show/id_XNTMxNDc4MjA0.html，瀏覽日期：2015 年 1 月 7 日。

心應手的工具。工具的優劣，往往會決定工作的成效。當學生們能不由自主地被一本教科書所吸引、對他們全心投入、潛心細讀時，做老師的一半任務就已經完成了。反之，做老師的無論怎樣使盡招數，其效果也是不如人意。本人自執教以來，在選擇教科書時，會竭盡全力、四處挑選，同時孩提年代那種對教科書的情懷，也每每會不由自主地重新煥發起來。一個老師在找到一本好教科書時那種由衷的喜悅，完全可以跟一個學童在領到一本圖文並茂的新課本時那種高興得又蹦又跳的心情相比。

　　但是，令人非常失望的是，現今在大中華許多地區，很難找到一本好的大學中國歷史教科書，這很反常。如果在中國找不到一本好的大學世界歷史教科書，也許還情有可原。這正如本人在美國教書多年，常常為找不到一本合適的中國歷史或東亞歷史大學教科書而苦惱一樣。在中國歷史或東亞歷史方面，美國唯一可用的幾本教科書，不是敍述的條理不夠清晰，就是繁簡不當、內容不全，甚至挂一漏萬，處處暴露出西方學者對中國文化和歷史或東亞文化和歷史的誤解或淺識。相比之下，美國書店關於美國歷史和西方文明史的大學教科書卻比比皆是、層出不窮。它們都編撰得非常精煉明瞭、條理清晰、深入淺出、圖文並茂，而且附有為老師準備的全面細緻的教學手冊和包括答案的各種考題，以及豐富的視頻資料。每年，出版社還都會將比較受歡迎的教科書補充更新，根據新研究成果、新發現以及歷史年限的延長而出版修訂版。這樣一來，擔任教授美國歷史或西方文明史的老師們就比較輕鬆，他們可以省下很多備課的時間，課堂的教學效果也比較好。與此相比，教授中國歷史和東亞歷史的老師們就辛苦得多了。從尋找教科書、閱讀資料和視頻資料到備課、製作 PPT 和準備試題，全都要親自動手，費時費力，還常常得不到理想的效果。所以，本來以為教授中國歷史和東亞歷史會比較得心應手的我，後來就轉而選擇教授原以為會比較難教的美國歷史。

　　由於這樣的經歷，當本人在 2006 年回到中國開始在澳門大學上課時，就期待着能輕而易舉地找到非常理想的大學中國歷史教科書。殊不知，結果完全是事與願違。在中國、尤其是在澳門教授中國歷史，教科書的問題竟然異常困難。首先，澳門大學的教學語言是英語，西方出版的英文中國歷史教科書理應是首選，但因為澳門離歐美距離較遠，要訂購在西方出版的教科書非常不便。更何況，英文書籍的售價一般都遠遠高出中文書籍，再加上昂貴的運費，澳門大學的學生們大都不願意購買高價的英文教科書，許多書店也就不願意冒着賠錢的風險從西方

訂購運費不貲的英文教科書。結果，本人就不得不轉而尋求在大中華地區出版的中國歷史教科書。殊不知，在諾大的大中華地區，本人不僅找不到一本英文的中國歷史教科書，而且竟連一本內容比較全面但觀點又不失偏頗的、比較理想的中文大學用中國歷史教科書都找不到。兩岸四地出版的大學中國歷史教科書，無不因為出版社和作者生活的地點以及政治文化環境的不同，在內容側重點和觀點上都有各偏一面、各執一詞或各有所缺的現象。對有些中國近代史上重大的事件和人物，例如對辛亥革命以來中國歷史的評價等，兩岸四地出版的教科書在觀點和敘述方面，都存在偏激或偏頗，甚至互相對立、針鋒相對，其情景使我常常想起有一年我在南京參加民國史研討會時所遇到的情景。在會上，我作主題發言時，質疑會議把民國史的時段定為「1912-1949」的界定，提出這是一個值得商榷的問題，誰知竟在會場上掀起了喧嚷大波。參會的台灣學者都鼓掌支持，但會議的大陸組織者之一就面露慍色，說什麼海歸派不了解中國實際情況啦，下車伊始、就哇啦哇啦，等等。其實，我所提出的，只是一個因為政治原因大家都在刻意迴避的敏感問題而已，但在學術範圍內，有什麼不可以討論的呢？恰恰正是由於學術被政治化了，兩岸四地的史學界一直對許多具有政治敏感性的歷史問題要麼是採取了迴避或自我禁聲的態度，要麼是被禁聲，所以至今連一本敢於直書政治敏感問題的中國歷史教科書也難以問世。兩岸四地特殊的歷史背景和政治環境，使得編撰中國歷史教科書也政治化了，所以編撰它起來也是困難重重，讓許許多多歷史學家望而卻步。

更何況，一本中國歷史教科書是綜合貫徹了所有歷史時段的各方面知識內容的，但每位歷史學家自身所受的訓練卻都只限於某一歷史時段或一範圍，所以，對於任何一位中國歷史專家來說，編撰一本跨越中國所有歷史時段和內容的教科書，都是多重的挑戰。同時，也正是由於歷史教科書具有跨歷史時段和內容的特性，在專業分工日益見細的今天，每位專門鑽研某一特定歷史時段或內容的歷史學家，也不會覺得自己應該對編撰跨專業的歷史教科書有什麼直接的責任。更要命的是，眼下大多數高等院校都不把編撰教科書算作學術成果，於是編撰教科書便成了一種非業績性的、費時費力的義務勞動，這就導致了整個史學界缺乏一種去編撰歷史教科書的熱忱。然而，好的歷史教科書的缺失，卻會讓每一位歷史學家顏面無光。在整個大中華地區，如果找不到一本像樣的、內容全面而觀點又不失偏頗的大學中國歷史教科書，那真是全體中國歷史學家們以及有關部門的失職

和恥辱！不幸的是，這正是目前我們所看到的現實。最近，電視《爸爸去哪了？》成為風靡東亞地區的節目。當人們提到這個節目時，馬上會想到該節目中那些令人捧腹而笑、率直但又充滿人情味的細節和場面。但是，如果有人發問：「好的歷史教科書去哪了？」作為歷史教員的我們，聽到此問時，心中卻是充滿酸楚、難過和苦笑！

為什麼兩岸四地要聯合起來編撰中國歷史教科書？

教科書雖然只是老師教具、學生學習的工具，但就更高層次來說，它還是知識的結晶和文明的載體，擁有傳授知識、傳遞文明之功能與使命，而中國歷史教科書之功能與使命便是傳承中國數千年文化傳統與歷史了。歷史是對過去的梳理、記載、總結和傳承，也是對過去的審視、借鑑、對話和反省。沒有過去，便沒有現在和未來。青年是一個民族和國家的未來與期望，所以傳承該民族的歷史和文化的重任，也就落在青年的身上。如果一個民族的青年們連本民族的歷史都不了解或搞不清楚，那這個民族還會有什麼前途和希望嗎？在向中國青年傳播和弘揚中華民族的文化與歷史、把中華文明的香火一代一代往下傳的過程中，中國歷史教科書的角色是不可或缺、不可低估的。一本內容豐富、概括全面、條縷清晰、分析精闢的中國歷史教科書，一定也凝聚了史學界各種學術最前沿的研究成果，它可以讓一位青年讀者沐浴於幾千年中華文化的薰陶之中，得到銘心刻骨的歷史教誨或警示，成為中華文明和精神火種的傳遞者。而且，歷史教科書一般都代表了社會與國家的主導意識和思想理念，會對青年人、特別是知識青年的思想觀念和政治意識起到無可估量的、深遠長久的影響，進而對構建整個民族意識都產生巨大作用。由錢穆填詞的香港中文大學校歌唱道：

山巖巖，海深深，地博厚，天高明，人之尊，心之靈，廣大出胸襟，悠久見生成。
珍重珍重，這是我新亞精神。
珍重珍重，這是我新亞精神。

十萬里上下四方，俯仰錦繡；五千載今來古往，一片光明。
十萬萬神明子孫。東海西海南海北海有聖人。

珍重珍重，這是我新亞精神。

珍重珍重，這是我新亞精神。

那麼，什麼是歌詞中所提的人之尊、心之靈？什麼是新亞精神即中華精神？那就是中國幾千年的歷史精髓和文化精神，是中國歷史教科書要學生們「上下四方」俯仰的「錦繡」，要「今來古往」的五千載！

中國是一個歷史悠久的大國，在歷史上經歷過無數次內戰、遭遇過許多次外族入侵，以致於迄今仍未完全統一，甚至面臨着進一步分裂的危險。面對這種複雜的歷史背景和嚴峻的現狀，強化中華民族的意識、增強中華民族的凝聚力，也是中國史學家們義不容辭的職責，是兩岸四地史學家們的共同責任。特別是今天，當海峽兩岸四地的互動越來越頻繁、兩岸和平統一的議題也已經被提到議事日程上來時，面對和清理歷史上遺留下來的許多有爭議、有政治歧意的問題，也就刻不容緩、不容迴避了。可以說，由兩岸四地的歷史學家來共同合作編撰一本中國歷史教科書，就是一種直面歷史、解決歷史爭議的嘗試和探索，是一種促使兩岸四地首先在歷史問題上消除或緩和對立、彌合思想意識分歧的努力，是實現海峽兩岸統一的努力過程中一個不可或缺的環節。政治家們在推進兩岸統一時，需要有非同凡響的大智慧和勇氣，也更需要學界和社會各界，通過輿論蘊釀和鋪墊、理論探索和創新、來協助加力，推動政治實踐與嘗試。作為歷史學家的我們，是否在這方面可以先走一步呢？如果兩岸四地連史學家們都不能坐在一起進行歷史對話、達成某種共識的話，如果兩岸四地連一本可以共同接受、共同使用的中國歷史教科書也編寫不出來的話，那麼兩岸四地的和解又從何談起？兩岸四地的政治家們又如何能拋棄歷史仇見、找到重啓對話並展開協商的歷史新起點呢？兩岸四地又如何能在思想意識上消除對立和分裂、實現真正統一呢？兩岸四地之間歷史學家的交流合作以及隨之產生的共識，應該成為給兩岸四地間的政治互動加溫、為促進兩岸四地的深度政治對話與談判的重要基礎。換句話說，兩岸四地歷史學家在編撰中國歷史教科書和重新審視中國歷史的過程中，可以幫助海峽兩岸的政治家們找到消除造成兩岸政治對立之歷史因素的方法，幫助他們走出舊有的政治思維模式，解開歷史死結，鬆開政治死套，開創走向和統的新局面。

當然，由於兩岸四地不同的歷史發展和社會環境、不同的政治制度和思想理念、不同的觀念意識和思維方式，兩岸四地的歷史學家們必然會對他們共享的

歷史作出不同的詮釋。在共同編輯兩岸四地歷史教科書過程中，兩岸四地的歷史學家們一定會在很多重大歷史問題上產生觀點分歧、有時候甚至會針鋒相對，這將是他們會遇到的重大挑戰。但是，也正是由於這些分歧和矛盾，才更需要兩岸四地的歷史學家們一起坐下來，進行觀點交流和思想踫撞。只有經過不同觀點和思想的交鋒與較量，兩岸四地的學者們才能比較容易地意識到自身思維可能存在的缺陷以及可能長期存在的偏見，才會更加客觀地看待歷史爭議、聆聽對方的聲音、進行自我反思，才能促使他們勇敢面對長久以來一直迴避的歷史問題，才能使他們跳出各自的政治框框和局限，互相取長補短、綜合平衡，從而共同對中國歷史作出全方位的、多視角的研究和結論。

　　具體來說，比如，在編纂歷史教科書時，最先會遇到的挑戰性問題就是一些表面上看來是技術性的、但實際上是根本性的問題。如果港澳台三地的歷史學家參與編撰中國近現代教科書時，他們首先會提出的問題就是：有關港澳台本地歷史的篇幅，其比例應該各佔有多少？這問題本身，非常容易導致分歧、非常需要討論，但又缺乏一種可以為兩岸四地都能接受的學術規範標準。撇開政治因素不說，兩岸四地史學家的本土情結，他們各自的學術傳統，都很容易導致他們在編撰中國史教科書時，傾向於增加本區域歷史的份量。更不用說政治因素更會嚴重干擾學術的中立性。在陳水扁時期，台灣政府就出於政治動機，大力推行了台灣化和去中國化，結果台灣本土歷史在台灣許多中國近現代史教科書中，都佔到了出奇高的比例。同樣，大陸的中國近現代歷史教科書也沒有給予台灣歷史應有的篇幅，並對台灣的國民黨政府予以很多政治化的、不公允的評價。這樣的問題，如何才能解決呢？方法之一，就是兩岸四地聯合起來編撰中國歷史教科書，通過「局外人」和「局內人」之間的對話和換位思考，來協調與平衡「本地」和「非本地」的歷史觀點和傾向。俗話說，當事者迷，旁觀者清。通過「局外人」視覺觀點的衝擊與分析，「局內人」的偏見就比較容易被察覺和糾正，偏重本地歷史的觀點和傾向也比較容易得到糾正，這正是兩岸四地聯合編撰中國歷史教科書的意義所在。

　　兩岸四地聯合編撰歷史教科書，還可以使兩岸四地的歷史學家們揚其所長、避其所短。港澳台的歷史學家們可以利用自身相對自由的學術環境，邀請大陸學者來進行自由敞開的討論與交鋒，以促進他們對某些學術禁區的大膽探索。同樣，大陸學者也可以利用他們在改革開放以後形成的更加開放和宏觀的視野，對

港澳台歷史學家們某些相對狹隘的區域性觀念以及視角提出挑戰。通過這些推誠置腹、坦率真誠的交流和辯論，兩岸四地的學者們就可以認識到各自在研究中國近現代史方面的一些盲區。例如，過去很多大陸學者都以為國民黨在抗日戰爭中是一味地消極抗戰，對抗日戰爭毫無貢獻。改革開放後，許多大陸學者開始有機會訪問台灣、了解到台灣學者的觀點和某些史料與事實真像，他們原來比較片面的觀念就逐步地得到了糾正。同樣地，台灣學者大陸當代史、特別是文化大革命史也一直存在着諸多誤解和膚淺片面的認識。由於缺乏對大陸政治環境的親身體驗和具體考察，以及台灣政府和媒體對大陸長期的歪曲報導，台灣學者對大陸認識出現這種偏差也是情有可原的，而這種偏見也許只有依靠大陸學者的正面抨擊才容易得到糾正。

兩岸四地聯合編撰大學歷史教科書也可以是兩岸四地學者進行廣泛的學術交流與溝通的有效方式。目前兩岸四地史學界之間，相互交流與溝通的渠道還是不甚暢通，往往局限在某個範圍之內。兩岸四地的學者們，一般都是通過學術會議和學術報告來進行交流，這樣的交流就局限在只有邀請者和被邀請者才感興趣的某一主題或某一時段之內，跨主題或跨時段的交流相對來說就甚為少見。推而廣之，兩岸四地校際之間學生的互派互訪，也是規模較小，因為兩岸四地學生交流的程度往往是隨兩岸四地教師之間交流的程度而平行推進的。只有老師們先互動交流，學生們的交流才可能跟進。兩岸四地史學家們對中國歷史教科書的聯合編撰，就可以為兩岸四地師生之間的交流合作，提供一個新的、有利的平台。正如前面所說，青年是民族的未來和期望。如果兩岸四地的青年學生們有了更密切深入的交流互動，那一定會大大有利於大中華地區的和諧發展、和平統一。

兩岸四地聯合編撰中國歷史教科書可行嗎？

可以預見，兩岸四地的歷史學家們在聯合編撰中國史教科書時，會對許多歷史事件和人物產生觀點分歧與意見衝突，其嚴重程度，很可能使得聯合編撰中國歷史教科書這一任務根本無法完成。然而，我們不必為此顧慮並因此而裹足不前。在這一問題上，我們應該追求事情的過程而非目的。換句話說，在聯合編撰中國歷史教科書的過程中所產生的交流和交鋒本身，就是我們的目的，因為我們希望通過兩岸四地聯合編撰中國歷史教科書這一做法，來推進和加深我們對中國

史的研究與交流。在編撰的過程中，即便歷史學家們在許多歷史問題上暫時難以達成共識，但通過交流甚至交鋒，大家也可以比較清楚地了解到相互之間的觀念分歧在哪裏，而明瞭分歧正是解決分歧的起點。如果我們不把相互之間不同的看法和矛盾的地方弄清楚、說清楚，我們何以找到解決不同看法和矛盾觀點的方法與答案呢？

　　比方說，由於不同的政治背景和政治文化，在編撰中國近現代史教科書時，兩岸四地的歷史學家們會遇到許多學者一直未能觸碰的禁區。例如：1949 年以後大陸和台灣的歷史，應該怎麼撰寫和評價？過去對孫中山的歷史定位是否有點過於拔高？對晚清政府的各項改革是否有點過於貶低？國民黨軍隊在抗日戰爭中犧牲與貢獻是否應該充分肯定？共產黨的土改運動是否過於暴力？毛澤東領導下的共產黨和蔣介石領導下的國民黨在治理國家方面是否各有千秋？等等。這些禁區，雖然近來已經有所鬆動，如大陸學者們已開始對國民黨在抗日戰爭中的作用作出越來越多的客觀公允的評價、台灣學者們也已經開始認真批評過去國民黨政府的許多錯誤政策，但兩岸之間在許多歷史問題上的看法，仍然失之千里，很難一時找出一個能夠為雙方都能接受的、公允的說法。解決這種情況的方法之一，就是我們可以先把兩岸四地觀點分歧的歷史問題都列出來，並以此為基礎，將有關的史料先編撰成一部中國歷史教科書補充閱讀教材。通過編撰這本中國歷史教科書的補充閱讀教材，兩岸四地的史學家們就首先可以對兩岸四地在哪些歷史問題上存在着何種分歧有個梳理和總結。其次，中國歷史補充閱讀教材可以讓學生們了解到兩岸四地以及世界各地對同一歷史問題的不同觀點和理論依據，讓他們的學術視野得到擴充。就像前面所述，大陸學者可以將民國史的下線定在 1949年，但他們可以同時通過中國歷史補充閱讀教材，把台灣學者對民國史不同的歷史分段及其理由和根據告訴學生。反過來，台灣的學者也可以把大陸學者在此問題上的不同觀點。這樣的話，即使最後歷史學家們無法向學生提供一本完整通用的中國歷史教科書，在課堂裏，他們仍能通過中國歷史補充閱讀教材向學生們交代兩岸四地史學界的分歧所在，學生們也不至於被一家之說而一葉障目。這樣的教學，就為今後和下一代對有爭議的歷史問題進行更深入的研究並找出解決問題的方法打下良好基礎。

　　經驗告訴我們，凡是有分歧有爭議的歷史問題，往往也比較容易引起學生們的興趣、引發他們的深入思考。在教授學生歷史時，我們更注重的不應該是歷

史的唯一答案，而是各種對歷史不同的理解與看法，以培養和促進學生的批判性精神和獨立思維能力。另外，兩岸四地史學家們一起的合作，也許可以幫助他們找到一些處理難點的制高點。例如，一個中國近代史上簡單而又重要的問題是：中國近代史應該從什麼時候開始？兩岸四地的、甚至許多西方的史學家們都把1840年代的鴉片戰爭看作是中國近代史的開端。但是，在這表面上看起來頗為一致的觀點之下，卻隱藏着在理論框架上和歷史表述方面的深刻分歧。兩岸四地和西方學者們對中國近代史起點的歷史劃分，有的是按照馬克思主義的五個歷史社會形態來進行的，有的是根據中華民國誕生的背景和三民主義理論來界定的，還有的則是根據「衝擊 —— 反應論」的理論框架來處理的。表面上的相同，實際上掩藏了根本上的不同以及政治意識形態的深刻影響和分歧。對此，我們應該如何應付呢？方法之一，就是去政治化。去政治化的途徑之一，就是借用一些比較中性的、非政治化的理論來解釋歷史，以期突破長期以來被意識形態化的思維方法。在中國近代史的歷史分期問題上，我們就不妨參考上世紀後期美國學者孔斐力所提出的理論觀點。他的研究分析告訴我們，中國近代史是遵循其本身的近代化進程和勢態而發展的，西方的影響只是次要的外界因素。按此着眼點去看，中國近代史其實早在十八世紀後半葉就開始了。這樣的理論和立足點，既避免了大陸馬克思主義和台灣三民主義之間的政治敵對，也走出了在西方長期擁有巨大影響力的、孔斐力的老師費正清的「衝擊 —— 反應論」之陰影，也許就能幫助兩岸四地的史學家們擺脫長期以來對立政治意識的束縛，找到新的理論起點和平台，重新詮釋中國近代史上的許多問題，建立起一個更加符合中國近代史的實際情況並為兩岸四地都能接受的新史觀。

在目前的政治環境和局限下，要做到這些的難度是不言而喻的。但是，我們是否應該知難而退呢？答案當然是：我們不能。如果我們不進行嘗試，我們怎麼能知道這目標是難以達到的呢？如果歷史學家不去進行嘗試，那還有誰能進行嘗試呢？其實，如果我們在分析這些問題時，能做到去政治化並嘗試運用某些比較中性化的理論來分析看待中國近代史的話，我們就能跳出政治意識形態的束縛、找出突破陳舊理念和觀點的思路與方法。實際上，中國共產黨和中國國民黨其實就像一家子的兩位親兄弟打架，其出發點和意願都是要讓中國這個大家庭富強起來，但卻因為在中國如何應該實現現代化的問題和治國理念上，相互發生了歧見和嚴重衝突，一度打得你死我活、死去活來。如今，事隔已經多少年了？時過境

遷，兩兄弟到了可以心平氣和地坐下來，一笑泯恩仇、共同重新指點江山的時候了。

　　總之，兩岸四地聯合編撰中國歷史教科書是一項重要的歷史使命，也是一項重大的歷史挑戰，其難度之大、障礙之多，是可以預見的。但是，如果兩岸四地的歷史學家們能通力合作，努力對許多共同關心的歷史問題進行心平氣和的探討，亮明各自觀點，盡可能逐步消除觀點分歧，就一定能逐步形成某種共識甚至相似的中國歷史觀。本人藉此文章呼籲：所有具有歷史使命感和公益心的歷史學者們，都來關注歷史教科書、特別是中國歷史教科書的編撰工作，因為這不僅關係到每位歷史教師能否獲得日常工作的便利，也關係到中華民族的歷史與文化能否有效地被傳承與發展。兩岸四地的歷史學家們要為中國歷史教科書的聯合編撰工作鼎力吶喊，並踴躍地投入到此工作中來。令人欣慰的是，目前已有澳門大學、香港中文大學、香港樹仁大學、台灣大學、台灣師範大學、復旦大學、浙江大學和深圳大學等兩岸四地高校的歷史學家們紛紛承諾參加中國歷史教科書的聯合編撰工作，香港商務印書館對此項目也表達了熱情的支持。本人相信，兩岸四地聯合編撰中國歷史教科書的工作，一定會為兩岸四地史學界開闢一個新天地、提供一個新的交流合作的課題與平台，也期待越來越多的歷史工作者投入到這一史無前例的行動中來。最後，引用由汪東填詞的台灣中央大學校歌中的一段歌詞來作為本文的結語：

　　　　干戈永戢，弦誦斯崇。百年樹人，鬱鬱蔥蔥。
　　　　廣博易良兮吳之風，以此為教兮四方來同。

五十年代國內歷史教育的意識形態與發展——以《歷史教學》(1951 － 1960) 為例討論

曾家洛、謝思熹

香港教育學院教育學系

引言

近年，隨着在東亞地區，釣魚台問題導致中日關係愈趨緊張，更牽涉各國教科書對「釣魚台」主權歸屬和地方命名的描述等問題，使歷史教科書的研究與學術討論，日漸聚焦於教科書內容如何交織於社會意識和政治權力等因素，以及其帶來怎樣的身份塑造功能及國族認同感等問題。學者卓少杰對中國教科書內與日本關係描述的研究、[1] 日本學者 Yoshiko Nozaki 對日本教科書內國族主義的探討、[2] 國立台灣師範大學教育學系聯同國家教育研究院進行的「教科書文本與和平教育之論述與實踐」研究計劃[3] 也展示出學界的這一趨勢和關懷。

在香港，2012 至 2013 年間的「國教事件」，則展現了民間對國內或官方意識形態影響教學內容的高度排拒。當然亦有人士提出以國史取代國教一科的論調，然而這同樣無法逃避當代中國如何詮釋新中國成立以來的歷史功過這一重大

1　參 Sow Keat Tok & Christina Tong, *Imaging Japan: Comparing Narratives about Japan in Chinese Junior High School History Textbooks* (seminar presentation paper, the Chinese University of Hong Kong, 25th April 2014).

2　參 Yoshino Nozaki & Mark Selden, *Japnese Textbook Controversies, Nationalism, and Historical Memories: Intra-and Inter-national Conflicts* (*The Asia-Pacific Journal: Japan Focus* Vol.25-5-09, 15th June 2009).

3　參國立台灣師範大學教育學系、國家教育研究院教科書發展中心，「教科書文本與和平教育」網站，http://tpestudygroup.naer.edu.tw/activity.html；Keith C, Barton, *Students' Active Construction of Meaning: An Essential Consideration for History Education*（台北：國立台灣師範大學教育學系、國家教育研究院教科書發展中心，「重構歷史教材－挑戰與契機」工作坊專題演講，2013 年 11 月 1 日）；Eckhart Fuch, *International Joint History Textbook: History-Challenge-Perspectives*（台北：國立台灣師範大學教育學系、國家教育研究院教科書發展中心，「跨國教科書共構經驗：和平教育之實踐」國際學術研討會主題演講，2012 年 11 月 2 日）。

問題。簡而言之，撰寫歷史並非全然中立，而歷史教科書中對歷史的寫法和評價更涉及很多社會意識及政治問題，當中各種因素的相互影響和交織過程也值得學者注意。從歷史研究的角度看，一個國家如何在歷史進程中，重新詮釋自己的過去，以及怎樣將此演繹於教科書中，同時亦能揭示出其自身對該時代的意識形態和國族身份的再塑造過程。

　　過去，中國曾經歷多次朝代更替。在當代新中國成立的過程中，共產主義這一舶來品經過與中國社會結合的歷程，進而因其史觀導致新中國在歷史教科書撰述上的巨大變遷。而現時在中國受教育的人正是浸淫在當時開始改變的課程內容中，從而塑造了他們對「新中國人」的身份認同與國族認知。

　　本文集中整理和考察《歷史教學》這一自新中國成立後便出版的期刊，冀透過此一刊物，探討當時的歷史教育如何因應社會意識形態和政治環境的變化而有所轉變，甚至轉移至一個新的史觀模式當中。該刊先以京津一帶為發行中心，後於 1951 年成為全國性刊物，出刊一萬本，至今仍在刊行。該刊並沒有列出編輯團隊或總編輯名單，因此涉及的編輯成員尚需查證。這本期刊當中不乏關於當時歷史教育的文章及關於教科書和教材等的討論。故此刊是一份難得的史料，反映出該時代社會、政治、身份與教育等因素如何交纏在一起。因此，透過梳理此刊由 1951 年至 1960 年出版之內容，將有助討論新中國成立後歷史教育的發展，以及相關教科書和教材等編撰的方向及爭議，當中包括蘇聯歷史教育思想、共產主義思想及意識形態等對歷史科及相關教材的影響。而本文乃對該期刊的初步整理和探討，只屬基礎研究性質，筆者期望透過是次初探，能引發更多對該時代歷史教育問題的討論和探究。

《歷史教學》的創刊與變革

　　《歷史教學》期刊創刊於 1951 年，並於第一期〈編者的話〉中闡明該刊名中的「教」字是指「要研究為何講授歷史課程」，[4] 而「學」則是指「要討論為何研習歷史科學」[5]，「前者是歷史教育黨性的闡發問題，後者是唯物史觀歷史科學的研究

4　編輯委員會：〈編者的話〉，《歷史教學》（第一卷，第一期，1951）。

5　同上註。

問題」[6]。這反映出此刊一開始已是因應當時新中國成立後的社會狀況和意識形態而創立。當時的文教工作乃思想戰線重要一環，當中歷史教育尤被視為涉及培養學生對民族的認同感、對過往的認知與理解，以及對未來的前瞻的重要科目，是「具有尖銳的思想性和戰鬥性的工作」[7]。

此刊初出版時的發行數字為二千冊，至 1952 年七月每期已經增印至一萬餘冊。而在 1952 年七月號，該刊編委會刊出〈歷史教學月刊社聲明〉，指出「自 1951 年 1 月創刊以來，到現在已出版了三卷十八期，由於讀者的愛護以及各方面的幫助，本刊已由一個地方性的刊物逐漸成長為全國廣大文教界特別是歷史教育工作者的讀物」[8]。由在此聲明中值得注意的是，編委會特別就過往的出版表示「在配合政治的任務上，我們做得是很鬆懈的，只是機械地選載了幾篇有時事的論文，有時更不主動組織稿件，如有關武訓傳這樣重大問題的討論，只刊了兩篇文字」[9]。到了 1954 年九月號，該刊編委會更發表題為〈給本刊的讀者〉的文章，進一步說明：

（一）本刊方針並不切合客觀的情況。

（二）文章的思想性不夠強。不難看出，我們在系統地介紹歷史唯物主義的基本觀點和幫助教師實際運用這些觀點的方面是很不夠的。

（三）編輯工作缺乏必要的計劃性。

（四）因此該刊將編輯方向集中於提高中學歷史教學質量而服務，並且藉此來達至現實的政治任務，即「引導學生用馬列主義的觀點來理解歷史事件」。[10]

以上所列舉三篇來自當時編委會的文章，充分反映出該刊自初出版開始，已深受當時的社會環境影響，特別是在歷史教學範疇中如何推動政治意識形態融入歷史科中形成當時新的教學模式，更是當中最為關切的課題。

至於撰稿作者方面，在 1951 年創刊時，主要的作者為當時京津一帶學者，包括北京大學歷史系教授周一良、南開大學的楊生茂、著名學者范文瀾、曾任教

6　同上註。

7　同上註。

8　編輯委員會：〈歷史教學月刊社聲明〉，《歷史教學》（總第十八期，1952）。

9　同上註。

10　編輯委員會：〈給本刊的讀者〉，《歷史教學》（總第四十五期，1954）。

清華大學亦為中國西藏研究專家的李有義、曾任職清華大學的丁則良等。至50年代中後期，京津一帶學者稿件漸減，亦顯得較為次要。到了1960年，當時出版的期刊更主要是以團體或組織名義發表的文章為主，如吉林省雙城師範歷史組、武漢一師歷史教研組、福建省廈門一中歷史組、福建省詔安一中歷史教研組等，亦見有《紅旗》文藝組常用筆名「聞師潤」所撰稿件等。從該刊撰稿作者身份的變化，可以推論：一、受到前文提及該刊編輯路線的變化，包括由京津一帶至成為全國性刊物，令全國不同地區的機構或組織也參加投稿，亦為達到提升高中歷史教學質量的目標，撰文者亦由學者為主，擴至不同層面，包括學校的小組和不同人員；二、受當時政權意識形態左右，為求推動社會整體改變，作者群亦漸有更多濃厚黨背景人士參與。1951年至1960年間該刊的國內撰稿作者名單可詳參文末附錄。日後學者可根據此表，更進一步剖析此刊撰稿作者組群的變化、他們背後所涉及的學術圈和黨背景的關係等。

新中國所需的歷史教學新模式

那麼，對於當時的新中國來說，新的歷史教學模式應該是怎樣的呢？王德培在《歷史教學》創刊號中刊文〈論中學歷史教學的理論與實際〉，指出根據政府的共同綱領，教學上要求理論結合實際，是「一種完全新型的教學方法」[11]。王氏認為當時的教師對此是缺乏經驗的，因此這正是應努力摸索方向的時候。而蘇聯作為共產主義在國際擴展的重要勢力，亦是較早接受依據此主義治國的國家，王氏認為它們的歷史教學方式是值得中國學習之榜樣。[12] 而王氏依據有關理論，就新的歷史教學方式提出：

（一）給學生講述系統的歷史基礎知識。這種知識是科學的，合符歷史唯物主義的，是對於學生的生活活動富有積極的指導意義的；
（二）講授給學生的科學的歷史基礎知識，是適合學生的水平而為他們所能接受的；並且要使他們切實的接受，變為他們自己的信念，表現在他們的活動中。

11 王德培：〈論中學歷史教學的理論與實際〉，《歷史教學》（第一卷，第一期，1951）。
12 同上註。

就「何謂脫離實際？」此問題，王氏在文中扼要有力地說明：「非歷史唯物主義的，把現在的『政治』去和歷史教學強行聯繫，絲毫不能算做結合實際」[13]。為使學生不脫離實際，王氏認為就要推動「政治思想教育」。[14]

對於王氏而言，歷史教學與實際的結合是指「歷史的真實過程，從歷史過程中去與概括它的現實意義」。[15] 就該時代的處境來說，落實國家成為共產主義社會就是最現實的課題。王氏在文中亦援引蘇聯的凱洛夫教育學，指出歷史學科的教育意義是揭露人類社會發展的規律，而此規律「對於人類發展到哪裏去，以及人類用什麼方法才能加速和促進新社會的誕生 …… 給予以有科學根據的解答 …… 幫助人們『自覺地選擇以最少的力量取得最大和最鞏固的成果的鬥爭手段，態度和方法。』」[16]，這正顯出建立新的歷史教育模式是當時社會的重要任務。王氏亦舉出一些例子，說明如何在歷史教育中呈現出這種規律：「近代歷史可以使學生了解他們的祖父，父親們怎樣為了爭取自己的解放，爭取新民主主義的勝利，進行過怎樣的英勇的鬥爭。」[17] 根據此種模式，歷史教師在教學工作中，便要引導學生在歷史中領會到在生產模式下剝削者與被剝削者所呈現的關係。同期創刊號亦收納了譯自蘇聯的歷史教育文章〈歷史教育法 —— 思想戰線的戰鬥領域〉，該文指出「歷史變成了辯護資產階級的統治工具。」[18]，當中更明確表達了這一思想。這些文章均指出，歷史科不但需要陳列史料讓學生學習分析，更重要的是引導學生理解歷史進程，以確立和促進社會走向共產主義。

筆者在此嘗試援引社會學家張德勝在討論現代中國的思想發展與社會變遷時，曾提出的生產力與生產關係的發展趨勢一圖，藉此解釋在共產主義社會中，生產模式構成的社會體系演變過程：[19]

---

13 同上註。

14 同上註。

15 同上註。

16 同上註。

17 同上註。

18 余之盍譯：〈歷史教育法 —— 思想戰線的戰鬥領域〉，《歷史教學》（第一卷，第一期，1951）。

19 參張德勝：《儒家倫理與秩序情結：中國思想的社會學詮釋》（台北：巨流圖書公司，1989）。

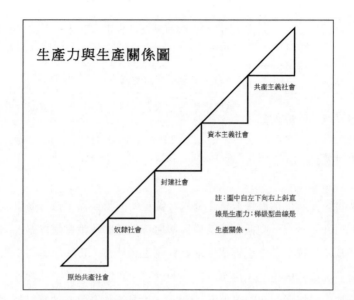

筆者認為此圖有助理解新中國成立時，共產主義作為當時核心的政治思想，將歷史教育置於此種史觀下，所提倡的變革方向以及解讀當中的實際含義。第一，當歷史進程以邁向共產社會作為人類理想的終極點，在歷史教學中套用此史觀及發展軌跡時，教師便要讓學生理解到歷史分析是指向在中國未來成就此一進程，令共產社會建立於現實當中；第二，過往存留至今的歷史內容是每一階段的剝削者所編撰記錄的，因此新模式便要揭示被剝削者當時的情況，並同時推動學生進入此一史觀，促進共產主義社會的實現。

其後，1951 年至 1952 年間的《歷史教學》亦刊登多篇文章，進一步確立此一新歷史教學模式的轉變，以及闡述當中涉及的教學目的、教師角色、史料運用，以及在教學和編撰教材中對史料進行分析與整理的方法。以下是相關文章的例子：

1951 年 2 月號	謝國楨	〈我對於歷史教學的意見〉[1]
1951 年 2 月號	張諍芬	〈歷史教學應該怎樣聯繫實際〉[2]
1951 年 2 月號	張守常	〈歷史教學中的立場問題〉[3]
1951 年 10 月號	周乾榮	〈「實踐論」與歷史教學〉[4]
1951 年 12 月號	何遠	〈徹底改造思想加強愛國主義的歷史教學〉[5]

1952 年 1 月號、 3 月號	何遠	〈人民歷史教師對教育的基本認識 —— 試談中小學歷史教學法〉⑥
1952 月 2 月號	王順德	〈通過歷史教學貫徹愛國主義思想教育〉⑦
1952 年 6 月號	張守常	〈論歷史學的「求真」與「求用」—— 敬獻給正在學習的老師們〉⑧
1952 年 9 月號	石維奎	〈進行愛國主義教育中的幾個具體問題〉⑨

　　總括而言，該時期的歷史教育正進入一個重要的轉捩點。按《歷史教學》中刊登的文章所顯示，這一轉捩點正是摸索如何按當時的政治意識形態，調整出新的歷史教學模式，從而達至引導學生落實共產主義社會。正如學者卓少杰觀點，歷史教育科並非純然的中立，內裏各部分的選材，在選擇、詮釋和評論史事的過程中正是反映出編撰者的觀點與意識。[20]《歷史教學》作為當時的重點教育刊物之一，透過其塑造的新歷史教學模式，同時反映了那個時代如何通過歷史去重新塑造新國族身份的過程。

---

① 謝國楨：〈我對於歷史教學的意見〉，《歷史教學》（第一卷，第二期，1951）。

② 張諍芬：〈歷史教學應該怎樣聯繫實際〉，《歷史教學》（第一卷，第二期，1951）。

③ 張守常：〈歷史教學中的立場問題〉，《歷史教學》（第一卷，第二期，1951）。

④ 周乾榮：〈「實踐論」與歷史教學〉，《歷史教學》（第二卷，第四期，1951）。

⑤ 何遠：〈徹底改造思想加強愛國主義的歷史教學〉，《歷史教學》（第二卷，第六期，1951）。

⑥ 何遠：〈人民歷史教師對教育的基本認識 ——試談中小學歷史教學法〉，《歷史教學》（第三卷，第一期，1952）、《歷史教學》（總第十五期，1952）。

⑦ 王順德：〈通過歷史教學貫徹愛國主義思想教育〉，《歷史教學》（第三卷，第二期，1952）。

⑧ 張守常：〈論歷史學的「求真」與「求用」——敬獻給正在學習的老師們〉，《歷史教學》（總第十八期，1952）。

⑨ 石維奎：〈進行愛國主義教育中的幾個具體問題〉，《歷史教學》（總第二十一期，1952）。

20 Sow Keat Tok & Christina Tong, "Imaging Japan: Comparing Narratives about Japan in Chinese Junior High School History Textbooks".

從蘇聯歷史教育觀的影響到宣揚毛澤東思想

如上所述，達至共產主義社會是當時歷史教育乃至整個新中國朝向的目標；而蘇聯作為共產主義大國，正是應予效法的對象。新中國成立初期，與蘇聯關係密切，直到 1958 年以後，在國際舞台上才逐漸貌合神離。《歷史教學》亦反映了這一狀況和變化。自 1951 年刊行以來，該刊充分反映了中蘇關係的蜜月期；直到 1959 年，該刊逐漸將歷史教育的指導思想轉移成以毛澤東思想為核心，亦顯出中蘇關係漸行漸遠。

在該刊 1951 年 11 月號中，維真發表了題為〈蘇聯是人類解放的燈塔，是世界和平的柱石〉的文章，當中這樣寫道：「蘇聯十月革命，不僅給我們傳來了馬克思列寧主義，而且還給我們中國帶來了各種具體援助。……具體到我們史學工作者身上來說，我們必須在教學中貫徹愛國主義與國際主義，一方面宣揚我們祖國的偉大與可愛，同時還要消除舊社會統治階級的遺留下的狹義民族主義的觀念，我們要認識蘇聯、學習蘇聯、宣傳蘇聯，徹底肅清帝國主義及反動國民黨政府所散佈的對蘇聯的惡意宣傳的影響。」[21] 這篇文章反映了當時中蘇間的緊密關係，並顯示中國積極效法蘇聯，落實共產主義思想的傾向。

而在教育層面上，《歷史教學》首期已經透過王德培的文章，指出蘇聯為歷史教育的榜樣，值得中國學習；該刊並於該期及同年二月號，刊登翻譯自蘇聯的歷史教育法文章。[22] 該刊在 1952 年 11 月號中，更同時翻譯並刊登了三篇來自蘇聯的歷史教育文章，分別是同為噶爾金所著的〈論新歷史教學參考書〉、〈蘇聯歷史（蘇維埃社會史）課本計劃書序言〉和〈在歷史課上利用本地材料的經驗〉。[23] 至 50 年代中期，這種重視翻譯蘇聯歷史教育著作和顯示效法蘇聯的心態仍然保持下去，例如 1953 年 12 月號便收納了〈偉大的十月社會主義革命與中國〉一文；1954 年 5 月號亦分別刊登了題為〈十月革命對中國五四運動的鼓舞〉和〈試談結合高中「蘇聯現代史」某些內容直接進行黨在過渡時期總路線的教育問題〉的

---

21 維真：〈蘇聯是人類解放的燈塔，是世界和平的柱石〉，《歷史教學》（第二卷，第五期，1951）。

22 余之盦譯：〈歷史教育法——思想戰線的戰鬥領域〉以及〈歷史教育法——思想戰線的戰鬥領域〉（續完），《歷史教學》（第一卷，第二期，1951）。

23 噶爾金：〈論新歷史教學參考書〉、〈蘇聯歷史（蘇維埃社會史）課本計劃書序言〉、〈在歷史課上利用本地材料的經驗〉，《歷史教學》（總第二十三期，1952）。

文章。[24] 這些文章更進一步闡述了蘇聯與中國之間的重要聯繫及其影響，套用〈慶祝祖國四年來的成就加強歷史科學工作〉一文的說法來概括，即是：「學習蘇聯，大家的要求，也是毛主席的指示。……至於蘇聯歷史學家編著的世界史，蘇聯史以及歷史科學方法的書籍、論文的翻譯出版，更是直接幫助了我們的歷史科學工作，給我們樹立歷史科學工作的模範。」[25]

　　至 50 年代末，赫魯曉夫與毛澤東在國際利益和共產主義執政路線上逐漸產生分歧，中蘇間的緊密聯繫也隨之轉變。此一時期的《歷史教學》也顯示出這種趨勢，由強調仿傚蘇聯，轉變成提倡以毛澤東思想為歷史教育的指導思想。該刊在 1959 年 1 月號，就刊登了題為〈反動派一定要倒台，革命一定要勝利——天津歷史工作者學習毛主席論紙老虎的文獻座談會記錄〉的文章；[26]1960 年 7 月號亦刊登〈中國現代史教學應當更好地擔負起宣傳毛澤東思想，反對現代修正主義的戰鬥任務〉一文；[27] 同年的 8 月號也刊登了梁卓生所撰〈以毛澤東思想指導世界現代史教材編寫工作的點滴體會〉等文章。[28] 該刊 1960 年的 10 至 12 月號合刊更達到推動毛澤東思想的高峰。該合刊特別以「學習《毛澤東選集》第四卷文章選輯」作為編採方向，當中的文章也是環繞着此一課題，是該刊創刊十年來首次出現的情況。[29]

對教學、教科書與教材所產生的影響

　　如何落實及達到前文所述塑造「新中國人」的身份，將新史學模式演繹出來，必須依靠教科書及教材。而自創刊以來，《歷史教學》中亦不乏討論教科書

24 〈偉大的十月社會主義革命與中國〉，《歷史教學》（總第三十六期，1953）；劉弄潮：〈十月革命對中國五四運動的鼓舞〉、李純武：〈試談結合高中「蘇聯現代史」某些內容直接進行黨在過渡時期總路線的教育問題〉，《歷史教學》（總第四十一期，1954）。

25 〈慶祝祖國四年來的成就加強歷史科學工作〉，《歷史教學》（總第三十四期，1953）。

26 〈反動派一定要倒台，革命一定要勝利—天津歷史工作者學習毛主席論紙老虎的文獻座談會記錄〉，《歷史教學》（總第九十七期，1959）。

27 史群：〈中國現代史教學應當更好地擔負起宣傳毛澤東思想，反對現代修正主義的戰鬥任務〉，《歷史教學》（總一百一十五期，1960）。

28 梁卓生：〈以毛澤東思想指導世界現代史教材編寫工作的點滴體會〉，《歷史教學》（總第一百一十六期，1960）。

29 編輯委員會：〈編者說明〉，《歷史教學》（總第一百二十期，1960）。

與教材的文章，甚至有收納不少相關課題座談的紀要。本部分梳理這些文章，分析當中對於應編撰怎樣的教學材料去落實上述新模式的期望和看法。

該刊所收納 1952 年的〈天津大中學歷史教師座談會記要〉中已提及「學生最感到學歷史困難，課本史科太多，內容龐雜」[30]。根據該紀要所述，該座談會中指出當時的歷史教育有以下三個原因：

（一）講課時羅列事實，偏重於史實的講解，缺乏分析批判，使學生存有枯燥無味之感；

（二）理論不結合實際，名詞講了不少，講一大片政治經濟學的原理，與史料脫節，使學生不能消化；

（三）缺乏階級感情。[31]

這些文中陳列出來的原因，正反映出該時代的歷史教師依據新模式，在教學方式和課本使用上需要採取的調整。對於當時代教科書與教材問題的討論，筆者認為也離不開這些觀點。以下列舉其中一些例子：

（一）在李光璧〈關於高初中本國史古代部分教材教法的一些問題〉一文中，指出「過去講古史，不過講述一些傳說故事，解放後，我們已經從生產方式分析社會的性質，研究社會的發展，這個現象是好的」[32]，而對於教師應如何講授古代史方面，李氏認為「講述古代史，在本國學者對古代社會性質未論定以前，應當按照課本講述，正如伊達同志所說，應多注意對於廣大勞動人民創造祖國歷史以及階級鬥爭的一些生動場面，加以發揮，對於古史社會分期問題，雖然未有結論，但卻堅決相信中國社會的發展，是經過了原始共產制，奴隸制，封建制而來的，證明馬克思所揭發的社會發展一段規律是絕對正確的，確是放諸四海而皆準的真理」[33]。循此方向，李氏認為當時葉蠖生編撰的初中歷史課本符合初中學生水平，同時能按中國社會發展的規律，具體和系統地分為四編，符合唯物辯證的觀點。

而在中古史方面，李光璧和孔玉芳在〈關於高初中本國史兩漢魏晉南北朝部

30〈天津大中學歷史教師座談會記要〉，《歷史教學》（總第二十一期，1952）。

31 同上註。

32 李光璧：〈關於高初中本國史古代部分教材教法的一些問題〉，《歷史教學》（第三卷，第二期，1952）。

33 同上註。

分教材教法的一些問題〉一文中，則指出「在中古史教學中，可以貫徹愛國主義教育的地方很多」[34]，他們歸納為三方面，包括民族問題、人物批判與及勞動人民偉大發明。簡述如下：[35]

民族問題	民族問題源於階級矛盾。晉朝統治者生活奢侈，加重人民負擔，因此漢族勞動人民推翻貴族統治，外族勞動人民為保護個人生命權利，在統治階級內部發生內亂時，發動起義，都是正義的。
人物批判	以生產模式與階級角度批判人物。如漢武帝受經濟潮流感染，對外發動侵略戰爭，以固有的經濟基礎，擴大剝削的對象。漢武帝實為全國第一大地主大商人。因此其對外侵略，完全代表大商人地主階級的剝削本質。
勞動人民偉大發明	談論紙、地動儀、漢畫、羅盤針、陶瓷等發明及產物，說明勞動人民的智慧。

（二）王樹民在〈中學本國歷史隋唐宋元部分有關愛國主義的教育問題舉要〉一文中指出，隋唐宋元部分的中心問題有三個，包括：（一）中國人民勞動創造的成果；（二）中國人民的反壓迫鬥爭；（三）中國人民的反侵略鬥爭。簡述為：[36]

中國人民勞動創造的成果	與學生討論江淮流域、珠江流域等開發、運河的開鑿，以及三大發明（羅盤針、火藥、印刷術）傳入歐洲的影響。
中國人民的反壓迫鬥爭	討論在暴政壓迫下，被剝削人民的反壓迫行動，如反隋煬帝的起義運動、黃巢的農民起義運動、宋初的王小波、李順、北宋末年方臘、南宋初年鍾相和楊么領導的洞庭水寨、元末之紅巾軍或香軍等的起義運動。

---

34 李光璧、孔玉芳：〈關於高初中本國史兩漢魏晉南北朝部分教材教法的一些問題〉，《歷史教學》（總第十六期，1952)。

35 同上註。

36 王樹民：〈中學本國歷史隋唐宋元部分有關愛國主義的教育問題舉要〉，《歷史教學》（總第十六期，1952)。

中國人民的反侵略鬥爭	此問題可包括：1. 五代時契丹侵略者之碰壁；2. 北宋統治者對遼之失敗與醜態；3. 金人入寇與宋朝統治者的賣國投降主義；4. 金元二代終世未斷之民族性的起義運動。

　　（三）有關近代現代史教材教法的討論方面，由《歷史教學》資料室直接發文討論，當中討論的現代史涵蓋一八四零年到現在的一段歷史時期。該刊指出「就教學革命歷史的性質來看：本國近代、現代史是中國人民革命經過『性質不同的兩個革命過程』，即經由資產階級領導的舊民主主義革命結果遭到失敗，進而發展到由無產階段領導的新民主主義革命」[37]，在編排課本、教材或教學內容方面，該刊指出「毛澤東思想，中國共產黨的領導作用和革命的統一戰線、武裝鬥爭的形式，在中國現代史教學上，應該像一條紅線一樣貫穿自五四運動、第一次國內革命戰爭、第二次國內革命戰爭，抗日民族解放戰爭到第三次國內革命戰爭和國內經濟建設的恢復這五個單元中」[38]。而當中的重點應為：抗日民族解放戰爭和第二次國內革命戰爭。

　　以上舉出的例子，正顯出在當時新的歷史教學模式下，不同歷史教育工作者皆在教授古代至現代歷史的發展歷程中，以至如何於課程編排、教科書或教材使用、史料選擇、內容重點和分析概念上，闡釋階級鬥爭和唯物史觀，藉此引導學生了解當時的中國正進入一個歷史的新階段，共同為建立共產主義社會而奮鬥，務使歷史教學與實際聯繫起來。

時代的意義：對歷史教育的貢獻與所產生的扭曲

　　上文透過對《歷史教學》中不同文章的闡述及梳理工作，展現了在新中國成立初期的 1951 至 1960 年間，在歷史教學方面的思潮和發展，以及其對實際教學的影響。筆者認為在此十年間可分為兩個階段，並以 1955 年作分界；在首五年新歷史教學模式對當時代的歷史教育有以下兩點意義：

37《歷史教學》資料室：〈關於高初中本國近代史教材教法的一些問題─附教學參考提綱〉，《歷史教學》（總第十五期，1952）。

38 同上註。

一、對於多元民族的關注

　　從《歷史教學》顯示，在新歷史教學模式的發展過程中，無論是中國通史研究或歷史教育的落實，都有去除大漢族主義的嘗試。李有義早於該刊 1951 年 3 月號中，已撰寫了〈史學界的一個新任務 —— 寫少數民族史〉一文，指出「解放後少數民族都成了新中國的主人，他們的民族形式將被尊重，他們的權利也在共同綱領中得到了保證，他們也將對新中國的建設負起責任，他們已完全否定了過去在大漢族主義下附屬品的地位」。[39] 而在教學上，該刊的一些文章亦嘗試建議由漢族中心改為教授中華各族人民的歷史，例如〈慶祝祖國四年來的成就加強歷史科學工作〉一文就指出「有關中華各族人民歷史的論文書的出版，使我們更清楚的了解中華各族人民都有優良的革命傳統和優秀的歷史遺產，各族人民是贊成平等的聯合，而且經常是各族勞動人民聯合反抗壓迫者」[40]。上文所羅列當時對教學、教科書及教材的各種討論，也反映努力落實此項思想的嘗試。

二、對於人民生活的關注

　　從《歷史教學》所刊載文章所見，由於受唯物史觀及階級鬥爭思想影響，以往的歷史被定性為上層人士、領導階級、商人地主等利益集團的統治工具。故此，在新歷史教學模式中，刻意編排以人民作為歷史的中心點與主體。而過往被忽視的人民反抗行動，亦得以被列為歷史教學的內容，並且由被視為對領導階級的叛變，轉變為合理的起義或革命行為。而人民生活的一些結晶，如陶瓷等工藝，也被提倡列於教學範圍內。

　　然而，到 1955 年以後則有明顯的變化，整個歷史教育轉趨進入新模式的過程是依靠政治思想指導，這也導致歷史教育在 50 年代末逐漸陷入扭曲的風險，並令歷史教育失去客觀史料和主觀理論間的平衡，而日漸淪為鼓吹革命運動的感性力量。這種變化充分反映在五十年代中期後的《歷史教學》中。在 1955 年，該刊就基於當時政治上對胡適及唯心論的批判，而大量刊載相關文章，如〈徹底清除胡適反動思想對歷史學的影響 —— 天津市史學界批判胡適反動史學觀點與

---

39 李有義：〈史學界的一個新任務 —— 寫少數民族史〉，《歷史教學》（第一卷，第三期，1951）。

40 〈慶祝祖國四年來的成就加強歷史科學工作〉，《歷史教學》。

方法論座談會紀錄摘要〉[41]（1955 年 3 月號）和〈清除胡適反動思想在史學方面散佈的毒素〉[42]（1955 年 5 月號）等文。

到了五十年代末，這種政治主導的風潮更盛，例如該刊在 1957 年 9 月號，便刊出了題為〈歷史教師們，積極投入偉大的反右派鬥爭的革命行列中來〉[43] 的社論。1958 年 4 月號則提倡歷史工作者成為紅色史家，[44] 當中林礪儒以書法提句：「培養有社會主義覺悟的勞動者，歷史知識是寶貴的營養，因而歷史教師只能是紅色史家」[45]；另外陳垣亦撰寫了〈要作一個又紅又專的史學工作者〉一文。[46] 這些文章及訊息，在塑造新中國人身份的同時，亦不免有陷入民粹主義的風險。

結語

本文藉考察和梳理《歷史教學》此一期刊，嘗試指出，因應新中國成立，新的歷史教學模式遂應運而生；而主導這一模式的唯物史觀及階級思想，事實上對於史學的批判和發展的確產生了一些積極作用，亦影響了當時的歷史教學。然而，這不單是一個教育改革的進程，更是塑造社會新一代身份的工程。因此這一刊物確為當時代歷史教育以及教科書編採的研究，提供了寶貴的史料，讓學者掌握教育、意識形態和政治權力等如何相互交織的歷程。是次探討無疑只屬初步性質，嘗試展示這一史料具有記錄當時歷史教育變化的重要性及基礎內容。而當中有不少課題尚待進深探討，包括：

（一）編輯組的名單以及背景所代表的社會勢力；

（二）撰寫文章的作者們當時所屬的學術圈及黨背景，在刊物發展過程中如何變化和影響內容取態；

41 〈徹底清除胡適反動思想對歷史學的影響 —— 天津市史學界批判胡適反動史學觀點與方法論座談會紀錄摘要〉，《歷史教學》（總第五十一期，1955）。

42 孫秉瑩：〈清除胡適反動思想在史學方面散佈的毒素〉，《歷史教學》（總第五十三期，1955）。

43 〈歷史教師們，積極投入偉大的反右派鬥爭的革命行列中來〉，《歷史教學》（總第八十一期，1957）。

44 〈郭沫若院長題詞〉、〈林礪儒副部長題詞〉、〈葉聖陶副部長題詞〉，《歷史教學》（總第八十八期，1958）。

45 〈林礪儒副部長題詞〉。

46 陳垣：〈要作一個又紅又專的史學工作者〉，《歷史教學》（總第八十八期，1958）。

（三）刊物內容如對某些教科書的評論產生的實質影響等。

此一刊物所揭示的歷史教育、意識形態和政治權力間的交纏過程，更凸顯出對國家及其歷史的詮釋並不是純然中性，必會涉及某種觀點。而這一情況放在現今香港國教事件後的處境而論，不少港人亦是在 40 至 60 年代因逃避中共來港，加上年青一輩對普世價值的嚮往，故此對所謂國教下是否洗腦的爭議，可以理解為因對意識形態滲入教育的擔憂而最終導致強力的抗爭。因為當中國人、中國香港人、香港中國人、香港人等身份正處於脫離殖民地回歸母國的過程時，難免會觸及港人的神經，一方面恐懼引入國內政治教育主導的方式，另一方面更深怕在這一過程中，港人身份在此教育內容下重新被塑造。而在一國兩制下，這種中國與香港之間的矛盾於未來似乎亦有愈演愈烈的趨勢。由此可見，有關教育的爭議，不單是國教，甚至對國史和港史的理解，相信亦會很易觸碰到不同人的神經，引起新一波的爭端。

附錄：1951 年至 1960 年國內撰稿作者名單

1951	周一良、楊生茂、李有義、賈蘭坡、張政烺、趙儷生、丁則良、徐海、王德培、范文瀾、呂毅、楊生茂、司綏延、謝國楨、張守常、巨夫、張靜芬、何方、雷海宗、李啓烈、陳天啓、賴家度、李光璧、司綏延、周乾榮、趙憩之、賈維誠、張政烺、羅福頤、孫毓棠、馬學良、楊生茂、維真、榮孟源、岑仲勉、賈敬顏、黃紹湘、陳體強、李昇撫、劉湘舲、何遠、禹一寧、傅彬甫、王重民、岑仲勉、方詩銘、林幹、司綏延、李靜昭
1952	葛懋春、傅彬甫、蔡美彪、安志敏、來新夏、周穗成、何遠、秦和鳴等、司綏延、陳毓羆、謝國楨、李光璧、劉錫璋、王順德、陳廷贊、薛綏之、馮家昇、賴家度、周穗成、王樹民、賈逸君、洪程、李鴻、馬少僑、嚴中平、孔玉芳、上海中等學校歷史教學研究會籌備會、雪石、葉玉華、丁正華、陸丹林、張守常、孫作雲、林樹惠、劉寶民、金家瑞、魏宏運、程溯洛、李文治、陳湛若、楊子競、段昌同、丁則良、李啓烈、楊思慎、雷海宗、陳慶華、趙宗復、趙儷生、劉汝霖、楊寬、楊生茂、翦伯贊、蘇北海、羅元貞、石維奎、傅彬甫、林樹惠、漆俠、黎國彬、蔡美彪、稽文甫、白進文、胡華、翁大艸、章仁楷、彭勵、温健、榮孟源、王汝學、鄭天挺、祝璜、漆俠、羅嗣蕃、羅爾綱、杜金銘

（續上表）

1953	李光璧、王以鑄、王崇武、金家瑞、張政烺、林樹惠、紫翔、田農、榮孟源、禹一寧、來新夏、王以鑄、馬少僑、楊志玖、王其榘、黎國彬、林壽晉、王汝學、楚白、紫翔、日知、賴家度、羅爾綱、王祖陶、陸丹林、高俊修、尹金翔、胡如雷、方暉、尚鉞、嵇文甫、楊榮國、鄭天挺、周一良、雷海宗、李鴻舉、王崇武、魏宏運、李光璧、金家瑞、齊思和、王竹樓、林幹、翦伯贊、代直夫、鰻漁、傅杉、嵇文甫、孫毓棠、馮友蘭、陰法魯、程溯洛、張延舉、周輔成、劉孟侃、薛綏之、陳雲崧、楊寬、薛綏之、顧林、雷海宗、辜燮高、湯志鈞、張振鵑、陳雪柯、王天獎、齊揚、陸剛、楊輝
1954	趙儷生、羅爾綱、孫作雲、程溯洛、楚白、林幹、林樹惠、田農、鄧初民、楊榮國、尚鉞、王金鼎、滕維藻、楊志玖、魯揚、金啓綜、鄭天延、劉弄潮、馬毓良、王汝學、方若生、錢君曄、賴家度、李光璧、柳叔、謝理、穆林、吳廷璆、楊寬、馮家昇、司綏延、徐規、胡華、俏儷生、雪滄、謝理、穆林、季陶達、金寶祥、楊翼驤、黎武、李純武、顧林、雷海宗、董潛、馮昌、莊方平、鄭昌淦、啓循、梁進、賈逸君、田農、洪程、魏甄、彭克、張了、賈蘭坡、來新夏、牧亮、周乾濼、傅振倫、張研彬、丁名楠、陳廿金、賈敬顏、姚琼、汗宗植、唐棣、庫庫舍金、梁寒冰、王仁忱、魏宏運、王芝九、丁寒嵇文、甫林毅、盧士林、賈敬顏、任炳湘、陳旭龍、黎國彬、楊志玖、楚白、姚鋻、健平、李光霽、林蔭萱、趙儷生、錢君曄，楊思慎、李鼎芳、江地、動林、趙岡、王中元、王家琦、季子涯、蔡純檽、段昌同、王立達、白進文、李高如、吳仲炳
1955	梁寒冰、白進文等、燕羽、郭敦、傅振倫、鄭天挺、唐棣、鞠秀熙、謝理、穆林、林幹、吳雁南、賈敬顏、沈從文、吳默健、韓國磐、傅振倫、周南、陽光射、田農、景緻等、楊文山、奚風、董一清、祁龍威、石工、王樹民、趙光賢、張一純、馬少僑、董蔡時、家昌、王季敏等、孫秉瑩、季子涯、陳詩啓、李時岳、熊性美、谷書堂、王立達、劉輝、許世華等、陳冠華、華山、李春圃、何林陶、張靖海、來近夏、李朝棟、熊性美、谷書堂、劉興華、林樹宜、唯真、萬九河、顧林、張懷禮、郭毅生、楊耀琳、張守常、孫延齡、王仲犖、傅振倫、李龍潛等、苑書義、王兓、魯森、李大方、奚邦準等、鄭天挺、李光璧、渭柳、王芝九、楊寬、賴家度、關勛夏、李大方、吳廷璆、君里、李泃、程丁、薛虹、馬晶、董玉瑛、吳崇庚、羅節文、朱偰、崔宗復、李蔭農、趙虔、王陸疇、吳良祚、東聲明、關勛夏等、史永元、周止禮

(續上表)

1956	梁寒冰、石工、君里、汪縉、唐長孺、馬堅、廣東廣雅中學歷史教研組、天津市第十五中學歷史教研組、劉輝、魯森、王黎暉、戴知賢、孫志芳、宋國柱、北京師大附中歷史教研組、呂以春、孫祚民、季陶達、戴鹿鳴、方循、尹曲、白丁、天津市一中歷史教研組、李文海、金毓黻、李景林、顧林、榮孟源、吳于廑、薛虹、中小學教師訪蘇代表團、程溯洛、宋祝勤、楊宗遂、方楫、馬少僑、李純武、雷海宗、人民教育出版社歷史編輯室、王永興、健平、上海市教育局試教新課本教研組、蘭州第一中學繆文遠等、北京師大附中歷史教研組、陳垣、侯外廬、鄧廣銘、張守常、齊思和、邱漢生、王永興、蘇壽桐、李賡序、郭寶鈞、梁任葆、杜洽、朱仲玉等、東北師大附中歷史教研組、程富淇等、沈起煒、李家驥、張方悅、徐健竹、金啓琮、林舉岱、陳玉龍、王劍英、鞏紹英、徐旭生、林平野，陳揚靈、梁作檊、王侃、胡代聰、來新夏、夷真、楊一也、張守常、胡止犀、張紹祖、王玉哲、王仲犖、任繼愈、周谷城、金毓黻、曹木青、薛虹、張克寬、金寶祥、丁名楠、張一純、矢元、江宗植、朱子善、西安市第十中學劉海濱、山西范亭中學張林青、常州第二中學李鎮武、江西都昌中學湯滔、賀學恒、賈蘭波、王建、梁方仲、韓國磐、朱傑勤、耿淡如、謝宗陶、舒仁、上海第一女子中學汪太儀、重慶第二中學、黃岡師範學校張祖芳、孫培良

（續上表）

1957	賴家度、李洵、陳佛松、雷海宗、劉祚昌、傅玉璋、谿貴堂、王玉哲、陳象恭、廣東廣雅中學歷史教研組、北京師範學院謝承仁、上海市第一女中歷史教研組、北京市第廿八中學趙恒烈、周輔成、唐長孺、鳥廷玉、苑書義、彭明，桑咸之、汪詒蓀、黃成禮，李桂大張繼平、曾醒時、漆俠、東北師大附中歷史教研組、北京師大附中歷史教研組、天津第一中學韓時勉、北京中央教育行政學院陳學駒、辜燮高、張一純、梁任葆、胡如雷，孫培良、鄧初民、王永興、李老潛、尹廣瑤、關勛夏、李純武、穆林、王繩組、孫作云、天津市一中政史教研組、天津師範學院黃光碩、東北師大附中王鰲、楊建山等、安志敏，胡如雷、王芝九、王永興、顧林、耿淡如、丁則良、張振佩、方循、北京師範學校石維奎、貴陽師範學院周春元、東北師範大學薛虹、湖南第一師範歷史教研組、遼寧阜新二中靖堃、北京第八女中朱仲玉與第二十八中趙恒烈、夏鼐、楊志玖、趙樹經、胡節、姚涌彬、吳天墀、曹紹濂、韓壽萱、陝西韓城中學李錄勛、王劍英等、君里、東世徵、黃廷柱、吳于廑、胡鍾達、程丁、陳恭祿、韓克讓、白進文、高仲君、上海第五十三中學謝介民、蔡汝杰、廖璋、胡宗凌、耿淡如、錢海一、錢重六、鮑文希、李家驥、王涵雅、韓時勉、鄭廣榮、項竟、徐健竹、朱仲玉、劉占武、郭榮良、杜哈、如松、白友寒、徐恒晉、戴樞蔭、張述翰、金鈽霖、趙家斌、劉學敏、曾庸、譚雙泉、何騫、齊思和、姜亮夫、馬裏、日知、耿淡如、黃濤、馬汝珩、關勛夏、耿淡如、黃瑞章、賈敬顏、王學林、黎宗獻、馬驥、高仲君、薛玉清、郭英斌、舒牧、南京一中歷史教研組、段茂光、廉宏杰、劉堂時、牛鐘衡、戴聲賢、周霆嘩、胡潤清、杜國興、陳同、陳靜之、王苐南、劉潤生、張紹祖、盧震、周云、西安一中歷史教研組、蔡紹宜、周為民、蔡若水、蔣嚴蘭、葛召棠、吳廷璆、陳樂素，邱漢生、北京實驗中學歷史教研組、天津第三女中歷史教師薛玉清等、方楫、何若鈞、日知、魏越、耿淡如、景珩、人民教育出版社歷史編輯室、江蘇鹽城中學戴企平、江蘇楊州中學鈕鈞義、東北師大附中張文生、楊生茂、魏宏運、馮漢鏞、梁任葆、王炳義、彭樹智、蘭州第二中學歷史教研組、紊寧實驗中學張紹庭、北京第八女中朱仲玉、上海育才中學劉一鷗、浙江瑞安中學馬允倫、湖南益陽一中周雨初、喬明順、如潛、傅容、稽文甫、鄧天挺、祝瑞開、劉文鵬、長春第八中學關昭容、健平、重慶四十一中學饒裕德、西安第十中學劉海濱、丁名、葉玉華、唐垂裕、陳翰笙、吳世璜、文琪、江西吉安高中歷史教研組、孫宗文、湖北省教育廳教研室、河北省教育廳教研室、劉方義、哈爾濱第一中學劉瑜

（續上表）

1958	范若愚、安志敏、王仁忱、顧林、湖北省教育廳教研室歷史組、湖南長沙四中歷史教研組、浙江黃岩中學歷史教研組、暢、如、孫定國、余炎光、吳于廑、馬堅、劉輝、山東郯城一中馮伯端、孫定國、王明、胡益祥、朱寰、耿淡如、黃瑞章譯注、石工、東北師大附中王鰲、東北人民大學附設工農遼中肖月高、陳恒、翦伯贊、呂振羽、鞏紹英、孫定國、納忠、郭厚安、韓壽萱、黑龍江綏化一中李恩錫、蘇州第九初中陶俊升、劉心顯、何啓君、魏宏運、賴家度、周庆基、文琪、劉淮生、蘇州一中劉恩同、范文瀾、智天成、王忠、除良驥、陳國強、趙一匡、天津市六十中學余和驥、鞏紹英、邱漢生、陳樂素、楊甫、邱漢生、鄭挺、吉清樹、吳乾釾、彭樹智、北京一零一中歷史教研組、北京二十八中歷史教研組、北京四中歷史教研組、天津一中歷史教研組、許整意、郭存孝、峰、木良、劉啓戈、南開大學歷史系、姚枚、韓國磬、向紅、楊宗遂、天津師範大學歷史系學生楊承訓、天津師範大學歷史系學生李海鏡、李蔭農、武漢市三十二中歷史教研組、司明、左建、王玉哲、南開大學歷史系世界史教研組、王榮堂、張弓長、龔鵬九、遼寧省教師進修學院史地教研室、北京教師進修學院歷史教研室、武漢二十六中歷史教研組、李平安、廣西桂林二中歷史教研組、寶志強、李雅書、陸定一、史群、北京師範大學歷史系陳繼珉、玉賡瑛、伍步良、滌塵、苑書義、亦平、蓤德昌、張弓長、肖蘭瑞、河北源懸一中史地教研組、江贛師、孫定國、天油師範大學歷史系中國古代中世史教研組、譚雙泉、韓承文，伊文成、周慶基、郭存孝、徐柏林、遼寧安東五中伍守里、山東萊陽一中歷史教研組、黎干、古芦、古節、向紅、劉輝、天津市一中高一備課小組、北京五十六中歷史教研組、北京三十七中楊群榮、山東郯城一中史地教研組、廣東新會一中歷史組

（續上表）

1959	科學院河北省分院歷史研究所中華人民共和國史編寫組、天津師範大學歷史系學生調查小組、馬彤、蘇路、北京東城區歷史教師劉宗華、王克駿、王子和、伍鼎云、廣東師範學院李蔭農、上海新沪中學歷史教研組、劉海濱、湖北實驗師範歷史教研組、開史、慶開、南開大學歷史系世界史教研組、錢能欣、馬汝珩、石工、楊愚、劉宗、哈爾濱市第八中學歷史教研組、天津市第一中學任葆勤、太原市第十中學黃培炎、呂振羽、李建青、程毅、史紅、龔鵬九、邱漢生、北京七中歷史教研組、天津師大政教系中共黨史教研室李中實、北京二十八中金林、湖北蒲圻一中歷史教研組、秦德芬、智天成、孫遜、曉深、沙丁、胡代聰、湖南岳陽第一中學張忠、上海風城中學周宏溟、王可風、高全朴，張豈之、洪煥椿、南開大學歷史系中國近現代史教研組、亦明、學順、子牛、江蘇蘇州高中胡喜麟、安徽師院附中歷史教研組、鞏紹英、朱仲玉、汪槐齡、丁則民、長惕金、星月、福建甫田一中宋床嵩、吉林師大附中歷史教研組、吳晗、青島三十五中朱活、魏今、陳熊、李學勤、劉宗緒、王榮堂、胡大澤、天津市第十六中學歷史教研組、北京市第五中學張東浩、福建省龍岩二十陳懷信、哈爾濱第十六中學歷史教研組、陳伯達、劉經宇、鼎勛、重日、賈蘭坡、姜德昌、天津市三十五中歷史教研組、河北省邢台一中彭仲英、袁臻、張水良、伊文成、文琪、譚雙泉、歐陽熙、華東師大附中蔡多瑞、浙江省溫州一中歷史教研組、王玉光、天津市一中歷史教研組、吉林師大附中歷史教研組、湖南第一師範歷史組、北京市女二中歷史教研組、王仁忱、鄧樺、楊田、彭樹智、暢如、李建青、秋農、穆林、王常柏、天津市第一中學校長韋力、賴家度、一寧、健平、豁然、北京女十二中劉占文、江蘇省蘇州高中陶念慈、土瑞明、今、吳唅、鄒逸麟、劉家和、楊宗遂、王慶成、郭存孝、謝玉章、吉林師大附中王鷟、黑龍江省綏化一中李恩錫、遼寧省遼寧陽二高歷史組、王莊、穆克

（續上表）

1960	史群、何玉疇、鄭如霖、葉丙炎、楊田、羅慎炯、杜蔭萱、鈕仲勛、何夫、秋農、潘梓年、吳雁南、吳廷璆、陳正容、沙丁、張竟仲、周上能、暢如、殷新安、朱仲玉、馮遠程、王忠、王瑞明、夏景才、姜德昌、張興伯、汪安民、裘先鈞、范永祿、劉振業，田辛甫、金群、石工、武元甲，張惕全、韓國磐、為今、隗瀛濤、福建省詔安一中歷史教研組、王慶源、李長賢、黎虎、江宗植、陸定一、洪煥椿、張習孔、朱仲玉、王貴正，伊文成、彭家禮、簡竹堅、郭慶昌、哈爾濱市十二中學歷史組、福建省詔安一中歷史組、長沙市第八中學歷史組、重慶市第三中學歷史組、盧葦、吳冠中、中國歷史博物館、劉輝、石工、魯義、南開大學歷史系中國近現代史教研組、南開大學歷史系四年級歷史專業班、王劍英、願學順、賈逸君、萬滙川、何梅生、付長吉、福建省廈問一中歷史組、白壽彝、陳可畏、盧士林，武漢市第九中學歷史教研組、唐陶華、哈爾濱市十九中學歷史教研組、浙江省溫州四中史地組、劉宗緒、安志敏、南開大學歷史系世界史教研組、唐俠鳴、梁卓生、武漢一師歷史教研組、河寬省商丘一高楊力行、趙恒烈、吉林省雙城師範歷史組、福建省龍岩師範盧衍海、戈華、趙永良，傅克順、翁祖澤、劉亦冰、黃嘉吉、李思溫、廖理、周建曄、《紅旗》雜志編輯部、林彪、葉劍英、陳伯鈞、聞師潤、肖述、楊甫、林一舟、安子文、施東向、歐陽欽、黎澍、艾思奇、鄧力群，吳江

台灣中學歷史教科書的文化史教學內涵

沈宗憲

台灣師範大學國際與僑教學院

前言

　　歷史教育是培養學生人文素養的重要知識，台灣的高中歷史教育主要是中國歷史、世界歷史，以及文化史，包括中國文化史、西洋文化史。以往對於台灣教科書的研究不勝枚舉，[1]但多半從政策、教科書選題、課文撰寫角度等着眼。有關課程文化史的分析，仍有待耕耘。

　　文化史應包含哪些課題？高中生又需接受何種文化史課程？歷來史學界對文化的定義與內涵有所不同。錢穆在《中國歷史研究法》曾經說道：「政治、經濟、人物、學術、地理各方面均屬於中國文化一部分，專就文化史來說，範圍還要更大，可以說，『文化是全部歷史的整體』」。[2]準此，廣義的「歷史」乃是包羅萬象的學問。杜正勝曾經提出「新社會史」概念，也包含文明的部分。他指出歷史研究應增加人民生活、禮俗、信仰、心態，涵蓋物質、社會、精神三層面；新社會史內涵是探索涉及全民的物質文明、精神文明，包括生態資源、產業經營、日用生活、親族人倫、身份角色、社群聚落、生活方式（品味）、藝文娛樂、生活禮儀、信仰宜忌、生命體認、人生追求等。[3]錢穆採取極廣義的看法，文化史幾乎無所不包；杜正勝側重底層、庶民、生活的部分。

　　20世紀下半，西方興起新文化史研究熱潮，林‧亨特（Lynn Hunt）在「導論──歷史、文化與文本」一文，指出社會學理論對歷史學的影響減退，代起的是人類學與文學理論。新文化史的重點是文本、圖像、行動，主張研究的目的

1　有關教科書的研究，大多是台灣師範體系師生關心的課題，相關研究可檢索「師範校院聯合博碩論文系統」http://etds.lib.ntnu.edu.tw/。另參考藍順德：《二十年來國內博碩士論文教科書研究之分析》（台北：國立編譯館館刊 32：4）。

2　錢穆：《中國歷史研究法》（台北：聯經出版社，1994），頁139。

3　杜正勝：《新史學之路》（台北：三民書局，2004），頁28。

是解讀意義而非推導因果關係。[4] 由於其所探討的課題包含符號儀式與行動、文本分析與詮釋、隱喻與象徵、統一與差異、認同與社群感、心態史、婦女史、性別研究、書籍印刷等，與杜正勝擬的議題，有若干相通之處。

本文探討台灣高中教科書文化史的內涵，透過分析不同階段的歷史課程目標與文化史課題，反省：「誰」的文化史？「何時」的文化史？「什麼樣」的文化史？希望對中學歷史教育內容的分析，使教科書編撰能導入更多歷史學專業研究成果。

歷史課程目標的演變

學校教育做為國家培養其國民知識、人格的主要場所，由專家學者依據教育學理、學門專業、國家目標，規劃出各教育階段的所有課程。50 年代，教育部明白指出「課程必須配合國家政策、時代要求與生活需求，隨時研討改進。」[5] 由每次課程修訂的教育目標，應能看出官方的政策需求，甚至意識型態。中學教科書的編撰出版，可分為以下階段：放任制──光緒二年（1876）至光緒三十一年（1905）；審定制──光緒三十一年至抗日戰爭前（1938）；統編制──抗日戰爭至國民政府遷台（1949）；編審併行制──台灣光復（1945）至 1968 年；統編制──1968 年至 1989 年；開放審定──1989 年至今。[6] 本節擬分析戰後台灣高中「中國歷史」、「中國文化史」的課程目標有何變化？

北伐統一後，教育部於 1929 年 8 月完成「中小學課程暫行標準」，其中「高級中學普通科本國史暫行課程標準」的目標如下：

（一）陳述本國民族的分合、政治制度的沿革、民生經濟的利病，以說明今日中國民族形成的由來與各種政治社會問題發生的源流，而闡發三民主義之歷史的根源。

（二）注意帝國主義者侵略中國之經過及現代中國政治經濟的變遷，以說明中國革命發生的背景，指示今後中國民族應有之努力，

---

4 林·亨特（Lynn Hunt）編，江政寬譯：《新文化史》（台北：麥田出版社，2002），頁 33-35。

5 教育部中等教育司：《中學課程標準》（台北：正中書局，1962），附錄，頁 533。

6 藍順德：《我國中小學教科書編審制度的回顧與前瞻》（台北：國立編譯館通訊 14：2），頁 2-3。但作者將日本割據台灣時期（1895-1945）也列為一個階段，為「統編制」，本文不採納。

　　　　並喚起學生奮發精進的精神。

（三）闡明中國學術文化演進的經過，昭示先哲堅卓的工夫與偉大的
　　　造詣，以引起學生珍愛本國文化與繼承先業發揚光大的精神。

（四）注重近代史於古史中，亦注意其有影響於現今政教潮流者，由
　　　歷史事實的啟示研討政治社會改革的途徑，務使歷史事實與現
　　　代問題發生密切的關係。

（五）指示歷史研究的方法，養成「無證不信」的態度，隨時提出歷
　　　史上未解決或可疑的問題，討論其真理或其影響，以培養學生
　　　自由研究的習慣。[7]

本版「課程暫行標準」的教育目標在於凸顯帝國主義對中國的侵略，喚起學生愛
國心；同時並提出學術文化傳承概念，以及培養學生的分析、批判歷史問題能
力。而後，教育部在 1932 年，正式頒佈「高級中學歷史課程標準」，其目標為：

（一）敍述我國民族之拓展與歷代文化政治社會之變遷，以說明本國
　　　現狀之由來，而闡發三民主義之歷史的根據。

（二）注重近代外交失敗之經過及政治經濟諸問題之起源，以說明本
　　　國國民革命的背景，指示今後本國民族應有之努力。

（三）過去之政治經濟諸問題，其有影響於現代者應特別注重，使學
　　　生得由歷史事實的啟示以研討現代問題，並培養其觀察判斷之
　　　能力。

（四）敍述各重要民族之發展與各國文化政治社會之變遷，使學生對
　　　於世界潮流之趨勢，獲得正確的認識與了解。

（五）說明近世帝國主義之發展、民族運動之大勢與現代國際問題之
　　　由來，以研討我國應付世界事變之方策，而促成國際上自由平
　　　等之實現。

（六）敍述各民族在世界文化上之貢獻及其學術思想演進之狀況，應
　　　特別注重科學對於現代文明之影響，以策進我國國民在文化上
　　　急起直追之努力。[8]

比較二者，教育目的都強調三民主義的歷史根源（據）。特別的是，兩課程的目

7　課程教材研究所編：《20 世紀中國中小學課程標準‧教學大綱彙編 ——歷史卷》（北京：人民教
　　育出版社，2001），頁 30，標點符號有修改。

8　立法院編譯處編《中華民國法規彙編‧第九編教育》（上海：中華書局，1934），頁 770，標點
　　符號有修改。

標都具有鑒往知來，傳統史學的經世精神，使學生從研讀歷史的過程中，了解當今現狀的由來，找尋未來發展的契機。其中，「高級中學歷史課程標準」將「科學對現代文明的影響」列入課綱目標，值得注意。

正式課程標準實行三年，發現若干問題，於是召集專家與中學老師共同修訂。1936 年，公佈「修正中學課程標準」，特點是減少教學時數、增加職業科目等。抗戰時期，政府在重慶召開「第三次全國教育會議」，公佈「戰時教育實施方案」，依此方案，修訂中小學課程標準。1940 年公佈修正中學課程標準，特點是實行分組選修制、英語改為選修、合併若干科目等。[9]而歷史課程標準的目標是：

（一）敍述中華民族之起源、形成及其疆土開拓之經過，而各支族在血統上與文化上之混合情形及其相互依存之關係，尤應加意申述，使學生對於中華民族有整個之認識與愛護。

（二）敍述我國歷代政治、文化、經濟、社會之變遷，尤其足以影響於現代社會生活之史，應特別注重，藉以明白我國現狀之由來，而於古代之光榮與近世外力之壓迫，以及三民主義之歷史背景，尤應從詳申述，以啟示學生復興民族之途徑，以其應有之努力。

（三）敍述上古以來世界各主要民族之演化，與各國政治、文化、經濟、社會之變遷，及其相互間之影響與關係，使學生對於世界有正確之認識，而近世科學之功能、帝國主義之發展、民族運動之大勢、以及現代國際問題之由來，尤應充分說明，以策勵學生研討世事，探求科學，而努力於抗戰建國之大業。[10]

本版課綱係配合對日抗戰的需要，強調近代中國受帝國主義壓迫的經過，加重民族教育的成分，培養學生的民族光榮感。至於「探討科學」亦為歷史教育目標，是希望學生鑽研其中，「而努力於抗戰建國之大業」。

1945 年日本投降，中華民國政府派員接收台灣。日本原有三種中學，即公私立中學校、高等女學校與國民學校高等科，各有不同的修業年限。當時政府依照教育法令，將所有中學均改為「三三制」，廢除國民學校高等科，命縣市設立

9　教育部中等教育司：《中學課程標準》，附錄，頁 495-500。

10〈修正高級中學歷史課程標準（節選）〉，《中國教育大系 ——歷代教育制度考》（湖北：湖北教育出版社，1994），下卷，頁 2277。

「初級中學」。[11] 不過，日本學制將每學年分為三個學期，與教育部頒行課程，無法銜接。因此，政府明訂每學年為兩學期，將 1946 年 2 月 1 日至 7 月 31 日，訂為民國 34 學年度第二學期。自民國 35 學年起，依照教育部頒行課程標準授課，特別加強各級學校語文、史地的教學。[12] 此後，台灣中學教育進入新的階段。1948年，因應實行憲政的需求，教育部公佈新修正的《中學課程標準》。其中歷史科的目標是：

一、明瞭中華民族內各宗族之起源，混合及其相互影響，相互依存的關係。

二、明瞭我國歷代之政治、經濟、社會、文化等變遷的趨勢，特別注重足以影響現代社會生活之史實，激發愛國家，愛民族之精神與光大之責任。

三、使學生明瞭世界各主要民族演進之歷史及其相互之影響。

四、明瞭近世文化演進及現代國際大勢，確立我國對國際社會應有之態度與責任。[13]

此版課綱公佈時間正是國共內戰之時，是否普遍並有效地實行於各省中學？仍有待商榷。爾後，局勢丕變，隨着國民政府撤退到台灣，進入動員戡亂時期，教育部遂再改變課程。國民政府鑒於若干學科課程標準無法契合「反共抗惡」的基本國策與「戡亂建國教育實施綱領」，故於 1952 年 1 月修訂「公民、國文、歷史、地理」四科課程標準。[14] 歷史課程目標是：

一、明瞭中華民族之演進及各宗族間之融合與相互依存之關係。

二、明瞭我國歷代之政治、經濟、社會、文化等變遷的趨向，特別注重光榮偉大的史實與文化的成就，以啟示復興民族之途徑及其應有之努力。

三、明瞭世界各主要民族演進之歷史及其相互之影響。

四、明瞭世界文化之演進及現代國際大勢，確立我國對國際應有之態

---

11 教育部：《第三次中華民國教育年鑑》（台北：正中書局，1957），頁 246。

12 同上註，頁 247

13 教育部：《中學課程標準》（南京：民生印書館，1948)，頁 131。

14 教育部：《中學課程標準》（台北：教育與文化社，1956)，頁 214。

度與責任。[15]

相較於前一版課程目標，變動的是其中第二點，將原來強調古代歷史變遷對當代社會的影響，激起學生「愛國家，愛民族之精神與光大之責任」，修訂為「光榮偉大的史實與文化的成就，以啟示復興民族之途徑及其應有之努力」。表面上，減低前版課程目標濃厚愛國主義、民族教育色彩，但仍賦予學生復興民族的責任。不過，課程標準仍要求「凡遇我國民族忠貞大節，輝煌事蹟，及貫通中外史實等項教材，應作有系統之講演，以激發學生愛民族愛國家之精神。」[16]1970 年代後，歷史課程標準不再要求課堂上特別提示愛民族國家（按：1983 年起，改列於文化史課綱中）。迄 1998 年，都未再調整歷史教育目標。

1995 年修訂的歷史課綱（以下簡稱「88 課綱」），1999 年的高中學生適用。從此以後，部編本教科書開放為「一綱多本」。當時修訂課綱重點是希望增進學生對歷史的興趣與人文素養，培養學生的思考與分析能力，與對社會、民族、國家的認同及責任心。其減少制訂具體及直接的指引或規範，方便提供課本編撰者、教師與學生，有較多自我思考與發揮的空間。[17]課綱教育目標大幅度修正：

一、啟發學生對歷史的興趣，俾能主動學習歷史，吸取歷史經驗，增進人文素養。
二、引導學生了解歷史知識的特質，使其認清歷史變遷對時代的重要性，以強化其思考與分析能力。
三、引導學生思索人我、群我的關係，以培養學生對社會、民族、國家的認同感與責任心。
四、培養學生具有開闊的胸襟及世界觀，使能以更寬廣的角度思索中國歷史文化在世界歷史文化中之地位。[18]

本版課綱立基於歷史知識特性，藉由課堂上學習歷史，以培養學生的人文素養；經由歷史知識訓練學生思考及分析能力；由近而遠、由小到大，培養從個

---

15 教育部：《中學課程標準》（台北：教育與文化社，1956），頁 112。
16 教育部：《中學課程標準》，頁 112；教育部中等教育司：《中學課程標準》，頁 276。
17 教育部高級中學課程標準編輯審查小組：《高級中學課程標準》（台北：教育部，1996），頁 897。
18 同上註，頁 91。

人對群體——包含社會、民族、國家的認同與責任；培養學生的世界觀。換言之，課綱從人文立場與歷史學專業，引導學生經由學習歷史，觀察自我、群己、群體的各面向的關係。由於將歷史課程與民族精神教育、愛國教育脫鉤，出現與歷來課綱很大的差異。再者，由於教育部在 1983 年已訂有中國文化史課綱，故「88 課綱」也訂有中國文化史課程目標：

一、明瞭中國文化的起源與發展，以及在世界文化史上的地位，促進學生對中國文化的了解與關懷。
二、了解歷代重要典章制度的演變，以及學術思想、宗教信仰、文學藝術及科學技術等方面的成就，啟發學生的文化意識。
三、了解傳統中國文化兼容並蓄的精神，以及近代中國文化的變遷與新文化的發展，激發學生能主動思考中國文化的價值與現代意義。

　　台灣高級中學歷史課程架構的大更動應是 2004 年 8 月 31 日公佈的「普通高級中學課程暫行綱要」（以下簡稱「95 暫綱」）。其修訂理念乃基於世界局勢演變，以及歷史學研究趨勢，強調「新的歷史學科課綱，必須跳脫政治意識，如民族主義等，要讓學生能運用歷史思維，獨立思考。」課綱修訂原則是尊重教師與學生的主體性和現實意識、培養學生的歷史思維（而以時序及變遷意識為主）、建構多元文化觀。[19] 準此理念，規劃「歷史（必修）」課的教育目標如下：

一、培養歷史學科的方法，藉由歷史問題的探討提升學生的思維。
二、幫助學生理解自己文化的根源，建立自我認同感。
三、建立學生對於世界上各種文化的基本認識和理解，養成包容並欣賞多元文化的開闊胸襟。
四、激發學生對歷史的興趣，以充實其生活的內涵。[20]

上述綱要有幾個特別處：一、提出的「核心能力」概念，影響後來的課綱方向。「核心能力」包括時序觀念、歷史理解、歷史解釋和史料證據等四種，目的是中學歷史課必須培養學生研讀、分析、研究、解釋史實的能力。二、在課程方面，

19 參見教育部委託台灣師範大學教育研究中心：《普通高級中學課程暫行綱要歷史科 Q&A 手冊》，2006 年。
20 教育部：《普通高級中學課程暫行綱要》（台北：教育部，2005），頁 39。

台灣史課程正式成為高一上學期的教材。三、歷史選修課也訂有課程目標。當時歷史選修課是高三全學年的「歷史專題」，其課程目標是：

> 一、加強培養學生在閱讀、思考、辨析、論證等方面的能力。
> 二、學習史學方法，反思三年來學習歷史之心得。
> 三、強調從今日之台灣觀看東亞（含中國內地）、亞太及世界史上的重要問題。[21]

當時官方宣導手冊指出「95暫綱」歷史課程的特色是：

> 一、理念上：秉承史學思想與歷史教育的新趨勢。
> 二、課程結構上：着眼於「文化遺產」與現實意識、「近代世界的形成」，與全球視野，以達成「略古詳今」簡明扼要的歷史敘述。
> 三、教學自主性增強：「彈性利用時間」的設計、高三選修課程的專題討論等。[22]

　　「95暫綱」屬過渡性質的課綱，2008年1月24日，教育部正式發佈「普通高級中學課程綱要」（以下簡稱「98課綱」），其中「歷史（必修）」課程目標，刪去前版「培養歷史學科的方法」，其他文字雖有修改，但精神不變：

> 一、藉由歷史問題的探討，提升歷史思維的能力。
> 二、理解文化的根源，建立自我認同感。
> 三、認識世界多元文化的特質與演變，養成互為主體、彼此尊重的開闊胸襟。
> 四、激發對於歷史的興趣，充實生活的內涵。

　　「98課綱」的「歷史（選修）」課程目標與「95暫綱」相同。但「98課綱」公佈後，尚未付諸實施，便因政黨輪替而告終。2008年五月，國民黨入主總統府，啟動重新修訂課綱的工程。新課綱修訂過程，由於政黨勢力介入，引起不小的爭議，尤其台灣史解釋立場、中國史課程比例等問題，學術界、政治勢力、教師與家長等各方聲音雜陳，角力不斷。最後於2011年5月27日公告新課綱，

---

21 教育部：《普通高級中學課程暫行綱要》，頁341。
22 台灣師範大學教育研究中心：《普通高級中學課程暫行綱要歷史科Q&A手冊》，2006年，頁5。

「歷史（必修）」課程目標為：

一、引導學生認識重要的歷史知識。
二、培養學生具備蒐集資料，探討歷史問題，進而提升其歷史思維的
　　能力。
三、幫助學生理解自己文化的根源，建立自我認同感。
四、認識世界重要的歷史發展，培養學生尊重各種文化的開闊胸襟。
五、激發學生對歷史知識的興趣，養成終身學習的習慣，以充實其生
　　活內涵。

上述歷史課綱完整呈現「88課綱」培養學生歷史學基礎能力的目標，其次延續
「95暫綱」以降的趨勢，課程目標不再出現愛民族、愛國家的政治要求。至於更
動較大的是「歷史（選修）」部分，改變原來歷史專題的形式，回歸文化史課程
內容；增加文化史課程目標，如下：

一、引導學生認識世界各重要文化的內涵，進而養成思考、分析、比
　　較、論證、評價等方面的能力。
二、引導學生了解世界重要文化演變的重大問題及現象，進而養成重
　　視本土、尊重多元、關懷弱勢文化的胸襟。
三、引導學生從文化省思與傳承的角度，關懷世界重要文化的發展，
　　以形成寬闊的世界文化視野。

　　簡言之，2000年台灣第一次政黨輪替，第一次執政的民進黨政府公佈「95
暫綱」及「98課綱」；2008年第二次政黨輪替，重新執政的國民黨政府宣佈停用
「98課綱」，2010年、2011年公佈新課綱。某種程度來說，此二種課綱各基於其
政治主張而修正課綱，「95暫綱」、「98課綱」凸顯台灣史的地位並提高教學比
重；「100課綱」強調古代台灣與中國的關係，並增加中國史、中國共產黨教學
比重。此二份課綱均係執政當局各基於其政治主張，重新修正高中課綱。此二版
歷史課綱公佈前後，均引發不同理念者的批評，對歷史教育來說，都不是正面健
康的發展。

歷史教科書的文化史議題

一、大學用書之中國文化史

中學歷史及文化史課程包含哪些領域、題材，各版歷史課綱未敍明選題的理由。由於歷史教科書多由歷史學者編撰，本節先討論歷史本行的專業用書。

歷史學界對這問題的看法，例如近百年前，梁啟超指出中學歷史只教授政治史之不足與教學之盲點：

> 國史為中學主要科目，然現行之教科書及教授法，實不能與教育目的相應。今舉其缺點之最著者如下：
>
> 一、現行教科書全屬政治史性質，其實政治史不能賅歷史之全部。
> 二、舊式的政治史專注重朝代興亡及戰爭，並政治趨勢之變遷，亦不能說明。
> 三、關於社會及文化事項，雖於每朝代之後，間有敍述然太簡略且不聯貫。因此缺點，其所生惡影響如下：
>
> 1、學生受國史教育完了之後，於先民之作業全不能得明確的印象，則對於祖國不能發生深厚的情愛；
> 2、所教授之史蹟與現代生活隔離太遠，致學生將學問與生活打成兩橛；
> 3、以數千年絕少變化之政治現象，其中且充滿以機詐黑暗，學生學之增長保守性，或其他惡德，與民治主義之教育適相背馳；
> 4、坐此諸因，令學生對於國史一科不惟不能發生興趣而且有厭惡之傾嚮。

梁啟超認為必須以文化史作為中學歷史教材主軸，才符合時代性：

> 今為矯正固有缺點，順應時代新要求起見，提出本案。其主要之點有二：
> 第一，以文化史代政治史；
> 第二，以縱斷史代橫斷史。

社會及經濟與文化之兩部，現行教科書大率在每朝代之後簡單略述，視為附庸。實則此為歷史之主要部分，且不容以時代割裂。故各獨立為兩部，其篇幅佔全書之半。[23]

規劃內容為年代 1-7 課、地理 8-37 課、民族 38-91 課、社會及經濟 92-139 課、文化 140-192 課等；而五十多課的文化包括文字、書籍、學術（六經、先秦諸子、兩漢經學、兩晉玄學、廖朝隋唐經學、宋代學術、明代學術、清代學術）、宗教（道教之起源及其擴大、佛教、佛典之翻譯及研究、儒佛道之教爭、唐代之外教、元明以後之基督教）史學、文學、詩、詞、戲曲、小說、駢散文、繪畫、雕塑、建築、音樂、曆學、算數、醫藥、其他科學發明、歷代教育。[24] 梁氏另篇文章〈原擬中國文化史目錄〉，分朝代篇、種族篇（上、下）、地理篇、政制篇（上、下）、政治運用篇、法律篇、軍政篇、財政篇、教育篇、交通篇、國際關係篇、飲食篇、服飾篇、宅居篇、考工篇、通商篇、貨幣篇、農事及田制篇、語言文字篇、宗教禮俗篇、學術思想篇（上、下）、文學篇、美術篇、音樂篇、載籍篇等，[25] 幾乎包羅各領域的文化課題。

雖然梁啟超並未將上述看法撰寫成書，1930 年代出版的柳詒徵《中國文化史》，其選題接近梁啟超的看法。柳書將時代分為三期，涵蓋政治、武功、民

23　梁啟超：《飲冰室文集之三十八》（北京：中華書局，1988），「中學國史教本改造案並目錄」，頁 26-27。

24　梁啟超：《飲冰室文集之三十八》，「中學國史教本改造案並目錄」，頁 34-37。

25　梁啟超：《飲冰室專集之四十九》，「志三代宗教禮學」附，頁 19-20。

變、地理等課題，各時代「文化（物）」、「學術」分量極多。[26] 柳詒徵作品與錢穆於對日抗戰時期撰寫的《中國文化史導論》，[27] 常是歷史系相關課程的參考用書。近十年，台灣出版不少的大學用書「中國文化史」，如杜正勝主編《中國文化史》；[28] 孫同勛校訂，邵台新等《中國文化史》；[29] 盧建榮、林麗月《中國文化

26 柳詒徵：《中國文化史》（台北：正中書局，1954），分三編：第一編·上古文化史：中國人種之起源、洪水以前之製作、家族及私產制度之起源、政法之萌芽、文字之興、洪水以後之中國、衣裳之治、治曆授時、唐虞之讓國、治水之功、唐虞之政教、夏之文化、忠孝之興、洪範與五行、湯之革命及伊尹之任、殷商之文化、傳疑之制度、周室之勃興、周之禮制、文字與學術、共和與民權、周代之變遷、學術之分裂、老子與管子、孔子、孔門弟子、周末之變遷、諸子之學、秦之統一、秦之文化、漢代內外之開闢、兩漢之學術及文藝、建築工藝之進步，共33章；第二編·中古文化史：中國文化中衰及印度文化東來之故、佛教入中國之初期、諸族並興及其同化、南北之對峙、清談與講學、選舉與世族、三國以降文物之進步、元魏之制度、佛教之盛興、佛教之反動、隋唐之統一及開拓、隋唐之制度、隋唐之學術文藝、工商進步之特徵、隋唐之佛教、唐宋間社會之變遷、雕板印書之盛興、宋儒之學、政黨政治、遼夏金之文化、蒙古之文化、宋元之學校及書院、宋元間之文物、河流漕運及水利、明儒之學、明之文物，共26章；第三編·近世文化史：元明時海上之交通、西教之東來、明季之腐敗及滿清之勃興、西方學術之輸入、清代之開拓、滿清之制度、清初諸儒之思想、康乾清帝之於文化、學校教育、考證學派、國際貿易與鴉片之禍、內治之腐敗及教匪髮捻之亂、外患與變法、譯書與遊學、機械之興、種族革命與政治革命、法制之變遷、經濟之變遷、最近之文化共19章。

27 錢穆：《錢賓四先生全集29：中國文化史導論》（台北：聯經出版社，1998）。本書分十章，包括：中國文化之地理背景、國家凝成與民族融和、古代觀念與古代生活、古代學術與古代文字、文治政府之創建、社會主義與經濟政策、新民族與新宗教之再融和、文藝美術與個性伸展、宗教再澄清民族再融和與社會文化之再普及與再深入、中西接觸與文化更新、附錄：中國文化傳統之演進。

28 杜正勝主編：《中國文化史》（台北：三民書局，2006），修訂三版，分為：導言；第一篇·古代——古典與傳統的文化原型、總論、第一章·早期中國文明的發展、第二章·古典時代的禮制與倫理、第三章·禮壞樂崩——古典時代的沒落、第四章·帝制中國與編戶齊民的社會；第二篇·中古——本土文化大革新、總論、第五章·漢晉之際的大變動、第六章·中古宗教與社會、第七章·中古的士人文化、第八章·中古的文化與生活；第三篇·近世——新傳統的成立、總論、第九章·科舉與士大夫的社會文化、第十章·民間信仰、社群組織與地域社會、第十一章·城市發展與庶民文化、第十二章·近世中國的國際世界；第四篇·近現代——新舊文化的交替、總論、第十三章·帝國的衰亡、第十四章·社會的動盪與變遷、第十五章·五四運動——知識份子的啟蒙運動、第十六章·共產中國、第十七章·台灣經驗結語——中國文化的未來等題。本書於1996發行初版。

29 孫同勛總校訂：《中國文化史》（台北：大中國圖書，1996），分為：第一章·遠古到秦漢（族群與文化、社會與國家、學術與思想）；第二章·魏晉南北朝到五代（門第社會、民族融合與文化交流、宗教信仰與社會文化、文學與藝術）；第三章·宋元明清（經濟社會的新發展、科學與技術的發展、儒學的重新詮釋、民間文化）；第四章·晚清與民國（中西文明的交會、社會變遷、現代中國的文化變遷與發展、現代中國的政治發展、台灣經濟與中國文化的發展）。

史》；[30] 高明士等《中國文化史》，[31] 較新的一本是王仲孚等合著《中國文化史》。[32]
諸書內容如下表：

中國文化史（大學用書）課題統計

	柳詒徵	錢穆	杜正勝	孫同勛	盧建榮	高明士	王仲孚
起源	1	1	1	0	1	0	2
技術	6	0	0	1	1	2	1
政制	8	0	0	0	1	0	0
文字	1	0	0	0	0	1	0
政治	13	1	3	1	0	0	1
文物	10	1	3	1	0	1	1
禮制	2	1	1	0	0	0	0
民族	1	2	1	1	1	0	2
學術	11	2	0	2	1	1	1
文藝	2	1	0	1	1	1	1
社經	4	2	4	4	1	0	3
宗教	2	1	2	1	1	1	1
教育	3	0	0	0	0	0	0
交通	1	1	0	1	0	0	1

30 盧建榮、林麗月：《中國文化史》（台北：五南圖書，2002），分為：第一章·中國古代文化的誕生；第二章·民族的融合與發展；第三章·典章制度的變遷；第四章·學術思想的演變；第五章·文史藝術的發展；第六章　科學與技術；第七章·宗教信仰；第八章·社會與經濟；第九章·現代的文化變遷。

31 高明士等：《中國文化史》（台北：五南圖書，2007），分為：第一章·漢字、漢文；第二章·儒學；第三章·法制；第四章·宗教；第五章·科學、技術與醫學；第六章·生活禮俗。

32 王仲孚等：《中國文化史》（台北：五南圖書，2011），內容包括：第一章·從遠古到秦漢文化的演進（中國古代文化的起源與族群的融合、古代國家的起源與社會的變遷、學術思想）；第二章·魏晉隋唐時代文化的發展（中古門第社會、民族融合與文化交流、宗教信仰與社會文化、文學與藝術）；第三章·宋元明清時代文化的成就（經濟社會的新發展、科學與技術的發展、學術思想的演變、民間文化）；第四章·近代中國文化的變遷（中西文明的交會、社會變遷、新文化運動的產生與發展、現代中國的政治發展、台灣經驗與中國文化的展望）。

（續上表）

近代文化	1	0	1	1	1	0	1
法制	1	0	0	0	0	1	0
小計	67	13	16	14	9	8	15

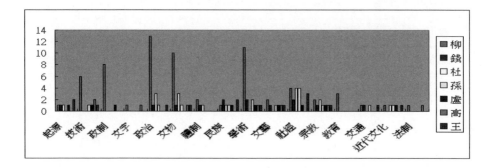

　　這幾本體例約為兩大類，一是遵守斷代，敍述各朝代的文化特性；二是採單元方式，設定主題後，綜論歷代。前者如柳詒徵、錢穆、杜正勝、孫同勛、王仲孚四本等，均係依據時序，選取各朝代的文化課題。後者如盧建榮、高明士兩本，採取單元主題，貫通朝代史事。

　　大學文化史用書沒有政策考量，以致設定的課題相去甚多，柳書三冊篇幅最多，錢書言簡意賅。歷史學者對文化史課程應涵蓋哪些內容，難免因時代氛圍、史學研究趨勢而有不同。從彭明輝、耿立群研究台灣歷史學界論文來看，學者對文化史領域定義仍未有共識。[33] 七本中國文化史論述重心雖異，選題常納入文明起源、民族、學術、文藝、宗教，制度、社會經濟、發明、文化交流等領域。至於制度、禮制、法制、文字、教育等，較少被納入教材中。值得注意的是，這幾本大學文化史往往將朝代政治演變（包含現代中國）列入書中，不同於中學教科書。

---

33 彭明輝的分類：史學論題、制度、宗教、社會、思想文化、政治軍事、科技、國際關係、婦女、教育、經濟、圖書、藝術等，見〈從歷史學期刊論文分析台灣史學研究動向（1945-2000）〉《國立政治大學歷史學報第 19 期，2002》，頁 335-363。耿立群分類：史學通論、政治軍事、制度、社會與婦女、宗教與禮俗、思想與學術、科技、經濟、藝術、歷史地理、中外關係、圖書文獻：〈《漢學研究》歷史類論文計量分析〉（國家圖書館刊，2010 年第 1 期），頁 149-176。

二、統編本之高中「歷史」

　　高中歷史教科書反映政府政策，不同於專業學者一家之言。中學的文化史內涵又為何？分別從歷史課綱與歷史教科書來談。考察台灣中學課程架構，在光復之初，所有高中學生每學期均需上歷史課，每週 3 小時。[34] 前述在 1948 年，政府雖然公佈新課程標準，[35] 但大陸時局已亂，新版教科書多來不及編印。當時台灣省當局訂定的辦法是：

> 一、各科新教材由本省教育廳編審委員會計劃，依照部頒修訂中學課程標準，並參酌本省學生程度及需要，着手編訂。
> 二、在新教科書未編行前，可由各校督促各科教學研究會共同研究舊教科書活用的具體辦法，並自行編印適當的補充教材應用；如因經費困難，不能油印時，得擬具教材編印計劃於呈准後，酌收講義費。[36]

　　1952 年 1 月教育部啟動修訂課綱，歷史修訂小組委員是劉崇鋐（台大歷史系，西洋史）、勞榦（中研院史語所，秦漢史）、涂序瑄（台師大歷史系，西洋史）三位。[37] 年底，教育部公佈新課綱，高中二、三年級學生均需上歷史課，每週 2 小時，一年學習本國史，一年學習外國史。[38] 不過，直到 1953 年時，歷史教科書編印仍依慣例，由書商、出版社依教育部公佈的課程標準，邀請學者專家編撰，再送國立編譯館審查。[39] 歷屆歷史教科書編輯委員都延聘歷史學者、高中老師以及相關業務人員。1952 年版教科書編輯小組主任委員是劉崇鋐，主編者郭廷以出身

---

34 台灣省行政長官公署教育處編：《台灣一年來之教育》（台北：台灣省行政長官公署宣傳委員會發行，1946），頁 59。

35 1947 年參加課綱分科會議，歷史科成員是顧頡剛、沈剛伯、袁鳳書、金兆梓、傅斯年、陳東原、吳俊升等。教育部：《修訂中學課程標準》（南京：民生印書館，1948），頁 226。

36 台灣省文獻委員會：《台灣省通志稿·卷五教育志·教育設施篇》（台北：台灣省文獻委員會，1955），頁 136。

37 參加歷史科會議者包括沈亦珍、劉英士、萬子霖、張兆、周或文、許蓮溪、涂序瑄、王德昭、勞榦、劉崇鋐、何樹屏、郁漢良、于鴻霖、李宗侗、閻全、彭澤周、祁樂同、楊心國、曾振；教育部：《中學課程標準》，頁 214。

38 教育部：《中學課程標準》，頁 4-5。

39 教育部秘書室編：《四年來教育施政概況》，頁 69-70。

中研院近代史研究所。編輯委員中還有勞榦（中研院史語所，秦漢史）、夏德儀（台大歷史系，明史）、涂序瑄、祁樂同（東海歷史系，秦漢史）、沈剛伯（台大歷史系，西洋史）等。1952 年版歷史課本分兩冊，第一冊自史前史至宋，共 18 章 60 小節，其中與文化相關者有 23.5 節；[40] 第二冊，自蒙古至行憲，共 19 章 71 小節，其中與文化相關者有 7 節。

　　高中階段是否需先分組，歷來見解不同。1940 年初行，至 1948 年廢止。台灣因大學聯考分組需求，1962 年修訂課綱時採取折衷制，分「自然學科」、「社會學科」，學生自行選擇其一。[41] 課程架構隨之改變，高一、高二學生均必修歷史，高一是本國史，高二是外國史，每週 2 小時。高三社會學科學生必修本國文化史，每週 2 小時。[42] 自然學科的歷史課改為選修，不硬性要求學生上課。五十年代，歷史課本編輯委員陣容更動不大，加入朱際鎰（台師大歷史系，歷史教育）、虞君質（台師大藝術系，藝術哲學）；由虞君質擔任新課程「中國文化史」主編。[43] 課程標準特別希望教學時「凡遇社會演進、制度遞變、文化發展等項事實（以第三學年為主），教師或學生可提出問題，在教室中共同討論之，俾於明辨中培養其正確歷史觀念。」[44] 這都屬於廣義文化史，歷史課本第一冊自史前至宋，17 章 64 小節，與文化相關者有 23.5 小節；第二冊自蒙古至行憲，18 章 71 小節，與文化相關者有 7 小節。

　　1971 年制訂新高中課程標準，[45] 歷史課總時數不變，課程架構又有更動，以往中國史、外國史分量相同，從本版課綱起，增加本國史教材，佔四分之三，外國史課程重心則放在近代部分，佔四分之一，即高一及高二第一學期講授本國

40　本節以下分類標準，將中學歷史（必修）課本的制度、思想、學術、教育、經濟、社會、生活、科技、對外交通等，列入「文化史」。

41　教育部中等教育司：《中學課程標準》，頁 555。

42　同上註，頁 259。

43　1962 年歷史課程標準修訂小組，成員是劉崇鋐（召集人），于鴻霖（近代史）、王德昭（台師大歷史系，西洋史）、孫平野（日本史）、郭廷以、勞榦、張基瑞（台師大歷史系，中古史）、夏德儀、殷景雲（道南中學）、劉昌洪（師大附中）、閻全等，見教育部中等教育司：《中學課程標準》，頁 538。

44　教育部中等教育司：《中學課程標準》，頁 276。這源自民國 37 年課程要求，頁 136。

45　歷史科課程標準修訂小組成員有劉崇鋐（召集人），向玉梅（師大附中）、王德昭、祁樂同、夏德儀、高亞偉、閻全、朱雲影、李邁先、吳緝華、徐玉虎、陳子槐、梁樹聲（教育部，聯繫人）。參見教育部中等教育司：《高級中學課程標準》（台北：正中書局，1971），頁 382。

史，高二第二學期講授近代世界史。社會學科學生必修文化史，高三第一學期是中國文化史；第二學期是西洋文化史（新增課程）。[46] 總的來說，課綱要求「高中歷史之教學，當史學生對於時代之變遷，文化之演進，有個具體明晰的概念，於認識主要潮流之外，並需略知重要事變之原委及各種因素之相互影響，故教本之編寫，課堂之講授，均應注意此項目標。」[47] 由於本國史比重提高，課綱又希望學生略知重要事件之經過，以致課本的知識增多。

此版歷史教科書主任委員劉崇鋐，編輯者夏德儀，有更多新成員，包括朱雲影（台師大歷史系，亞洲史）、朱際鎰（台師大歷史系）、祁樂同、李符桐（台師大歷史系，邊疆民族史）、李邁先（台大歷史系，西洋史）、李樹桐（台師大歷史系，隋唐史）、吳緝華（中興歷史系，明史）、陳子槐（淡江歷史系，文化交流）、徐玉虎（政大歷史系，明史）、高亞偉（台師大歷史系，西洋史）、屠炳春（北師專社教系，歷史教育）、戴玄之（台師大歷史系，清史）等；「中國文化史」編輯者是杜維運（台大歷史系，史學史）。此屆編輯委員群中，台師大歷史系教授人數大幅成長。1971 年歷史教科書，中國史首度分為三冊，第一冊自石器時代至魏晉，11 章 33 小節，與文化相關者有 15.5 小節；第二冊自隋唐至清初，11 章 36 小節，與文化相關者有 11 小節；第三冊自鴉片戰爭至行憲，11 章 32 小節，沒有小節與文化相關。

1983 年歷史教科書出現大換血，課程標準修訂小組與教科書編輯委員，都是新人輩出的局面。課程標準修訂小組召集人是林明德（台師大歷史系，中日關係史），委員王仲孚（台師大歷史系，上古史）、王壽南（政大歷史系，唐史）、王文發（台師大歷史系，漢史）、江金太（政大歷史系，西洋史）、李毓澍（中研院近史所）、胡春惠（政大歷史系，近代史）、張元（東吳歷史系，史學史）、彭小甫（台師大歷史系，西洋史）、黃俊傑（台大歷史系，思想史）、蕭人英（彰中）、李惠蘭、吳潤貞、翁榮一、陳督正（聯絡人）。[48] 教科書主任委員一職由台師大歷史系李國祁（近代史）出任，各冊均有主要編輯者，分工更細，第一冊編輯者王仲孚，第二冊編輯者蔡學海（東海歷史系，魏晉南北朝史），第三冊編輯者呂實強（中研院近史所）、蔣永敬（政大歷史系，近代史），中國文化史（上）

---

46 教育部中等教育司：《高級中學課程標準》，頁 73、406-407。

47 同上註，頁 90。

48 教育部中等教育司：《高級中學課程標準》（台北：正中書局，1983），頁 831。

編輯者黃俊傑，中國文化史（下）編輯者張元。委員包括王曾才（台大歷史系，西洋史）、王壽南、李樹桐、李邁先、林明德、高亞偉、黃秀政（中興歷史系，台灣史）、管東貴（中研院史語所，秦漢史）、蒲慕州（中研院史語所，埃及史）。換言之，台大歷史系、中央研究院、台師大歷史系、政大歷史系等教研單位，仍主導編撰台灣高中歷史課本。

本次歷史課綱避免過去三十多年課綱、教科書的缺點，要求「本國史的編寫，應增加現代史、社會經濟史等之比重，略減上古史、政治史之比例」，而「教材中有關文化史部分應盡量避免與中國文化史、世界文化史重複，編寫者應注意協調及配合。」[49] 歷史教科書分為三冊，第一冊自遠古時代至魏晉，計 10 章 34 小節，與文化相關者有 15 小節；第二冊自隋唐至清初，有 9 章 30 小節，與文化相關者有 15 小節；第三冊自鴉片戰爭至復興基地，分 11 章 31 小節，與文化相關者有 5 小節。

本文參考高中文化史的分類，將制度、思想、學術、教育、經濟、社會、生活、科技、對外交通等，列入「文化史」課題。茲將歷年國立編譯館版高中「歷史」課本文化史題材分配資料，表列如下：

統編本「歷史」文化史課題小計

	第一冊			第二冊			第三冊		
	章	節	文化史	章	節	文化史	章	節	文化史
1952	18	60	23.5	19	71	7	／	／	／
1962	17	64	24	18	71	7	／	／	／
1971	11	33	15.5	11	36	11	11	32	0
1983	10,	34	15	9	30	13	11	31	5

49 教育部中等教育司：《高級中學課程標準》（台北：正中書局，1983 年），頁 108。

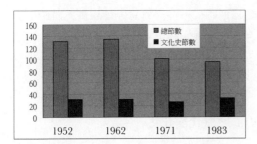

統編本「歷史」文化史節數

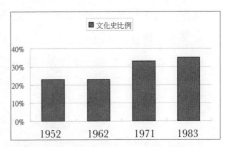

統編本「歷史」文化史節數比例

統編本「歷史」之文化史課題數

	1952 年	1962 年	1971 年	1983 年
文物	2	2	1	0
文化	0	0	1	1
生活	1	1	0	1
制度	7	8	7	7
社經	4	4	1	8
思想	3	3	3	3
教育	1.5	1.5	1.5	2
學術	4.5	4.5	6.5	6
士族	1	1	1	0
宗教	2	2	2	0.5
民族	1	1	1	1
文史	1	1	0	1.5
交流	3	3	1	2

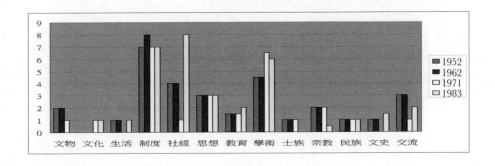

　　這四版歷史課本的文化史題材的分量逐漸增多，其中，以春秋戰國、魏晉、宋遼金元等時期的篇幅為多。可能是這三個時代，多國對立，種族多元而產生不同發展，使文化面貌多樣化。此外，各版歷史課本均未立專章介紹秦朝、五代十國的文化；1971 年以後，新增傳說時代歷史與文化。1983 年，開始介紹台灣。詳下：

統編本「歷史」之歷代文化史

	1952 年	1962 年	1971 年	1983 年
考古	2	2	1	1
傳說	0	0	1	1
商	2	2	1	1
西周	1	1	1	1
春秋戰國	5	5	4	4
秦	0	0	0	0
漢	3	4	3	3
魏晉	4	4	4	4
隋唐	3	3	2	4
五代十國	0	0	0	0
宋遼金元	5	5	5	5
明	3	3	3	2
清	3	3	1	3.5
民國	0	0	1	1.5
台灣	0	0	0	2

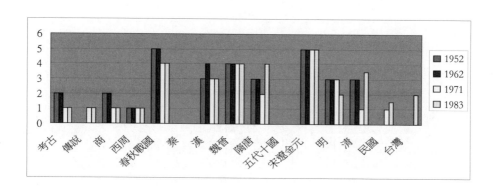

三、統編本之「中國文化史」

　　自 1962 年起，高中增加「中國文化史」課程，為高三選修「社會學科」學生必修，分上、下冊，共 16，47 節，包含文字（甲骨文）、文物（商周）、思想（儒家）、學術（經學、玄學、理學、考證學、孫中山）、藝文（唐宋古文運動、小說、戲曲、繪畫藝術）、社會經濟、書籍、科技（三大發明）、宗教（佛、道）、文化傳播（耶穌會士）。民國 60 年代的「中國文化史」改為一學期的課程，僅 10 章，31 節，故與課綱有不少落差。內容為文字、文物（商周）、思想（先秦各家）、學術（經學、玄學、理學、孫中山與蔣中正）、史學、藝文（文學、藝術）、科技傳播（三大發明及西傳）、宗教（佛教）、民族融合等。1983 年，「中國文化史」恢復為上、下兩冊，共 14 章 47 節，包含文化起源、民族融合、思想（先秦諸子、孔子、漢代政治思想、魏晉思潮）、學術（隋唐以降儒學、清代）、知識份子、人才培養（教育、科舉）、文史（文學、史學）、藝術（繪畫、雕塑、書法、園林、舞蹈、音樂）、社會（組織、生活、農民）、科技、宗教（佛教）、文化接觸。

統編本各版「中國文化史」課題統計表

	書籍	文字	科技	民族	宗教	文物	學術	教育	士人	文化	史學	藝術	文學	社會	交流	孫蔣
1962	4	0	2	0	5	4	15	0	0	0	0	3	5	3	2	3
1971	0	2	2	5	4	2	11	0	0	1	1	1	1	0	0	1
1983	0	1	3	1	3	0	7	4	5	6	2	7	3	4	1	0

統編本各版「中國文化史」課題對照表

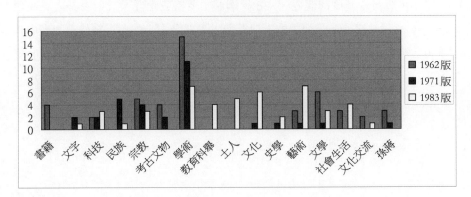

　　這三個版本很重視民族、文化的發展，又以「學術思想」佔有很大的教學量。如 1962 年的學術思想分量最多，是其他課題 3 至 8 倍，其次文學、宗教。1971 年版文化史課本中，學術思想依然是主軸，民族課題首次出現，比例亦高。社會生活、文化交流部分闕如。特別的是 1983 年版，首度訂定中國文化史課程目標。該版加入許多藝術史、生活史的主題，尤其歷史上的「知識份子」更成為文化史的重要課題，雖然還不能看成統編本教材典範及架構的更新，卻透露出轉變的趨勢。

四、審定本之歷史（必修）課綱

　　自 1999 年起，「一綱多本」時代來臨，教科書呈現百花齊放的景象。國立編譯館聘請大學歷史系學者，包辦教科書編撰及校訂的「統編本」已成昨日黃花。不過，出版商邀請歷史學者、高中歷史老師參與新教科書的編輯，必須依據教育部公佈的課綱編寫教材，書籍需先送審查，通過者才能取得執照之後方可販售給中學師生。因此，修訂教科書課綱比以前統編本時代更為重要，此版歷史課綱委員不限於歷史學領域，召集人分別是呂實強、王曾才，成員有王仲孚、王壽南、李國祁、李慶西（中興歷史系）、周樑楷、陳李綢（台師大教育心理系）、張元、張玉法（中研院近史所）、黃秀政、黃俊傑、沈育美（北一女）、吳吉男（崇光女中）、馬佩君（中一中）、鄒梅（雄女）。[50] 教科書審查委員則是把關者，他們必須根據部頒歷史課綱，分別從「必要標準」、「一般標準」、「總評」三方面，審視每一本教科書。[51] 每本高中歷史教科書通過四次審查，[52] 才能取得執照，要求十分嚴格。

　　除了出版審查制度的改變，「88 課綱」主要特色是「一改過去歷之課程標準——以逐段述事為主，而採取大段落並以專題為主，如此可將過去國高中教材重複之缺失減到最低限度。」而且課綱「以專題為主要架構，更易發揮對歷史

---

50 教育部高級中學課程編輯審查小組：《高級中學課程標準》（台北：教育部，1996），頁 868。

51 黃秀政：《高級中學新課程教科書編審面面觀：談高級中學教科用書的審查基準——以歷史類科為例》（國立編譯館通訊 11：4），頁 12。

52 黃秀政：《談高級中學歷史類科教科用書的審查》（台北：國立編譯館通訊 12：4），頁 35。

演進的深入解釋，亦可增加學生思考與辨析能力。」[53] 其體例雖未標明上古、中古、近世的歷史分期，的確接近大斷代，課綱採專題式設計，教材不需重視史實細節，內容比原標準節數減少三分之一以上。

本版課綱要求教材「敍述史事宜注重比較異同及其對於現代生活的影響，以啟發並增強學生立身處事、適應現代生活的能力。」也延續前一版主張「教材的編寫，應增加現代史、社會、經濟史等的比重，略減上古史、政治史等的分量。」[54] 某種程度上，強調學習歷史與環境適應的關連性。

「歷史（必修）」課綱共分 19 章 51 單元，與文化相關者有 29 單元。至於「中國文化史」部分，其課綱要求「中國文化史教材編寫宜兼顧生活現實，配合鄉土教材，使學生不僅拓展知識領域，且增進文化生活之能力。」各單元間的連結強調「本教材在縱的方面應銜接國中及高中歷史」，[55] 因此，將「88 課綱」着重文化領域的「歷史（必修）」與「中國文化史」合併來看，恰可互相發明，更方便教師利用高三的時間，幫學生複習中國歷史。此版文化史體例不再按照朝代編寫，而是主題式設計，各單元則依時序論述，內容包含：文化起源、民族、典章制度、教育考選、學術思想（先秦諸子、經學、玄學、理學、樸學、西學）、文史、藝術（書法、繪畫、建築、雕塑等）、科學技術、宗教（佛、道、回、基）、社會經濟、生活、文化變遷等。

由於國中小實施九年一貫教學，為順利銜接國中課程，2001 年開始修訂「普通高級中學暫行課程綱要」（即「95 暫綱」）。歷史科小組成員除了歷史學者外，網羅教育學者和中學教師。工作分兩階段，一是 2002 年 10 月 1 日至 2003 年 12 月 31 日，召集人是張元（清大人社系，史學史），委員有林麗月（台師大歷史系，明史）、楊肅獻（台大歷史系，西洋史）、劉奕蘭（清大教育學程）、陳素燕（清大教育學程）、邢義田（中研院史語所，秦漢史）、呂芳上（中研院近史所）、黃富三（中研院台史所）、陳國棟（中研院史語所，清史）、周婉窈（中研院台史所）、張百廷（北一女）、蔡蔚群（新店高中）、陳冠華（竹北高中）、林義雄（員林高中）、黃春木（建中）、戴麗桑（雄中）。另一階段自 2001 年 8 月

53 教育部高級中學課程編輯審查小組：《高級中學課程標準》，頁 897-898。

54 教育部高級中學課程標準編輯審查小組：《高級中學課程標準》，頁 97。各出版社搶食高中教科書市場，成書眾多，各出版社的課本目錄可參閱陳盈穎：《台灣地區五十年來高中中國史歷史課程的演變與中國史教科書的編輯》（台灣師範大學教學碩士班論文，2003），頁 123-139。

55 教育部高級中學課程編輯審查小組：《高級中學課程標準》，頁 467、469。

1 日至 2003 年 12 月 31 日，召集人是周樑楷（中興歷史系，西洋史），委員則是李孝悌（中研院近史所，明清史）、黃清連（中研院史語所，元史）、廖隆盛（台師大歷史系，宋史），楊蕭獻委員、陳國棟委員、黃富三委員、張百廷委員、蔡蔚群委員、黃春木委員、戴麗桑委員。[56]

「95 暫綱」歷史課綱草案在公聽會階段已經引起注意。因為課程分為台灣史、中國史及世界史三部分，台灣歷史獨立成冊，且將中華民國歷史編入「世界近現代史」，涉及國家定位問題，引起必要性、劃分方式、台灣史內容、中國近代史及古代史歸屬等問題之爭論。[57]張元教授草擬的課綱亦因將 15 世紀後的中國史列入高二世界史課程，受到立委、學界與高中教師質疑，而辭去歷史課綱召集人，原擬課綱作廢。[58]再經過一年重新開會研擬，2004 年 12 月歷史課綱終於定案。

政府印製「95 暫綱」宣導手冊指出，時代的變化將影響未來教科書的方向：

> 19 世紀初到 1960 年代的歷史教育，偏重民族主義、政治史、精英人物；經過前一世紀後半的批判反省，現在講求的是多元文化史觀、新文化史，並強調學生學習的主體性及歷史思維能力（或稱「歷史意識」）。1960 年代以來的社會運動、史學研究，開始重視底層社會與大眾文化，反對各種文化中心論，轉而提倡多元的思維；更注意到思想——文化與政治——社會——經濟之間的互動性和整體性，文化不是抽象理念，它與「權力」（power）是有關係的。[59]

而其自評為繼承「88 課綱」強調的「新文化史、多元文化觀、歷史思維及教師與學生的主體性和現實意識等理念」，[60]本版歷史課綱首度將台灣史單獨成冊，列為高一上學期教材；中國史編輯體例近似「88 課綱」的大斷代時序，分量縮減為一冊，供高一下學期使用。第一冊分四章、12 單元，與文化相關是 8.5 單元，第二

---

56 台灣師範大學教育研究中心：《普通高級中學課程綱要修訂第二階段行政工作小組報告》，2004年，頁 8。教育部：《普通高級中學課程暫行綱要》，2005 年，頁 607。

57 台灣師範大學教育研究中心：《普通高級中學課程綱要修訂第二階段行政工作小組報告》，2004年，頁 25。

58 台灣師範大學教育研究中心：《普通高級中學課程暫行綱要歷史科 Q&A 手冊》，2006 年，頁 6。

59 同上註，頁 1。

60 同上註，頁 9。

冊六章、16 單元，與文化相關是 10 單元。其編寫原則是：

> 高一、高二之台灣史、中國史及世界史都採略古詳今之原則。各冊以政治
> 史為主軸呈現歷史時序，但應盡量配合文化史及社會。……「略古詳今」
> 並不是機械式地將古代的敘述篇幅縮小，將現今的放大，而是要考量——
> 舉例——今天的台灣還承受史前文明、荷西明鄭的哪些重要文化遺產（影
> 響）？[61]

將台灣史上限斷在明朝，第二冊中國史因時數縮減，必須大幅刪減內容，在野黨
因而指責民進黨政府刻意「去中國化」，製造台獨思想。

　　因為「95 暫綱」屬於過渡性質，使用期限短。不久，教育部展開修訂新課
綱（即「98 課綱」）的工作。[62] 政黨二次輪替後，新政府先暫停實施「98 課綱」，
教育部擱置了國文科和歷史科課程綱要。歷史科新專案小組於 2009 年 4 月 6 日
召開第一次會議。台師大歷史系吳文星（台灣史）擔任召集人，成員是王曉波
（文大哲學系）、廖隆盛、呂芳上、黃秀政、周婉窈、王文霞（成大歷史系，西洋
史）、孫若怡（元培科大，西洋史）、翁嘉聲（成大歷史系，台灣史）、周愚文（台
師大教育系，教育史）、李彥龍（中山女高）、藍朝金（明倫高中）、林桂玲（竹
北高中）、伍少俠（二二中）、林秀蓉（雄中）。後來，黃秀政辭職，另補呂春盛
（台師大歷史系，魏晉南北朝史）。

　　根據與會委員的記載，當時會議針對「98 課綱」，提出兩個方案，增加修正
丙案。會議上幾經折衝，通過台灣史、中國史、世界史教學時間配置為 1：1.5：
1.5 的丙案，但對課綱內涵的歧見仍大。[63] 隔年，課綱小組改組，新成員如下：汪
榮祖原任召集人（中央大學史研所，思想史），後由黃克武（中研院近史所，思
想史）出任。成員有林滿紅（國史館，近代史）、陳永發（中研院近史所，中共
史）、許雪姬（中研院台史所）、張勝彥（台北大學歷史系，台灣史）、陳正國（中

---

61 同上註，頁 12-13。

62 課綱歷史科小組由周樑楷任召集人，成員是吳學明（中央史研所，台灣史）、蔡錦堂（台師大台
　　史所）、楊蕭獻、廖隆盛、金仕起（政大歷史系，秦漢史）、周愚文（台師大教育系，教育史）、
　　鄧鈞文（逢甲大學公行所）、黃春木、林惠源（瀛海中學）、張百廷、戴麗桑、許全義（中一
　　中）、林桂玲、黃大展（竹中）。參見教育部：《普通高級中學課程綱要》，2009 年，頁 473。

63 周婉窈：〈新政府撥亂反正？還是歷史教育大復辟？〉，載《南方電子報》2010-02-08，http://
　　enews.url.com.tw/south/56491）。其中張曉英，疑為張筱英（文華高中歷史老師）。

研院史語所，西洋史）、楊國賜（淡江大學，教育）、張曉英（?）。廖隆盛、王文霞、呂芳上、周婉窈、王曉波、孫若怡、林秀蓉、伍少俠、李彥龍、藍朝金等人續聘委員。[64] 最後，終於在 2011 年 5 月公佈新版歷史課綱，2012 年入學的高一學生適用。新課綱第一冊分 4 章、13 單元，與文化相關是 9 單元，第二、三冊合計 6 章，共 18 單元，與文化相關是 6 單元。

「100 課綱」是對「95 課綱」以來教科書裏的台灣史觀與中國史敍述的調整，對教材編寫的要求是：

> 高一、高二之台灣史、中國史及世界史都採略古詳今之原則。各冊以政治、經濟、社會、文化之整體史為教學內容。……中國史的主題在於讓學生了解中國的歷史傳承，以及近代史上所面臨的種種問題。[65]

儘管主張「略古詳今」，中國上古史部分仍增加篇幅，近現代史則加多中共的部分；篇幅受壓縮的是宋至清前期的歷史，以及世界史。換言之，本版課綱很重視各朝代學術思想與社會文化發展的特色。先秦時期以「中央集權」為斷代依據，強調史前考古與傳説；秦漢時期強調學術教育與社會文化的發展，如律令之學、西漢晚期經學『古、今』之爭、重要節日、北方胡族與華南土著等課題；而宋、元、明至盛清，重點是此時的經濟社會特色，敍述貨幣經濟的發展、海上貿易的活動等。至於明末清初時期，內容是思想發展與社會現象，增加西學輸入及清代考據學及民間信仰等。新增「晚清之變局」單元，了解清末至 1949 年的社會經濟與文化。

64〈小檔案：歷史科重修一年爭議多〉，載《自由時報》2010-2-25，http://www.libertytimes.com.tw/2010/new/feb/25/today-life2-2.htm

65 教育部：《普通高級中學必修科目「歷史」課程綱要》，頁 19，http://203.68.236.93/doc/95course/content/1000607-02.doc

審定本歷史課綱的文化史比例

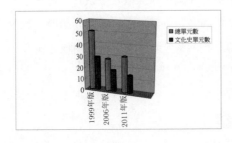 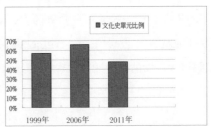

	1999 年版	2006 年版	2011 年版
總單元數	51	28	31
文化史單元數	29	18.5	15
文化史單元比例	57%	66%	48%

「95 暫綱」將歷史（選修）改為「歷史專題」，[66] 原來中外文化史課程改為專題討論課。「100 課綱」對高三文化史的定位是：

> 高三選修課程目的是為學生進入大學做準備，具有大學預科性質，為第一類組學生進入大學文、法、商科系提供認識中、外文化發展與差異的基礎知識。[67]

故高三上學期「歷史（選修）」課程架構乃由「歷史專題」調整成世界重要不同文化區域介紹，高三上是華夏文明與東亞文化交流及歐洲文化。「華夏文明與東亞文化交流」（包含中國、日本、韓國與東南亞諸國），中國文化史約只佔高三上學期一半教學時數，其體例類近於統編本的模式，按照時序編寫各朝代重要的文

---

66 上學期是：一、儒家思想與中國社會（儒家思想的要旨及其家庭倫理與社會規範；書院、官學與孔廟）；二、道教與民間信仰（從道教談大眾文化的生死、問卜……觀念；談論觀音、關帝、媽祖、王爺、土地公信仰及民間社會）；三、醫療與社會文化（針灸與本草；宗教醫療；中西醫的相遇）；四、日常生活與大眾文化（茶與市民社會；戲劇、通俗文學與大眾生活）。下學期則屬於世界史與史學史範圍。

67 教育部：《普通高級中學必修科目「歷史」課程綱要》，頁 30。http://203.68.236.93/doc/95course/content/1000607-02.doc

化史課題，[68] 下冊課程架構由「歷史專題」調整為世界重要不同文化區域介紹：印度文化、伊斯蘭文化、非洲文化與中、南美洲等文化。課綱希望做到呈現史學界重要的研究成果，強調尊重弱勢群體與文化的多元發展，個別獨立介紹過去較少被提及的區域文化。[69] 因此，「95 課綱」以降，「歷史（選修）」規劃理念與「88課綱」（含）以前的中國文化史課題，出現不小的差異。

小結

教育為國家政策，台灣中小學採行九年義務教育，以往政府對教科書編寫有相當程度的主導性。高中儘管還不是義務教育，所用教科書仍不同於一般出版品。

簡言之，六十多年台灣中學歷史教科書的文化史內涵演變，有三個特色：

一、時代背景與民族主義需求

由於中學歷史課程標準（或綱要）的制訂、歷史教科書編寫等，深受政治立場牽制，課綱目標反映教育政策的時代性格，1999 年以前，台灣的高中歷史教育，實際上是愛國主義與民族主義的產物。歷史學本身的發展成果只能就若干課題上，提供較新的研究成果；無法從知識論、方法論的角度培養學生學習歷史的現代意義，文化史的比重偏低。

二、教材體例與編輯政策改變

政府為配合開放多元社會的需求，引導社會進入 21 世紀而制定「88課

---

68 課綱內容為：一、華夏文明的誕生，包括（一）文明起源與發展、（二）思想領域之開拓；二、秦漢至隋唐的文明開展，包括（一）學術思想與宗教、（二）文化發展與中外交流；三、唐末至宋代的文明新貌，包括（一）學術思想與社會生活、（二）科技文明的發展；四、元明清時代的文明蛻變，包括（一）中國帝制晚期的文化變遷、（二）近世東亞的國家與文化；五、近現代的文明挑戰與契機，包括（一）中國文化的調適、（二）東亞文化的新局。

69 教育部：《普通高級中學選修科目「歷史」課程綱要》，頁 22、33。http://203.68.236.93/doc/95course/content/1000607-02.doc

綱」，[70] 以致該課綱展現新思維、新企圖，注重更多文化史課題。教科書開放政策後，坊間教科書依然需按照課綱撰寫、送審。教師對照不同版本的課文，比較各家說法異同，訓練學生思考分析的能力。總的來說，教科書一言堂的時代逐漸遠去。

從「88課綱」以後，「歷史（必修）」的主軸從政治史漸變為廣義的文化史，接近百年前梁啟超的想法。「100課綱」雖調整篇幅比重，大致上沒改變教材書寫的重點，傳統中國文化史的課題逐漸被納入「歷史（必修）」課。「100課綱」也將重心放在亞洲文化、世界文化及歷史學領域。台灣史單獨成冊的教科書政策確立，反映台灣歷史時空的特殊性。

三、史學趨勢與意識型態角力

早期中學教科書內容與歷史學研究趨勢有落差，文化史方面尤其明顯。歷史「95暫綱」委員希望導入新文化史概念，但因課綱體例與課本書寫立場的改變，引起部分學者教師質疑，無法冷靜思考歷史學研究趨勢與新文化史觀念與教科書編輯的互動關係。另方面，為了配合「九年一貫」教育政策而修訂的「98課綱」，歷史課綱仍飽受在野黨責難。2008年11月政治力介入，歷史暫依「95暫綱」來授課。但政府重新研擬歷史課綱時，非歷史系出身的委員與「民眾」企圖影響課綱方向，又引起歷史學者、教師撰文抗議，要求尊重歷史學專業。

2014年1月爆發國文、歷史、公民與社會等科「課綱微調案」風波。儘管學界、中學教師與民間團體批評審議過程違反程序，非歷史專業人士以意識形態，調整歷史教科書用詞。教育部長仍於2月10日核定，於8月1日生效，更可見新課綱明顯受制於政治力。

本文一開始提出：「誰」的文化史？「何時」的文化史？「什麼樣」的文化史等問題，從中小學教科書擔負的責任來看，教科書編輯方向受限制。政府官員主張中小學教科書「負有融和立國精神、培養愛國思想、訓練生活知能、提升民族文化的功能」。[71] 回顧以往中學教科書多受限於國家政策，文化史教材很難引發學

---

70 教育部高級中學課程編輯審查小組：《高級中學課程標準》，頁859。

71 謝福生：《國民中學統編本教科書編（輯）修（訂）工作的回顧》（台北：國立編譯館通訊15:1），頁11。

生共鳴。根據「100 課綱」撰寫的高中歷史教科書已陸續出版，展望未來台灣中學的歷史教育，應減少政治力干預，多結合歷史學研究新成果。從學習歷史的過程，培養學生歷史感與獨立思考的能力，使歷史教育走出政治附庸的陰影。

附錄一：歷史 (必修) 課綱目標

	1929 年
古代史實	· 陳述本國民族的分合、政治制度的沿革、民生經濟的利病； · 闡明中國學術文化演進的經過昭示先哲堅卓的工夫與偉大的造詣。
現代史事	· 注意帝國主義者侵略中國之經過及現代中國政治經濟的變遷； · 注重近代史，於古史中亦注意其有影響於現今政教潮流者由歷史事實的啟示研討政治社會改革的途徑。
世界知識	/
政策目的	· 以說明今日中國民族形成的由來與各種政治社會問題發生的源流而闡發三民主義之歷史的根源； · 以說明中國革命發生的背景指示今後中國民族應有之努力。
預期效用	· 喚起學生奮發精進的精神； · 以引起學生珍愛本國文化與繼承先業發揚光大的精神； · 務使歷史事實與現代問題發生密切的關係。
歷史能力	· 指示歷史研究的方法，養成「無證不信」的態度，隨時提出歷史上未解決或可疑的問題，討論其真理或其影響以培養學生自由研究的習慣。
	1932 年
古代史實	· 敘述我國民族之拓展與歷代文化政治社會之變遷； · 過去之政治經濟諸問題其有影響於現代者應特別注重。
現代史事	· 注重近代外交失敗之經過及政治經濟諸問題之起源。
世界知識	· 敘述各重要民族之發展與各國文化政治社會之變遷； · 說明近世帝國主義之發展民族運動之大勢與現代國際問題之由來； · 敘述各民族在世界文化上之貢獻及其學術思想演進之狀況應特別注重科學對於現代文明之影響。

（續上表）

政策目的	·以説明本國現狀之由來而闡發三民主義之歷史的根據；
	·以説明本國國民革命的背景指示今後本國民族應有之努力；
	·使學生對於世界潮流之趨勢獲得正確的認識與了解，以研討我國應付世界事變之方策而促成國際上自由平等之實現。
預期效用	·以策進我國國民在文化上急起直追之努力。
歷史能力	·使學生得由歷史事實的啟示以研討現代問題，並培養其觀察判斷之能力。
1940 年	
古代史實	·敍述中華民族之起源、形成及其疆土開拓之經過，而各支族在血統上與文化上之混合情形及其相互依存之關係，尤應加意申述；
	·敍述我國歷代政治、文化、經濟、社會之變遷，尤其足以影響於現代社會生活之史，應特別注重，藉以明白我國現狀之由來。
現代史事	·而於古代之光榮與近世外力之壓迫，以及三民主義之歷史背景，尤應從詳申述。
世界知識	·敍述上古以來世界各主要民族之演化，與各國政治、文化、經濟、社會之變遷，及其相互間之影響與關係；
	·使學生對於世界有正確之認識而近世科學之功能、帝國主義之發展、民族運動之大勢、以及現代國際問題之由來，尤應充分説明。
政策目的	·使學生對於中華民族有整個之認識與愛護；
	·以啟示學生復興民族之途徑，以及應有之努力；（參）以策勵學生研討世事，探求科學而努力於抗戰建國之大業。
預期效用	/
歷史能力	/
1948 年	
古代史實	·明瞭中華民族內各宗族之起源，混合及其相互影響，相互依存的關係；
	·明瞭我國歷代之政治、經濟、社會、文化等變遷的趨勢，特別注重足以影響現代社會生活之史實。

(續上表)

現代史事	/
世界知識	· 使學生明瞭世界各主要民族演進之歷史及其相互之影響； · 明瞭近世文化演進及現代國際大勢。
政策目的	· 激發愛國家，愛民族之精神與光大之責任； · 確立我國對國際社會應有之態度與責任。
預期效用	/
歷史能力	/
1952 年	
古代史實	· 明瞭中華民族之演進及各宗族間之融合與相互依存之關係； · 明瞭我國歷代之政治、經濟、社會、文化等變遷的趨向，特別注重光榮偉大的史實與文化的成就。
現代史事	/
世界知識	· 明瞭世界各主要民族演進之歷史及其相互之影響； · 明瞭世界文化之演進及現代國際大勢。
政策目的	· 以啟示復興民族之途徑及其應有之努力； · 確立我國對國際應有之態度與責任。
預期效用	/
歷史能力	/
1995 年	
古代史實	· 啟發學生對歷史的興趣俾能主動學習歷史，吸取歷史經驗增進人文素養； · 引導學生了解歷史知識的特質。
現代史事	/
世界知識	/
政策目的	· 引導學生思索人我、群我的關係，以培養學生對社會、民族、國家的認同感與責任心。

（續上表）

預期效用	·培養學生具有開闊的胸襟及世界觀，使能以更寬廣的角度思索中國歷史文化在世界歷史文化中之地位。
歷史能力	·使其認清歷史變遷對時代的重要性，以強化其思考與分析能力。
2006 年	
古代史實	·幫助學生理解自己文化的根源。
現代史事	/
世界知識	·建立學生對於世界上各種文化的基本認識和理解。
政策目的	/
預期效用	·建立自我認同感； ·養成包容並欣賞多元文化的開闊胸襟； ·激發學生對歷史的興趣，以充實其生活的內涵。
歷史能力	·培養歷史學科的方法，藉由歷史問題的探討提升學生的思維。
2009 年	
古代史實	·理解文化的根源。
現代史事	/
世界知識	·認識世界多元文化的特質與演變。
政策目的	/
預期效用	·建立自我認同感； ·養成互為主體、彼此尊重的開闊胸襟； ·激發對於歷史的興趣，充實生活的內涵。
歷史能力	·藉由歷史問題的探討，提升歷史思維的能力。
2011 年	
古代史實	·引導學生認識重要的歷史知識； ·幫助學生理解自己文化的根源。
現代史事	/
世界知識	·認識世界重要的歷史發展。

(續上表)

政策目的	
預期效用	·建立自我認同感； ·培養學生尊重各種文化的開闊胸襟； ·激發學生對歷史知識的興趣，養成終身學習的習慣，以充實其生活內涵。
歷史能力	·培養學生具備蒐集資料，探討歷史問題，進而提升其歷史思維的能力。

附錄二：歷史（選修）課程目標

1983 年	
史實知識	·明瞭中國歷代文物制度、學術思想、宗教信仰、文學藝術及科學技術等文化之創造及發展發展； ·了解中國文化的特質、優點及永恆價值。
政策目的	·藉以培養民族自尊心及自信心，喚起愛國家、愛民族之情感； ·了解中國民族與文化在世界文化中的地位及其對世界文化之貢獻。
預期效用	·從而肩負復興中華文化之重責大任，發揚光大中華文化之優良傳統； ·藉以確立國人對世界文化發展應有之態度及責任。
歷史能力	/
1995 年	
史實知識	·明瞭中國文化的起源與發展，以及在世界文化史上的地位； ·了解歷代重要典章制度的演變，以及學術思想、宗教信仰、文學藝術及科學技術等方面的成就； ·了解傳統中國文化兼容並蓄的精神，以及近代中國文化的變遷與新文化的發展。
政策目的	·促進學生對中國文化的了解與關懷； ·啟發學生的文化意識。

預期效用	·激發學生能主動思考中國文化的價值與現代意義。
歷史能力	/
2006 年	
史實知識	/
政策目的	·強調從今日之台灣觀看東亞（含中國內地）、亞太及世界史上的重要問題。
預期效用	/
歷史能力	·加強培養學生在閱讀、思考、辨析、論證等方面的能力； ·學習史學方法，反思三年來學習歷史之心得。
2009 年	
史實知識	/
政策目的	·強調從今日之台灣觀看東亞（含中國內地）、亞太及世界史上的重要問題。
預期效用	/
歷史能力	·加強培養學生在閱讀、思考、辨析、論證等方面的能力； ·學習史學方法，反思三年來學習歷史之心得。
2011 年	
史實知識	·引導學生認識世界各重要文化的內涵； ·引導學生了解世界重要文化演變的重大問題及現象。
政策目的	/
預期效用	·進而養成重視本土、尊重多元、關懷弱勢文化的胸襟； ·以形成寬闊的世界文化視野； ·引導學生從文化省思與傳承的角度，關懷世界重要文化的發展。
歷史能力	·進而養成思考、分析、比較、論證、評價等方面的能力。

附錄三：歷史課綱委員校系分析

課綱	台大	中研院	台師大	政大	中興	淡江	東海	東吳	清大	中央	逢甲	成大	北大	元培	文化	高中
1952 年	1	1	1	0	0	0	0	0	0	0	0	0	0	0	0	0
1962 年	2	2	2	0	0	0	0	0	0	0	0	0	0	0	0	3
1971 年	3	0	3	1	1	1	1	0	0	0	0	0	0	0	0	2
1983 年	1	1	4	3	0	0	0	1	0	0	0	0	0	0	0	1
1999 年	2	2	3	1	3	0	0	0	1	0	0	0	0	0	0	4
2006 (a)	1	5	1	0	0	0	0	0	3	0	0	0	0	0	0	6
2006 (b)	1	4	1	0	0	0	0	0	0	0	0	0	0	0	0	4
2009 年	1	0	3	1	0	0	0	0	0	1	1	0	0	0	0	7
2011 (a)	1	1	4	0	1	0	0	0	0	0	0	2	0	1	1	5
2011 (b)	1	6	1	0	0	1	0	0	0	0	0	1	1	1	1	4
小計	14	22	23	6	7	2	1	1	4	1	1	3	1	2	2	36

附錄四：統編本歷史編輯委員校系分析

教科書	台大	中研院	台師大	政大	中興	淡江	東海	東吳	北師專
1952 年	3	2	1	0	0	0	1	0	0
1962 年	3	2	3	0	0	0	1	0	0
1971 年	4	0	6	1	1	1	1	0	1
1983 年	3	3	5	2	1	0	1	1	0
小計	13	7	15	3	2	1	4	1	1

廣東省普通高中歷史課堂教學改革十年探索

魏恤民

廣東省教育研究院

引言

2004 年 9 月，廣東省作為國家普通高中新課程試點省份率先開展普通高中課程改革試驗。廣東歷史教師以其孜孜不倦的探索和務實進取的精神，勇立全國新一輪課程改革的潮頭，在課堂教學改革中不斷創新，取得顯著的成績，教學理念、教學方法和教學評價都有了重大改變，課堂教學效果大幅度提升。乘着這股勁風，為更深入推動中學歷史課堂教學改革，總結各級各類教研機構、學校和老師的先進經驗，發現其中的問題，研究解決的對策，我們對廣東省中學歷史課堂教學改革現狀進行了調查分析，形成了本文。

基本情況

回顧廣東省中學歷史課程改革實施過程，分析其中所體現的特色，可以從三個維度進行概括：第一，從專業「行政」領導角度看，「金字塔」式的實施渠道暢通：省教研室歷史科宏觀策劃 —— 地市級教研室歷史科在中觀層面強力落實 —— 縣區教研室業務推進 —— 各學校創造性地全面實施；第二，從技術層面看，形成了專家前瞻性引領 —— 骨幹教師在實踐中摸索示範 —— 基層教師群體跟進的課改實踐體系；第三，從課改實施的方法層面看，理念設計 —— 個性特色的實踐探索 —— 階段性經驗總結 —— 先進經驗推廣，遵循了馬克思主義認知規律。

一、省級規劃，逐步推進

省教研室歷史科在新一輪課程改革中，勤調研、善思考，點子多、方法好，扎實做好頂層規劃，在實踐中從不同側面逐步推進課堂教學改革。

1. 編寫《指導意見》，指引教學改革

課程改革初期，省教研室歷史科集中全省專家編寫了普通高中歷史教學指導意見。《指導意見》明確和細化了歷史課程改革實驗的指導思想、新課程的目標和任務、新課程的內容和體系、新課程的教學實施、新課程的教學評價、教學研究活動的開展等問題，並相應提出了教學實施的五個方面意見和建議：新一輪課程改革的重點是充分體現以學生發展為本的理念，努力探索教學方式和教學內容的改革；整體把握課程目標體系，認真做好歷史學習過程的設計；根據課程標準整合、優化教學內容；有效地實施情感態度與價值觀的教育；加強對學生學習方法的指導；注重發揮歷史學習獨特的教育功能。同時指出，在新形勢下要處理好五大關係，即是課標與教材、教參的關係，三維課程目標之間的關係，必修與選修的關係，通史與專題的關係，傳統教學要求、做法與課改教學要求、模式的關係，使高中歷史課堂教學改革能夠有序、高效地進行。2012 年，為了貫徹落實國家和省教育規劃綱要等文件精神，根據教學實際和前期教學實踐經驗，對原義務教育和高中歷史學科教學指導意見進行了修訂，進一步推動了課程改革的深入發展。

2. 加強教學研討，拓展教學視野

省教研室通過組織全省性的教學研討會，總結階段性實驗經驗，部署新階段教改重點工作。

2006 年 12 月 26 日至 29 日，在湛江市召開了廣東省高中歷史新課程教學觀摩與交流研討會，會議特色有：（1）示範課都突出學生的主體地位，注重過程與方法，創造性地利用教材，注意培養學生的情感、態度和價值觀，給與會老師很大的啟發，具有很好的引領作用；（2）地市級教研室歷史教研員和部分教師分別介紹了各地的教學改革情況，為全省範圍內的中學歷史課堂教學改革積累了一定的經驗，也為推行教學改革奠定了基礎。

2011 年 12 月 26 至 29 日，在惠州市舉辦了廣東省普通高中歷史課程改革新階段展示交流會。這次會議的主要特色，反映在兩個方面，第一，邀請教育系統之外的對歷史學有一定研究和感悟的人士作專題演講；第二，大學教授、省外優秀教師和省內優秀教師代表進行同課異構，進行歷史教育思想碰撞。會議特邀建川博物館館長樊建川先生作《文物見證歷史》的精彩演講，讓老師們體會到歷史的厚重及歷史老師應肩負的責任，開闊了歷史教學的視野。歷史課程研究專家、華東師範大學聶幼犁教授、上海交大附中的彭禹老師和廣東省佛山市南海區藝術高中的李月霞老師同課異構「辛亥革命」一課，積極搭建大學與中學老師、省內與省外老師相結合的教學平台，共同探討如何實施有效的歷史教學，在教學內容的處理、教學方法的改革上給老師們有益的啟示。這些活動，拓展了中學一線教師的視野，對歷史課程資源的開發利用有了深入認識。會議既是對前一階段課堂教學改革的一次總結，也對下一階段推進課堂教學改革進行了新的部署。

2012 年 24 至 26 日，在佛山市召開了廣東省中學歷史課程改革研討會暨廣東省中學歷史學科教研組建設理論與實踐探索課題彙報會。會議包括三方面內容：教研組建設子課題研究進展彙報交流、教研組長經驗介紹及青年教師成長典型案例展示。會議圍繞課堂教學改革這一中心，着重研討了學生歷史學習方式的轉變和歷史教學內容的處理等問題。這次會議，對中學歷史教學改革的研究更加深入和細緻，由研究課程資源、研究課堂教學，拓展到研究中學歷史教研組建設、歷史教師專業成長等領域。

2013 年 12 月 24 至 26 日，在韶關市召開了廣東省中學歷史課堂教學研討會暨中學歷史學科教研組建設理論與實踐探索課題研討會。會議圍繞中學歷史課堂教學、中學歷史學科教研組建設等主題展開了廣泛深入的討論交流。會議拓展了老師們的歷史視野，豐富了課堂教學經驗。

3. 注重課題研究，促進教學改革

課題研究是解決教學實際問題的重要手段，是培養骨幹教師，促進教師專業成長的重要平台。新課程改革以來，省教研室中學歷史科組織了一系列的課題研究，各地市教研室紛紛組織相關子課題研究，促進課堂教學改革不斷向縱深發展。2006 年 5 月，省教研室歷史科組織東莞、深圳、清遠、佛山、順德、惠州、韶關、廣州等地區近 20 所中學和教研中心、教研室的教研員，開展了廣

東省中小學教學研究「十一五」規劃課題「高中歷史課程三維目標實現途徑研究」。通過研究，進一步規範了歷史課堂的教學目標，改變了教學方式、學習方式和評價方式，推動歷史課堂教學朝着正確的方向前進。2007 年 9 月，省教研室中學歷史科開展新課程條件下的中學歷史科教研組建設研究，研製出台《廣東省中學歷史科教研組建設指標體系》（實驗稿），將提高課堂教學效率作為中學歷史科教研組建設的中心。《指標體系》摒棄了舊的傳統，大膽地把課堂教學、教學創新、學生發展列為優秀教研組評價的重要內容和指標。2011 年 5 月至 2013年 12 月，「廣東省中學歷史學科教研組建設理論與實踐探索」的課題研究在省教研室歷史科的組織下順利進行。課題包括教研組制度建設探索、教研組培養青年教師、造就名師成長機制探索、教研組創新學科教學模式、全面提高教學質量探索、教研組構建學校課程體系探索、區域教研協作研究、教研組課程資源建設研究、教研組文化創建探索、教研組績效評價探索等子課題，緊緊圍繞課堂教學，從不同側面為推動課堂教學改革服務。

4. 加強師資培訓，提升專業素養

師資是推動課堂教學改革的核心力量。為此，省歷史專業委員會組織評選了廣東省首批廣東歷史學科帶頭人，創建名師工作室，組建學科骨幹教師聯盟，建立廣東省中學歷史教師 QQ 群等，這些活動，通過不同形式、不同途徑，對教師進行在崗實時培訓，並不定期地開展專題教學研究，組織骨幹教師面對面進行交流，引領學科發展方向，推動課堂教學改革。

青年教師是教育事業的未來。省教研室歷史科定期組織教學設計、說課、教學論文、課件製作、課堂教學錄像、優秀課例展示等比賽或活動，錘煉了一批優秀青年教師。2009 年起，又組建了青年教師成長共同體，不定期地召開課堂教學示範與研討活動，促進青年教師成長。

5. 總結教改經驗，直面現實問題

2005 年起，組織一批學校，就課程改革中一些普遍性的問題進行調研，分別從學生和教師的角度初步總結了新課程改革的成績和存在的問題，並形成論文和調研報告，如《珠江岸邊的回聲 —— 順德一中歷史新課程改革的實踐與思考》（發表於《中學歷史教學參考》2005 年第 9 期）、《高中課改：潮起珠江 —— 廣

東第一線教師眼中的高中歷史課程改革》（發表於《中學歷史教學參考》2005年第12期）等。這是全國範圍內率先從師生角度系統總結歷史課程改革的文章，在全國產生了較大的影響。

2007年8月，魏恤民老師撰寫的《水窮雲起、破蛹化蝶——開創充滿生命活力的歷史教育之路》一文在《中學歷史教學參考》上發表，文章從「教師觀念的改變是新課程改革順利實施的關鍵」、「三維目標的實現程度是新課程有效實施的標尺」、「『磨課』是提升教師專業發展水平的有效途徑」、「評價改革是引領課程改革方向的指南針」、「構建多元教研模式是提高新課程實施水平的重要保障」五個方面，對廣東省前一階段高中歷史課程改革取得的成效做了全面的總結，提出歷史新課程改革的關鍵在課堂，教師要以務實和進取推動課堂教學改革。2010年12月，《中學歷史教學參考》再次發表魏恤民《恣肆放談中國中學歷史教育》，又一次強調教學研究的重要性、教師專業發展的迫切性，指出要充分相信學生，大力推廣教研課的「磨課」活動，把每一節課都上成精品課。2013年5月，魏恤民等在《歷史教學》（中學版）發表《拓展教研組建設內涵，促進教師專業成長——廣東省中學歷史學科教研組建設研討會綜述》一文，強調通過教研組的建設，改變課堂生態環境，轉變學生學習方式，拓展學科教學資源，提升學科教學文化內涵，促進課堂教學改革的持續、深入發展。

二、地市落實，開拓創新

各地級市在中觀層面認真落實省教研室的指導意見和教學改革精神，指導好縣區教研室及各學校工作，在實踐中開拓創新，推動課堂教學改革向前發展。

1. 落實《指導意見》，加強教師培訓

茂名市組織「三級」培訓，做到「四個結合」。「三級培訓」指市級、縣級和校本培訓。「四個結合」指的是通識培訓與學科培訓結合、理念更新與課例分析結合、專家講座與名師示範教學結合、集中培訓與校本培訓結合。在培訓中，充分發揮骨幹教師、學科帶頭人的示範和帶頭作用，通過研討課、示範課、觀摩課、課題研究、專題講座、聯片教研、送教下鄉、教學視導等形式提高教師的教學技能和水平；通過開展教學成果評比、優秀課例評比、教學基本功比賽等活

動，激發中青年教師課堂教學改革的積極性和主動性，促進課堂教學效率和質量的提高。

梅州市舉辦全市中學歷史教師職務培訓活動。2009 年、2011 年先後舉辦兩期全市高中歷史教師職務培訓，參加培訓的老師共 186 人。2012 年又舉辦全市初中歷史教師課改培訓。到現在，全市初步建立起全市「研 —— 訓 —— 教」一體化的模式，培訓工作體現了培訓對象多元、培訓內容廣泛、培訓工作多層次和培訓方式多樣化的特點。

2. 加強區域協作，優化教研生態

各地級市通過區域教研、教學比賽、論文評選、名師工作室等形式，展開區域協作，構建區域良性教研生態，促進各地區教學改革的深入發展。

廣州市構建全方位、多層次的教研系統，為形成良性教研生態環境，協調「下學」與「上達」的教研內容，形成了良好的教研氛圍。一個以廣州市教育局教學研究室歷史學科及市中學歷史教研會為核心的學科教研隊伍已經建立，它的頂端為市教研室歷史科和市中學歷史教研會，下設若干工作組。每學年根據廣州市教育局教學研究室的工作要求，各工作組結合自身類別特點，制定學年計劃，分別組織全市性的教學研究活動。

東莞市依託先後成立的柴松方名師工作室、毛經文名師工作室、鄭繼明名師工作室和東莞市學科帶頭人團隊，以名師工作室和學科帶頭人骨幹教師團隊為基點，推進歷史教學研究，將全市的優質資源有效地統合起來，再通過工作室的中青年教師擴散出去，教研工作有聲有色、扎實高效，帶動了全市教學工作的良性循環。

3. 聯繫地方實際，開展特色教研

各地級市從各自的經濟環境、師資力量和教研傳統等實際情況出發，制定有自身特色的教研規劃和實施方案，創造性地開展教研工作。

汕頭市實施名師典型帶動、特色教研驅動、科研課題推動的策略，以課堂教學改革為核心，全力打造實效課堂，積累了有益的課堂教學改革經驗。他們因應形勢的變化，加強了課堂教學改革的力度，將教研工作的重心放在了各校的課堂教學改革上，並採取措施加強師資隊伍建設、改革教學方法和建設實效課堂，取

得了良好的效果。

中山市圍繞「基於課標的教學」主題，通過師生訪談、課堂跟蹤、主題研討，客觀分析新課程實施中的困難，積極研究解決途徑，形成了基於課程標準的四步走的課堂教學策略方案：第一，細化單元及課時目標；第二，研究教學手段和策略；第三，批判性地利用現有資源，優化教學內容；第四，研究評價標準，科學、有效地推動課堂教學改革。

東莞市圍繞中學歷史課堂教學改革展開系列深度的研究。第一階段從 2008 年到 2011 年，依託東莞市「十一五」中標課題「中學歷史優質教學的常態化的研究與實踐」，圍繞「注重體驗的歷史情境教學」、「注重思辨的歷史概念教學」、「注重探索的歷史史料教學」、「注重感悟的歷史細節教學」等主題，展開富有學科特色的教學研究活動，使得歷史課堂教學質量從課改初期表面的「繁華」向縱深發展。第二階段從 2011 年到 2013 年，依託名師工作室和東莞市學科帶頭人團隊推進歷史教學研究，進一步拓展歷史教學研究的內容，把公民素養教育定為歷史教育的目標，研究歷史課堂教學的核心目標，以歷史細節教學為主要策略，重點突破歷史概念教學等。

順德區教研室歷史科每學期都舉行青年教師展示競賽課，以此發現和培養年青教師。該區於 2013 年 4 月和 10 月舉辦高中歷史「小組合作學習」教學模式論辯會和高中歷史「我心中的優質課」論辯會，由各高中選派一名青年教師作為主辯手參加，其他老師可以自由加入辯論。這兩次活動涉及面廣，激發了老師們參與教學改革的熱情，引發了激烈的思想交流與碰撞及對教學改革的深入思考，效果突出。

成果經驗

一、轉變教學觀念，改進教學行為

從一定意義上說，落實課程改革精神，是對中學歷史教學各要素、各環節關係的哲學思考和行動探索的過程。主要體現在四個方面：

1. 從教材觀到課程觀

　　傳統教學以教材為中心，嚴格依據教材梳理知識，限制了學生的視野，僵化了學生的思維。新課程教學以課程為中心，依據課程標準，充分利用包括教材在內的各種資源，如教師與學生的知識與經驗、各種與課程有關的材料等等，課程內容得到較大的拓展，開闊了視野，活躍了思維。廣州六十五中的胡勇老師以榮氏家族企業的歷史為主線，設計近代民族工業發展的教學內容，東莞的夏輝輝老師以「馬克思與列寧的對話」、「列寧與農民的對話」、「斯大林與布哈林的對話」、「斯大林與作家的對話」、「鄧小平與馬克思的對話」等幾個環節來設計《社會主義經濟體制的建立》的教學內容，深圳唐雲波老師以探源文藝復興、感受文藝復興、回味文藝復興的線索設計《文藝復興》一課，是課程觀理念在教學實踐中運用的典型課例。

2. 從備課到教學設計

　　傳統的備課以教材為中心，以教師為主體，以知識掌握為重心，是教師的一種課前準備活動。而教學設計則以課程為中心，充分運用各種課程資源完成教學目標；以學生為主體，設計教學流程與方案；以知識與能力、過程與方法和情感態度價值觀的三維目標為核心；教學過程中強調師生互動，動態生成；教學設計貫穿於教學活動的全過程，包括課前準備、課中實施和課後評價等。因此，新課程的教學設計是一個師生共同成長的過程。

3. 從知識的掌握到價值觀的引領

　　傳統教學注重基礎知識與基本技能，比較忽視情感態度和價值觀的培養，導致教育內容與目標的缺失。新課程教學更加注重情感態度價值觀的引領，把愛國主義情感的培養、人文主義精神的薰陶、開放的世界意識的形成有機滲透到教學設計中，成為課堂教學的重要內容和目標。如順德一中李長福老師在設計《春秋戰國時期的百家爭鳴》的教學時，從儒家、墨家、法家和道家的思想主張中，引導學生初步形成和諧社會觀、仁政民本觀、博愛和平觀、法律至上觀和智慧人生觀等思想觀念。

4. 從怎麼教到怎麼學

　　傳統教學注重的是教師的教，老師講、學生聽，老師是絕對的權威，師生互動較少，學生處於被動接受的地位；課堂教學研究的主要是怎麼教的問題，很少涉及怎麼學的問題。在新課程課堂教學研究過程中，大家逐漸認識到，新課程教學中最重要的是學生怎麼學，學生是學習的主體，學生對學習過程與方法的理解是最重要的。從這一觀念出發，廣大教師創新和採用了一系列新的教學方式和方法，最典型的是順德容山中學陳維堅老師實踐並推廣的小組合作學習模式。

　　觀念的改變，引起教學行為的改變。如：茂名市高中歷史教學實現了三方面的突破：第一，歷史課堂教學目標多元化；第二，課堂教學中師生自由、平等地交流與碰撞；第三，教學方式的多樣化。此外，還基本上實現了「五個還給」，即把課堂時間還給學生、把教室空間還給學生、把活動主動權還給學生、把探索權利還給學生、把創新可能還給學生。

二、挖掘教學內容，深入理解歷史

　　新課程改革以來，廣大歷史教師以課程觀為指導，以情境、史料和研究性學習等形式，突破教材束縛，拓展教學內容，提升歷史教學的品位，豐富學生的歷史意識。

1. 構建情境，神入歷史

　　情境教學是指在教學過程中，教師有目的地引入或創設具有一定情緒色彩的、以形象為主體的生動具體的場景，以引起學生一定的態度體驗，從而幫助學生理解學習內容，並使學生的心理機能得到發展的教學方法。歷史教學中設置情境，能夠幫助學生深入歷史「現場」，有效地理解歷史，體現了歷史教學「生活教育」的理念。如東莞的夏輝輝老師根據歷史事實，創制了「雅典公民帕帕迪的一天」這樣一個虛擬情境，化繁為簡，化難為易，帶領同學們進入公元前四世紀的雅典，幫助同學們理解雅典民主的操作流程、本質特點和局限。深圳的唐雲波老師虛擬的「二毛」情境有助於學生理解鴉片戰後社會經濟結構的演變，東莞市東坑中學的張宏傑老師以虛擬農民「阿牛」的日記，引導學生認識 20 世紀 50、60 年代社會主義建設的艱難探索情形。鑒於虛擬情境可能容易產生以虛代實的

錯誤認識，所以，更多的老師採用真實的史料來創設情境。如廣州六十五中的胡勇老師以榮氏家族企業各階段發展史料為依據，創設鮮活的歷史情境，展開近代民族工業發展史教學；南海石門中學吳迪老師運用相關史料，創設「神入」歷史情境，理解各類歷史問題；廣州三中歷史教研組利用教科書的歷史敘述創設有效情景，實現初高中歷史思維的轉變；湛江師院附中陳洪義老師的「情景教學模式」研究和實踐，取得了較好的效果，突顯了歷史課堂教學價值。

2. 運用史料，注重細節

史料是認識和理解歷史的橋樑。在新一輪的課堂教學改革中，史料在課堂教學中得到了充分的運用，大大拓展了教學的內容和對歷史問題的理解。如東莞市教研室歷史科組織布教師進行以史料教學為核心的深度教研活動，深入探討了史料的意義、史料的搜集、選擇和使用原則等基本問題，對推動歷史課堂中的史料教學有重要意義。南海實驗中學歷史教研組教師充分運用有教學價值的史料開闊學生視野，把學生帶回當時真實的歷史情境當中，以「歷史的眼光」看待古往今來的事物，給學生留下更多的思考空間，讓歷史教學充滿生機。東莞高級中學的毛經文老師深入研究歷史細節在歷史教學中的作用，利用細節重建現場、點化課堂、打通現實、潤澤生命，呈現別樣的歷史課堂。

3. 由內而外，豐富內涵

在實踐中，教師們不僅注重優化歷史課堂教學的內容，而且將課堂教學內容向課外延伸，進行研究性學習，豐富了歷史學習內容。如廣州六中積極開展歷史學習實踐活動，並以「成果集」的形式呈現學習實踐成果，有論文集、校友訪談錄、歷史小報、歷史傳記、圖片史料、校本課程專著等內容。廣東東山中學以研究性學習課題為載體，培養學生綜合素質，先後進行了梅州客家鄉土文化的學習與研究、梅州生態文化旅遊的調查與研究、穿越劇的學習與研究和口述歷史的採集、整理與運用等學習探究活動。深圳實驗學校高中部歷史教研組多年堅持讓學生辦歷史小報，通過辦報，學生加深了對歷史的理解，提高對歷史的興趣，也讓學生理解了要從不同的視角看待歷史，實現了學生的自主發展、個性發展、創造性發展。以上這些活動緊密聯繫課程和現實，培養學生的學習能力，提升學生對歷史的認識和理解，豐富了歷史學習的意義，進一步推動課堂教學改革。

4. 理解歷史，增長智慧

　　理解歷史、增長智慧是中學歷史教學的主要任務。理解歷史就是幫助學生形成基本的歷史概念、史學認識，運用基本的概念或史學認識去分析歷史現象，概括歷史規律，論證歷史結論的過程，只有在課堂中深刻「理解歷史」，才能夠實現「歷史課堂教學的最終目標是培養具有歷史智慧的人」的根本目標。無論是「神入歷史」、「史料教學」，還是課外研究性學習，都是圍繞優化教學內容，更好地認識歷史，增長歷史智慧的主題，進一步完成新課程改革的任務，實現新課程改革的目標。

三、創新教學模式，形成特色課堂

　　在課堂教學改革實踐中，各學校和有關老師積極行動，在新課程改革理念的指引下，創新教學模式，實踐和完善了以自主學習、合作探究為主要特點的新課程教學模式，產生了較大的影響力，取得了一定成效。

　　「小組合作學習」細化了對學生學習過程的管理，發揮了學生主動性。深圳紅嶺中學的吳磊老師是較早實施小組合作學習的老師之一。她根據學生的具體情況，建立學習小組，每組取一個能夠體現小組特色，具有導向、勵志、凝聚團隊等特點的組名，設小組長一人，各成員明確分工，各司其職，展開學習合作與競賽。創建寓歷史性與趣味性於一體的「科舉制升級平台」的評價機制，從歷史小菜鳥、秀才、舉人、進士到探花、榜眼、狀元，激發學生的進取心，促進學生良性發展。佛山市順德區容山中學陳維堅老師從 2000 年開始，在高中歷史教學中進行「小組合作探究學習」課堂教學模式的實踐研究，取得了較好成效，在全省乃至全國都有一定影響，是廣東省「學生小組自主合作探究學習研究基地」。這種教學方式的操作流程是：（1）將全班學生以 5 至 7 人為一組，組成學習程度相近的學習小組；（2）教師提前一周，按教材印發學習「提示」，內容包括學習目標與要求、教材閱讀指導、基礎概念解釋、經典習題示範、同步練習等；（3）學生個人課外獨立學習和小組交流討論，產生小組疑難問題，並做好小組合作學習記錄；（4）課堂中，小組交互檢查個人自學記錄和小組討論記錄；（5）師生課堂交流總結，主要是小組間互相答疑和教師集中答疑；（6）課堂中對學生學習進行過程性評價；（7）以「學習單元」為單位，進行階段測試，評價學生學習質量；

(8) 依據學習成效對小組進行獎懲。順德一中歷史教研組整合傳統歷史問題教學的基礎上，探索基於問題情境的小組合作學習模式。教師首先從對教學內容的深入研究出發，根據「基礎、根本、開放」的原則，設計核心教學問題，引導學生課前利用教材、網絡和圖書館相關學習資源，分組思考相關問題，提出初步的解決方案。課堂上根據問題流程，學生依次就有關問題進行展示、交流、質證和詰問，組內合作，組間競爭，教師則從旁引導，保障問題解決的準確性、全面性和深刻性。在吳磊和陳維堅等老師的引領下，全省一大批學校和老師學習、實踐這種教學方式，如高要市第二中學開展「小組合作探究」教學模式的探索、中山市一中目標導引下的合作學習課堂探索、順德區羅定邦中學基於導學案的小組合作學習模式的實踐等，都取得了一定的成效。

其他課堂教學模式也如雨後春筍，蓬勃發展。肇慶市各中學開展多種形式的課堂教學改革實驗，如肇慶市第一中學積極探索史料教學法在歷史教學中的有效運用，孔子中學採用「25 分鐘課堂教學，15 分鐘課堂師生互動模式」，肇慶市第五中學構建「基於激活課堂的導向式教學」模式，英德中學實行「先學後教，當堂訓練」教學模式，以「教師為主導，學生為主體」為原則，積極開展素質教育。梅州市充分利用自身資源，拓展課堂教學改革。如梅江區聯合中學提出的「20+25」的教改模式，豐順中學歷史科組在 2012 至 2013 學年進行了高效課堂教學模式的新嘗試，五華水寨中學歷史組目前正在開展「四位一體」課堂教學改革實驗等。此外，陽江一中 2+1 高效課堂實驗、乳源高級中學開展「目標體驗」教學、東莞松山湖中學和廣州三中開展的高效課堂實驗、南海實驗中學的智慧課堂實驗、深圳市龍崗區平湖外國語學校實行的高中歷史主題教學、江門一中和梅縣東山中學地方資源進課堂的實驗等都取得了一定的效果。

四、實施多元觀察，改革評價體系

課堂觀察是推動課堂教學改革、提高課堂教學質量、實現課堂教學目標的重要手段。新課程改革以來，省教研室歷史科以課堂研究的形式，不斷推動課堂觀察評價的研究，研製了《廣東省中學歷史課堂觀課手冊（徵求意見稿）》，形成了系統的課堂觀察評價指標體系，提高了課堂教學觀察與評價的科學性和規範性。

　　課堂觀察基於對歷史三維教學目標的準確界定，從三個維度（知識與能力目標、過程與方法目標、情感態度與價值觀目標）、兩個主要觀察對象（學生和教師），根據課前會議確定的多個觀察點來對課堂進行多角度、多層面的觀察。基本的操作流程是：第一階段，課前會議，了解課堂教學方案，進行觀課分工，確定觀課的目的和規劃；第二階段，觀課評課，進入課堂及記錄資料（定量與定性記錄相結合）；第三階段，課堂觀察後的資料分析、結果呈現和信息反饋等工作；第四階段，研究課堂教學改進建議和問題補救措施，指導後期課堂教學。

　　建立在多元觀察的基礎上，課堂教學評價也走向多元化。既關注老師的教，更關注學生的學；既關注學習結果，更關注學習過程；既關注學習內容，更關注學習方法；既關注影響教學的主觀因素，也關注影響教學的客觀因素；既關注現實課堂，也關注課改方向、方法。

五、豐富課程資源，優化課堂教學

　　課程資源是課程實施賴以支持的環境，課程資源的開發與利用對課程改革目標的實現，尤其是課堂教學目標的實現具有重要意義。新課程改革以來，廣東省歷史課堂教學的各種資源都得到了廣泛、有效的開發。

　　首先是利用信息技術硬件基礎建設較為完善的有利條件，開發與建設了內容豐富的網絡資源。如順德容山中學張曉明老師開發的「歷史教學園地」，成為全國文章總量、訪問總量最大的歷史教學網站，各類教學資源十分豐富，大大便利了老師們的課堂教學。又如深圳周定建老師的「歷史風雲」網，資料豐富，互動性強。此外，新課程網、高考資源網等與廣東省各校建立了各種類型的合作關係，在廣東省也擁有大量用戶；廣東省一些教師還紛紛建立自己的「名師博客」、教師微博等，信息量大，專業性更強；各地級市教師也普遍建立 QQ 群、MSN 群、飛信群，為教師之間交流建立了網絡通訊平台。

　　其次是利用豐富的地方史資源來充實課堂教學，拉近歷史與學生的距離，提高教學實效。如珠海二中歷史科組把《珠海歷史文化遺址的開發利用》、《近代珠海歷史名人成長中的教育因素》等課題成果引入課堂，提高課堂教學關注度。汕頭市教研室歷史科組織一批骨幹教師通過分析潮汕地區人文社會資源特點，從人文、歷史、社會、家庭、學校生活等方面開發地方課程資源，編寫出版了地方歷

史課程教材《汕頭的變遷》，並在初中年段使用。汕頭市達濠華僑中學歷史組開發的《濠江地方史料收集》校本課程，寓教學於課題研究行動中；潮陽一中歷史組老師結合學校實際編寫了《潮汕歷史文化》、《東山文史》等校本教材，補充了教學資源。

問題成因

新課程改革以來，歷史課堂教學無論是觀念，還是行為都有很大的改變，也取得了一定的成效。但毋庸諱言，在常規的課堂教學中，還存在很多不盡如人意的地方，與新課程改革的要求還有一定的距離。具體表現在以下幾個方面。

一、三維目標欠落實

受高考、中考，以及學校、教育行政部分片面地以考試分數評價教師這種評價機制的影響，仍有不少歷史教師在課堂教學中以知識的梳理、傳授和掌握為主，自覺或不自覺地走回到傳統教學的老路上，在歷史學科方法的引領、課程內容的拓展，尤其是蘊含於課程內容中對學生人格的養成、今後發展至關重要的價值觀和人文素養的引領上，挖掘不多，着墨很少，嚴重影響新課程目標的實現。

二、教學處理片面化

歷史課堂教學在內容的處理和方法的選擇上存在一些偏向。內容上一是為「新」而新，一味求新而忽略了歷史課求真、求善的本質內涵；一是過度關注歷史的延伸，過度聯繫現實，而於歷史事實本身卻並未真正了解和認識清楚。方法上則過於強度學生的自主學習、合作學習，而淡化甚至放棄了教師應盡的職責。

三、發展不均衡

廣東省有些地級市歷史教師整體素質和學歷偏低、職稱結構斷層、群體穩定性差，少數學校仍有非專業教師任教歷史課。如某縣高中歷史教師有 49 人，目

前還沒有一位老師取得高級職稱，甚至還有 1 位政治專業的老師任教歷史。某縣高中歷史教師共 39 人，其中高級職稱 4 人，一級 21 人，二級 5 人，三級 9 人，年輕教師居多，平均年齡為 34 歲，本科及以上學歷 36 人，另有 3 人學歷不達標。廣大農村和欠發達地區學校受各方條件的限制，在課改實施過程中普遍存在著「缺優秀教師、缺資源、缺理論、缺經驗」的問題。

對策建議

一、深刻認識歷史教學本質

歷史課堂教學的本質是學生在探求歷史本來面貌的過程中，掌握真實的歷史知識和準確的歷史概念，發展歷史思維能力，習得歷史學科方法，培養獨立思考的精神，探求歷史發展的規律性認識，同時陶冶情操、健全人格。為進一步推進歷史課堂教學改革，我們建議和要求廣大歷史教師：第一，加強閱讀學習，廣泛參與各種培訓和研修，進一步提升專業素質，深刻理解教育和歷史教學的本質；第二，豐富歷史知識，理解歷史內涵，明確歷史知識的意義，理解和認識各種教學方式（模式）的本質意義，真正使歷史教學能夠為學生的一生發展奠基，完成中學歷史教學的使命。

二、合理優化歷史教學內容

可以進一步從以下幾個方面入手。一是深化對課程標準的理解，明確國家歷史教學教育的本質要求和根本目的，為深化對教學內容的探討奠定基礎。二是教學內容的處理和優化要有利於學生對核心歷史知識的掌握，有利學生對科學的歷史思維和方法的掌握，有利於學生健全人格的養成和人文素養的培育。三是要把握歷史知識的內在邏輯，理解歷史知識的意義，通過典型史料和情境，幫助學生理解歷史、認識歷史。四是要不斷積累和豐富課程資源，為深化課堂教學改革奠定基礎。

三、繼續深化歷史課堂教學改革

　　課堂教學改革一方面要發揮教師的主動性、積極性，由教師來引領課堂教學改革，發揮其指導作用，促進課程教學改革向縱深發展，也促進教師在這一過程中的專業發展。另一方面，更要尊重和依靠學生，充分發揮學生的主體作用，師生互動，共同發展。

　　具體來說，要進一步深化小組合作探究學習模式，追求課堂教學的效益最大化。各地區、各學校一方面要完善正在開展的教學改革嘗試，同時要進一步開展其他形式的教學改革，做到百花齊放、百家爭鳴。

四、努力追求均衡發展

　　主要可以從以下兩方面開展工作。一是省教育研究院要加大對初中歷史教師的指導和培訓，促進其專業素質的進一步提升。二是建議各級教育部門發揮信息技術的優勢，加強精品教學資源的建設，構建教學資源共建共享平台，為教學第一線服務，並積極向農村和欠發達地區輻射，促進均衡發展。

結語

　　歷史新課程改革成敗的關鍵在課堂，而教師觀念的轉變，務實、進取的態度也在很大程度上決定着改革能否順利健康地實施。我們要清醒地認識到：在升學壓力沒有發生根本性轉變的情況下，教師有可能會「走回頭路」，尤其是在新課程改革探索中走在前列的教師，在升學壓力、評價機制等因素的影響下，可能會減少衝勁，多了顧慮。但是，任何改革都是在進三步、退兩步、再進一步的曲折中前進，如何突破課改的瓶頸，除了教師本人要積極反思，努力創新外，採取必要的機制保障和路徑創新也是非常有必要的。

澳門中學歷史教科書的現況及發展

鄭潤培

澳門大學教育學院

前言

好的教科書，不單能夠組織學生的學習，同時亦能夠促成教師教學技能的改進。儘管現今的教學，在新科技發展及教學理論的帶領下，傾向於以電影、電腦、電視等電化工具取代教科書，不過，有論者認為教科書仍然是最有效的教學工具，同時也是最能貼近學生需要的工具。因為教科書具有足夠的彈性，能夠在沒有電力或特別設備的情況下，繼續為學生提供學習機會，它可能是多種教學手段之中最經濟的一種。

澳門回歸中國前，澳葡政府採用不干預政策，學校向來是校政自主。到了1991年8月29日，政府頒佈第11/91/M號法令，訂定《澳門教育制度總綱》，公佈澳門教育制度的基本原則，共十章，56條，但各校仍然保持學習年限不同，課程不同，教學大綱不一，教材不一的特殊情況。澳門回歸國家後，情況才有些變化，到2007年，根據第9/2006號，非高等教育制度綱要法律，明確正規教育各教育階段的學習年限，自2008至2009學校年度起，高中教育的學習年限為三年，不過仍讓一些學校保留原有學制。澳門教育的條件與其他地方不同，本身具有地區的特殊性，與鄰近地區並不完全相合，暫時仍然保持辦學各自為政的情形。

澳門的歷史教學具有自己的特色，在課程與教學上，一方面受着國內及香港的影響，另方面受本地歷史文化影響，從而建立起自己的教學系統。同樣，澳門地區並不存在統一的教科書選用制度，在教育制度法律來說，學校擁有教與學的自主權，有教科書選用權。筆者在澳門從事歷史師資培訓多年，經常到學校視學，從中搜集了不少歷史教學資料。本文試澳門歷史教科書的現況及發展來檢視澳門歷史教育的情況。

澳門中學歷史教科書現況

一、來源

　　教科書的使用與教學語言有很密切的關係，澳門的學校，絕大部分是以中文為教學語言，根據澳門教育暨青年局統計資料顯示，2012/2013 學年，按發出學校執照計算，澳門共有 78 所學校，其中公立學校 11 所，私立學校 67 所；只提供正規教育的學校有 66 間，只提供回歸教育的學校有 3 所，同時提供正規教育和回歸教育的學校有 9 所。據 2012 年的統計數字，中文為授課語言的學校有 26 所，以英文為授課語言的有 2 所，以葡文為教學語言的有 2 所。[1]

　　根據澳門教育學院研究，澳門使用國內及香港出版的教科書最多。[2] 據該研究報告頁 164，表 6.6「貴校主要使用哪一地區出版的教科書？」（見下表）所載的數字，澳門多使用國內教科書，佔 41.3%，其次是香港，佔 37%。該表的調查對象並不限於歷史科，但歷史科的情況也包含在內。

「貴校主要使用哪一地區出版的教科書？」的回答情形

	頻率	百分比
澳門	7	15.2
內地	19	41.3
台灣	0	0.0
香港	17	37.0
其他	3	6.5
缺漏	0	0.0
總數	46	100.0

　　中文學校一般稱為歷史科，不再細分中國歷史（簡稱中史）和世界歷史（簡稱世史），只在編課時才把節數分為中國歷史和世界歷史。初中階段，一般是每

1　見教育暨青年局資料 http://portal.dsej.gov.mo/webdsejspace/internet/Inter_main_page. jsp?id=8525&langsel=C

2　澳門特別行政區政府教育暨青年局委託，教育學院受託，單文經主持：〈澳門非高等教育課程的檢視與改革路向專案研究報告書〉，2007 年。

周上課都分有中史和世史不同節數，也有些學校是集中在一學年內教中史或世史。通常是教授兩學年中史，一學年世史。高中階段，如果是理組的學生，不用唸歷史，文組的學生，因為歷史科的課時多了，可以安排每周都有中史和世史的課。中文中學的歷史科用書，順理承章是用中文撰寫的教科書。最理想的，當然是本地出版的教科書，因為可以配合本地學生學習上的需要，特別是本地史的教學方面。不過，因為學生人數不多，歷史教科書的市場規模少，吸引不到出版社投資編制澳門本地教科書。根據澳門教育暨青年局統計資料顯示，2012/2013 學年，接受非高等教育的正規教育的學生為 69,403 人，其中中學教育 33,921 人，佔 47.2%。[3] 這三萬多中學生，如果再細分為六個年級及文理科，假設全部採用本地出版的歷史教科書，數量也是有限，支持不住本地的出版事業，所以，學校多採用國內或香港出版的歷史教科書，高中階段，由於升學的需要，有些學校加入台灣出版的教科書。至於英文學校方面，歷史科分為以中文為教學語言的中國歷史及以英文為教學語言的世界歷史，中國歷史教科書方面，情況跟中文學校一樣，一般採用香港出版的教科書。至於世界歷史的教科書，因為用書量更少，而且課時少，又是用英語授課，所以老師多用校本編制的筆記課文教學。

二、學校使用教科書情況

由於各校自主，辦學背景及條件不同的關係，在使用教科書上，出現很多不同的變化。一般來說，可以概括情況如下：

1. 初中及高中階段全用國內出版的教科書

例如某間與國內關係密切的學校，初中中史，用國內出版的中國歷史七年級上下冊及八年級上下冊，世史用國內出版的世界歷史，九年級上下冊。高中一用國內出版的高中歷史（1）（2）（3）。高中二、三則轉用國內暨南大學出版的歷史課本。

3　見教育暨青年局資料 http://portal.dsej.gov.mo/webdsejspace/internet/category/teachorg/Inter_main_page.jsp#Inter_main_page.jsp?id=39133

2. 初中至高中階段用香港出版的教科書

例如某政府學校的中史科，初中階段採用香港齡記出版的教科書。高中一、二年級採用齡記出版的教科書四上、下，高中三則轉用香港現代教育出版社的中史教科書第五冊。

3. 初中階段採用香港出版教科書，高中階段採用國內版教科書

例如某歷史悠久的學校，初中中史用香港文達出版的中國史及世界史，高中階段用國內人民教育出版社的中國近代現代史及世界近代現代史。

4. 初中至高中一、二階段用香港出版的教科書，高中三轉用國內出版教科書

例如某間普通學校，初中中史用香港齡記出版的中國史，世史用齡記出版的新編世界史。高中一二年級，中史用香港文達出版的中國史，世史用香港人人書局出版的世界史新編。高中三則轉用國內暨南大學出版的歷史課本。

5. 初中至高中一、二階段用香港出版的教科書，高中三轉用台灣出版教科書

例如某間教會學校，初中中史用香港文達出版的中國史，世史用文達出版的新編世界史。高中各年級，中史用香港文達出版的中國史，世史用台灣出版的世界史新編。

整體而言，初中階段以採用香港的教科書較多，高中一、二階段以採用國內出版的教科書較多，其中又以人民教育出版社的最為流行，而高中三階段，則採用國內暨南大學出版的教科書較多，個別學校的世界歷史科才採用台灣出版的教科書。

三、促成現況的因素

1. 教學課程自主

1991 年《澳門教育制度總綱》頒佈後，澳葡政府先後設立了不同科目的課程發展委員會。委員會成員包括公立和私立學校的教師，以及澳門大學的專家，並參照中國、台灣和香港的模式，起草不同科目的試行教學大綱。1995 至 1996 學年開始在中葡中學實施。1998 年，政府成立常設的跨部門的非常設性功能小

組課程改革工作小組，由當時的教育研究暨資源廳廳長管轄。1999 年 6 月，負責教育事務的教青局公佈制定的《初中歷史大綱》、《高中中國歷史大綱》及《高中世界歷史大綱》，歷史科的教學大綱基本齊備。不過，澳葡政府在說服私立學校採用這套大綱時卻碰到很大的現實困難。

影響各校課程自主的主要因素，是澳門沒有統一考試。各校升學目標不同，有些以升讀國內大學為主，有些以去台灣升讀大學為主，有些以澳門本地為主，有些以香港為主，各校的高中課程，自然以升學目標為主要對象，有些更要兼顧多個目標。一般學校，在初中時期，還可依據這個大綱來安排教學，但到了高中階段，各校為了學生升讀高等院校的需要，教學內容便因應目標地區院校的要求加以調整，因此發展出以學校為本的課程，不能完全依照教青局公佈制定的歷史大綱施行教學，亦根本沒有意欲來遵行統一課程。

其實，政府方面亦了解問題的存在，明白不容易解決。所以高中中國歷史大綱的序言內也列明「由於澳門學校的特殊環境，各校課本不一，故在課程計劃編排上，可以有較大的彈性。執行本大綱時，可按各校實際情形加以調整」。不過，政府並不滿足於這種情況，希望可以進一步把課程完善，所以在 2003 年，課程改革工作小組納入教育研究暨教育改革輔助處，課程工作納入教育研究暨教育改革輔助處；2005 年，成立課程改革及發展工作小組，由當時的梁勵副局長領導；2006 年，組成「課程改革及發展委員會」推動各項課程改革及發展的工作。可是，到了現在，仍未有新的歷史科課程，各校仍舊保持自主狀態。

2. 學校擁有教科書選用權

從教科書選用制度來看，學校具有自行選用教科書的權力。據澳門教育課程改革協調員方炳隆的研究[4]，在教育制度法律層次，沒有明文規範學校的教科書選用程序和準則，但是，好些條文，包括「教育的基本原則」、「其他物質資源」、「教學自主」及「教育機構的管理」，間接地規範了教科書選用的權限屬於學校，而非教育行政部門。換言之，澳門地區並不存在統一的教科書選用制度。透過教育制度法律賦予所有學校教與學的自主權，學校擁有教科書選用權。

學校選用教科書，主要是由校長及科主任決定。根據澳門教育學院研究，

4　澳門教育區課程改革協調員方炳隆：〈澳門地區教科書選用制度〉，《教科書研討會資料集》(台北：台北師範學院，2000)。

在該研究報告頁 172，表 6.22「貴校最後是由誰決定教科書的選用？」（見下表）載，中學決定教科書的選用，校長的決定佔 32.2%，科主任佔 38.8%，兩者的影響最大。[5]

「貴校最後是由誰決定教科書的選用？」的回答情形

	小幼		中學		總數	
	頻率	百分比	頻率	百分比	頻率	百分比
校長決定	612	55.9	368	32.2	980	43.8
科主任決定	213	19.5	443	38.8	656	29.3
教師決定	119	10.9	199	17.4	318	14.2
其他	130	11.9	95	8.3	225	10.1
缺漏	20	1.8	37	3.2	57	2.5
總數	1094	100.0	1142	100.0	2236	100.0

3. 教科書的售價及編寫

選用教科書，書的售價和編寫水平也是一個重要的考慮因素。國內的生活指數較港澳低，編印教科書的成本相對較輕，而且市場規模大，所以售價相對便宜。以華中師範大學出版的中國歷史初一年級為例，訂價只是人民幣 10.3 元，相當澳門元不到 15 元。香港出版的教科書，由於生活水平不同，編印成本較高，售價自然較貴。以文達出版社初中一年級中國歷史為例，售價達百多元澳門幣。這是造成部分學校採用國內教科書的原因之一。

不過，澳門如果要編制本地出版的歷史教科書，由於本地市場較香港小，如果要編印成具香港教科書般的色彩內容，成本及售價將會更高，如果效法國內教科書的編製模式，以較為平實的編印方式出版，但限於市場規模，售價不可能較國內出版便宜。這樣一來，採用外地出版的教科書，經濟效益較高。

就教科書本身的編寫而言，無論國內版或香港版都合適在澳門施教，而且編印都具有很高水平。有學者通過洋務運動一節的比較，分析國內及香港教科書的

5　澳門特別行政區政府教育暨青年局委託，教育學院受託，單文經主持：〈澳門非高等教育課程的檢視與改革路向專案研究報告書〉，2007。

特點。國內教科書呈現的是穩定成熟、淺白易懂的表述，帶有穩中求變的理念；而香港教科書則對史料、圖片、問題設計的心理化組織，不僅使教科書適合教師教學用，而且非常適合學生作為學習材料。[6]

通過對現行香港、國內人教版歷史教材的比較分析，可以看出，兩地教材都具有時代特徵，重視學生歷史能力培養，並付諸於實踐、香港注重非智力因素（愉快學習），這是它的顯著特色之一，是以一流的印刷與裝幀來表達。學者曾以洋務運動一節為例比較香港及國內教科書，香港教科書既介紹政治和軍事，也有關於社會生活的史料，圖片多樣，文字說明較多，還有漫畫（頑固派和洋務派的爭論），另外也有地圖、圖表，較好的還兼顧男女生學習特點和學習興趣。國內人教版注重學生歷史思維能力的培養，它以馬列主義、毛澤東思想來分析敍述史實。教科書較好地運用地圖（洋務運動軍工企業和民用工業的分佈圖）和圖表（洋務運動企業創辦年限、地點、創辦人簡表），盡量做到觀點鮮明，立場正確，把德育放在首位，着眼於提高學生的素質，注意吸取新成果，從而達到思想教育目的，並有利培養學生歷史比較能力，這比香港教材更勝一籌。[7]

4. 教學與評核

澳門的歷史科教師，可能受到課程時間及升學試限制，多採用傳統教學模式，以講授法加上一些問題討論來引導學生學習，啟發學生思考。只有少數教師追求教學活潑，嘗試運用活動教學模式，利用多種教學活動來引導學生討論和思考歷史問題。

根據澳門教育學院研究，在該研究報告頁 175，表 6.27「閣下採用什麼方式評核學生的學習成果？(見下表) 載，澳門學校無論中小學，都以筆試為主要評鑑方式。[8]

6　程曉波：〈兩岸三地歷史教科書中「洋務運動」編寫特色比較〉（華中師範大學碩士學位論文），頁 33。

7　同上註，頁 36。

8　澳門特別行政區政府教育暨青年局委託，教育學院受託，單文經主持：〈澳門非高等教育課程的檢視與改革路向專案研究報告書〉，2007。

「閣下採用什麼方式評核學生的學習成果？(可選多項)」的回答情形

	小幼		中學		總數	
	頻率	百分比	頻率	百分比	頻率	百分比
筆試	997	91.1	1039	91.0	2036	91.1
作業成績	790	72.2	882	77.2	1672	74.8
專題報告	286	26.1	572	50.1	858	38.4
口頭報告	525	48.0	506	44.3	1031	46.1
作品集	252	23.0	241	21.1	493	22.0
實作評量	258	23.6	306	26.8	564	25.2
其他	33	3.0	69	6.0	102	4.6

從上表可知，填答問卷的教師表示，在學生評核方面，主要是以筆試為主，佔 91.1%，作業成績有 74.8%，專題報告有 38.4%（但中學和小幼教育比較，中學明顯地比小幼多 24%）。在口頭報告方面有 46.1%，作品集有 22.0%，而實作評量有 25.2%。

澳門已推行使用電子教學多年，政府及學校投放了不少資源在資訊科技硬件方面，利用電腦投影片在課堂教學，已是十分普遍的事。不過，很多教師在課堂上增加師生互動之餘，又害怕學生成績下降，仍保持要學生抄錄筆記的學習模式，結果使討論氣氛降低。而教師在運用投映片上課時，本質與抄黑板的安排沒有改變，投影片上滿是文字，學生只是由抄錄黑板上的筆記改為抄錄投映片上的文字。在這些環境下，從教學與評估的方便來看，教科書自不可少。學校以哪個地區為主要升學目標，便多選用該地的教科書來做教學和評核內容。

發展

長期依賴引進教科書，最大的弊端是教學內容與本地實際相脫節。如英語科大量介紹香港科學館、地下鐵路、新機場等，歷史科着重介紹香港與中國的歷史關係，國文科大量採用香港作家的文章，地理科以香港地理為主，很難使學生把學習與認識澳門社會結合起來，既不利於形成本土意識，也不利於提高教學

效率。[9]

　　另外，教科書不可避免會帶上一些隱蔽資訊，傳達意識形態、道德觀念和社會文化方面的資訊，缺乏獨立的教科書，在某些情況下，有可能導致學生認識上的混亂和行為偏差。[10]

一、政府可考慮配合課程標準的制訂，建立教科書審定制度

　　澳門的教育制度法律規範了教育行政部門不得以任何哲學、美學、政治、意識形態或宗教的方針計劃教育。但是，教科書的編制又不可能迴避上述的問題，教青局在這一點上看似有點處在兩難的困境。政府解決的方法，是安排教青局出錢，以購買服務的方式，將教科書編寫的工作外發給專人完成。但是，由於編寫的質量往往因人而異，而且在成書後，也因教師慣用的教學方法與新編制書本隱含的教學方法不一致，難以跟現有包裝精美的進口教科書比較。[11]

　　可是，在學校層次上，澳門教育制度對校長的學歷水平要求不高，也沒有要求校長必須具備豐富的教學經驗，校長不一定是學校的教學領袖。再者，澳門教育制度亦允許校內教師、學生、家長以不同方式參與學校管理。如果校內教學目標不清楚或欠缺明確，教科書的選用便沒有準則可循，在沒有專業知識作合理判斷基礎的情況下，將教科書選用權下移至學校或教師層次，可能不是澳門學校教育之福。所以，較為可行而容易達標的方法，便是建立教科書審定制度，通過審核把教科書的使用規範化。

二、政府應該考慮資助教科書的出版，甚至成立專責部門自行出版教科書

　　根據澳門教育學院研究，在教科書出版事宜上，在報告頁 244，表 6.44「你是否同意本地政府應該資助教科書出版？」（見下表）及 6.45「你是否同意本地

9　馮增俊主編：《澳門教育概論》（廣東：廣東教育出版，1999），頁 297。陳月茹：〈澳門教科書制度 —— 問題與展望〉，《天津師教科院學報》，2009，頁 24。

10　馮增俊主編：《澳門教育概論》（廣東教育出版，1999），頁 297。

11　澳門教育區課程改革協調員方炳隆：〈澳門地區教科書選用制度〉，《教科書研討會資料集》（台北：台北師範學院，2000）。

政府應該成立部門自行出版教科書？」（見下表）中，有關政府的角色的問卷調查的意見。[12]

「你是否同意本地政府應該資助教科書出版？」的回答情形

	頻率	百分比
非常不同意	19	1.9
頗不同意	38	3.8
一般	90	8.9
頗同意	420	41.6
非常同意	416	41.2
沒有意見／不清楚	26	2.6
總數	1009	100.0

「你是否同意本地政府應該成立部門自行出版教科書？」的回答情形

	頻率	百分比
非常不同意	38	3.8
頗不同意	92	9.1
一般	117	11.6
頗同意	408	40.4
非常同意	300	29.7
沒有意見／不清楚	53	5.3
拒絕回答	1	0.1
總數	1009	100.0

若是將上述二表中的「頗同意」和「非常同意」合併計算，可以發現，本澳相當多數的市民認為政府應該資助教科書的出版（**82.8%**），甚至應該成立專責

---

12 澳門特別行政區政府教育暨青年局委託，教育學院受託，單文經主持：〈澳門非高等教育課程的檢視與改革路向專案研究報告書〉，2007。

部門自行出版教科書（70.1%）。

三、政府鼓勵教師參與研發教材

澳門回歸前後，教育工作者高呼讓學生多認識本地歷史文化的。1999 年 6 月的《歷史初中大綱》中，便把澳門歷史列入中學課程，內容分為歷史發展、文化特色、經濟社會發展、回歸中國。很多學者在公開場合表示支持。例如：學者霍啟昌指出：學習澳門史的價值，可以為中國現代化作出貢獻。通過對澳門歷史及發展過程了解，可以創造良好氣氛。而認識澳門是中國唯一未關閉過的開放窗口，具有中西文化橋樑的特色，可以協助特區政府發展特有的文化事業。此外，澳門市民由歷史中更可了解政制發展過程，從中養成樂於履行公民責任。

可是，由於缺乏教科書及合適的公開教材，所以實行起來仍然沒有具體內容和一致方法，被教育工作者稱為是一項空無課程。在學者劉羨冰的調查中，可以知道這課程的施行現況。她在 2003 年 3 月向澳門 79 所中文、英文、中葡學校發出推行澳門史教育的問卷，回收率為 69.62%，大多數學校都希望有效推行澳門地方史教學。正在推行的學校，運用了不同形式，有把內容加入公民科中，有加入中史科，有加入常識科，有加入語文、地理科中，亦有些是利用早會、課外活動時間來推行。為了進一步落實推行，她提出具體建議，不獨立設科，不編教科書，只設教材資料庫。教學方式保持各校自主，盡量利用現有資源。這樣一來，教師多了參與研發教材，以歷史科來說，更日漸增加。

政府亦鼓勵教師參與研發教材，自 2004 年開始，教育暨青年局提供「優化學校資助計劃」，由學校自主進行規劃的校本發展計劃，擬成申請書上報教育暨青年局審批並獲得資助。不少學校請專家學者進行校本發展規劃並由專家學者協助進行有關課程改革的嘗試。此外，各學校還自行組織編製一些校本課程發展的相關教材，例如環境保護（澳門大學附屬應用學校等）、地理教學（培正中學）、藝術創新（教業中學等）、機械人製作（培道中學等）等。政府便以此為基礎，持續的、全面的、有系統的支持各校的教科書和教材發展。

在發展過程中，本澳教師開始參與研發教材，坊間逐漸出現一些本澳教師參與研發的教科書。雖然，這些教科書仍可見國內及香港兩地教科書的影子，但是，已經難能可貴。不少本澳中小學教師嘗試將本澳歷史、地理、文化、時事等

編為補充教材，以補充教科書之不足。

結語

2012 年，澳門《非高等教育私立學校教學人員制度框架》法律經過了多年的諮詢和討論，作出了多次修訂後，於二月二十九日獲立法會通過。內容包括建立學校專業管理團隊、教學人員任職要求、建立教學人員職程制度、保障教學人員薪酬待遇、促進教學人員專業發展、完善教學人員福利制度、建立教學人員評核制度等。其間，教育暨青年局針對現時本澳教育的情況以及未來社會對人才培養的需要，初步擬訂了《澳門非高等教育發展十年規劃（2011-2020 年）》的諮詢稿。「十年規劃」提出了五大政策方向，包括「優先發展教育」、「以提高品質為核心任務」、「實現非高等教育各組成部分的協調發展」、「促進教育公平」和「發展多元的學校體系」，並訂定了相應的發展目標和保障措施。這些措施和方向，把以往澳門教育學制多樣化、辦學各自為政的情形打破，逐漸加強管理。

政府自從公佈私框之後，對學校的規管更多，而教科書方面，亦着手規劃統一。近年更編製出版教科書，如德育方面的教科書出版。不過，限於編製教科書的人力物力，政府資助教科書的出版，甚至成立專責部門自行出版教科書是有一定的困難。尤其是歷史科方面，涉及不同的史觀與資料判斷，很容易出現爭議，影響出版工作。事實上，政府曾在 2006 年編製出版《澳門歷史 —— 初中補充教材》教科書，可是受到學者猛烈批評，指出書中問題多多，包括（1）內容零散，忽略重大事件、（2）教材訛錯太多、（3）缺乏教學指引。[13] 結果政府要把出版的書收回，不再推廣。整個編製計劃暫時擱置。在未來一段時間，限於環境及條件，相信在使用教科書上，仍會維持各校自主，百花齊放的情況。

13《澳門日報》，2007 年 5 月 29 日。

「盡信書不如無書」：淺談香港歷史課程改革兼評洋學者所著香港史教科書

陳明錄

史丹福大學東亞研究中心教授

引言

本文以筆者 2013 年 6 月 29 日於香港樹仁大學歷史系舉辦的「近現代歷史科及其相關課題教科書國際學術研討會」中發表的論文為基礎，介紹近年香港歷史教研工作的新發展、有利客觀條件和危險趨勢，並顯示中國近代歷史與香港歷史在重要綜觀課題上有直接密切的關連。筆者以多元化的觀點角度和一貫秉持的核心價值立場，積極推動「中國因素」更緊密深切全面融入本地歷史教科書，和充分拓展新的中港歷史整合課程，以加強年輕一代對國情 / 區情的適當學習及正確了解認知。另外筆者並以一冊講述香港歷史的大學英文參考教科書為實例，評析一位在香港的大學任教之外籍歷史學者所著香港史教科書極有問題之觀點，並探討其所反映歷史學者 / 教科書編著者 / 教育工作者本身立場定位及相關問題。

最後，在本文添加的「後記」之「外一章」，筆者對過去兩年來香港社會極複雜的政治緊張形勢，引發內部和外部因素交相影響的大環境下，香港歷史科教研的一些觀察，從而就其中事態的發展，特別稍作補充分析，以成此「後設敍事」的新篇章。

香港歷史教研發展的趨勢

香港歷史的學術研究與課程傳授起步較遲，直至最近三十多年，因受 1997 年主權回歸中國的衝擊，及隨着香港華人本土意識的興起和對身份認同的關注，才日益強化。有關香港的各種學術研究，尤其是香港歷史，才漸受本地、中國內地和海外學界的注意。香港的中小學和大專院校亦逐漸增設有關香港歷史的課

程。香港歷史的教研長期受忽視，着實令人遺憾。而這種積弱多時、基礎淺薄的情況，對今後特區裏有關香港歷史學術研究、著述出版和推廣以本土歷史為核心元素的身份認同之公民教育倡導，均有一定的影響。

有道：「觀今宜鑑古，無古不成今。」在最基本層面而言，過往香港歷史通常被視為只關係數百萬人的地域歷史，似乎只是關乎一個殖民地城市的小歷史，故不易成為國際歷史學界一個重點熱門的主流研究範圍。亦或以香港既是英國管治的殖民地，香港歷史可被認為是大英帝國海外擴展歷史的一個環節，但因香港領土和人口較少（相對其他的前英國屬土如印度、加拿大等），受重視的程度自然不高。然而，以較全面、深入和廣闊的角度來觀察，如果能夠本着公正客觀、尊重事實、謹慎平衡的基礎來推動香港歷史的教研，在中國近代史的學術研究上，和對香港作為中國特別行政區的公民教育、主權回歸後香港華人的民族認同感和本土文化的培育，皆有重大的實質意義和長遠正面作用。

在英治殖民地時期，香港本土歷史的研究從來不是一門主流學科。英殖官方故意漠視，甚至以行政手段和法律規限來壓制香港華人的中華文化和民族愛國意識，長期歧視中文，特別迴避或淡化「中國因素」（The China Factor）對香港歷史發展的極端重要性，與香港在中國近代史的突出角色，和英帝國主義侵略中國不光彩的歷史紀錄。這種別有用心的英殖官方立場也影響了以前不少有關香港歷史著述，它們多以鳥瞰式（bird's eye view）、由上而下、從英殖官方建制角度，以偏狹的統治者當權派的行政管治歷史來作香港歷史的主流經緯，以英文書寫的官方紀錄作為香港歷史的「正統」史料文獻主體，往往忽略甚至刻意遺漏民間社會，尤其普羅大眾，華人草根階層的歷史經驗和成長奮鬥的歷程。[1]

1984 年至 1997 年，是香港邁向主權回歸中國的過渡期，因為隨之衍生的各種新興意念的衝擊，以及社會民間力量的湧現，加上中國因改革開放而導致的國力提升、對世界事務影響力日漸強大的「中國因素」之重要性不容再被否定，這些新現實條件都促使香港歷史的教研工作得着特殊的時間及空間優勢和活力，這正配合自回歸過渡期以來香港華人的本土意識、民族國家身份認同的急劇加強；加上英殖黃昏政權的淡出，香港與中國內地、海外華人聯繫和經貿互惠關係日益密切。以上種種有利條件都應該使到香港史成為中國近代史一重要成分的合流，

---

1 Jung Fang Tsai, *Hong Kong in Chinese History: Community and Social Unrest in the British Colony*, 1842-1913 (New York: Columbia University Press, 1993).

提供理想的契機和廣闊的發展前景。

　　1997 年回歸以來的十多年，香港歷史成為漸受社會重視的學科。在香港本地和海外出版，有關香港近現代歷史和現今社會政治演化的學術性書籍和期刊上所發表以香港為主題的論文，不僅有大幅度的增加，同時在內涵質素方面亦有提升。例如筆者和盧兆興合著，在 2006 年秋天出版之英文參考書《香港特區與澳門特區辭典》[2]，所附有關香港研究的英文參考書目長達三十頁（頁 231 至頁 260），當中所列舉近六百項專書和學術論文很大部分都是在 1997 至 2005 年間，即回歸後才出版的。這些論著不少是以新穎的焦點和角度，就以前比較少受注意但極有學術研究價值，同時對目前香港發展現有直接關係的課題作探討。這反映着香港歷史研究有日益豐富的資料和多元化的分析基礎。不過香港人的歷史意識模糊，事實上，香港歷史研究的根基仍薄弱，定位尚不明。香港歷史研究是推動香港社會發展的基礎之一，具有不可替代的學術意義和現實價值。要發展香港歷史研究成為主流的學科，從而回饋社會，尚需各界努力，也需要特區政府在政策及資源上予以積極支持。

　　這些有利發展香港歷史學術研究的客觀條件，在最近更獲得一種新的社會推動力。這是一種潛伏已久但最近才突然爆炸性湧現的集體意識和政治文化轉變所產生的新力量。這裏是指過往數年，由於不少香港市民不滿特區政府因進行中區填海工程而完全拆毀中環海旁的舊天星碼頭，所引發的抗議行動和官民角力的「保衛皇后碼頭」爭議。這兩回「碼頭事件」背後顯示，在這改朝換代、踏進 21 世紀初期的時刻，香港市民大眾的本土意識漲升，和希望可以有效地保留本地歷史文物的強烈集體訴求。這「雙碼頭」事件也反映了過往殖民地政權和現今特區當局，在本土歷史教育與文物保護的政策和實質工作上的長期嚴重差誤及不足，這與葡萄牙殖民地政權在 1999 年冬澳門回歸前維修保育葡式文物建設的努力成強烈對比。結果澳門特區在 2005 年 7 月獲聯合國教科文組織 United Nations Educational, Scientific and Cultural Organization（UNESCO）正式認許「澳門歷史城區」（Macao Historic Centre）成為「世界文化遺產」（World Heritage Site），亦即全中國第 31 項獲得國際認許的世界文化遺產。

　　香港學者張炳良教授，在 2007 年 5 月 16 日《明報》的文章簡明分析這回

2　Ming K. Chan and Shiu-hing Lo, *Historical Dictionary of the Hong Kong Special Administrative Region and the Macao Special Administrative Region* (Lanham, MD: Scarecrow Press, 2006).

「保（衛）皇（后碼頭）」運動所帶出的信息和較深層次的社會文化含意。張氏的見解與筆者所倡議的香港歷史教育的發展原則，有許多共鳴之處，可謂不謀而合。現在特別引錄張文最後一段與各位分享：「最後，按公民社會的論述，『保（衛）皇（后碼頭）』重點不止於純文物保護或大會堂、愛丁堡廣場、皇后碼頭等建築群在建築學上的歷史特色與價值，更涉及對殖民地歷史的所謂集體記憶。那麼『保皇』與殖民地歷史的回憶可如何扣上關係？民間團體、保育人士能否跳出『皇室成員及殖民地總督曾在皇后碼頭「登陸」』、『總督曾戴羽毛官頂檢閱儀仗』等官式儀式歷史回憶觀，推動真正立足民間的集體回憶運動？如是，則應超越英殖的文物符號，重新尋找 150 年殖民地歷史中的民間歷史視角與內涵，不囿於官方版本，勇於觸動一些過去的歷史禁區（如六七暴動）及異見者的歷史版本。港人的殖民地觀不應只有全盤否定或全盤繼承（歌頌、視今非而憶昨是）兩個極端，應走出屬於民間、具歷史批判性的第三論述。」[3]

可見現時香港市民因主權憲制政治變更，因而加強了自己個人和集體的身份認同。正因為他們身處於香港特區對民族國家的重新深化認識和對國民身份再確定的時期，形成這種心態意識及政治文化的演化。此外，因為英殖政權在黃昏時期的緩慢局部民主化工程，通過三級議會的競選活動所帶來的公民權益意識醒覺，公共事務的參與和 1997 年以來特區開啟「港人治港」、當家作主的集體心態肯定。這些因素都直接或間接地促進了香港民眾的追溯源頭般思故情懷，甚至帶着憑弔遺址，回首滄桑方式的懷舊尋根心態，來重溫和自己有密切關係的歷史往事，與過往成長期親身經歷接觸過的文物建築。他們試圖藉着歷史留痕來把握時空機緣，追憶過往，故此亦重視有形的實體文物和抽象的形象符號的保存，以作為見證歷史的具體標誌。在這層面，「雙碼頭」事件着實是有令港人值得深刻反省的啟示和逼切的警號，就是本土歷史和文物的保育工作，絕對不能因短視功利的城市發展、舊區重建所完全掩蓋或企圖以明天利益的追求作為公共事務決策的最高目標，因而廢棄否定過往本土文物的價值。

3　張炳良：〈「保皇」之後又如何？〉，《明報》，2007 年 5 月 16 日。

香港史與中國近代史的密切關連

　　許多中國和海外的中國歷史學者和教師，在他們研究成果著述、設計和講授歷史科目課程時，通常以 1839 年至 1842 年的鴉片戰爭為中國近代史的開始。雖然意識形態、黨派立場、研究方法、觀念理論有異，但以鴉片戰爭作為中國近代歷史劃分時期的分水嶺，可說是中國內地與海外華人學者和國際學術界的長期共識。1842 年中英《南京條約》開展了中國對外關係最陰暗悲慘的「不平等條約」的一個世紀。《南京條約》其中一個重要條款，正是把香港割讓給英國成為它的殖民地。這條約亦演變成清廷嗣後七十年間無能戰敗、割土求和、喪權辱國的應付列強侵略的外交模式。換而言之，香港的近代歷史，不獨是 1841 年至 1997 年英國殖民地統治期的本地歷史，更是英帝國主義侵華歷史具體表徵。從歷史學術教研而言，香港歷史起碼在五方面與中國近代史佔極其重要的課題有直接關系：

　　（1）香港和中國內地，尤其廣東省和東南沿海地區，在地緣、經濟、文化、人口流動與社會網絡均有緊密的關係，所以香港歷史是整個華南區域研究不可分割的一部分。近代中國不少重大的變革和中外衝突，如第一、第二次鴉片戰爭、晚清改革派、革命黨領導人物的主要活動及思想源起，國共兩黨的第一次統一戰線和 1925 年至 1926 年的省港大罷工，都以粵垣和香港作為歷史舞台，是發揮外來勢力對中國影響的重要渠道。

　　（2）近代中國對外關係歷史上的不平等條約制度，始自割讓香港的 1842 年《南京條約》，九龍半島的割讓又是第二次鴉片戰爭 1860 年《北京條約》的產品。1997 年主權回歸的歷史伏線就是在 1898 年簽訂的新界租約，這正是英國利用其國際政治優勢，對 1895 年中日甲午戰爭《馬關條約》的反響（隨着俄、法、德三國藉迫日還遼的行動，乘機在中國劃分勢力範圍，是英國以其為在華最具實力的列強身份，趁火打劫，也要求分一杯羹的索償品）。事實上，西方列強對近代中國的侵略，其壓迫程度之嚴重，滲透範圍之深遠和霸權維持時期之長久，以英帝國主義為最甚。香港作為英國在遠東，尤其在中國海疆的政治、軍事、經濟、交通的重鎮，自然成為中英衝突的前線和爭議的焦點。遠自 1856 年「亞羅船事件」演變成第二次鴉片戰爭，1920 年代兩次大罷工，至 1948 年九龍城寨風波導致廣州沙面英領事館被焚燒等歷史里程碑，可見香港歷史在很大程度上是近代中國對外關係歷史的一個縮影；而香港華人過往一百多年的反英殖和愛國群眾動員

則是近代中國民族主義和反帝國主義鬥爭的重要章節。自 1937 年夏至 1941 年冬香港淪陷前，中國對日本抗戰初期，國內各種團體和人物利用香港為中立地區之方便，進行愛國活動，而 1942 年至 1945 年間以新界及珠三角地區為地盤的東江縱隊抗日事跡，更是香港華人愛國歷史的光輝片段。

（3）近代香港的發展，由英治初期人口逾萬的海島漁村小社區，至現今七百多萬人口的國際大都會，亞太經貿金融運輸通訊樞紐，是極其重大的發展轉化成果。雖云這近代香港的成功故事是在英殖民地政權的典章制度和重商政策下所形成的，但一直以來香港基本上始終是一個華人社會，很大程度上依靠中國內地和海外華人的資源、人力、市場，故絕對是一個華人城市和華人經濟體系成功發展的歷史經驗，在中國近代社會和經濟的現代化改革開放的歷史研究，香港的特殊典範當然應佔一極重要的地位。在某一層面來看，香港可被視為一個出色的「經濟特區」，可與近代上海和其他租界商埠在中國現代化進程作比較研究，相互輝映。

（4）香港自 1841 年在英殖管治至 1997 年回歸中國之一百五十多年期間，大量投入資源發展市政建設，各項填海移山闢地工程、公共房屋、新市鎮、集體運輸網絡等重大基礎設施的策劃、興建、營運，均是令香港被視為全中國最現代化大城市的「硬體」（hardware）基礎。但香港長期在外國殖民地管治下的中外交流的文化意識，亦使香港市民與中國內地城市居民在心態、世界觀及價值的取向有不同差異。這種「軟體」（software）上的差距，也造成香港都市文化的某些特色，甚至有國際學者把香港視為「西方列強在中國所設立規模最大、時間最長久」（至 1997 年，比西方各國在華租界均於 1941／1945 年終止，多了半個世紀）的「超級租界」。所以香港的特殊城市發展歷程和市民心態行為模式，都是研究近現代中國城市歷史、中國區域發展歷史和中國現代化硬體和軟體建設的一個極為重要，值得作比較對照研究的「非大陸模式」、「非純本土化／華化」發展歷程的指標性研究對象。過往曾有些學者作「雙城」式研究，如香港與廣州，或香港與上海的新式都市化歷史比較，今後這方面的學術性研究更可大力推進。

（5）香港自 1840 年代，因天然地理海疆環境的便捷，英帝國自由港的比較開放機制和作為當時世界最強大的英國的遠洋海運商船網絡在遠東重要港口的優勢，很快變成中國海外移民的重要出國點和出洋港口。正因香港鄰接廣東，所以粵籍華人移民海外，不少是經香港的種種設施和服務。對出洋至北美、澳洲的華

工和到英屬東南亞、加勒比海和非洲的苦力華工和華商,香港幾乎是必經的出國口岸和後援中心。而香港亦漸成中國國內主要「僑鄉」(如廣東珠江西岸的台山、中山、新會、開平、恩平諸縣)與海外華人聚居處的越洋連繫的樞紐重鎮。「匯豐銀行」的中文全名正反映了香港作為海外華人滙款回鄉的主要渠道,所以香港在近代中國海外移民歷史上所扮演的重要角色,絕對不可忽視。在二次世界大戰後和冷戰東西對立的年代,因中國內地共產黨政府與海外交往受限制,英殖治下的香港更承擔一種中國內地與海外華人聯絡的特別渠道,甚至1956年開始舉辦的每年春秋兩回之廣州國際交易會,也是借助海外華人與外商較易往來香港的有利條件。及至1960年代以來,香港華人大量海外升學移民,更造成海外「華埠」變成「香港埠」(Chinatowns into Hong Kong Towns)的新現象。例如加拿大的溫哥華(Vancouver)更被笑稱為「香哥華」(Hongcouver),就是因為近年極多港人移居,佔當地人口三成,可知過往五十年港人海外發展的成果已是近代華人海外移民歷史和世界移民歷史的重要課題。

綜觀自晚清的洋務運動至1979年以來中國內地的開放改革,香港的人才、技術、資金、制度、設施、法規、關係網、長期國際交往和企業經營管理經驗等,均在內地的現代化歷程上發揮種種作用;而外國資本主義 / 帝國主義在華的種種經濟活動,也常藉香港的人、事、物和渠道來進行。例如直至第二次世界大戰,在香港成立的匯豐銀行就是在華最具規模的外資金融機構,對當時中國的銀行業、外滙、貨幣政策均有舉足輕重的影響,由是可見在中國近代史上存在着影響極其深遠的「香港因素」(Hong Kong Factor)。反面言之,較全面、深入、平衡的香港歷史,也應該有更完整和穩固的事實基礎來反映內在條件和外在歷史大環境。在這方面,「中國因素」就是最不容漠視或迴避的基本考慮,所以較完善的香港歷史教研,必須積極納入「中國因素」為其歷史背景和分析基礎。正如1841年至1997年英治時期的香港殖民地時期歷史一樣,是中國近代史上不應被忽視的環節。例如香港在1997年夏主權治權回歸,在中國內地政府有效管治範圍之內,這種中國國家領土統一,對民族意識和國家主權定位的重要含義。換而言之,香港史的研究亦應成為中國近代史的重要成分。

「中國知識」：中史與港史的課程合流

如果各位大致上同意本國史和本土／本地歷史課程的設計與教授，是與學生們身份、文化認同、公民／國民意識覺醒、自身定位有直接關係，亦是公民教育的核心元素，則這種「歷史觀」、「歷史教育學術工作者」的立場、身份、角色定位，是不可忽視的考慮點。在這問題上，筆者是比較接近蔡榮芳教授在其《香港人之香港史 1841-1945》所宣示的「香港本土史觀」（有別於「殖民地史觀」和大陸官方的「愛國史觀」）[4]。筆者雖崇尚大專學府的自主性，學術自由和言論自由的大原則，但對着與自身政治文化定位和國民／公民／市民身份認同，有十分直接關係的本國歷史和本土／本地歷史的教研工作，不顧慮可能被外界誤解之嫌疑，對在香港特區學府擔任歷史教研工作的朋友嚴正地提出：大家應該的「歷史觀」是否健全與合宜，相關的歷史學術教育工作者本身的立場定位和眼光角度等問題。這是一個可以抽象地探討的價值觀問題，如果不能夠客觀理智地細心討論，甚至可能演變成似乎與學術／言論自由對立的「政治正確」、「靠攏官方立場」等極具爭議性的衝突。

主權回歸以來，國內與香港的文化、價值、世界觀差距加上其他現實政治經濟社會因素，着實造成中港之間欠缺溝通，尤其在特區政制改革、民主化雙普選的進展方面，有嚴重的京港間缺乏充分互信互諒的情況。當然，這是歷史遺留下來的包袱；殖民地時期香港與中國內地關係絕對不融合是事實，冰凍三尺非一日之寒，所以破冰融雪當然也非一日之功。

1997 年以來，國內與香港關係的轉型，實際上就是要建立一種新的政治上互信、經濟互惠、文化上互融的雙邊有機性貫通。但實現這理想目標絕非能一蹴而就。現在特區方面可以利用正規的課程教育和社會風氣的轉移，增加京港之間的直接了解，所以中國近代史與香港本土歷史合流的課程設計，是一個在文化認同、公民／國民身份定位的教育訓練管道，變成一個增信釋疑的好機會。所以在這種公民教育的軟體建設方面，健全的歷史觀有最基本的重要性。

在實用功能層面來看，香港的經貿發展前景越來越要依賴國內的各種機會，來維持它在大中華圈裏面一個高效率的功能事務性、服務業、市場業的樞紐地

4　蔡榮芳：《香港人之香港史 1841-1945》（香港：牛津大學出版社，2001），頁 1-12。

位。同時，香港如果要繼續有效地擔當世界通往中國內地的橋樑角色，發揮香港作為中國現在最國際化、最懂資本主義市場運作的商貿資訊運輸中心，香港的年輕一代必須要加強對中國近代歷史、當代發展的認識。要擁有這些香港今後賴以保持繁榮的生存途徑，香港所培養的大學生、中學生非有相當紮實的「中國知識」（China knowledge）不可。

所以，中國歷史與香港歷史課程的合流，學習中港合流的歷史是人才培訓不可欠缺的重點。回歸以來，香港中學的課程跟考試的範圍有關中國歷史、香港歷史方面已經作了不少改變，以配合新時代、新歷史環境。[5] 本地學生的長遠發展需要加強對近代與當代中國發展的了解與關注，所以在高等教育界、學術機構、文化機關（如博物館、圖書館）與民間團體都應該本着與時俱進、可促進邁向 2047 年的中國內地與香港融合，為香港培養真正有知識能力的人才這種大角度，來考慮今後香港歷史與中國近代史併合共流的方向創舉與配合工作。

外國學者編著本土歷史教科書的問題

今後發展香港歷史的學術研究和課程設計最重要還是軟體因素，即歷史觀和教師本身的立場和角度的定位。下文以一冊講述香港歷史的大學英文教科書為實例，探討由外國學者編著的香港本土歷史所反映的立場和角度問題。

2006 年冬，筆者獲美國一商業出版社（Rowman & Littlefield）的邀請，為一位現在香港大學教授香港歷史的美國學者（John M. Carroll）快將出版的題為《香港簡史》（A Concise History of Hong Kong）的英文新書提供簡短的推薦句語贊辭。筆者從來都是小心慎重地應付這種要求，要求察閱全書最後定稿，所以出版社把該書的「最後稿」寄來以作閱讀參考。令人可惜的是，在 2007 年初筆者小心拜讀那位美國學者的書稿大作以後，發現該書在史實及用詞需修正之處逾百，其在有關二次大戰以後，特別過去三十年當代香港發展的論述，有極多事實上和評析上的嚴重錯失與差誤，需要重新徹底系統化的修正，筆者已通知該書作者小心修訂。但在特別敏感的歷史觀與作者本身立場角度這方面，該學者與筆者有不容易溝通和難以取得共識的地方，所以筆者只是詳細列出該書 180 點要修正的地

---

5 Flora L. F. Kan, *Hong Kong's Chinese History Curriculum From 1945: Politics and Identity* (Hong Kong: Hong Kong University, 2007).

方,但筆者最後收回原先為該書所提供的幾十字推薦句語。該書引發關注的一系列問題有:

(1)這冊香港歷史教科書是由一位曾經在香港居住就學,懂得中文及廣東話的美國學者所著,原書在美國出版,本來主要的目標是美國市場。後來香港大學出版社(Hong Kong University Press)以為該書或可適用於香港本地教科書市場,所以印行以香港為主要目標的亞洲版本,是名副其實的「入口洋貨做內銷」。

(2)以之作為 1997 年回歸以後香港學生所採用的本土歷史教科書或主要參考教材,着實引起該書作者的觀點、角度、立場等一系列問題,雖然該書並非以本土讀者或學生為主要目標的閱讀物,當然不能要求一位外國學者是以本土華人的角度和心態來下筆著述。

(3)由這書所帶出的種種考慮,我們可以將史觀及歷史學者的立場推上更高和更廣泛的層次來探討本土、本地甚至本國歷史,外來人、外國學者以非本國人的視角及觀點來編寫,以及講授這門歷史課程所可能引起的一系列關注。筆者在這裏可以舉列該書稿兩個具體的例子說明這種問題的嚴重性:

第一,該書稿形容香港回歸變成中國特區的歷程引起很多國際關注,特別在香港有很多利益的兩個「外國」(foreign countries),而該美國作者所指的「外國」正是美國和台灣。這種論述跟用字是不是反映甚至代表了該書作者不承認台灣是中國的一部分?這好像不少外國英文傳媒經常出現的用詞「China and Taiwan」(中國與台灣),而不是比較正確的「Mainland China and Taiwan」(中國內地與台灣)。

筆者在 1980 年至 1997 年在香港大學歷史系任教時,對同學們闡釋在功課或考試水準的要求時,曾經作出有關使用這種敏感有特殊含義語言(loaded language)的警戒。最受注目的無疑是兩岸問題的處理。在兩岸關係的政治背景,大陸最大警惕的是「一中一台」和「兩個中國」,避免發生影響惡劣的「台獨」分裂立場。而台灣在意的則是「被矮化的安排」、雙方互信仍然不足,這並不出人意料。

國內外有時會誤解「九二共識、一中各表」的這個基礎上,雖然兩岸同時都想推動兩岸和平發展。筆者重提這「九二共識」,並作清楚闡釋。「九二共識」就是兩岸 1992 年在香港之「汪辜會談」結晶,達成「一個中國、各自表述」的共識。重點在於兩岸都同意「一個中國」的大原則,如何理解,則各自在「一個中

國」之下各有解釋，和而不同。兩岸間的多年糾結由此得到釋放，帶來台海的難得安寧。兩岸關係能夠和平發展，關鍵是確立了「九二共識」這個政治基礎，其核心意涵是兩岸同屬「一個中國」，但「一中」內涵意義有所不同。「九二共識」是兩岸和平的一個重要基礎，有一個指向和平穩定的方向，這是全民的共識。「九二共識」對台灣最大的意義，就是兩岸對最敏感的「一個中國」問題，終於找到了一個雙方都可接受的政治基礎，而且是兩廂情願，是確保兩岸和平與繁榮的關鍵。2008 年馬英九接任台灣總統，這些年來，在「九二共識，一中各表」的默契下，兩岸關係前所未有的風平浪靜。「九二共識」是兩岸和平發展的基礎，近年台灣社會、兩岸關係甚至區域情勢都有相當變化，因此這論述內涵上需要深化，與時俱進。

　　該書作者享有學術言論自由，或許以外國人身份，不一定依從認同中國政府在台灣問題上的官方正統立場表述 ——「大陸台灣同屬一個中國」。但是如果該書被選為該學者在香港的大學講授香港歷史課程的教科書或主要參考書，香港的同學們是不是要有相當警覺性，才能發現這書所言與他們作為中華人民共和國香港特區公民所應當尊重，甚至配合的國家在領土與主權方面的基本立場，而無可避免的變成了本地學生受外來學者用英文講授本地歷史所引起的歷史觀和立場角度定位的矛盾，甚至在現實政治下雙方取向不同的衝突，而陷入僵局？

　　第二，這位美國學者 / 作者的書稿裏面在描述最近香港與內地的緊密經貿關係的時候，所用的字眼是在 2005 年香港佔了中國的「外國貿易與投資」（foreign trade and investment）很高的比重。表面看來，所講只是中國內地與香港的高度經貿合作聯繫，可是小心一看，在 1997 年 7 月回歸以後，香港特區與中國內地的關係絕對不能再被視為「外國」（foreign）。原因在該書中夾雜大量作者的史觀，發表個人的意見，他視香港與台灣之間的貿易為「外國貿易」（foreign trade），這能否成立呢？

　　舉一個很顯淺的例子，自 1960 年夏以來，夏威夷是美國五十州之一，如討論最近夏威夷州與美國其他四十九州之間的經貿往來，能否冠以「外國貿易」之名？這在法理和邏輯與客觀現實上都是不可能成立的。以此作推論，該書美國作者稱香港特區與台灣之間的貿易為「外國貿易」，亦是嚴重的謬誤。港澳地區與中國內地及台灣之間的關係，以公認的觀念和理解想法，可正確被視為「境外」（external）與「跨境」（cross-border），尤其能解決兩岸關係中最敏感也最困難的

部分，即「一個中國」原則。而香港特區與中國內地及台灣的貿易，正可被視為是「境外貿易」（external trade）與「跨境貿易」（cross-border trade）。

筆者 1980 年至 1997 年在香港大學任教的時期，曾經不斷對同學們提醒要小心用語，分析這種用詞選字方面慎重考慮，有原則和角色的定位，而在回歸前回歸前後都可以使用的比較客觀持平中性的正確用字，應當是香港在中國內地對於「境外」（external）經貿交流作用跟比重，說明大陸與香港是在地理上跟行政體制上有分界。

這位美國作者以「外國」（foreign）關係來形容回歸後特區與中國內地實質交往不只不符合事實，在法律上不可以成立、甚至是不合邏輯的，這具體缺點是不是反映了該書的外國作者不願意認同，甚至不贊成香港由英殖民地改為中國的特區這種改朝換代的大變革？是不是他可以被視為不願意承認香港現在已經是中國一部分？他是否可以被懷疑有煽動和破壞中國國家統一和國民團結的企圖？不幸的是，他所教的香港歷史選修的香港大學同學大部分都是香港本地學生，大概都是中華人民共和國香港特區護照的持有者，他們都在中國內地與香港特區的法律與官方政策方面，不應被視為「外國人」（foreigner）的身份。

筆者提出對這位美國作者這冊香港歷史教科書的一些顯而易見的不足之處，提出客觀持平質疑，和有原則的審視檢驗。上列這兩個具體例子的商榷，筆者直言提出看法，也表明應該必須糾正該書作者史觀問題的一些相關考慮，只為拋磚引玉，是想引起香港教育界領導人與大專院校教師和同學對香港歷史的教研與課程設計的重視，他們不但要從學術研究、知識傳授、學府自主與學術言論自由等大層面作考慮，他們同時應該了解，本土歷史文化的教育工作是身份認同和公民教育的核心成分，不應含混朦朧，敷衍了事，藉着「國際化」的大招牌而貶抑本身民族文化國家的大立場。

香港同學不光要了解歷史，還要了解這個問題的現今情況，幫助他們形成在未來解決問題的能力。期望社會和學術界會更確切地，以更認真的態度去理解研究本土歷史教育問題的成因，從而制定有效對應之歷史教育政策。如何面對社會的快速度發展，培養學生／公民的獨立思考及批判能力，是未來本土歷史教育的重要挑戰，也是歷史研究和教學工作的人應盡的責任，對香港歷史教育與整個特區社會發展前景，作出貢獻。

結語

社會的發展離不開教育，當前華人社會教育歷史教育的發展應主動邁出步伐，要大視野、多角度推進課程與教學改革，提高教育品質，牽動學生的興趣，成為促進青少年全面健康成長的關鍵環節。篇幅所限，筆者在此提出對香港歷史教育的四點主張建議，作為結語：

（1）1997年主權回歸後的香港特區在中國歷史和本土歷史教育課程設計應當有「後殖民地」新時期的新理念和配合新環境的變革。

（2）把中國近/現代歷史（即自1839-1842年鴉片戰爭南京條約以來）和香港本地歷史的教學與研究焦點和範圍，作出合情合理的融和綜合，使中國近/現代史裏的香港因素明顯化，同時亦把香港歷史發展放在更寬廣的大中華歷史演進的視野角度。

（3）香港的學生實在需要一種有充分事實基礎的「中國知識」，而最基本是中國近代史與香港本土史有機性同軌合流的中國歷史新課程，應該列為必修科，這種模式課程用中文講授，有重大意義，而2012年夏特區教育局的「國民教育」科課程被質疑為強推「洗腦」的爭議，亦可不必再發生。

（4）改革歷史課程設計和體系建造，但非另起「國民教育」爐灶。當然，回歸後18年來世界形勢、國際秩序、中國格局、香港特區發生了很大變化，而嚴重不適應社會發展實際需要等問題突出的歷史課程體系，自然也需要與時俱進改革。筆者建議特區政府加快理順歷史教育範疇改革，但這種改革並不是推倒重來，也非另起爐灶，總的方向是要創新完善優化，推進中國近代史與香港本土史融合課程，以便更貼近今天的民情，找出更能適應新生代需要「中國知識」的優質歷史課程內涵及傳遞方式，效果事半功倍。

2012年夏天，香港特區曾經有一場牽涉整個社會的「國民教育」爭議，結果在眾多學生、家長及教育界人士的抗議下，政府被逼退讓，暫時擱置官方推行該有瑕疵的「國民教育」科目的強制措施。這場運動其實也牽涉在邁向2047年香港特區與中國內地的全面融合，香港學生實在需要有充分事實基礎、主流價值應許的「中國知識」，而且「中國知識」的最基本、最起碼的入門課程應該是中國近代史與香港本土歷史合軌的近代中國歷史新課程，或香港歷史放入近代中國歷史框架演化的新課程。可惜香港特區政府教育局把歷史課程規定作為非必修科

目，簡直是自毀長城，所以才用官方資助的，不倫不類的「國民教育」參考教材，而其內容偏頗，實在不宜作課程教材或主要參考資料。

今天應從基本做起，着力做好中國近代史及香港歷史的教學功夫，在這個大前提之下，優質的歷史教科書是絕對不容輕視的。離香港不遠的另一海島，在台獨勢力籠罩下的台灣，過去 2000 至 2008 年間在綠營當局者的操控下，進行各種的「去中國化」措施，其中比較早動手的就是把中國歷史判定為「外國史」的定位，提倡抗拒兩岸融合、撕裂大中華關係的思潮，在台灣醞釀多年，今日台灣的歷史教科書扭曲和省略了很多歷史，包括當年抗戰的實際情況，這不良的先例絕對應是引以為戒。在香港特區建議「國際化」、「英語化」本土歷史教學的人應引為前車之鑑。香港本土歷史教育規劃值得大家深思，香港本土歷史的課程設計及教材概念內涵也應該被重新檢視探討是否合適。

中國史／本國史和香港歷史／本土地方歷史的有機性同軌合流，既可充實中國近代史的對外關係、現代化、城市發展、海外移民史、中外文化思想交流等課題的內涵，更可把香港與中國內地關係作具體有力的融合，絕對可使香港歷史教研的視野擴展得更廣闊，內容範圍更豐富。把中國史／本國史和香港歷史兩個學科課題融會貫通，不僅能引起學生對本國歷史和香港本土地方歷史的興趣，亦能充分展現中國近代史及中國的對外關係與中外交流等的博大精深，更具廣闊國際觀。筆者認為，用中文教授中國歷史、香港歷史這些必修科課程，不僅可以增進學生了解課程內容的有效性，同時也增進學生對中國內地歷史發展的比較深入全面的了解，這當然也幫助他們提升中文的應用水準，絕對有利他們以後在大中華圈裏面的事業發展。學校以此加強生涯輔導，也配合作為中國的國際城市之香港的發展，且市民也應該擁有純熟運用兩文三語的能力。因應經濟發展、社會不斷變化，現在教育水平提升，接受高等教育的年輕人比上一輩增加，長遠而言，香港的新一代有潛質建立民主與公義的自由多元社會，但這始終非一朝一夕的事，需要時間長期努力不懈。期望未來幾年，應在善用資源的前提下，更實事求是制訂中學必修科的中國──香港整合歷史課程，希望年輕一代能認清歷史事實和歷史大趨勢，回應社會實際需要。

未雨綢繆，應對未來挑戰，適時不斷開拓更新優化歷史教育課程，能夠令港人繼續前進，是香港的教育工作者現在的目標。但他們應注意到「百年樹人」的長遠目標，筆者要提醒的正是 32 年後的 2047 年香港應當跟國內全面融合（full-scale reintegrative merger-convergence），特區當局者在歷史教育方面，是否有這種長遠的眼光和寬大的胸懷，贊成本港的歷史課程詳近略遠，把破格創新整合的中國近代史——香港史列為中學必修科，為香港栽培可以應付過渡到 2047 年以後的真正人才，以保證學生所學到的中國知識能切合實際所需作出卓越貢獻，將會是關鍵。在將邁向 2047 年特區與國內的全面融合，中國知識培訓和整合中國——香港歷史的教育，對作為中國香港特區公民的香港大、中、小學生們，應有現實迫切必要性的含義，也是非常重大的責任和使命。

後語：後設敍事

本文原稿最先在 2013 年 6 月，香港樹仁大學舉辦的「近現代歷史科及其相關課題教科書國際學術研討會」上發表。最近筆者接獲會議主辦者邀約，將會上發表的論文修改訂正，以收錄在編輯結集成書、名為《知識與認同——歷史教科書論文集》的會議論文集（香港中華書局出版），使研究成果得以保存及廣作學術經驗交流，藉此推動華人社會歷史教育的發展。

筆者留意到自 2013 年夏以來，香港的政治形勢錯綜複雜，連串民眾示威抗議的政治事件，和不少引起公眾關注的社會沸揚議題，影響香港與內地的緊密關係，都直接涉及現時香港青年人的思潮和價值取向，及學校課程的設計。

2014 年 9 月至 12 月，因激烈反對中央人大「8‧31」特首普選的政改框架限制決定，香港學生群起罷課而爆發「佔中」抗議行動，示威民眾持續 79 日紮營佔領街頭的「雨傘運動」，國際傳媒歐美輿論都高度關注，更使香港地方跟中央緊張關係加劇。「佔中」行動結束後，香港特區政府領導人在 2015 年 1 月發表的〈施政報告〉，公開點名抨擊所謂「港獨」的言論及強烈譴責「港獨」的支持者。與此同時，內地「自由行」旅客量已超出香港承載能力，水貨客滋擾市民生活問題愈趨嚴重，出現香港居民反對水貨客示威，屢爆暴力排外挑釁行為，挑撥離間港人和內地人的關係，兩地民眾矛盾加劇衝突升級，頻發摩擦事端衝擊香港與內地的密切交流，當前最要處理的並不是接待內地訪港旅客能力或「走水貨」問題，而最基本核心的問題是中國內地與香港的融合過程及互動關係。「雨傘運動」及反水貨客示威，參與者以青年人及學生為主，青年問題成為近期社會焦點。有部分建制人士指稱，參與佔中的青年學生，國家觀念十分淡薄，對國家認識片

面，未來應加強做好青年人的「人心回歸」工程，更認為佔中事件反映香港教育
「出了大問題」，而香港之亂象不是今日始，過往對青少年工作有所不足，堅持汲
取「佔中」教訓，應全面檢討香港教育領域的嚴重缺失。

　　現時香港社會政治張力很大，似乎與本文所涉及的香港歷史定位跟內地關係
有關。另外，在這重要關鍵時期，筆者以 2013 年樹仁大學研討會發表的論文為
基礎，以積極推動「中國因素」更緊密深切融入本地歷史教育的一貫清晰立場，
對最近形勢下香港歷史教育發展的新事態，稍作補充分析，以形成本文「後記」
之「外一章」的後設敘事新篇章，略述己見，也是拋磚引玉，希望可能引起香港
教育工作者對此多作考慮及提供意見。

外一章

　　2014 年，台澳港三地都發生大規模社會群體運動（台灣「太陽花」學潮，
澳門「反離補法」遊行、香港「佔中」運動），一浪接一浪，事件既有歷史原因，
亦有現實問題如政治缺失等，是各自社會深層次矛盾加劇的反映，事件對台澳港
的意識形態、價值觀念、是非標準，尤其是出現對中華民族的認同感及「一國
兩制」方針等嚴重衝擊，均非常深遠影響三地社會。而三事件的參與者多為青年
人，更敲響青少年教育的重要性，促使政府深刻思考並研究對策，亦成為 2015
年全國人大政協兩會討論關注的焦點之一。多名港澳區全國人大代表和政協委員
有相關針對港澳青少年愛國主義教育的建議，認為應從國家意識和民族文化層面
上教育青年人，增強港澳青年人的國家民族認同感，以切合時下的便利方式，透
過新媒體應用，提供豐富多樣的資料、用特點觀念宣傳，潛移默化，有效加強年
輕人對內地的深刻認識，致力創造能吸引青年人更多了解中國的機會，以繼承和
弘揚中華民族傳統文化。希望要在 2015 年紀念抗戰勝利七十周年的活動中，能
讓青年更多了解過往歷史，更全面了解內地情況，並將推動傳承同中華民族博大
精深的精神文明。

　　香港社會政治氣氛跟往年已大不同，年輕本土派火速崛起，充滿強烈的抵抗
和離心傾向。筆者對目前的錯綜複雜形勢感到擔憂，而力挽狂瀾、扭轉乾坤則需
要進行改革。逼切兼棘手難題是彌補歷史教育缺口的結構性改革，主張宗旨目的
在貫徹全面培育人才的理念，切合務實致用精神，更符合地方實際情況，主動適

應社會發展需要，沿着正確方向來採取果斷措施，精詳部署，有決心、有步驟、有計劃地加快徹底理順歷史教育，推動課程改革結構轉型，可令特區教育範疇發展及學生福祉，不因短期的政治波動或社會爭議而受折騰。但這種新歷史課程改革並不是推倒重來另起爐灶，也非在現有安排下的小修補小調整。而是突破原來體制框架及落後舊思維局限，有為創新的優化完善，應該藉整合重構而轉化的策略，以通過移花接木的銜接形式，積極創造歷史教育的發展條件環境，設計制訂整個耳目一新，結合中國近現代史 —— 香港史的歷史課程，這具有很大的迫切性。

撥亂反正、改弦更張，筆者在此提出幾項優化結合中國近現代史 —— 香港史的高中歷史新課程宗旨目標概念、策劃結構、執行實施及擴充發展等重點領域和關鍵環節的具體建議：

（1）首先要在中港歷史新課程的主導思想方針上擺對定位，站在為體現教育本質及培訓成效的高度，重新肯定中港歷史課程對新世代青少年的身份認同和國情認知及中國內地了解觀感的重要性。在特區教育範疇規劃中積極增加中港史新課程的發展空間，可以長期有效運作，進一步加深與內地及鄰近大中華地區（澳門及台灣）之間的歷史教育合作及交流。

（2）發展中港歷史新課程不僅要重數量，還要看重質量，更要注重特色。中學的初中階段可以培養學生對中港歷史的基本興趣，高中階段着眼於大力提升學生「中國知識」的質素和深化對區情及國情的了解，將學校不同階段中港歷史課程介入社會特色的學習體現出來，亦應適應配合新形勢摸索考量新課程的靈活推廣落實方法，清晰定位及準確聚焦於中港發展的要點課題，持續耕耘，能起到教育的積極作用，而奠定「中國知識」基礎，達致社會連鎖效能的斐然正面成果。

（3）應該在香港中學教育的高中階段，設置推廣結構性革新優化有機結合的中國 —— 香港歷史課程，獨立成為「中史」科，將之列為一般高中的必修核心學科。而其課程的豐厚內容，應以正確數據與完整事實為基礎，認真嚴整的態度，連貫有序的具體系統鋪排，深入淺出地記敍及流暢均衡地刻畫論述。因此正反面訊息、種種善惡優劣歷史事例均要客觀公正呈現在課程教材的文本，秉筆直書和如實表達，好的壞的地方都要完整坦率清楚了解，課程內容絕不能片面化只歌功頌德，要經得起中立客觀的檢視，以確保學生能明辨是非黑白，絕不會指鹿為馬，更切勿盲從附和，刻意奉承，人云亦云。同時，在中港歷史科目章節上，能

充分彰顯突出香港與中國內地密切關係的核心主軸線，兼鼓勵學生對國情／區情問題作深入理性分析，可以清晰闡明香港特區「一國兩制」及其根本所在，使學生在老師鼓勵引導下，有更濃厚興趣積極主動了解中港之間深厚的歷史淵源，雙方一直以來千絲萬縷之緊切聯繫與頻繁互動的特殊關係，及聚焦於兩地一家的同根同源、血脈相連、唇齒相依、相互呼應支援、甘苦與共的親密情誼。更冀在課程中灌輸中華文化深厚的精髓，投入心馳神往的思鄉懷親縈繞及尋根謁祖情懷，和感染撼動心靈的民族自豪意識凝聚力。

（4）前車可鑑。學生可透過結合中國——香港的歷史課程內涵，去分享感受往昔集體記憶的動人回顧懷緬，細緻領略古今演變沿革及因果關係深層意義，珍惜崢嶸歲月先輩輝煌的成就來之不易，認真汲取嚴峻危機教訓，銘記戰亂滄桑沉痛的悲劇警示，深刻評價及反省近代中國和香港故事的崎嶇波折和不平凡的成敗經驗，兼顧過往風光背後內憂外患衝擊的另一面真相，更從宏觀多元的角度探討思考香港在中國發展、改革開放和現代化建設過程中的獨特作用。另外，還要通過進行歷史學應有的縱向比較及橫向鑒別，以及見微知著、透徹解讀詮釋，清楚檢視香港歷史依歸的格局與特性，見證大中華兩岸四地至今變化發展的根本軌跡，認識現時中國社會所處的階段，看清中國的歷史趨勢和前景，找出現實國情中各種問題矛盾的長短差距，探尋正確的發展轉型道路和適宜的進步措施。這樣將能奠下掌握「中國知識」的紮實基礎，啟發學生反思個人自身與家國關係的公民／國民身份認同自覺，加強區情／國情的準確認知，有利於在特區建構樹立國家意識，加深體會感悟中華傳統文明輝煌成就，多所貫徹認識國家與觸動激發青少年民族文化情懷，添增學生新使命願景及強化其建設社會的責任感。

（5）這種中港歷史課程的教學，除課堂講授闡述之外，還可透過利用多元開放的互動學習方式，推出措施鼓勵青少年更多善用機會，積極參加各種與歷史範疇相關的文康藝術活動，冀其留下難忘的印象，將歷史痕跡風貌氣氛時空，與當下意識景物視聽融為一體，深化對中港歷史的理解認知。有見及此，可以由民間社團發起策劃協助、公共機構提供資源贊助支持、教育文化單位攜手安排主辦，拓展營造以學習中港歷史為主軸理念，以學生／青少年有意義活動為載體的多種形式、領域、渠道和層次社群項目系列（例如包括參觀博物館／檔案館、歷史文物景點、實地尋訪歷史足跡及根源、專門探訪歷史事件見證者／口述歷史訪談對象，彙集相關素材資料，重塑文獻光影紀錄，組織研習小組、調查考察團、

文化遺產導賞義工隊、和編製書刊／網站專頁、多媒體影音圖像展示、歷史訊息傳遞匯報，及舉行配合「中國知識」歷史學習的專題講座、研討論壇、工作坊、交流營、文藝創作展覽、故事劇場、歌舞表演、攝影／電影比賽、知識測試競賽有獎遊戲，和推動傳統節日慶典加入歷史元素等等特色精彩繽紛活動）。為此，校園內外亦可推出其他層次類型，分別按照不同內涵水平、針對鮮明的中港歷史主題、又體貼青少年趣味的健康輕鬆和有益身心情緒的新穎節目，有助吸引更多學生踴躍參與活動意慾。在不同平台渠道多管齊下，把課內學習與課外磨練真正有機相互結合起來，通過環境薰陶，發揮親身實踐體現、耳濡目染的感受、潛移默化的接觸觀摩，與撼動反響效應，起着輻射漣漪的擴大作用，滋養青少年心靈及其文化想像力，喚起反思自身，更以友善容易的方式來感召年輕一代的廣泛投入感，帶動整體熱誠學習風氣的提升，藉深刻的活動共同體驗成果分享，適切加強鄉土社區歸屬感，使學生更立體地全方位真切認識近現代中國－香港的歷史文化，並鼓勵青少年加增對大中華區域社會最新發展動向的關注，這都是增長見聞、積蓄豐富「中國知識」經驗和有成效的培養過程，亦是提升知識型城市整體人文品格與非凡魅力軟實力質素的寶貴養分、泉源。

（6）歸根到底，秉承「折衷中外，融會古今」宗旨目標，這是中港歷史綜合性課程的主體精神及關鍵脈絡。中港歷史科目向學生散播的信息內涵，必須對生活有意義，而前線教師教學方式需結合學生的日常生活經歷，要面對整個社會，跟現實世界接軌和拓寬跨文化國際視野，並且充分照顧學生的興趣和啟發思考。所以要善於將歷史與時事充分結合，透過施教與學習的過程呈現融會古今的精神，以歷史具體實例印證作切入點，來扼要生動地講解當前社會不同的議題，藉此研判立場差異，又能坦然提出問題辯論，並從中尋找理念共識，同時更可將歷史多元角度眼光的開揚覆蓋面涉及多範疇和廣泛時空領域，從而讓學生融會貫通中外、聯想今古、兼容並收、取其精萃，以及合乎時宜地比照引用實踐經驗。正因為歷史教育必須重視維護真實事跡，以符合嚴密邏輯規範和恪守學術專業準則為依歸，實事求是的主導底線絕不容虛構的例證觀點。中港歷史課程因而要求學生嚴謹檢視佐證片面化準確性不足、及理據錯亂偏誤，以釐清模糊混淆或扭曲誇大，戳破魚目混珠的誤導，拆穿虛假瞞詐的偽象迷惑，並挑戰弊端，向意圖篡改歷史事實真相的做法說不。提升學生的分辨批判能力，有助啟發學生多角度思索，讓其沉澱積煉、反思，更可進一步衝破舊思維理念、認知解讀及識見判斷決

策的盲點，以延伸學習歷史的借鑑參考價值及增添擁有多元色彩的文化想像力，引導學生建立正面的價值觀和和積極態度，來加深對國家及特區歷史文化的認識，把個人願景與社群國家命運和民族整體利益連成一線。

（7）筆者一貫以來主張，香港本地歷史研究、教科書撰寫和授課層面應着力突出「中國因素」並同時放入「世界觀」，尤其注重香港與廣東的緊切聯繫，更考慮香港在中國對外交往發揮的特殊作用，香港定位既是中國的特區，也是中國與世界互動的國際城市，其特色和內涵，既有地域性中華嶺南色彩，亦具世界性東西文化融合。香港的雙重角色，首先需從全中國角度看香港，亦需從全球角度看中國的香港。香港憑獨特的的語言、文化、地理位置和國際背景優勢，在促進中國與世界接軌作出重大貢獻，不能低估香港在中國走向現代世界文明道路上的獨特歷史性外延推動作用。香港歷史教研應走出本地小範圍，放眼大世界，從聚焦香港轉而以全球視野了解中國及世界發生的大事與香港的關聯，令其成為後殖民時代跨越本土而擁有國際多元視野的新歷史論述，吸引學生興趣。

21世紀是區域經濟全球化時代，中國政府提出「一帶一路」（「絲綢之路經濟帶」和「廿一世紀海上絲綢之路」）戰略構想，均與國際區域經濟密不可分。在過去百多年，香港一直作為中西方的橋樑角色，面對新全球秩序，香港應關心如何善用橋樑作用的歷史優勢、資訊發達的現代特色，以協助中國內地銜接融入國際發展。以前，香港擔當帶領外國人認識和進入中國市場的角色，至今中國崛起後，香港應反過來帶內地人去認識和參與世界，以前是走進來，現在是走出去。近年興起的本土意識，其實並無不妥，但本土主義不是關門主義，要明白香港回歸早是現實，中港兩地命運相連，香港難獨善其身，要謹記香港不能與大陸切割疏隔，絕不應割斷香港與中國及世界歷史的緊切聯繫。香港年輕一代需有的思維是 —— 根在香港，背後有龐大的中國內地，思考要環球化（global），但做事要本地化（local）。香港現正處發展的轉捩點，在強調「本土情懷」之同時也應小心不要曲解成自我中心的「孤立主義」，更要警惕避免只搞排他性的本土優越感民粹，或狹隘內向、自貶矮化本身角色而把香港邊緣化。年輕人的觀點不應只顧我城自身，更應考慮「中國因素」，而與中國切割疏離的傾向，絕不可取。國際形勢緊張，自1997年回歸後成為崛起中國一部分的香港首當其衝，面對複雜的全球格局，北京從世界戰略的眼光看待香港事務，有戰略考量的警覺。中國官方對外部勢力插手干預、顛覆香港事務十分警惕。觀察世局考慮長遠利益的生

存空間策略定位，香港最大的價值在於橋樑作用，香港若要維持優勢就應繼續成為中國對外橋樑紐帶，香港人必須有環球視角和寬宏氣度應對大陸的崛起，不可以「本土」之名而「去中國化」，每人都可糅合並不互相排斥的家園、國族和普世的多元身份認同取向，不能不考慮「中國因素」，最重要的是香港要發揮更大的全方位橋樑作用支持中國的更「世界化」，凸顯香港在內地與國際的「超級聯繫人」角色，而擴大香港的國際影響力，這正是具世界意識及全球史觀的中港歷史課程之發展機遇。

（8）中港有機整合歷史課程的學習，有助發掘、培養和提升學生潛能，給予反思個人自身與家國關係兼對現實生活有意義的學習機會。在中港歷史課程的開放學習過程中，學生所學得到的固然不是中國 —— 香港歷史專題的知識，而是學懂如何做研究，如何尋找知識，更引導學生理性和批判性思考，學懂從多角度分析論證歷史事件，嚴謹求真及以科學引證，梳理資料理據，解釋現象事實背後的因果關係和歷史變遷的內在邏輯，而影響其對中國內地和世界的觀感抱持公正態度和客觀理解。中港歷史科課程將會在學生成長的過程中，有極深遠且十分積極的正面影響，起碼教曉學生在人生未來的路程中，在複雜敏感的政治社會議題與公共政策尖銳觀點上，應該認真理性地研究、質疑、剖析，了解議題訴求背後的核心價值和點出宏觀利弊，而針砭時政的精闢見解也要着眼於未來，以公眾利益與社會責任的平衡角度審慎評價，最重要的是能夠有勇氣自信，敢於在不同意見選項裏忠於自己，堅持立場，不盲從，無忌諱，不靠攏權貴，而自主作出明智判斷決定。這或許本質上是識見認知及價值取向的問題，所以正如有很多重大的歷史議題，並無肯定的正確答案。因勢利導，透過學習中國 —— 香港歷史課程，亦可達成傳遞核心價值觀念及基本原則意義等最高理想目標，發人深省，催人奮進，不斷學習創新，覺醒反饋和提升自我，創造更多價值。

定位既變，氣象一新，中國 —— 香港歷史課程既有清晰理念、完整目標，正確方向，配合社會發展，還能充分兼顧學生個人較全面發展的需求，及提供建構知識型經濟終身學習的基本知識。因為隨着香港與中國內地交流合作日益密切，兩者依存度持續增大，區域一體化融合不斷擴大深化的大趨勢已難以逆轉。香港學生日漸意識到有必要了解雙方合作的重要性、必要性及所帶來的影響，以因應滿足其升學或投身職場的需求，重要的是如何透過學習中國 —— 香港歷史課程的渠道，讓青年人了解國家發展的過程，課程同時更成為啟發學生思考的平

台，擴闊視野願景，開放意識心態，提升增值能力，從而爭取向上流動的培訓。某程度上「中國知識」亦能為香港年青人成長進步鍛煉，及個人前途的生涯規劃和未來全方位發展選擇，提供更多機會空間與發掘更多方向目標的新突破。依靠中港歷史課程牽動人文情懷及地緣脈絡，讓他們及時掌握潮流機遇，自覺參與開拓服務而熱衷積極地投身內地建設，以新思維來開創跨域發展的新境界，把「中國知識」轉化增強成自己的有形資產，在深化區域交流互動合作當中有更多的受益。

掌握時代脈搏，配合社情民意，中港歷史整合新課程是值得大力推廣的大眾化社會教育類型，而其對謀求香港整體進步和發展，改善市民教育修養質素和建設精神文明，發揮着舉足輕重、不可或缺的啟蒙開化，引起共鳴輻射的作用及廣泛迴響的成效。中國歷史課程着重凝結傳統中華民族精神及文化智慧，是維繫民族團結、國家統一、區域融合的重要教育紐帶，具有非常巨大的貢獻。在發展急速多變的今天，培育香港青少年的家國情懷，加深其認識了解自身社會的歷史，鼓勵學習傳統的家國文化，不斷增強青少年對民族文化的認同，提高民族自尊心、自信心和自豪感顯得尤為迫切。站在戰略思維角度，有必要加大對「中國知識」歷史教育的重視支持程度，亟待加強力度改善及繼續加大資源投入，巧盡心思，於不同層面多元化地推廣提倡具深度、品味、特色及質素的中港整合新歷史課程共同體模式，擴大綜合覆蓋範圍規模，未來的工作應更多面向青年人及向學校教師家長傾斜，關鍵在於尊重歷史學者學術考慮的公正評價意見，和滿足教育界合乎專業原則的辦學需求，以確保會引起人文軟實力的良性循環和產生民眾思想觀念上更多的正面積極感悟影響力，有助直接增強中華文化的凝聚力、民族情結向心力以及社會歸屬感。

全文總結

習近平主席在 2013 年曾説：「中國傳統文化博大精深，學習和掌握其中的各種思想精華，對樹立正確的世界觀、人生觀、價值觀很有益處。學史可以看成敗、鑒得失、知興替。」歷史是根、文化是魂，中華歷史文化是一大筆寶貴的人文軟實力財富，在崢嶸的歲月中磨礪出國族情懷，賦予香港青年更多承傳的責任。歷史教育是人文教育的基礎，由古到今，無論是中國還是海外，從基礎教育

到高等教育，歷史都是一項重要的教育內容。對當今世界任何國家和地區來說，歷史教育既要紮根本土，培養具有民族情感的國民，又要放眼周邊培養具有全球視野的世界公民，受「雨傘運動」洗禮後的香港年輕人亦然。

20 世紀以來，華人地區的歷史教育不約而同地擔當起弘揚中國文化、復興華夏精神文明的使命，並在全球化、在地化和現代化等浪潮的衝擊下面臨新的問題和挑戰。踏入 21 世紀，歷史教育的新理論和新實踐層出不窮。在課程目標、課程綱本、教材、教科書、教學方法、教學評鑑等方面，都出現新的理論探索和更適應當代社會需要的教與學實踐。進入新時代，有根本性的改變，回歸後香港特區的歷史教育不能與現實脫節，必須調整適應新的需要，應以非傳統模式加強歷史課程，重新探索香港與國家的關係。

眺望未來，把握大方向，期望香港各界能夠同心協力，匯集資源、凝聚正能量以注入新的動力，有序地培育新一代本地人才，務求能確保配合特區長遠發展的需要。並進一步加速軟硬體措施的配套，在社會上鼓勵積極參與「中國知識」培訓和推廣學習中國近現代史 —— 香港史整合的優化新課程，從而為城市的發展注入教育文化活力。同時亦加強深化擴大與鄰近地區優勢互補分工的共同發展務實合作，有效促進香港人作為中國特區公民及地球村世界居民的寬廣胸懷和多元化質素的提升。以前瞻角度考慮香港實踐「一國兩制」作為重要的示範，而透過注入中港歷史課程元素的「中國知識」體驗學習，亦參與承擔文化軟實力作用的一項支撐任務 —— 作為推動兩岸和平及大中華區域融合的平台，香港的菁英必須備有中華文化歷史智慧兼具國際視野。

有見及此，應當把中國近現代史 —— 香港史整合課程的教研功能作用發展空間，轉化成為拓展中港兩地良性互動及共贏合作的新疆域，得以建立以加強兩地民眾之間認識和聯繫的橋樑，充分發揮推進彼此增信釋疑和拉近鴻溝的互相理解的平台，積極增進兩地各領域交往的廣泛社會共識基礎，亦是延續深化香港與珠三角區域特別密切互惠關係的戰略交匯點，確立作為香港青少年「走出特區、提升轉型」、奮發進取、拓展多元遠景的溫牀，而不是成為因錯綜複雜的地方環境或因制度價值差異而相互摩擦矛盾的新源頭。

特區建制派把「收回了主權、但收回不了人心」破局渲染，撻伐狠斥鼓吹「本土主義」言論為所謂「港獨意識」的偽命題，繼而讓「國情教育」成為社會熱話，但「國情教育」絕對不等於片面灌輸官方所標榜「愛國愛港」的意識。意圖

解決特區「人心回歸」問題的行動，不能操之過急，若然官方倉促勉強推行建制派「國情教育」課程，只會弄巧反拙，在爭取民心上出現反效果。因此需要為香港民眾提供真實、全面、客觀、精確、完整的，能夠充分闡釋內在道理的中國國情資訊，提高香港青少年對內地認識了解的水平，使其珍視華夏優秀文化傳統，提升對國家和民族的認同感，應當是優質「國情教育」之本質真義乃至主體建構之重要方向。公正高水平的國情認知需要加強重視中國現代史教育，同時亦需要增強培養學生的獨立思考判斷、理性分析的能力，以激發學生內在潛能，並能鼓勵更多關心國家，呈現對建設香港作回饋貢獻的使命責任感，更要把鞏固自由、開放、民主、平等、公義作為香港社會發展的最重要核心價值和理想目標。

香港學生需要亦應當對中國基本國情內涵有全面完整、客觀均衡、不偏頗，以及合乎事實的精確掌握、透徹理解與清醒認知，既要看到中國近年發展取得的成就，也要看到內地社會存在的問題。理想的國情認知教育，應鼓勵青少年爭取扎實的真正「中國知識」，不能自我審查或刻意隱瞞真相或迴避禁忌議題，更不能向當權靠攏而塗脂抹粉地吹噓，絕不能袒護錯失、掩飾謊言、包庇歪理、忽略瑕疵、刪剔尷尬、貶抑異議、過濾醜聞，而虛妄誇大讚揚成績，卻不提負面弊端。不能一面倒地歌功頌德而不作理性批判，不能只看片面表象而混淆視聽，更不要違反邏輯和誠信而誣衊捏造詆譭，只拿一兩組數字就無限演繹，無視證據細節而歪曲誤導。學生應多看多了解，深切領會中國內地政策精髓，正反方向對照探索，條理分明和實話實說，才會更清楚中國真面貌及機遇與挑戰。這正是最需要但最缺乏的全方位「中國知識」要義所在，中港歷史課程是認知中國真確國情的基本途徑出發與落腳點，讓香港青少年積極對中國歷史發展及內地現代化改革多關注、多了解和體會。

以「中國知識」作為目標的中港歷史課程與建制派「國情教育」，兩者局部相通，似乎無需要功能重疊，則為何要在建制派「國情教育」本身存在不足缺陷這爭議問題上糾纏？因為兩者間的明顯分歧，正是在其不同的宗旨本質、目標理想、方針概念、價值立場、意識規範、學術水平、求真底線、內容涵蓋範疇（例如「不要講」禁區）、及資訊公開透明度等主要關鍵因素考慮重點，確實有基本差異及嚴重鴻溝，兩者形成鮮明對比。中港史優質課程與建制派「國情教育」有其背後不同的考量而催生，有時是學生需求、有時是回應時代所需，亦可能是不為人知的政治性因素。建制派「國情教育」的政治考慮十分清晰，而其政治化教

材顯露邏輯混淆、引喻失義，被認為是灌輸理據貧弱的偏頗誤導訊息，是政治宣傳多於事理知識剖析或學術研究，劣質內涵令其失去外界尊重，當然不符香港社會觀感，不值得鼓勵。而其偏離純粹學術和專業客觀標準的為人所詬病的政治化內涵，正是建制派「國情／國民教育」的嚴重缺陷，是不能自欺欺人的客觀事實，「國情／國民教育」內涵的政治濃度愈高，出現社會主流民意強烈反對的機會愈大，成為威脅香港學界健康的「國教洗腦」夢魘。

在此，必須強調香港社會各方對「愛國愛港」極具爭議的定義和內涵是有很多不同詮釋，究竟建制派說的「愛國愛港」應怎樣定位？尺度如何拿捏？特區官員對於何謂「愛國愛港」，不予闡釋，只強調不會以法律規定如何詮釋「愛國」、「愛港」（因為「愛國愛港」根本是不可能明確清晰地寫入有法律具體界定的法例）。最大的問題是「愛國愛港」只有主觀看法，從來沒有客觀標準，亦無社會接受及有民意認受性的公正中立衡量尺度。然而，一般華人血統的港人，對中華民族及文化有認同歸屬，與內地有情感聯繫，但這與政權無關。況且官方所謂「愛國愛港」的定義內涵和思維解讀模式，會因形勢轉變及迎合政治風向需要而突然更改或隨時放寬收緊，明顯與本地主流理解真正愛國不等同愛政權的理念差之千里，不單無法取信於民，愈令市民反感疏離，亦不能解決港人意識問題，「愛國愛港」政治譎詭及逆民潮流的「國情教育」，只會更擴大社會鴻溝。

建制派「國情／國民教育」的政治化內容及推行模式，能否適應香港社會生態及未來教育發展需求？香港主流學界的質疑態度清楚鮮明：一直都是堅持反對中國歷史的教與學滲含政治任務，避免中史科課程淪為建制派爭奪「愛國愛港」話語權的渠道，擔心太多政治化的侵蝕破壞因素被引入學校，課程方向內涵因而受操控，被灌輸意識形態一面倒的既定立場，這必然令歷史教育因牽涉濃厚政治色彩而走上嚴重偏差的歧途，造成巨大衝擊，會阻撓學術發展，收窄自由思想空間，窒礙社會開放、箝緊多元價值觀，和扼殺師生獨立判斷。沒公信力的「國情／國民教育」，可能是特區政府的「負資產」，當局需要「範式轉移」思考，避免激發群眾反彈抗拒，導致情況惡性循環，否則社會將付出令人不可估計的代價，更會扭曲破壞「中國知識」教育的目標理想 —— 吸收知識、掌握經驗、分析事物、獨立思考、理性判斷及自由表達 —— 這是攸關寬廣，以不同光譜來學習中國事實的成效，若令香港學生成為政治化「國教」的受害犧牲者，實屬不幸，反對「洗腦教育」的抗爭行動，成為新一代青少年政治啟蒙的藥引和自救的重要

防線。

最近教育局提出中史課程的「短期改革方案」，難免令人合理懷疑這是否專業科學化的決定？必須警惕反思：這是純粹歷史教育的「學術」問題嗎？有何原因理據要這樣做？它本身有什麼正面意義，有沒有確實必要？它全面成效和真正代價是否值得？均是需要面對的關鍵問題，有待全面觀察和分析研議，值得反覆思量，盼可積極正面保障師生權利，否則中史科悲哀堪憂。

特區教育局的中史科「短期改革方案」是否能夠貫徹中史科原來的理念、實現預期目標？必須很嚴肅討論，不應急於實施推行。官方任何中史課程「改革」計劃，都必應遵循香港主流學界支持的純粹教育原則，密切留意社會需要及回應市民質疑。如果特區官方強行把中史科的定位轉變成為建制派「愛國愛港」政治化的「國教」模式課程，核心問題是政府操控歷史教育政策調整，為不同程度中史科課程引入更強的敏感政治元素，反映官方試圖以冠冕堂皇的「教育改革」包裝出台，硬銷「愛國主義」偏狹意識形態，則可能會未見其利先見其害，反而把早已被社會詬病和深陷困境的中史科政策搞成敏感的政治爛攤子，甚至令年輕一代被推上加劇中港矛盾的惡性循環不歸路，在反方向背道而馳，導致陸港關係不必要地惡化及緊張。

前車可鑑，應認真汲取 2012 年夏香港「反國教科」的教訓。過去事態發展證明，政府的一意孤行走錯路，造成自討苦吃的局面，實有不少值得參考的經驗教訓，應該確切認清問題本質，要徹底反思，避免重蹈覆轍而引發軒然大波，則政策觸礁可不必再發生。由此可見，當前形勢下官方意圖政治化地調整中史課程的行徑殊為不智，構成「重政治、輕學術」的合理性疑問，而錯誤的歷史教育政策，以至影響學術自主及威脅言論自由的政治獻媚有害措施，不應貿然推行，必須深思熟慮，否則一錯再錯，教育亂象故態復萌甚至惡化，將釀成嚴重社會後果，對香港構成無可挽回的衝擊傷害，加深民眾對政府的不滿，這是不容漠視的客觀事實。

如對學習中港歷史所具的重大教育精神意義有真正全面深刻了解，縱然遇上嚴峻挑戰考驗，也必須堅持真相、良心與公義底線，拒絕「政治化」的偏見扭曲和擺脫極端「愛國主義」滲透顛覆歷史教育的牽制，應該直截了當切實推動重新定位「非政治化」的中港歷史整合課程作為高中必修核心學科，堅持不懈地確定中港歷史科未來良性發展的方向，一定要在不附加「政治化」條件的基礎上，加

大社會對發展中港歷史整合課程的支持力度。「非政治化」的確是未來中港歷史
課程的關鍵詞，而透過「非政治化」準則的歷史課程學習扎實的「中國知識」，
可以促使學生從更寬廣角度審視，無拘束地多元化思考社會敏感議題。對任何觀
點和矛盾立場都認真檢討、客觀分析、獨立判斷，敢於說真話及無隱瞞分享資
訊，更善於提出質疑，並有能力找出站得住腳、經得起事實和時間考驗的答案和
結論。學習歷史的正面教育功能非常重要，關係到下一代，旨在為青少年提供認
識中國歷史正確國情知識的機會，增進民族文化認同感。健全優質中港歷史課
程的地位和作用不容動搖、不容忽視、不容淡化、不容隨意，怎麼再強調也不
過份。

　　着手糾正香港特區中史科的荒謬發展路向，千頭萬緒，要就此認真思考處
理，誠盼香港學界師生必須克服香港根本先天性缺陷和現實局限困難，傾心盡力
踴躍教導學習中港歷史整合課程，不斷堅持下去。本與時俱進和持之以恆不移的
教育精神，既要有遠見又要有階段性進展，而進一步深化擴大或跨越中港歷史課
程兼容並包的整合，更多進行對東方與西方整體性國情之橫向比較，及歷史經驗
與現代問題之縱向研究，客觀全面地認識西方世界和中國國情，希望藉此平台讓
學界師生耳濡目染觀摩學習，最終可達到理解和認識世界，即「立足香港，連合
祖國，放眼世界」能主動探索，可掌握擁抱未來。透過中港歷史整合課程的內涵
資訊，可消解部分民眾在政治心理和情感上對國情／區情教育了解不足的謬誤認
知。中港歷史課程當要更盡其能，一環扣一環，有效傳承和弘揚中華文明智慧結
晶的楷模典範，以深厚的中國歷史知識底蘊為依託，為香港青少年對身份認同之
追尋及重構的社會軟實力全面建設工程打造正能量基礎，與特區及大中華關係發
展的洪流息息相關，而產生重要的啟蒙連鎖迴響效益，自然更廣泛宏大，能取得
積極成果。

　　「鑑古推今才能塑造未來」——學習歷史是啟迪現實也昭示未來的選擇，期
盼香港歷史學界和教育前線工作者，毋忘歷史教育理想信念的真諦初衷，在不同
崗位上共同努力，要成為解決問題的一部分，絕對不要成為製造問題的一部分，
大家有責任及條件，互相促進、集思廣益、凝聚共識，為發展革新優化的中國近
現代史——香港史整合課程而不懈。大家堅守教育專業原則，以淵博學識及合
理獨立標準，精益求精，系統地協助撰寫編繹一套切合香港實際、符合青少年思
維心態情緒、適用於中小學、具針對性的中港聯合整合的歷史課程教材。以高學

術品質、客觀均衡、可讀性高、具公信力的中港歷史課程教材作為普及傳播「中國知識」的重要基石範本，加強香港青少年的國家觀念、中華傳統文化精神的體現、民族認同情感和公民意識的培養。簡而言之，與當前的世道人心比照，「深耕中港歷史整合、共譜優化課程新章」，將是未來香港歷史教育改革成功，及建構一套高質且可延續的中港歷史課程體系之義不容辭的使命。這正是 2015 年，紀念抗日戰爭勝利七十周年，所賦予歷史學界教育事業重要啟示的新精神感悟與共鳴。

二十一世紀香港的高中中國歷史教科書

許振興
香港大學中文學院

一樁「小」事的啟示

香港教育局在 2013 年 6 月 13 日於該局的網頁發表〈中國歷史回歸前、後的地位和學習正面睇〉一文，回應香港社會要求教育當局重新將「中國歷史科」列為初中獨立必修科，以及教育團體要求教育及考評當局從速改善中學文憑試「中國歷史科」的評核方式時，除了辯稱當前「所有初中都有教授及必修中國歷史」而刻意迴避目前初中教育沒有把「中國歷史科」列為獨立必修科的事實外，更力稱「根據 2012/13 學年度統計資料，在二十多科選修科目之中，中國歷史在中四、中五、中六都是第八科最受歡迎的科目。這排名位置與新高中實施前的中學會考與高考相若」，從而指稱「單獨增加選修某科的學生人數，便會相對地減少其他科目的選修人數，這是一個零和遊戲。現時約有 90% 學校在高中開設中國歷史，我們應思考怎樣優化中史教學，讓更多學生喜歡學習中史，從而促使更多學校在高中開設中史」。[1] 撰文者故步自封的心態固已躍現讀者眼前，而主掌香港中學「中國歷史科」課程發展事務的教育局課程發展處「中國歷史科」高級課程主任、課程主任面對社會各界對所負責學科表達眾多不滿與提出各式改善要求時，如能放棄偏信偏聽，撫心自問，除了只說「應思考怎樣優化中史教學」[2] 外，又曾否切實在「優化中史教學」上辦點實事呢？

香港教育局主掌中學「中國歷史科」的高級課程主任與課程主任在「優化中史教學」上，最應辦好的實事是着實提升「中國歷史科」教材的質素。因為教材的中用與否，除了直接影響學與教的成效外，更大大關係相關學科的形象塑建。

1　香港教育局：〈中國歷史回歸前、後的地位和學習正面睇〉，原文詳見於香港教育局網頁 http://www.edb.gov.hk/tc/about-edb/press/cleartheair/20130613.html。此文被該局列為「新聞公報」的「政策正面睇」類。該局所有列於「政策正面睇」類的文章，均不標撰文者姓名，令讀者無從對文章的內容逐一問責。

2　同上註。

論者不厭其煩地一再指出「教科書是最重要的教學材料」,[3]「教科書不等於教材,卻是教材中最重要的部分。」[4] 因此,檢核當今香港中學「中國歷史科」教科書的質素,[5] 無疑將有助香港教育當局在「思考怎樣優化中史教學」的同時,尋得切實「優化中史教學」、「讓更多學生喜歡學習中史」的着力點。

香港教育署於 1997 年頒佈的《中學課程綱要·中國歷史科(中一至中三)》、香港課程發展議會與香港考試及評核局於 2007 年頒佈的《中國歷史課程及評估指引(中四至中六)》,都是現今教科書編纂者分別編寫適用於中學一至三年級與中學四至六年級「中國歷史科」教科書時奉為圭臬的文件。[6] 由於《中國歷史課程及評估指引(中四至中六)》是過往十多年間唯一在 21 世紀頒佈的「中國歷史科」課程及評估指引,編纂者據以編成的教科書自應是最具 21 世紀特色的香港中學「中國歷史科」教科書。因此,本文將秉持觀微知著的用心,藉檢核目前市面上供給香港中學四至六年級學生使用的高中「中國歷史科」教科書,冀以管窺 21 世紀香港高中「中國歷史科」教科書的情狀。

書成眾手:教科書的編寫

香港教育局在 2013 年 5 月 3 日於該局網頁發佈的 2013 至 2014 學年〈適用書目表〉提供了四套、共四十三冊經該局審查後獲推薦供各中學選用的高中「中

3　林智中:〈香港教科書政策的理念和實踐〉,《教科書研究》,第 1 卷第 2 期(2008 年 12 月),頁 31。

4　張元:〈加強歷史教學深度的一些想法〉,方駿主編:《新世紀的歷史教育》(香港:香港教育圖書公司,2006),頁 274。

5　香港教育當局一向慣稱「教科書」為「課本」,教育局課本委員會於 2010 年 6 月頒佈的〈課本送審指引〉,頁 1,便清楚指明「『課本』是意指以印刷形式出版的學生用課本,此等課本是按課程發展議會編定的各科課程綱要/指引而編寫,並且適用於香港。」(http://www.edb.gov.hk/attachment/tc/curriculum-development/resource-support/textbook-info/guidelines_on_submission_of_textbooks_for_review_150610_chi.pdf,閱覽日期:2013 年 6 月 23 日)該委員會更於 2012 年 4 月重新頒佈的〈印刷課本送審指引(2012 年修訂本)〉,頁 1,就兩者的關係再作聲明,稱「『教科書』與『課本』一詞共通。」(http://www.edb.gov.hk/attachment/tc/curriculum-development/resource-support/textbook-info/GuidelinesOnSubmissionPrintedTextbooks_201204.pdf,閱覽日期:2013 年 6 月 23 日)

6　參看香港課程發展議會編:《中學課程綱要·中國歷史科(中一至中三)》(香港:教育署,1997);以及課程發展議會及香港考試及評核局編:《中國歷史課程及評估指引(中四至中六)》(香港:課程發展議會與香港考試及評核局,2007)兩文件。

國歷史科」教科書。根據該書目表的資料，該四套教科書分別由四間出版社出版，詳情如下：[7]

書名	出版社	出版年份	書名副標題	編著者
《新視野中國歷史》	香港教育圖書公司	2009	第一冊（必修部分）	杜振醉、區達仁、梁國雄、胡志偉、甄錦棠、許振隆、李家駒
			第二冊（必修部分）	
			第三冊（必修部分）	
			第四冊（必修部分）	
			單元一：二十世紀中國傳統文化的發展：承傳與轉變（選修部分）	杜振醉、馬桂綿、范永聰
			單元二：地域與資源運用（選修部分）	杜振醉、馬桂綿、區志堅
			單元三：時代與知識份子（選修部分）	杜振醉、馬桂綿、陳志偉[①]
			單元四：制度與政治演變（選修部分）	杜振醉、馬桂綿、陳志偉
			單元五：宗教傳播與文化交流（選修部分）	杜振醉、馬桂綿、梁頌佳
		2010	單元六：女性社會地位：傳統與變遷（選修部分）	杜振醉、馬桂綿、杜英麗

7　此表資料全據香港教育局頒佈的〈適用書目表：新高中中文課本及學習材料〉（https://cd.edb.gov.hk/rtl/searchlist.asp，閱覽日期：2013 年 6 月 13 日）。

①　今查對市面出售之此書「選修部分」單元三封面，清楚標明「主編：杜振醉、馬桂綿。編著：侯勵英、區顯鋒、丁潔」。教育局頒佈的〈適用書目表：新高中中文課本及學習材料〉竟出現如此明顯的錯誤，負責者是否需要向市民好好解釋呢？

(續上表)

《新探索中國史》	齡記出版有限公司	2009	4 上冊 歷代發展（必修部分）	陳漢森、黃志文、彭耀鈞、翁港成、張志義、陳錦輝、郭達亮、洪天宇
			4 下冊 歷代發展（必修部分）	
			5 上冊 歷代發展（必修部分）	
			5 下冊 歷代發展（必修部分）	
			6 冊 歷史專題單元一·二十世紀中國傳統文化的發展：承傳與轉變（選修部分）	陳漢森、陳錦輝
			6 冊 歷史專題單元二·地域與資源運用（選修部分）	張志義、郭達亮
			6 冊 歷史專題單元三·時代與知識份子（選修部分）	彭耀鈞、陸曉敏、徐松榮、郭達亮
			6 冊 歷史專題單元四·制度與政治演變（選修部分）	梁炳華、劉正剛、喬素玲、向群、郭達亮
			6 冊 歷史專題單元五·宗教傳播與文化交流（選修部分）	翁港成、賀璋瑢、馬建春、吳羽、陳錦輝
			6 冊 歷史專題單元六·女性社會地位：傳統與變遷（選修部分）	黃志文、陳錦輝

(續上表)

《高中中國歷史新視點》	文達・名創教育	2009	中國歷史發展概論（必修部分）	梁一鳴、葉小兵、陳志華、羅國潤、黃家樑
			必修 1 夏商周至秦漢（必修部分）	
			必修 2 魏晉南北朝至隋唐（必修部分）	
			必修 3 宋元明清（至鴉片戰爭爆發前夕）（必修部分）	
			必修 4 鴉片戰爭至辛亥革命（必修部分）	
			必修 5 辛亥革命至中華人民共和國成立（必修部分）	
			必修 6 中華人民共和國成立至二十世紀末（必修部分）	
			選修 1 二十世紀中國傳統文化的發展：承傳與轉變（選修部分）	陳志華、羅國潤、黃家樑、黎頌詩、梁思穎、陳敬陽、施卓凌、杜佩儀
			選修 3 時代與知識份子（選修部分）	
			選修 4 制度與政治演變（選修部分）	
			選修 5 宗教傳播與文化交流（選修部分）	
		2010	選修 2 地域與資源運用（選修部分）	陳志華、羅國潤、黃家樑、黎頌詩、梁思穎、陳敬陽、施卓凌、杜佩儀
			選修 6 女性社會地位：傳統與變遷（選修部分）	

（續上表）

《高中中國歷史》	現代教育研究社有限公司	2009	四上（必修部分）	現代教育研究社編輯委員會、呂振基、王穎芝、姚世外
			四下（必修部分）	
			五上（必修部分）	
			五下（必修部分）	
			單元（1）二十世紀中國傳統文化的發展：承傳與轉變（選修部分）	
			單元（2）地域與資源運用（選修部分）	
			單元（3）時代與知識份子（選修部分）	
			單元（4）制度與政治演變（選修部分）	
			單元（5）宗教傳播與文化交流（選修部分）	
			單元（6）女性社會地位：傳統與變遷（選修部分）	

　　這四套教科書的分冊主要依從《中國歷史課程及評估指引（中四至中六）》將課程劃分為「必修（歷代發展）部分」與「選修（歷史專題）部分」的安排。[8]各書都將「選修（歷史專題）部分」六單元獨立成冊出版。「必修（歷代發展）部分」除《高中中國歷史新視點》一書按單元編為六冊外，《新視野中國歷史》、《新探索中國史》與《高中中國歷史》三書均依各單元的先後次序分為四冊面世。《中國歷史課程及評估指引（中四至中六）》聲明佔用教時而不列入公開評核範圍的「中國歷史發展概論」[9]，則只有《高中中國歷史新視點》一書以獨立成冊的方式出版。這遂使每套教科書都由十至十三分冊組成。

8　參看《中國歷史課程及評估指引（中四至中六）》，頁 11-34。

9　同上註，頁 36。

　　由於此高中「中國歷史科」課程涵蓋的時限自先秦至 21 世紀，內容關涉政治、社會、思想、制度、宗教、文化、地理、人物、性別等範疇；是以出版社為趨及成功在 2007 年《中國歷史課程及評估指引（中四至中六）》頒佈後的不足兩年內完成編寫、送審、出版等程序，都不約而同採用眾人合力編寫的形式，務求令 2009 年 9 月開課的學生不致「讀無書」。[10] 根據香港教育局頒佈的〈適用書目表〉顯示，除《高中中國歷史》一書由同一批編寫者負責各分冊的編寫外，其餘三套教科書的編寫人員主要分為兩大隊伍、由部分成員同時廁身兩者，分別負責編寫「必修（歷代發展）部分」與「選修（歷史專題）部分」。現將該四套教科書的編寫人員數目統計，並表列如下：

單元＼編著者數目＼書名		《新視野中國歷史》[①]	《新探索中國史》	《高中中國歷史新視點》	《高中中國歷史》[②]
必修部分		7	8	5	3
選修部分	單元一	3	2	8	3
	單元二	3	2	8	3
	單元三	5	4	8	3
	單元四	3	5	8	3
	單元五	3	5	8	3
	單元六	3	2	8	3

10 根據香港教育局課本委員會〈課本送審指引〉的規定，「如推行的課程屬於新／修訂課程，出版社須於新／修訂課程定稿後方可送審課本。」(http://www.edb.gov.hk/attachment/tc/curriculum-development/resource-support/textbook-info/guidelines_on_submission_of_textbooks_for_review_150610_chi.pdf，閱覽日期：2013 年 6 月 23 日)

① 根據香港教育局頒佈的〈適用書目表：新高中中文課本及學習材料〉，《新視野中國歷史》一書「選修部分」各分冊的編著者分別為「杜振醉、馬桂綿、范永聰」（單元一）、「杜振醉、馬桂綿、區志堅」（單元二）、「杜振醉、馬桂綿、陳志偉」（單元三）、「杜振醉、馬桂綿、陳志偉」（單元四）、「杜振醉、馬桂綿、梁頌佳」（單元五）與「杜振醉、馬桂綿、杜英麗」（單元六）。「杜振醉」同時擔任「必修部分」各分冊的編著者（參看 https://cd.edb.gov.hk/rtl/searchlist.asp，閱覽日期：2013 年 6 月 13 日）。由於今已查得此書單元三的編著者當為「主編：杜振醉、馬桂綿。編著：侯勵英、區顯鋒、丁潔」，故此分冊的「編著者」數目當為五人。

② 根據香港教育局頒佈的〈適用書目表：新高中中文課本及學習材料〉，《高中中國歷史》一書「必修部分」與「選修部分」各分冊的編著者都是「現代教育研究社編輯委員會、呂振基、王穎芝、姚世外」(https://cd.edb.gov.hk/rtl/searchlist.asp，閱覽日期：2013 年 6 月 13 日)，惟翻查市面出售的此書各分冊，封面標明「顧問：朱鴻林、葛劍雄、龔書鐸，編審：譚松壽、趙益鎮，作者：呂振基、王穎芝、姚世外」，故本文以此書作者只三人計算。何以香港教育局頒佈的〈適用書目表：新高中中文課本及學習材料〉所列編著者資料未盡符合事實，香港教育局的相關負責者或許需要作出解釋。

　　該四套教科書的「必修（歷代發展）部分」六單元分別由三至八人編寫，而
「選修（歷史專題）部分」的每一單元則分別成於二至八人之手。

　　這種集體編纂的方式，確實可收集思廣益、節省成書時間的奇效。但書成眾
手，「著述無主、條章靡立」，[11] 編寫者固難突現個人的卓識，而全書亦難免缺乏
別樹一幟的特色。千書一面，自是意料中事。況且，編寫者「多士如林，皆願長
喙」，[12] 而眾聲喧嘩，卻難免菁蕪兼雜。由於香港教育當局沒有為教科書編寫者訂
立任何學歷或資格要求，而各教科書又沒有交代編寫者的學歷與資歷，更沒有標
明各編寫者的分工情況；各教科書一旦被檢出任何錯失，編寫者縱未存心相互諉
責，教科書的使用者亦礙於資訊匱乏，無從一一問責。如何使「中國歷史科」教
科書的使用者有機會享用高質素的教科書便成了香港教育局責無旁貸的重責，而
不時將「優化中史教學」掛在口邊的「中國歷史科」高級課程主任更是最重要的
把關人。萬一擔任者只是庸資低能、濫竽充數、尸位素餐者，則如何令書成眾手
的「中國歷史科」教科書為「優化中史教學」盡力，無疑將是憂心「中國歷史科」
發展陷於萬劫不復境地者的夢魘。

聊勝於無：教科書的審定

　　香港教育當局採用不直接涉足教科書出版的政策，是以中小學教科書的出版
均由出版商負責。這使香港的教科書同時兼具教材與商品的身份。香港教育局只
負責制訂與提供課程指引、審定出版商送審的教科書，並向各中、小學提供該局
認可的〈適用書目表〉。教師可根據〈適用書目表〉所列的審後評語揀選適合學
生使用的教科書。[13] 香港教育局自我介紹運作中的課本評審機制，稱：出版社若
要把課本列入《適用書目表》，便須把課本提交教育局評審。每個接受課本送審
的科目，教育局均設有課本評審小組，成員包括現職教師、科主任及教育工作者
等。評審小組根據各評審員的評級及意見，作出詳細分析後，把送審課本評為

11　劉知幾（661-721）撰、浦起龍（1679-1762）釋：《史通通釋》（上海：上海古籍出版社，1978
　　年 4 月），卷 20：〈忤時第十三〉，頁 590。

12　同上註，頁 591。

13　參看霍秉坤等：〈香港課本編選機制：教育局的角色〉，《教科書研究》，第 3 卷第 2 期（2010
　　年 12 月），頁 35；〈印刷課本送審指引（二〇一二年修訂本）〉，頁 1。

「可列入《適用書目表》」或「不會列入《適用書目表》」的評級。[14]

出版社送審的教科書應達到怎樣的水平才可被列入〈適用書目表〉呢？香港教育局的答案是：

> 課本須在以下各項達到合格水平，方可列入教育局《適用書目表》：
> （i）配合課程指引／課程綱要所訂的宗旨／學習目標／重點／基本原則；
> （ii）涵蓋課程指引／課程綱要的核心內容；
> （iii）資料及數據／概念準確、清晰及適切；
> （iv）內容組織編排及概念發展恰當合理；
> （v）具備必須的學習活動以達成學習目標；
> （vi）語文正確無誤。[15]

根據教育局評審四套被列入〈適用書目表〉的高中「中國歷史科」教科書後，在該表「書評」一欄列出的各書審後評語中，竟發現上列的六項要求都各有二至三項沒有列明評核準則的分類，計為：

教育局的要求	〈適用書目表〉所列的評語分類
1. 配合課程指引／課程綱要所訂的宗旨／學習目標／重點／基本原則	1. 大致切合課程指引的宗旨及目標
	2. 切合課程指引的宗旨及目標
2. 涵蓋課程指引／課程綱要的核心內容	1. 處理科目的核心課程內容大致恰當
	2. 處理科目的核心課程內容恰當
	3. 處理科目的核心課程內容十分恰當
3. 資料及數據／概念準確、清晰及適切	1. 概念大致清晰，引用資料及數據尚算適切
	2. 概念清晰，引用資料及數據適切
4. 內容組織編排及概念發展恰當合理	1. 內容編排及概念發展尚算恰當和合理
	2. 內容編排及概念發展恰當和合理
5. 具備必須的學習活動以達成學習目標	1. 學習活動大致適切，尚能達成學習目標
	2. 學習活動適切，能達成學習目標
6. 語文正確無誤	1. 語文準確
	2. 語文清晰及準確

---

14 課本發展及電子學習資源專責小組：《課本發展及電子學習資源專責小組報告》（香港：香港教育局，2009 年 10 月），頁 16。

15 同上註。

　　現將送審的高中「中國歷史科」教科書「必修部分」與「選修部分」各單元獲取的各項評語數目統計，並表列如下：

評語／數目／單元	必修部分	選修部分單元一	選修部分單元二	選修部分單元三	選修部分單元四	選修部分單元五	選修部分單元六
大致切合課程指引的宗旨及目標	／	3	2	1	／	／	／
切合課程指引的宗旨及目標	4	1	2	3	4	4	4
處理科目的核心課程內容大致恰當	／	3	1	／	／	／	1
處理科目的核心課程內容恰當	3	1	3	4	4	4	3
處理科目的核心課程內容十分恰當	1	／	／	／	／	／	／
概念大致清晰，引用資料及數據尚算適切	／	4	2	2	2	／	2
概念清晰，引用資料及數據適切	4	／	2	2	2	4	2
內容編排及概念發展尚算恰當和合理	／	3	4	2	1	／	2
內容編排及概念發展恰當和合理	4	1	／	2	3	4	2
學習活動大致適切，尚能達成學習目標	3	4	4	1	4	2	2
學習活動適切，能達成學習目標	1	／	／	3	／	2	2
語文準確	1	2	2	3	2	2	4
語文清晰及準確	3	2	2	1	2	2	／

　　各已送審的高中「中國歷史科」教科書，「必修部分」都「切合課程指引的宗旨及目標」、「概念清晰，引用資料及數據適切」與「內容編排及概念發展恰當和合理」。當中三套被評為「處理科目的核心課程內容恰當」，而另一套更能「處理科目的核心課程內容十分恰當」。被評為「語文清晰及準確」者亦佔三套，另一套則只獲「語文準確」的評語。此外，只有一套送審的教科書被評為「學習活動適切，能達成學習目標」，其餘三套都只可以被評為「學習活動大致適切，尚能達成學習目標」。這可見各教科書的編寫者尚需為「必修部分」多費心力，才能令製成品「具備必須的學習活動以達成學習目標」。

各教科書「選修部分」各單元牽涉的內容門類繁多、參與編寫的人員不在少數，是以編寫水平難盡一致已屬意料中事。個中明顯的事例計有：

所有送審者的單元五「宗教傳播與文化交流」均被評為「切合課程指引的宗旨及目標」、「處理科目的核心課程內容恰當」、「概念清晰，引用資料及數據適切」與「內容編排及概念發展恰當和合理」。當中亦各有兩套獲得「學習活動適切，能達成學習目標」與「語文清晰及準確」的評語。各教科書在此單元的表現最為可人。

三套送審教科書的單元一「二十世紀中國傳統文化的發展：承傳與轉變」均未能被評為「切合課程指引的宗旨及目標」與「處理科目的核心課程內容恰當」；而所有四套送審者更無一被評為「概念清晰，引用資料及數據適切」與「學習活動適切，能達成學習目標」。個中差劣的情況實教人慘不忍睹。

各送審教科書在單元二「地域與資源運用」的表現同樣糟糕，四套送審的教科書無一「內容編排及概念發展恰當和合理」與「學習活動適切，能達成學習目標」。當中兩套亦分別未達「切合課程指引的宗旨及目標」與「概念清晰，引用資料及數據適切」的要求。

這四套教科書在單元三「時代與知識份子」的表現亦不見得令人滿意，當中未能被評為「概念清晰，引用資料及數據適切」與「內容編排及概念發展恰當和合理」者各佔兩套。

面對此等令人失望的審後評語，關心「中國歷史科」發展者又豈應容忍教育當局繼續視若無睹？

其實，教科書既兼具教材與商品的身份，教育當局在〈適用書目表〉上列出送審教科書的審後評語，目的只是為了向教科書送審者與使用者提供相應的「商品」標籤。提供評語者、甚或教科書審定者極可能從未認真思考各評語的真正用意。下列兩項足以證明此等評語既有不盡不實，亦有互相矛盾處：

送審的高中「中國歷史科」教科書中，三套的「必修部分」被評為「處理科目的核心課程內容恰當」，而另一套更被評為「處理科目的核心課程內容十分恰當」。教科書使用者絕不會懷疑評審者的專業意見。因為評審者視此高中「中國歷史科」課程的「必修部分」為此「科目的核心課程」，自屬合情合理。如此，則此科的「選修部分」必非此「科目的核心課程」，亦屬理所當然。但〈適用書目表〉竟列出四套送審教科書的「選修部分」共有十九分冊獲評為「處理科目的

核心課程內容恰當」，五分冊獲評為「處理科目的核心課程內容大致恰當」。事實上，「選修部分」各分冊均以單一單元獨立成冊，它們的內容只關涉相關的獨立主題。試問它們如何能夠恰當或大致恰當地「處理科目的核心課程」呢？〈適用書目表〉的評語着實令人摸不着頭腦。

四套送審的高中「中國歷史科」教科書中，《新探索中國史》與《高中中國歷史新視點》的「選修部分」單元二「地域與資源運用」均同時被評為「概念清晰，引用資料及數據適切」與「內容編排及概念發展尚算恰當和合理」。[16] 這證明兩者均達不到「內容編排及概念發展恰當和合理」的要求。試想：一冊內容編排達不到「恰當和合理」水平的教科書，是否真能「引用資料及數據適切」呢？一冊「概念發展」達不到「恰當和合理」水平的教科書，是否真的「概念清晰」呢？個中的矛盾，不言而喻。

由於教育當局從未公佈教科書的具體評審準則，評審者如何評定送審的教科書是「大致切合課程指引的宗旨及目標」還是「切合課程指引的宗旨及目標」，是「處理科目的核心課程內容大致恰當」還是「處理科目的核心課程內容恰當」，是「概念大致清晰，引用資料及數據尚算適切」還是「概念清晰，引用資料及數據適切」，是「學習活動大致適切，尚能達成學習目標」還是「學習活動適切，能達成學習目標」呢？這些「大致」、「尚能」、「尚算」的釐定準則是什麼？是否送審的教科書達不到相關評審項目的要求便會被給予「大致」、「尚能」、「尚算」等評語呢？這些都是教科書出版商與使用者心中的疑團，教育當局豈能一直不敢切實解答呢？

論者嘗指出香港教育局從沒公開列明教科書評審程序的細節。[17] 出版商將擬出版的教科書送審後，當局除將該書送相關科目高級課程主任與課程主任領導的教科書評審小組處理外，便是由該小組邀請兩位教師以匿名方式就每冊教科書進行義務評審，然後向該小組遞交報告。該小組參考各報告後，為出版商訂出修訂的要求與建議，並同時決定是否將相關的送審教科書列入〈適用書目表〉。[18] 由於教育當局從未將匿名教科書評審者的學歷與資歷要求公開列明，亦從未公佈被邀者

---

16 參看〈適用書目表：新高中中文課本及學習材料〉。

17 參看霍秉坤等：〈香港課本編選機制：教育局的角色〉，頁 39。

18 參看《課本發展及電子學習資源專責小組報告》，頁 16；霍秉坤等：〈香港課本編選機制：教育局的角色〉，頁 51-53。

的甄選準則；外界早已對他們的能力提出質疑。教育當局處理「中國歷史科」教科書的評審時，相信亦無法避免遇上相類的難題。萬一送審的教科書被要求作編寫者與出版商不盡同意的修改時，他們便可能會想方設法陽奉陰違、蒙混過關。這在教育當局監管乏力、甚或無意嚴加監管下，市面上發售的教科書不時被發現形形色色的錯誤確實絕非意外。因此，只知高呼「思考怎樣優化中史教學」的教育局相關人員若能身體力行，利用評審教科書的機制，着實提升教科書的質素，則「優化中史教學」或許不致徒具空言。

冰山一角：教科書的失誤

「歷史」是一門重視認識、理解、分析與運用資料的學科，「中國歷史科」自亦不應例外。當前高中「中國歷史科」的課程設計正可反映個中特點。香港課程發展議會與香港考試及評核局於 2007 年頒佈的《中國歷史課程及評估指引（中四至中六）》便列出此課程的一項「課程宗旨」是讓學生能夠：

> 整理、綜合及分析相關的歷史資料，運用歷史探究的方法，提升個人思辨及評價史事的能力。[19]

此課程的一項預期「學習成果」是讓學生能夠：

> 掌握理解、分析歷史資料及闡述歷史問題的能力，並能運用歷史資料及有關論述表達自己的觀點，從而建構歷史知識與概念。[20]

由於任何歷史事件的理解與分析都需建基於資料，而資料是否正確又直接影響使用者的判斷；是以相關教科書的編寫者一旦掉以輕心，錯誤便可能禍延後代。論者雖嘗指出當今高中「中國歷史科」教科書的一二失誤，[21] 可是全面揭示當中各式未能盡如人意處的論著仍付之闕如。本文雖未能全面檢出此四套高中「中國歷

19《中國歷史課程及評估指引（中四至中六）》，頁 2。

20 同上註，頁 4。

21 參看許振興：〈論 21 世紀香港的中國歷史教育〉，鮑紹霖等主編：《第二屆廿一世紀華人地區歷史教育論文集》（香港：中華書局，2012 年 12 月），頁 164-169。

科」教科書的可供商榷處，卻願條列翻檢各書「選修部分」單元四「制度與政治演變」課題二「兵制與國勢強弱」的一、二「發現」，藉以管窺 21 世紀香港高中「中國歷史科」教科書的實況。

一、內容不符課題要求

根據《中國歷史課程及評估指引（中四至中六）》的「課程內容」介紹，「兵制與國勢強弱」的「學習要點」為「概論」部分的「兵制發展的特色 ── 徵兵制與募兵制的取捨」與「專論」部分的「唐、明兩代徵兵制與國勢強弱的關係」。「專論」部分包括兩大主題：「兵制與田制發展的關係」與「兵制與國勢強弱的關係」。該指引的相關「說明」為：

> 中國歷來內憂外患不絕，軍隊便成了官民保家衛國的依靠。兵制的確立目的在於為統治者提供具戰鬥力的制度化軍隊。自秦以來，軍隊士兵的來源主要不出徵兵與募兵兩種途徑。唐、明兩代建國者分別確立以徵兵為集兵方式的府兵制與衛所制，無疑是繼承了前代兵制的發展、配合當時政治、社會的需要發展而來。兵以農為主的事實充分突顯兵制與田制發展間牽此動彼的密切關係，而兵制推行的成敗尤關涉國勢的強弱與生民的休戚。[22]

「概論」部分的重點無疑當在闡釋「兵制發展的特色」時着意於探討「徵兵制與募兵制的取捨」。檢視已獲教育局可列於〈適用書目表〉的四套高中「中國歷史科」教科書，它們的「選修部分」單元四「制度與政治演變」分冊都被評為「切合課程指引的宗旨及目標」與「處理科目的核心課程內容恰當」。[23] 它們為「概論」部分「兵制發展的特色 ── 徵兵制與募兵制的取捨」訂立的章節為：

22《中國歷史課程及評估指引（中四至中六）》，頁 29。

23 參看〈適用書目表：新高中中文課本及學習材料〉。

《新視野中國歷史》	《新探索中國史》	《高中中國歷史新視點》	《高中中國歷史》
1. 中國兵役制度的基本形式 —— 徵兵制與募兵制	第一節 歷代兵制沿革 —— 徵兵制與募兵制的交替轉變	第一節　秦漢兵制	第 1 章 概論：徵兵制與募兵制概述
1.1 徵兵制度	1. 先秦的兵制	1.1 兵制的重要性	一 徵兵制
1.2 募兵制度	1.1 夏、商、西周的兵制	1.2 秦朝兵制	二 募兵制
2. 徵兵制與募兵制取捨的因素	1.2 春秋時期的兵制	1.3 兩漢兵制	三 影響兵制選擇的因素
2.1 政治因素	1.3 戰國時期出現徵兵制	1.3.1 西漢徵兵制	
2.2 經濟因素	2. 秦、漢的兵制	1.3.2 秦漢徵兵制的得失	
2.3 戰爭因素	2.1 秦朝的徵兵制	1.3.3 兩漢募兵制	第 2 章 概論：兵制發展的特色 —— 徵兵制與募兵制的取捨
3. 歷代兵制發展的概況	2.2 西漢的徵兵制	1.3.4 東漢募兵制的得失	
3.1 秦漢 —— 由徵兵制到募兵制	2.3 東漢募兵制取代徵兵制	第二節　魏晉南北朝至唐代兵制	第 1 節 秦代的徵兵制
3.2 三國兩晉南北朝 —— 由世兵制到府兵制	3. 魏晉南北朝的兵制	2.1 東漢末年至隋朝的兵制發展	第 2 節 漢代的徵兵制與募兵制
	3.1 三國時期的兵制	2.2 唐代的府兵制	
3.3 隋唐五代 —— 由府兵制到募兵制	3.2 兩晉時期的兵制	2.2.1 府兵制的內容	第 3 節 魏晉南北朝的世兵制
3.4 宋代 —— 募兵制為主流	3.3 南北朝時期的兵制	2.2.2 府兵制破壞的原因	第 4 節 北魏的兵制與西魏北周的府兵制
	4. 隋、唐的兵制	2.3 唐代募兵制	
3.5 蒙元 —— 由徵兵制到軍戶制	4.1 隋朝的府兵制	第三節　宋代兵制	第 5 節 隋代的府兵制
3.6 明代 —— 創設衛所制及兼行募兵制	4.2 唐初的府兵制	3.1 宋代募兵制的內容	
	4.3 唐中葉以後的募兵制	3.2 宋代募兵制的流弊	第 6 節 唐代的府兵制與募兵制
3.7 清代 —— 由八旗兵到新軍	5. 宋、元的兵制	第四節　明代兵制	
	5.1 宋朝的募兵制	4.1 明代衛所制	第 7 節 宋代的募兵制
	5.2 蒙元的部族兵制和軍戶制	4.1.1 衛所制的內容	
	6. 明、清的兵制	4.1.2 衛所制破壞的原因	第 8 節 元代的族兵制與軍戶制
	6.1 明初的衛所制	4.2 明代募兵制	
	6.2 明代後期的募兵制		第 9 節 明代的衛所制及募兵制
	6.3 清代的八旗兵制		
	6.4 清代的綠營兵制		第 10 節 清代的八旗制及其他
	第二節 徵兵制與募兵制的優劣		
	1. 徵兵制的優點		
	1.1 徵兵範圍廣，兵源有保障		
	1.2 兵農合一，國家無需養兵		
	1.3 無割據專擅之弊，有利國家統一		
	2. 徵兵制的缺點		
	2.1 普遍徵集，具有一定的強制性		
	2.2 兵源分散，難以迅速集結		
	2.3 不利專業化，影響戰鬥力		
	3. 募兵制的優點		
	3.1 兵由國養，具有自願性		
	3.2 有利專業水平提高，增強戰鬥力		
	3.3 分佈集中，便於迅速集結		
	4. 募兵制的缺點		
	4.1 供給缺少保障，增加財政負擔		
	4.2 兵權分散，導致割據力量形成		

各書均偏重逐一介紹歷代的兵制，只有《新視野中國歷史》的編寫者真能抓着「兵制發展」的方向撰寫個中特色；而各書論析「徵兵制與募兵制的取捨」的篇幅幾付闕如。《新視野中國歷史》雖然闢有專節介紹「徵兵制與募兵制取捨的因素」、《高中中國歷史》亦立有專節解說「影響兵制選擇的因素」、《新探索中國史》更特撰專節探討「徵兵制與募兵制的優劣」；可惜三者都不是針對歷代如何就徵兵制與募兵制作取捨着墨，是以教科書的內容明顯跟課題不盡相符。

二、內容不符歷史事實

各教科書在處理「專論」部分「兵制與國勢強弱的關係」時，都會着力唐初府兵的戰鬥力，認為唐初國勢強盛緣於府兵制的推行。《新探索中國史》稱：[24]

> **5.4 府兵制利於防止外來侵略**　唐代初年推行府兵制，軍隊質素甚高，作戰能力強大，能起着防禦外來侵略的作用。太宗用兵突厥、高麗，也是調動府兵作為中堅的軍事力量。府兵在戰爭中表現出極強的戰鬥力，基本上保障了邊境的安定，促進唐朝國威的鼎盛，太宗因而被各族尊稱為「天可汗」。

《高中中國歷史》亦稱：[25]

> **(2) 府兵在對外戰爭的貢獻**　初唐的府兵戰鬥力強，所以他們在大小戰役中立下了不少戰功。例如唐太宗派李靖、李勣等主動出擊東突厥以絕邊境大患，李靖以二百名由府兵組成的騎兵突襲頡利可汗軍帳而致勝⑧。此後，唐相繼降服北方和西域諸族，府兵在戰事中也同樣扮演重要角色。

24《新探索中國史》，「選修部分」單元四「制度與政治演變」，頁106。
25《高中中國歷史》，「選修部分」單元四「制度與政治演變」，頁120。

這都是片面誇大了府兵的功勞。其實，陳寅恪（1890-1969）早在1957年發表的〈論唐代之蕃將與府兵〉指出：

> 唐之開國其兵力本兼府兵、蕃將兩類，世人習見唐承西魏北周隋代之後，太宗武功又照耀千古，遂誤認太宗之用兵其主力所在，實為府兵，此大謬不然者也。[26]

他的解說為：

> 蓋府兵之制，更番宿衛，故稱為「衛士」也。由此可知武德之世，即李唐開國之時代，其府兵實「不堪攻戰」也。然則此時期太宗頻年用兵，內安外攘。高宗繼之，武功之盛，照耀史乘。其所用之兵，主力部分必非「不堪攻戰」之府兵。既非府兵，其主力果為何種兵耶？治史者習知唐代蕃將關係重要，故《新唐書》特為蕃將立一專傳。[27]

蕃將才是唐初揚威域外的主要兵力來源。半世紀前史學權威的論著，教科書編寫者竟可視若無睹，評審者又可置若罔聞，教育局負責教科書評審的「中國歷史科」高級課程主任更似從未知曉。這難道不是教科書使用者應感到心寒的時候嗎？

三、內容既不符課題要求、亦不符歷史事實

各教科書敍述唐代兵制時都重點闡析唐初的府兵制，再論述唐玄宗（李隆基，685-762，712-756在位）在府兵制日益破壞後，才被迫改行募兵制。當中除《高中中國歷史》曾在介紹「開元前的募兵制」時交代「兵募」與「團結兵」外，[28] 其餘教科書或會略談此後的神策軍、藩鎮軍隊等。但各編寫者都忽略明確指出唐朝建國後除設置徵兵制的府兵外，還經常以「兵募」征戰，故實際上是採用徵兵制與募兵制並行的政策。這重要的訊息實有助學生思考「徵兵制與募兵制的取捨」。可惜編寫者大多誤以為唐代的兵制只是單線式由徵兵制發展為募兵制。

---

26 陳寅恪：〈論唐代之蕃將與府兵〉，《中山大學學報（社會科學版）》，1957年第1期（1957年3月），頁163。

27 同上註。

28 參看《高中中國歷史》，「選修部分」單元四「制度與政治演變」，頁86-87。

教科書評審者與相關的高級課程主任、課程主任未能及時糾正，又是否有失職之嫌呢？

結語

　　教科書的編寫不是什麼經國大業，卻影響着萬千學子，是以從事者絕不應掉以輕心。教科書的評審不是什麼濟世善舉，卻關係着一眾師生，是以擔任者總不該敷衍從事。香港踏進 21 世紀已十多年，「中國歷史科」的發展不進反退，主事者只懂以「零和遊戲」推卸推行不力的責任、只懂以「思考怎樣優化中史教學」廻避執行「優化中史教學」的職務。這難怪高中「中國歷史科」教科書的質素不如人意，而教育當局的評審又淪為具文。考評局年年批評考生水準低落，難道教育當局沒有為教科書的質素好好把關不是一大罪魁嗎？因此，教育當局若真有意為「優化中史教學」做實事，改善「中國歷史科」教科書的質素應是首要任務。

教育與承傳：中史教科書與公開考試

梁操雅

時信出版（香港）有限公司

引言：公開考試主導學習

　　香港的中學教育，向由公開考試主導，這可由戰後說起，完成中學階段的香港中學會考（HK Certificate of Education Examination）一直由教育當局舉辦，[1] 直至 1977 年考試局成立接辦至 2011 年為止。除中學會考外，香港大學及於 1960 年代成立的香港中文大學均各自舉辦大學入學試，直至 1979 及 1980 年分別由考試局接辦，易名為高等程度會考（HK Higher Level Examination）及高級程度會考（HK Advanced Level Examination）。[2] 這兩個預科會考雖云乃資格考試，它們的評核主要用以甄別考生，旨於為學術機構選拔人才入學。本港高中學生面對的最大困難，就是需要在兩年內應付兩個公開試，這導致中五和中六或中七的學生疲於奔命。

　　本港高中學生的學習，既由公開試主導，傳統上，老師都以課程及教科書劃定教學內容，公開試的要求便成教與學的主要動力及目標，教學時間集中在傳授知識，尤其傾向於考試應考範圍的內容。有人認為公開考試令學生傾注於尋找標準答案的技巧，不求自我發揮，缺乏了明辨性思考，也缺乏解難能力。學生內在的學習動力漸漸被外在的考試動力取代。[3] 不少學生對公開試試題以外的教學不感興趣，基本上由公開考試帶動課程，教師或會不考不教，學生則不考不學。

1　1865 年，教育司署成立，專責教育事務；至 1980 年，政府將教育司署分為隸屬布政司署之政策科（「科」）及負責執行及落實政策的「署」，改組為教育科及教育署，2007 年合併為教育局。

2　1980 年香港高等程度會考的考生人數達 21,000。其後中大推出「中六暫取生」措施，二年制預科成為入讀中大的另一主要途徑，高等程度會考的考生人數隨之減少。1980 年代後期，香港政府認為有需要統一香港的大學學制，強迫中大轉行三年制，其後推出大學聯合招生辦法（JUPAS），只承認香港高級程度會考的成績，香港高等程度會考停辦，最後一屆考試在 1992 年舉行。

3　連文嘗、黃顯華：《教育改革的核心問題：學習的性質 —— 從主流小學到國際小學》（香港：香港中文大學香港教育研究所，1999），教育政策研討系列之 26。

教科書的功能：授業？應考？

在香港的教育系統而言，教科書，或稱課本一直都是不可或缺的部分，特別是在平日課堂學習方面，教育局對課本，或稱教科書的，有以下的釋義：

> 學生可以在不同環境，透過不同途徑學習。因此，學習並不局限於課本或課堂上，更包括各種學習材料和學習經歷。不過，儘管課本並不是獲得知識的唯一途徑，它對學生的學習仍然十分重要，因為課本不單是教師授課的教材，也是學生預習或溫習的自學材料。[4]

教科書[5]是指專門為學校教學所出版的書籍，它可說是教師教學活動的主要資源，是教師賴以教學及實施評量的主要媒介或重要依據，也是學生獲得知識的主要來源，它負有傳遞知識與社會價值的任務，在內容編排上既要符合教育思想，配合社會發展，更須適應學生的需要，因此在教學中佔有十分重要的地位。[6]

馮以浤、陳建英曾說：

> 求知過程中，除教師的講授外，教科書對學生的認知亦起了關鍵性的作用。……不但可以提高學生的學習興趣，並且可以加強他們對課程內容的了解。[7]

4　優質課本基本原則（2014 年），載於香港特別行政區教育局網頁，http://www.edb.gov.hk/tc/curriculum-development/resource-support/textbook-info/GuidingPrinciples/index.html

5　「教科書」或「課本」即是學校指定經最官方的讀本書籍，它根據中央課程內容編寫，通常在小學及中學低年級，學生只要熟讀教科書內容，便可以應付測驗及考試。教科書也是教師重要的教學工具，美國有 90% 以上的老師，在 90% 的教學時間中，都是運用教科書來實施教學；見 https://zh.wikipedia.org/wiki/%E6%95%99%E7%A7%91%E6%9B%B8，瀏覽日期：2015 年 8 月 19 日。而霍秉坤等亦嘗為教科書及課本釋義，指出兩者均源自英文的 textbook，textbook 可譯作「教科書」或「課本」。教育局談及學校採納的教學用書時，多稱為課本；而且，清楚說明兩者為共通詞（教育局課本委員會，2007；教育局，2009b）。課本專指經教育局審定的教學用書，但不包括課外習作、課外參考書籍、課外讀物等書本。霍等論主要使用課本一詞。然而，若引用學者著作或討論該些文獻，仍會沿用教科書一詞。至於香港，學界沒有清楚劃分兩名詞。

6　藍順德：〈教科書開放政策的演變與未來發展趨勢〉，《國立編譯館館刊》，2003 年，第 31 期，頁 2-25；吳俊憲：〈國中社會領域教科書發展之理念、困境與因應途徑〉，《課程與教學季刊》，2003 年，第 6（1）期，頁 73-94。；黃顯華、霍秉坤：《尋找課程理論和教科書設計的理論基礎》（北京：人民教育出版社，2002）。

7　馮以浤、陳建英：〈香港高中教科書的質素：教師的評價〉，《香港中文大學教育學報》，1984 年，第 12（2）期，頁 24-30。

黃笑冰、黃顯華亦言：

> 在教學上，教科書是教師教學和學生學習的重要媒介，是組織課堂學習的
> 重要部分，……在學生學習的過程中，教科書和教師講授成為了加強學生
> 認知的關鍵。[8]

而本港教育當局亦實行一套審書機制：

> 教育局有一套嚴謹的審書機制。所有送審的課本，評審會遵照教育局所訂
> 定的「優質課本基本原則」、課程發展議會編訂的相關科目課程指引及相
> 關科目的編纂指引作為評審標準。每套課本均由兩位非教育局的外部評審
> 員及一位教育局專科課程發展主任分別作出評審。課本的最終評級是根據
> 各評審員的評級及意見，作出詳細分析後綜合訂出。在一般情況下，課本
> 評審需時約三個月完成。[9]

若評審報告屬正面，課本委員會便把課本列入「適用書目表」內；出版商可在該
有關課本加上「已列入適用書目表」的蓋印標誌，一般教師視課本具質素保證[10]，
都會從表單內選取合適的教科書[11]。

　　基本上，教科書乃教學的參考，學生的重要學習材料，在教學的場所及歷程
中除了教科書，還包含作業單、教學指引、教學活動、教具、媒體、實驗儀器、
補充材料和延伸閱讀等其他的學習材料。不過，教科書的角色是否為教師授課教
學的最重要，或是唯一來源？還是視為教學的其中重要參考用書？

　　學生到學校既是為了「讀書」，教科書自然成為人們心目中學生學習過程中

8　黃笑冰：〈淺探香港教科書角色的轉變，全球教育展望〉，2010年，第四期（總第273期），頁
　　37-40，內文亦轉引黃顯華：〈香港地區教科書選用制度〉，《教科書制度研討會資料集》，2000
　　年，頁23-41。

9　沙田區議會教育及福利委員會政府部門／有關機構就上次會議所議事項的回覆2011年6月28
　　日討論文件（文件EW 21/2011），載於 http://www.districtcouncils.gov.hk/archive/st_d/pdf/ewc/2011/
　　ST_EWC_2011_021_TC.pdf，2015年8月20日瀏覽，此段文字較教育局原來文字來得簡潔，
　　故從此說。

10　參考霍秉坤、葉慧虹、黃顯華：〈香港課本編選機制：教育局的角色〉，《教科書研究》，2010
　　年，第三卷，第二期），頁27-62，引述林智中：〈香港教科書政策的理念和實踐〉，載《教科書
　　研究》，2008年，第1（2）期，頁29-44。

11　黃笑冰：〈淺探香港教科書角色的轉變〉，《全球教育展望》，2010年，第四期（總第273期），
　　頁37-40。

不可或缺的東西。而且，傳統學習觀念是學生讀書，而在香港，高中學生既以公開考試為主導，為了確保考試順行通過，教科書自然也成為學生準備考試的其中必須品。

教科書與公開考試：以中國歷史科為例

中國歷史科（簡稱「中史」），是中學認識和了解中國的過去，孕育個人的民族感情的科目。戰後初期，英中沒有中史科的設立，它併在中文課堂上學習。1950 年，英中會考初設中國文學及歷史科，中史仍未獨立成科；中中方面 1952 年設高中會考，中史課程屬歷史科的其中部分。迨 1965 及 1967 年，中史先後在英中及中中會考獨立成科，而英中、中中會考在 1974 年合併，中史才制定其考試模式為兩卷，卷一為問答題，卷二為短試題，此卷 1976 年及以後改為多項選擇題。[12]

1950-60 年代的高中教科書，編排組織均緊貼當時的課程。教科書向有它的價值，它扼要地概括了公開考試的範圍，方便教師教學，學生亦相對容易吸收，由此反映公開試的要求乃教與學的主要動力及目標。教師向以教科書為教學的基礎材料，內容的編撰基本上均按教署及考試局的要求訂定，且須經審查通過。一般而言，教科書多集中於知識的層面，尤其傾向集中編寫與考試範圍有關的課題，內附練習多類近考題形式。

當時的課程悉以公開考試的規則與大綱為準，例如 1958 年英中會考有出版 *HK School Certificate Examination, Regulations and Syllabuses for 1958*。書內有〈香港英文中學會考中國歷史課程標準〉，內列考試要點，該年所考範圍列明「1958 年會考自宋代起至清末（1911）止。」[13]

該年會考所出的題目，見諸 1958 年中國語文及歷史科（Chinese Literature & History）的第二部分──中國歷史，共命四題，擇答三題，舉例來說，第 10 題問：

---

12 參考龐朗華：〈四十年來香港中學的中國歷史科課程〉，香港中文大學碩士論文，1988 年，頁 68–75。

13 見 *HK School Certificate Examination, Regulations and Syllabuses for 1958*, printed for the HK School Certificate Syndicate, by Ye Olde Printerie, Limited, 6 Duddell Street, Hong Kong, 1958, 頁 15

宋太祖鑑於唐末以來藩鎮和禁軍跋扈，遂實行中央集權政策，其辦法如
何？其流弊又如何？

當時的中史教科書，龐朗華據余鑑明稱本港可能沒有出版，反而多採用以前國民
政府在內地編訂的課本 [14]，但其實是有的，只是現時尚能參閱者已不多，一般而
言，以友聯出版社出版，錢清廉編著 [15]，以及現代出版社出版，黃福鑾編著的較
為受歡迎。觀諸錢書，有關上問要求的，書內納入第一章第一節「宋的統一」文
內，即從頁 3 至頁 6（見附件一），共三頁，惟編排非按考題題義，須稍作組織
及安排。而課後只有「問題」欄項，整個章節只有 5 題，第 1 及 2 題與會考所問
有關：

宋太祖黃袍加身的故事是怎樣的？這故事是什麼意義？
宋初為什麼實行中央集權？怎樣實行這種政策？

惟並沒有如相類於上述會考考題題型的練習。

錢書凡例，清楚闡明乃：

專為供備中等學校（包括中文中學和英文中學）中國歷史教學之用，
根據四種標準編輯：
中等學校，包括中文中學和英文中學（Anglo-Chinese Secondary
Schools）的中國史現行課程標準；
中文中學畢業會考的中國史課程標準；
大學入學試（包括香港大學）的中國史標準；
傳統的中國史課程綱要。

可見它出版的目的其中重要元素便是考試。會考委員會每年試後就着各科分別撰
寫考試報告，內含下面的資料：

14　見龐朗華：〈從比較角度看戰後香港中國歷史科的轉變〉，第七章：香港中學會考中國歷史教科
　　書之編排與轉變，香港中文大學碩士論文，1988 年，頁 150，該文採余鑑明：〈香港教育出版業
　　概況 —— 回顧、現況與問題探討〉，載於《香港教育出版商會十周年紀念特刊》，1986 年；龐
　　文又言當時港大入學試 1949 年的普通程度考試中文卷內的中史課程建議採用金兆梓編輯《新中
　　華初級本國歷史》為教科書。

15　錢書屬卅二開本，內文直排，全屬單色，內文後只有相類考題的練習題若干。

● 與考人數： 3094
● 及格： 2472 及格；249 良好；57 優異（總 2778）
● 及格率： 89.6%[16]

另提及考生答卷，報告中指出：

The standard of attainment was satisfactory and showed a slight improvement on last year's standard. The usual faults were, however, found in several papers, namely over-reliance upon textbooks or teachers' notes, inaccuracy and carelessness.[17]

More attention should be given to the implication of historical events.[18]

已概括考生過分倚賴教科書等不足之處，反過來説，當時的教科書已具備為學生準備應試香港中學會考的功能。

換一個角度，從當時的學生層面看，他們對教科書的看法又如何：

In the 1950s I studied in La Salle College. At that time teachers taught according to the textbook. There was no emphasis on interpretation of historical events. We recited the textbook which covered more than 3000 years of dynastic history. The aim was to help us get good results in the public examination.

中國語文及歷史科考生人數的增長幅度頗大，從 1958 年的 3094，至 1964 年，即獨立成科前，已增長至 7790，不及 10 年已倍增。至 1967 年，本科考生人數已數逾 15000。

1970 年代或以前的中史教科書，書內多為文字，輔助的學習材料很少，主要為地圖及帝系表[19]，以幫助説明課題的內容及朝代間帝主的遞嬗，其他欠奉，偶

16 見 *Annual Report, HK Certificate of Education Examination 1958, Board of Control,* 頁 8。

17 見 Flora L.F. Kan. *HK's Chinese History Curriculum from 1945 – Politics & Identity*（HongKong: HongKong University Press, 2007），頁 64。

18 見 *Annual Report, HK Certificate of Education Examination 1958, Board of Control,* 頁 8。

19 中史教科書向多附歷代帝系表，後期中學會考試卷亦附帝系表供考生參考，免他們死記硬背有關年份。

爾或有黑白照片或畫像一、二。反而教科書於每章節後多會有課後習作,以幫助學生了解課文和鞏固所學,當然,離不開的原因乃為學生準備考試用。例如:現代出版社黃福鑾編著的《中國歷史》60年代版稱「討論問題」,70年代版的改稱「問題」[20],這些問題設問較為簡單,有如上文所述,亦不完全與會考要求者同:

- 秦統一中國後,其所建立的政治制度有何特色?
- 嬴秦向以暴稱,其故安在?
- 試繪圖說明秦代之疆域。
- 分析秦之速亡;以及楚、漢爭衡成敗得失之所在。

大致來說,這時期的中史教科書,編著者多為學者,多為時用的廠為現代教育研究社出版,黃福鑾編著的《中國歷史》,以及齡記出版社出版,陳翊湛編著的《新編中國史》,二者均跨越60-70年代。

1980年代,為香港中學發展的高峰期,這段時期中學各科的中學會考考生人數均為最高者,1985年香港中學會考中史科人數數達63438,為歷年之冠。[21]這時期的教科書較前有很大的改變,不少改以16開本彩色編印,印刷精美,且地圖、實物插圖、圖表等配套資料數量亦較前為多,此亦反映教學策略及其要求與前有着顯著的不同。龐朗華曾就此方面進行探究,他以當時本港較為流行的兩套中學會考中史科教科書為例,兩者為人人書局有限公司出版,孫國棟等編著的《中國歷史》(第四、五、六冊);以及現代教育研究社出版,黃福鑾等編著的《會考版中國歷史》(第一、二、三冊)作比較:

---

20 見龐朗華:〈從比較角度看戰後香港中國歷史科的轉變〉,第七章:香港中學會考中國歷史教科書之編排與轉變,香港中文大學碩士論文,1988年,頁150。

21 見《香港中學會考年報》,1985,〈考生成績統計表〉,當年考生人數較諸生物、物理等科還要多。

	現代教育研究社（黃福鑾）	人人書局（孫國棟）
冊數和總頁史	3 冊；617 頁	3 冊；701 頁
字數	35 萬字	45 萬字
地圖	101	117
實物圖片或繪圖	62	53
彩圖	76	176
畫像	14	5
表	27	40
合計	280	391

　　由此可知中史教科書較諸 50-70 年代時的已有着踵事增華的改變。至於習作方面，仍是以問答題為主，但是形式已有所不同：

● 隋朝末年，群雄起義，而李淵終能掃平群雄，統一天下。其成功因素何在？
● 簡答下列三項：
　(1) 玄武門之變
　(2) 開元之治的政績
　(3) 甘露之變的背景與經過
● 繪畫隋代建設圖一幅。

設問相對較以前為多元化，其實，這亦是隨着中學會考試題的改變而作出調適，只不過會考的簡答多跨課題而已。

　　綜合而言，80 年代的教科書，較諸前一、二十年者而言，最重要的是印刷顯著較前精美，彩色圖照較前為多，改用橫排印刷，且大量使用圖片輔助，以提升學生的學習成效。但是，最重要的，還是受會考課程的影響，教科書的編著者悉依照中學會考中史科課程綱要，一切增潤刪減，皆須符合會考的要求。例如自 1974 年會考試題共附地圖，考查學生的歷史地理知識，新的教科書課後習作便

有繪圖的練習，緊貼考試所需。²²

　　無論是 50 年代，抑或是 80 年代，以至今日出版的教科書均有編輯要旨欄目，內列著書的動機及如何使用該書，而不約而同地，所有出版的教科書均「依照香港教育司署頒佈的中學會考中國歷史課程綱要」編撰。

　　1960 年現代教育研究社出版，黃福鑾編著的中國歷史在書中的編輯大意內便有列明：

　　　　一. 本書依照香港教育司署頒佈之中學會考歷史課程綱要編撰。²³

換言之，它是緊貼當時中中會考歷史科的課程而寫的。至於 1958 年友聯出版社出版，錢清廉編著的中國歷史，其編輯要旨除如上文所述，根據四種標準編輯外，另段清楚註明「對於五年制中學（如香港的英文中學）中國史教學也同樣適用，為了這類中學教學便行起見，全書亦有分為十冊的訂裝本，每冊可供半學年講授。在教學時教師可以根據中國史課程綱要、教學時間、學生程度和需要，在五年中講授完畢。」可見錢書涵蓋範圍之廣。

　　另外齡記出版社出版，陳翊湛編著的中學適用新編中國史內之編輯大要，內列有兩點，點一一仍舊貫，「為遵照香港教育司署頒佈之五年制英文中學中國歷史課程綱要暨五年制中文中學中國歷史科課程綱要，並根據新頒之 1965 年英文中學會考課程綱要編撰而成。」惟點二指出該書的撰述，分為兩組：第一組共分八冊，由第一年級至第四年級適用，……至第九、十兩冊，為便於複習應考起見，只以會考範圍為依歸，一切無關宏旨之細節，概予重略。」²⁴ 從此可窺見陳書如何緊貼考評的需要。就算是 80 年代末香港教育圖書公司出版的中史教科書，書內編輯說明部分有言：「本書按照香港考試局最新頒佈的中國歷史科會考課程綱要編寫，專供中學四、五年級教學及應試之用。……」點出成書原委。

　　即使至 2000 定年以後，新高中編撰中史教科書的出版社例如香港教育圖書公司，現代教育研究社、齡記出版有限公司，以及文達名創教育等均在教科書的編輯要旨內（通常在第一點）清楚列明：

22　見龐朗華：〈從比較角度看戰後香港中國歷史科的轉變〉，第七章：香港中學會考中國歷史教科書之編排與轉變，香港中文大學碩士論文，1988 年，頁 163。
23　黃福鑾：《中國歷史（第一冊）》（香港：現代教育研究社，1960），內首頁。
24　陳翊湛：《新編中國史（第七冊）》（香港：齡記出版公司，1965），內首頁。

本書按照 2007 年香港課程發展議會與香港考試及評核局聯合編訂的《中國歷史課程及評估指引（中四至中六）》「必修部分」（「歷代發展」部分）編寫而成。[25]

當然，成為有認受性教科書其中一個條件是把初稿在出版前送往教育當局審訂。香港教育署課程發展委員會頒佈的《中國歷史課程綱要》，在教學目的、教學內容、教學組織以及教學方法等方面，作了原則性的規定，作為編撰中學歷史教科書的指南。出版機構根據這個《綱要》和香港考試局制訂的《中學會考規則及課程》的範圍進行編寫。現時負責這項工作的是課程發展處，他們會就不同的項目如「內容涵蓋範圍」、「處理方式」、「內容的客觀性」、「組織編排」、「學與教」、「學習活動」、「語文」、「編印設計」等各方面予以評審，並給予出版公司評審報告，只有能達致他們的要求者才可放於適用書目表內。

作為及格而稱職的教科書，毫無疑問應該符合上述諸項的要求，但是，從上述各項要求看來，卻獨是沒有「考評」或「評估」這些課程實踐（curriculum implementation）元素在內，但是出版社又往往在其出版物的編輯要旨欄目內強調其所編著的教科書乃緊貼公開考試的要求，換言之，有着很強的考評元素在內。

出版社一般很重視教育當局對教科書的要求：

Publishers followed the examination syllabuses closely to ensure that their textbooks would pass the official review, their safest option being to adopt a conservative approach. Textbook writers therefore adhered to traditional. Orthodox views and Han-centred interpretations of history, for commercial as well as political and historiographical reasons.[26]

這段描述很切合至 1980 年代中史科教科書的情況。

即使內地學者，對本港高中中史教科書的評價，亦認為乃是會考模式的表現：

香港的歷史課本是香港中學會考模式的表現，但其課程設計目前仍然偏重學術取向，課題以歷史概念為中心，歷史學科的知識性和專業性較強，關注學生的學習興趣、能力培養和意識發展。…… 練習——參考最新的會

25 杜振醉等：《新視野中國歷史（第一冊）》（香港：香港教育圖書公司，2009），內首頁。

26 見 Flora L.F. Kan. *HK's Chinese History Curriculum from 1945 – Politics & Identity*（HongKong: HongKong University Press, 2007），頁 76。

考形式，設計若干練習，並附有各題所佔的參考分數（每題現合計為21分，另外安排表達方面佔4分，共計25分），既鞏固所學，又能熟習考試模式。[27]

香港中學歷史課本的結構比較新穎，如前幾年出版的《會考中國歷史（上下冊）》，課本在每一節課文前設有基礎知識、學習重點、課前測試三個欄目；課文後設有問題示範、應試訓練、史事研討三個欄目。前者在於啟發學生思考，並使他們對課文的重點有較深刻的印象。後者是為了應付會考，亦可作課堂討論和課後練習之用。[28]

香港教育圖書公司分別於 **1996** 年和 **2004** 年出版的，中學會考合用的《會考中國歷史》及《新理念中國歷史》，書內均有與公開考試有關的欄目[29]，此可見編撰教科書其中的主要目的實在離不開公開考試這元素。

教參？天書？中史的另類教科書

值得一提的還有於教科書以外，尚有一類水平與教科書相若，甚或稍高的參考教材，它們可能是「天書」的性質，亦可能較為靠近專上用書。此類參考資料通常成為學生中史科的第二學習材料。**1975** 年香港人人書局有限公司出版，李士元編著的《國史類編》；**1993** 年齡記出版有限公司出版，南溟子編的《中國歷史問題詳解》；以及 **1980** 年代波文出版，杜振醉編著的《國史述要》當屬其中的佼佼者，李書的編輯大意稱「本書依據香港中學會考委員會公佈 **1975** 年度中學中國歷史科會考課程綱要編撰，……適合中學四、五年級選用為中史科教材，亦可作為複習參考之用。」[30]可見其出版的旨要乃在於幫助學生應付會考。杜書涵蓋用家的範圍較闊，它在出版說明中提及：

27 范何勇：〈香港和內地高中中國史教材比較研究淺析〉，《渝西學院學報》，社會科學版，2003年3月，第2卷第1期，頁95-99。

28 熊守清：〈香港與內地歷史教科書的比較〉，《中學歷史教學參考》，2000年04期，頁7-10。

29 香港教育圖書公司兩套高中中國歷史教科書內附與公開考試有關的欄目分別名為「應試訓練」及「會考訓練」，其中2004年出版的《新理念中國歷史》，書中的凡例中指出「此乃按照最新制定的考試模式擬訂題目，並加設評估能力點（理解／分析、應用、綜合、比較／評論）」。

30 見李士元：《國史類編（上編）》（香港：香港人人書局有限公司，1975），內首頁。

本書根據香港考試局最新頒佈的中學會考及高級、高等程度會考之中國歷
史課程編撰而成，適用於中學會考生及港大、中大預科班同學，……[31]

至於南書，在其編輯要旨中亦提及：

中國歷史問題詳解專為方便學生全面複習及準備會考而編撰，特點在於實
用與詳盡。

這類書不用送審，但是亦頗受當時的本科教師及學生歡迎。談及預科用書，無論
大學入學試，抑或高級、高等程度會考均沒設適用教科書書目表，[32] 亦不設審書的
機制，而只有建議參考書。

港大入學試中史課程內，還有一點比較特別的地方，便是附有參考書
目。……普通程度（O Level）由初設以至取消中史卷，所指定的參考用書
是杜韶的讀史論略；高等（級）程度（A Level）中史卷參考書目，則是環
繞幾個近代史學家的著作：錢穆、傅樂成、方豪、呂思勉、孟森、羅香林
等。七十年代，由於增設清史，再加上蕭一山。錢穆中國歷代政治得失曾
於 1956 年被指定為參考書之一。但是，1957-1964 年內竟被刪去，直
至 1965 年才復列參考書目內，至今不變。1976 年前，參考書均列明版本，
之後，概不註明版本。整體來說，港大入學試的中史課程內容和參考書目，
增刪變化不大。[33]

一般而言，中史預科用書亦可分為兩類，一是按課程內課題傾向學術方面的，正
如錢穆《國史大綱》、羅香林《中國通史》及《中國民族史》、傅樂成《中國通
史》、方豪《中西交通史》等，以及專史勞榦《秦漢史》、傅樂成《隋唐五代史》、
孟森《明史》、蕭一山《清史》等；[34] 另一類則屬於為考試而修讀的，有相類於天

31　杜振醉：《國史述要（丙編）——清至現代》（香港：波文書局，1984），內首頁。

32　香港教育制度，預科有設一年制及兩年制，自香港中文大學成立以來，一年制預科應考中大入
　　學試，1979 年之後，此試改由香港考試局舉辦，變為資格考試，稱為香港高級程度會考，此會
　　考最後一屆為 1988 年，而中國歷史在這考試中歷來只設一卷。至於二年制預科，以往多用以應
　　考香港大學入學試。

33　龐朗華：〈四十年來香港中學的中國歷史科課程〉，《教育學報》，1987 年，第 15 卷第 2 期。文
　　內所言「至今不變」，「今」乃指 1987 年，即龐成文時。

34　前香港大學入學試，以至高級程度會考前期，中國歷史科設三卷，其中卷三為斷代專史，文內
　　所列勞榦、傅樂成、孟森、蕭一山等書均為此卷的參考書。

書形式，惟內容本諸學術而撰寫，適合高級程度會考，梁沛錦的《國史提綱》，適合高等程度會考，劉偉民編著的《新編中國歷史精義》等。由於此等參考資料非為教科書，亦不屬中學會考程度，是以不另文贅述。

總結

考試在香港是極具爭議性的教育問題，它可以控制教學。它的好處可能被認為是壞處，它為成功者創造進一步的機會，但又製造更多失敗者；學生可藉應付公開考試以提升其學習動機，但又限制了教與學的創造力；一方面考試可助社會分配機會，但其可靠性又有很多爭論。

公開考試透過公開而正式的程序測試考生所學，透過其表現，如能完成及符合要求，考生將會獲得一紙文憑，得到一定的學歷認可。公開考試根據社會的需要，按規定的教學目標進行評價或鑒定，達標者可獲頒發證書，亦有選拔人才的功能，尤其在學額不足、資源不夠的情況下，可藉以淘汰未達要求，或是排序較後的考生。總括而言，公開考試有着評定、篩選，以至推動課程及教與學的功能。

考試，特別是公開考試既有着這般重要的功能，與學子為伍的教科書，自然成為學生們應付考試舉足輕重最重要的參考資料，無怪乎環視坊間的教科書，無論早自50年代，下迄今天，雖已改制訂定高中為三年制，並把兩個公開考試合併為一，稱香港中學文憑會考，於完成中學六年教育後參試，教科書的旨於為學生應付公開考試為主要鵠的的功能仍沒有改變，[35] 雖則教育當局對教科書的評審要求仍一仍舊貫，未涵蓋考評元素在其中。當然，編著者多亦有其自家著書立說，希望成一家言的理想，又或是應教育當局評審教科書的要求，在學與教方面，或是在教學活動方面設計籌劃，使之成為歷史教育上佳的學習材料。

---

35 坊間高中中國歷史經審訂而放於適用書目表中共有四套，由現代教育研究有限公司、香港教育圖書公司、齡記出版有限公司、文達名創教育等不同出版社出版，內容除教學外，亦很重視幫助學生應試，四書中尤以現代及教圖的最為考試主導。

論香港初中中國歷史科校本教材
發展方向及其挑戰

陳志華、盧柊泠、何泳儀

香港聖公會梁季彝中學

引言

自上世紀六十年代起，本港中學才有獨立的中國歷史科。當時，本港教育部門並沒有制訂清晰教學課程，教學基本由考試主導。直至上世紀七十年代，這個情況才有改變。在此之後，初中中國歷史科前後經歷兩個課程：第一個課程在1982年實施；第二個課程在1997年起推行。

回應這兩個課程，學校老師大多會選擇採用坊間出版社編寫的教科書來進行教學。後來，隨着教學文化改變、教科書價格爭議、印刷技術普及等，一些學校開始自編校本初中中史教材進行教學。一方面，學生可以有便宜的初中中史教材。另一方面，初中中史教材更配合校情、學生能力等。

編寫初中中史校本教材要考慮兩大問題，一是校本教材是採用教育局的初中中史課程、或是採用學校自行設計初中中史的課程。二是學校本身的資源條件等，如老師編寫教材的能力、處理版權資料、排版編輯技能、印刷安排等等。最終，教材目標是希望協助學生學習，達至提升認知、技能、情操等目標。

不少論者指老師是最了解學生學習，學校更是學習的地方。由學校老師編寫初中中史教材是有本身的有利條件。但編寫教材是專業，並不一定是任教者便能勝任，更不一定是學校有資源可開發。編寫初中中史校本教材是利多或是弊多？在香港的特定環境下，初中中史校本教材應如何發展？本文將作出深入析論探討。

隨着教學文化改變、教科書價格爭議、印刷技術普及等因素影響，一些學校開始以校本課程進行教學，根據教育局的網頁指出：「校本課程發展既重視過程，也重視結果。換言之，校本課程是一個手段，目的在促進教師專業成長和學校發展，從而讓學生更有效地學習。中央的課程指引賦予學校建構校本課程的空間及

自主。校本課程發展是以學校為課程發展本位，教師為課程發展的核心，促進學生學會學習為課程發展目的。學校成為教育改革的基地，教師及校長在課程發展的過程中，適切及認真地處理課程決定；如課程目標、課程內容、教學活動及教學材料的設計和課程評鑑。教師透過校本課程的發展過程，增進專業成長及成就感。」[1] 因此，有些學校開始採用校本課程以切合學生的需要，並自編校本教材取代坊間出版社編寫的教科書進行教學。

使用校本教材，編寫教材的重任很多時候便會落在老師身上，然而編寫教材是一門專門的學問，任教者縱然擁有學科上的專業學識也不一定能勝任。因自編校本教材要涉及老師的編寫教材能力、對課程的認知、排版編輯技能、處理版權資料、印刷安排等。除了要考慮編者的能力外，仍要考慮校本教材是採用教育局的初中中史課程、或是採用學校自行設計初中中史的課程。教材的目標是希望協助學生學習，教材的選取會影響學生學習的成效。

有見及此，本研究將集中探討初中中國歷史科的校本教材的發展現況，並透過與一般坊間的中史科課本作比對，從而評估校本教材的優劣之處。接着探討在香港的特定環境下，初中中史校本教材應如何發展。最後，向各個持分者如：學校及教育局提出建議。

簡介背景

追溯香港中國歷史科發展，本港中學一直到上世紀六十年代才有獨立的中國歷史科。中國歷史科獨立教授的初期，本港教育部門並沒有制訂清晰教學課程，教學基本由考試主導。直至上世紀七十年代，這個情況才有改變。及後，初中中國歷史科前後共兩次的課程改革：第一次在 1982 年實施；第二次則在 1997 年起推行。

香港在 1842 年鴉片戰爭後，被中國割讓成為英國的殖民地。由於港英政府為鞏固及穩定在香港統治和減低中國對香港的影響力，中國歷史科只是補充課程。當時只有中文中學（Chinese Middle School）會教授中國歷史科，而政府學

1　教育局：〈校本課程的定義〉，載於 http://www.edb.gov.hk/tc/edu-system/primary-secondary/applicable-to-primary-secondary/sbss/school-based-curriculum-secondary/principle/definition.html#ID2，瀏覽日期：2014年 6 月 8 日。

校（Government School）只教授歷史科。於 1948 年，教育局為增加考試科目才提出將中國歷史與中國文學合併。到 1974 年時，港英政府為了再減低港人愛國情感，而提出將中國歷史科納入社會教育科，但及後在各界人士（包括老師及學者）的反對下，政府擱置計劃，香港課程發展委員會亦建議中國歷史科成為核心科目。因此，在 1975 年，政府在初中（中一至中三級）推行中國歷史科。

　　香港課程發展委員會在 1982 年[2] 及 1997 年[3] 推行及更新中國歷史科課程綱要。事實上，這兩個課程的教學目的、教學內容等大致相同，以下將以表列形式帶出兩個課程的異同：

	1982 年	1997 年
推行原因	主要根據 1977 年的課程綱要作出修改	根據 1982 年課程綱要作為調整的藍本以配合 1997 年香港回歸中國
教學目的	透過教授及研習中國歷史以帶出以下的目的： 引導學生認識中國固有文化傳統及民族生活特色； 提高學生對中外文化交流有所認識； 幫助學生了解現今事物之背景與演變； 培養學生對事物之客觀態度及對事理之分析能力； 通過學習先賢事跡，以培養學生優良品格。	教學目的與 1982 年的課程綱要相若，但加入以下新的教學目的： 提高學生對民族及國家的認同感及歸屬感； 透過學習中國文化以培養學生國民身份認同； 提高及培養學生操守及對團體、社會的責任感。

2　香港課程發展議會：《中學課程綱要 —— 中國歷史科（中一至中三）》（香港：香港課程發展議會，1982），頁 2-6。

3　香港課程發展議會：《中學課程綱要 —— 中國歷史科（中一至中三）》（香港：香港課程發展議會，1995），頁 1-4。

（續上表）

	1982 年	1997 年
課程組織	甲部：歷代興衰因果 [商朝（約公元前 1600）至現代中國] 乙部：文化史（包括學習交通、經濟、文字、科技發展學術思想及宗教等） 當中，甲部與乙部佔一半的比重	課程內容：學習政治史輔以文化史為主的同時，亦加入香港史教學。 加入香港史原因：香港與內地歷史息息相關，學生學習本土歷史除學習相關事跡外，亦希望借此提高學生對中國歷史的學習興趣及建立鄉土感情及民族認同感（由於學習香港史只作輔助性質，老師要注意教學時間。）

由上表看出，1982 年及 1997 年的《課程綱要》的內容大致上相同，而香港課程發展委員會隨着當時社會環境變化等因素，修改及更新課程內容以配合時代發展。

最後，政府在 2000 年 4 月曾提出將中國歷史與歷史合併，作為「新歷史」（New History），推行的理由是中國歷史與歷史的部分內容重疊，因此可以將中國歷史科與世界歷史科連接，以五個主題分別是：政治、經濟、社會、教育及種族作為分析的方向，令學生能以一個新角度看歷史。但及後遭受老師及教學團體的反對而擱置計劃。

即是說，教育局的中史課程推行至今已達十六年之久，或許有些中學認為課程的內容已不合時宜或不切合學生的學習能力，從而選擇自編校本課程及自行編制切合校情的教材，使校本教材成為近年教育界另一關注的問題。

一、定義

「教材」一詞的定義，據《教育大辭書》之注解為：「教材就是教學時的材料，也稱教學內容；包括知識、觀念和使用的一切材料，如教科書、習作、教師手冊、補充材料、試卷、標本、模型、圖表、錄音帶、影片、幻燈片、投影

片等。」[4]

二、研究方法

為了解香港初中中國歷史科校本教材發展方向及其優缺點，本研究先以電郵的形式，取得教育局就有關香港初中中國歷史科校本教材使用情況的回覆，並以問卷調查的形式訪問初中中國歷史科任教老師及接受校本教材施教的初中學生。是次研習共向 70 名初中中國歷史科任教老師發出問卷，成功收回及有效的問卷共 8 份；亦向了 78 名中二級學生派發問卷，成功收回及有效的問卷共 77 份。

此外，本研究以聖公會梁季彝中學的中二級中史科校本教材與坊間中史科課本作比對，以唐朝作比對內容，以了解校本教材與坊間中史科課本的異同及優劣之處。比對內容如架構、圖表、練習數量、練習類型和支援學習教材等。

三、簡述現況

首先，中國歷史科並不是初中的必修科，即不是所有中學會於初中開設中國歷史科。據教育局的回覆，現時全港約有八成五的中學有獨立開設初中中國歷史科，其餘一成五則為開設人文學科或綜合歷史科等，每年的數字約有一至兩個百分比的變動。至於初中中國歷史科使用校本教材的情況，由於學校方面不需要呈報教育局，所以有關當局亦沒有確實的數字。而據教育局了解，現時學校於中國歷史科所使用的課本的情況大致可分為三種：一是使用出版社課本；二是使用校本教材；三是使用混合教材，即出版社課本及校本教材交替使用。

而從任教初中中國歷史科的老師問卷中可得知，受訪老師所任教的中學有八成的初中中國歷史科以教育局的中史課程來施教，其餘兩成則使用學校自行編制的校本課程。有老師表明，雖然其學校的初中中國歷史科以教育局的中史課程為主，但學校每年亦會根據學生的實施學習成效來對教授的課程內容有所增減，或為需要教授課程以外的內容，如香港史等，而對課程略有改動。另外，受訪老師所任教的學校中，有使用校本教材或混合教材的學校為 37.5%，當中有三分之二的學校於中一、中二及中三級均有使用校本教材或混合教材來進行施教。

4　藍德順：《教科書政策與制度》（台北：五南圖書出版有限公司，2006），頁 6。

　　為了解學生對校本教材的取向及態度，本研究亦向其所就讀的學校，現時正以校本教材來施教校本課程的中二級學生派發問卷。從學生的問卷中可得知，他們對校本教材的支持如下：

圖 1

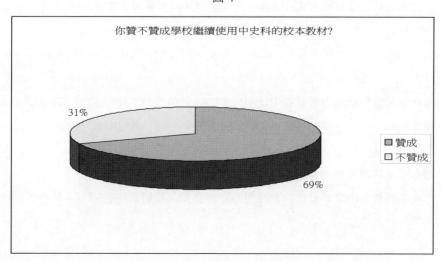

圖 2

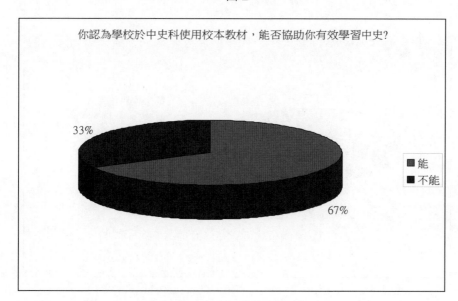

從受訪學生中得知，有約七成的同學贊成學校繼續使用中史科的校本教材，反對的佔三成。同樣地，有約三分之二的受訪同學認為學校於中史科使用校本教材，能協助他們有效地學習中史，約三分之一的同學則表示不能。上述的訪問均可反映，對於學校現正使用校本教材來授課的學生來說，他們普遍支持學校繼續使用校本教材，因為校本教材同樣可使他們學習到相應的中史知識。

四、分析

在了解現時全港中學於初中使用校本教材的情況後，便可進一步探討學校採用校本教材的原因、學生的學習成效及坊間的中史課本與校本教材的異同。

1. 學校選擇校本教材的原因及與校本課程之關係

從任教初中中國歷史科的老師問卷中可得知，他們所任教的中學最初選擇採用校本教材的原因：

圖 3

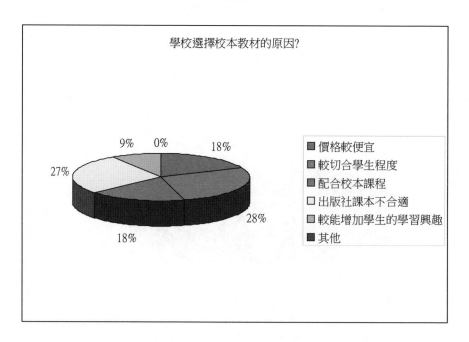

不少受訪的老師均表示，學校選擇校本教材的原因主要是因應學生的程度及坊間的現有的出版社課本不合適。值得注意的是，在表示出版社課本不合適的老師當中，有三分之二受訪老師的學校本身正在使用校本課程而非教育局的中史課程，可反映雖然學校採用校本課程與校本教材之間沒有必然的關係，但出版社課本不合適就在一定程度上催生了校本教材的出現，即使是採用教育局中史課程的學校亦會因現有的坊間教課書未能符合學校的教學需要，而需要自行編寫教材。

就此，本研究亦以面談的方式訪問了現任職於以校本教材來教授校本課程的中史科主任蔡老師，以了解其學校轉用校本課程及捨坊間教課書而改用校本教材的原因。

蔡老師表示：「當初學校決定不再採用教育局的中史課程，而改為編訂校本課程，一來是希望合併中史科及世史科的課節時間，因為用三年教授教育局的中史課程會過於深入。其次是因為學校希望採用「同心圓」的模式，由學生的個人，逐漸擴展到對國家歷史的認知，最後就是世界公民身份的認同，所以學校的中一級會教授香港史，中二級會以秦以後的中國歷史為主，中三級則會教授世界歷史。」對於校本課程與校本教材的關係，蔡老師解釋：「其實很簡單，因為我們要將一般出版社分開三年來教授的中史科濃縮成一年，坊間絕不會有相應的教科書，因為出版社只會以教育局的中史課程來作為編寫的原則。再者，由於香港史並不是獨立成科，多數只會依附在中史科或世史科下，所以坊間也沒有相關的教科書可使用。總括來說，因為本校要採用符合學生程度的校本課程，所以便一定需要自編教材了，校本教材確實較便宜，但絕不是我們考慮的最重要因素。」由此觀之，校本教材的出現與校本課程有着直接的關係，課本價格的因素只為次要。

2. 校本教材的學習成效

教育局編制的中史課程指出，初中中史科目標達到以下成效：學生在內容上學習到政治史、文化史以及香港史的部分，着重與高中中史科的聯繫、思維訓練，希望達至愉快、有效學習、培養操守品德及建立對民族及國家的認同和歸屬感等八個方面。[5] 為了了解這八個學習目標的實施情況，本研究發出問卷調查，評估學生學習成效的指標，亦評估校本教材的學習成效的指標，以 1-6 分為分數，

5　同註 4，頁 2-7。

6 分代表最有效，1 分代表最無效。根據收集的問卷，平均有以下評分：

表 1：老師認為校本教材能否有效地使學生學習到初中中史科課程

學習目標	評分（準確至小數點後兩位數字）
政治史和文化史的部分	4
香港史的部分	4.25
與高中中史科的聯繫	4
着重思維訓練	4.25
着重史識建立	3.25
愉快、有效學習	4.5
操守品德	3.25
建立對民族及國家的認同和歸屬感	3.75

表 2：學生認為校本教材能否有效地學習到初中中史科課程

學習目標	評分（準確至小數點後兩位數字）
政治史和文化史的部分	3.59
香港史的部分	3.76
與高中中史科的聯繫	3.14
着重思維訓練	3.51
着重史識建立	3.75
愉快、有效學習	3.56
操守品德	3.38
建立對民族及國家的認同和歸屬感	3.29

從老師和學生的分數可分別得知，老師認為初中校本教材最能使學生學習到的首三位：愉快、有效學習（4.5 分）、香港史的部分（4.25 分）及着重思維訓練（4.25 分）。而學生認為初中校本教材最能使他們學習到的首三位分別是：香港史的部分（3.76 分）、着重史識建立（3.75 分）及政治史和文化史的部分（3.59

分）。對於校本教材最不能使學生學習到的，老師認為是操守品德（3.25分），而學生則認為是與高中中史科的聯繫（3.14分）。

從上述的數據可得知，綜合老師及學生的評分，兩者均認同香港史的部分是校本教材能達致最高的學習成效，這亦可反映校本教材比傳統的中史課程較注重香港史的部分，這亦是校本教材的特點之一並很大程度上會成為日後校本教材所發展的方向。

內容研究

在了解校本教材的優劣前，便需要先把校本教材與現存的出版社課本作比較。據悉，現在有出版初中中史科課本的出版社共有五間，分別是：現代教育研究社、文達·名創教育出版社、齡記出版社、香港教育圖書公司及近年才加入的雅集出版社。

為分析出版初中中史科課本與校本教材的分別，本研究選取了現代教育出版社、雅集出版社、齡記出版社及文達·名創教育出版社的中二級中史科書，與一本以校本教材教授中史科的中二課本作比對，並以唐朝作比較的內容，從而觀察出版社課本與校本教材於內容結構、課前預習及課後練習的數量、圖片數量及支援學習教材上的分別。

一、內容結構

初中中史課程分為甲、乙部，甲部為政治史，涵蓋上至華夏政治文明，下至中華人民共和國的內政與外交。乙部為文化、科技、中外交通、學術思想及宗教史。[6] 各出版社的中史課本與用作比對的校本教材，以唐朝為例，只比對正文內容，不計補充資料，在內容上有以下的分別：

---

6 香港課程發展議會：《中學課程綱要 —— 中國歷史科（中一至中三）》（香港：香港課程發展議會，1995），頁 9-10。

表3：各出版社的中史課本與聖公會梁季彝中學校本教材的內容比較

課題	文達	雅集	齡記	現代	校本教材
李淵建唐	✓	✓	✓	✓	✓
玄武門之變	✓		✓		
唐太宗與貞觀之治	✓	✓	✓	✓	✓
武則天代唐立周	✓	✓	✓	✓	
唐玄宗與開元之治	✓	✓	✓	✓	✓
安史之亂	✓	✓	✓	✓	✓
藩鎮割據	✓	✓		✓	
宦官專權	✓	✓	✓	✓	
牛李黨爭	✓	✓	✓		
唐末民變	✓	✓			
唐朝滅亡	✓	✓	✓	✓	✓

從上，各出版社的中史課本的內容基本上大同小異，一些重要、關鍵的課題，如唐朝立國、貞觀之治、開元之治、安史之亂、唐朝滅亡等，均有述及。而比較坊間的中史課本與校本教材，便可發現，校本教材對於基礎的史實亦有述及，但有些課題，如武則天代唐立周、安史亂後宦官專權及藩鎮割據的情況，均可見於各出版社的中史課本，但校本教材則被未見論及。此外，出版社的中史課本唐朝的部分佔 25 至 35 頁不等，而校本教材只佔 4-5 頁，基於篇幅所限，每個歷史課題的描述均十分精簡，且沒有如坊間課本般，在正文以外附有補充史實。

二、課前預習及課後練習

學習歷史除了基礎的史實認知外，適當的課前預習和課後練習可提高學生的學習興趣和動機外，還能起鞏固知識之用，而不論坊間的中史課本或校本教材均設有課前預習和課後練習。

在練習的數量方面，各出版社的中史課本設有的課前預習和課後練習，共計

有 5-7 個不等,而校本教材則有 2-3 個練習。練習數量的多寡雖然並不絕對影響學生的學習成效,然而坊間中史課本練習的分佈較平均,且涉獵多個課題,如比較貞觀、開元治世的異同,在安史之亂、宦官專權、藩鎮割據等的課題後亦附有相關的練習,可有助學生加深對該課題的理解。校本教材的練習數量較少,老師或需要額外補加練習予學生,來協助他們學習。

在練習的類型方面,出版社的中史課本會較校本教材多元化。坊間中史課本的練習大致有以下類型:

1. 資料題:可細分為圖片 / 圖畫資料題、圖表資料題、史書引文資料題等數種。
2. 比較題:如比較貞觀之治與開元之治、安史之亂的原因等。
3. 情景題:請同學代入當時的情景來思考,如在唐高祖的立場挑選繼任者等。

而校本教材的練習,亦有比較題、情景題等,練習的類型與方式和坊間的中史課本相近。但值得注意的是,坊間的中史課本一般提供多個資科或圖表去鋪陳問題,而校本教材的練習多只列出問題,或附以一至兩則資料,學生便需要根據有限的資料來作答,學生接觸課外史料的機會減少。其中,在新高中中史科的公開考試中,資料題是其中一種最常見的出題形式,使用校本教材的初中同學或會因課本中的練習不足,而感到與高中中史科的聯繫不足。

三、圖片及圖表

為提高學生的學習興趣及使學生能更有效地學習,現時的教科書多會加插大量製作精美的圖片、漫畫、地圖、圖表等來豐富課本內容。雖然校本教材亦附有圖片以說明課文內容,但礙於編寫和印刷的成本有限,校本教材在圖片方面,不論數量、類型或製作上,與出版社的課本相比也相距甚遠。雖然圖片、漫畫等只屬輔助性質,並不影響老師教授課本內容,但一些地圖、綜合性質的圖表等,則有助老師可更清晰地教授相應的內容,如唐末主要藩鎮的分佈,及協助學生貫通不同的史事,如貞觀、開元之治的比較。校本教材在這方面的先天不足,很可能需要老師在課堂上多加補充,來協助同學能更完整地掌握課本內容。

四、支援學習教材

學生和老師在課堂時最主要使用課本來學習和教授內容，除了課本外，很多時候還需要其他的支援學習教材來協助講課。觀現有的坊間中史課本，均會於課本內附有學習光碟、網上學習的資源庫、電子課本、工作紙、試題庫等，予學生在課堂外學習時使用，而學生亦需購買與書本相配的作業來作練習之用。校本教材同樣有基本的課本及作業，只是相對應坊間中史課本來說，使用校本教材的學生會欠缺了一些額外的學習資源。

然而，坊間的中史課本，除了提供額外的學習資料予學生外，亦會為選用其課本的學校，提供教師用書、教學簡報、練習和模擬試題等，這些都是校本教材所缺乏的，或需要老師因應其教學需要而自行設計。可以說，坊間的中史課本可同時為學生和老師提供學習支援，而使用校本教材或會增加老師的負擔及需要同學主動尋找課本以外的相關知識來補充校本教材的不足。

校本教材的機遇

根據教育學者林寶山《教學原理》一書中指出：「教科書是指學校或教育當局為學生所設計的書面教材。其功能在使學生獲取知識、練習技能，培養態度和價值觀。[7]」教科書的作用有三。林寶生指出第一是避免教師自編教材之缺失並減輕其工作負擔，第二是使學生的學習有系統、範圍明確，第三是統一的教科書使教育行政當局能統一教材、統一教學進度。[8] 另一教育學者據林玉體：《教育概論》一書中亦指出教材有三大選擇原則，第一是教材應達成教育目標，第二是教材選擇應適合學生心理，第三是教材應生動有趣且富有條理性。[9]

初中中史科校本教材是配合校情而編寫，對老師及學生來說也有不少優點。以配合課程目標的角度來說，香港不少學校為配合學生的程度、學習能力等而自編初中中史科校本課程。這些校本的中國歷史科課程是難找到合宜的教材。因此，校本教材能彌補這個不足。如學校老師認為某個中國朝代可以略教，甚至不

7　林寶山：《教學原理》（台北：五南圖書，1988），頁 322。

8　同註 6，頁 323。

9　林玉體：《教育概論》（台北：東華書局，1994），頁 362-366。

教。如老師選用了坊間的教材，便要作出刪減。相反，老師希望某個朝代要詳教，坊間的教材便要增加內容，以補其不足。配合校本課程的發展，校本教材便會應運而生。

在教學內容方面，初中中史科校本教材更可以配合學生的需要。如學校本身是一些宗教學校，以佛教學校為例，中國歷史科校本教材或可加多佛教傳入中國的部分，讓學生有較深入的認識。又如老師根據教學經驗，認為學生對中國政制發展不太明白脈絡。校本教材或可以與校本課程配合，專門開設一章特別介紹中國政制之發展。除內容的增刪外，內容的深淺度也可以配合校情。一些學校老師為了讓學生早日了解高中中國歷史科的情況，會在中三下學期階段使用高中文憑試的教材，以求早日過渡。若使用校本教材，老師們便可以自行安排，配合學生能力，選取合適的教學內容。如學生能力較高，老師們可考慮將一些歷史理論或歷史事件在初中階段亦可教授。如學生能力較低，老師們亦可考慮將一些歷史事件調適。

在教學方法方面，初中中史科校本教材亦可以配合校情。一些學校的學生較適合探究主動的學習方法。一些學校的學生或較適合講授為主的學習方法。若教材能配合的話，教學便更順利流暢。現時，不少老師在教學過程，為配合學生的能力及學習動機等，要增加不少工作紙、活動指引等。若使用初中中史科校本教材的話，有關工作紙、學習活動指引便可以安排在教材內，不用額外派發。教材更具整合性及全面性。以教授安史之亂為例，一些老師或會使用歷史法庭的方法來探究安史之亂發生之原因。若使用校本教材的話，有關的活動指引便可安排在教材中，更可以配合課程。不少學生往往在溫習時才發現除要處理教科書，還有課堂筆記、工作紙、其他附加資料等。若使用校本教材的話，有關的附加的額外資料會較少，學生溫習時亦會更方便。

在教學評估方面，初中中史科校本教材更可配合學生的學習情況，設計合宜的評估習作。有了最佳的評估習作，老師便知道學生的學習表現，調整本身的教學進度、教學內容的深淺度等。評估是重要的工具，讓老師從學生的回饋中反思本身的教學。教學是互動的過程，絕不是單向的傳授知識。知識、能力、態度同樣重要。好的評估習作除有助辨識學生的認知表現外，更有能力評估，甚至態度辨識等。評估習作更不一定是筆寫形式，或可以是活動形式，讓學生有全面表現，老師亦可以在其中作出評估。

校本教材的挑戰

　　初中中史科校本教材是配合校情而編寫，但亦有不少問題有待解決。從課程目標的角度來說，學校老師並非課程專家，要撰寫一個合適的課程並非一件易事。老師日常教學工作已十分繁重，更要在課餘時間去撰寫課程，可說是百上加斤。因此，要校本教材成功，首要是學校能調撥資源，讓負責老師能專心去編寫教材。如果負責的老師接受過編寫課程的訓練，編寫的課程會更配合學生所需。現時，本港老師訓練課程雖有課程理解內容，卻沒有課程編寫內容。事實上，本港大學教育碩士課程才有編寫課程的內容。因此，教師宜修讀有關教育碩士，才進行撰寫校本課程及教材，這樣的成效會較佳。否則，教師付出編寫初中中史科校本教材的辛勤，或許未必有同等的成果。付出和收穫不成正比。

　　在教材本身方面，初中中史科校本教材或許配合學生的需要。相比教科書出版社，學校資源始終有限，難以相比。教科書有眾多專職的編輯，全職製作教科書。相比之下，學校老師同時要兼顧日常教學和編寫教材，實在難以分身。資源有限之下，大多初中中史科校本教材是單色印刷，練習數量較少，較少其他輔助教材配合，如網站、簡報、作業等。版權方面，不少歷史圖片也有版權，要放入初中中史科校本教材中，需要向有關人士或機構申請。一本初中中史科校本教材或有百多張圖片，甚至數百張圖片，老師們需要抽時間申請，實非易事。要將一間學校和一間出版社相比，實難匹敵。學校專職是教學，變身為出版，實要增加資源才可。

　　在教材監管方面，初中中史科教科書需要審批，教育局負責批核。初中中史科校本教材卻沒有這個步驟。學校老師編寫教材後，便可使用。沒有第三者的協助，教材有沒有錯漏、遺失或偏執，大家也許不知。當老師使用初中中史科教材施教時，才會發現其不足。這已經太遲了。因此，初中中史科校本教材也宜有第三者作為監查。當然，第三者是哪人或哪個機構也十分重要。這個人或機構一定要是有關的專業知識。除了教育局、大學教育系外，其他學校專科老師也是合適的。

總結

正如課程學者黃政傑在《課程設計》一書中指出課程材料要有評鑑過程，包括確定評鑑目的和範圍、組織評鑑小組、分析課程材料、建立評鑑準則、提出評鑑報告等。[10] 對於評鑑一個教材，黃政傑更有詳細介紹，[11] 現列舉部分，詳見下表：

教材	表現理想	表現欠佳
配合教學目標	清楚	含糊
範圍和順序	適切	不適切
可理解性	清晰	不清晰
個別化	優化	不佳
長度	有彈性	死板
動機	激發的	沉悶的
先備條件	清晰	不清晰
可讀性	高	低
學生角色	主動	被動

初中中史科校本教材要達到以上的要求，絕不容易。首先，資源方面，學校人手有限、財政有限、器材有限。其次，專業方面，教學和編撰是兩件不同的事，由老師負責或會吃力不討好。當然，初中中史科校本教材仍有不少可取之處。一般教科書是針對全港學生而設，而初中中史科校本教材則有其針對性，配合因材施教。現時，本港學生學習差異不斷拉大，校本教材或是一個解決這個問題的良方。

學者黃顯華在《尋找課程論和教科書設計的理論基礎》一書中指出教科書有不少問題，[12] 其中包括內容太廣且太膚淺、內容呈現許多概念，但僅限於表面而無

10 黃政傑：《課程設計》（台北：東華書局，2002），頁 375-378。

11 同上註，頁 378-392。

12 黃顯華、霍秉坤：《尋找課程論和教科書設計的理論基礎》（北京：人民教育出版社，2002），頁 77。

深層的介紹。其次，教材以學者的角度編寫，忽略了學生的既有知識思考方式。第三是教師手冊注重提供標準答案，而忽略了學生的其他反應。第四是對於概念的解釋僅提供一種方式說明，同時對於概念之解釋也僅輕輕提及。第五是課程中的活動與教科書中的概念字緊扣。第六是教科書中所提的問題多以事實導向為主，很少要求學生提出解釋和說明。因此，教科書亦或許有不少問題。初中中史科校本教材不應重蹈覆轍，再犯同樣的毛病。

其實，各校校情不同，是否需要選擇自編初中中史科校本教材，可說是因校而異，但最重要是先考慮本身的條件是否可行，其次不應再現教科書的問題。香港初中中史科校本教材發展是支援不足，教育局沒有因學校發展初中中史科校本教材而增撥資源。其次，學校之間的初中中史科校本教材交流甚少，亦沒有相關的組織。本港初中中史科校本教材要有良好的發展，政府教育局、學校、大學等也要多加配合，一起推動。現時，單靠學校本身去發展，實在困難重重，難有美好的成果。

區域教材開發研究：從荔枝角公園嶺南之風實地考察計劃探究初中學生對學習「價值教育」的成效

陳漢成

保良局唐乃勤初中書院

引言

本文主要是以 2008 年開始進行的荔枝角公園嶺南之風實地考察計劃作為例子，檢視本計劃在推行六年後，在建構五育並全的價值教育課程理念上的成效。通過持續的優化工作及收集不同的持份者（家長、學生與學者）的寶貴意見及在校內作出諮詢後，期望建構一個優質的價值教育課程。

本人相信教師在建構價值課程時，首要條件是要從德、智、體、群、美育作出分析及綜合，並配合具有校本特色的課程、相關課外活動及鼓勵同學參與校外比賽，才能建構五育並全的價值教育課程。

個人的教學理念

一、在德育培訓及智育發展方面

本校中國歷史科在 SBA 及實地考察的設計理念上，持續優化課程內容及啟發學生的創意思維，在已完成的習作中，共有兩個關於德育培訓及智育發展的學習成果，值得在此與學界略作分享。其一是在園林實地考察中，學生能在觀賞景點時，從園林美景中學習中國古代嶺南的建築文化，在德育培訓的同時，亦可享受嶺南園林的獨特美，最終他們還主動提出重組十大景點的觀賞優次，並將相關的理念，透過本港報章教育版與學界友好分享；其二是學生在園林實地考察後，希望在原有的十大景點的基礎下，再創作第十一個景點，結果在眾多師友的合作

下，第十一個景點「古今之門」的模型也在本校禮堂舉辦的記者會中，獲得學界友好的鼓勵。由此說明，學生在德育培訓及智育發展方面正是建構優質課程時的必要條件。

二、在體育素質與群育學習方面

本校對於學生的身體素質與群育學習兩方面的發展也很注重，在如何建構及持續優化課程內容及鍛鍊學生的身體素質兩者中取得平衡，並且能持續學習成果的方向下發展全方位的課程，最終，本人在校方的支持下，在 2012 至 2013 年度正式成立嶺南長跑校隊，本人與 20 多名學生在荔枝角公園進行長跑訓練，其意義在於將堅毅不拔的中華民族優秀精神繼往開來、薪火相傳。也可在本校推廣終生運動的生活習慣。

三、在美育設計方面

學生在美育方面的發展是在建構課程時的必要考慮元素，在進行荔枝角公園課堂研究及教材開發項目計劃的同時，本校已確立透過邀請全校學生參與本計劃教材書籍封面設計比賽進行美育方面的培養，最終得到全校學生的積極支持，在眾多的佳作中，籌委會選出一幅充滿童趣的優秀作品。使整個計劃更臻全面及完備。

本人認為現今的教育不應只局限在學校，而應該參考課程發展議會有關教育新趨勢的闡釋：教育新趨勢應注重全方位學習，令學習跟生活連繫起來，尤其是學習與本地有關的課題時，學生更應走出課室，以求取全面的經歷與發展。（課程發展議會，2009）。

本人對於教師發揮價值教育進行了一些嘗試。例如在 2011 年 6 月完成撰寫優質教育基金荔枝角公園課堂研究及教材開發項目計劃書，並於 2011 年 10 月開始，本人與香港樹仁大學歷史系、本校通識教育科一起執行優質教育基金荔枝角公園課堂研究及教材開發項目工作，在優質教育基金及校方不斷的支持下向着計劃的目標前進。

本人在以下四方面實踐以上教學理念：

1. 檢視教學設計是否具備教學效能

在此範疇上，本人主要是以在 2008 年已開始進行荔枝角公園實地考察探究作為例子，個人的教育理念是藉着荔枝角公園實地考察探究讓學生能在三大目標作出發展：一、認知方面；二、技能方面；三、情意方面。

經過將近六年的發展，本人作為促進者（facilitator），在帶領同學前往荔枝角公園完成整個學習過程中發現，老師採用開放式的 SBA 習作形式進行實地考察探究是具有教學成效的。因為學生可到達嶺南園林親歷其景，更重要的是在學習中進行反思。最終達至在認知、技能及情意三大目標作出發展。拓寬教師及學生的視野。

● 加強學生 / 教師的成功感（認知方面）

2012 年 7 月，三名完成本計劃畢業論文的中三級學生在實地考察課堂研究和編寫教材計劃記者招待會分享研習成果，他們對於日後研習本計劃的題目已有一定程度的認識，更學懂學術誠信的重要性。師生一致認同參與本計使他們獲得成功感。

● 全面的價值教育設計理念（認知、技能及情意方面）

在設計的理念上相信價值教育是不分種族的，只要在教材內容方面作出優化，便可在香港推行更全面的價值教育。例如於 2012 年 7 月的記者會曾於本校禮堂播放學習教材（包括粵語、國語及英語三個版本分享嶺南園林的十大景點），促進不同種族的學生認識價值教育。

● 訓練學生適應社會發展的需求（認知及技能方面）

本計劃提供一個珍貴的機會，讓兩位中二級學生在社區進行導賞工作，訓練學生適應社會發展的需求，她們認為此活動具有意義，特別是將已有知識與本社區的居民作出交流，讓她們拓寬視野。

● 促進教師的專業發展（認知、技能及情意方面）

於 2012 年 8 月，本計劃負責老師初次在文匯報教育版發表計劃匯報，為教師提供更多培訓機會。

● 改善本科學習氣氛（認知、技能及情意方面）

本年度中國歷史科持續本計劃實地考察工作，中一至中三級學生在上學期進行以實地考察作為 SBA 網上功課，並於 2012 年 10 月 11 日午膳小息，在本校禮堂舉辦學術週實地考察成果分享。持續優化及改善學習氣氛。此外，為了讓同學

明白薪火相傳的意義，本校也設立長跑隊，並在公園十大景點附近進行練習，持續優化及改善學習氣氛。

● 促進學校團隊精神及提升學校整體形象（認知、技能及情意方面）

2012 年 7 月，香港大學圖書館孔安道紀念圖書館主任對本計劃出版的刊物的意見引述如下：「內容充實，具參考價值，使本大學師生獲益良多。如蒙 貴書院繼續送贈各種新刊物，定必能使本館館藏更臻完備。」對於提升學校整體形象有極正面的影響。

2. 教師善用學校資源、社區資源及誠邀本港大專學者，帶領同學從多角度認識祖國

本校持續申請優質教育基金，本人期望與各大專學者及中小學老師進行協作研究，引發與其他學校的協作機會。因此，本校在善用學校資源、社區資源及誠邀本港大專學者，帶領同學從多角度認識祖國的跟進工作。試述如下：本計劃的成果對於校內學生具有一定的參考價值。例如本校中文科中一級學生已進行了兩年的嶺南園林寫作活動，學生在進行此寫作活動前，他們如已閱悉嶺南園林建築特色資料，同學們應可更準確地掌握描寫的重點，而且他們可以透過此活動從多角度認識祖國山河面貌。此外，2011 年 6 月 30 日本校已獲得香港樹仁大學歷史系講師訪校，進行嶺南園林實地考察講座，期望此計劃可持續發展，在推動嶺南園林文化作出貢獻。

3. 持續優化教學

本人進行持續優化教學，所以在課堂研究及開發教材兩方面均開始作出初探。在課堂研究方面：本人已完成非華語學生學習中國歷史的課堂研究初探及早期香港女子教育史論文，在校慶開放日已對參觀的來賓作講解，並汲取不少寶貴的意見。至於在開發教材方面：本人已於 2012 年 9 月初步完成與香港樹仁大學歷史系、本校通識教育科及中史科合辦的年度計劃（優質教育基金項目：荔枝角公園實地考察課堂研究及開發教材計劃），該計劃已於 2012 年 7 月安排參與學生出席記者招待會分享學習成果（學習成果包括出版實地考察書籍：書籍內附教學光碟及中三畢業論文的相關研究項目）。

4. 運用有效的策略提升學生對國家的認知及認同

綜合上述的教學成果及經驗後，2013 年 9 月，在校方的支持下，本校建立中國歷史學會，希望以漸進方式推行價值教育，使更多學生在初中階段已能提升對國家的認知及認同。個人認為由 2008 年至現在，本科曾運用的策略是可提升對國家的認知及認同。現以本科曾設計的中國歷史科校本課程及曾參加的校外比賽作出分享，並略作闡釋。

從嶺南之風實地考察計劃探究
初中學生對學習「價值教育」的成效

一、已初步建構中國歷史科校本作業（「嶺南之風」計劃部分）

中史科在校本作業設計方面，長遠的目標是將與香港各大專院校合作，進行開發適合初中書院學生修讀的中史科校本作業。學生除可節省購買中史作業外，還可給予有關中史科校本教材內容的意見，使整個校本作業更全面考慮學生的學習需要；同時，亦可提升學生對國家的認知及認同。

本人相信教師應積極開發校本教材，配合當前課程發展及新推出的教育措施，從此方向才可持續更新及探求學科的新知識。而本計劃的實地考察部分亦能配合校本作業的學習進度。引述如下：

> 「嶺南之風」實地考察計劃持續推行方案（2012-2014 年度）
> 　　本校在本年度完成「嶺南之風」計劃，在中國歷史科的三年計劃中，本校將持續優化校本評核（SBA）。首年的推行方案簡述如下：
> 　　本學年，本校學生將使用已出版的「嶺南之風」實地考察課堂研究和編寫教材計劃書籍作為主要參考書籍，以優化現有中國歷史科 SBA 的教學設計。各級將以實地考察及專題報告形成進行實地考察報告，在校網教師教學平台呈交報告。

	主題	內容	施行日期
中一級	「嶺南之風」觀賞報告	學生完成觀賞報告及參閱一本中國園林參考書籍作實地考察及專題報告。	上學期
中二級	「嶺南之風」重組十大景點報告	學生重組「嶺南之風」十大景點的理念及參閱三本參考書目（包括中、西園林）作實地考察及完成專題報告。	上學期
中三級	「嶺南之風」增設景點建議報告	學生觀賞十大景點的園林特色後，建議第十一個景點的名稱、位置、理念及參閱五本參考書目（包括中、西及日本園林）作實地考察及完成專題報告。	上學期

「嶺南之風」實地考察及專題報告評估參考表

「嶺南之風」實地考察部分（學生已觀賞「嶺南之風」園林景點，並已有個人見解。）	30%
「嶺南之風」資料搜集　部分（參考書目史料翔實、對撰寫報告內容方面具參考的價值。）	10%
學生「嶺南之風」報告綜論部分（在「嶺南之風」報告的綜論部分能反映學習成果。）	30%
學生在「嶺南之風」報告創意部分（鼓勵學生發揮無限創意，引發學生思考如何優化社區的園林景點與增加相關設施。可參本書有關「古今之門」的學生創作。）	30%

二、學生接受價值教育後，主動參加的記者招待會及校外比賽。簡述如下

（1）2012 年 7 月 7 日嶺南之風記者招待會。本校共有 6 名學生分享學習成果，表現理想。

（2）9 名本校中三學生於 2013 年 2 月 28 日參加香港電台中小學師生講演計劃，本校參加優質教育基金項目：由香港中華文化發展聯合會主辦（香港電台中小學師生講演比賽）此活動不但有助推動價值教育，更能促進學生在群育方面的發展，參賽學生透過閱讀自選的《萬曆十五年》後，通過小組討論及分享個人對《萬曆十五年》的讀後感，在討論的過程中以求同存異的態度，共同撰寫香港電台歷史文化學堂劇本《萬曆皇帝的少年時代》，故事主要描述萬曆皇帝的少年時代，再加入一些思考題目，比賽成果是在每個周日晚上 8 時 30 分至 9 時正，在香港電台第二台播放不同學校的歷史文化學堂劇本，整體而言，9 名中三學生能透過此活動與其他 40 間中學進行學術交流，達到從多角度認識祖國及推廣中華歷史文化。此外，相關廣播劇思考題目已加入中二級課程及考核範圍。

（3）香港文匯報第二屆全港中國國情知識大賽。共有 20 名同學參加，值得鼓勵。

（4）本校中一共 68 名學生參加第七屆香港盃外交知識競賽，參賽前準備充足，表現理想。

（5）2013 年 9 月，本校成立歷史學會：同學表現理想，出席率良好，在聚會中同學表現投入並積極參與不同的校外比賽。

三、中國歷史科早會教育

本校的中國歷史科在早會教育方面持續配合推動價值教育，根據同學準備的好書分享的分析，基本上，同學對於研習中國歷史已初步建立了研習興趣。於 2013 年 3 月由本校兩名女生進行中國婦女史早會教育。

綜合上述各項推行價值教育的策略後，本校學生在初中階段已能提升他們對國家的認知及認同。個人認為由 2008 年至現在的策略，確實具有提升學生對國家的認知及認同的成效。

四、本計劃的延續工作。簡述如下

本計劃所舉辦的主要活動，在計劃完成後所作的延續跟進。例如將已發展的學習計劃和活動融入正規課程內。（將本計劃的教材加入本校的「價值教育」包

括早會教育、中國歷史科、通識教育科及班主任課。）

此外，透過是次經驗，本校期望能延伸學生有關的研習經歷，如其他本港的慈善機構等，一方面利用香港的社區資源進行學習，另一方面更能加深、鞏固學生研習的成果，更使學生主動了解香港歷史。

因此，本校仍會從不同角度讓學生認識更多香港歷史。例如建構具有質素的價值教育，強化本校學生主動認識香港史（初步探究的是香港慈惠機構歷史：保良局）。華人慈惠事業在不同範疇作出的持續貢獻，同時也促進本校推行校本「價值教育」。此外，現正籌備延伸本計劃的優質教育基金申請。理念與背景資料如下：

根據 2014 年修訂的《香港統計數字一覽》數據顯示，香港在 2013 年按年齡組別劃分的年中人口，共有 14.2% 為 65 歲及以上的長者；共有 11.1% 為 15 歲以下的青少年。[1] 長者和青少年合共佔香港人口總和的 25.3%（超過四分之一的香港人口），因此，香港特別行政區政府對於長者和青少年的關愛是重要的施政方針。例如行政長官於 2010 年年底委任關愛基金督導委員會，負責督導和統籌關愛基金的工作。[2]

中國傳統重視倫理關係。所謂：「老吾老以及人之老」，長者見證了香港社會、社區、文化的傳承與變遷。然而，從時事及新聞報導中，部分長者的生活較單調，而娛樂活動選擇亦不多，不少長者選擇往康文署轄下的公園遊園，惟他們可能只停留在觀看的階段，如能提供一些專為長者觀賞園林設計的導賞服務，應可讓他們的黃金年華活得更精彩。[3]

此外，從本人多年的教學及義務工作的經驗中，本人觀察到香港的青少年具有創意，而且對長者存有敬意，如本人曾經負責少年警訊、童軍、香港青年獎勵計劃的前線工作，香港青少年認為長者對於香港社會具有貢獻，然而，他們現時只能跟隨本港的慈善機構作出義務工作。例如探訪長者、參加不同社區舉辦的單一性活動，作出短暫的服務。這情況的結果是：「使一群充滿熱誠進行服務長者工作的青少年漸漸流失。」這情況持續下去，對於香港社會在社區關愛的發展方面

1　政府統計處：《香港統計數字一覽》（香港：香港特別行政區政府政府統計處，2014），頁 10。

2　關愛基金：〈關愛基金簡介〉，http://www.communitycarefund.hk/b5/assistance.asp，瀏覽日期：2014 年 6 月 30 日。

3　香港房屋協會：〈黃金年華〉，http://www.joyousliving.hkhs.com/tw/joyous/finance/376-2014-02-24-09-47-15，瀏覽日期：2014 年 6 月 30 日。

是絕不理想的。

綜合上述的香港社會現況，本計劃的理念是透過關愛活動讓長者與學生建立和諧、友愛互助的關係，並透過有系統的統籌進行關愛工作，計劃共分為四個不同階段。簡介如下：

（1）第一階段是個人發展；（學生培訓包括中國園林〔嶺南之風〕實地考察講座、導賞工作坊及口述歷史課程等。）

（2）第二階段是活動經歷；（長者與學生進行園林〔嶺南之風〕導賞活動，學生作導賞員。）

（3）第三階段是讓有興趣進行社區口述歷史的長者接受學生訪談，並將長者與學生的作品以記者會形式在社區分享經驗；

（4）第四階段是持續本計劃的推廣工作。（本計劃透過關愛活動已讓長者與學生建立和諧、友愛互助的關係。此關愛活動形式如能在不同社區、香港和祖國作出不同活動組合或調適，相信對推廣關愛文化有一定的成效。）

總結

本校師生特此向曾為嶺南之風計劃作出指導的學者致謝：包括香港浸會大學歷史系教授周佳榮教授、香港樹仁大學歷史系系主任鮑紹霖教授、香港樹仁大學歷史系副系主任及副教授羅永生博士、香港樹仁大學助理教授區志堅博士及香港教育學院社會科學系前助理教授梁操雅博士。本校期望將繼續邀請各位學者在完備的計劃下再進一步積極推動價值教育，好讓老師和同學建立民胞物與的情懷、身為中國人的自豪感，以及對國民身份的認同。將祖國的優良傳統繼往開來、薪火相傳。[4]

此外，透過是次經驗，本校學生能延伸有關的研習經歷，如香港早期慈惠機構的歷史，一方面利用香港早期慈惠機構的歷史進行學習，另一方面更能加深、

4　區志堅、姜嘉榮：〈院校與中學協作計劃：以志蓮淨苑及黃大仙祠專題研究為例〉梁操雅、羅天佑：《教育與傳承 —— 歷史文化的視角》（香港：香港教育圖書公司，2011），頁 246；亦參拙作《「嶺南之風」實地考察課堂研究和編寫教材計劃》（香港：保良局唐乃勤初中書院，2012），頁 81-86。

鞏固學生研習的成果，更促使學生了解中國及香港的歷史。[5]

參考書目

周佳榮、侯勵英、陳月媚：《閱讀香港新時代的文化穿梭》，香港：香港教育圖書
　　公司，2007。

區志堅：《馬鞍山風物誌》，香港：沙田區議會，2002。

區志堅、彭淑敏、蔡思行：《改變香港歷史的六十篇文獻》，香港：中華書局，
　　2011。

引用書目

陳漢成：《「嶺南之風」實地考察課堂研究和編寫教材計劃》，香港：保良局唐乃
　　勤初中書院，2012 年 6 月第 1 版及 2012 年 8 月第 2 版。

梁操雅、羅天佑：《教育與傳承 —— 歷史文化的視角》，香港：香港教育圖書公
　　司，2011。

羅天佑、梁操雅：《實地考察探究》，香港：學術專業圖書中心，2011。

5　羅天佑、梁操雅：《實地考察探究》（香港：學術專業圖書中心，2011），頁 7-12；亦參拙作《「嶺
　　南之風」實地考察課堂研究和編寫教材計劃》，頁 87-95。

第四部分

歷史教學與今日社會

討論與歷史思維能力的培養
——大學歷史教學方式的嘗試與反思

劉龍心

東吳大學歷史學系

引言

我想任何一位在大學教授歷史的老師都一定或多或少有過一個共同的經驗，那就是無論我們如何努力，歷史都是「講不完的」。講清史，到了學期結束，滿人還沒有入關；講明史，一學年過去了，朱元璋還在鄱陽湖大戰陳友諒。這些聽起來像是笑話的事，確是我們念大學修斷代史時很普遍的經驗，而我們的學生時代也就在這些歷史的「斷簡殘篇」中，自行補綴未完的篇章。大學和中學不同，在大學教授歷史不像在國中、高中，有固定的教材，一定的篇幅，教師必須按時分章講授，否則就趕不及學生考試的進度；看起來大學寬鬆得多，沒有固定的教材，講多講少存乎一心，但多數老師還是和中學教師一樣面臨「講不完」的困境，因為每位老師所講的，都是自己「平生所學」。撇開通史不論，教斷代史的，希望一個朝代能夠「有始有終」，教國別史的，希望學生對於該國的歷史有個「起碼」的輪廓，就連教個專史、專題課，也無不希望能多講幾個主題，讓學生多些了解。這都是認真的老師！但這裏牽涉到一個關鍵性的問題就是：大學歷史到底該教些什麼？以及怎麼教？

當我們一直抱憾歷史教不完的背後，其實潛藏着我們對歷史知識的誤解，因為誤把歷史知識當成是客觀的存在，所以才會相信學習者可以透過聆講或被動的吸收而獲得。然而事實上，歷史知識往往由個人的主體經驗建構而成，它和其他類型的知識一樣，是個人經驗和外在世界相互辯證之後的結果，帶有將個人經驗合理化的意義在內。因此，如果只是聆聽教師在台上講授，基本上很難形成由認知主體出發的歷史知識。即使課堂上授課教師所講授的內容，都是教師多年研究累積的成果，不同於中學千篇一律的課文內容，但對學生而言，這些歷史知識只是大學老師的，不是自己的！在這樣的情況下，那怕學生在期末考試時用功記下

平時課堂所學，取得了令老師滿意的漂亮成績，那些答卷上的歷史知識能與自己產生內在聯繫的恐怕也是微乎其微。

　　教書幾年下來，當我漸漸感覺到那些寫在考卷上與我觀點十分神似的答案，其實不具有任何意義的時候，我便開始對這種「老師講，學生聽」的教學方式感到疲憊且無力。那時有些人跟我說：「以前我們的老師不也是這樣教嗎？」是啊！「老師講，學生聽」這種缺乏互動的歷史教學方式真是源遠流長，至少我們都是這樣走過來的，所以有人說：「這樣教歷史也沒什麼不對，多少大學老師、知名學者也是這樣養成的；而且優秀的學生他自己也會思考問題，或在課堂上提問啊！」這話不錯，但問題也出在這裏，今天在大學裏教書的老師——也就是以歷史為專業的這些人，實際上可能只是當年歷史系班上少之又少的那幾個人之中一個，絕大多數（超過 90%）的歷史系學生，在畢業後都離開了歷史這個專業，四年歷史系讀下來，可能只是人生中一個美麗的錯誤。我們的大學歷史教育真的只為這 10% 的人而設的嗎？而其他那些超過 90% 不以歷史為業的人，他們學了歷史有什麼用？

　　「歷史有什麼用？」我想這可能是所有學歷史、教歷史的人都必須面對的問題。有一種說法一直以換湯不換藥的方式在歷史圈子裏默默流傳，前提是：「大學裏學什麼，不見得出社會就會做什麼。」所以歷史系畢業，不見得會從事與歷史相關的工作。這話表面上看來沒有錯，但學生們自然而理解成：讀歷史系的同時，應該多學些其他的本事，否則出社會是找不到工作的。於是從早幾年的編輯、新聞、傳播，到現在熱門的文創（文化創意產業），都成了歷史系學生在學時期的「第二專長」。可是，「第一專長」是什麼？好像就沒什麼人在意了。現在流行的雙主修或輔系，好像也是這麼個作用，歷史系看起來是主修，但骨子裏卻像是「配讀」。我的意思不是說歷史系的學生不要學其他的東西，只是如果歷史系本身對於自己的學科功能、學科意義、學科價值都不能深度反思，那麼又怎麼能夠怪社會上大多數的人不理解歷史呢？特別是大學歷史系畢業的學生中，還有相當比例的學生會投入中小學歷史科教學的行列，如果這些中小學歷史老師在大學裏就以為歷史知識可由單向的「言傳」而獲得，那麼在他們為人師表之後，又怎麼可能讓我們的下一代了解到歷史思考的價值，領略歷史是什麼的意義？當社會普遍缺乏歷史意識，批評歷史只是記憶、背誦之學時，大學歷史老師真的沒有任何責任嗎？在課堂上，我能不能試試別的法子讓學生動動腦筋，想想他們可能

早就習以為常的問題？就在這個時候，系上派給我一門「史學導論」課，藉着這門課我開始在大學部的課堂上嘗試以討論方式作為主要授課型態，並且在之後其他各種課，如「中國近代史」、「中國現代史」、「中國近代史學史」、「歷史敍事與通俗歷史」，以及「近代中國政治與文化」等課，也都盡量嘗試以討論為主的方式授課，最後連非歷史系的共同科歷史約六十人的大班課，我也經常以討論課穿插其間，主要目的不外乎是想嘗試以學生為主體，讓他們藉由閱讀、討論的過程，理解歷史知識的建構與個人經驗、時代脈絡之間的關係。以下便是我在課堂上曾經實踐過的幾種帶討論的方式，以及實際操作的方法。

討論課的準備及流程

在我的觀念裏，討論是閱讀的分享，對多數學生而言，沒有閱讀的討論是沒有意義的，因此我在絕大部分的課程中所進行的討論都是奠定在學生的閱讀基礎上，只有少數像「史學導論」這樣的課程，其中部分比較理論的單元，我才會安排學生在完全沒有閱讀的狀況下，挑戰他們在歷史認識論上一些很根本的概念，至於其他課程的討論課，都有先期佈置給學生的閱讀資料。在我看來，討論課與一般講授課最大的差別在於討論課是一種參與式的學習方式，一方面透過與他人交換意見的過程，整合自己和他人的看法，一方面也是梳理閱讀後自我反思反芻最好的機會。

一般在進入討論課之前，我會要求學生分組就坐。由於台灣多數大學的教室，都是因應演講課而設計，學生的座位都是一排排單獨面向老師，很難形成討論隊形，所以只要是討論課，我都希望學生搬動桌椅，以組為別，群坐在一起，方便隨時在課堂上進行討論，待學生就坐後，緊接着就進行討論（有關討論的方式我會在下一部分詳談）。原則上我希望同學們在上課之前先進行課外討論，進到教室後，在我清楚說明討論主題、討論方向和重點之後，就可以很快直接進入主題。但有時候像是共同科的大班課，同學來自不同的系級，很難在課前先行討論，或是上課過程中出現即興的問題，我就會在討論開始之前留下十至十五分鐘左右讓同學先行分組交換意見，再進行全班討論。為什麼這樣做？因為在我的經驗裏，台灣的大學生並不見得個個都有發言表達意見的習慣和勇氣，如果不分組坐，預留討論時間給各組，直接切進討論，老師一問問題，多數時候就是全班一

片靜默，要不就是固定幾位同學會發言，其他多數同學只管自顧自地低下頭去不表示意見，這樣的討論課便很難進行，到最後就只好老師自己講，完全失去討論課的意義。因此我覺得預留一點點分組討論時間給學生，是創造後來良好討論的先決條件。在此過程中，學生會比較敢於私下跟自己的組員交換意見，彙整彼此的看法，等到開始進行全班討論的時候，他們會比較敢發言。而且由於是採取分組就坐的方式，同學們在心理上容易產生比較有奧援的感覺，覺得自己的發言是代表全組共同的觀點，所以多數時候，討論過程並不會冷場，甚至還十分踴躍。而這時老師在課前預行準備的問題導向就非常重要，討論的成敗關鍵常常在此，導引得宜，就會形成有機的論辯，如果失去章法，就很容易形成各說各話的局面。

事實上，討論是一種參與不同意見的過程，學生可以在這個過程中表達自己的看法，也會把別人的意見編織進自己的思考裏，[1] 但是討論的內容也可能只是靈光乍現，思考的重整需要沉澱，因此在課堂討論結束後，原則上我都會安排一次單元作業，這份作業是課堂討論的延伸，但並不重複課堂討論的內容；有的時候這份作業會從課堂討論的課題出發，延伸並扣連到與這個單元主題相關的問題上，有時候是一個比較大的綜合性問題，需要同學們回去再思考或交換意見才能作答。這種作業可以是一組一份，也可以是個人作業，但前提都是經過課堂討論的過程。待學生交了作業之後，討論課的最後一個流程就是發還作業，發作業在我看來也是討論課當中相當重要的一環，因為學生在討論、寫作的過程中，融會了他人與自己的觀點寫成文字報告，這份作業裏一定有許多精彩或不盡如人意之處，或是他（們）也會渴望有機會可以和老師溝通的地方，如果學生只得到一個等第或分數，他的學習其實是並不完整的，因此在每個單元的最後，我一定會花相當的時間，以組為別或一個個發還報告，並與之討論作業中的觀點，才算完成一個單元的討論課。

幾種討論的型式

在歷史教學現場，可資討論的素材很多，可以是歷史文獻（史料），可以是

1　楊茂秀：《討論手冊》（台北：財團法人毛毛蟲兒童哲學基金會，2002），頁 21。

論文、專書、小說、一組類同主題的論文、反映最新研究成果的文章，或是電影或紀錄片等等，我都在不同的課上嘗試過。以下我即以幾個不同類型的例子具體說明我對討論課的一些構想和嘗試。

一、導引式的討論

此種類型的討論，原則上由教師先行預備討論方向或討論題綱，學生在課前閱讀事先佈置的文本之後，於上課伊始即進行討論。導引式的討論方式教師的主導性比較強，可以用在任何一種討論素材上，或是兩、三種不同的素材同時運用也有其效果。

例如我在「中國近代史」及共同科「東亞視域中的台灣與中國」兩門課中，都會提及鴉片戰爭這個單元，長久以來，學界習慣把鴉片戰爭作為近代的開端，或是中國走向近代化的啟始，此一觀點自是受到梁啟超、蔣廷黻、費正清（John K. Fairbank）以降「現代化論述」的影響，從而影響長期以來學界對於中國近現代史上各種事件、人物的詮釋角度，此說不但帶有明顯的西方中心觀，同時也是把中國近現代史放在一個線性發展的脈絡下來解釋，因此近代中國的歷史就是一部西方近代文明戰勝封閉落後中國的歷史。此一論述模式佔據中國近代史學界時日甚久，儘管當前的高中歷史課本試圖淡化此一論述模式，但以「現代化」觀點看待近代中國歷史的角度仍然深植在學生心裏。因此在這個單元裏，我便嘗試挑戰學生這種根深蒂固的觀念，希望他們重新反省這種從「現代化」概念出發的論述模式，而我的做法不是以講授的方式介紹「挑戰與回應」等西方中心觀，或是「現代化論述」模式的形成等等，因為想要靠着教師課堂講授，幾乎不太可能輕易改變學生長年累月以來深植內心的「心靈模式」。[2]

於是在這個單元裏，我要求學生在課前先閱讀蔣廷黻 1938 年所寫的《中國近代史》「總論」及第一章「剿夷與撫夷」，Timothy Brook 和若林正所編《鴉片政權》（Opium Regimes）裏 Gregory Blue 的〈英國人運往中國的鴉片〉兩種資

2　肯・貝恩（Ken Bain）著，傅士哲譯：《如何訂做一個好老師》（台北：大塊文化，2005），頁 45-48。

料，[3] 並於上課時播放謝晉於 1997 年執導的「鴉片戰爭」一片，[4] 電影一播完隨即針對影片進行課堂討論。由於這個片子只是一個引子，希望藉此了解同學們如何理解這部片子的論述角度和劇情結構，所以討論進行時暫不論及蔣廷黻和 Gregory Blue 二文，而是以導引方式向同學提問：

(1) 你認為「鴉片戰爭」這部片子如何看待鴉片？如何解釋鴉片戰爭？

(2) 片中人物如何看待中國？如何看待西方？

(3) 「鴉片戰爭」一片對於戰爭中戰 / 和的態度如何表現？對於人物的評價採用什麼標準（例如他是如何評價林則徐 / 琦善的？）

(4) 你能分辨何謂歷史事實（historical facts），[5] 何謂歷史詮釋（historical interpretation）嗎？這部片子的歷史詮釋者（interpreter）是誰？他為什麼這樣詮釋歷史？

(5) 這部電影是在什麼背景脈絡下產生的？它對於電影劇情的詮釋角度有什麼影響？

佈置這些問題最主要的目的是要提醒同學，不能只看到電影所鋪陳的劇情，更要意識到電影本身生成的脈絡，及其背後所代表的意涵。藉着電影劇情的討論，讓同學一步步發現電影中強烈的民族主義視角和現代化觀點，是在什麼樣的脈絡下形成的？1997 年由中港合資發行的這部電影，何以會採取這樣的詮釋角度和詮釋立場？電影中所描繪的歷史人物，對戰和雙方的歷史評價，觀看中國和西方在現代化進程中的視角，以及鴉片戰爭在中國邁向現代化途程中所扮演的角色等問題，與文本（電影）生成脈絡間有何關聯？

經過此次課堂討論後，再請同學於課後進行分組討論，並且配合蔣廷黻《中

---

3 蔣廷黻：《中國近代史》（上海：上海書店，1990）；卜正民（Timothy Brook）、若林正編著：《鴉片政權》（合肥：黃山書社，2009）。

4 外系共同科「東亞視域中的台灣與中國」一課，由於必須同時照看台灣與中國面臨的鴉片問題，於是以連雅堂的〈阿片新特許意見書〉（《台灣日日新報》漢文版，1930 年 3 月 2 日）一文取代 Gregory Blue 的〈英國人運往中國的鴉片〉。

5 歷來對於「歷史事實」的概念紛歧，這裏對於「歷史事實」的定義比較接近 Richard J. Evans 的觀點，也就是「一件發生在歷史上，而且，可以透過歷史所留下的線索來加以證實的事實。不管歷史學家是否做過這種證實的動作，都不損及其事實性；它的的確確是全然獨立於歷史學家之外而存在那兒的」。而理論和詮釋則是在事實變成事證（evidences）之處才發揮作用的，所以在 Richard J. Evans 的觀念裏，「事實在概念上是先於詮釋而存在，而詮釋則是先於事證而存在的。」參見理查·伊凡斯（Richard J. Evans）著，潘振泰譯：《為史學辯護》（台北：巨流圖書公司，2002），頁 89-91。

國近代史》「總論」及第一章「剿夷與撫夷」，請其對照蔣氏所論與電影和課堂討論的異同，目的是希望同學在經過課堂討論之後，回頭反思 1930 年代蔣廷黻的撰作是在何種脈絡下產生，而其書中論點又是如何受到此一脈絡的影響。藉此導引同學思考歷史知識形成的過程，以及蔣廷黻和諸多中國近代史撰作（包括歷史教科書）中的論點，又是在什麼脈絡下建構而成的。此次課後討論利用了學校所提供的教學網路平台，事先將下週要討論的題綱先行公佈，讓同學利用課餘討論，比較能夠聚焦在教師希望導引的問題上。

在這個階段中，有些同學曾誤以為我要同學們在讀完蔣廷黻之文後，找出電影「鴉片戰爭」中的「錯誤」。這當然不是我的本意，而且我覺得這是一個很值得注意的問題，因為此一反應說明了一般同學不但認為歷史一定存在着一種絕對客觀的版本，而且以文字表現的文本（如歷史著作）必然要比以影像表現的文本（如電影）來得可信許多。而這種對歷史知識的認知，在很大程度上與一般人認為歷史是記憶、背誦之學的觀念系出同源，也與學生長期在聽講課中習於把教師講授（或課本所寫）的內容當成客觀存在的真理是一樣的。我們的歷史教育的危機從這簡單的提問中便暴露無遺。

在學生們進行課後分組討論後的次週，我將課程分成兩個段落：前半段採取全班討論的方式，讓同學分組就坐，根據公佈在教學網路平台上的題綱進行全班討論。這個階段的重點主要放在蔣廷黻《中國近代史》論述結構及形成背景的分析，以及現代化史觀對近代史研究的影響等等。課程後半段則由教師授課，此時我配合 PPT 講授鴉片從古到今的變化，以及鴉片的原料——罌粟在歷朝歷代為人們所食、所用的歷史，[6] 並請同學們反思鴉片是在什麼情況下，由一般人認知的食品、良藥轉變成毒品的？以及這種觀念在中國、台灣、日本的差異。這一部分的講授主要是為了配合接下來的單元作業而作的鋪陳。待本次課程結束後，會以單元作業做為收束，請同學在閱讀過 Gregory Blue 的〈英國人運往中國的鴉片〉一文後，配合電影及蔣廷黻之文，回答單元作業之題：

（1）如果說鴉片戰爭是中國走向現代化（modernization）的開端，是中國邁向現代的起點，你同意這樣的看法嗎？請以電影「鴉片戰爭」和蔣廷黻《中國近

6　參見許宏彬：〈台灣的阿片想像：從舊慣的阿片君子到更生院的矯正樣本〉（新竹：清華大學歷史研究所碩士論文，2002）；許宏彬：〈從阿片君子到矯正樣本：阿片吸食者、更生院與杜聰明〉，《科技、醫療與社會》，第 3 期，2005 年 9 月，頁 113-174。

代史》「總論」及第一章「剿夷與撫夷」為例，說明你的看法。

（2）鴉片原有許多不同的功能與形貌：它可以是藥，可以是食物，可以是商品，有時甚至可以取代貨幣，或是作為消閒用品、藥用緩解劑。然而到了近代，鴉片原有的多義性卻逐漸消失，獨剩下「毒品」一種單一的面貌。請問導致此一變化的關鍵為何？而你又是怎麼看待這個變化？

最後在批改完學生單元作業之後，再利用個別發還報告的機會，和同學討論報告中的問題。以文字報告做為單元討論課的總結，主要是希望同學能夠將想法落實為文字，訓練其分析、綜合的文字表達能力，從而體會與實踐探索歷史的過程中，從閱讀、分析、綜合到表述的一套流程。

二、提問式的討論

提問式的討論方式與導引式最大的不同，在於討論進行之初，先由學生根據閱讀資料提問，再由教師依據學生的提問進行全班討論。這種討論方式絕不意味着教師不需要做事前準備的工夫，或討論進行的方向任由學生掌握，相反地，教師可能需要更有隨機應變的能力和帶討論的技巧，甚至可能在課前就必須以「同情的了解」，先行預想學生可能會有什麼樣的問題，並且事先設計討論主軸或是想帶出的核心概念，才能在討論失焦或衍生成漫談時及時拉回主題。以下有兩個例子：

在「近代中國政治與文化」一課中，其中一個單元論及晚清科舉廢除前後的社會變化，這方面的研究學界已有一些相當成熟的代表作，如關曉紅的〈科舉停廢與近代鄉村士子〉和 Henrietta Harrison 的 *The Man Awakened from Dreams: One Man's Life in a Norh China Village , 1857-1942*，以及羅志田的〈清季科舉制改革的社會影響〉、〈科舉制的廢除與四民社會的解體——一個內地鄉紳眼中的近代社會變遷〉等等。[7] 由於考慮到這是一門大四選修課，全程以討論課進行，如

7　關曉紅：〈科舉停廢與近代鄉村士子〉，《歷史研究》，2005 年第 5 期，頁 86-99；Henrietta Harrison, *The Man Awakened from Dreams: One Man's Life in a North China Village ,1857-1942* (Stanford, California : Stanford University Press, 2005). 羅志田：〈清季科舉制改革的社會影響〉，《中國社會科學》，1998 年第 4 期，頁 185-196；羅志田：〈科舉制的廢除與四民社會的解體——一個內地鄉紳眼中的近代社會變遷〉，收入羅志田：《權勢轉移：近代中國的思想、社會與學術》（武漢：湖北人民出版社，1999），頁 162-190。

果只是以學人撰作做為討論文本，似乎只能訓練學生綜合理解的能力，或是依循前人已經開拓的課題，無法開創學生的想像力，因此在這個單元中，改以閱讀上述諸文均曾提及的晚清時人日記──《朱峙三日記》和劉大鵬的《退想齋日記》，並以學生提問的方式進行討論。由於這兩種材料都是日記體，依年按月一天一天的記錄，資料十分瑣碎，因此在教師不設討論題綱的前提下，特別適合學生提問，將他們看到日記中的各個細瑣事件所反映出來的問題拿出來討論，並且藉由當事人的現身説法，學生更能深入體會晚清社會的變貌，以及像朱峙三和劉大鵬這樣的中下層地方鄉紳，在社會劇烈變動之際的人生抉擇和想法，這樣的討論除了讓學生試着將分散零碎的材料整合成一幅歷史圖景之外，也可以培養學生的對歷史的感知能力。

再有一門就是「歷史敍事與通俗歷史」的高年級選修課，一樣也是全程以討論課進行，不同的是，在這門課中我嘗試以一本專書做為討論對象，每週安排一定的閱讀進度，請同學按部就班讀完一本書。在這種形式的課堂上，我經常在上課之初先留十至十五分鐘給各組討論，再請各組將問題寫在小紙條上，收集各組問題並略事分類之後，隨即針對同學提出的問題進行討論。前兩年我上這門課時，用的是 Paul A. Cohen 的 *History in Three keys: The Boxer as Event, Experience and Myth*（《歷史三調：作為事件、經歷和神話的義和團》）這本書。[8] 選擇這本書的理由，是由於我覺得《歷史三調》這本書不光只是義和團事件的研究，而且兼具理論的反思，而這些反思又都是扣緊在他的研究對象上，所以對於初入學門，沒有什麼研究經驗的學生來説，有不少可以討論的地方。好比學生在「史學導論」一類的理論課裏，對如何做研究有一種常常有種「理所當然」的想像，雖然知道歷史不是客觀的，但還是認為歷史不能有任何一點想像、虛構的成分，所以當他們讀到這本書的第一部分「作為事件的義和團」時，由於 Paul A. Cohen 在這章中是以 Joseph W. Esherick（周錫瑞）《義和團事件的起源》的觀點為藍本，所以學生們只覺得這和他們認知的義和團事件沒什麼不同。但是當他們讀到第二部分「作為經歷的義和團」和第三部分「作為神話的義和團」時就感到很大的衝擊，因為這兩部分的角度是他們過去沒有想過的。特別是學生們在閱讀和討論過程中，體會到（義和團）歷史事件的參與者因為無法預見事情的結果和未來的發

---

8 柯文（Paul A. Cohen）著，杜繼東譯：《歷史三調：作為事件、經歷和神話的義和團》（南京：江蘇人民出版社，2000）。

展而感到恐懼不安，或是會不自主地將他們的經歷加以神話化，這種情形便和歷史學家帶着後見之明去觀看過去時，常常為了了解歷史、解釋歷史，而將歷史動向強加進自己的解釋體系是很不一樣的。[9]這種事件經歷者和歷史書寫者之間的差別，不但是歷史學者的盲點，同時也是歷史認識論上很難克服的問題，由於學生缺乏實際的研究經驗，很難從事件經歷者的角度來思考這個問題，此時如果只由教師在授課時論及，同學不會有太深的體會，唯有透過具體事件和研究者（Paul A. Cohen）自己的現身説法，學生在討論時的體會就會深入許多。

此外，某些習以為常的看法，也比較容易在提問式的討論過程中被凸顯出來，例如當學生們讀到義和團的「降神附體」之術和戲劇的關係時，作者提及義和團所請的神祇，有關帝、張飛、趙雲、孫悟空、豬八戒等民間戲曲或小說中的人物，因此 20 世紀初，不少敵視義和團的中國知識份子（如蔣智由、陳獨秀等）把民間戲劇看做導致義和團運動興起以及最終失敗的重要因素。[10]這段在教師看起來極為普通的陳述，對學生來説卻不太能夠理解，其中一位同學特別不能理解 20 世紀初的知識份子為什麼會有這樣的看法。此時教師如果告訴同學這只是五四新文化運動時期知識份子的偏見，並不能使學生就此明白歷史知識的建構性，以及新文化運動時期反傳統、講科學的話語脈絡對於此一觀念的影響。所以此時我將學生的個別提問擴大，請全班同學進一步討論：

（1）五四時人是基於什麼立場／觀點才會認為信仰民間戲劇中的人物是導致義和團運動興起和失敗的原因？

（2）五四時人的觀點對後人解釋義和團運動是否產生影響？

（3）想想我們自己一直以來是怎麼理解義和團運動的？而這種理解角度可能來自哪裏？

透過討論和教師有意的導引，學生才能體會歷史學者所詮釋的過去，經常受其所處時代觀念的制約；20 世紀初乃至五四時期的知識份子看待民間信仰，經常是抱持着啟蒙觀點和理性主義的角度，指斥中國傳統文化中充滿迷信、落後的成分，而義和團所崇拜的諸神在他們看來正是此種無知、迷信的表徵。因此當五四一代的知識份子從這樣的語境和脈絡出發理解民間信仰時，義和團運動當然只剩下顢頇迷信和非理性的形象，而近代以來所流行的進步史觀，更一再複製且

9　同上註，頁 52-53。

10 同上註，頁 88-91；281。

強化了五四一代人的話語形態，持續建構義和團盲目愚昧、仇外禍國的歷史形象，終至牢不可破。這些形象已成為學生「心靈模式」的既定成見，幾乎牢牢繫在我所接觸到的每一屆學生的腦海裏，無論多少次課堂講授希望辨析這樣看法的來源，效果都不大，而討論的方式至少比較容易讓學生自己覺察其中的問題。

歷史學者看似客觀的研究立場和慣常使用的分析手法，以及遠距離（後設者）的觀看視角，常常是歷史作品令人無感的重要因素。Paul A. Cohen 這本書中很有意思的一點，就是他透過義和團事件口述者的經歷，看到歷史事件參與者所經歷的過去是帶有強烈的感覺和感情基礎的，對照於此，歷史學者卻往往只從「事件」的眼光來看問題，對歷史缺乏感知與感受。而對歷史的感知、感受能力，我認為也是歷史思維方式相當重要，甚至更深層的部分，但是，受到學院化制式訓練的學生，由於接觸的多數是學院分析式的文章，因此對歷史經常是理解有餘，感受不足，這點在閱讀《歷史三調》中的「死亡」一章就清楚地表現出來。

我在進行「謠言」與「死亡」這兩章的備課過程中，可能覺得對二十來歲的大學生來說，死亡還是一個很遙遠的課題，所以猜想這週學生可能只能針對「謠言」這章提問，而「死亡」這章的問題恐怕極少，為了對付這種可能出現的狀況，備課過程苦思解決之道。而上課當天，一如往常一樣先收集各組提出的問題小條，收來一看，比我想像中更為嚴重，竟然沒有一組針對「死亡」這章提出任何值得討論的問題。我忍不住問學生理由，不少同學看似理直氣壯地表示：「作者不斷寫不同身份的人在各地經歷或目睹的死亡經驗，這些經驗看來雖然有點觸目驚心，但都大同小異，我們不知道該提出什麼問題。」聽了學生的陳述，讓我很快連想到史景遷（Jonathan D. Spence）在《婦人王氏之死》裏提到中國史學家早已發展出一套固定的格式來描述鄉村的苦難，在許多方志和官員的回憶錄中提及這些苦難時，常常只是「虛飾的修辭」，沒有「實質的內容」，[11] 讀之令人無感。由於學生閱讀「死亡」一章之後的反應和我料想的狀況差不多，我便將備課時苦思的對策拿出來實驗，於是當下我隨即改變原有討論模式，改發試卷給全班同學，同時播放兩段節錄的電影，一是 1962 年的老片 The Longest Day （「最長的一日」），另一片則是 1998 年拍攝的 Saving Private Ryan（「搶救雷恩大兵」），[12]

---

11 史景遷（Jonathan D. Spence）著，李孝愷譯：《婦人王氏之死》（台北：麥田出版社，2001），頁 44-45。

12「Saving Private Ryan」在中國內地上映時片名譯為「拯救大兵瑞恩」。

這兩個片子都是描寫 1944 年 6 月 6 日二次世界大戰時期同盟國軍隊登陸法國諾曼地（Invasion of Normandy）的故事，我並沒有播放全片，只剪輯了盟軍陸戰隊登陸奧瑪哈海灘（Omaha Beach）的那一段。

這兩部片子的拍攝時間相隔 36 年，無論在拍攝技巧、拍攝重點上都很不一樣，而我選擇在討論之前播放這兩部電影片段的主要原因，在於我希望同學能夠看出一樣描寫諾曼地登陸的兩部片子，卻用了完全不同的視角在觀看這場慘烈的戰役：「最長的一日」着重全局的描寫，極為周到，甚至「客觀」地分別描述了英軍、法軍、美軍登陸的細節，但「搶救雷恩大兵」卻只描寫登陸戰役中以 John H. Miller 上尉為核心的少數美國陸軍遊騎兵在搶灘中的戰鬥；前者以如同史詩一般的手法記錄戰爭場景，遠距離的鏡頭，含蓄的戰爭場景，面面俱到的詮釋方式，以及從決策者和戰場上領導者的角度出發，將電影當成是歷史「事件」現場的紀錄片。而後者卻完全省略了對二戰及諾曼地登陸全面性的描繪，彷彿把鏡頭拉到奧瑪哈海灘的一角，極為近距離地描繪一群名不見經傳的登陸士兵，以及他們的恐懼、戰慄、受傷、死亡，甚至是死亡過程中的肚破腸流，鏡頭中放大的殘肢，炸散的器官，血染的海岸，有如身歷其境的散兵游勇，無暇他顧，只能刻刻逼視自己的受傷與死亡。

夠敏銳的學生在觀看的過程中，便能約略領會到我放這兩部片子的用意，觀後 30 分鐘的現場心得書寫，多數同學雖不見得能夠把這兩部片子和閱讀的《歷史三調》中的「死亡」一章聯繫在一起，但擱筆之後的討論卻顯得熱絡起來，學生開始七嘴八舌交換起自己沉澱過後對於如何描寫死亡的看法。這時再帶領學生討論歷史學者如何在未經歷死亡，卻必須試着站在經歷死亡者的角度體會、感受當事人獨一無二的歷史經驗及可能遭遇的困難，Paul A. Cohen 為什麼會注意到 1900 年的暴力殺人事件，以及受害者、加害者和目擊者到底有何不同？這些記錄者記述的死狀和場面又有什麼差別等問題，進而請同學深入思考：當歷史學家習慣從「事件」的角度觀看過去時，寫出來的歷史會是什麼樣子？對照觀看的兩個片子，或許比較能夠讓學生了解，歷史研究者常常在不經意之間就忽略了對這些無法經歷的人事物的體會，在意的往往只是事件的發生、經過、影響，沒有體會、缺乏感受；或是急於解釋過去，把歷史的「發展」套進我們自己想好的框框裏，見天災、饑饉、戰亂以及人生獨一無二的經驗 —— 死亡，只能機械化地化約成一串統計數字，或是用顆粒無收、血流漂杵、十室九空、路有孚遺等慣用的

套語敷衍以對。而 Paul A. Cohen 正是以「死亡」一章提點讀者以「近距離」與感同身受的角度，領略人生中這種無法讓渡的經驗。

三、報告（presentation）式的討論

一般所謂的 presentation 指的多是口頭報告或是展演，而以下所談的 presentation 則是我將常見的口頭報告改良成具有討論形式的報告方式。這種形式的報告可以避免同學在台上報告過程中，其他同學漫不經心的狀況，並且創造講者和聽者雙向互動的機會，讓一般的口頭報告演變成有如討論的效果，我自己戲稱這種討論方式為「迴轉壽司法」。它比較適合運用在需要較長時間操作的課題上，例如一組相近觀點的文章、以某個概念為核心的主題式討論、閱讀報告，或是比較大型的學期報告，可以以個人為單位，也可以以組為單位進行。

我之所以戲稱為「迴轉壽司法」，實因其操作方式有如市面上半自助式的日式迴轉壽司，而實際上是一種巡迴報告模式。首先，必須將全班同學分組，人數不拘，但組數必須是雙數，再以單、雙數組區別為報告組和聽眾組。例如全班 36 人分成六組，可抽籤決定 1、3、5 組先為「報告組」，2、4、6 組為「聽眾組」。報告開始時，請同學事先將課桌椅安排成三大區塊（group），每一區塊各有 12 張座椅，3 組報告組先分別落坐在三個不同的區塊上，「報告組」（1、3、5 組）坐定後，再請 3 組「聽眾組」（2、4、6 組）挨着報告組坐滿剩下的空位，其後即可開始進行。

「報告式的討論」，報告時，可依主題或時間長短決定每組報告時間，假設預訂時間為 20 分鐘，則在時間開始與結束時，各以鈴聲示警。結束鈴響，3 組「聽眾組」坐在自己的位置上不動，3 組「報告組」則在結束鈴響後，順時針移到下一群，對另一群的聽眾組報告，如此巡迴三次之後，即可調轉報告組和聽眾組的角色，方法不變。

這是一種寓討論於報告的方式，報告組必須清楚說明自己準備的報告內容，並在規定的時間內言簡意賅地表現出來，而聽眾組也不能枯坐在位置上聽而不聞，必須在報告組結束後提問，並於下課前交出提問單。此一方法一方面可免除同學們報告時，除教師之外，其他同學漠不關心、置身事外的態度，讓報告成為一種討論的過程，能讓全班同學共同參與。而且報告組透過幾次巡迴報告的機

會,可以愈講愈好,愈講愈有條理,在報告組和聽眾組角色易位時,亦能形成相互評覆的機制。在此過程中,教師可以隨機選擇某一區塊落座之後不動,所有的報告組便一定會經過教師面前,教師不但可參與發問,也可給予評分。

此一報告形式,可以用在二三十人的小班課上,人多的大班課亦無不可,一般而言效果都很不錯,同學的表現和反應也較為活潑,多能在準備期間多次演練,盡力在巡迴報告的過程中把握機會表現。我曾在不同形式的課堂上都嘗試過這種「迴轉壽司法」,主題從期末閱讀報告、物質與現代性、古蹟與歷史建物,或是文化創意產業等等都有,可以視情況調整組別人數和報告時間。

結語

我承認,以討論方式授課的確很累,在大學教師必須同時背負研究、教學雙重壓力的今天,討論課的授課型態絕對比準備一般講授課所花去的時間多上好幾倍,其中的理由不光是備課花掉的時間和工夫,也在於逼迫自己在研究上的精進和體會,因為大學裏教的是自己的研究心得,沒有相應的研究成果和研究體會,討論課勢必難以為繼。在這些跌跌撞撞的嘗試過程中,有成功的例子,但失敗的經驗也不遑多讓,面對學生固若磐石的「心靈模式」經常倍感挫折,種種來自學生的挑戰也令我應接不暇。或許這些不足為訓的實驗,只是為了讓多一點人明白歷史是一門教人如何思考,培養人生視野的學科吧!

歷史教材編寫宜免囿於黨派觀點

陳佳榮

現代教育研究社

引言

歷史是事物發展的真實過程。中外歷史學家司馬遷、希羅多德等，都秉承直筆書史的優良傳統。但在武力、權力、財力操縱的社會，主流輿論均須以統治者的意志為依歸。在古代，中外無不以帝王的「是非」為是非，故「正史」不正。近代以來，社會雖常號稱自由、民主、共和，但未能擺脫政黨政治的巢臼，凡事非黑即白，難以客觀、公正、真實地評史、書史。例如，1949 中國內地政府的轉換，中共說是「解放」，台灣謂之「淪陷」，香港則稱「政權易手」。鑒於歷史教科書是培養青少年的奠基作品，宜採用穩定的科學成果及結論，因此必須避免囿於黨派觀點，還歷史以清白。是故本文乃從教材的原則、黨派的弊端、人事的定性、用詞的考慮、史事的闡述、史料的採擇諸方面，羅列中外部分歷史事例，以闡明筆者的看法，冀與歷史、教育界全仁交流，並獲得大家的指正。

這是一篇沒有完成的文章。筆者就此題目所示論點，提出了許多問題；而每個問題若認真考訂，應均為一篇遠超拙文的宏文。憑筆者的功力、精力乃至人生餘下的時日，絕計完成不了這樣一篇龐大文章。是故，只能滿足於在有限的篇幅中，逞逞口筆之欲，興之所至提提感想，徒費大家的寶貴時間和眼耳之勞了。

筆者所以設下此種論題，乃有所感而發，與平生經歷不無關係。敝人早已年逾古稀，從入讀廈門大學至今，修治中外歷史近一甲子，畢生專於史學、廣編教材、閱世滄桑。以經歷時代論，由國民政府 —— 中共領導 —— 港英政府管轄 —— 香港回歸祖國。由於人生歷程的複雜，涉獵的思想包括太史公曰 —— 三民主義 —— 共產主義 —— 自由主義。就內心而論，對於治史的目的、學識、方法，最想堅持的是司馬遷、希羅多德等直筆書史的優良傳統。可是在武力、權力、財力操縱的社會，主流輿論均須以統治者的意志為依歸，即以號稱華人世界最自由的香港來說，教材編寫亦須受官方審定，未能完全自由發揮。是故，筆者

乃以六七十年來的所觀所感，用治史切忌的黨派偏見為鵠的，列舉諸多事例作為引玉之磚，冀收交流、互動、求教之效。

論題的立意

本文論題範圍不限於中國近現代史，而廣含中外古今，但以中國現代史為重點，並偏於教材。說是教材，包含課本、習作及各種媒體教材教具，以中國內地及香港為主；題名黨派，以現代史為主，然亦包括個人、家族、地方、民族、國家偏見。

全文不引論說或經典出處，非正式學術論文，只就親身閱覽、經歷談感想體會，以供參考。所提人、地、時、事、物及因果，只憑自己的歷史觀點、學識、和接觸的資料提出問題，未必作出結論，可供未來繼續探討研究。

教材的原則

一般而言，教科書的編寫應反映穩定的科學成果，不求標新立異、不強調個人見解。歷史課本導出的治史結論應客觀、真實、公正、透明，易為大多數人接受，所編史事要盡可能貼近史實，深入淺出，鋪陳有序，敍事簡明，圖文並茂。

胡適有云，治學原則為「勤、謹、和、緩」四字：除勤快、嚴謹外，要做到立論平和、緩下結論。這也是五四新文化運動流行並傳下的精神，包括「有幾分證據說幾分話」，「大膽的假設，小心的求證」。總之，評論歷史，切勿因人廢言、用小否大、以偏概全，也不以蓋棺而論定。

黨派的弊端

在階級社會，包括古代的「家天下」乃至近代的「黨天下」，治史的一大弊端即囿於黨派偏見。這是因主導各黨各派背後的階級之政治、經濟利益不同所致。在中共領導的社會，言必稱馬恩列斯毛鄧；在西方社會，則言必稱希臘羅馬或言必稱美英法。

除了此種「非東即西」傾向，囿於黨派觀點的現象還有：為了一黨之私利，篡改史實、顛倒黑白、妄下結論；採取不是即非、非黑即白、非贊即反，否認中和、客觀之道；以成敗論英雄，成則為王、敗則為寇，由勝利者書寫前朝歷史；為了一己、一家、一地、一族、一派、一黨、一國利益，常常否認或曲解史實和真理。

毛澤東曾云：「凡是敵人反對的，我們就要擁護；凡是敵人擁護的，我們就要反對。」英國人則常謂沒有永遠的朋友，也沒有永遠的敵人，但畢竟以永恆的利益為依歸，亦未夠公正。

人事的定性

鑒於個人、家庭、地方、黨派、團體、階級、民族、宗教、國家利益的不同，或立場、觀點、角度、視野有別，對許多人事的看法或評價常常會出現頗大的落差。下面舉出一些例子，以供考慮、斟酌。

在先秦時期，李斯曾發表《諫逐客書》，令秦王除逐客之令，該文向為諸家文集列為上選，後來李斯輔佐秦王一統天下，包括文字等也廣被歌頌。其實李斯之為政雖尚稱成功卻未得善終，至其個人政治品質可非議者則甚多。他一面勸秦王要善用客卿，一面卻妒嫉並害死投秦之客卿韓非。斯與韓非份屬同窗，正當秦國用人之際，他卻因妒嫉而排斥賢良、害死韓非，可謂自私、卑鄙；斯本屬文人儒生，正當秦朝亟需實行文治之際，他卻鼓勵秦始皇焚書坑儒，確實殘忍、暴虐；斯以丞相而隨君出巡，正當始皇危亡、國本動搖之際，他卻勾結宦官、廢長立幼，終於導致秦之速亡，而自己亦為二世、趙高所殺，真乃可恥、可悲。其他若龐涓之害孫臏，害人最終害己，更毋庸置評。

先秦史上，尤其是六國被滅之際，誰是「英雄」？誠然，當時由分治走向統一乃歷史大勢所趨，而秦之一統則是「野蠻征服先進」規律的又一例證；唯歷史學絕不可以成敗而論英雄，更不可以今日統一等現實政治需求來篡改歷史；至於文史工作者，則須本着藝術、學術之良心，直筆書史、演史，不能墮為歷代朝廷御用之鷹犬，如李斯流。詎料今竟有所謂電影藝術大師，將暴君秦始皇美化為天下之「英雄」，把反秦者一一貶為對抗歷史潮流的庸夫俗子，這豈非以荊軻等烈士的鮮血作為獨夫民賊暴君祭壇的貢品？是可忍孰不可忍！

　　秦漢之際，劉成項敗也是另一個可否「以成敗論英雄」的範例。如果吾人不以成敗論英雄，則項羽實為一頂天立地之男子漢，劉邦不過是私德不足論的市井無賴。以亡秦之功而論，項羽當居首位，如無項羽鉅鹿之全殲秦軍主力二十萬，劉邦安能順利西向如入無人之境？難道可以因此而譴責項羽之殘暴嗎？項羽在鴻門宴放走劉邦，往往被譏為「婦人之仁」；他沒有獨霸天下而廣封眾王，則被視為「不合時宜」；他在以鴻溝劃分楚河、漢界，遵守諾言解兵東歸，被說成「缺乏遠大志向」；他因無顏見江東父老而自刎烏江，被當作「怯弱」的表現。其實這些正從另一角度說明項羽乃一勇敢、誠實、仗義、自尊的正人君子，是故李清照之絕句有云「生當作人傑，死亦為鬼雄。至今思項羽，不肯過江東。」反觀劉邦，在失利時卑躬屈膝、動搖逃跑，在得意時背信棄義、殘害功臣，從倫理道德來看，確實難以恭維，惟因其善於揮長藏拙、投機取巧，能聚蕭何之深、張良之謀、韓信之詐、陳平之詭，冶於一爐，融會貫通，終於贏得天下，於是被認為所作所為「切合時宜」。後世重視的是他的成功，而以其陰狠奸詐為細小瑕疵。

　　唐玄宗與楊貴妃是歷史上帶有浪漫色彩的宮廷戀人。唐明皇因不愛江山愛美人，而令自己一生被分成或褒或貶的兩截。但後半截雖引致安史之亂、丟了帝位，卻賴白居易的詩作而得以名垂千古：「在天願作比翼鳥，在地願為連理枝。天長地久有時盡，此恨綿綿無絕期」。惟若逆評《長恨歌》的話，唐玄宗是根本不配消受如此歡頌的。雖然他下令貴妃自縊係出於被迫，但若兩人相愛十分真摯，作為男子更兼君皇的他竟不能保護自己的心上人，簡直不可思議，更遑論由他充當劊子手親自下令逼紅顏知己自盡了。人們也許會說，他這樣做是為了惜命保位，既然如此又何必奢談什麼「天長地久」的愛情呢？大丈夫生當何歡、死又何懼，想年輕時的李隆基在平定韋后、太平公主等亂時表現得何等英勇果敢，而晚年卻靠處死心上人來保全一具無心的殘軀，皇位丟失固不足論，後來竟蒙受被宦官強逼遷宮之羞辱，簡直生不如死，終於憂憤而死，嗚呼哀哉！

　　學習國史，常被教導應崇敬岳飛、文天祥一類的民族英雄。英雄既標上「民族」二字，顯見不同民族觀感有異。漢族認為的英雄，女真、蒙古卻未必苟同。猶記 20 世紀 50 年代，一些少數民族民眾聽見播說「楊家將」，竟有把收音機砸了的。成吉思汗及拔都等雖以西征而攻打亞、歐好多地區，但卻是蒙古人崇敬的英雄人物。

　　在歷史上，篡位的「亂臣」而有大作為，如明永樂帝、清雍正帝，又當如何

評價？明成祖造就了「永樂之治」，其遣鄭和下西洋堪與漢武帝派張騫通西域、唐太宗被尊天可汗相媲美，然以靖難而奪權、用誅十族加諸方孝孺，卻難辭其咎。清世祖治績也屬「康雍乾盛世」，惟弒父奪位疑案迄今揮之不去，其所造文字獄而作《大義覺迷錄》，後來則被其子乾隆帝所回收。

有時為了當前政治需要，而改變了歷史界昔日之評價。如鄭成功原為「反清」、「抗荷」的雙料民族英雄，現只強調其抗荷的一面。反之，兩度出賣鄭氏、最後降清的施琅，因當今「統一」需要，而被人捧為「施大將軍」。

太平天國史事亦多撲朔迷離。如洪秀全及楊、韋之亂的平定，或謂洪口詔韋昌輝平定楊秀清，然後殺韋以滅口；但也有的認為洪口詔是孤說無憑，楊是洪「親密戰友」，韋是「階級異己份子」，故後來有「東（王）昇（天）節」。至於忠王李秀成是否不忠，曾國藩、李鴻章是否投靠洋人而賣國？都值得進一步分析。

馮玉祥、張學良也是中國近代史上評價紛紜的人物。馮玉祥出身直系而反直，他應否逼清末帝出故宮？他由反蔣而擁蔣，由容共而反共而親共，又當如何評價？張學良對東北軍不抗日負何責任？他在西安事變捉蔣而兵諫，被中共讚為民族英雄，但卻始終被國民黨政府軟禁，其一生真偽復誰知？

在世界史上，同樣有民族英雄問題。拿破崙在法國大革命末期，殺向外國，佔領歐陸乃至莫斯科，雖傳揚自由主義，卻也激起民族主義。英人 H. G. 威爾斯在《世界史綱》中，視之若蠅蚊、蟲蟲，然今日法蘭西首都巴黎的凱旋門屹然矗立。希特勒呢？其背景和戰果和拿氏相若，過了一百年後德國人又待之如何呢？

蘇聯共產黨的領袖斯大林，今多被視為獨裁之暴君。然七十多年前，在德軍包圍下、炮火紛飛的莫斯科紅場十月革命閱兵式上，正是他以大無畏氣概發出反法西斯的最強音；當年在德軍鐵蹄下的西歐民眾，也是日夜呼喊着「斯大林格勒」而憧憬着未來。是故凡人凡事均應作一分為二的多面評析。

評介歷史人物，還有古代的立德、立功、立言三標準。立功者如唐太宗、毛澤東流；立言者像李白、蘇東坡一類。然在古人看來，均不如立德者為甚。所謂「立德」，古今有顏回、雷鋒等範例。前者無甚學說留下，卻被尊為「復聖」；後者無甚功勳，且因技術而殉難，卻以「為人民服務」而盛名長久不衰。至於是否盛名之下其實難副，那就仁者見仁、智者見智了。

用詞的考慮

因為立場、觀點、方法有異，對歷史事件、現象所用的詞語也常褒貶不一、千差萬別。

對於歷代農民戰爭，1949 年後的中國內地或海外，褒貶之稱常相對立。如東漢末的黃巾軍，內地稱「黃巾起義」，台灣稱「黃巾暴亂」。香港常用「起事」或「暴動」，比較中性，如中共的 1927 年 8 月 1 日「南昌起義」也常自稱為「南昌暴動」。

1924 年，孫中山在中國國民黨第一次代表大會上制訂了國共合作的「三大政策」：其表述國民黨稱「聯俄、容共、扶助農工」，共產黨則謂「聯俄、聯共、扶助農工」。後來國共分裂，國民黨稱對方為「共匪」，共產黨則反稱對方為「蔣匪幫」。

在 1927 至 1937 年國共十年武裝對抗，或 1946 至 1949 年全面內戰時期，國民黨把武裝進攻稱為圍剿或戡亂；共產黨則將兩詞圈引為「圍剿」、「戡亂」，或稱土地革命戰爭、解放戰爭（或與北伐戰爭分別稱為第一、二、三次國內革命戰爭）。

抗日戰爭爆發後，國共實現第二次合作。1937 年 7 月 22 日，中共發表了〈中國共產黨為公佈國共合作宣言〉，但國民黨報刊則稱〈共赴國難宣言〉。

在 1946 至 1949 年全面內戰時期，國民黨稱己方為國軍（國民革命軍），稱對方為匪軍或共軍；共產黨稱己方為解放軍（中國人民解放軍），稱對方為蔣軍或蔣匪軍。

1949 年中華人民共和國建立，國民黨稱大陸「淪陷」，共產黨稱「解放」，香港則用「大陸政權易手」。此後，中共稱代表中國，海外則常用中共政權稱之。

1949 年 12 月，國民黨遷台，仍自稱中華民國。但中國內地乃至 1997 年回歸後的香港，則將台灣民選的元首加括號，作「總統」。

建國後，中共長期自稱為「偉大、光榮、正確的中國共產黨」。海外則常用「偉、光、正」予以簡化；對於馬克思主義——列寧主義——毛澤東思想，則簡作「馬列毛思想」。

1989 年的六四運動：民主派稱為「六四天安門民主運動」、「1989 年民主運動」；中共始稱「反革命暴亂」，後稱「天安門清場」或「天安門風波」；香港教

科書現多作「天安門事件」。

1997 年香港的中英政權交接，常被簡稱為「香港回歸」或「香港回歸祖國」；但按中央政府的提法，應為「中國對香港恢復行使主權」。此前，香港常用中港兩地、中台兩地或中港台三地等語；此後，則規定教科書須稱「中國內地與港澳台」或「內地與港台」等。另有「（台灣）海峽兩岸」或「兩岸三地」、「兩岸四地」等俗稱。

史事的闡述

黨派利益和觀點，更常常導致史事闡述的偏向或誤差。

對於 1840 年爆發的中英鴉片戰爭（香港或以 1839 年為開始），海外常謂為兩國貿易觀念不同所引致；至於香港島的割讓，過去香港常以 1841 年英軍登陸為始，內地則繫於 1842 年《南京條約》的簽訂。

太平天國失敗的原因，海外常以消滅名教而非之，中國內地則以反孔批儒為進步作為。

關於 1899 至 1901 年的義和團事件和八國聯軍之役，中國內地長期以義和團為愛國運動，海外則以為是盲目排外。至於美國將庚子賠款用於辦學，中國長期認為是虛偽行為，目的在於培養親美的民主個人主義者；但有些流亡海外者，則視若對中華文化「恩同再造」。

日本在 1931 年發動侵略東北的「九一八事變」。當時中國下令不抵抗的是誰？有的說是蔣介石下令不抵抗，有的說是張學良下令不抵抗，有的說是蔣介石讓張學良下令東北軍不抵抗，香港有的教科書則作「國軍奉令不抵抗」。

中共黨內許多歷史公案均長期諱莫如深。其中 1935 年 1 月遵義會議的結果，即其犖犖大端者。一般均謂此次會議確立了毛澤東在黨內的領導地位，但具體任何職則不說。其實從黨內言，乃由張聞天接替博古在黨內負總責；就軍事說，仍由中央軍委主要負責人朱德、周恩來指揮軍事，周恩來是下最後決定的負責者。會後不久，決定毛澤東為周恩來的軍事指揮上的幫助者；隨後，又成立了由周恩來、毛澤東、王稼祥組成的三人團（又稱軍事指揮小組），周恩來任團長。因此，說遵義會議開始了張聞天、周恩來時代亦不為過，到了延安時期才發生新的變化。

　　抗日戰爭中的國、共貢獻問題又是一大公案。在 1949 年後內地的書籍中，到處可見中共八路軍、新四軍承受抵抗日軍主力的論述。但中共宣傳的平型關大捷才滅日軍一千人，彭德懷的百團大戰又被批評為消耗自己的實力，難道靠地雷戰、地道戰就可打敗敵寇主力？至於國民黨參加的台兒莊、淞滬、長沙會戰，哪次不是殲滅日軍數萬？後來中共中央總書記胡錦濤《在抗戰勝利紀念大會上的講話》（2005 年 09 月 03 日）還算客觀：「中國國民黨和中國共產黨領導的抗日軍隊，分別擔負着正面戰場和敵後戰場的作戰任務，形成了共同抗擊日本侵略者的戰略態勢。以國民黨軍隊為主體的正面戰場，組織了一系列大仗，特別是全國抗戰初期的淞滬、忻口、徐州、武漢等戰役，給日軍以沉重打擊。」

　　1950 至 1953 年朝鮮戰爭，也有何方先開槍的問題。當時北朝鮮推出美國務卿杜勒斯視察三八線的照片作為美韓發動戰爭的憑據，後來知道並非當年所攝（猶如文革初以陳毅照片換成陶鑄之首）。戰火點燃後，北部人民軍一下就攻下漢城、直抵釜山。20 世紀 80 年代初，筆者曾面晤北京大學東語系楊通方教授（1950 年正在漢城留學）求證，他認為至少有目擊三例説明非南韓挑戰：戰爭爆發後南韓軍方要放假士兵報到、南韓盟友紛紛詢問發生何事、南韓官太太逃難無車。北朝鮮原擬效法中共，一舉統一半島，渠料美軍反在仁川登陸、拿下平壤，方有中國抗美援朝之舉，但蘇聯也與有力焉。據披露的檔案，蘇空軍死傷千人，其飛機擦換成中國軍隊標誌，志願軍空戰業績絕非單靠張積慧等所可奏效。

　　1957 至 1958 年反對資產階級右派分子的鬥爭，現時中共輿論仍認為是必要的、及時的。儘管文革後平反，認為 55 萬多右派，除儲安平、章伯鈞、羅隆基、林希翎等 90 餘名外均屬錯劃，為何因不足 100 而犧牲 55 萬，且至今仍不得翻案。看來並非為維護中共或毛澤東的威望，因為連十年文革都要毛背上主要責任了。據了解，鄧小平時任中共總書記、全國反右辦公室主任，反右罪責渠恐亦難逃。

　　1958 年大躍進等三面紅旗所造成的死亡人數，又是一個難解之謎。據海內外專家研究，並輔以官方披露的 1959 至 1962 年間非正常死亡人數，應在三、四千萬人間。怪怪，一個八年抗戰才死千多萬人，而在和平時期的神州大地，竟餓殍哀鴻遍野。歷史研究於此，真屬欲號無聲、想哭無淚了。

　　另一場十年浩劫：1966 至 1976 年無產階級文化大革命，疑點更多得不可勝數。首先是關鍵的起因，海外多沿歷史規律認為主要是權力之爭，毛澤東要奪回大躍進失敗後失去的權力。但擁護毛澤東的左派，包括其「孫」毛新宇將軍，

則認為是為了反修防修。連對毛的評價，毛新宇博士都認為是八二開（功績佔80%）。

香港人素有「六四情結」。其實香港史也有些問題長期沒有較佳的結論。例如「六七暴動」，從文革初期的影響說，它屬於極「左」思潮的範疇，與北京紅衛兵衝擊駐英代辦處如出一轍；但在英國殖民統治下的香港，反抗英國殖民統治的鬥爭又怎可否認？另如 1997 年回歸前的中英爭拗，彭定康的政改方案如何評價？「車毀人亡」說未必應驗，被稱為「千古罪人」者後來竟被邀請到中共中央高級黨校作演說，真是數年人事一翻新。

近現代戰爭導火線或事變起因，中外均疑點多多。兩次鴉片戰爭乃至九一八、七七等事變的開戰藉口固不待言，希特勒的國會縱火案亦無須多說。就拿現代美國發動的多場戰爭，就呈現波譎雲詭之勢。據事後公佈的檔案，美國介入越南戰爭的越炮艇襲擊美艦事，乃美國一手炮製。進入 21 世紀，伊拉克戰爭導因的真相更在世人面前歷歷於目，美國仗以出師的大殺傷力武器、與拉登恐怖基地組織相勾結等名堂，均屬子虛烏有的造假情報。

還有一個歷史現象常懷心間，卻因資料不足未敢詳論：為何戰敗者反先發達？近代拿破崙戰敗了，但法國卻先戰勝者奧、普、俄發達起來，是否與法國人掠奪歐洲大量財富，並轉為私人原始積累的資本有關？德、日在二戰中戰敗，據說德人把掠來的財富存於瑞士銀行，日人將大量黃金藏在南洋一些地方，故國家雖窮（但不必賠款），私人資本卻發達了。如拿國民黨遷台後的作為，似更易觀察，台灣在亞洲的騰飛，除國民黨戰敗的反思、推行贖買而土改，及以領導全國的經驗、人才來管治彈丸之地，資本的雄厚應是重要原故，當時國民黨曾將全國的黃金、美鈔分數批解往台省，澆灌在這一片熱帶的綠色土壤之上。如果上述推測有點點可取之處，則無疑為下列悖論提供新的例證：「革命是對內的侵略，侵略是對外的革命。其本質均在改變所有權」；「軍刀或槍桿 —— 永恆的致富奪權之無煙工業。盜娼 —— 積資 —— 富裕 —— 文明 —— 民主」；「大國搶 —— 對外掠奪，小國丐 —— 對外逢迎。大國盜 —— 發動侵略，小國娼 —— 發展旅遊」。

史料的採擇

隨着黨派、階級、民族、國家利益的轉移，有時不僅限於史事的評價，就連

據以論史的資料採擇，也會出現南轅北轍的狀況。

在涉及領土、領海爭端的外交鬥爭中，最可靠的手段自然是實力，以及用信史為基礎而推論的文獻記載。例如，最早記載南海諸島地貌「漲海」的著作，並非東漢楊孚的《異物志》，該佚名《異物志》殘文乃輯錄自東漢末年或吳時萬震的《南州異物志》詳文。另最早記及釣魚島的，並非成書於 1593 左右的《順風相送》（該書非完成永樂年間，有四處「佛郎」字樣可斷其成書於 16 世紀末期），而是洪武年間移贈琉球的閩籍三十六姓船工的針路簿中（琉球華裔程順則《指南廣義》有詳載）。

太平天國史上一大疑案「忠王不忠」，繫於忠王李秀成《自述》真偽。他在被捕後於獄中所寫或有悔意或諛詞，有論者認為係被曾國藩所篡改，但戚本禹等在文革開始前後則言之鑿鑿，把李秀成釘為叛徒。

所謂「列寧遺囑」也值得研究，為何他對斯大林印象不佳，而斯大林卻能當上總書記。至於列寧對托洛茨基、季諾維也夫、布哈林等人的評語，以及托、季、布和基洛夫等案真相又如何？曾稱斯大林為「生身父親」的赫魯曉夫，他在 1956 年蘇共二十大秘密報告中對斯大林的揭發，究竟可靠程度如何？

希特勒的國會縱火案及國際共產領袖季米特洛夫在法庭上的抗辯，也是轟動一時。但其真象，連同蘇德簽訂互不侵犯協定的內幕，以及蘇軍攻佔波蘭領土，也都是史家應予繼續研究、判定的史事。

繼陳獨秀的中共第二任領袖瞿秋白，後被國民黨逮捕並犧牲。他在身處囹圄時，曾寫下《多餘的話》。其中一要點，係說明自己素喜文藝、無心政治，因識俄文、翻譯列寧著作而被推上政治舞台，每存厭倦而身不由己。如果結合瞿氏生平、志向、性格而觀，此乃彼之真情流露；但卻不為毛澤東等所諒解，視之若失節叛變。

林彪是中共黨史另一個熱門人物。林彪的「四野」（第四野戰軍）和彭德懷的「一野」都是毛澤東秋收起義後發展的嫡系部隊，但最終都被毛自斷左膀右臂。林之赫赫戰功不容否定，但其在文革前後之阿諛逢迎和陰謀詭計卻萬難恭維。至於他是否想發動政變篡黨奪權，或者死得是否得值，倒是可由史家討論而不必拘泥於原有的結論。例如與他合稱為「林陳反黨集團」的陳伯達，就有點冤枉。至於批林批孔，林彪是否借孔子克己復禮搞復辟，看來也未必。不過，毛澤東在 1971 年九一三事變後，拋出給江青的信來自我解脫則屬枉然，信中稱林彪

為「我的朋友」，並非外於「同志們」的「朋友們」，而是高於一般同志的「親密戰友」。反正林彪由毛欽定的接班人，變成篡黨奪權的陰謀家，已為毛澤東思想的「戰無不勝」提供了一個絕大的反證。

在文革各個階段，均有江青等反周恩來的舉動，從反對「二月逆流總後台」、最大保皇派，到批林批孔「批周公」，均殺氣騰騰、不可或止。江青反周的總後台又是誰？人們常以韋昌輝背着洪秀全而殺害天王的「親密戰友」楊秀清，來比喻林、江之流乃背着毛澤東而反周，其實大謬不然。周、毛自長征前後就份屬冤家，毛借同鄉、親信劉少奇（長征時才是福建省委書記）在延安批倒周；劉在爬上第二位後開始不提毛的思想，故毛在文革之初用周來整劉，對周而言乃正中下懷、樂觀其成；劉倒後正要解決周等老幹部，孰料冒出林彪此不爭氣的叛逆小兒，只好再次用周來平衡黨內勢力；文革後期，毛重拾反周念頭，然周的威望已扶搖直上、今非昔比，並演成四五清明的天安門悲壯之劇。由此不難看出江青之流反周鬧劇此起彼伏之端倪。

更有進者，就連毛澤東給華國鋒的紙條「你辦事，我放心」，作為其合法繼承權依據的，竟也有另外的版本。據陳伯達後人著書，指出此條的全文是「你辦事，我放心。有問題，找江青」，言下說毛想以江青作中共中央主席，這與王、張、江、姚「四人幫」被捕後傳達的毛批指示又大相逕庭了，未知孰是！

也並非只有中共文件才有矛盾之處。有些書號稱第一手資料，是否全都可靠也未必。如海內外流行的李醫生回憶錄，其內容有些顯非其地位所可聽聞，另醫生的職業操守可否透露病人某些私隱亦可圈可點。依筆者看，該書中至少有兩大事實失誤：(1) 1949 年十一，他五點起身參加新中國成立慶典，其實第一次國慶時間在 10 月 1 日下午 3 時；(2) 他說《五一六通知》在 1966 年 5 月 16 日公佈，又錯，《通知》第一次公佈時間在 1967 年的週年紀念日。雖說醫生不熟政治，那就不要摻和其中吧。

在外國，也有些圖書的真實性，值得探討。例如 1990 年，英國學者大衛‧塞爾本（David Selbourne）看到一部手稿，說是中世紀猶太商人雅各‧德安科納（Jacob d'Ancona）由意大利來華，於 1271 年到達光明之城（或以為即泉州），留下了紀遊之作。該書收藏者不肯公佈手稿，但卻允許塞爾本於 1997 年發表英譯本 *The City of Light*（Little, Brown and Co. 出版，中譯本《光明之城》於 1999 年由上海人民出版社出版）。此書出版後，讚毀不一，或以為係早於《馬可波羅

行紀》的中外交通鉅獻，或以為是偽作。可能在原手稿公佈前，這場筆墨官司難有定論。另如明代鄭和艦隊是否到過美洲、澳洲等地，也是另一大疑案。事緣英國退休潛艇指揮官孟席斯（Gavin Menzies）於 2002 年 3 月發表演講，11 月又出版 *1421—The Year China Discovered the World*（中文版《1421：中國發現世界》於 2005 年 5 月由京華出版社出版），提出鄭和比哥倫布早 72 年發現了美洲，甚至發現澳洲、南極洲，首次環航全球，並引起激烈爭論。凡此種種，均須本着實事求是的精神來對待。既可作大膽假設，但不應忘小心求證。應堅持有一分史料說一分話的優良傳統，使學術爭論繼續健康地開展，如此則中外歷史研究幸甚！

　　至若影視屏幕上的歷代帝皇，太平公主、楊貴妃或者鄭和，中外著作或電影《叫父親太沉重》、《達文西的密碼》等，均屬小說家言，則不必細究。不過，若以傳記、回憶錄或歷史劇為標榜的，倘嚴重歪曲史實，也應認真對待。

　　記得胡適、胡風說過，歷史多情，歷史無情。中國人向被視為「歷史民族」，但在愈重視歷史的國度，愈易產生篡改歷史的現象，因為就算大奸大惡的梟雄也都妄圖藉此而名揚千古，至少不會遺臭萬年。一個名副其實的歷史學家之職責應該是，透過歷史的顯微鏡和望遠鏡，從浩如煙海的正史、別史、野史、稗史、私史中，肯定其真實的內容，剔除其虛假的成分，以改變「正史不正」的弊端。中國古代一些史官曾不顧自家性命，堅持直筆書史，如齊之太史、晉之董狐皆良史也！故文天祥《正氣歌》頌曰「在齊太史簡，在晉董狐筆」。至於太史公司馬遷更是史家之泰山北斗！古代知起居注事者也堅持不虛美、不隱惡，所記人主不得閱，蓋「史官不記，天下人亦當記之」。吾輩實當效法此精神，決不能讓歷史任人梳妝打扮乃至粗暴篡改！

《溥儀日記》與中國歷史

王慶祥

吉林省社會科學院

引言

　　在近現代歷史科教科書的編寫和教學實踐上，長期以來注重宏觀，忽視微觀。比如能夠真實呈現歷史的重要人物日記，就很少有機會進入教學領域。

　　日記是什麼？日記是當事人標明日期對每天所做所遇所思的連續性筆記體實錄。它的特點就是原始、直觀、真相，中外歷史上許多關於細節的記敘，往往就是靠日記保存下來的，中國歷代皇帝都有《起居注》，其實這便是由史官代皇帝寫日記。愈是社會各界有身份的人物，其日記價值愈高，這是因為他們的言談舉動往往會牽動更深刻的社會層面，從而更接近那段歷史本質的東西，也就愈能反映歷史真貌。至於領袖人物的日記，那就更是無價之寶了，就是因為它能呈現真實史料、真實歷史。

　　我因李淑賢授權而獲得整理和注釋溥儀日記的寶貴機遇，並由天津人民出版社出版了《溥儀日記（全本）》一書，深受國內外學術界和文化界各層面的廣泛關注。那麼，溥儀日記原件的存世情況如何？又有怎樣的價值？《溥儀日記》一書經歷了怎樣的整理，是否符合學術規範？整理之後的出版物與溥儀日記原件又是怎樣的關係？

　　作為《溥儀日記》一書整理、注釋者，我想利用本次國際學術研討會的機會，談談自身經歷的真情實況：我怎樣獲得李淑賢授權？又怎樣整理和注釋溥儀日記？重大歷史人物的日記是否應該被列入教科書？應該怎樣選擇？衷心希望在中國出版的高等及中小學近現代歷史教科書，能夠逐步納入宣統皇帝、民國總統、新中國領袖人物等內含重大歷史內容的日記片段。我認為這有助於受教育者直接接觸歷史真相，直接經歷從感性認識向理性認識昇華的過程。如能把這一內容納入教材，即把這一符合認識規律的真知擺在受教育者的面前了。

　　本文的宗旨就是以溥儀日記為例，說明重要歷史人物與歷史真相和歷史教育

的關係，用以證明把歷代國家元首的日記片段納入教材的必要性。為了正確編選這部分內容，就必須掌控重要歷史人物日記原件的存在及其整理、出版內情，以便能把最寶貴、最深入歷史本質的日記片段納入教材。以下講兩個問題。

溥儀日記手稿原件存世情況

溥儀於 1908 年 11 月 13 日受到慈禧太后和光緒皇帝的召見，次日皇帝駕崩，溥儀以「承繼同治，兼祧光緒」的名分「入承大統為嗣皇帝」。同年 12 月 2 日，溥儀正式登極即位，是為清朝宣統皇帝。1912 年 2 月 12 日，隆裕皇太后頒發了宣統皇帝的《退位詔書》。根據中華民國政府的「三項優待條件」，溥儀保有「皇帝尊號」，留居紫禁城，從此開始了「關門皇帝」的生活。如果説，宣統皇帝在位的三年裏，溥儀還是個乳臭未乾的娃娃，那麼，他在北京清宮當「關門皇帝」的十二年，則正是從少年到青年的成長時期。從 1911 年起，6 歲的溥儀開始在毓慶宮讀書，先後擔任「帝師」的有陸潤庠、陳寶琛、伊克坦、徐坊、朱益藩、梁鼎芬和莊士敦。從 1914 年起，9 歲的溥儀開始寫日記，逐日記下了 9 歲到十幾歲孩子讀書練字、給四位皇額娘請安、與師傅們交往以及役使宮中太監等活動。1917 年 7 月 1 日至 12 日，在短命的張勳復辟事件中，溥儀再度登極又再次退位。1922 年 12 月 1 日是溥儀大婚的日子，這標誌着他的成年。1924 年 11 月 5 日，溥儀被馮玉祥攆出北京紫禁城，他的「皇帝尊號」也被取消了。幸運存世的溥儀在遜清小朝廷時期、也就是他從幾歲到十幾歲期間寫下的全部讀書和宮廷生活日記，讓我們獲知他幼年、少年和青年時代讀書的範圍，他在那種特殊環境下成長的宮廷日常生活，由此也可以領略統治中國近三百年之久清王朝皇家生活真實而可靠的影像遺痕。

溥儀出宮時當然不會記得少年時代寫下的一摞日記，而忙亂中丟棄在養心殿的這些日記才得以作為溥儀的遺墨至今完好保存於中國第一歷史檔案館中。原日記為長條大本，以宣紙裝訂，在黃色封面上有「日記第一冊」等字樣。每日均記，一頁不缺。試舉幾例：

第一例記於 1914 年 11 月 28 日。清朝宣統皇帝退位後，留居紫禁城以至後來寓居天津期間，在其所居範圍內一直沿用「宣統」年號，因此本日日記在年份記載上，照例標為「宣統六年，農曆甲寅年」。日記內容只有一句話：「在養心殿

寫仿、寫『福』『壽』，溫習《左傳》、《禮記》、《唐詩》、《孝經》。」

第二例記於 1915 年 2 月 26 日，溥儀則標為「宣統七年正月十三日」。日記內容只有八個字：「辰初，五宮拈香行禮。」原來這一天正是溥儀九周歲的生日。溥儀在生辰應為正月十四日，因這一天正是道光皇帝死的日子，按皇室祖制是不允許鳴鐘震鼓、行禮祝壽的。於是，溥儀的生日（他當皇帝的時候被稱為「萬壽節」）便被硬性改定為正月十三。每年是日，溥儀依例叩拜五宮全佛，並在列祖列宗聖容前拈香行禮。同時在乾清宮升座，接受王公大臣和來賓的排班叩拜，是為「萬壽節」聖典。

第三例記於 1918 年 1 月 13 日，按舊曆是丁巳年十二月初一，溥儀每年此日，依慣例晨起梳洗後前往養心殿，揮毫先書「開筆大吉」四字，然後寫春聯或福壽字，用以頒賜臣下。是日溥儀寫字時，適梁鼎芬在側觀看，遂將這一日活動始末寫成一篇記事：「十二月初一日記：請駕淨面冠服，畢，開筆大吉，寫春條等。梁老師亦進內看予寫字。寫畢，太監等謝恩。畢，與梁老師看手卷及書，賜坐。命宦取茶，談一小時，師退。還體順堂，食餑餑，食畢，退出。予乃早餐，畢。如四宮請安。四宮乃敬懿、莊和、榮惠、端康四貴妃。請安畢，自此一天無事。及至四鐘，乃晚餐，畢。看書，至八鐘乃寢。至初二又起，以下不記。」梁鼎芬（1859 至 1920），位元組庵，考中進士，授「編修」。因彈劾李鴻章遭貶，再度彈劾慈禧寵臣奕劻，光緒和慈禧死後梁鼎芬哭靈露守，「風節」傳之邇遐。1916 年 9 月 21 日，溥儀傳旨，授梁鼎芬「毓慶宮行走」，成為溥儀的師傅。從這篇日記看，溥儀和梁老師的關係確實不同尋常：先是老師觀察學生寫字，繼而展研宮藏歷代名畫、書法手卷，又長時間地品茗坐論、暢談時局，最後請老師到體順堂吃了餃子再走。至此溥儀尚覺未能盡意，又在那篇記事後面，畫了一幅漫畫，並題名為《梁老師進內觀予寫字之圖》。畫面出現了 6 個人物：一是正揮毫的溥儀，那年他才 12 歲，所以個頭最小；一是梁鼎芬，留着長長的鬍鬚，站在溥儀身後專注地觀看寫字；一是懋勤殿總管太監張源福，雙手捧硯；一是溥儀的總管太監阮進壽；還有 48 處都總管、宮內最高的太監張得安和一個為溥儀撫紙的小太監宋敬明。溥儀畫完，破例將這幅有文有畫的作品賞賜給梁鼎芬了。據溥傑說，溥儀 12 歲時的這件作品成為梁家的「家寶」，並由梁的嫡母將其精心裝裱起來，成為長卷，又請朱益藩、鄭孝胥、胡嗣瑗、朱汝珍、趙爾巽、王季烈、葉爾愷、黎湛枝、陳夔龍等幾十名舊臣遺老題跋，這些人趁機以「臣」自稱，對溥

儀極盡頌揚之能事，同時也抒發了「忠於故君」、不忘「大清」的內心話，從而使長卷確實成了有價值的歷史文物，因為它對辛亥革命後仍在故宮中作「關門皇帝」的生活、宮中的一些禮儀、遺老的一些活動等等，有君、有臣、有奴，代表皇家執政的總體，都提供了真實的證據。該件現存上海市博物館。

　　溥儀在天津生活的七年（1925年2月24日至1931年11月10日），從20歲至27歲，那是他人生，特別是在是政治上走向成熟的時光，他可以獨立思想、獨立行動的一段時光。他一方面準備遠涉重洋，遊學歐美，汲取現代的精神和物質力量；另一方面也在努力奠定再造清朝的政治、經濟和軍事基礎。他繼續「團結」並控制長城內外乃至大江南北的封建遺老和復舊勢力；他積極籠絡張作霖、吳佩孚、孫傳芳等各系軍閥，連謝米諾夫的白俄殘部也不放棄；他與英、美、法、日、意等國駐津領事和駐軍司令官廣泛結交，以擴大影響，尋求有力的外部支持；他派遣最親信的人東渡日本學習軍事，妄圖掌握屬於自己的武裝力量。總之，他要重建「大清帝國」的天堂。不料，一切都成了泡影，歐美未能成行，軍隊未能建立，「中興之業」難以實現，最終連自己也出賣了，賣給了日本軍國主義，演出一幕歷史悲劇。

　　很可惜，天津時期的溥儀曾寫有大量日記，卻未能存世，是溥儀自己動手在偽滿垮台之際為了毀滅證據而燒掉的。然而也有多頁日記竟能歷盡劫難而保存下來。考察今藏中國第一歷史檔案館的日記原件，明顯可知它是溥儀當年依原文親筆重抄的，至於溥儀為了什麼目的重抄還是個懸疑問題。這裏僅舉一例，是溥儀寫在「宣統十六年八月初五日（1926年9月11日）」的日記：「早七時起，洗漱畢，蕭丙炎診脈。八時，鄭孝胥講《[資治]通鑒》。九時，園中散步，接見康有為。十時餘，康辭去，適張憲及張慶昶至，留之早餐賜每人「福」、「壽」字一張，在園中合攝一影（張憲為李景林部之健將、張慶昶為孫傳芳部之驍將），十二時辭去。接見[佟]濟煦，少時即去。餘用果品，並用茶點，適英國任薩姆女士至，與之相談。皇后[婉容]所召之女畫士亦至。餘還寢室休息，在園中騎車運動。薄暮乘汽車出園，赴新購房地，少時即返。八時餘晚餐、休息，並接見哈銳川醫士。十一時寢。」

　　這篇日記中談到康有為為溥儀「複號還宮」（恢復皇帝尊號，返居北京清宮）而奔走活動的重要歷史情節。1916年康有為致函張勳，首先提出了「恢復前皇帝」的問題，緊隨張勳之後，代溥儀擬寫《復辟登極詔》，出任弼德院副院長，

1922 年 12 月 1 日溥儀大婚，康有為又呈進一份厚禮，還作了一首七律送往北京清宮，向宣統皇帝表示祝賀。溥儀接到康有為的貢品與賀詩十分高興，提筆寫了一塊三字匾額「天遊堂」賜康有為，康乃為青島新居命名「天遊園」，在上海愚園路 194 號開辦「天遊學院」，自任院長兼主講，培養青年學者。1924 年 11 月 5 日溥儀被逐出宮，1925 年點查溥儀寢宮養心殿后殿時，發現密謀恢復清朝統治的有關文件共 21 件，其中有一首康有為於 1924 年 2 月 5 日「呈」溥儀「御覽」的律詩，和給溥儀英文師傅莊士敦寫的一封親筆信，請他轉奏「皇帝陛下」。康有為是在 1925 年 3 月 3 日晚上抵達天津，前往張園「覲見天顏」。不久，康有為致電當時控制北京政府的吳佩孚、張作霖、張宗昌等軍閥首領，要求恢復清室優待條件。在康看來，只有溥儀才能救中國。1927 年 3 月 8 日康有為七十壽辰，溥儀特派徐良由津至滬，賞賜御筆「嶽峙淵清」匾額一方、玉如意一柄，以表祝壽。如此重要史實已從 1926 年 9 月 11 日日記中看到前蹤後影了。

歷史檔案中還保留了那些年代裏形成的多本溥儀《召見日記簿》，1983 年我在中國第一歷史檔案館首次發現這些召見記錄手抄本，共有 30 餘冊，保存完好。翔實記載了在天津七年間溥儀每天聯繫國內外各種政治勢力、召見各方人士情況。其中多處記載有關復辟活動的重大史實，是研究中日關係史、日本侵華史以及中國復辟政治勢力活動的重要資料，是他政治活動最重要的第一手見證，完全能夠證明他當年的思想和實踐，價值極高，我們理所當然要把這一部分內容增補入書，在此也舉幾例：

1926 年 4 月 1 日《召見日記簿》中出現了張學良的名字。當年溥儀 21 歲，在天津日本租界地宮島街張園自設「行在」辦事處，仍以「宣統皇帝」的身份稱孤道寡；張學良那時 26 歲，經過兩次直奉戰爭已是身經百戰的奉軍第三軍司令了。探究溥儀與張學良的關係，可以確認張學良曾三次向溥儀伸出援手。

第一次伸出援手是勸溥儀「脫袍子」。1990 年夏，90 高齡的張學良在台灣接待日本 NHK 電視台記者採訪時談到跟溥儀的交往：「我在天津的一個飯館吃早飯，溥儀突然進來看見我。我勸他把袍子脫掉，把身邊那些老臣辭掉，你這些老臣圍着你就是在揩你的油，你能天天出來走走我倒很佩服你。我勸他，你肯不肯到南開大學去讀書，好好讀書，你作一個平民，把你過去的東西都丟掉，你真正做個平民。如果南開你不願意去，我勸你到外國去讀書，到英國或到哪兒去讀書。我說你原來有皇帝的身份，你雖然是平民，你比平民還是高，你要是真正好

好做一個平民，將來選中國大總統中有你的份。你如果今天還是皇帝老爺這一套，將來有一天會把你的腦瓜子耍掉。我跟他很熟。」

第二次伸出援手是在溥儀出關前夕。1931 年 11 月 2 日，土肥原夜訪溥儀並甜言蜜語地說，日軍在滿洲的行動僅為反對張學良，而對滿洲毫無領土野心，並願意幫助宣統皇帝在滿洲建立獨立國家。溥儀傾向於接受。嗣後蔣介石也派員秘見溥儀，說明只要溥儀答應不遷往東北或日本定居，可以恢復清室優待條件，可以隨意住在北平或南京。溥儀拒絕了。在這種情況下，張學良派人於 11 月 6 日晚 6 時許往溥儀所居的靜園送了一筐水果，其中潛藏了炸彈。少帥意在警告溥儀，讓他清醒，不料這一行動使溥儀失去安全感，反而加速了他出關投敵的腳步。張將軍自謂他是軍人性格，想了就做，這件事能反映他的行事特點。

第三次向溥儀伸出援手是在他已經當上偽滿「執政」以後。溥傑曾回憶 1932 年 7 月間的一件事，他說：「暑假我從日本回國了一次，張少帥大概也得知了我回國的消息，我意外地收到了一封他的信，記得信的大意是：日本人歹毒異常、殘暴無比，我們父子同他們打交道的時間長，領教夠了。他們對中國人視同奴僕，隨意宰割。你要警惕他們，並要勸戒你哥哥，讓他同日本人脫掉干係，懸崖勒馬。可惜，我當時為了同溥儀一道恢復滿清王朝，對張少帥這些忠言根本聽不進去，真是一樁終生憾事。」

1927 年 2 月 14 日（舊曆正月十三日，即溥儀「萬壽日」）的《召見日記簿》中出現了百餘位歷史重要人物的名字，他們都是去給溥儀祝壽的，可以說每個人與溥儀之間都有歷史故事。拿王國維來說，進一步探究溥儀與王國維的關係，我相信王國維的確是殉清而死。1927 年 6 月 2 日上午 8 時，王國維赴學校公事室，與平日無異，9 時許忽向別人借了 5 元錢，再雇車往頤和園，購票入內，步行而至排雲殿西魚藻軒前，臨流獨立，吸盡一支煙，便縱身投湖而去了。人們從遺體衣袋中找到了先生留給三子貞明的遺書：「五十之年，只欠一死，經此世變，義無再辱。」王國維逝世當天，其姨甥、清華研究院助教趙萬里給在天津的羅振玉拍了電報：「師於今晨在頤和園自沉，乞代奏。」6 月 7 日羅振玉據情上奏溥儀，並代遞了一封遺折。溥儀看過遺折大受感動，遂與陳寶琛等師傅們商議，發出一道上諭。着加恩予謚忠愨。派貝子溥忻即日前往奠醊。賞給陀羅經被，並賞銀貳千圓治喪。

溥儀的《召見日記簿》中還反復出現過很多重量級日本人物：日本陸軍大將

荒木貞夫，出任駐中國公使、內閣外務相芳澤謙吉，後來擔任「滿洲國」軍政最高顧問的多田駿，歷任日本駐奉天總領事、天津總領事等職務的吉田茂，日本陸軍大將、關東軍司令官、「九一八事變」與拼湊偽滿洲政權的主要策劃者之一本莊繁，曾出任外務相並任臨時代理首相職務和 12 任滿鐵總裁內田康哉，潛入上海、天津、蒙古等地從事諜報活動、與肅親王善耆結識，被任命為「故宮監督」、兩次發動「滿蒙獨立運動」的大陸浪人川島浪速，製造「濟南慘案」、出任日本上海派遣軍副參謀長、駐滿洲武官的岡村寧次，日本陸軍少將，中國派遣軍司令官香椎浩平，拼湊偽滿傀儡政權的主要策劃人之一、後出任「滿洲映畫株式會社」理事長的甘粕正彥，曾任張作霖軍事顧問、參與 1928 年的爆炸張作霖「皇姑屯事件」的荒木五郎，日本海軍大臣永野修身，日本陸軍中將、天津日本駐屯軍司令官高田豐樹，日本陸軍大將鈴木貞一，張作霖的軍事顧問儀我誠也，陸軍中將，歷任中國駐屯軍司令官、帝國在鄉軍人會副會長小泉六一，日本華族子爵水野勝邦，正是他在訪問溥儀所贈送的扇子上寫有「天莫空勾踐，時非範蠡無」詩句，以日本後醍醐天皇 1333 年的「建武中興」為例，暗示溥儀會有復辟的機會。

《召見日記簿》顯示，1929 年 1 月 8 日接見名單裏首現「吉岡參謀」字樣，同年正月十四（1929 年 2 月 23 日）是末代皇帝溥儀 23 周歲誕辰日，「吉岡參謀」再度出現在參拜名單中，同年 2 月 12 日《召見日記簿》中又有「吉岡參謀」了，證明他這時已經是圍繞在溥儀身邊的人物了。原來溥儀在津期間日本人就安插線眼吉岡安直緊盯，當時吉岡是日本在天津駐屯軍司令部參謀，給溥儀講過時事。溥儀當上滿洲國皇帝後，吉岡安直從 1935 年到 1945 年再被派到溥儀身邊為「滿洲國帝室御用掛」，即協助皇帝辦理公務的。吉岡安直以日本關東軍及日本天皇的代表自居，操縱指揮溥儀的一切，包括溥儀的一言一行，甚至將溥儀的婚姻都死死控制。關東軍選吉岡安直作為監視溥儀的核心人物，也是考慮他先期就與溥儀在天津有了來往，更了解情況。《召見日記簿》在 1931 年 11 月 2 日項下出現了土肥原的名字，這也是日本軍國主義侵華的重大證據，證明日本軍國主義採取欺騙手段誘騙溥儀離津出關的重大史實。

1931 年 11 月 8 日是溥儀在天津的最後一天，也是《召見日記簿》有記載的最後一日。這些記載證明了召見簿的重大價值，把溥儀在天津的政治活動完全顯露出來。溥儀的復辟活動在這些日記中得到集中體現，完全證明他當年的思想和實踐，真實、充分、生動、可靠地留下了溥儀的生平軌跡和人生轉變，是他政治

活動最重要的第一手見證，是溥儀在天津從事復辟活動的「鐵證」。

溥儀在天津時期的日記未曾中斷過，連嗣後在偽滿十四年間寫下的日記，積有整整一皮箱，但都在偽滿倒台、溥儀向通化逃亡之際，焚毀於大栗子溝了。當時溥儀是亡「國」之君、喪家之犬，擔心日記會變成罪證，從而把他推上斷頭台。幸運的是多本天津《召見日記簿》保存了下來。

溥儀在撫順戰犯管理所改造期間（1950 年 8 月 1 日至 1959 年 12 月 4 日）的日記又是什麼情況呢？1950 年 8 月 1 日溥儀結束了在蘇聯伯力收容所的五年囚居生活，被引渡回國，開始了在撫順戰犯管理所的十年時光。這是他的人生途程的轉折時期，用他自己的話說，是「起死回生的十年」、「重生再造的十年」。在漫長的改造歲月中，溥儀過着集體生活，參加學習，參加勞動，撰寫自傳、心得，還要寫交代、揭發材料，接待記者採訪，赴各地參觀，還有家屬、親屬的探望和豐富多彩的文化娛樂活動。這一切使溥儀對中國共產黨和人民政府有了認識，有了感情。正是這座監獄，打掉了溥儀的皇帝架子，開始逐步完成了封建專制統治者向社會主義普通公民的轉變過程，完成了國人痛恨的賣國賊向舉世皆知的愛國者的轉變過程。1959 年 12 月 4 日由中華人民共和國最高人民法院簽發了給溥儀的《特赦通知書》，正是這位中國末代皇帝新生的標誌。

溥儀被俘成為戰犯年代並未正式寫過日記，但在外出參觀或有重要活動期間也會按日記錄思想言行，實為間斷性日記。在 1956 年和 1957 年兩年內，戰犯管理所組織部分在押犯人到各地參觀，從而把平時學習的內容與社會實踐結合起來，收到了很好的教育效果。溥儀好記，每天參觀都能留下實錄和觀感。這些文字記錄了所見所聞，反映了思想狀況，流露了真情實感，是寶貴的歷史資料。當時，戰犯管理所要求在押人員每人寫一篇自傳，溥儀也把參觀文字編入自傳之中，從而留存了這批日記。例如溥儀寫於 1957 年 5 月 27 日的日記，就記載了他參觀瀋陽東陵和北陵面對祖先墓地的內心感受和「能與人民在一起的新的認識」。

溥儀特赦以後作為公民生活期間（1959 年 12 月 4 日至 1967 年 10 月 17日）日記存世較多，共有 11 本。其實他寫得還多，8 年記了 28 本，可惜在「文革」中大部自行焚毀，得以保存的日記也是溥儀遺孀從火中搶出來的。日記內容極為豐富，真實記錄了這位元末代皇帝在北京植物園、在全國政協、在全國各地參觀、在「文革」中、在病中的學習、工作和生活狀況，記錄了他參與的政治活動、社會活動和外事活動。

　　這位當過皇帝的公民，以關心時局的普通人身份，記述了當時國內、國際上一些重要的政治事件；更從在全國政協機關工作的特赦人員的角度，記述了作為同事的前國民黨高級將領的情況和相關史實。尤其是特別詳盡記載了黨和國家領導人毛澤東和周恩來對他做過的大量具體工作，受到接見、聚餐、談話等，記錄了中央統戰部和全國政協許多首長對他的關懷和教育，令人信服地表現了他在這一時期的思想風貌、道德和人品，真實、充分、生動、可靠地留下了溥儀的生平軌跡和人生轉變，以及他怎樣看待毛澤東、周恩來等很多鮮為人知的事情。

　　在日記中，溥儀總怕別人指其「特殊」，實際正是自己感覺上的特殊；他連許多最基本的生活常識都不懂，如該講禮貌的時候往往「唯我獨尊」，而不該謙讓的時候又常常「彬彬有禮」；某些完全應該自理的日常活動，他雖然很想一一做好，卻又難以事事遂願，如在公共場合就餐不帶飯碗，有時入廁忘帶手紙等。

　　在日記中，溥儀還一筆筆記下了他與新婚妻子的婚姻家庭生活。1959 年 12 月 4 日，溥儀熱淚盈眶地接過特赦通知書，以中華人民共和國公民的身份走進嶄新的生活，當時他才 54 歲，將要面對漫長的後半生，也需要建立一個新的家庭。因為皇后婉容已於 1946 年病逝，淑妃文繡早在 1931 年 9 月就離婚走了，「祥貴人」譚玉齡也於 1942 年 8 月神秘死去，「福貴人」李玉琴則在 1957 年 5 月與溥儀辦理了離婚手續。此時他又是孤家寡人了，需要婚姻家庭生活。他娶了李淑賢後，兩人生活在國家供給的房子裏，溥儀依然保持着每天寫日記的習慣。然而，從某一特定角度說，他們是一對不幸夫妻，沒有衾枕之樂，不能生兒育女；同時他們又是一對幸福的伴侶，相伴為生，相依為命，誰都離不開誰。兩人還經常開玩笑、侃大山，有時李淑賢被溥儀逗得捧腹大笑。溥儀還會在日記裏寫下妻子與人相處的事例。一次李淑賢與前院的工友鬧彆扭，溥儀曾在日記中寫為人處世應以和為貴，他覺得是李淑賢做得不對。應該說溥儀是位很友善的人，能夠真誠對待一位普通工友。這就是我們可以從日記中看到的溥儀，看到他特赦後過着怎樣的生活。

　　溥儀生前的絕筆日記寫於他去世 5 天前，也就是 1967 年 10 月 12 日，那篇日記簡短且字跡潦草，從字跡中不難看出當時溥儀的情況已經十分嚴重。除了「蒲老開方」外其他的幾個字都不認識，甚至連日期都沒有記下，我為此與中醫研究院廣安門醫院原處方核對，才確定日記的日期為 1967 年 10 月 12 日。

　　溥儀去世後，溥儀穿過的衣服還在衣架上掛着，溥儀用過的碗筷還在櫃櫥裏

攔着，溥儀睡過的枕頭還保留着壓痕。李淑賢曾這樣說，無論如何不能相信，那個生氣勃勃、笑聲琅琅的「大孩子」就這樣走了。

　　溥儀到底是真改造好了，還是偽裝和假相，他怎樣看待新世界、新中國、新社會？想知道真相嗎？那就看看他的日記吧！「周恩來總理曾說過『我們把末代皇帝改造好了，這是世界上的奇跡！』而溥儀日記則是這一『世界奇跡』的真實記錄。」溥儀在 1959 年 12 月 14 日寫的日記，內容記錄了周恩來在接見首批特赦戰犯時的談話內容，原文很長，這是對溥儀後半生影響最大的一次談話。溥儀在 1967 年 10 月 12 日這一天的日記上寫下他一生中最後幾個字：「蒲（輔周）老開方……」本篇即愛新覺羅·溥儀的絕筆日記。原無日期，經與中醫研究院廣安門醫院原處方核對，可確知其寫於 1967 年 10 月 12 日。自溥儀 10 月 4 日病重住院後，蒲老三次為其診治開方：第一次在 10 月 4 日；第二次在 10 月 7 日（僅在前方上加「原方再服五劑」一句，又另開「西洋參二錢珬每服小量」一味藥）；第三次在 10 月 12 日又開了新方，溥儀也想把該方抄錄在日記上，卻只寫出七八個模糊難辨的字後便無力握管了。溥儀生平各時期存世的日記，真實呈現了他大起大落的一生，這裏就不一一詳述了。整理之後的出版物與溥儀日記原件又是怎樣的關係？應該說是完全一致的，出版物與原件在內容和實質上沒有區別。

溥儀日記的整理、出版及其價值

一、溥儀日記的價值和影響已因出版而得到充分展現

　　1996 年 6 月，天津人民出版社出版了《愛新覺羅·溥儀日記》一書，60 萬字。該書封面上作者署名為「愛新覺羅·溥儀遺稿、李淑賢提供、王慶祥整理注釋」。當時，溥儀夫人李淑賢健在，這一署名方式就是尊重她的意見而確定的。其依法代表丈夫行使著作權而與我合作整理、注釋並出版溥儀日記所產生的新著《愛新覺羅·溥儀日記》，按合同約定我們兩人依法與愛新覺羅·溥儀先生一起共用著作權。該書日文版則由日本學生社出版，錢端本、董國良、太田光治、二夕川忠弘譯。2009 年 1 月，天津人民出版社增訂再版，書名為《溥儀日記（全本）》，上下兩冊，80 萬字。既然本書已經集中了溥儀一生日記的全部存篇，我衷心希望它能給讀者留下完整的印象：完整的溥儀和他的完整的日記。

2009 年 2 月 8 日在天津靜園舉辦全國首發式。我應邀出席並簽售，中外媒體廣泛報導、評論，《文匯讀書週報》的評論題為「末代皇帝的最後遺產」，《中國新聞》的報導題為「《溥儀日記（全本）》面世，生動記錄末代皇帝生平軌跡」，《今晚報》的報導題為「溥儀天津召見日記簿首次公佈」，《中華讀書報》的評論題為「《溥儀日記（全本）》價值何在？」，《北京日報》的評論題為「歷史彎路上轉過來的末代皇帝」，《社會科學戰線》的評論題為「溥儀人生紀實的第一手珍貴史料 —— 評《溥儀日記（全本）》問世的影響與意義」，日本《信濃每日新聞》的評論題為「溥儀日記 —— 末代皇帝的「兵馬俑」」，日本《京都新聞》的報導題為「末代皇帝波瀾起浮的後半生」，日本《每日新聞》的評論題為「溥儀的親筆記錄 —— 中國現代史上的一級資料」，日本《產經新聞》的報導題為「活生生記下了末代皇帝在『文革』中的辛酸經歷」，日本《日本經濟新聞》的評論題為「溥儀晚年的日記 —— 近現代史研究新資料」，台灣中央社的報導題為「《溥儀日記》在天津出版」等等。

作為溥儀先生唯一親自執筆寫下的日記篇章，一本可靠而重要的歷史資料圖書，它的價值和影響已經得到了充分展現。這本書得以問世，誰的貢獻最大？無疑當屬溥儀遺孀李淑賢女士。正是因為她對溥儀日記的搶救與保存，因為她給予我的授權，並提供日記原本，才使得我有機會對這些極為珍貴的日記原稿真跡，加以整理、注釋並付諸出版。

二、我因李淑賢授權而獲得整理和注釋溥儀日記的寶貴機遇

出版《愛新覺羅·溥儀日記》，其實早在上世紀 80 年代初就確定了選題。1979 年，一個偶然的機會，我與溥儀遺孀李淑賢相識。在北京東城北小街草原胡同 23 號院內一間不起眼的廂房裏，我驚奇地見到了中國末代皇帝愛新覺羅·溥儀遺留的大量日記、信件、文章、發言底稿、與各界人士的談話記錄等親筆手稿，還有各種出席證、請柬和家庭影集。這些原始的文字和圖片資料，真實再現了溥儀先生特赦以後的嶄新風貌。我當時感覺特別激動，「這些太珍貴了！它能讓我們更多地了解溥儀的一生」。

李淑賢惋惜地告訴我，以前不知道這些「舊紙片子」還有用，大部分已經被溥儀親自點火焚毀了。那是「文革」初期，「破四舊」的狂潮也席捲了溥儀和她

當時居住的地方——東觀音寺小巷內一處長滿樹木的寧靜的院落。

　　一天，一幫人來敲門，把一張嚇人的《通令》塞給他們，頂端還有鋼筆標記的「致愛新覺羅・溥儀」字樣。《通令》的大致內容：一是「勒令」溥儀立即交出收藏的他與黨和國家領導人的合影照片，因為他是「歷史罪人」，不配站在領袖們身邊；二是「勒令」交出正在使用的小汽車等「奢侈品」。

　　溥儀看完《通令》，有點兒懵頭轉向，並立即從鏡框中取下他在 1962 年初受到毛澤東接見時兩人並肩站立的合影。平時，溥儀特珍視這張照片，一直擺在床頭茶几上。溥儀還把自己與其他國家領導人的合影也取下，一起上繳全國政協。他本想依靠組織保住珍貴的紀念品，不料後來返還時，毛澤東與溥儀那張最有意義的合影照片卻下落不明了。

　　至於「奢侈品」，溥儀也曾冥思苦想，作為全國政協委員和文史資料專員，他當時還沒有資格享受專用小汽車，想來想去總算找到一樣「奢侈品」，那就是擺在客廳裏的公費電話。溥儀馬上通知機關，讓派人拆除這部特別為他安裝的電話。然而，當時的機關負責人沒有接受溥儀的請求，對他說：「這事兒您就甭管了！請相信我們能處理好。」

　　這件事並沒有就此過去，溥儀又決定燒書和他的筆記本、日記本、詩文。李淑賢覺得可惜，就在溥儀燒的過程中說，好像有人叫門，讓溥儀去看看，趁溥儀去開門時，李淑賢從火中搶救出來部分日記，藏了起來。挨過十年「浩劫」的日日夜夜，李淑賢終於把那批溥儀親筆日記保存到「四人幫」覆滅的那一天。

　　我當即提出合作整理溥儀遺稿，李淑賢欣然同意。作為溥儀唯一法定繼承人，李淑賢有權對溥儀生前未發表遺稿行使署名權、修改權、保護作品完整權和發表權。1980 年 6 月以後，李淑賢親筆簽署了多項授權書、協議書，我們的合作關係就此正式確立。正是由於李淑賢的授權，我才有資格整理、注釋溥儀日記，並從 1980 年就深入各地檔案館收集更多相關資料和投入到整理工作中去了。

　　後來我在〈愛新覺羅・溥儀的遺稿與日記〉文中說過一段話：「當我接受溥儀夫人李淑賢女士的委託，開始整理溥儀的日記時，我為自己有幸親睹這批珍貴史料並能通過我的工作使它與讀者見面而欣喜，同時也為自己能否圓滿完成這一項具有歷史意義的工作而感到惶恐不安。這一方面是因為溥儀的日記內涵豐富、涉獵面寬，愈是這樣，整理、注釋的難度愈大；另一方面是因為溥儀的日記均為隨手所記，形式上不規整，恢復原貌當然也不是輕而易舉的事；此外還有一

個方面也必須注意到，日記固然是反映了溥儀的真實思想，同時也暴露了思想中的許多矛盾，而其中一些矛盾從個人角度不容易想得通，也很難克服。溥儀自毀了部分日記，留下了一段又一段的空白。當我決心整理並注釋這部日記的時候，當然要想到填補空白的問題，卻又談何容易！因此，這項工作我動手最早，卻完成較晚。其間我在北京、天津、長春等地，走訪了許多與溥儀生前一起工作過的各級政協委員、全國政協機關工作人員、醫生、護士、街坊鄰居以及溥儀的親屬和故人等等，還調查了許多相關的事件，悉心搜集了數量巨大的檔案資料和文獻資料，並經反復查閱；核實、比較和研究，當我自信有了相當把握的時候，才真正開始了對日記的整理和注釋工作。我希望能把佔有的資料與研究結論中最精華的部分納入本書，誠心誠意讓讀者更容易了解日記的真正內涵。然而我深知，有些歷史真空，無論當世還是後世都難以填補。」

三、《溥儀日記》一書到底經歷了怎樣的整理，是否符合學術 規範？

　　根據公開出版的需要以及李淑賢女士的意見，我對溥儀日記做了大量整理工作，主要涉及五個方面：一是關於格式和文字整理，二是關於內容整理，三是注釋文字量已超過正文，四是補入「篇後附錄」，五是堅守「保護原文原意」大原則。這些都很重要，不做整理，本書的出版是不可能的。

1. 格式和文字整理

　　這方面整理包括正確辨識字跡、調整混亂文序、規範行文段落和標點符號、換補文字誤漏、準確標識日期，以及必要的文字規範如刪字刪句刪段等。這一項項整理無不涉及溥儀日記的內容，如事件、人物、單位等，都必須弄清楚、很熟悉，才能處置得當。

2. 字跡辨認

　　溥儀當年執筆記事，並不曾想過發表或出版，對於語法、修辭、行款等都很隨便，連日記頁面也顯得雜亂，必須一一仔細辨認，使文義準確無誤，一切必要的整理都以尊重原文為前提。例如有些地方文字不夠通順，但尚能明白其意，則

保持原貌。有些字模糊不清，無法辨認，因而刪去，但須不至於因此影響全句、全段、全篇的基本意思。例如 1960 年 3 月 17 日日記，溥儀原文「在座有科學院對外聯絡委員趙靜如同志、王志安秘書，還有一個對外文 [委的同志]」，其中「如」、「志」二字原字不清，「委的同志」幾字原文缺失，經我調查、考證才得以確定並補正。

3. 文序調整

　　溥儀原文文字順序混亂，或又有寫在行外、框外、頁外多處者，都必須調整、理順，使文義準確無誤。例如 1960 年 5 月 26 日日記、1963 年 3 月 27 日日記，溥儀原文文句順序和標點都混亂，經整理後文字通順、規範、正確。

4. 標點符號修正

　　溥儀從小讀書沒有接受過標點符號教育，不大會使用標點符號。溥儀日記原文多無標點符號，即便有也大多不正確，很混亂。對此，或添加、或修正，做了必要整理。例如 1964 年 3 月 19 日、1965 年 3 月 17 日、1965 年 4 月 21 日等日記，溥儀原文多無標點符號，都是整理時添加的。

5. 段落規範

　　溥儀原文大部段落劃分不規範，或乾脆不分段，全部混寫在一段內。我已按內容或有合段或分段之整理，重新劃分為數段，而與溥儀原文段落劃分多已不同。例如 1965 年 4 月 20 日溥儀日記段落劃分就很不規範，我按其內容劃分為17 段，已與原文段落劃分完全不同了。

6. 統一日期標識

　　溥儀原文並不存在格式一致的日期標識，有若干篇甚至完全缺失，此類情況全書有 269 處。這就必須對日期標識的格式予以統一，對缺失日期的則要添補。例如 1961 年 1 月 14 日日記。因為該日日記「是從溥儀單獨記載外事活動的筆記本上摘錄下來的」，故沒有「1 月 14 日　星期六」這種小標題式日期標識，是整理添加的。又如日記中 1963 年度所標時間「系利用《農家曆》原有印文」，而印文包括「西曆」、「農曆」、「星期」、「干支日」、「閏月」、「節氣」、「日月食」

等，很複雜。選定如「1963 年 1 月 1 日 星期二」這種標識方式則是我的思考和整理。

7. 改錯、增補等文字整理

溥儀原文錯字和缺字的數量很大，已發現 1002 處，可以說遍佈全書。對此所做改錯（用〈〉表示）、增補（用 [ ] 表示）等文字整理，使內容更完整，文字更規範。如 1963 年 4 月 30 日日記涉及眾多增補人物全名的情況，如「杜 [聿明]」、「範 [漢傑]」、「楊 [伯濤]」、「鄭 [庭笈]」、「羅 [曆戎]」、「廖 [耀湘]」等，都必須弄清楚，仔細核對。

四、內容整理

根據適合條件，把並非溥儀寫入正規「日記」冊中的文字，編入《愛新覺羅・溥儀日記》一書，這是在內容整理方面，我所做的一項重要工作，具體包含六類情況，關涉到全書。為此，必須收集到這些內容，還必須從多角度加以考量，要與溥儀一生存留的日記關聯、比照，藉以認定是否真實可靠？是否可以如此取或捨、摘或錄？這顯然是重要、複雜而又耗費時間和精力的整理工作。

1. 第一類情況：把 1956、1957 年溥儀到各地參觀的實錄和觀感編入日記

收入《愛新覺羅・溥儀日記》一書中溥儀 1956 年和 1957 年兩年內的「日記」，其實只是溥儀在撫順關押期間隨同戰犯管理所組織的參觀團，到外地參觀之際而在當日寫下的實錄和觀感。我認為完全具備「本人在當天或次一兩日實寫自己的行為和思想」這一日記寫作的特徵，可以作為「日記」讀。為了彌補溥儀並未在其人生中極為重要的改造時期留下日記的缺憾，徵得李淑賢同意，我把這些經過考證、核實的內容，編入《愛新覺羅・溥儀日記》一書。

2. 第二類情況：「大海撈針」，找回已失日記中若干得以保存的篇章

溥儀 1960、1961、1962 三年的日記以及 1964 年（除 3 月 11 日至 4 月 29 日以外其他時段）、1965 年（除 1965 年 4 月 15 日至年底時段）、1966 年（除 5 月至 8 月間時段）這三年之部分日記，均已經失掉。為了彌補這一重大缺欠，我

甘願付出「大海撈針」的努力，堅決要把已失日記中若干因當年曾被抄錄於另本而得以保存的篇章，即那種寫在非正規「日記」冊中、而且是散落在上百萬字溥儀遺稿中間的「記事性記載」文字一一尋找出來，再按時序編入《愛新覺羅·溥儀日記》。

3. 第三類情況：把在別處找到的相關詳細記載合併入日記本文

溥儀日記中本文存在，但屬簡記。我又從溥儀的非日記性筆記本上費力找到了相關詳細記載，可以補充同日中由溥儀寫入正規「日記」冊中的文字之不詳或不足，當我確認它們屬於溥儀同日日記的更為詳細的記載，可以作為同日日記使用時，也把這類文字按時序編入《愛新覺羅·溥儀日記》。溥儀遺稿中「1963 年 5 月 22 日」相關詳細記載即這種情況，全書約有 30 例。我在《關於整理和注釋的幾點說明》第二項中專門談到這種情況：「同日日記而分寫兩處的，整理時合併，但隔行單列不相混淆，並對移入的部分加注說明。」

4. 第四類情況：以收入《周恩來統一戰線文選》的定稿代替溥儀的記錄稿

1959 年 12 月 14 日周恩來接見首批特赦戰犯並講話，溥儀在筆記本上留下了這次講話的親筆原始記錄，題為《1959 年 12 月 14 日周總理對我們講話》。在溥儀的筆記本上，還有一篇《周總理講話、語錄（第一次接見時）1959 年 12 月 14 日》，這是事後親歷者相互對照、傳抄而形成的，溥儀又親筆抄寫在他的筆記本上了。還有第三篇《補錄周總理談話 1959 年 12 月 14 日》，這是事後由溥儀親筆補錄在筆記本上的。由於其內容涉及國際關係和對台關係某些不宜公開事項，這在當年是不可能原樣發表的，也是非親歷者不可能看到的。對於這兩篇傳抄記錄稿，經對照與收入《周恩來統一戰線文選》一書的正式談話記錄，除大致意思相符，具體用詞、組句、成篇都不同。鑒於幾種文本並存，我經過比對認定可以相互取代，乃選定收入《周恩來統一戰線文選》一書文本，用以取代溥儀的原始記錄稿和傳抄稿。

5. 第五類情況：把書寫在溥儀日記行文之外的記載納入正文

把書寫在溥儀日記行文之外的記載納入正文，就是說，本篇日記中的一兩句話，在原文中並不存在，而是寫在日記行文之外，實為某種備忘性或提示性記

載。例如 1965 年 10 月 5 日日記正文行文外，就有一句：「他說從皇帝到公民，是史無前例的奇跡。」經考證而把它納入溥儀日記正文，並加注釋：「此句是溥儀補寫在日記正文之外的，現據內容插入正文。」這種情況全書有 46 例。

6. 第六類情況：史實糾誤，排除「硬傷」

溥儀原文或有「硬傷」即出現重要史實錯誤，經查閱存檔歷史資料，對溥儀原文「硬傷」，加以考訂和糾正。這一項整理全書有 19 例之多。例如 1963 年 3 月 22 日日記。溥儀原文為「第二屆亞非人民團結大會」，經查閱歷史檔案，我將「第二屆」改為「第三屆」。又如 1965 年 10 月 5 日日記。溥儀原文為「政協祭嚴濟慈先生的追悼會」，經考證，我改定為「政協祭嚴□□先生的追悼會」，並加注文「是日，全國政協為嚴希純先生開追悼會，溥儀卻誤記為別人了。嚴希純逝世前任全國政協常委、副秘書長、辦公廳主任、學委會主委和中國致公黨中央常委等職。」

五、注釋文字量已超過正文

因為溥儀身份複雜、經歷豐富，其日記涉及一千多位中外人物和眾多的歷史事件，又恰可折射中國近現代歷史中的社會變革，內容博大，這勢必影響到注釋文字的數量和品質。整理他的日記必須廣加注釋，才便於讀者接受。從某種意義上說，注釋溥儀的日記，等於編一部溥儀辭典。同時，這也是印證和傳播歷史史實的好機會。為此，我整理溥儀日記特別着重注釋，其文字量已超過正文。

六、補入「篇後附錄」

關於「篇後附錄」，我在〈愛新覺羅‧溥儀的遺稿與日記〉一文中說：「溥儀日記中的某些記載過於簡略，以致內容不能明瞭，對此而有其他可靠資料能夠補充或佐證的，都盡可能注出或作為‘篇後附錄’而完整引證出來，似有助於環境的補充。本書‘篇後附錄’較多地利用了董益三先生的日記資料。董先生是溥儀特赦後的同事，他們都是全國政協文史資料研究委員會的專員，同室辦公，朝夕相處，在 60 年代中期前後五年多時間裏，他們不但有共同的業務生活、政治學

習生活、勞動生活和參觀旅遊生活，兩人還成為鄰居和相知的朋友……他提供的資料不僅能夠核實溥儀日記中的許多記載，而且有助於豐富溥儀日記的內容，使其失於簡略的涉及專員共同生活的記述，得到了必要的補充性的具體說明。尤為難得的是，董先生日記中還有數量不少的關於溥儀言行的生動的直接記述。引證董先生的日記、工作筆記作為『篇後附錄』和注文，等於保存了一批有關溥儀思想和生活軌跡的重要佐證資料，他填補了溥儀遺留的部分空白。」

七、保護原文原意

溥儀作為中國末代皇帝，又經歷了 20 世紀中國最重大的社會變革，他的日記恰可折射中國近現代歷史，重要而珍貴。因此，整理他的日記必須慎之又慎，要堅守「保護原文原意」的大原則，重在保護原文原意。

對編入《愛新覺羅・溥儀日記》的文字，凡涉整理內容，我均加以明確標識。如增補文字加「[]」號、改正錯字加「〈〉」號、刪字刪句刪段均加「……」號等等，這是我所做的又一項重要整理工作，也關涉到全書。明確標識也是為了保護原文原意。對溥儀原文，或因文字重複，或因字跡不清，或因記載簡略以至語意難明，或因關涉隱私，或因受限於當時的政治因素，或因其他種種原因而刪字、刪句、刪段。內容取捨涉及要對本文從多角度考量，要與溥儀日記關聯、比照，藉以認定是否可以如此取捨。我做這項整理時，一般都以刪節號表示，並在注文中明示，對讀者有交代。此類刪文，全書可以列舉 82 例。我整理後刪去溥儀原文中「還有」、「當」、「們」、「在過去」、「的」、「曾經」等多餘虛字，使文字精煉、通順、規範，而實質內容，凡屬表達一定意義的用詞、用字，都要盡可能保留而不隨意改變，如需變動，一般採取「虛改實留」的原則。不能把溥儀日記作為手中玩物，隨便「創造」，改變原文，篡改內容。

小結

　　從溥儀出生的 1906 年到李玉琴去世的 2001 年，差幾年正好是一個 100 年，這就是中國的一個世紀。中國末代皇帝溥儀和他五位夫人一生的經歷，恰能折射中國一個世紀的歷史和發展變化，正好可以涵蓋剛剛過去中國的 20 世紀時代的內涵，他的存世日記也因此具有重大歷史價值，而由溥儀遺孀李淑賢保存下來的溥儀特赦後所寫日記，最真實、最直觀地解讀了溥儀的人生轉變，從而成為研究溥儀不可逾越的第一手資料。

　　《溥儀日記》集中了愛新覺羅・溥儀現存一生的日記，讓我們能夠最真切地看到充滿了傳奇色彩的末代皇帝溥儀一生的生活和思想。日記以溥儀的日常工作與生活為內容，不但表現了他在政治觀點、思想方法和生活態度等大問題上脫胎換骨的轉變，而且表現了他在思想意識、情操和品格等方面棄舊圖新的努力。它以千真萬確的事實不容置疑地證明了溥儀的轉變。

　　20 世紀 70 年代初，周恩來會見日本《朝日新聞》編輯局長後藤基夫時說：「我們把末代皇帝改造好了，這是世界上的奇跡！」這本《溥儀日記》為周總理的論述提供了最可靠、最豐富的證據和最具體、最生動的說明。溥儀日記的整理、注釋和研究，有助於讀者對這本日記的理解，有助於對溥儀這位歷史人物的認識。出版《溥儀日記》，就是出版這一「世界奇跡」的真實記錄。

　　由於末代皇帝溥儀的一生充滿傳奇色彩，對於他，對於中國的 20 世紀，人們還是有諸多的猜疑和不解，有許多歷史懸案，比如溥儀離津出關是主動行為，還是被劫持？是個人意志還是受到欺騙？他到底是真改造好了，還是偽裝和假相？特赦後的溥儀過着怎樣的生活？他怎樣看待新世界、新中國、新社會？從他在特赦後受到毛澤東和周恩來的接見，以及聚餐、談話等，他怎樣看待毛澤東、周恩來等領袖人物？等等很多鮮為人知的事情都可以在溥儀日記中找到答案作結，許多長期被掩蓋的歷史真相也可以被揭開，這就是溥儀日記的社會和歷史價值，也是它應該走進相關教材的原因。

文史哲融合教學的大歷史思辨
——歷史科的重新編輯

潘樹仁

濟川文化研究會

前言

　　自從民國初年，直至新中國成立以來，都採取歐美的教育系統，用西方的思維模式，改進教育制度，完全拋棄中國傳統教學的理念，教育界一直跟隨西化的演變，作為國際性的標準，極少人反思中華傳統教育的優秀部分。

　　本文只在文、史、哲三科被分割成科的今天，作一次客觀初步研究，探討三科重新融合的功能和可行性，並以現代教學的思辨培訓為新視野，將中國歷史科放在首位，結合哲理和文學的培養，啟發思辨善惡是非的能力，也為文學的創造力奠下基礎。

　　中華文化的復興，令大量的外國人學習中國的文、史、哲等科目，必須讓下一代人追尋歷史文化的根本，全面了解本位文化。現代電子教學的趨勢已不可擋，希望尋找出現代青少年更易於接受的內容，也提供一些趣味性的教學方法，供大家參考和研究。

快樂學習的大前題

一、學習目的

　　人類出生後，都是一片空白光禿禿地存活，除了求生的自然反應和本能，肚餓要飲食的天性，長大成熟有繁衍下一代的慾望，其餘都要通過學習知識而來，可以從自然環境的感悟而獲得，也可以由他人或老師傳授而得到知識，但運用知識的技巧，則要視乎人的才能智慧配合，人與人之間就不能相同了。所以佛家對

智慧的獲得，分為三條路徑：聞所成慧，思所成慧，修所成慧。每個人運用知識的技巧有高低，但這種技巧能力，可以從修煉而來。因篇幅所限，而且要集中研究教學的問題，故以下所述說的範疇，便放在第一與第二種獲得智慧的方法。

首先闡釋智慧的用途，第一類只掌握技藝，成為社會的一份子，有求生的技能；第二類有創新的智慧，突破前人的領域，創造很多器物，令人類生活得更適舒；第三類的創新智慧，不在器物上，而是在人類道德公義上，維繫當時社會人們的最大程度公平，解決人類困難問題，指出正確永續發展方向，呈現人性最光輝的時刻。

大歷史（marco-history）的範圍，從宇宙大爆炸開始的「一卵爆發成三界」[1]為起點直到現在，經歷約 150 億年，而地球的歷史約 45 億年，當中人類的歷史只佔六千年左右。本文雖然探索文、史、哲三科在中、小學融合教學的可行性，但起點是放在歷史科，就是希望由宏觀的大歷史，打開寬廣的天地，引起反思學習之目的，下文將提到學習文字表達思想，應用趣味性的學習方式，以理性的哲學思辨，尋找生命存在的意義和道德的建立。

學習歷史從中得到巨大的智慧和知識，了解過去的事物和文化，知道社會變遷的得與失，「歷史可以提供的智慧是最全面的」，[2]人生的壽命有限，因此要精簡地獲得智慧，必須花時間學歷史。司馬遷的《史記》提出：「明天人分際，通古今之義，文章爾雅，訓辭深厚，恩施甚美」，通達古今的變化，使人類明白其中的教訓，是歷史的基本功能。學歷史的過程，能夠培訓人們的思辨能力，在不同事件比對之下，研判歷史的真相，也許有助於人類學（Anthropology）探索不同文化中人類生存的特質；其次是訓練邏輯思考功能，在類似重覆發生的事情，或許推論出相同結果，為歷史哲學（Philosophy of History）提供根據；第三是歸納和分析歷史的發展規律及過程，組合成為系統化的模式，推演出「未來學」（Futurology）的新思維學科，供人們參考和應用。

二、教與學

教與學表面上是相對的，老師教導，學生接納，其實「教」有三大目標：傳

1　蕭昌明：《造化經》，蕭昌明生卒年期是 1895-1943 年，著作年代不明，約在 1926-1936 年期間。

2　葛劍雄、周筱贇：《歷史學是什麼》（香港：天地圖書，2003），頁 178。

導、授業、解惑，傳導知識學問，教授技藝能力，指導邏輯思辨。「學」有三大方式：見聞、思辨、修養，上課聽講座學習，收聽任何渠道的訊息，細心觀察見聞，主動看書找資料學習，摒棄以往的雜念思潮或學習錯誤，從新修正真實的道理，學習的目標，上文已提出：得到智慧。近年流行遊學，在遊歷當中學習，古人已經提到，要在有讀書學識的基礎上遊歷，才易於增長智慧，小學或初中學生，必須在本土遊學，充分了解本地文化歷史，這個根本就是感受歷史情懷的方法，由地方以至國家，最後是花費較多的外國遊學。現時互聯網在這方面的協助，實在使知識突破空間的阻撓。而且古人早已明白，知識是無限膨脹，老師同時要在學生身上學習，了解新一代人的想法，因此有「教學相長」的提示。

　　孔子成為萬世師表，就是「教不厭，學不倦」，在指導學生的學習方式中，他在《論語》裏指出：「學而不思則罔，思而不學則殆」，學、思要並重，才能得到智慧，思想不會固執呆滯。至於學與教的關連，他在《孔子家語·三恕》裏提到：「君子有三思，不可不察也。少而不學，長無能也；老而不教，死莫之思也；有而不施，窮莫之救也。故君子少思其長則務學，老思其死則務教，有思其窮則務施」。[3] 教育家陶行知更提出「教學做合一」，而且對教材有三個重要標準：看它有沒有引導人動作的力量；看它有沒有引導人思想的力量；看它有沒有引導人產生新價值的力量。[4]

　　究竟學科的內容，應該包括那些範疇，說法有多種，六藝的學習是技藝科，而文理科在古代的分類方式，多數以經典類別作分科，因為現在全面用西方式教育系統，完全摒除古代的教育系統模式，況且古今社會也是有差異的，此處是文、理科的整體概念，先行建立一個平台，再讓大家往後深入討論。《孔子家語·問玉》：「入其國，其教可知也：其為人也，溫柔敦厚，《詩》教也；通知遠，《書》教也；廣博易良，《樂》教也；潔靜精微，《易》教也；恭儉莊敬，《禮》教也；屬辭比事，《春秋》教也。故《詩》之失愚，《書》之失誣。《樂》之失奢，《易》之失賊，《禮》之失煩，《春秋》之失亂。其為人溫柔敦厚而不愚，則深於《詩》者矣；通知遠而不誣，則深於《書》者矣；廣博易良而不奢，則深於《樂》者矣；潔靜精微而不賊，則深於《易》者矣；恭儉莊敬而不煩，則深於《禮》者

3　羊春秋注譯：《新譯孔子家語》（台灣：三民書局，2008），〈三恕第九〉，頁101。

4　徐明聰主編：《陶行知創造教育思想》（合肥工業大學出版社，2009），〈教學做合一下之教科書〉，頁13。

矣；屬辭比事而不亂，則深於《春秋》者矣」。以下用現代學科觀念套入以下六
種經典教育：

1. 詩

即《詩經》，其實包括基本的文字學習與應用，文詞的意境和感性發揮，使
用文字的技巧，以至談吐說話的用語，包括創作詩詞。學習詩文的結果，使人溫
柔敦厚，不會用言語傷害他人。思想愚拙的人，難以有優雅的創造力。古代為兒
童啟蒙學習文字的書本有《三字經》、《百家姓》、《千字文》，稱為「三百千」，
又加上《弟子規》和《說文解字》等書籍，到了十六歲左右的中學生年紀，可以
學習達到三千個字，符合現代大學生的高水平要求程度。屬文科。

2. 書

即《尚書》，記敍歷史，包括古代的社會狀況，政治制度和經濟文化等，使
人知道遙遠時代的各種情況，知識廣博，而且培養出分析和思辨能力，研判事件
的真相。史書的問題在於記錄錯誤的事情，誤導後世的人。屬史科。

3. 樂

即《樂經》，雖然已經失佚，但內容圍繞在音樂的理論，音樂教育的方法和
規範，使人氣度廣博，胸襟寬敞，去惡從善，陶冶性情，誘發心中的良知。禮與
樂都是古代的法度，禮有「讚禮生」的司儀司禮控制程序，但有些時候，只用音
樂的聲音節拍韻律，來控制秩序的進行，例如配合嚴肅的祭天，或者指示射箭手
的放弦發箭，所以這部分是高層次的理論研習。過分迷戀音樂，令人奢侈浪費，
耗盡金錢。屬哲科，設計樂器可以屬於理科。

4. 易

即《易經》，現時最為流通的有《周易》，《歸藏》被發現有多種版本（1993
年在湖北省江陵發現較完整的版本）[5]，因為文句不完備而未被採用。這是一本很
重要的典籍，卻被人誤解，只作為風水術數的書。其實易學有三大學問範疇：
象、數、理。就是圖像圖畫，與象形文字有牽連的關係，包括美學和設計，其次

5　李學勤：《周易溯源》（成都：巴蜀書社，2006），〈第四章〉，頁289。

是數學和邏輯學，這是科學之母，運算思辨的啟發動力，最後以宇宙人生的道理為依歸，即人類精神文化的特質所在。學習易理，可以達至精微貫通，抽絲順藤，培育內心開朗純潔，深明大道自然安穩的勢態。研習易學的人，變得絲毫明澈，如果不顧天道，害人偷竊，最終造成巨大的社會破壞。以哲科為主。

5. 禮

即《禮經》，此部經典的內容分散在其它書籍裏，主要內容，應以風俗習慣為主，講述應用天道易理的系統化，作為人與人之間的交際規矩，使人恭敬禮讓，莊嚴而廉潔，社會和諧，輔助法律的功用，禮儀恰到好處，合宜而簡略，不會煩擾民眾的正常生活。封建和固執的政府，會利用繁文縟節，握殺人民的自由，用道德教條控制丁點反對聲音。屬哲科。

6. 春秋

即《春秋左傳》，是歷史典籍，使人更容易地比對古今的得失，辨別善惡的行為，客觀比較社會的新事物，不至於盲從附和當政者，也不會受繁雜的條文和專業的文辭所困惑，條理分明，秉持着天地的道德公理撰寫史實，會令奸邪的人喪膽。撰述現代史的人，很容易受到威迫利誘，胡亂刪改事實。屬史科。

以上都是有關「文史哲」類的科目，學習基本課程後，已經成為一個通識的社會人才，加上六藝的配合，學有所專，成為專家，通達貫徹超越人群，更成為高尚而全面的俊彥。這便是古代教育系統的設計，而且以通識為基礎。

三、生命的意義

中華文化對生命的意義，從古到今都做了大量的研究，但立足點主要有一個，是「人」的精神存在意義，生命並非單純的肉體生命，但建構精神的意義，必須依靠肉體，所以對人的觀念，基礎有兩大表達方式：第一是三才，即天、人、地，人是頂天立地的個體自由存在物，但是人的能力可比天地，天的能力雖然最大，但天不能言，而且天道循環，是在變化，不能有所創造，人是大地的主宰，可以運用土地上一切資源，創造一切新事物，萬物之中，只有人得天獨厚，合天地的正氣而成特殊的靈性物種，絕非禽獸可比，而人要用智慧，順應天時地

利，天人合一與自然和諧，便可以永續發展，這是一種大角度的宇宙宏觀，包含大歷史的哲理；第二是形體上下，即形而上的大道，形而下的器物，形體象化的人類，[6] 因為人類的形體只能佔短暫的歷史時刻，運用這個時間的因緣，形象可以提升到大道的層次，最後精神不滅地萬世流芳，或者不見經傳，而逍遙自在於天地道體之內，另一方面，執着身軀的個人快樂，便借助外來的器物，享樂和炫耀自己，但這種生活方式，不單只自己的身心受損而墮落，更會傷害人類群體，以至破壞地球生態圈，遺害子孫，所以古人早有提示，要發展器物供人類使用，首先要顧及後果，包括資源的耗盡和廢棄物的處理，要道器平衡，形軀才能正常地運作。

現代人對生命意義的解讀，都離不開「生生大德」或「天德」的施予，董仲舒的《春秋繁露·人副天數》這樣解讀天人感應：「天德施，地德化，人德義。天氣上，地氣下，人氣在其間。春生夏長，百物以同；秋殺冬收，百物以藏。故莫精於氣，莫富於地，莫神於天。天地之精所以生物者，莫貴於人。人受命乎天也，故超然有以倚。」萬物生命根源的恩德，包藏了人的生命，一切的意義才可以涵蓋包容。王陽明提到：「大抵養德養生，只是一事」，[7] 人們有修養道德的生命，才是人類對生命立下根基。多數人都細微地解說人對天、人對地、人對自我、人對人類等的關係，不管你對生命的看法如何，傷害任何生命的永續循環，最終令人種滅絕，是最可悲和最惡毒的行為，當中連繫着哲學的理解角度，歷史文化的認識和深入了解，最後是語言文字的表達，使人們充分交流生命的樂趣，互相坦呈人性的光輝，照耀他人，甚至天地上下，令生命光能充分發光發熱。

生命的深處是心靈，沒有健康的心靈，便沒有良好的生命，所以東西方都用宗教去滋潤心靈，但中國人將神祇代入物質的水，用水為媒化生天地，形成「太一生水」[8] 的概念，在周朝就擺脫了偶像神靈的宗教，以「天」或「道」作為宗教的終極關懷，發展出宇宙大道的哲學系統，而人間則用人倫關係發展道德系統，所有中國的宗教，背後都有哲學體系，只是一般的教徒沒有鑽研教義的深層部分而已，因此道、儒、釋三家的哲理思想，都應該成為教育課程的一部分，當然現

---

6 《易經·繫辭》語句：「形而上者謂之道，形而下者謂之器。化而裁之謂之變，推而行之謂之通，舉而錯之天下之民，謂之事業。」

7 彭國翔：《良知學的展開》（三聯書店，2005），〈第五章：王龍溪與佛道二教〉，頁 286。

8 李零：《郭店楚簡校讀記【增訂本】》（北京：中國人民大學出版社，2007），〈第一組·太一生水〉，頁 41。

在也必須加入耶教（天主教及基督教）和伊斯蘭教，這兩大世界性的宗教派系，由此也可以帶出大同和諧的世界觀。

四、品德的培養

君子，是現今有道德學問的人，在古代是「君王之子」的意思（君子或解釋為貴族，或妻子對丈夫的尊稱），正就是君王的繼承人，更需要被培養成有品德的人，因為君王的品德正是所有老百姓的榜樣。古代經典提到「君子」的次數，在《禮記》有 329 次，在《荀子》有 299 次，在《孔子家語》有 163 次，在《論語》有 109 次，在《淮南鴻烈》有 74 次。當中提到如何培養或達到君子的一般標準，現精選其中十項如下：

1. 愛人以德

是內在心靈的平台。《禮記・檀弓》：「曾子曰：『君子之愛人也以德，細人之愛人也以姑息。』」[9] 君子愛護其他人，是一種平等而兼愛，沒有彼此之分的博愛，並且必須符合道德，不會過分地溺愛或者不分善惡地姑息。

2. 舉止端莊

是外在交誼的約束 ——《禮記・玉藻》：「君子之容舒遲，見所尊者齊遫。足容重，手容恭，目容端，口容止，聲容靜，頭容直，氣容肅，立容德，色容莊，坐如尸，燕居告溫溫。」

・節約儉樸

是耗用資源的宏觀 ——《禮記・少儀》：「觀君子之衣服，服劍，乘馬，弗賈。」

・學遊修養

是提昇學問的路向 ——《禮記・學記》：「君子之於學也，藏焉，修焉，息焉，遊焉。」

・百行孝先

是做人基本的行為。《禮記・學記》：「君子之所謂孝也者，國人稱願然曰：

---

9 【清】孫希旦：《禮記集解》上，（北京：中華書局，1989），〈檀弓上第三之一〉，頁 117。

『幸哉有子！』如此，所謂孝也已。眾之本教曰孝，其行曰養。養，可能也，敬為難；敬，可能也，安為難；安，可能也，卒為難。父母既沒，慎行其身，不遺父母惡名，可謂能終矣。」

・身心操守

是維護自勵的明燈。《孔子家語・五儀解》：「孔子曰：『所謂君子者，言必忠信，而心不怨；仁義在身，而色無伐；思慮通明，而辭不專；篤行信道，自強不息，油然若將可越，而終不可及者，君子也。』」

・培育達德

是達德進道的竅門。《孔子家語・哀公問政》：「孔子對曰：『智、仁、勇、三者，天下之達德也。所以行之者一也。或生而知之，或學而知之，或困而知之，及其知之一也。』」

・禍福不動

是堅忍力量的鍛鍊。《孔子家語・始誅》：「孔子為魯司寇，攝行相事，有喜色。仲由問曰：『由聞君子禍至不懼，福至不喜。今夫子得位而喜，何也？』孔子曰：『然！有是言也。不曰樂以貴下人乎？』」

・志守中庸

是成功立業的核心。《孔子家語・三恕》：「孔子曰：『嘗聞君子之言志矣，剛折不終，徑易者則數傷，浩倨者則不親，就利者則無不敝。又嘗聞養世之君子矣，從輕勿為先，從重勿為後，見像而勿強，陳道而勿怫。此四者、丘之所聞也。』」

・道德正義

是通天達地的君子。《荀子・宥坐篇第二十八》：「孔子觀於東流之水。子貢問於孔子曰：『君子之所以見大水必觀焉者，是何？』孔子曰：『夫水大，遍與諸生而無為也，似德；其流也埤下，裾拘必循其理，似義，其洸洸乎不淈盡，似道；若有決行之，其應佚若聲響，其赴百仞之谷不懼，似勇；主量必平，似法；盈不求概，似正；淖約微達，似察；以出以入，以就鮮絜，似善化；其萬折也必東，似志。是故君子見大水必觀焉。』」[10]

---

10 耿芸標點：《荀子》（上海：上海古籍出版社，2001），頁 499。

五、經歷學習

生命是多元化地展現在天地之間，所以西方有全人教育（Holistic Education），[11] 與中國傳統的整體思維和系統思維互相吻合，全人教育提出三大原則：

1. 關聯性（Connectedness）

不再分割課程和增加新科目，在同一階段內的教育範疇，關連着重要的課題，作出聯繫性的互相貫通。相當於中華文化的相生相剋，而且同時並存的關聯。

2. 包容性（Inclusion）

包容所有學習能力不同的學生，提供多樣化的學習模式和取向，既發揮潛能，又互補不足。相當於大道一體包容的現象，而且萬物都來自同一個根源。

3. 平衡（Balance）

令學生認識到在整體宇宙之內，都有互相均衡補充的力量，人類必須適應宇宙，才能永續發展。相當於陰陽平衡，孤陰不生，獨陽不長的道理。

以上的全人教育理念並不是新的哲理，只是一種新的系統化形式，如果精簡地把中華文化的哲學應用其中，將會更加精彩和達到多元化的目標。

在心靈裏培育了品德，也會展示於外在的行為經歷之中，學習必須配合個人經歷，會帶來更深刻的記憶和深層次的體驗，道德的彰顯正是在生命經歷當中，突現聖賢對道德的堅守，所以傳統文化用「禮」，作為行動起點的指引，當學習未完成，而修養未達臻完善，便要學習各種的禮義，與人交往不至於傷害他人，否則不良的行為，便成為自己不良經歷的黑檔案，甚至影響一生。

例如有人舉辦現代化的「成人加冠禮」，令學生經歷古代讀書人的儒雅風采，並且反思生命成長的里程，以至人生的意義等問題，因為成年人開始懂得思辨，

11《CRSE Yearbook 2010-2011》（香港：香港教育學院宗教教育與心靈教育中心），〈人物專訪：與梅傑克教授談全人教育與生命成長〉，頁 15，*Centre for Religion and Spirituality Education* 年刊。

明白這是「禮之始」，[12] 是生命成熟的開始，此處不列舉各種經歷活動的研究，只提出經典內有關「禮」的原則性精神。《禮記・禮器》：「是故君子之行禮也，不可不慎也；眾之紀也，紀散而眾亂。君子之於禮也，有所竭情盡慎，致其敬而誠若，有美而文而誠若。」行禮要謹慎，而且是內心敬愛的表現。《孔子家語・哀公問政》：「孔子對曰：『或安而行之，或利而行之，或勉強而行之，及其成功一也。』」要完成禮的行為道德，有安靜穩妥而行的情況，有因為利益目標而做的情況，有自己勉強或被逼而為的情況，這三種不同的經歷，對人生的歷練提供了很大的幫助。

文史哲的分與合

一、詩文吟誦的記憶

不知道什麼原因，香港地區的古詩文教育減少，而中國方面則不斷增加。詩文的吟誦歷史，有數千年之久，《詩經》是全世界保留得最好的人類古典詩歌。世界其他民族，都有自己的詩歌，反而文稿是後來的記錄，因為人類的獨特之處，就是能夠用發出的聲響，經過大腦的整頓，系統化地演繹成為語言，令對方的聽眾明白語意的內涵。詩歌的組成，就更多地採用抑揚頓挫的韻律方式，形成節拍的調子，容易上口，易於唱誦，內容簡樸的文句，反而是流行遠播的佳作。一般人在學習詩歌時，都同意《尚書・舜典》所提出的見解：「詩言志，歌詠言，聲依永，律和聲。」詩句不多，作者用字要精煉，準確地表達內心的情志，唱歌的人只要跟隨語言的聲音和含意，自然地可以表演作者的感情，聲調的高低，可以依照唱歌者的能力而調節，韻律可以按照聲樂原理而變化，可知文字是一首樂曲最重要最核心的部分。

有人說音樂是無言的文字，因為當中蘊藏着重大的意義和可以薰陶別人的功能。創作詩歌，由文字入手，創作音樂，可以從聲調韻律入手。至於音樂教育，古代有《樂經》的編寫，雖然失傳，仍然使人明白音樂教育受到重視。以下介紹一些音樂教育的思想：

---

12 胡平生譯注：《禮記・孝經》（北京：中華書局，2007），〈禮記・冠義〉，第 204 頁。

1. 化解憂鬱，治癒心靈的創傷

《淮南鴻烈・本經》：「樂者，所以救憂也。」[13] 遇到憂愁哀慟的事情，能夠聽一闋抒情的歌曲，或吟誦幾首詩詞，必定令人開懷舒暢，盡化憂鬱。

2. 樂教深速，傳播訊息的工具

《荀子・樂經》：「且樂者、先王之所以飾喜也；軍旅鈇鉞者，先王之所以飾怒也。夫聲樂之入人也深，其化人也速，故先王謹為之文。樂中平則民和而不流，樂肅莊則民齊而不亂。」

用雄壯的軍樂激勵士氣，古今都是一致的，使人民生活得喜樂，便要注意流行音樂的內容，因為音樂影響實在很深遠。

3. 節制動靜，多姿多采的學習

《孔子家語・論禮》：「夫禮者、理也；樂者、節也。無理不動，無節不作。不能詩，於禮謬；不能樂，於禮素；薄於德，於禮虛。」聞歌起舞，是人類的天性，音樂為沉悶的學習帶來生氣，也引動很多活潑的思考，所以音樂可以節制人們的動靜情緒，還給予學習有多姿多采的氛圍。詩歌當中，還有豐富的隱喻，例如「魚」象徵豐收或「婚姻與愛情」[14]，是一種有深度的文學創作。

二、文學創作的表情

幼稚園和小學，現在大多數都有唱遊的課程，而且這個年齡段，他們都熱衷於電視的廣告歌，所以代替為中華文化的詩詞歌賦，是很易做到的，只在乎校長和家長的接納程度而已。在德國的法律，幼兒不准許接受正規的課室教育，只可以參加唱遊或托管的遊樂班，他們的研究指出，過早要求小孩子記憶，會阻礙大腦發育，損害未來的成長。有了良好的小學詩詞根底，中學生要加強文字的理解，以至文字的表達能力，活用這種思想感情的載體，來表達個人內心的思維，是中學生向前邁進的一大步。

完整的一篇文學創作，就好像讀者站在作者身旁，與作者一起目睹同一個場

---

13 劉文典：《淮南鴻烈集解》上，（北京：中華書局，2010），〈卷八〉，頁 250。

14 李湘：《詩經名物意象探析》（台北：萬卷樓圖書有限公司，1999），「魚」字應用系列，頁 1。

境，甚至讀者投身入作品之內，成為主角或其中一位人物。有些人強調，人是感情的動物，不單只有動物的生存反應，而且獨具感情，還細分為七情：喜、怒、哀、樂、愛、惡、慾。例如三國時候的才子曹植，他的一篇《芙蓉賦》（芙蓉是蓮花剛剛綻開時的古代名稱）：「覽百卉之英茂，無斯華之獨靈。結修根於重壤，泛清流而擢莖。其始榮也，皎若夜光尋扶桑；其楊暉也，晃若九陽出暘谷。芙蓉蹇產，菡萏星屬。絲條垂珠，丹榮吐綠。焜焜，爛若龍燭。觀者終朝，情猶未足。於是狡童媛女，相與同遊，擢素手於羅袖，接紅葩於中流。」其中雖然講述芙蓉的艷麗靈秀，也有人感悟到曹植是在描繪自己，是一位獨特高尚的才子，可惜沒有人深入體會，這種文筆用詞的表現，就是把文學創作充分發揮，融入了作者的表情，讀者仔細回味，便有一番感覺。至於宋朝周敦頤的《愛蓮說》，更是膾炙人口，用蓮花表達君子的品德形態，代表着儒雅清秀的讀書人。

如果用文史哲的角度，去學習以上兩篇芙蓉和蓮花的文章，文學的濃厚感情會包裹着歷史的氛圍，映射出作者在那個時代的優雅和風貌，三國的混亂和七步成詩的天才，隱含着才子不得志的人生哲理，在宋代儒、釋、道思想爭辯和磨合之間的歷史舞台，蓮花簡單純樸的美態，以文學手法的輕描淡寫，卻成為三大派哲思融和的理學，被後人形容荷葉是佛家，蓮藕是道家，蓮花是儒家，無論如何排列和比喻，三位一體和文史哲的結合，必然產生最有趣味性的學習元素。

三、文字文化的歷史

象形文字是中文字的特色，由象形開始，最後造字有六種方法：指事、象形、形聲、會意、轉注、假借。全世界人類早期都創造象形文字，因為是人們親身接觸的物件，或親眼見到的事物，這種兼具形象和感覺的狀況，首先用圖畫被劃出，逐漸具體化成為有系統表達方式的文字。中國人能夠把圖畫化成線條藝術，再演變成點、線的筆畫，部首的拼合等活動功能，形象化的文字便像圖畫在紙張上跳舞活躍，這是其他文化不能轉化的地方，也正是中華文化對思想義理的特殊載體。

專門講解文字的歷史，用趣味性的拆字和拼圖方式講解，會引起青少年產

生興趣，而且帶動「圖像記憶與聯想」，[15] 這種方法筆者多年來用之有效。例如日字的甲骨文「⊙」，是圓形的外觀，中央有一點，是太陽黑子的圖像，三千多年前的殷商時期，甲骨文已有記錄，而世界公認的文獻，最早在西漢《漢書·五行志》：「成帝河平元年（公元前 28 年）三月乙未，日出黃，有黑氣大如錢，居日中央。」黑氣形成的太陽黑子，這個科學觀察的記載，比世界其他國家大約要早一千年。圓亮有圓有缺，正是它的特色，因此用了月缺娥眉月的形狀「☽」，當中有黑點，是月球表面火山高低不平的陰影。而明字更有意思，它由日和月兩字組成，人類恐懼黑暗，是自然的反應，但天空只有日、月、星三種光輝，白天有日光，晚間部分時間有月光，日和月是天地之間最光明的來源，人們尊敬它，我們更不能失去它。稍後明字還有兩種不同圖像：「𣇦」，「𥇯」，第一種用人類的目字代替日，用眼睛見得清楚為明，第二種以窗戶代替日字，指月亮從窗口照入室內，令滿屋光明。這是文字文化演進的歷史，一步一步讓大家接近大自然，深入了解宇宙的環境。

四、邏輯哲理的思辨培訓

文字當中有哲理的思想部分，正是人類文明進步的體現，人們經過思辨獲得叡智，如果沒有邏輯性的文字培訓，將無法記錄清晰。世界三大邏輯的起源，包括：希臘的邏輯學；印度的因明學；中國的墨學。可惜墨學被忽略而終止，但中國的哲理根基，仍然保留在《易》學。歐洲部分國家，中學生必須學習邏輯哲理，以提昇學生的思辨能力。香港也提倡培訓學生的思辨能力，卻糊裏糊塗用「批判」的字眼，中學生思考才能有限，怎可以胡亂批判，甚至批判老師的教學能力和教材，這種做法就是本末倒置，令幼稚的學生擁有很大的權力，造成社會擾攘不堪。

《周易》是數學的計算演進，以至數理邏輯的基礎，當中含藏着〈河圖〉和〈洛書〉，也牽引着人體一些數理，例如五數包括五臟、五官、五隻手指等等，理用天地的大道理為根本，推展出各種理性的論述。例如乾為天，「用天的運行說明乾卦的特性。天體的運行剛健不撓，君子效法天，應當在自己的道德修養上培

---

15 潘樹仁：〈古文字學開啟創意潛能優勝之處〉，《容叡集之一·文字創意學之廿字漫語》（香港：火柴頭工作室，2012），頁 50。

養自強不息的精神。」[16]

簡單地應用陰陽的理論，就成為正、反、合的哲理思辨，假設陽為正，陰則為反，陰陽的相生和相剋便是合，在衝擊和包容之中產生智慧。宇宙的事理都在不停地運動及演繹，正會變成反，反會變成正，在演變的過程中，正與反同時存在，就是合，亦即是「你中有我，我中有你」。所以陰陽的理論學問，不能夠用靜態為研究範圍，必須明白動態的原理，整個宇宙是在動態中取得平衡，靜態中取得活動暢順。

五、哲學的派別與實用性

中華文化的哲思雖然以《易》學為源頭，到了春秋戰國，已產生九流十家，（西漢劉歆所著的《七略》，其中《諸子略》把當時的學派分為十家，即：儒、道、陰陽、法、名、墨、縱橫、雜、農、小說家，因為小說家屬於文藝，不入學術流派，故此前面九派稱為九流。）以至諸子百家的不同學說，尤以道、儒、墨、法為四大學派。在思想史的發展過程裏，認識不同派別的思想，在某種環境情況下，又產生新的哲學思維，這是對青少年有莫大裨益的哲思培訓。

經歷長期的演變，直至清朝，中國哲學形成道、儒、釋的融合，可稱為理學。由清末至今，西方思想進入中國，仍然成為對立的局面，未能像佛學融入中土文化。隨着中華文化復興，將來會有更多的東西方文明對話，有更多西方人學習中華文化，人類思想全方位溝通後，各種哲學派別就各顯特色，而不能把不同於自我的思想排斥或打壓。

近代人蕭昌明（1895-1943年）老師，創立廿字哲學：「忠恕廉明德正義信忍公博孝仁慈覺節儉真禮和」[17]，作為正面的《人生指南》（蕭老師的著作，筆者由此開展正面的「人生意義指南學」課程，將在大專院校及作公開講授，稍後另文論述）。另一個角度理解廿字哲學，是一種道德的內在修養，並非宗教戒條，可以是精神內化的最高境界。蕭昌明並提出「他性見而己性得，他性己性，同證相性」，一個人之德性彰顯，就是在其行為當中對他人的感染力，而且人人有此相

---

16 馬恒君注釋：《周易全文注釋本》（北京：華夏出版社，2007），〈上經〉，乾，頁93。

17 潘樹仁編著：《歷海笙歌 —— 蕭大宗師傳奇一生》（香港：博學出版社，2007），〈十相逍遙之七：廿字弘揚 —— 1926年〉，頁153。

同的道德性情感應，並不是求外在的量化高低標準或名利之多寡。廿字採納各家哲理學說的精粹，貫通中西，容納百家哲學，是一種開闊的大容器，有容納百川的氣度，作為中華文化的未來發展，融合中西文化是一個必然的朝向，如何在多方面令全人類文化共融，哲學家提出問題，教育工作者成為引領的尖子，開啟新思維，人們必須抱着平等溝通的中庸和合方法，作為新世紀人類攜手的基石，維護地球這個幸福樂土，為下一代創開大同的新道路。

大歷史與國家歷史

一、人類大歷史的文明

大歷史是用歸納法去綜合和概括歷史事件，黃仁宇這樣解說：「既為一種大歷史，又因綜合歸納而成，則自作者束髮受教以來所誦習之文件均有影響，旁及於文理哲報紙雜誌。」宇宙的大歷史，對小學生來說，有天空有星球，跟着有恐龍和人類，但對於中學生來說，便是好奇的開始，宇宙大爆炸的產生，星雲和粒子之間的關係，水份的形成和地球生命的啟動，人類的奇妙誕生，人類學和人類的語言文字，種族和文化的差異。

在長、闊、高、時間等四個維度形成的大歷史，東非人種約有 580 萬年，人類口傳歷史是一萬年左右，即新石器時代的開始，人類可信使約六千年，是銅器時代 Copper Age 的開始，人們懂得冶金術和應用金屬物質。把歷史壓縮成為綱領性的概略，有故事性的動人部分，有感情性的化育部分，有彰顯道德的正面人生觀，有國家民族的成長和奮鬥，有文藝創意的發展史，有趣味系列的各類別文化史等等。

用四大文明古國作為開端（北京大學編的《中華文明史》就是這個模式）[18]，講述歷史故事，演變為現代東、西方兩大文明，建議在中、小學用不同的基礎加以發揮，在小學組別，以三大類為主：器具用品及交通工具；生活及名人故事；文字和藝術。在中學組別，以六大類為主：科學及天文學；醫學及養生學；哲學及道德思想；國家歷史；中西交流史；未來人類文明。小學的範圍，主要用器物

---

18 袁行霈主編：《中華文明史》（北京：北京大學出版社，2006）。

為主，文藝為次要的想法，可以用眼睛的視線看到一些歷史文物（也可同時培養視覺藝術），用講故事形式介紹歷史，引出文字和文學的優雅運用。中學方面，開始加入思辨哲學的培訓，創意思維和道德反思種種視野，醫藥衛生和社會整體概念，最後引領學生們思考未來，今日的計劃，明天的建設，將會樹立未來的社會世代，大家共同維護文明的良性發展，使人類生生不息永續延綿，建設幸福樂土，是所有中學生都自動成為參與者，這是大歷史的事實。

二、國家歷史

現代的國家觀念很清晰，有地理疆土的劃分，不清楚的地方必然引起爭執，甚至打仗，每個人都有國家的護照，移民的自由度平均來說也容易，不管你愛不愛手中護照的國家，該國家在所有範圍內，基本上必須保護你的生命和財產，幫助你離開有危難的地方。大多數人都是因為血緣和種族關係，成為該國的國民，而且居住在本國範圍內，所以了解國家和生活所在的社會情況，是一件順理成章的事。

中國有五千多年的大歷史，每個時期都有不同的燦爛文化，各朝代無須要為自己歌功頌德，只要好好照顧老百姓的基本生活需求，貧富不能拉得很大的差距，國庫充裕，人民都是小康之家安居樂業，國家自然安定。好好地介紹祖先們的偉大智慧，文明的進步，文化的多姿多采，青少年便會感到中華文化的高尚魅力，驕傲地說一句「我是中國人」。

比較中外的文明歷史，中國在科技和器物的製造上，不一定是最先進和取得最好的優勢，尤其在近代，因為西方的科學突飛猛進，國人便自我恐懼，反觀中華文化的特性，講求「天人合一」，「是人們的行為與自然界的協調，或者說是精神與自然的統一」，[19] 人們不會去破壞大自然，因而開採地下資源不會積極，器具的使用都非常儉樸（或者人口眾多也是原因之一）。中國的文字流傳着大自然的圖畫形象，很多文化都講究與環境和諧結合，中華文化的核心是人，是人的心性修養，維繫個人道德和社會公義，自由的科舉考試和自由經濟，都令低下層人民有機會向上層提升。民族多元化，早已被多元一體的思維融合，民族之間的差異

---

19 齊金江、宋冬梅、李岩主編：《中國儒學簡史》（內蒙古人民出版社，2009），〈第一章：先秦儒學〉，頁2。

很少，現時保障少數民族的眾多法律，是前所未有的。我們不能只讀近五十年的歷史，要明瞭五千年的中國大歷史，放眼未來國際間人類的和諧發展。

三、歷史系統與類別

在眾多歷史類別單元，簡括地選擇重點科目，提供給大家參考，以下用上文的中、小學組別，詳細分列各科在表格之內：

小學：

小一	小二	小三	小四	小五	小六
圖畫符號	各種字體的演進	火的歷史	車輛和交通工具	春秋戰國名人和聖賢	文房四寶和現代書寫工具
拼音字母	文字和藝術的關連	陶瓷器皿的製造和歷史	舟船	漢朝名人	家庭和個人成長
文字歷史	大自然的文字	人類居住的環境和房屋的故事	汽球風帆	唐朝名人	社會和國家的目前情況
甲骨文圖像	身體的文字	筷子和禮儀及五十六個民族的服飾	火車地鐵的集體運輸	宋、明時代名人和大將軍	四大文明古國的原始生活
銅器時代	雕刻和壁畫	茶的歷史	飛機火箭和航天歷史	清朝至現代名人	夏、商、周三代的生活

中學：

中一	中二	中三	中四	中五	中六
中國科技史	生物學及植物學史	人類思想史及詩詞歌賦	周朝及春秋戰國簡史	禮義之邦的蠻夷戎狄交往	人類戰爭史和大同的理想

（續上表）

中一	中二	中三	中四	中五	中六
西方科學史	化學及藥物史	春秋戰國諸子百家及陰陽思辨方法（或稱為太極辨證法）	秦、漢及三國簡史	漢、唐的外交和經濟貿易	電子世界的發展和未來
中國發明史	西方醫學史及對人體的理解	漢、唐思想及琴棋書畫	唐朝簡史及蒙古大帝國	中國人留學史	聯合國組織及國際合作活動情況
鐵器及金屬發展史	中醫學簡史及食療與飲食健康	宋、明理學思想及著名經典介紹	宋、明簡史和朝代變更的條件	鄭和下西洋及地圖歷史	綜合大歷史與事實的分析
天文學史	中國養生學及預防醫學	東西方道德思想史（「正義」[①]的思辨不可或缺）	清朝至近代史及政治制度的改革	中西交流史	未來人類文明

　　文史哲融合教學方式，類似於通識，是否可以合併，往後可以研究，但教學人員的水平必須提高，因為所涉及的範疇已不再局限在一科內，尤其是中學組內，老師的水平要求，更必須包括哲學的基本訓練和了解，這也是要考量的情況。

四、文史哲融合教學的優點和特色

　　經過上列觀點陳述，現綜合說明文史哲融合教學的特色如下：

1. 大歷史觀

　　不着重年份日期，以宇宙大歷史為長河，重點放在連貫性的前後邏輯思維，

---

① MICHAEL J. SANDEL 著，樂為良譯：《正義：一場思辨之旅》（台北：雅言文化出版股份有限公司，2011）。

去除非理性的觀點，消除個人偏見的狹隘角度，綜合分析，用客觀的視野審查歷史。作為一個頂天立地的個體，成就道德真君子的能力，便是在自己的手裏。

2. 形象化

用形象器物作為教材，參觀博物館和歷史文物，增加教學趣味化，配合事前考察遊學，加上地理歷史的遊覽，風土人物服飾的觀察研究，令歷史課題具像化。增添文學藝術色彩，使學習生動活潑。

3. 融合性

文史哲融合，有分析有綜合，有前後的因果關連，加強學生的思辨培育。訓練學生用優雅的文字詞藻，描寫個人的歷史觀，充分表現個人哲思的成熟和全面化。例如在遊學期間，用新詩或詩歌記錄行程，懷緬歷史人物的得失成敗，對人生的反思，必然有所啟發。

4. 培訓思辨

鼓勵學生自我學習，尋找資料，比對各種不同意見，考慮歷史事件對後世的影響，以史為鏡照徹古今，在思辨問題時有所依據，使用不同學習工具，創新表達效能，使聽眾接受自己對歷史的見解。

5. 中西結合

以國家歷史為本，顯示各種文化的叡智，深入認識過去現在未來的歷程，朝代的更替和人性的轉變，結合西方文明的了解，學習西方文化的優秀地方，深入探索去蕪存菁，才是磨煉智慧的方式。

6. 遠大志向

歷史既有必然，也有偶然，了解歷史的事實，感悟歷史的因由，最後放開遠大的眼光，為全人類設想，為歷史創造幸福光輝的機遇。由此培養新一代的文史哲人才，以「道通於一」的大同思想，[20] 為天地的未來道路，奠定良好而寬闊的基礎。

---

20 李祥俊：《道通于一：北宋哲學思潮研究》（北京：北京師範大學出版社，2006）。

結語

經過上文的初步探索，有以下幾點結論和提議，請各方面有關人士參考：

（1）小學及初中學科，文、史、哲範圍加以整合匯通，結合通識科及社會學一些基礎常識，不應該再分割和增加學科的數量，高中可以考慮另立通識歷史科，包括中國歷史、世界歷史及社會學，強化推理及邏輯思辨能力。

（2）文字啟蒙教學，可引入圖像繪畫的趣味性方法，培養創意思維，多配合韻律的詩詞歌賦，更添活躍的意境。

（3）歷史科可採用單元文化史的方式教授，結合生活化感覺，例如飲食文化、房屋文化、水文化等等，流暢活潑，各種不同文化縱橫交流，尤如一幅美麗圖畫，加強趣味性學習。

（4）文史哲講授，多用講故事形式，減少年份數字混亂又重複的現象，尤其在小學階段，增強表達的能力和技巧。無須特別講解「道德的理由」[21]，就讓青少年在歷史大海中醒悟道德人生的真諦。

（5）小學和初中的遊學，必須以本地為主，認識自己的出生地和根本，是非常重要的歷史感受，令生命有更好的培育性情。

（6）可考慮文史哲的歷史教學綜合性計劃，依據本文提出的大歷史和文化單元類別，套入現有課程，減少改動，以趣味性教學為目標。

---

21 James Rachels 著、楊宗元譯：《道德的理由》（北京：中國人民大學出版社，2009）。

加國大學中史教學一瞥

周家建
香港大學中文學院

引言

「漢學」在西方學術界有着長久歷史。早在 1814 年末，法國法蘭西學院創立了漢滿語言與文學教席（Chaire de langue et littérature chinoises et tartare-mandchoue）。1815 年，漢學家雷慕沙（Jean Pierre Abel-Rémusat，1788-1832）利用澳門耶穌會士馬若瑟（Joseph de Prémare，1666-1736）所撰寫的《漢語劄記》（Notitia Linguae Sinicae）文稿編寫出版了《漢文啟蒙》（Eléments de la grammaire chinoise），開展西方學術界的漢語研究。1832 年，英語的漢學刊物《中國叢報》在廣州創辦，進一步強化了中西漢學研究。[1] 雖然「漢學」在西方學術界發展如雨後春筍般迅速，可是在北美洲而言，尤以加拿大為甚，卻有着不同的情況。

加拿大曾在 19 世紀末至 20 世紀中葉，經歷過一段「排華」的時期。從加拿大官員的言論中，可見華人的社會地位不高。1884 年 7 月 5 日，聯邦政府成立一個皇家調查委員會，對居於加拿大的華人進行調查。調查期間訪問了多位人士，包括翁德堂（Andrew Onderdonk，1842-1887）、[2] 英屬哥倫比亞省大法官、中國駐三藩市領事館主事黃錫銓（1852-1925）、英屬哥倫比亞省稅務官等。[3] 1885 年，聯邦政府發表報告書，比較華人在三藩市（San Francisco）、英屬哥倫比亞省（British Columbia）、波特蘭市（Portland）的情況，並作出結論。在長達 487

1　潘鳳娟：〈從「西學」到「漢學」：中國耶穌會與歐洲漢學〉，《漢學研究通訊》，第 27 卷第 2 期（總 106 期），2008 年 5 月，頁 14。

2　翁德堂對鐵路建設富有經驗，曾在美國參與興建俄勒岡州（Oregon）的北太平洋鐵路（Northern Pacific Railway）和位於加利福利亞州的南太平洋鐵路（Southern Pacific Railroad）。1879 年，翁德堂投得橫跨英屬哥倫比亞省的加拿大太平洋鐵路合約。

3　Canada, Royal Commission on Chinese Immigration, *Report of the Royal Commission on Chinese Immigration* (New York: Arno Press, 1978, pp.148-150, pp. 70-82, pp. 161-163 and pp. 61-63。

頁的報告書中，委員會提出了正反兩面的理據。

雖然獨立調查委員會並沒有對華人移居加拿大作出任何建議，可是報告書中的負面理據，例如華人逃稅、互相包庇、居住環境惡劣、拒絕融入主流社會等，[4] 都嚴重損害了華人的形象。

因為大量失業華工以廉價的工資衝擊市場，英屬哥倫比亞省的白人抱怨不停。1885 年，威廉‧史密斯（William Smithe，1842-1887。1883-1887 出任英屬哥倫比亞省省長）以省長名義向渥太華（Ottawa）反映華工在省內引起不安的情況。史密斯表示：

> 無論在外觀和習俗上，華人皆為異族。在任何情況下，他們都沒有定居之心……此地的大部分華人人口皆為男性，他們與白人的競爭可以說是一場不平等……他們的存在為白人移民帶來不愉快，尤其是家庭傭工，白人是不會樂於與他們有任何接觸的。他們亦有些秘密組織（secret societies）鼓勵他們從事犯罪活動……濫用吸食鴉片已遍及全省，並向土著社區蔓延……省議會極力要求加強限制華人入境，以防本省給華人佔據。[5]

1885 年，經過多方面的考慮後，聯邦政府通過了《1885 年華人移民法案》（Chinese Immigration Act of 1885），向每名進入加拿大國境的華人，徵收 50 加元人頭稅。[6] 徵收人頭稅初期，華人入境的確有下調趨勢，但到了 1889 年，華人入境的數目再度上升。[7] 在多方壓力下，聯邦政府在 1900 年將人頭稅上調至上 100 加元。1903 年，該稅項更加至 500 加元。[8]

在人頭稅實施後，移居加拿大的華人人數隨着人頭稅的升幅而下降，而仍然居住於加拿大的華人，大部分被排斥於主流社會之外，包括難以接受高等教育。[9] 而加國高等院校對中國歷史科的發展因此可能受到「排華」風潮影響，變得

---

4 同上註，頁 50-66。

5 Kay J. Anderson, *Vancouver's Chinatown: racial discourse in Canada, 1875-1980* (Montreal: McGill-Queen's University Press, 1991), p.51.

6 加拿大並非首個地方實施徵收「人頭稅」，紐西蘭（New Zealand）在 19 世紀末已經徵收類似的「人頭稅」。

7 劉漢標、張興漢編著：《世界華僑華人概況：歐洲、美洲卷》（廣州：暨南大學出版社，1994），頁 139。

8 Redress, *Justice in Time*, http://www.headtaxredress.org/about.html，瀏覽日期：2007 年 7 月 10 日。

9 Peter S. Li, *Chinese in Canada* 2nd edition (Toronto: Oxford University Press, 1988), p.54.

停滯不前。

　　第二次世界大戰後，隨着華人地位提升和加中兩國文化交流漸趨頻繁，中國歷史科在加拿大高等院校才出現長足的發展。本篇文章將以 2012 年至 2013 年學年為例，探討多所加國高等院校中國歷史科的課程指引，以及採用的教科書，了解和探討「中國歷史科」在加拿大大學中的發展情況。

加拿大大學類別

　　根據加拿大大學及學院協會（Association of Universities and Colleges of Canada，簡稱 AUCC）統計，該會會員名單內大專院校約 95 所，分佈於 10 個省份內，學生約 150 萬。[10] 加拿大大學及學院協會並沒有將大學區分類別，但從麥克琳雜誌（Maclean's Magazine）每年發表的全國大學排名榜中，可粗略地將各大學分為三個類別，分別是：（1）醫學類大學（Medical Doctorial）、（2）綜合類大學（Comprehensive）和（3）基礎類大學（Primarily Undergraduate）。每個類別的分冶是基於它所頒發的學位，以綜合類大學為例，該類大學在本科和研究生層面上涉及的大都與重大研究活動和範圍廣泛的計劃有關。[11]

　　2013 年的麥克琳雜誌全國大學排名榜，醫學類大學的首三位分別是麥吉爾大學（McGill University）、英屬哥倫比亞省大學（University of British Columbia）、多倫多大學（University of Toronto）。[12] 綜合類大學的前三名分別是西門菲沙大學（Simon Fraser University）、維多利亞大學（University of Victoria）、滑鐵盧大學（University of Waterloo）。[13] 而基礎類大學首三位分別是蒙特愛理森大學（Mount Allison University）、北卑詩大學（University of Northern British Columbia）、布里奇大學（University of Lethbridge）。[14]

10 AUCC, *Canadian Universities*, http://www.aucc.ca/canadian-universities/ ，瀏覽日期：2013 年 5 月 15 日。

11 Mclean's, *on Campus*, http://oncampus.macleans.ca/education/rankings/ ，瀏覽日期：2013 年 5 月 15 日。

12 Mclean's, *on Campus: 2013 Medical Doctoral Ranking*, http://oncampus.macleans.ca/education/2012/11/01/2013-medical-doctoral/ ，瀏覽日期：2013 年 5 月 15 日。

13 Mclean's, *on Campus: 2013 Comprehensive University Ranking*, http://oncampus.macleans.ca/education/2012/11/01/2013-comprehensive/ ，瀏覽日期：2013 年 5 月 15 日。

14 Mclean's, *on Campus: 2013 Primarily Undergraduate University Ranking*, http://oncampus.macleans.ca/education/2012/11/01/2013-primarily-undergraduate/ ，瀏覽日期：2013 年 5 月 15 日。

中國歷史科

基於每所大學的地理位置、歷史背景和教育方針有所不同，因此只能從個別大學所提供的課程中探討加拿大中國歷史科的發展。

如同香港的大學一樣，學生在學年開始前便需決定選修科目。部分大學亦教授有關中國歷史或有關中國文化的學科，涵蓋範圍亦非常廣闊。以位於安大略省（Ontario）的多倫多大學為例，該校文理學院（Faculty of Arts & Science）出版的《聖佐治校園學科指南：2012-2013》（Calendar 2012-2013, St. George Campus）列出了該學年所提供的學科，當中東亞研究系（Department of East Asian Studies）涉及中國歷史和文化的科目有 24 科（見附錄一），歷史系（Department of History）涉及中國歷史和文化的科目有 4 科（見附錄二）。

其他設有中國歷史科的大學，包括麥吉爾大學、英屬哥倫比亞省大學、西門菲沙大學、維多利亞大學、西安大略省大學（University of Western Ontario）等等。可見中國歷史科在加拿大大學內是被廣泛接納的。

課程大綱

如前文所述，每所大學有着不同理念和背景，因此不是每所都熱中開設中國歷史科。另外，個別大學亦因應它的地理位置、歷史背景和本土經濟發展，而偏重於其他個別學科。例如位於加拿大東端洛華士高沙省（Nova Scotia）省府夏利發斯（Halifax）的達爾豪斯大學（Dalhousie University），成立之初，深受當地與蘇格蘭的聯繫影響，[15] 因此只開設少許有關亞洲歷史的學科，包括二年級所教授的 "Ancient Israel"（學科編號：HIST2520W）。綜觀該校歷史系所提供的科目，以本土歷史和歐洲歷史為主，例如二年級所教授的 "War and Society in Early Modern Europe"（學科編號：HIST2015W），以及三年級所教授的 "Canadian Cultural Landscapes"（學科編號：HIST3210W）。[16]

---

15 Dalhousie University, *History and Tradition*, http://www.dal.ca/about/history_tradition.html，瀏覽日期：2013 年 5 月 15 日。

16 Dalhousie University, *Department of History*, http://history.dal.ca/Courses%20Offered%202013-2014/ ，瀏覽日期：2013 年 5 月 15 日。

至於設有中國歷史科的大學，所提供的科目又是如何？從六份 2012-13 年學年所提供的科目中的課程大綱，可略見一斑：

西安大略省大學教授的 "History of Modern China"（學科編號：History 2601E）課程內容是從明末內部政權崩潰開始教授，繼而探討 17 世紀至 18 世紀滿清政權的興盛。隨着滿清政權走向衰落，課程剖析 19 世紀，清政府面對內憂外患的情況，例如內部抗爭，以及帝國主義的侵略。課程亦講述民國時期的發展，新中國成立和鄧小平的經濟改革路線。除了政治、社會和經濟外，亦會檢視其文化、藝術，以及日常生活模式。[17]

多倫多大學的 "History of China"（學科編號：HIS 280Y1-Y）課程大網，主要教授範圍是由有文字開始（the developing of writing）直至現今社會來剖析「什麼是中國？」嘗試用一些歷史研究方法來建立一套時間順序的系統來看中國歷史，從而探討基本的社會和知識結構是如何在中國形成的。另外，亦探討多個範疇，包括中國歷史內有否「獨特的中國性」？中國歷史發展過程內，曾於那個時段轉向？中國歷史是否真正的具備 4,000 至 5,000 年的「連續無間的歷史」（continuous history）？近代中國史是否古代中國史的延續，抑或根本是一個新課題？[18]

整個 "History of China" 課程主要是環繞四個方向，包括：（1）中國在皇朝時期的政治、社會和思想架構；（2）中國與外族的關係，尤其是北方的遊牧民族；（3）重要叛亂，以及民間宗教的關係；（4）皇朝時期性別和家庭等問題。[19]

英屬哥倫比亞省大學提供的 "China in the World"（學科編號：History 270），開宗明義地形容該科的課程是「非一般的中國歷史課程」。根據該科的課程大綱，"China in the World" 是以中國為經，並以中外發展為緯。整個課程約三分一時間會研究世界各地所發生的事件，從而研究中國在該等事件上的參與度。當中包括環境、移徙、商貿、國際概念流轉，以及國際關係和衝突的衝擊。[20]

西門菲沙大學教授的 "China Since 1800"（學科編號：History 255），主要

---

17 The University of Western Ontario, Department of History: History 2601E (001) UWO – History of Modern China (2012-13).

18 The University of Toronto, Department of History: History 2801Y1-Y – History of China.

19 The University of Toronto, Department of History: History 2801Y1-Y – History of China.

20 The University of British Columbia, Department of History: History 270(001) – China in the World.

分為三個部分，包括（1）相比起 1800 年以前，中國自 19 世紀由非漢族的滿清政權統治，期間中國的版圖有所擴大，經濟亦有長足發展。後因人口壓力、內部動亂和帝國侵略而災禍連連；（2）1911 年，滿清皇朝覆亡，民國取而代之，但仍面對眾多困難；（3）探討 20 世紀中國的成就（accomplishments）和創傷（traumas），包括學生運動、共產黨革命、日本侵略、國共內戰、工業化、大飢荒、文化大革命、開放改革、天安門事件，以及壓制法輪功。[21]

桂冠大學（University of Guelph）歷史系提供的 "Modern China"（學科編號：HIST*3320）是三年級的科目，課程主要是用不同的課題作為探討近代中國歷史的發展。在一個順時序的綱領下，探索中國人在 19 世紀和 20 世紀生活上的橫斷交錯的關係，包括性別、種族、社會階梯、宗教、國家，以及戰禍等。[22]

聖瑪利大學（Saint Mary's University）的 "China since 1949"（學科編號：HIST2383-1）的課程大網比較簡單，主要課程是探討中華人民共和國成立後，在政治、知識、社會方面的變化，使學生能更深入分析現今的中國。[23]

以上所列舉的六所大學，分別來自不同類別，當中三所屬於醫學類大學，分別是西安大略省大學、英屬哥倫比亞省大學，以及多倫多大學。兩所屬於綜合類大學，分別是西門菲沙大學和桂冠大學。而聖瑪利大學則是屬於基礎類大學。

六所大學亦可粗略地用地域來分類，西安大略省大學、多倫多大學、桂冠大學、聖瑪利大學均位處於東岸，而西門菲沙大學和英屬哥倫比亞省大學位處於加拿大西岸。

課本

以上提及的中國歷史課程，當中有五份在課程指引內提供所用的課本書目。有些課本是西方大學「中國歷史」科常用的書籍，但亦有部分課程側重於現代資訊的。（見表一）

21 Simon Fraser University, Department of History: History 255 (Spring 2013) – China since 1800.

22 University of Guelph, Department of History: HIST*3320 (Winter 2013) – Modern China.

23 Saint Mary's University, Department of History: History 2383-1 – China since 1949 (Fall).

表一：大學「中國歷史」科參考書目

作者	書名	大學
Jonathan Spence	*Search of Modern China*	西安大略省大學
		多倫多大學
David Atwill and Yurong Atwill	*Sources in Chinese History: Diverse Perspectives from 1644 to the Present*	西安大略省大學
Valerie Hansen	*The Open Empire: A History of China to 1600*	多倫多大學
Patricia Ebrey	*Chinese Civilization: A Sourcebook*	多倫多大學
Roberts Marks	*China: Its Environment and History*	英屬哥倫比亞省大學
Susan Whitfield	*Life Along the Silk Road*	英屬哥倫比亞省大學
Timothy Brook	*The Troubled Empire: China in the Yuan and Ming Dynasties*	英屬哥倫比亞省大學
Timothy Brook	*Vermeer's Hat: The Seventeenth Century and the Dawn of the Global World*	英屬哥倫比亞省大學
Ida Pruitt	*A Daughter of Han: The Autobiography of a Chinese Working Woman*	西門菲沙大學
Anita Chan, Richard Madsen and Jonathan Unger	*Chen Village: Revolution to Globalization*	西門菲沙大學
Harold M. Tanner	*China: A History, Volume 2*	西門菲沙大學

（續上表）

作者	書名	大學
Cheng Pei-kai, Michael Lestz and Jonathan D. Spence	*Search of Modern China: A Documentary Collection*	桂冠大學

　　整體而言，除了三位作者是華裔外，其他都是西方學者，包括現代漢學家史景遷（Jonathan D. Spence）。

問題與挑戰

　　縱觀以上六科中國歷史課程，五個是二年級學科。當中有些是仍然是較為「傳統」的，意指仍是從中國的歷史洪流中看朝代的更替，從中探討興衰的因由，如西安大略省大學教授的 "History of Modern China"，以及西門菲沙大學教授的 "China Since 1800"。但是這「傳統」亦開始起了變化，如多倫多大學的 "History of China"，是以「什麼是中國？」為前題，試圖肯定「中國」的存在，但亦嘗試改變「中國」在人們心目中那陳陳相因的形象（Stereotype）。這種「大膽假設，小心求證」的方式，也許會為學生帶來一點思想上的衝擊。

　　另一個現象是「中國歷史」課程已非一定由歷史系所提供。以多倫多大學為例，東亞研究系涉及中國歷史和文化的科目遠比該校歷史系教授的為多，兼且課程探討的範圍更廣闊。（見附錄一及二）

　　基於歷史發展因素，加拿大首份憲法 *Constitution Act, 1867* 內已給與省政府全權負責省內的教育事務，因此聯邦政府只能以「配合者」身份參與教育發展事宜。[24] 因此加拿大的學前教育、小學、中學，皆由省政府負責制定學制，並且由市政府內的教育局負責管理。以位於英屬哥倫比亞省本拿比市（Burnaby）為例，本拿比教育局（Burnaby Board of Education）負責市內的教育管理，並由七名民選的教育委員（School Trustees）負責監察。[25]

---

24 Canadian Information Centre, *Postsecondary Education Systems in Canada: An Overview*, http://www.cicic.ca/421/An_Overview.canada，瀏覽日期：2013 年 5 月 21 日。

25 Burnaby－Board of Education School District 41, *Burnaby Board of Education*, http://sd41.bc.ca/trustees/，瀏覽日期：2013 年 5 月 21 日。

　　專上教育方面，包括專上學院、工業學院和大學的資源分別由省政府和聯邦政府資助。[26] 基於尊重大學的獨立自主方針，聯邦政府在資助方面只扮演一個間接角色（indirect role），例如財政部（Department of Finance）撥給省的補助金時，省政府可自行將部分補助金投放於專上教育。加拿大人力資源及技能發展處（The Department of Human Resources and Skills Development Canada）則提供協助所有合資格及需要經濟援助的學生等等。[27]

　　在個別情況下，聯邦政府亦會直接參與資助專上教育發展，當中以直接資助學術研究或如外交及國際商貿處（Department of Foreign Affairs and International Trade）和加拿大人力資源及技能發展處提供的國際學術交流等。[28]

　　正因加拿大的教育系統由不同級別的政府來管理，因此中、小學生只能在求學階段片面地認識到「中國」，兼且只限於民俗文化層面上，如陰曆新年（Lunar New Year）、龍舟節（Dragon Boat Festival）、華埠（Chinatown）等等。因此學生對中國的基本認知並不豐富，未能為他們在大學選修「中國歷史」科時打下堅實的基礎。

　　聯邦政府的學術研究資助其實亦窒礙了該科的發展。Ryan Dunch 在一篇題為 "Canada is facing a China knowledge deficit" 的文章中指出加拿大聯邦政府機構從事亞洲研究，在 1960 至 70 年代只集中投放資源在多倫多和溫哥華兩地。[29] 聯邦政府的行為是可以理解的，皆因居住在多倫多和溫哥華的亞裔人士相比起其他加拿大城市為多。以 1966 年至 1970 年為例，該 5 年共有 33,618 名華人移居加拿大，當中 11,364 選擇在英屬哥倫比亞省開展新生活，而約 8,000 人更選擇定居溫哥華。[30]

　　基於以上兩種原因，以「中國歷史」為主的學士學位在加拿大並不存在，Ryan Dunch 指出加拿大大學及學院協會內的 95 所大專院校，只有五所大學提供

26 Canadian Information Centre, *Postsecondary Education Systems in Canada: An Overview*, http://www.cicic.ca/421/An_Overview.canada ，瀏覽日期：2013 年 5 月 21 日。

27 同上註。

28 同上註。

29 University Affairs, *Canada is facing a China knowledge deficit*, http://www.universityaffairs.ca/canada-is-facing-a-china-knowledge-deficit.aspx ，瀏覽日期：2013 年 5 月 21 日。

30 Wing Chung Ng, *The Chinese in Vancouver, 1945-80* (Vancouver: UBC Press, 1999), pp.22-23.

中國研究或亞洲研究的碩士課程，而提供博士課程的只有三所。[31] 可見「中國歷史」科目只能以個別學科來看待。

「中國歷史」科在加拿大大學的發展，並沒有受到中國的經濟騰飛，以及加中經貿關係增長而變得更受歡迎。加拿大大學的「中國研究」科（Chinese Studies）所面對的問題，正好給我們一個借鏡。2012 年 3 月，協和大學（Concordia University）政治科學系副教授 Kimberley Manning 發表了題為 "Pacific Imaginaries: Rebuilding Chinese Studies in Canada" 的報告書，她在報告書內指出了「中國研究」在加拿大學術界的問題，包括過往 15 年，加拿大學者對「中國研究」並不熱中，而且只有英屬哥倫比亞省大學和多倫多大學設有較具規模課程，其他院校則乏善可陳。[32]

另外，Kimberley Manning 亦指出加拿大缺乏以研究中國為主的學術期刊，發表有關中國的論文，只能投往海外或一些接納廣泛課題的期刊，如 *International Journal and Canadian Foreign Policy* 和 *Canadian Journal of Political Science*。[33]Kimberley Manning 的論説，正好與 Ryan Dunch 一文中的論調互相呼應。Ryan Dunch 強調加拿大與鄰國美國的經貿密切至不能分割，因此連教育資源也傾斜到加美研究內，其他地區研究自然變得次要。[34] 當回顧西門菲沙大學出版的 *International History Review* 期刊時，由 1999 年至 2009 年間，有關研究中國歷史的學術論文寥若辰星。[35]

雖然面對種種困難，加中經貿合作漸趨頻繁、全球化，以及中國崛起，使加拿大明白到對中國的研究再不能停滯不前。因此聯邦政府資助的「社會科學

---

31 University Affairs, *Canada is facing a China knowledge deficit*, http://www.universityaffairs.ca/canada-is-facing-a-china-knowledge-deficit.aspx ，瀏覽日期：2013 年 5 月 21 日。

32 Kimberley Manning, *Pacific Imaginaries: Rebuilding Chinese Studies in Canada* (Vancouver: Asia Pacific Foundation of Canada, 2012), p.2.

33 Kimberley Manning, *Pacific Imaginaries: Rebuilding Chinese Studies in Canada* (Vancouver: Asia Pacific Foundation of Canada, 2012), p.5.

34 University Affairs, *Canada is facing a China knowledge deficit*, http://www.universityaffairs.ca/canada-is-facing-a-china-knowledge-deficit.aspx ，瀏覽日期：2013 年 5 月 21 日。

35 1999 年至 2009 年間，*International History Review* 共刊登約 220 篇論文，當中只有約 5 篇與中國有關，論文題目包括 "Lu Chuanlin's 'Great Game' in Nyarong: Moving Frontiers and Power Projection in Qing Tibet, 1865-1897"、"Provenance in Contest: Searching for the Origins of Jesuit Astronomy in Early Qing China, 1664-1705"，以及 "Validation by Holiness or Sovereignty: Religious Toleration as Political Theology in the Mongol World Empire of the Thirteen Century" 等等。

與人文科學研究會」（Social Sciences and Humanities Research Council，簡稱 SSHRC）在 1998 年至 2010 年間，共資助了 310 項與中國有關的研究項目，當中「歷史」和「政治科學」是較其他科目容易取得資助的。[36] 與「歷史」有關的研究課題包括「國共內戰」、「中國傳統思想」、「中國皇朝時期女性與法律的社會關係」等等。[37]

總結

當全球焦點集中於中國，並且視 21 世紀是以中國為核心的世紀，「中國歷史科」在加拿大的大學教育裏卻只仍然停留在「歷史系所提供眾多科目中的一科」。以上六所大學提供的「中國歷史科」，部分仍然停留在傳統的以朝代來作分野，而且只始於明末清初之際。對學生而言，由於缺乏中國古代史的知識，自然未能好好掌握中國歷史發展的精髓，如中國的思想發展等等。

亦有部分大學嘗試從另外的角度來闡釋「中國的歷史」的存在及發展。這個嘗試可說是跳出舊有中國歷史研究的框架，從人民的「生活點滴」來展現出中國歷史的其他面相，進而引證歷史洪流中有否被遺忘的片段，甚至嘗新重新塑造「中國歷史」在學生心中的印象。

縱使兩種方法並沒有矛盾，但「中國歷史」科在加拿大大學仍然跳不出從西方思想看中國的基本模式。上文列舉的教科書目，大部分作者是西方學者，因此難免出現一種如愛德華・W・薩義德（Edward W. Said，1935-2003）所說的「東方主義」（Orientalism）表述。另外，以西方的常識來解釋東方的變遷，難免出現偏差，學生自亦難望在學術思維上有所突破。

---

36 Kimberley Manning, *Pacific Imaginaries: Rebuilding Chinese Studies in Canada* (Vancouver: Asia Pacific Foundation of Canada, 2012), p.5.

37 Kimberley Manning, *Pacific Imaginaries: Rebuilding Chinese Studies in Canada* (Vancouver: Asia Pacific Foundation of Canada, 2012), p.14.

附錄一：多倫多大學文理學院東亞研究系中國歷史和文化的科目

年級	課程編號	課程名稱
200-series course	EAS211Y0	Chinese Art
	EAS215H1	History of Chinese Thought: Tang through Ming Period
	EAS230H1	Critical Approaches to Chinese
	EAS235H1	Perceptions of China in Japanese Literature
	EAS256H1	Chinese Literature（Pre-Qin to Tang）
	EAS257H1	Chinese Literature（Song to Qing）
	EAS284H1	Modern Chinese Literature
300-series courses	JMC301Y1	State & Society in 20th Modern China
	EAS307H1	Chinese Political Philosophy
	EAS309H1	Modern Chinese Prose
	EAS318H1	Rethinking Modernism: The Perspectives of Mainland China, Taiwan and Hong Kong
	EAS334Y1	The Chinese Novel
	EAS338H1	Classical Daoism
	EAS357H1	Mao's China and Beyond
	EAS358Y1	Classical Chinese
	EAS364H1	China's Cultural Revolution: History and Memory
	EAS394H1	Film Culture in Contemporary China
400-series courses	EAS411H1	Art and Archaeology of Early China
	EAS412H1	Technology and Material Cultures of Ancient China
	EAS413H1	Medieval Chinese Civilization
	EAS414H1	Body/Mind Health in Chinese Philosophy

（續上表）

年級	課程編號	課程名稱
	EAS418H1	Topics in Chinese Art Theories
	EAS438H1	Architecture in Pre-modern China
	EAS458H1	Classical Chinese II

（資料來源：Faculty of Arts & Science, University of Toronto, Calendar 2012-2013, St. George Campus）

附錄二：多倫多大學文理學院歷史系中國歷史科目

年級	課程編號	課程名稱
200-series course	HIS280Y1	History of China
300-series courses	HIS328H1	Modern China
	HIS380H1	Late Imperial China
400-series courses	HIS485H1	Topics in Chinese History

（資料來源：Faculty of Arts & Science, University of Toronto, Calendar 2012-2013, St. George Campus）

七十年前中国東北で実施された中国語検定試験について

田 剛 李素楨

―――――――――――― 其の口述証言と試内容を中心として ――――――――――――

一、序文 テーマの用語について

1、七十年前

　七十年前とは、今より百年前、1904 年の日露戦争から 1945 年日本の敗戦、「満洲国」の解体まで 40 年間で、その間の中国語検定試験の歴史を取り扱ったものである。

2、中国東北

　本文に関する中国東北地域は、当時「満洲」と呼ばれでいた。

　「満洲」とは、1931 年の「満洲事変」によって日本植民地主義者の手で作られた「満洲国」であるが、それ以前、1905 年の日露戦争後に日本租借地となった「関東州」をも含める。従って、本研究では、関東州・満鉄附属地・「満洲国」を指す。現在、中国の遼寧省、吉林省、龍江省と内蒙古の部分である。

　なお、本研究では引用の場合を除いて、今日の中国で「偽満洲」「偽満洲国」「偽満鉄会社」などという表現は用いず、原則としてそれに「」を加えて記すことにした。その理由は、本論を世界植民地教育史の一貫として位置付けたいので、国際的に通用している表記と一致させただけである。

3、中国語検定試験

　本研究では、「中国語検定試験」という名称を用いているが、この名称は実際には当時の「満洲」では使われなかったし、年代により、出題の機関によりいろいろな呼び方があった。

　　これについて、安藤彦太郎の言葉を借りて説明しよう。彼は「日本で学ばれているいろいろな語学の内で、中国語ほど名称の変わってきたものはないようです。古くは唐話にはじまり、明治になってからは漢語、清語、清国語などと呼ばれ、その後も支那語、華語、中国語と変わってきました。日本が中国の東北地方に進出していた時には、満洲語、満語などという呼び方もありました」と述べている 1）。

　　その「満洲語」、「満語」は、一見中国にある少数民族の満族が持っている固有の言語のようであるが、実は、そうではなく、中国全土で共通語の漢語（日本では一般に「中国語」と呼ばれている）である。それを、「満語」、「満洲語」に改めたのは、「昭和七年三月一日に「満洲国」が成立宣言をおこなった後のことである。それから二、三ヶ月後、大連放送局は、秩父固太郎が放送している「支那語講座」の名称を「満洲語講座」と変えたい旨、秩父固太郎に連絡してきた。これに対して秩父固太郎は、「満洲語」というのは中国語とは別の言語で、中国語を意味しないとして承知しなかった。しかし放送局は国策に従い、「満洲語講座」という名称に変更してしまった」と六角恒広が述べている 2）。つまり、「満洲語」或いは「満語」が本格的に登場した時期は「満洲国」の誕生と一致している。

4、中国語検定試験の 40 年間にわたる歴史を四段階に区分について

　　なぜ 40 年間にわたる歴史を四段階に区分するのか、長い文で説明することが必要ですが、紙面制限のためここで簡単に四時期の区分を述べておく。

　　発端期——明治三十七年（光緒三十、1904）～明治四十一年（光緒三十四、1908）においては、検定制度として関東都督府による『関東庁巡査巡捕特別手当支給規則』第 4 号訓令の公布があったのみである。「満鉄」などの検定試験は未だ行われていなかったし、試験問題の内容においてもその種類においても実用的な通訳のためのものであるという特徴を持っている。

　　発展期——明治四十二年（宣統一、1909）～昭和十二年（康徳四、1937）には、検定機関が増加するとともに試験範囲も広がり、受験者数も増えてきた。各種の規程『関東庁所属官署職員支那語奨励規定』、「満洲国」政府『語学検定試験規定』などによって制度化されるようになった時期である。また検定

委員会が置かれ、それが、検定の事務全般を統括することになった。

　最盛期——昭和十三年（康徳五、1938）～昭和十六年（康徳八、1941）には、1938 年に改定された『語学検定試験規定』第十二条によって、在満日本人全員に出願資格が初めて与えられ、「国策語学」に従う検定試験制度の整備が完了し、受験者数が激増した時期である。

　終焉期——昭和十七年（康徳九、1942）～昭和二十年（康徳十二、1945）には、太平洋戦争の激化により、戦況の逼迫を反映して、「大聖戦」、「英米必敗」、「語学救国」などの語彙が目立つ一方、印刷や用紙の調達に困難を来たし、ついには 1945 年の敗戦を契機に 40 年間の長きにわたる在満日本人向けの中国語検定試験が中止となった時期である。

二、中国語検定試験の内容について

　七十年前、中国東北に在満日本人に対して行われた中国語検定試験問題の内容から、

　当時の様々な歴史事実を読み取れる。

　日本人の視点から「満洲」時代の軍閥の混戦、 賊の蜂起、民衆生活の貧しさ等、社会の現実が記録され、あたかも中国近現代の歴史の一部の如くになっている。そのなかには「満洲」地域にある山河の風景、物産や習慣、在満日本人の生活の様相などが描かれている。また異国での不安感や、異文化間の衝突を避けるために中国語を学ぶ必要性なども述べられている。これはまた、当時使われた中国語の特徴などを知る上での貴重な日本中国語史の研究資料になっている。

1、日本人の「渡満」史

　実際に日本人の満洲進出が始まるのは明治二十四年（1891）三月シベリア鉄道起工以後のことである。3) 明治三十七年（1904）二月日露戦争が勃発した。「満洲」において百万の軍隊を移動させたので、陸軍 校の中で中国語の通訳を「支那通」と呼んだ。「支那通」を採用したり養成したりするため、陸軍が中国語試験を行った。

日露戦争の前後、日本人は単身「渡満」が一般的で、家族連れは少なかったが、その後、次第に多くなってきた傾向については、下記の検定試験問題から見て取れる。

　　我説現在這樣兒年月、是在中國地面、哪塊兒也不能住、我勸您就在洲內買點兒地皮、蓋幾間小房兒、把家眷搬到這兒一住、再好沒有的了。4）（支語日訳）（私の考えるところでは、現在、中国にはほかでは住む土地がないから、満州内に土地を買って家を建て、家族ごく引越すのが一番とお勧めしたい）。

また、昭和二年（**1927**）四月に施行された関東庁巡察巡撫支那語奨励試験問題、にも同じような出題が見られる。

　　現在有個朋友他打算在此地領點兒地皮蓋房子、好把家眷接到這兒來住、可不知道有閑地皮沒有、我求您費心給打聽打聽、行不行？（支語日訳）（今、ある友人が家族ごとと引っ越すためにここで土地を手に入れたがっているが、適当な土地があるかどうか分からないので、ご足労だが、ちょっと問い合わせてみてくれないか。

この試験問題に見られるように、「家眷」（家族）を連れ、満洲に渡ることがブームになる時代は、ちょうど各種の中国語検定試験が実施された時代と一致するのである。明治四十四年施行された試験は、受験対象を分けてそれぞれに出題することはなかったが、そのあと文官普通試験や、満鉄支那語奨励試験、関東庁所属官署職員、巡査巡捕通訳兼掌などの職業に分類した試験を行ったことからも、「渡満」の人が多かったことが見てとれる。それは、次の試験問題にはっきり表れている。

　　満洲地方兒地廣人稀、日本人開発満洲的利源就是為日本、也為中國、很有利益。5）（支語和訳）（満洲の土地は広くて人口が少い、日本人が満洲の利源を開発するのは日本の為にも必要であるが支那の為にも大に利益がある。）
　　多年日本政府が躍起となつた北米、南米への移民は対手国の排外思想や無理解から近年面白からぬ形勢を醸成した、而も将来に向つても大

した希望はかけられない。然るに満洲移民だけは全く自由無碍である。不可離の国、兄弟の国及至盟邦であり更に地大物博、正に天惠の移民地である、況んや国内現時の情勢に照しても満洲移民はまことに必須的であると同時に国民はこの計画を全幅的に支援せねばならない。6）（日語満訳）

　　日本の對満洲國移民問題は單なる目先の採算的事業でなく、國家的永久の国策たることが一般國民に認知せらるるならば、政府の豫算調達も問題はなく、移民會社の資金も豊富たり得べく、移民希望者もその數を増加すべきは明瞭なことである、吾人は國民一致による國策の遂行を目標として當局者があらゆる方面に亘り研究努力と詳細なる調査を遂げ國策遂行の大事業に遺憾あらしめざることを希望するものである。7）（日語満訳）

　　満洲國にありては國防のために又は農商工業の發達を促すためにも移民の入植を必要となすことは云ふまでもないが、殊に日本移民の集團的入植を必要となす、この事は政府並に満洲國の國防及び開發のために共同責任を有する關東軍にありても充分研究している問題で、既に日満兩國の國策が全然一致してゐる、兩國相扶けて双方の國策が進展し有無相通じて所謂共存共榮の實を舉ぐるに至ることは信じて疑はざるところである。8）（日語満訳）

　以上の4つの試験問題を比べて見ると、出題の年代を調査しなくても、前者は満鉄、或いは関東庁から出題され、後者の3つの問題は「満洲国」建国後に出題されていたものであり、移民は当時における日満両国「共存共栄」の国策の重視のあらわれであり、その勢いで「満洲国」を創り、それによって日本人の移民が増加したことが見て取れる。（証言1を参照）

2、在「満」日本人の中国語学習

　当時の「渡満」日本人は、「日清語の不通は意志の疎隔となり政治、経済、通商に た私交に蒙る不利不便少なからざるの痛切なるを感じ」と言われていた。9）このようなことは、当時の中国語検定試験の中で 見られる。

　「外国人トノ交際ハ第一ニ其ノ国ノ言葉ニ通スルコトガ最モ肝要ダ。双方ノ間ニ意志ノ疎通ヲ欠缺イタリ些細ナ事デ誤解ヲ招クハ多ク、言葉ノ不通カラデス」。10）

　　言葉が通じず、生活の不便や、誤解を招く事などがあったので、在満日本人達は、お互いに中国語をどの程度修得出来ているか、どのように勉強しているか等について関心を持っていた。例えば、大正十四年十月施行の「関東庁及所属官署職員支那語奨励試験問題」甲種類の旅順之部の書取問題の中に「您貴姓、您到中国来了有几年了、您在哪兒學的中國話、中國話比英國話怎麼樣」（支語和訳）（お名前は何とおっしゃいますか、中国に来て何年になりますか、あなたはどこで中国語を学んだのですか、中国語は英語と比べてどうですか）との問題があった。更にこの問題内容と同様のものが何ヶ所か出題されていた。こうした問題内容を見ると、当時の「渡満」日本人がいかに中国語を熱意を持

図3−1　開拓団の満洲語学習

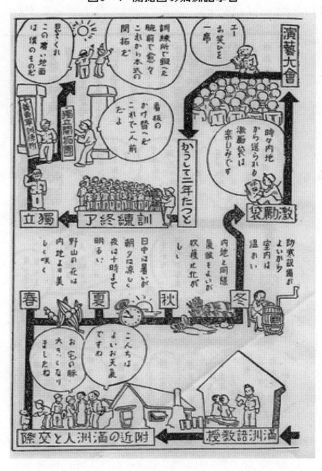

って学んでいたかが窺える。

　彼らの学習方法については、次の検定試験問題を見れば理解していただけると思う。

　　　華語ニ上達スルニハ、出来ルダケ多ク華人ト会話ヲスルニ在ルコトハ勿論デアルガ、ソレヨリモ大事ナコトハ、先以テ発音ノ仕方ヲハッキリ会得シ、ソノ上デ華人ノ話ヲ聞イタリ、自ラモ話ヲシタリスルコトデアル。11）（和語支訳）

　若打算学中国語、必得念中国書、可是竟念書也不行、 得常跟中国人常在一塊兒。天天兒 的是中国人説話、慢々兒的自然就會説了。若是竟念書那不叫説話、那就成了念話了。12）（書取問題）（もし中国語を学ぶのであれば、中国の書物を読まなければなりません。ただし、読むばかりではなく、さらに中国人と一緒に生活することが大切です。毎日中国人の話を聞くことにより、段々と自然に話せるようになります。本を読むだけで学んだ中国語は、自然な話し言葉ではなく、朗読のような言葉になってしまいます）荅以上のように、関東庁の試験問題でも満鉄の試験問題でも、読むだけでなく、話せることが重視されていた。そこで、中国語を話すための学習方法が重要となってくるが、今日の中国語の学習方法と同様に話せるようになるための第一歩は発音、さらなる飛躍はヒアリングである。当時の試験問題を引用すれば、日本と中国の歴史及び文化交流の関係上、「会話よりも訳文が容易なのは日満両国が同文の関係にあるからです」ということである。13）

　日本人にとって発音することは文章を翻訳することよりかなり難しい。今現在の中国語能力検定試験でも受験者たちの訳文の点数は相対的にヒアリングの点数よりも高い。当時、実施された会話試験や、ヒアリングに対する口述による回答は、今日まで保存されていないため、当時の受験者がどの程度のレベルに達していたのかを把握することはできないが、「満洲国」語学試験委員会が作成したその試験に対する「講評」という文章が残っており、その中から状況がある程度見て取れる。

　「満洲国」政府で行われた満語検定委員会の王子衡は、次のように評していた。14）「耳音亦極関緊要、我能言之、僅足傳達一方面之意識、人言之而我

不能知之、則不能判其是非加以可否、故耳音亦宜注重也。」（ヒアリングも極めて重要です。もしヒアリングが出来ないと、自分の言いたいことを一方的に伝えることは出来ても、相手の話すことを理解できないのでその話の是非を判断することが出来ません。従って、ヒアリングを重視すべきです。）

　更に、「満洲国」の語学検定委員会委員の木村辰雄は「二等の試者は、大体満洲語を学んでから二年以上を経たものが多かつたが、しかし矢張り字音四声の重要性を軽視してゐる向が少なくなかつた。例へば読解に就ていへば、四声に拘泥せず字音だけによる読み方をするので、読んでゐる内容を取ることの出来ない結果になつたり、会話の場合ならば「帽子」と「猫子」を一様に「マオズ」の字音だけで表示し、又は「打魚」も「大雨」も一様に「タアユイ」の字音だけでさんとするが故に、全く言葉の意味が判らなくなる類である」と評している。15）四声の調子が難しいだけでなく、「満洲」地方の土音があり、学ぶ者に一層の困難をもたらす。そのため、木村辰雄は次のように指摘していた。「私は字音は必ずしも北京の標準音でなければならないといふのではない。明確ならば満洲方言の音であつても何等差支ないと信ずるものである。只私は満洲方言の要領を掴むにしても先づ北京音から入つた方が捷徑であると考へてゐるものである」。16）

　上記の他に、受験の際の心構えや、検定試験を行う目的等についても検定試験問題集の講評の中でいくつか触れている。

　また、試験問題の中にも同様のことが述べられている。

　　這回中國話的考試、您若想考中了平常總得好好兒的用功就好哪。17）（支語和訳）（今日の中国語の検定試験にあなたが合格したいのであれば、常日頃の努力が大切です。）

　　今天又到考試的日子了、一晃兒対頭兒整一年了。毎年能夠借著這個機會和諸公見面、実在痛快極了。我想関東庁有這樣兒奨勵的挙動、是盼望大家把中國語學的和中國人一様。好給衛門辦事。所以才有奨勵金。然而大家必得直心用功才能得的到第一等的名譽哪。若是平常不用功、到考試現想法子。那可就不是関東庁奨勵的本意了。18）（支語和訳）（今日、また試験の日が来た。あっという間に一年が経ちました。毎年、試験を機会に皆さんとお会いできることは本当にうれしい。私は、関東庁が合格者に奨励金を出すのは、皆さんが中国語を中国人と同じように話せる

ようになってもらい、そして庁の仕事に貢献してもらうためです。しかし、皆さんが一生懸命に努力してこそ初めて一等の名誉を取得できるのです。従って、常日頃から努力しないで試験の直前にだけ勉強することは、関東庁が奨励金を出す目的に背くことです。）

　　今天我來考試沒理會又過了一年了。今天又能和諸位見面實在是栄幸的很了。可不知道諸位対於中國話有什麼進歩沒有、我想諸位來到東三省的地方兒給衙門辦事、必得明白中國話才能方便、所以関東庁才有這每年考試的事情、考中的自然還得努力去學、就是考不中也不必灰心、更得要好好兒的練習才好哪。19）（支語和訳）（今日私は一年ぶりに試験場に来るとは思ってもいなかったので、皆さんとお会いできて光栄です。皆さんの中国語は進歩しましたか。みなさんが東三省に来て仕事をするときに中国語が話せると便利であることは言うまでもありません。だから関東庁は毎年中国語検定試験を行います。合格者は尚一層努力を続け、不合格者も気落ちすることなく更にしっかりと勉強すれば良いのです。）

　　今天外邊天氣怎麼様。近來念什麼書了。考過満鉄沒有。昨天的問題那様兒難。問題的意思明白不明白。20）（支語和訳）（今日の天気はどうですか。近頃どんな本を読んでいますか。満鉄入社試験を受験しましたか。昨日の問題は難しかったですが、問題の意味は分かりましたか。）

　　與其等發表了考試成績之後羨慕別人的考中了、不如自己平常用功倒好。21）（支語和訳）（試験成績が発表されてから他人の合格を羨むよりは平素自分が勉強する方がよい。）

　　以上の検定試験問題を読みながら、当時の受験者達が互いに励ます姿や、他人の合格をうらやましがったり、少しがっかりしたりする様子が目に浮かぶ。(証言の 2 を参照)

3、当時の植民地教育像

　「満洲」で行われた中国語検定試験問題は、貴重な語学史研究資料であるだけでなく、その時代における政治、軍事、特に日本の植民地の史録でもある。

　　筆者が目を通した中国語検定試験の問題にはおおよそ次のような傾向が見られる。

　　初級レベルの問題は生活用語、日常的な問題が多い。上級レベルの問題は文章用語、政治に関する問題が多い。時代から区分すると「満洲」建国前と建

国後では全く違う。下に例を げて説明する。

　　　人在世上生活、無論甚麼人離不開衣食住這三個字、衣就是人々得穿
衣裳、食就是人々得吃飯、住是人々得有住處、至於穿好穿歹、吃好吃歹、
住高樓住草房、那是看他自己的境況了。22）（支語和訳）（凡その人間
は何人を問はず此世に生活する以上衣食住の三文字から離れることは出
来得ない、衣それは誰でも著物を着ねばならず、食それは誰でも食物を
喰べねばならず、住それは誰でも住居が無ければならぬ、そして綺麗な
着物を着るか粗末な着物を着るか、或いは旨い物を喰べるか拙い物を喰
べるか、或いは高楼に棲むか茅屋に住むかに至っては要するに其の人々
自身の境遇に因つて分れる訳である。）

　　　您是我們的老照顧主兒了。買甚麼也不能多要價兒、並且您要看々這
是甚麼東西。您要嫌這個價錢大、我們這兒也有便利點兒的、可是您一看
両下裏再一比、就知道我們要謊沒要謊了。我看您还是留这好的罷。23）
（支語和訳）（貴方は私共の古いお華客ですから、何をお買いになつて
も余計な代価を戴くことは出来ません。そこで、先づ是は如何な品物で
あるか一つ御覧を願ひます。尤も貴方の方で是の値段が張過ぎてお気に
召さぬやうでしたら、私共の所にはもう少しお安いのも御座いますけれ
ど一度御覧になつた上で、両方をもう一遍御較べになつたら私共が懸値
を申上げて居るか居ないかすぐお分りになることと思ひます。私の考で
は、やはり此の好い方を御取りになつた方が宜いと思ひますがね。）

　　　今年貴處的年成怎麼樣、我前幾天聽個朋友説、莊稼今年長的倒不大
離、在前半年缺點兒雨、到了六七月裏、雨又太勤了點兒、後來又刮了両
場大風、我想無論如何、必不能像去年那個年景了罷。24）（支語和訳）
（今年、貴方の所の作柄は如何な風ですか、数日前一人の友達が来ての
話には今年の農作物の成育し方はまあ可なりな方で前半年は雨が少しく
足りなかつたが六七月になつてからは却つて雨が多過ぎた位で甚後二度
も大風が吹いたと言ふ事でしたから結局どんなことがあつても私は去年
のやうな作柄には参るまいと思ひます。）

以上３つの引用文は全て大正十五年（1926）関東庁所属官署職員の「支語
和訳」の問題である。この内容の１題目は「衣食住」という人間にとって必要
なものであり、２題目は商売をするときの 段交 であり、３題目は農作物の収穫
と天候の内容である。この３つの問題は政治や軍事の内容とは関係がないとい
うことができる。次にこれらの問題とは異質なものを げる。

満洲国協和会は満洲国政府と相表裏して満洲国創建の理想達成に努力貢献する団体なることは屡々公表された所である。而してその実績を挙ぐる方法に関しては会自身においても慎重研究を重ね七月二十日の理事会で之が綱領を決定した。その内容は何れも満洲国創建の理想に関し且つその実現に必要なる事項であつて、之によつても満洲国の創建が従来普通に行はれた国家の建設とはその目的と動機とを全然異にするものなることを知ることが出来る。25）（日語満訳）

満洲事変記念日或は御訪日回鑾宣詔記念日など、日満両国共通の記念日に満洲国で行ふ建国体操を今回日本でも行ふことになり文部省が力を入れてこれを実施することになつた。建国体操を通して日満両国民の精神的結合を期待する此の計画が愈々健全なる発達を遂げ一徳一心の発揚において至大の効果を収むることを期待してやまない。26）（日語満訳）

満洲國是以王道為目的、想要建設和平楽土、我們生在這個時候兒、真是栄幸的很、可是満日両國的人民總得彼此親善、除去隔膜那王道樂土才能実現哪。27）（満語日訳）（満洲国は王道を目標とし、平和楽土を

図3-2 満州国語検定試験一等作文題

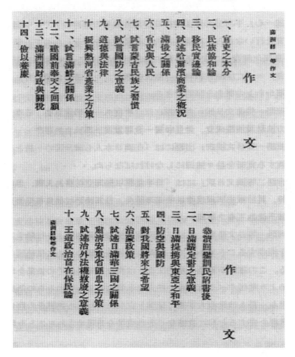

創建するものです。私たちはこの時代に生存でき大変光栄ですが、満日両国民は、互いに親善を図り、わだかまりをなくさなければ王道楽土を実現することは出来ません。）

　以上、「満洲国」成立後の試験問題である。この一例だけではなく、試験問題の中の「書取」であれ、「支那語日訳・和文漢訳」であれ、殆ど「日満親善」や「東亜共栄」、「王道 土」などの内容で、「作文」の問題さえも植民教育の論題である。下 は「一等作文」、「特等作文」のタイトルを例示してものである。

　その「回鑾訓民詔書」の原文は、次の内

容である。「今次東渡、宿願克ク遂ク。……民心ノ君ヲ尊ヒ、上ニ親ム、天ノ如ク地ノ如ク、忠勇公ニ奉シ、誠意国ノ為メニセサルハナシ。……朕今躬カラ其ノ上下ニ接シ、咸ナ至誠ヲ以テ相結ヒ、同シク道合シ。依頼渝ラス。朕日本天皇陛下ト精神一体ノ如シ。爾衆庶等、更ニ當ニ仰イテ此ノ意ヲ体シ、友邦ト一徳一心、以テ両国永久ノ基礎ヲ奠定シ、東方道徳ノ真意ヲ発揚スヘシ……。28）

　日本軍当局者が傀儡皇帝薄儀の口を借りて「東方道徳」、つまり日本軍国主義の「順民」を養成する理念をはっきり宣伝している。日満「一徳一心」不可分の建国精神及び「民族協和」の精神の下で、中国東北人民に奴隷化教育を行いながら、在「満」日本人に皇民教育を行った。次の試験問題からその一端を窺い知ることができる。

　　　自従九一八事変以後、日本堂々正々以仁義的武力扶助満洲国成立、並且挙国一致尊重満洲国独立的尊厳……。29）（満語日訳）（満州事変以後、日本は正々堂々と仁義の武力を以って満州国の成立を支援し、更に挙国一致で満州国独立の尊敬を尊重し……。）

　　　在満日本人も満洲国の一員として他民族を指導誘掖する覚悟を益々強固にしなければならぬ……。30）（日語満訳）

　　　日本皇軍以陸海空防務為天職、忠君愛国為其唯一之精神、其於戦術訓練規律厳明固無論矣、且其持節杖義負有捍衛東方民族之大責任、誠不傀為王者之師焉。31）（満語日訳）（日本皇軍は陸海空の防衛任務を以って天職となし、忠君愛国を唯一の精神となし、戦術訓練の厳しさは言うまでもない。皇国の大義の下、東方民族を防衛する責任を負っている。誠に王家の軍隊に愧ないものである。）

　　満洲国協和会の綱領により行動する所以は理想満洲国を完成することであって、同時に世界全人類のために模範国を現出することである。この運動が普通の政治工作とは異なり容易にその効果を挙げ得ないことは始めより覚悟すべく指導者の絶大なる努力によってのみその効果を期し得べき物と思ふ。吾人は此の大事業に猛然と立ち上がりたる指導者の抱負と意気とに多大の敬意を表すると共に遺憾なくその成果を発現せられんことを期待するものである。32）（日語満訳）

　　これらの試験問題は皇民化教育の有効的な教科書と言えるだろう。ある「作文篇」には、「我愛満洲国好像愛我的身體一般」（私は満洲国を自分の身体のように愛している）という言葉がある。33）この作文を文字どおり受け止めるならば、「日満一体」の理念は在満日本人の心の中に根を下ろすことになるだろう。

　　当時、皇民を練成する目的から、極力さまざまな方法がとられていた。例として、「学生成績証」は「皇民練成証」に改称されたり、また、皇帝の「詔書」を「　読」しなければならず、時間どおり「朝礼」を開き、東方の方向を向いて、日本国天皇に「遥拝」をする。皇民化教育が実施されれば、事実上の「侵略」は「援助」という言葉で表現され、事実上の「民族圧迫」は「五族協和」という言葉で表現されることになる。中国語検定試験は、特に「満州国」の中、高級試験問題が在満日本人の視点を「満州国」支配の方向に転換させる手段であったと言っても過言ではないと考えられる。（証言の3、4を参照）

証言1　二度とあのような経験を、子どもたちにさせないために

　　1943年（S18年）になると、南海の島々での玉砕、撤退の報が相次いで報道された。日本農山村では、青壮年の姿が少なくなっていき、又、一般に満蒙開拓団に　募する人も少なくなっていった。いきおい少年を対象とした義勇軍募集に力が注がれた。国民学校高等科（8年）を卒業した14歳、15歳も農山村では1人前の労働力として食糧増産に励み、農家の次男、三男と云えども、出征した父、兄に代わる必要な労働力であった。食糧人口問題を解決するために計画された満州移民も、決戦下にあっては余剰労働とみられた。次男、三男以下も陸海空の志願兵や軍需工場への就職や、勤労動員で、義勇軍へ

の募集割り当てを消化するには、並大抵のことではなかつた。他県に比べて長
野県では満州開拓移民開始の初期からその熱の入れ方には見るべきものがあっ
たので、義勇軍への割り当て消化のため、信濃教育会、各郡、市、教育部会は
各学校の校長を督励し、校長は教頭、担任と一丸となって募集に懸命に取り組
んだ。「お国の為」の一言にすべてが優先する非常事態のなかで教師の家庭訪
問での「五国共和」（日、満、蒙、漢、朝）大東亜共栄圏の設立、３年経てば
土地１０～２０町歩貰えるとの説得勧誘によって関係者のほとんどは、義勇軍
に行く事を承諾せざるをえなかつた。

　１９４４年（Ｓ１９年）長野県下の義勇軍を志願した県下の国民学校高等
科（８年）を３月２０日卒業した１４歳、１５歳の少年達は、３月２３日長野
市城山公園に集結し、その数７百数十余人は第７次義勇軍郷土中隊として、両
角中隊、屯所中隊（私は）斉藤中隊の３個中隊に編成され、市町村の関係者及
び親族と別れて内原訓練所へ向かう。

　３月２４日、内原訓練所に入所、斉藤中隊（斉藤義男）は第８中隊に編入
され、渡満に備えて各種の当番を担当経験し、開拓開墾、農業畜産の訓練を約
３ヶ月受ける。(隊員２１７名)

　６月１２日、内原訓練所を出発し渡満、６月１７日午後八州駅に到着、嫩
江大訓練所の正門をくぐり４キロ余りの行軍をして８中隊に到着、長旅の疲れ
を癒すとともに憧れの満州大陸での夢を結ぶ。

　６月２０日、いよいよ本格的な現地訓練のスタートが切られた。

　６月２７日、毎日の炎天下の除草作業には水は不可欠である。錐をもみ
こまれたような い腹痛をともない下痢と共に血便をもよおす隊員が２，３人出
る。至急本部病院にて診察の結果、細菌性赤痢病と診断された。原因は渡満途
中の車中より病原菌が運び込まれ、その保菌者が炊事当番として給食業務に
従事したため病菌は忽ち中隊内に拡がり隊員の殆どが患い（２１７人中、約
２００人）中隊は隔離されハルピンの満蒙開拓青少年義勇隊中央病院より看護
師、高森慶子（相原慶子）が派遣され看護にあたり、重症患者は本部病院に送
られる。

　７月３日、遂に本部病院で犠牲者を出すに至り、渡満早々３ヶ月にも満た
ない９月１３日の間に、本部病院の医師、看護師による必死の手当も空しく遂

に１１人の病死者を見るに至つた。病死せる不幸な殉難所葬は訓練所本部において、冥福を祈りながらしめやかに執行。

　　１０月１４日、此の年、全満に適正規模訓練所として３ヶ所建設された。その１つである興安嶺南山麓の興安訓練所へ移転命令が下る。２班に別れて第１班が１４日出発、白城子を経て翌１５日午前１１時、胡南信号所に到着。徒歩行軍にて夕刻６時無事訓練所に到着。

　　１０月１５日、第２班として残り全員が出発し、昨日と同様の経路を辿り１６日夕刻無事到着す。

　　興安訓練所は海抜５００ｍのひときわ高く聳え立つ天塔山があり、その周辺は無数の丘陵が起伏し、西北２キロに訓練所本部があり、南西２キロ程の地点には満州事変勃発の原因とされる中村震太郎大尉処刑の地と墓標がある。耕地７３０ヘクタール、満馬１０頭、豚５０頭、緬羊５０頭、蒙古牛３０頭、あひる２０羽、在外種の巨大牡牛１頭、牛馬用の砕土機１、カルチベータ１、培土機１、プラウ等の外に開墾鍬等小農具一式が興安訓練所の財産。

　　当時は国が義勇軍の募集に力を入れており、学校関係者まで使った勧誘や、しばらく苦労すれば広い土地が手に入るとの触れ込みで、大勢の人が中国へ渡りました。昭和 19 年３月、国民学校高等科を卒業し仲間とともに長野市へ集結。訓練後６月に中国へ渡りました。このとき私は 14 歳でした。

　　私は所属した第７次満蒙開拓青少年義勇隊の斉藤中隊、隊員２１７名、死亡１２５名、生存帰国者９２名

　　まだまだ言いたい事が沢山ありますが、今回はこれにて。

２０１２年８月７日インタビュー記録

有賀元彦、1927 生まれ、長野県在住

証言２　中国語検定と学びについて　34)

　　清水安三の中国体験はまず瀋陽から…、基督教伝導のかたわら、中国語を学習したはずですが、1919 年５・４運動突発直前、北京に移住、霞公府所在の＜大日本支那語同学会＞に入学、学内学舎に居住、中国語学習に専念しました。

　　なぜ結婚の翌年、妻と別れて単身、瀋陽から北京に移住したのか、その最

主要動機はわかりません。旧満州の中国語が山東方言なまり、北京語とは異なり、捲舌音を発音できない。中国語を学習するなら、やはり北京と考えたわけかもしれません。この＜同学会＞は有名、多数の有名学者や陸軍エリート軍人らがここで学びました。落した旧進士らが教えていたはずです。

　旧満州でどのような中国語教育が行われていたか。

　・まず通常の日本人対象の初中等学校において…。

　私の体験…、旧満州で育った私の多数友人連中は、例外なく全く中国語ができない。学校では＜満州国国歌＞を習わされた程度。｛その代わり、日本語がうまい中国人＝旧満州国人が多い｝。

　・私の場合は、小学校も中学校も北京、中国語の授業がありました。中学校低学年では英語と中国語が全員必修、高学年になってから、英語だけのクラスと中国語だけのクラスに分かれました。中国語クラスには北京大学など中国の大学を目指した生徒、戦後、解放軍に参加、活躍した生徒もいます。

　・なにしろ北京は旧満州とは異なる＜外国＞ですから、日本人学校といえども日本政府の＜外務省＞管轄下に置かれていました。恐らくそのため、校長に少々の自由裁量があり、中国語を導入できたのではないか…と推測します。

　｛この点、旧満州や旧関東州（大連・旅順など遼東半島地域）の場合は異なる。

　全く日本内地と同様、＜文部省＞の画一的統制下に置かれていたのではないか｝。

　では旧満州の初中等学校以外において、一体どのような中国語教育が行われていたか。

　・正規の高等教育機関における中国語教育

　ロシア語教育と言えば、ハルビン学院（高等専門学校）が非常に有名。しかし中国語教育で有名な高等専門学校・大学は皆無。なぜか東京外語や大阪外語に担当する高等専門学校が設立されなかった。従つて中国語を学んで上達、中国で活躍したい日本内地の中学卒業生たちは、上海の東亜同文書院（大学）を目指した。建国大学は違う。満州国の指導者を養成する大学である。日本人学生がどれほど中国語を学び上達したか。

　・正規の高等教育機関ではない＜中国語研修所＞

旧満州において、北京の＜同学会＞なみの＜中国語研修所＞が"存在していたか。間違いなく必要不可欠、存在していたはずだが、恐らく開放されていない存在ではなかったか。

例えば、私の中学同級生（瀋陽の中学から北京に転校）の父親…、彼は諜報員としてモンゴル人に変装、北京からモンゴル経由、チベットまで潜入した。むろん中国語もモンゴル語も完ぺき、さもなければスパイとして逮捕され処刑されたでしょう。（私はかつて新聞記者時代、戦後、チベットからインド経由で帰国した日本人に面会、取材したこともある）。では一体どこでそのような語学・諜報教育を受けられたか。間違いなく旧満州のどこかの機関で…。

・中国語の教科書「官話急就篇」は 1913 年当時で 22 版、1936 年改訂、1945 年当時で改訂 71 版を重ねている。従って有名教科書、とりわけ日露戦争以降の旧満州において使用されたと見てよいだろう。満鉄がこれを使用・普及させたのではないか。

・中国語検定試験は何時ごろからか、満鉄が通訳用の中国語検定試験を導入した。最高水準が特等通訳、その下、1 等通訳、2 等通訳、3 等通訳…。恐らく社員に中国語学習を奨励、昇進や給料にも反映させたのではないか。

私が聞いた話では、特等通訳試験の面接試験、非常に難しい中国語会話能力が要求された。例えば高級の妓館において、中国流紳士の作法で会話できる教養内容…。

・旧満州時代、秩夫固太郎という人物が、「簡易支那語会話篇」(1928 年 5 月：大阪屋号書店) を大連で出版している。彼は有名。日本の敗戦当時、大連に居住。

以上が私の貧弱知識。

清水　畏三　　2005 年 11 月 18 日

その後、以下の情報を得ました。お伝えします。

大連第 1 中学校 (日本人対象) を卒業した私の同級生から聞きました。

小学校時代の 6 年次、週＝ 1 時間、中国語授業があった。教師は日本人。

中学校時代は、1 年次・2 年次・3 年次の 3 年間、週＝ 2 時間の中国語授業があった。中国人教師がうち 1 時間担当。大連は日本が直接統治する関東州内であるから、満州国内の中学校 (日本人対象) も同じとは言えない。同じ大

連所在の中学校 (日本人対象) といえども、ほかの中学校も全て同じ状況とは限らない。校長の裁量があり得るからである。

清水　畏三　　　2006 年 1 月 7 日

証言 3　五族協和と『満州国』の実像

　私は現在、東京に本部がある日中友好協会という団体で「日中友好新聞」という新聞の編集の仕事を行なっています。私は、私の父親の仕事の関係で、日本の直轄植民地だった朝鮮で 1 9 2 8 年に生まれました。現在 85 歳です。私の父親は、日本がアジア侵略の過程で 1 9 1 0 年に併合した朝鮮の経済開発を推進する国策会社の社員でした。その国策会社は、朝鮮から、さらに満州にも進出したので、私は、出生から少年時代にかけて、朝鮮または満州で生活を送るという体験をしました。

　満州では、1 9 3 3 年から 3 4 年にかけて大連、いて 1 9 3 4 年から 3 5 年にかけて当時の新京、現在の長春で暮らしました。その後、一時、朝鮮に移った後、また 1 9 3 9 年から 1 9 4 0 年にかけて満洲の吉林で暮らし、吉林で小学校を卒業しました。そこから、また新京に移り、当時の新京第一中学校で 3 年間学び、1 9 4 3 年、日本の敗戦の 2 年前に日本に帰国しました。

　私が最初に新京で暮らした 1 9 3 4 年という年は、日本が 1 9 3 2 年に傀儡国家「満州国」を作り上げてから 2 年後です。当時の新京は、日本の支配下で建設ラッシュが展開されていました。毎日街路いっぱいに土埃が立ちこめるような状況が私の子どもの頃の記憶として、はっきり頭に残っています。当時の新京の鉄道駅から幅 6 0 メートルの道路が南に向かって建設され、その道路の両側に高層ビルがどんどん建っていくという状況でした。

　当時、「満洲国」の基本政策として、「五族協和」ということが言われました。「五族協和」とは、要するに、「満州国」の国民を構成する満州族、漢族、モンゴル族、朝鮮族、日本族という五つの民族が仲良く手を取り合って「満州国」という「王道 土」を建設しようという趣旨でした。この基本政策を推進する中核組織が「満州国協和会」という団体でした。

　私は、その「五族協和」というスローガンの下で、子どものころから少年時代を過ごしたわけですけれども、何となく「五族協和」というのは「本当に

その通りなのだろうか」という、かすかな疑問を少年時代に抱いたことを現在でもよく覚えています。当時、私は日本軍国主義の厳しい教育を受けましたから、その影響の下、日本が中国を侵略し「満州国」を作り上げた本質的なことは何も理解できず、「満洲国の建国は正当なことだ」と、当時は思っていました。しかし、中学生くらいになりますと、軍国主義思想をもった少年であっても、社会の各種現象に対して多少は疑問を抱き、批判的に物事を見る感覚が生まれました。

「五族協和」のスローガンは「五つの民族が仲良く手を取り合って」ということですけれども、当時、私が日常生活の中で具体的に目にした現象は、そうではありませんでした。実際には、日本人だけが威張っている、日本人が他の四民族を見下し、優越した立場に立っていることを毎日の暮らしの中で自分自身が体験するわけです。

たとえば、建設ラッシュが進む新京のビルの建設現場で、日本人の工事監督が、太い鉄の棒で中国人の労働者を殴りつけ、その労働者が悲鳴を上げた場面を目撃し、本当に胸を締め付けられる思いをしたことを今でも鮮明に覚えています。そして、誰の目にも明瞭だったのは、五つの民族のなかでの貧富の格差です。日本人だけが金持ちで、裕福に暮らす。つまり、日本人というだけで立派な住宅に住み、高給をもらって、ぬくぬくと生活しているのに対して、他の四民族の人は皆貧しい暮らしをしていた。たとえば、日本人は皆悠々と毎日白米のご飯を食べるけど、他の四つの民族の人たちは白米など食べられないのです。中国の人たちは、コーリャンしか食べられないのです。当時の満州の大平原は、北から南まで、ずっとコーリャン畑でした。朝鮮の人も白米はたべられず、粟や稗しか食べられませんでした。

四つの民族の人びとは、食べ物が粗末なだけでなく、服装もボロボロ、住む住宅も本当にひどい状態でした。私は小学校・中学校に毎日通ったわけですけれども、同じく勉強をしている子どもたちの間で、日本人と中国人の学校施設の格差は歴然としていました。私たち日本人の生徒が通う小学校や中学校は、実に立派な校舎だったのに対して、中国人の生徒が通う学校の校舎の実にみすぼらしかったことが、はっきり私の頭に焼きついています。

これも当時目撃した出来事ですが、私が新京の自宅から小学校に通う途中

に、広い野原があり、朝、通学のさい、生まれたばかりの赤ちゃんの捨て子の死体をその野原でよく見かけました。新生をそこに捨てるということは、それぞれ事情があってのことでしょうが、とにかくその根本に貧しさがあったからではないか、と考えます。

　以上、いくつかの事例は、支配する側に立った一人の日本人として私が体験した事ですが、支配を受けた当事者として当時「満州国」で生活していた中国人はどのように感じていたのでしょうか。斎紅深先生を主任とする遼寧省教育史編纂委員会が発行した「中国における日本の植民地教育体験記」には「満州国」時代に小中学校教育を受けた多くの中国人の体験記が掲載されており、その資料が斎紅深先生から日中友好協会に提供されました。その資料によると、「満州国」時代に小学校・中学校教育を受けた中国人はほぼ共通した体験を述べています。たとえば、学校では毎日朝礼があり、全生徒と教員が新京の方に向かって、「満州国」皇帝に礼を捧げると同時に、東京の方に向かって「宮城遥拝」、つまり天皇への礼をやらされた。「満洲国」の国歌とともに日本の国歌を歌わせられた。授業はみな日本語でやられた。威張っているのは、日本人の教師ばっかりだった。日本式の軍事教練を強制された。多くの人びとがこのような体験を語っています。

　当時の「満州国」の状況下では当然のことですが、日本の「満州国」支配に対する中国人民の抵抗運動が広く展開されました。「満洲国」建国の初期、日本が実際に支配できたのは都市だけで、広大な農村は、抗日ゲリラ闘争の舞台となっていました。そのことは、当時日本側が作った資料、１９３２年から１９４０年にかけて、「反満抗日勢力」が「満洲国」の領域で毎年どのように活動したかという数字を載せた資料にはっきりと示されています。その資料によると、抗日ゲリラ勢力の出現回数は私が新京に住み始めた１９３４年には１万３３９５回でしたが、翌１９３５年には３万９１５０回に増加し、抗日ゲリラ闘争が満州全体に広がった、という事実が資料によって裏付けられています。当時、「満洲国」に住んでいた私たち日本人は、抗日ゲリラ勢力を「匪賊」と言って恐れていました。私の子どものころは「日本人は匪賊に襲われる危があるから夜行列車には乗らないほうがよい」と言われていました。

　「満州国」とは、一体どういう国だったのか。日本が中国侵略を進めた過

程で作った傀儡国家ということは歴史の事実としてすでに明らかにされています。今年は、柳条湖事件（9·18事件）の80周年の記念の年です。私はちょうど10年前、柳条湖事件70周年のとき、この事件が起きた瀋陽で行なわれた遼寧省政府主催の9·18記念行事に参加し、9·18事件の事跡を展示した陳列館を見学しました。そして、瀋陽の市民はじめ中国人民の心の中にこの歴史的事実が深く焼きつけられているということを実感し、深い感銘を受けました。

「満州国」は、1932年3月の建国から1945年8月の日本の敗戦による崩　まで、ちょうど13年5カ月という、はかない陽炎のような国家だったわけですけれども、当時は「満洲国」に駐留していた日本の軍隊「関東軍」が実質的にこの国を支配していました。そのことは、1932年9月15日に日本政府と「満洲国」政府が調印した「日満議定書」にはっきりと示されています。この文書によって、日本政府は「満州国」を正式に国家として承認したわけです。この「議定書」の内容を見ると、「満洲国は日本国または日本国民が満洲国領域内で従来もっていた一切の 利·利益を尊重する」、「所要の日本軍は満洲国内に駐屯する」と明記されています。また、「日満議定書」には四つの「付属文書」がありますが、そのなかには、「満州国」の元首であった「執政」の溥儀が、関東軍司令官に送った書簡が含まれています。その書簡は「満州国は国防や治安に関しては日本にゆだね、その費用はすべて満州国が負担する」、「満州国の国内の鉄道·港 ·水路·航空路の管理と新設はすべて日本側に任せる」、「満州国は日本の軍隊が必要と認める各種施設に対して極力援助する」、「満州国の参議府の参議および中央·地方の官庁の官吏に日本人を任用する」と述べています。「参議府」とは、「執政」溥儀の諮問機関です。その参議府で活動する日本人の参議は関東軍司令官が推薦·任命をするということまで決められていました。しかも、この書簡は、当時は秘密でした。秘密の取り決めが、日本の敗戦後に初めて明らかにされました。これらの資料は、「満州国」が日本の傀儡国家であったという歴史的事実をはっきりと裏付けています。

当時、「満洲国」を実質的に支配していた日本の「関東軍」が作成した公式文書「満州国の根本理念と協和会の本質」の内容が日本の敗戦後公開されました。それを見ると、「満洲建国は八紘一宇の理想をもつ日本民族の世界史的

発展過程における第一段階にほかならない」と書かれています。「八紘一宇」とは、当時、日本が侵略戦争を推進するために唱えたスローガンで、「世界を日本の支配下におく」という意味です。したがって、「満洲国」の建国は「日本が世界を支配するための第一段階だ」と、公然と唱えていたわけです。また、この文書には「満州国の皇帝は、日本の天皇の下にあって、天皇のお心に従うことになっており、それに反した場合は直ちにその地位を失う」、「関東軍司令官は、天皇のお心を奉じて永久に満洲国指導の重任を負う」ということが露骨に述べられています。また「満洲国協和会」は「満洲建国の精神を思想的に、教化的に、政治的に実 する」組織である、とも述べています。

　　私が「満洲国」に住んでいた時、唱えられたスローガン「五族協和」を今改めて考えてみますと、五つの民族が真に平等で仲良く手を結んで国家を建設するという理念を前提にした場合に、そもそも「満州国」という国家の建設自体あってはならないことだ、というのが私の結論です。「五族協和」のスローガンと、日本の傀儡国家「満州国」の建国とは絶対に両立せず、完全に矛盾する、ということです。

　　最初に述べたように、私は少年時代、「五族協和」のスローガンにかすかな疑問を抱いたわけですけれども、日本の敗戦後、歴史の真実を学んで、日本の中国侵略戦争の本質を理解することができました。そして、あの当時、「満州国」に身を置いた一人の日本人として、深く反省しなければならない、という結論に到達しました。私は現在、日中友好協会という団体で働いておりますけれども、現在の私の立場の原点は、「五族協和」のスローガンの下で生活した自身の体験と、そのことに対する深い反省にある、ということです。

2013 年 6 月 27 日　香港樹仁大学講演

平井潤一 1928 年生　浜市在住

証言 4　「五族協和」が「画餅」だと思った体験

　　私は高木孝義と申します。今年（2013）は 86 歳です。

　　私は 1942 年 6 月 1 日より 1945 年 2 月末まで五道崗より所外勤務に出た事が無かったが、45 年 3 月 1 日より屯力木（トリウム）小訓練所の警備の任務に就いた。一部隊（12 名）で、トリウムは 河駅より南へ三つ目の璦琿の町

より、東南へ４キロのところにありました。時は昭和 20 年 4 月のある日の昼頃の事です。まだ川は結氷していた。この小訓練所の中を小さな川が流れていた。その日道路でなく結氷した氷の道を馬橇で一人の朝鮮人が通りかかったので、馬を止めて、「ここは訓練所の敷地内で通行はダメ」といって話しかけた。朝鮮人の彼は日本語が出来たので「丁度昼飯時だから食事を一緒にしよう。お茶ぐらい出すよ。」と宿舎内に誘いました。彼は大きな「ドカベン」の蓋を開けました。のぞいていた私の目を射たのは黄金色でした。「何か」と聞いたら、彼の答えは「朝鮮人の主食は米です。この先で水 を作っていますが、全部強制的に供出させられて、米が食べられませんので、 し米をつくるのですが、このように憲兵に弁当を調べられた時の為に上部に粟飯を乗せておくのです。」と、上 5 ミリ程が粟飯で下は米でした。

高木孝義、1928 年生まれ、静岡県在住

2013 年 4 月 8 日インタビューの記録

注釈

1）安藤彦太郎著『中国語と近代日本』、岩波新書、1988 年、P 1

2）六角恒広著『漢語師家伝』、東方書店、1999 年、PP307－308

3）入江寅次『邦人海外発展史』、井田書店、1942 年、P432

4）福島正明編・中島比多吉校閲・度会貞輔注解『注釈関東庁・満鉄支那語奨励試験問題集』、大阪屋号出版社、昭和二年（1927）、P312

5）前掲『注釈関東庁・満鉄支那語奨励試験問題集』、「関東庁施行文官普通試験支那語試験問題」、大正十三年（1924）四月、P400

6）国務院総務庁人事処編『満洲国政府語学検定試験問題集』、明文社、康徳四年（1937）三月 P223

7）国務院総務庁人事処編『満洲国政府語学検定試験問題集』、P224

8）国務院総務庁人事処編『満洲国政府語学検定試験問題集』、P225

9）尾形子之次「安東一班」、1910 年、P19

10）前掲『注釈関東庁・満鉄支那語奨励試験問題集』、「関東庁及所属官署職員支那語奨励試験問題及注釈」旅順之部、大正十五年（1926）、P332

11）『自昭和三年至昭和五年度、関東庁職員支那語奨励試験・関東庁警察官支那語通訳兼掌試験・外務省警察官支那語奨励試験・満鉄華語検定予備試験・憲兵支那語通訳試験・問題並詳解』大連善隣社、昭和六年（1931）、「満鉄華語豫備試験問題、日語華訳（１等）」、昭和三年（1928）、P2

12）前掲『注釈関東庁・満鉄支那語奨励試験問題集』、「関東庁及所属官署職員支那語奨励試験問題及注釈」、旅順之部、大正十五年（1926）、P334

13）前掲『満洲国政府語学検定試験問題集』、P136

14）前掲『満洲国政府語学検定試験問題集』、P22

15）前掲『満洲国政府語学検定試験問題集』、P28

16）前掲『満洲国政府語学検定試験問題集』、P28

17）前掲、中谷鹿二編著、『自昭和三年至昭和五年度』、「関東庁及所属官署職員支那語奨励試験問題及注釈」奉天之部、昭和三年（1928）、P4

18）前掲、中谷鹿二編著、『自昭和三年至昭和五年度』、「関東庁及所属官署職員支那語奨励試験問題及注釈」旅順之部、昭和五年（1930）、P58

19）前掲、中谷鹿二編著、『自昭和三年至昭和五年度』、「関東庁警察官支那語通訳兼掌試験問題」、昭和五年、P62

20）前掲『注釈関東庁・満鉄支那語奨励試験問題集』、「関東庁及所属官署職員支那語奨励試験問題及注釈」旅順之部、大正十五年（1926）、P313

21）前掲『注釈関東庁・満鉄支那語奨励試験問題集』、「関東庁及所属官署職員支那語奨励試験問題及注釈」、旅順之部、昭和四年（1929）、P30

22）前掲『注釈関東庁・満鉄支那語奨励試験問題集』、「関東庁及所属官署職員支那語奨励試験問題及注釈」旅順之部、大正十五年（1926）十一月、P307

23）前掲『注釈関東庁・満鉄支那語奨励試験問題集』、「関東庁及所属官署職員支那語奨励試験問題及注釈」旅順之部、大正十五年（1926）十一月、P307

24）前掲『注釈関東庁・満鉄支那語奨励試験問題集』、「関東庁及所属官署職員支那語奨励試験問題及注釈」旅順之部、大正十五年（1926）十一月、P307

25）前掲『満洲国政府語学検定試験問題集』、P219

26）前同 27）前掲『満洲国政府語学検定試験問題集』、P201

28）アジア学叢書 55『現代支那満洲教育資料』、大空社、1998 年、P415

29）前掲『満洲国政府語学検定試験問題集』、P217

30）前掲『満洲国政府語学検定試験問題集』、P218

31）前掲『満洲国政府語学検定試験問題集』、P172

32）前掲『満洲国政府語学検定試験問題集』、PP227 228

33）藤井省三著『東京外語支那語部』、朝日選書、1992 年、P152

34）清水畏三氏は昭和 2 年 1 月北京で生まれた。旅順など移住し、1946 年日本に帰国。父の安三氏は桜美林大学を創立した。畏三氏は 2 代目の学長でした。中国での体験を筆者に数回の語ったことがある。

關於七十年前日據時期東北地區
日本人漢語能力檢定考試的研究
——以訪談親歷者口述證言及考試內容為中心

田剛

日中口述歷史文化研究會

李素楨

吉林師範大學

論文摘要：自 1904 年的日俄戰爭開始，到 1945 年二戰日本戰敗投降的四十年間，日本軍國主義者為全面佔據、統治中國東北（滿洲），對在「滿」日本人實施了漢語教育，並推行了多種多樣的漢語能力考試及獎勵制度。殖民主義者鼓勵國民學習殖民地的語言，這在世界殖民地歷史上，都是極其鮮見的。但由於日本戰敗投降前焚燒檔案以及研究「滿洲」的政治敏感等歷史原因，致使這類歷史文獻或散佚或沉埋；甚至在「滿」日本人曾實施過的漢語能力考試，都是日本外國語能力考試史上時間最早、規模最大的史實，除李素楨博士的研究論文《舊滿洲日本人漢語能力檢定研究》以外，未見其他史證研究。

本論文將筆者挖掘收集的部分絕版、散佚的，以及在「滿」日本人漢語教科書再現於世，並附錄在「滿」生活過的日本人的口述證言。以此第一手資料來分析探討當時為長期佔領、統治舊「滿洲」而推行的「殖民語學」的手段和特點，以及舊「滿洲」日本人漢語能力考試的歷史分期等。本文論及了其考試的規章制度、組織機構、獎勵方法，以及以考試能力的合格基準來判定就業，升降官職，增減薪水等具體獎勵制度。當時編寫出版了大量的以在「滿」日本人為對象的漢語教本，漢語考試能力對策的教科書等。它對我們今天全面地、深入地研究日本殖民地歷史是彌足珍貴的文獻資料。以下補充說明本文概要：

1. 關於本論文的用語及 40 年間的歷史階段

（1）七十年前：在時間上它指 1904 年日俄戰爭至 1945 年日本戰敗投降，40 年間的歷史。

（2）中國東北：即當時的「滿洲」，指現在的遼寧省、吉林省、黑龍江省、內蒙古等地域。

（3）中國語檢定試驗：它是本論文的用語，其實在當時中國語稱「滿語」、「滿洲語」、「支那語」、「清語」等。

（4）中國語檢定試驗 40 年間的歷史，可分四個階段，包括發端期：明治三十七年（光緒三十年〔1904〕）至明治四十一年（光緒三十四年〔1908〕），以實用的通譯考試為主；發展期：明治四十二年（宣統一年〔1909〕）至昭和十二年（康德四年〔1937〕），「語學檢定試驗規定」等制度化，並由「滿洲國」政府設了「語學檢定委員會」；最盛期：昭和十三年（康德五年〔1938〕）至昭和十六年（康德八年〔1941〕），在滿日本人全員，不論工作與否，皆可參加考試、受驗者人數達到高峰；終了期：昭和十七年（康德九年〔1942〕）至昭和二十年（康德十二年〔1945〕）中止。

2. 中國語檢定考試的內容

（1）日本人「渡滿」史（參照本文與口述證言 1）

（2）在「滿」日本人的中國語學習（參照本文與口述證言 2）

（3）當時殖民地教育像（參照本文與口述證言 3、4）

由考試題的內容、作文題的命題以及各種考試輔導書可見，在東北實施的日本人中國語考試，在立場上實行的是忠於日本天皇的皇民化教育，把事實上的「侵略」美化為「援助」，把事實上的「民族壓迫」宣稱為「五族協和」。

最後，補充說明一下口述證言與文獻歷史相結合的研究方法。

口述證言是個人的特殊回憶或親身經歷過的事情，以口頭的有聲音（或錄像）的形式保存下來，它是研究口述歷史的基礎資料。在研究本論題的過程中，由於未有先行研究，再加之「8‧15」日本宣佈戰敗投降之前曾經成批燒毀檔案文獻，加上「文革焚書」等等歷史原因，致使研究文獻極端匱乏。因此，筆者在日本調查 1945 年前曾在中國東北居住過的日本老人，約傾聽了 85 至 101 歲共百位老人的「滿洲」生活體驗談。其中以「富士回顧會」（多為「滿洲」開拓團團員）、「航

七會」（東北老航校的日籍教官）、「四野會」（人民解放軍第四野戰軍中的日籍官兵）以及「蘇聯抑留會」（被前蘇聯滯留的日本關東軍官兵）等數百日本人在「滿洲」的口述資料。

　　歷史研究尤其是近現代中日關係史，不可忽視口述證言，它不僅可以補充、糾正文獻歷史的某些漏記誤錄，而且比文獻歷史更細膩、更鮮活；它是「活着的歷史」，與歷史體驗者對話的特點，也是文獻史料不可比擬的。

香港歷史古蹟的活化與歷史教學

彭淑敏

香港樹仁大學歷史學系

引言

　　香港的歷史古蹟蘊含中西交匯的特色，當中的書室、大宅、紅磚牆、花崗石等建築，均能勾勒出動人的歷史痕跡。梁炳華在其主編的《兩岸四地中國歷史教學交流研討會論文集》中，[1] 已關注十八區歷史古蹟考察的重要性，並收錄陳溢晃著〈從歷史古蹟、氏族的特色看香港的傳統文化〉一文，梁氏更進一步以〈考察香港古蹟對中國歷史教學的作用和意義〉提出討論。最近出版的專論如《文物古蹟中的香港史》、《寨城印痕：九龍城歷史與古蹟》等亦反映學界一直對本土歷史古蹟的重視。[2]

　　綜觀多年來開辦的香港中、西歷史課程，「香港史教學」已成為不可忽略的一部分，如前香港歷史博物館總館長丁新豹所言：「參觀本地古蹟既可以幫助學生認識香港的過去，又可以引發學生對研習中國歷史的興趣，提高他們對中國歷史的認識。其效果是單憑教科書或課堂講授所遠遠不能達致的」，[3] 在進行本地古蹟考察時，可以隨時發掘到香港歷史的點點滴滴，也是歷史研究的一項重要訓練。

1　梁炳華主編：《兩岸四地中國歷史教學交流研討會論文集》（香港：中國歷史教育學會，2004）。此外，參閱彭淑敏：〈從十八區風物志探索本土歷史與文化〉，《第二屆二十一世紀華人地區歷史教育論文集》（香港：中華書局，2012），頁 379-392。

2　香港史學會：《文物古蹟中的香港史》（香港：中華書局，2014）及蕭國健：《寨城印痕：九龍城歷史與古蹟》（香港：中華書局，2015）。

3　丁新豹：〈中國歷史科中的香港史教學〉，參閱《香港特別行政區政府教育局》網站，http://www.edb.gov.hk/，擷取日期：2016 年 2 月 8 日。

香港歷史古蹟的活化

　　近十年保育歷史古蹟廣受香港市民的關注，香港特別行政區政府為了加強歷史文物保育的工作，於 2007 年推出文物保育政策，並於翌年推出首期「活化歷史建築伙伴計劃」，現已發展到第四期，[4] 以邀請非牟利機構參與發展，致力在古蹟文物保育和持續發展之間取得平衡，不但有利創造就業機會，還有效發揮古蹟的歷史價值。

　　香港歷史古蹟包括根據《古物及古蹟條例》已獲評定的法定古蹟及一級至三級的歷史建築，[5] 地點遍佈港九、新界和離島，可以透過實地考察來欣賞古蹟的建築特色，有助了解香港歷史的發展與轉變，這些文物古蹟不只是香港社會獨一無二的歷史遺產，彌足珍貴，也可以成為歷史教育的課題。[6] 本文將以近年剛完成活化並作公眾開放的香港歷史古蹟為例，說明實地考察的教學重點，以推動多元化的歷史教學為目標。

一、雷生春

　　雷生春，位於旺角荔枝角道 119 號，約落成於 1931 年，是樓高四層的豪門大宅。大宅以鋼筋混凝土建成，設計揉合中西建築特色，成為一時的建築佳作，

4　第一期「活化歷史建築伙伴計劃」的歷史古蹟建築包括舊大埔警署、雷生春、荔枝角醫院、北九龍裁判法院、舊大澳警署、芳園書室及美荷樓；第二期「活化歷史建築伙伴計劃」的歷史古蹟建築包括舊大埔警署（重新推出）、藍屋建築群、前粉嶺裁判法院、王屋村古屋及石屋；第三期「活化歷史建築伙伴計劃」的歷史古蹟建築包括景賢里、虎豹別墅、必列啫士街街市及前粉嶺裁判法院（重新推出）；第四期「活化歷史建築伙伴計劃」的歷史古蹟建築包括書館街 12 號、舊牛奶公司高級職員宿舍、何東夫人醫局及景賢里（重新推出）等，相關資料參閱《活化歷史建築伙伴計劃：香港歷史文物 —— 保育活化》網站，http://www.heritage.gov.hk/tc/rhbtp/about.htm，擷取日期：2016 年 2 月 8 日。

5　《古物古蹟辦事處：香港法定古蹟》，http://www.amo.gov.hk/b5/monuments.php；《虛擬文物探索》，http://vhe.lcsd.gov.hk/vhe/FEBS?bsid=-1&pageAction=HKMAP&langNo=2。有關現行評級制度，參閱《歷史建築物各級別的定義》，http://www.amo.gov.hk/b5/built2.php，擷取日期：2016 年 2 月 8 日。

6　有關古蹟文物與歷史教育的關係，見區志堅：〈大學與中學協作計劃：以屏山文物徑的考察為例〉，周佳榮、鮑紹霖、區志堅合編：《第二屆華人地區歷史教育論文集》（香港：中華書局，2012），頁 183-204；區志堅：〈以本地文化為歷史教育的資源 —— 香港中上環古蹟的考察〉，澳門理工學院主編：《兩岸四地歷史文化教育研討會論文集》（澳門：澳門理工學院，2014），頁 65-78。

也是香港現時碩果僅存的戰前唐樓。雷生春藉着 2008 年第一期「活化歷史建築伙伴計劃」由香港浸會大學主理復修工程，於 2012 年初活化成為「香港浸會大學中醫藥學院 ——雷生春堂」。[7]

雷亮先生（1863-1944），祖籍廣東台山。他於 1920 年代從家鄉移居香港，從事貿易與運輸等行業，並且聘請專業建築師布爾先生（W.H. Bourne，1874-1939）設計和興建雷生春大宅，雷氏其後更成為九龍汽車（1933 年）有限公司創辦人之一，在港發展事業。此後，由於雷氏家族成員的增加，遂決定遷離大宅，雷生春因而遭受空置。幸於 2000 年獲古物諮詢委員會評為一級歷史建築，確定其應予永久保存的價值。此後，雷氏後人希望能保存故居，並且以回饋社會為目的，遂把雷生春捐予香港特區政府，是次捐獻亦見證本港首次私人歷史建築物無償捐予政府以作修復和保存，雷氏家族對於保育香港歷史古蹟作出真誠的支持。

關於雷生春的歷史古蹟特色，大宅的地面原本是「雷生春藥房」，專售跌打藥水，廣為街坊歡迎。大宅經活化後改為涼茶館和展覽區，主要介紹中醫的診治概念、中醫傳統的診斷方法，並以推廣中國醫學知識及傳揚中醫藥傳統為目標，同時也介紹雷氏家族、涼茶、中醫藥、唐樓歷史和「雷生春」活化項目等。

雷生春的建築歷史反映昔日香港華人「下舖上居」的方式生活，即上層為住所，地下為店舖，一樓至三樓現已改為經營中醫藥診所，提供中醫門診服務，設有內科、針灸科和中醫骨傷科等，並且為大眾提供保健服務，舉辦義診和講座，不但秉承中國傳統醫學的懸壺濟世之使命，也能應付活化後的營運需求。雷生春現已活化為大學管理的社區中醫藥保健中心，成為深水埗及旺角地區的地標，反映它獨特的歷史價值。

二、芳園書室

芳園書室，位於荃灣馬灣田寮村，前身是建於 20 世紀初的陳氏書齋，用作教導馬灣的子弟，也反映村民重視教育的重要。書室是香港現存少數的傳統鄉村私塾，是馬灣唯一尚存的戰前小學，歷史非常悠久。書室於 2010 年獲古物諮詢

---

7 有關雷生春的歷史研究，參閱郭淑儀：《活化重生：雷生春的故事》（香港：香港浸會大學，2012）；《香港浸會大學中醫藥學院 —— 雷生春堂》網站，http://scm.hkbu.edu.hk/lsc/tc/index.html，擷取日期：2016 年 2 月 8 日。

委員會評為三級歷史建築，由圓玄學院社會服務部承辦活化項目，以善用地區資源、惠澤群眾為使命，於 2013 年 3 月完成復修工程後，以「芳園書室旅遊及教育中心暨馬灣水陸居民博物館」開放給公眾參觀，把該歷史古蹟活化成為區內獨一無二的文化地標，讓我們感受昔日居民留下的生活痕跡。[8]

　　馬灣地處大嶼山與青衣之間，昔日居民以捕魚維生，生活淳樸，主要水道為汲水門，只依靠來往青龍頭的街渡與外界連繫，因而島內環境非常恬靜。芳園書室於 1920 年至 1930 年代由陳氏書齋原址改建而成，別稱「大芳園」，是中國傳統的「卜卜齋」，書室經復修活化後用作介紹馬灣漁業的特色。芳園書室展示出糅合中國和西方建築風格，獨特的裝飾以中國傳統吉祥圖案為主，也採用隋唐佛教裝飾的寶相花和盤長結等。書室內設有展覽館，以展出昔日馬灣魚民的生活習慣和風土人情，展品包括天后誕的花炮、漁船模型、舊課本、孔子像和書法等。

三、美荷樓

　　美荷樓，位於深水埗巴域街 70 號，即昔日的石硤尾邨第 41 座。石硤尾邨於 1954 年至 1963 年間興建，是香港碩果僅存的「H」型七層徙置大廈。美荷樓於 2010 年獲古物諮詢委員會評為二級歷史建築物，又被列入第一期「活化歷史建築伙伴計劃」內，由香港青年旅舍協會獲得使用權，於 2013 年 12 月活化成為「YHA 美荷樓青年旅舍」及「美荷樓生活館」。[9]

　　美荷樓是第二次世界大戰後在港建成的第一個公共房屋，標誌着香港公共房屋政策的開始。石硤尾邨不幸於 1953 年 12 月 25 日被大火燒毀，數萬多人因而喪失家園，政府為了解決災民的居住問題，遂於翌年重建該區，興建八座七層高的徙置大廈。美荷樓成為不少香港人重建家園之地，因而極具歷史意義。

　　香港於戰後百廢待舉，美荷樓落成後，居民的生活簡樸，家居設施也較為貧乏。大導演吳宇森、羅啟銳也曾是這裏的舊居民，根據他們的回憶，在成長的過程中深深感受到濃厚的人情味，也成為電影故事創作時獨特的靈感來源。美荷樓

8　參閱《芳園書室》網站，http://fongyuenstudyhall.hk/，擷取日期：2016 年 2 月 8 日。

9　有關美荷樓的歷史研究，參閱張帝莊：《美荷樓記：屋邨歲月，鄰里之情》（香港：三聯書店香港有限公司，2013）；香港青年旅舍協會：《美荷樓記》（香港：香港青年旅舍協會，2014）；《YHA 美荷樓青年旅舍》網站，http://www.yha.org.hk/chi/meihohouse/index.php，擷取日期：2016 年 2 月 8 日。

曾於七十年代進行改裝，經過活化及改建後的「美荷樓青年旅舍」，融入了香港
獨有的歷史文化。

此外，「美荷樓生活館」則為香港青年旅舍協會轄下的私營博物館，首以「美
荷樓記」為題，分別在地下及一樓設立專題展覽區，主要內容包括 1953 年石硤
尾大火和居民的生活情況、五十至八十年代的石硤尾徙置區、重建前後的風貌和
民生故事等，讓我們了解昔日香港公共房屋的發展變遷。

四、石屋家園

石屋家園，位於九龍城侯王廟新村 31 號至 35 號，修建活化後於 2015 年 10
月 9 日開幕，是以懷舊冰室為主題的歷史活化項目，融合歷史和美食的新元素，
彰顯歷史建築的重要性。由永光鄰舍關懷服務隊有限公司及五旬節聖潔會永光堂
成功通過計劃，成為活化夥伴，獲得立法會撥款三千九百萬元資助復修，是「活
化歷史建築伙伴計劃」第二期最早完成的項目。[10]

石屋家園是一連五間的舊民居，約建於 1937 年至 1957 年間，也是第二次
世界大戰後香港市民聚居的寮屋區。「石屋」也曾被稱為「何家園」，所指的是何
氏家族約於 1880 年至 1890 年代，在此興建的一幢樓高兩層的豪華大宅。而至
1940 年代香港淪陷時，日軍把何家園拆毀，另外興建一群兩層高的中式平房，
也包括現存的一連五間石屋，並改名為「侯王新村」，日後再改名「侯王廟新
村」。為配合九龍城的市區發展，侯王廟新村於 2001 年被清拆，石屋則成為村
內僅存的建築物。石屋家園荒廢了一段時間後，於 2010 年 5 月 17 日獲古物諮詢
委員會評為三級歷史建築，其後的活化計劃於 2013 年 3 月啟動，除了恢復石屋
舊貌與展示其建築特色外，並且以活化「何家園」舊址為主要目標。

「石屋」是兩層高的中式樓房，以花崗岩（或稱麻石）建成外牆，屋中有木
梯、木窗框及中式瓦頂等，反映香港在第二次世界大戰時期的建築特色。根據活
化計劃的資料，由於當年石屋的內部以木結構為主，未能符合現時的屋宇條例，
在保育時須要在建築中加設鋼架。石屋原先用作住宅，其後曾改為電影製片公
司的場地、貨倉，亦曾為「藍恩記」山墳墓碑工程的工場，保育後「藍恩記」的
店舖名稱獲得保留。石屋直到現在已擁有七十多年的歷史，是侯王廟新村僅存的

---

10 參閱《綠匯學苑》網站，http://www.stonehouses.org/history，擷取日期：2016 年 2 月 8 日。

歷史建築物，見證昔日香港人辛勞工作的生活面貌。

五、舊大埔警署

舊大埔警署，建於 1899 年，坐落於大埔運頭角的小山丘上，直到 1949 年被用作新界警察總部，於 1987 年停止運作，再於 2009 年獲古物諮詢委員會評為一級歷史建築，現已藉着第二期「活化歷史建築伙伴計劃」完成復修工程，嘉道理農場暨植物園獲選定為合作機構，警署遂於 2015 年 11 月活化成為「綠匯學苑」，以推廣永續生活為其特色，從而推廣社區的永續發展及提高保育意識。[11]

舊大埔警署是香港英國殖民政府在新界興建的首座永久建築物，經歷百多年的歷史轉變，是現存少數仍被保留的古建築。警署位於地勢上較高的位置，以此維持社區治安，也因而成為新界警察總部的所在地，發揮監察社區的功能，警署的選址至今對於發展保育的工作也能提供較寧靜的環境。歷史建築群的復修工程由綠匯學苑與香港中文大學建築文化遺產研究中心合作，以保存古蹟的歷史建築特色。

舊大埔警署的歷史古蹟反映 20 世紀末港英殖民地警署的典型佈局，包括三幢主要建築物，分別是主樓、飯堂大樓和職員宿舍，它們中間設有開揚的草坪，環境十分清幽。當中以主樓興建於地台較高的位置，可能是供給當時官階較高的警務人員所使用，不但顯示主樓在建築群的超然地位，並且反映殖民地管治時期的等級觀念。「綠匯學苑」除了主力保育舊大埔警署的歷史建築群外，同時也關注原址的古樹名木及大埔墟圓崗鷺鳥林之生態保育，是活化歷史古建築計劃的保育重點。

結語

香港歷史古蹟經過活化保育後得以延續發展，置身其中有助探索社區內的人、事、情，具有長遠的教育意義。學生藉着參與實地古蹟的考察，透過親身的接觸、觀賞和口述歷史訪問等，有助推動多元化的歷史教學，也藉此讓學生了解

---

11 參閱《舊大埔警署》網站，http://www.greenhub.hk/chi/OldTaiPoPoliceStation.aspx，擷取日期：2016 年 2 月 8 日。

昔日香港社會發展的特徵。香港歷史古蹟已成為集體回憶的重要一環，一代一代傳承下去。

歷史文化知識傳播的途徑：
以香港歷史博物館的工作為例

李嘉瑩

香港樹仁大學歷史學系

引言

　　博物館（Museum）一詞的概念是源自希臘文 mouseion 一詞，意思是 "Seat of the Muses"，表示博物館是一個神聖地方用作奉獻給文藝及科學的女神。[1] 另一方面，The American Association of Museums[2] 把博物館定義為一個有組織和永久的非牟利機構，本質上有教育及審美目的，由專業的工作人員擁有及利用實體物品定期向公眾展示。[3]

　　前香港歷史博物館總館長丁新豹博士在〈博物館與歷史教學〉一文提到，「傳統上，博物館主要功能包括蒐集、整理、研究、修復和展示。近年來，大多數國家地區把收藏、研究和教育列為博物館三大基本功能；其中收藏是基礎，研究作手段，最終目的是為『教育』服務。」[4] 而歷史博物館正正能夠發揮教育社會各階層，向大眾傳播歷史文化知識的作用。

　　香港眾多的博物館當中，筆者認為是以香港歷史博物館（以下簡稱歷史博物館）最為重要，其肩負起協調其他博物館、傳播歷史文化知識的重任。歷史博物館狹義的定義是指位於尖沙咀的歷史博物館，從廣義來看是指一個負責傳播歷史文化知識的機構。在筆者的立場，其不只是一個純粹展示藏品或舉辦展覽的地方，更合適的定位應該是一個機構。

1　William D. Halsey, Bernard Johnston, *Collier's Encyclopedia* (New.York: Macmillan Educational Company,1989), Volume 16, p.719.

2　按：暫未有官方正式的中文翻譯名稱。

3　Edward P. Alexander, Mary Alexander, *Museums in Motion: An Introduction to the History and Functions of Museums.* (U.K.: Rowman & Littlefield, 2008), p.2

4　丁新豹：〈博物館與歷史教學〉（2006），http://hk.history.museum/zh_TW/web/mh/publications/spa_pspecial_12_01.html，瀏覽日期：2015 年 10 月 13 日。

　　適逢 2015 年是香港歷史博物館成立 40 週年，筆者認為有必要去總結其多年傳播歷史文化知識的工作。當中以 1997 回歸後的傳播工作最為顯著，本文特意以 2015 年為例，[5] 整合其各項工作及服務，分析歷史博物館如何多元化又全面地向大眾傳播中西方的歷史文化知識。

歷史博物館的歷史

　　歷史博物館前身為香港博物館，成立於 1975 年，是由原來的「大會堂博物館美術館」一分為二，分別成為香港博物館及香港藝術館。最初是租用尖沙咀的星光行作展覽，1983 年遷至九龍公園，1991 年「香港故事」的長期展覽開始在此展出。1995 年香港政府落實於尖沙咀東部，作為香港博物館永久館址。1998 年 4 月改名為香港歷史博物館，同年 8 月遷往新址。[6]

　　以下將會就展覽、特備節目、推廣活動、專題講座、研討會及比賽的舉辦等等各方面敍述歷史博物館在 2015 年的工作及成果。

歷史博物館的工作

一、舉辦各種展覽

1. 常設展覽：「香港故事」

　　中國內地的學者為了配合 1997 年香港回歸中國這件歷史重大事件，在 1990 年代中期開始大規模出現以香港作為研究和論述主體的歷史著作。例如有余繩武、劉存寬及劉蜀永所主編的《十九世紀的香港》及《二十世紀的香港》，還有由內地的官方媒體，北京中央電視台所播放的《香港百年》及《香港滄桑》皆甚具權威性。[7]

5　按：原文集中介紹 2013 年的活動，為了配合研討會論文集的主題，本文特意集中介紹 2015 年歷史博物館的工作。

6　王宏志：〈「香港中國人講香港故事」：香港歷史博物館的常設展〉，《本土香港》（香港：天地圖書，2007），頁 138-139。

7　同上註，頁 137。

　　歷史博物館作為講述香港自己歷史的地方，也順着這個潮流在 1991 年推出「香港故事」的展覽。[8] 由於以豐富的展品及生活化的場景展示香港的歷史發展，故自推出以來廣受歡迎。2001 年全新的「香港故事」常設展於 8 月 29 日開幕，展覽面積達 7000 平方米，比九龍舊館的「香港故事」規模大 6 倍。2002 年 12 月 25 日即開放約 16 個月後，參觀人次已突破了 100 萬。[9]

　　「香港故事」的導遊圖（圖 1）簡介第一句就明確地指出常設展是一間博物館的靈魂，而其作用就是保存及發揚香港歷史文化，希望能引發大眾對香港歷史文化的興趣及反思。[10]

圖 1：「香港故事」的導遊圖 [11]

　　現時的「香港故事」分為八個展區，分別是「自然生態環境」、「史前時期的香港」、「歷代發展：從漢至清朝」、「香港的民俗」、「鴉片戰爭及香港的割讓」、「香港開埠及早年發展」、「日佔時期」，最後以「現代都市及香港回歸」作結。[12]

　　從以上的第一及第二展區可見，歷史博物館同時兼任自然歷史博物館的角

8　同上註，頁 145。

9　香港歷史博物館編：《香港歷史博物館通訊（2015 年 7 月至 9 月）》（香港：香港歷史博物館，2015）。

10　轉引自香港歷史博物館編：《「香港故事」導遊圖》。

11　同上註。

12　同上註。

色。這兩個展區分別是「自然生態環境」及「史前時期的香港」，由於香港沒有設立自然歷史博物館，故由歷史博物館擔當此任，因此「香港故事」從四億年前説起，介紹香港自然歷史的變化，展出大量巖石、古樹木，化石，以至貝殼、鳥獸標本等物品。[13]

作為歷史博物館的常設展覽，不只注重展品的本身，亦有製作大量的錄像，在忠於史實的基礎下，以靈活生動的方法配合展品的展示以加強趣味性。「香港故事」約有五十多項多媒體節目，包括十套影片、十多台互動節目及二十多組特別聲響效果等等。[14]

展區	影片名稱
1（地下）	香港自然命脈
3（地下）	李鄭屋漢墓
4（地下）	吾土吾情
5（二樓）	從貿易到戰爭
6（二樓）	香港：通往中國的大門
6（閣樓）	香江點滴
7（二樓）	三年零八個月
8（二樓）	戲如人生：六、七十年代香港消閒娛樂
8（二樓）	天然災害
8（二樓）	1847 至 1997 中港關係回顧

上表所列的十套影片，當中有幾套皆備有粵語、普通話及英語旁白，輪流播放以配合不同觀眾的需要。[15] 例如「從貿易到戰爭」生動地講述鴉片戰爭的經過，「1847 至 1997 中港關係回顧」則濃縮了幾個香港回歸歷史上的重要事件及轉捩點，加上如「獅子山下」及「奮鬥」等適當的配樂，透過圖像及歌曲展現當時這個時代香港人的奮鬥精神。

除了影片之外，亦十分重視實物展品的展出，在歷史博物館任職多年的何玉

---

13 王宏志：〈「香港中國人講香港故事」：香港歷史博物館的常設展〉，頁 145-146。

14 香港歷史博物館編：《「香港故事」導遊圖》。

15 同上註。

興先生曾在訪問中記述在籌備「香港故事」常設展時，需要把電車實物（圖2）運到歷史博物館現址裝置及重整電車頂部，[16] 使參觀者可近距離接觸當時的電車實物。又例如在館內重新佈置出當時石硤尾徙置區的居住環境，讓年輕新一代可切身的體驗到當時艱苦的生活。

圖2：在第六個展區「香港開埠及早年發展」展示的電車實物[17]

　　歷史博物館另一個重大貢獻是與教育界合作，把「香港故事」展覽的內容製作成教材（圖3），並附有教學光碟。目的除了向大眾介紹展覽的成果，更重要的是為老師及學生提供香港史教學方面的支援，充分發揮「香港故事」的教育功能。這本教材是香港教育學院結集多位中小學及幼稚園的老師，到博物館開會及參觀「香港故事」後製作出來，可見雙方均在香港的歷史教學方面作出很大的貢獻。[18]

16　香港歷史博物館編：《香港歷史博物館通訊（2015年7月至9月）》。

17　轉引自《香港歷史博物館通訊（2015年4月至6月）》，頁8。

18　丁新豹：〈前言〉，香港歷史博物館編：《「香港故事」常設展學習資料舉隅》（香港：康樂及文化事務處，2002）。

圖 3：歷史博物館與教育界合作製作的《「香港故事」常設展學習資料舉隅》[19]

除此之外，歷史博物館在 2002 年把「香港故事」的內容編製成資料唯讀光碟。這輯資料唯讀光碟以互動模式詳細介紹「香港故事」常設展覽的內容，供讀者自由查閱。光碟輯錄在展廳實地拍攝的 360 度圖像，配合背景音樂，使讀者儼如置身其中，衝破時空的限制，隨意穿梭這個跨越 4 億年的香港歷史文化之旅。[20]

2. 專題展覽

2015 年歷史博物館的專題展覽以多元化的題材為主，其中有國立俄羅斯皇村博物館與歷史博物館合辦「皇村瑰寶：俄羅斯宮廷文物展」，展覽日期由 2014

19 轉引自香港歷史博物館編：《「香港故事」常設展學習資料舉隅》。

20 香港歷史博物館網頁：http://hk.history.museum/zh_TW/web/mh/publications/list-of-publications-detail.html#13，瀏覽日期：2015 年 10 月 14 日。

年 10 月 29 日至 2015 年 3 月 16 日。是次展覽展出二百多件從國立俄羅斯皇村博物館借出的珍貴文物，讓觀眾深入認識俄羅斯宮廷生活，以及俄國政治和文化發展概況。[21]

　　歷史博物館適逢 2015 年是李鄭屋漢墓發現 60 周年，與中國文物交流中心合辦「漢武盛世：帝國的鞏固和對外交流」展覽（圖 4），由 2015 年 6 月 24 日至 10 月 5 日展出，從全國各地主要文博單位借來文物，向公眾介紹漢代歷史、藝術及文化發展，深入了解二千多年前中華文明走向高峰的經過。[22]

圖 4：「漢武盛世：帝國的鞏固和對外交流」展覽的小冊子 [23]

　　除了上述兩大展覽外，由於 2015 年為《基本法》頒佈 25 周年，與基本法推廣督導委員會和政制及內地事務署，在 2015 年 4 月 4 日至 5 月 25 日合辦「中華人民共和國香港特別行政區基本法頒佈 25 周年展覽」。是次展覽展出與《基本法》有關的珍貴展品及圖片，回顧《基本法》的歷史及落實情況，藉此加深公眾對《基本法》的認識。[24]

　　此外 2015 年為中國人民抗日戰爭勝利 70 周年紀念，由香港海防博物館籌劃，在香港歷史博物館一樓大堂舉行「中國抗日戰爭」圖片展（圖 5），展出日期為由 2015 年 8 月 12 日至 10 月 5 日。是次展覽透過珍貴的歷史圖片，闡述中

21《香港歷史博物館通訊（2015 年 1 月至 3 月）》，頁 2-3。

22《香港歷史博物館通訊（2015 年 7 月至 9 月）》，頁 2。

23　轉引自香港歷史博物館編：《漢武盛世：帝國的鞏固和對外交流》小冊子（2015）。

24《香港歷史博物館通訊（2015 年 4 月至 6 月）》，頁 6。

國抗日戰爭的始末，以及香港支援內地抗戰、抵抗日軍侵略和日佔時期的歷史，
希望可以加深觀眾對這段重要歷史的了解。[25]

圖 5：「中國抗日戰爭」圖片展的展出情況（由筆者拍攝，攝於 2015 年 9 月 27 日，香港歷史博物館）

3. 外地展覽

　　從上世紀 80 年代開始，歷史博物館便致力收集香港女裝長衫，已建立起完
整和具特色的女裝長衫收藏，在海外舉辦了多個長衫展覽。繼 2013 年在台北舉
辦的「百年時尚：香港長衫故事」展覽大獲好評，在 2015 年 5 月至 8 月在美國
紐約大都會藝術博物館舉辦「中國：鏡花水月」展覽，令海外參觀者能認識歷史
博物館在保存文物方面的努力。[26]

---

25 香港歷史博物館網頁：http://hk.history.museum/zh_TW/web/mh/exhibition/2015_past_04.html，瀏覽日
　　期：2015 年 10 月 14 日。

26《香港歷史博物館通訊（2015 年 7 月至 9 月）》，頁 9。

二、特備節目

1. 專題展覽的特備節目

　　舉辦專題展覽的同時，香港歷史博物館也會推行一系列的特備節目，吸引不同人士參與。例如在「皇村瑰寶：俄羅斯宮廷文物展」期間，與種子藝術劇團合辦「故事精華遊：俄羅斯皇村宮廷生活」，以及舉辦「巧構奇築：俄羅斯建築立體模型製作」工作坊和「俄羅斯紋飾彩繪」活動。[27] 同時又特別邀請了香港管弦樂團舉行「壯麗的俄國旋律系列」公眾音樂會，讓觀眾可從俄國音樂方面了解俄國歷史及文化。[28] 又例如在「漢武盛世：帝國的鞏固和對外交流」展覽期間，與種子藝術劇團合辦「故事精華遊：漢武盛世」，以及在 7 月 6 日至 9 月 28 日舉辦「神奇鑄幣工作坊」，讓公眾參與。[29]

2. 2015 香港國際博物館日特備節目

　　國際博物館協會（ICOM）自 1977 年起，將每年的 5 月 18 日定為「國際博物館日」，以喚起公眾對博物館的關注。而歷史博物館亦有響應康樂及文化事務署所舉辦的「香港國際博物館日」。人所共知博物館的主要功能是收藏、研究、展覽和教育。但除此之外，博物館亦肩負着推動一些對人類有益的觀念及信念的責任，2015 年國際博物館日的主題為「博物館致力於社會的可持續發展」。[30] 因此歷史博物館與龍虎山環境教育中心在 5 月 16 及 17 日合辦「綠色文化：自製艾草蚊香」工作坊。[31]

3. 香港歷史博物館 40 周年紀念特備節目

　　為了紀念 2015 年為歷史博物館成立 40 周年，分別在 6 月 17 日至 24 日舉辦「舊影回甘 ——『香港故事』多媒體互動導賞團」及在 4 月 5 日至 6 月 28 日舉辦「齊來動動手 —— 製作香港歷史博物館模型」活動，以及在 4 月 16 日至 6

27《香港歷史博物館通訊（2015 年 1 月至 3 月）》，頁 9。

28《香港歷史博物館通訊（2015 年 4 月至 6 月）》，頁 20。

29《香港歷史博物館通訊（2015 年 7 月至 9 月）》，頁 9。

30《香港歷史博物館通訊（2015 年 4 月至 6 月）》，頁 16。

31 同上註，頁 11。

月 25 日舉辦「考古物語 —— 觸摸香港考古文物模型工作坊」,[32] 以供大眾參與及增加對歷史博物館的認識。

另一方面在 2015 年 4 月 15 日至 5 月 6 日特別舉辦「藏品的故事」展覽,介紹歷史博物館藏品的來源,分享文物背後的故事,加深觀眾對博物館工作的認識,並鼓勵公眾人士繼續向博物館捐贈文物,以配合即將開展的「香港故事」展覽全面更新工程。[33]

4. 香港博物館節 2015 特備節目

康樂及文化事務署在 2015 年首辦的香港博物館節以「穿越」為主題,希望可以豐富市民對博物館的認識。[34] 歷史博物館亦舉辦一系列的活動以配合第一屆香港博物館節,包括在 7 月 1 日邀請了客家文化研究者徐月清女士進行「傳統客家花帶」的專題演講。[35] 在 7 月 11 日舉辦「漢服試身室」,在七月十二日舉辦「漢武盛世:帝國的鞏固與對外交流」展館長策展經驗分享講座。[36]

5. 香港歷史博物館同樂日

2015 年的香港歷史博物館同樂日已於 7 月 18 日順利舉行,當天歷史博物館舉辦一系列的活動以供公眾參與,包括電車模型製作、懷舊小吃製作示範及懷舊萬花筒製作等等。[37]

三、推廣活動

歷史博物館致力推廣其所舉辦的專題展覽,藉舉辦多元的推廣活動,讓不同社群的市民能參與博物館公眾節目及增進對歷史文化的認識。[38] 例如為推廣「皇村

---

32 同上註,頁 12。

33 同上註,頁 4。

34 同上註,頁 18。

35《香港歷史博物館通訊(2015 年 7 月至 9 月)》,頁 15。

36《香港歷史博物館通訊(2015 年 4 月至 6 月)》,頁 19。

37 參見《香港歷史博物館通訊(2015 年 7 月至 9 月)》。

38《香港歷史博物館通訊(2015 年 1 月至 3 月)》,頁 12。

瑰寶：俄羅斯宮廷文物展」，與香港中央圖書館合辦「細說俄羅斯」圖書館展覽。[39]

　　為了推廣「漢武盛世：帝國的鞏固和對外交流」展覽，邀請了中國社會科學院考古研究所漢唐考古研究室主任朱岩石教授，在 7 月 18 日以「漢代都城的考古發現：以漢長安城為例」為題作演講。[40] 又與香港中央圖書館合辦「親子劇場：看『漢』故事！」以及「漢代人物」圖書展覽。[41]

四、專題講座

　　歷史博物館一直積極與不同社區團體及機構結成合作夥伴，例如在 2015 年與以下機構合辦不少的專題講座。

合辦機構	專題講座
香港中文大學歷史系比較及公眾史學研究中心	敍説我城：粵港澳間的地方文化[①]
香港建築中心	十築香港——我最愛的・香港百年建築[②]
香港浸會大學中國研究課程	中國研究「通・識」講座系列[③]
華人廟宇委員會	廟宇文化講座 2015[④]
香港科技大學人文學部	「科大人新語」講座系列[⑤]
香港華人基督教聯會	「基督教與香港」講座系列[⑥]

五、研討會

　　香港海防博物館、香港浸會大學歷史系、香港浸會大學歷史系近代史研究中心，以及香港中國近代史學會合辦的「第四屆近代中國海防國際研討會」，於

39 同上註，頁 10。
40《香港歷史博物館通訊（2015 年 7 月至 9 月）》，頁 7。
41 同上註，頁 9。
① 《香港歷史博物館通訊（2015 年 1 月至 3 月）》，頁 8。
② 同上註，頁 9。
③ 《香港歷史博物館通訊（2015 年 4 月至 6 月）》，頁 10。
④ 同上註，頁 10。
⑤ 《香港歷史博物館通訊（2015 年 4 月至 6 月）》，頁 11。
⑥ 同上註，頁 8。

2015 年 3 月 6 日至 7 日在歷史博物館演講廳舉行，主題為「紀念甲午戰爭 120 週年」。[42] 由此可見歷史博物館同時也肩負着舉辦國際學術研討會場所的角色。

六、各項服務

1. 公眾導賞團錄音導賞服務

由歷史博物館所提供，全程一小時的粵語公眾導賞團每團名額 30 人。而錄音導賞服務備有粵語、英語、普通話及日語以供選擇，介紹常設展覽的精選展品。[43] 錄音導賞操作簡便，在展覽廳內看到耳筒標誌時，只需按下編號將自動播放相關的展品介紹，令參觀展覽的市民能對展品有更深入了解。[44]

2. 外展工作坊服務

這項服務專為本地註冊非牟利機構及慈善團體而設，由歷史博物館統籌，於各社區中心內進行外展工作坊。例在 2015 年 1 月 2 日至 3 月 30 日在社區及長老中心舉辦「香港故事場景模型製作」，以及在 1 月 2 日至 3 月 16 日舉辦「皇村瑰寶：俄羅斯宮廷文物展」模型製作工作坊。[45] 另外在 7 月 2 日至 9 月 25 日舉辦「漢武盛世：帝國的鞏固與對外交流」模型製作工作坊，對象是以各社區中心及老人中心為主。[46]

3. 館內錄像帶欣賞服務

歷史博物館備有由香港電台製作、有關香港歷史文化部分的錄像帶節目，供本地學校以及註冊慈善團體或非牟利機構於館內免費觀賞。[47] 另外適逢 2015 年是中國人民抗日戰爭勝利 70 周年紀念，歷史博物館特意播放「香港歷史系列」及「百載鑪峰」系列的影片供大眾欣賞。[48]

42《香港歷史博物館通訊（2015 年 1 月至 3 月）》，頁 28。
43《香港歷史博物館通訊（2015 年 1 月至 3 月）》，頁 5。
44《香港歷史博物館通訊（2015 年 4 月至 6 月）》，頁 38。
45《香港歷史博物館通訊（2015 年 1 月至 3 月）》，頁 12。
46《香港歷史博物館通訊（2015 年 7 月至 9 月）》，頁 13。
47《香港歷史博物館通訊（2015 年 1 月至 3 月）》，頁 17。
48《香港歷史博物館通訊（2015 年 7 月至 9 月）》，頁 11。

4. 展板外借服務

歷史博物館提供一系列展板及學習資源，供香港註冊的學校及慈善團體或非牟利團體免費申請借用。[49]

七、收集藏品

歷史博物館歡迎市民捐贈文物，亦致力搜集藏品，為保護和傳承歷史文化作出很大的貢獻。[50] 例如香港歷史博物館在 2015 年積極進行「童玩同珍」玩具徵集行動（圖 6）、「香港工業」藏品徵集行動（圖 7）、長衫徵集行動及「香港兒童生活」物品徵集[51]，以豐富館藏，作研究及展覽之用。

圖 6：「童玩同珍」玩具徵集行動宣傳單張[52]

49《香港歷史博物館通訊（2015 年 1 月至 3 月）》，頁 18。

50《香港歷史博物館通訊（2015 年 4 月至 6 月）》，頁 9。

51 參見《香港歷史博物館通訊（2015 年 7 月至 9 月）》。

52 轉引自香港歷史博物館編：《「童玩同珍」玩具徵集行動》宣傳單張（2015）。

圖 7：「香港工業」藏品徵集行動宣傳單張 [53]

八、參考資料室

　　歷史博物館亦在館內設立參考資料室，收藏有關中國及香港歷史、考古、民俗、自然歷史及博物館學等參考書刊及影音資料，以及香港早年面貌的歷史圖片，供市民使用及閱讀。[54]

53 轉引自香港歷史博物館編：《「香港工業」藏品徵集行動》宣傳單張（2015）。
54《香港歷史博物館通訊（2015 年 1 月至 3 月）》，頁 18。

九、舉辦各種比賽

　　2015 年我愛香港協會和康樂及文代事務署合辦第九屆歷史照片研究比賽，是次比賽主題為「服飾潮流與時代變遷」，得獎名單會在香港歷史博物館及我愛香港歷史網站內公佈。而歷史博物館在二零一五年亦舉辦了第四屆校際香港歷史文化專題研習比賽，是次比賽主題為「香港工業話當年」，對象為中學生，目的是希望他們透過文字或多媒體製作考察報告，體驗探究歷史的樂趣。[55]

十、出版資料

1. 通訊

　　歷史博物館由 1957 年開始出版季刊，名為《香港博物館通訊》用以介紹博物館最新動態。[56] 以 2015 年為例，截至 10 月為止歷史博物館一共出版了三本通訊（圖 8 至 10），以回顧 2015 年歷史博物館及其他博物館的工作。可見歷史博物館一直在宣傳香港博物館的工作上擔任領導的角色。

55《香港歷史博物館通訊（2015 年 1 月至 3 月）》，頁 13-14。

56　參見《香港歷史博物館通訊（2015 年 7 月至 9 月）》。

圖 8：《香港歷史博物館通訊
（2015 年 1 月至 3 月）》[57]

圖 9：《香港歷史博物館通訊
（2015 年 4 月至 6 月）》[58]

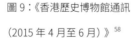

57 轉引自《香港歷史博物館通訊（2015 年 1 月至 3 月）》。
58 轉引自《香港歷史博物館通訊（2015 年 4 月至 6 月）》。

圖 10《香港歷史博物館通訊（2015 年 7 月至 9 月）》[59]

2. 展覽圖錄

　　歷史博物館為了配合「皇村瑰寶：俄羅斯宮廷文物展」而編製《皇村瑰寶：俄羅斯宮廷文物展》展覽圖錄（圖 11），收錄了二百多件赴港展出的珍貴文物。[60] 此外《皇村的故事：俄羅斯歷史秘探》（圖 12）是特別為兒童設計及製作，讓小朋友能深入淺出地認識皇村及俄羅斯歷史。[61]

圖 11：《皇村瑰寶：俄羅斯宮廷文物展》展覽圖錄[62]

59　轉引自《香港歷史博物館通訊（2015 年 7 月至 9 月）》。

60《香港歷史博物館通訊（2015 年 1 月至 3 月）》，頁 15。

61　同上註，頁 16。

62　轉引自《香港歷史博物館通訊（2015 年 1 月至 3 月）》，頁 15。

圖 12：《皇村的故事：俄羅斯
歷史秘探》的內容[63]

　　為配合「漢武盛世：帝國的鞏固與對外交流」的展覽亦編製《漢武盛世：帝
國的鞏固與對外交流》展覽圖錄（圖 13），收錄了 160 多件從內地多個文博單
位借展的珍貴文物，輔以地圖、歷史小知識和專題文章，以介紹漢代的歷史和
文化。[64]

圖 13：《漢武盛世：帝國的鞏
固與對外交流》展覽圖錄[65]

63　轉引自《香港歷史博物館通訊（2015 年 1 月至 3 月）》，頁 16。

64《香港歷史博物館通訊（2015 年 7 月至 9 月）》，頁 16。

65　轉引自《香港歷史博物館通訊（2015 年 7 月至 9 月）》，頁 16。

3. 其他出版資料

　　歷史博物館在 2002 年編製「維多利亞城」唯讀光碟（圖 14），這張唯讀光碟利用數碼立體地勢模型和館藏的歷史圖片，詳細展現中環、上環、西環（包括西營盤、石塘咀及堅尼地城）、灣仔（金鐘及灣仔）、銅鑼灣（包括跑鵝區及東角），以及半山區在二次大戰前的舊貌及發展，光碟亦附設互動電腦遊戲，讓使用者進一步了解維多利亞城的歷史發展。[66]

圖 14：由歷史博物館所編製「維多利亞城」唯讀光碟[67]

---

66 香港歷史博物館網頁：http://hk.history.museum/zh_TW/web/mh/publications/list-of-publications-detail.html#13，瀏覽日期：2015 年 10 月 14 日。

67 轉引自香港歷史博物館編：《「維多利亞城」唯讀光碟》（香港：康樂及文化事務署，2002）。

還有在 2010 年編製《香港歷史博物館簡介》第三版，此書資料豐富、圖文並茂，詳細介紹香港歷史博物館及其三所分館，分別是香港海防博物館、李鄭屋漢墓博物館及羅屋民俗館的設施、展覽及其他服務。[68]

傳播對象

一、兒童

歷史博物館為了更廣泛的向大眾傳播歷史文化知識，針對不同對象舉辦各種活動。歷史博物館在展覽期間所舉辦的親子工作坊，其主要傳播對象為兒童，希望可從小培養他們對歷史文化的興趣，例如在「皇村瑰寶：俄羅斯宮廷文物展」期間舉辦「娃娃說故事」親子教育工作坊[69]，以及與香港中央圖書館合辦親子互動劇場「沙皇村的皇室日記」。[70]

二、學生

除了舉辦各種比賽及與教育界合作制定教材之外，歷史博物館為了向學生傳播歷史文化知識，更深入地了解展覽的內容，特意製作很多精美又富教育性的小冊子。為了讓本文讀者了解更多歷史博物館所製作的教育小冊子，因此這一部分的內容（圖 15 至 18）並不只限於 2015 年的展覽。

---

68 香港歷史博物館網頁：http://hk.history.museum/zh_TW/web/mh/publications/list-of-publications-detail.html#13，瀏覽日期：2015 年 10 月 14 日。

69《香港歷史博物館通訊（2015 年 1 月至 3 月）》，頁 9。

70 同上註，頁 10。

圖 15：「影藏歲月 —— 香港舊
照片展」教育小冊子[71]

圖 16：「國采朝章 —— 清代宮
廷服飾」教育小冊子[72]

71 轉引自香港歷史博物館編：《影藏歲月 —— 香港舊照片展》教育小冊子（2013）。

72 轉引自香港歷史博物館編：《國采朝章 —— 清代宮廷服飾》教育小冊子（2013）。

圖 17:「開科取士 —— 清代科舉展」教育小冊子 [73]

圖 18:「從錢莊到現代銀行 —— 滬港銀行業發展」教育小冊子 [74]

---

73 轉引自香港歷史博物館編:《開科取士 —— 清代科舉展》教育小冊子（2011）

74 轉引自香港歷史博物館編:《從錢莊到現代銀行 —— 滬港銀行業發展》教育小冊子（2007）。

三、弱勢人士

針對傷殘人士，歷史博物館與香港展能藝術會合辦「博物館共融計劃」，為歷史博物館常設及專題展覽提供特別導賞服務及工作坊。例如為常設展覽「香港故事」提供手語傳譯導賞服務及紙模型製作工作坊，而專題展覽「皇村瑰寶：俄羅斯宮廷文物展」亦有手語傳譯導賞服務及舉辦「觸摸陶塑模型」工作坊，讓聽障、視障及傷健人士能在參與博物館的公眾節目的同時，也能增進對香港歷史文化的認識。[75]

而由歷史博物館主辦，香港賽馬會慈善信託基金資助，藝術在醫院協辦的「耆趣藝遊 —— 賽馬會健腦行計劃」則是以長者為對象。邀請老人團體及認知障礙症長者到歷史博物館參加互動活動，包括特別設計的導賞及工作坊，拉近和社區的距離。[76]

歷史博物館在「皇村瑰寶：俄羅斯宮廷文物展」展覽期間，特別為長者及腦退化症患者、身體弱能及傷病學童舉辦兩場音樂會，分別邀請了香港管弦樂團和香港弦樂團演奏，音樂會後安排了展覽導賞及工作坊，讓他們能享受參觀博物館的樂趣。[77]

總結

歷史博物館多年來一直致力於傳播及推廣中西方的歷史文化知識，常設展覽「香港故事」更成為大眾認識香港歷史的重要途徑之一。歷史博物館針對社會不同階層去傳播歷史文化知識，能夠全面徹底地做到知識普及化，此為香港其他博物館無法媲美的地方，因此筆者在文章開首已明言歷史博物館實為一個以傳播歷史文化知識為任的重要機構。

75《香港歷史博物館通訊（2015 年 1 月至 3 月）》，頁 11。

76 同上註，頁 12。

77《香港歷史博物館通訊（2015 年 4 月至 6 月）》，頁 20。

THE DESIGN OF A COMPARATIVE STUDY ON THE LEARNING PERFORMANCE FROM MULTIMEDIA LEARNING ON THE INSERTION SORT IN JAVA PROGRAMMING

Simon Wong and Gabriel Hoi-huen Chan

Hong Kong Community College, The Hong Kong Polytechnic University

Introduction

People have been using books, journals, magazines, newspapers or other printed materials as the primary learning resources since history started being recorded. With the technological advancement in multimedia over the recent decades, people have been going beyond plain text pictures and integrating multimedia elements into printed materials. For example, textbooks with corresponding optical disc (e.g. compact disc) installed with multimedia materials such as presentation slides, graphics, animations, videos and audios are commonly found nowadays.

The advancement in multimedia technology has aroused educators' interest to explore the effectiveness of multimedia to facilitate learning apart from textbook. Mayer and his researchers conducted research studies in this area of multimedia learning which refers to learning from messages in multimedia such as text, graphics, audios, videos, animations, simulations and any combination of these formats (Mayer, 2009). Their research studies reported findings on case lessons. For instance, Moreno and Valdez (2005), Moreno and Mayer (2002), Mayer, Heiser and Lonn (2001) and Mayer et al (1996) conducted the lessons on explaining how lightning storms develop to two groups of students - one group was the experimental group while the other group was the control group. The findings in these experimental comparisons were based on the participating students' competency in recalling and understanding the sequence of steps of lightning formation.

1. Research Problem

One finding called redundancy principle, as summarized in Mayer (2009), has aroused the researchers' interest in further investigation. The redundancy principle asserts that "people learn better from graphics and narration than from graphics, narration, and printed test" (Mayer, 2009:118). In other words, that principle states that people learn better from narrated animation than from narrated animation with printed text. This principle is called redundancy principle for the main reason that the additional printed text is regarded as a redundant because it overloads a learner's one visual channel for receiving both animated graphics and printed text simultaneously.

However, the researchers are curious about whether this principle can be applied to computer programming lesson. On one hand, a computer programming lesson is similar to the case lessons used in Mayer (2009) as they all are about illustrations of a sequence of steps such as step-by-step illustrations of how a pump works (e.g. Mayer (1989), Mayer and Anderson (1992)) and how a brake works (e.g. Mayer, Mathias and Wetzell (2002), Mayer and Anderson (1992), Moreno and Mayer (2000)). The narrated animation facilities and helps explaining the steps in these cases. On the other hand, a computer programming lesson is different from those case lessons used in Mayer (2009) because a computer programming lesson usually involves temporary holding of values in some variables but those case lessons in Mayer (2009) did not involve temporary holding of values. Therefore, the researchers hypothesize that the additional printed text is not a redundant as it can help highlighting the values temporarily stored in the variables and enhance students' understanding provided that the text is shortened to a few words, as highlighted by Mayer (2009), "the redundancy principle may be less applicable when the captions are shortened to a few words" (118).

In these regards, the researchers consider investigating which multimedia form, either narrated animation or narrated animation with highlighting text, enhances students' learning by using a case computer programming lesson which is the insertion sort method in Java programming.

2. Research Aims

For the case of the lesson on the insertion sort method in Java programming, the proposed research first tests the null hypothesis which refers to the situation that there is no difference between the learning performance of the students taking narrated animation and narrated animation with highlighting text. If the null hypothesis is rejected, the proposed research will then investigate whether the students can learn better from narrated animation with highlighting text than from narrated animation for the case of the computer programming lesson. The following research questions are addressed in this study:

1. Is there any difference on the learning performance between the people learning from narrated animation and the people learning from narrated animation with highlighting text?

2. If the answer for the above research question 1 is yes, then do people learn better from narrated animation with highlighting text than from narrated animation?

3. Significance of the Proposed Research

The significance of the proposed research is three-fold. First, the implications arising from the proposed research can be extendable to other lessons that have the similar characteristics of the case computer programming lesson. One characteristic of the case lesson is the use of step-by-step illustration. To develop a program is to write steps of instructions to a computer. So, for any other programming lessons that contain this characteristic, narrated animation can help explaining the steps and promote understanding of the program algorithm. The other characteristic of a programming lesson is the use of variables to store values for computations, comparisons or logic operations when executing the steps of a program. In this sense, the researchers hypothesize that the highlighting text (e.g. highlighting the values stored in the variables) in addition to narrated animation can draw the learners' attention and enhance their understanding of how the program works.

Second, the findings in the proposed research provide reference points for the programming book publishers to develop effective learning materials which can be textbooks with plain text and pictures, optical discs containing narrated animation or containing narrated animation and highlighting text, or any combination of these formats.

Last, the proposed research is necessary because it forms the basis for explanation or theory-generating in further studies. Based on the experimental findings in Mayer (2009), Mayer and his colleagues have generated twelve principles for the design of multimedia materials to enhance multimedia learning. Like the studies in Mayer (2009), the proposed research provides an evidence-based approach for further theory development.

4. Purpose and Outline of the Paper

The major focus of this paper is to design an empirical experimental research that attempts to answer the above research questions. The rest of this paper is organized as follows. Section 2 presents the learning materials as well as the narrated animation and narrated animation with highlighting text used in the experiment. Ethical issues in the proposed study are also discussed in this section. Section 3 describes the design of the data collection method which includes sampling, grouping and testing. Section 4 discusses about the design of analysis using nonpooled t-test method. In section 5, concluding remarks about the proposed study are presented.

Design Of The Comparative Study

The case lesson used is insertion sort method in Java computer programming language. The pre-requisite for the case lesson is the basic Java programming knowledge which is required for freshmen or year-1 students in computer science or engineering field in any higher education institute.

1. The Lesson

In the lesson, students will learn how to write and apply a Java program using insertion sort method to arrange given integers in ascending order. To avoid the confounding effect by instructors' guidance, the participating students will read the learning materials, as presented in section 2.2, by themselves without instructors' guidance in the lesson.

Two forms of learning materials are designed for the students. These two forms are the presentation file in Microsoft PowerPoint format. The first form shows the animated insertion sort method with narration in a computer. Section 2.3 provides the examples of the first form. The second form shows the narrated animation with highlighting text shortened to a few words and placed next to the animated graphic the highlighting text describes. Section 2.4 shows this second form.

In accordance with the segmenting principle which states "people learn better when a multimedia message is presented in user-paced segments rather than as a continuous unit" (Mayer, 2009:175). For this reason, the participating students attending the lesson will read the printed text and pictures or use a computer to open the given Microsoft PowerPoint file and click the mouse button to advance to another animation at their own pace.

2. The Learning Materials

Sorting is a process of arranging things in order which can be ascending or descending order. Examples of sorting include sorting the authors by surname or last name to make it easy to find a particular author, sorting the students by student identity number in order for easy search of a particular student and sorting the dates of news into descending chronological order to make it easy to locate the latest news.

This lesson introduces one sorting method called insertion sort. To see how insertion sort works, consider sorting integers into ascending order and begin with an example of inserting an integer 6 into the following sorted array of integers:

The insertion works as follows:

1. Compare the new integer 6 with the last integer 9 in the sorted array.

2. 6 is smaller than 9, shift 9 to the right and the sorted array becomes

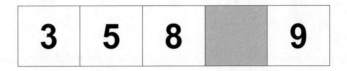

3. Compare the new integer 6 with 8.

4. 6 is smaller than 8, shift 8 to the right and the sorted array becomes

5. Compare the new integer 6 with 5.

6. 6 is not smaller than 5, 5 is NOT shifted to the right.

7. Insert 6 into the highlighted box and the sorted array becomes the following list of sorted integers in ascending order.

Suppose the leftmost integer is the 1st integer. Insertion sort starts with inserting the 2nd integer into the 1st integer, then the first two integers become a sorted list. Then, it inserts the 3rd integer into the sorted list. After that insertion, the sorted list is larger with three integers. Then, it inserts the 4th integer into the sorted list. This process keeps going until the rightmost integer is inserted into the sorted list. The result is the sorted list of all integers. For example, in the following unsorted list of integers:

1. Insert the 2nd integer 3 into the 1st integer 7, then the list becomes

2. Insert the 3rd integer 2 into the sorted list (the highlighted list with the integers 3 and 7). Then, the list becomes

3. Insert the 4th integer 6 into the highlighted sorted list. The list becomes

4. Insert the last integer 4 into the highlighted sorted list. The list becomes a sorted list of all integers as follows:

Based on the insertion sort algorithm in Java presented in Sahni (2005:83-90), the insertion sort method used in the study is simplified, as shown in Figure 1.

```
public class InsertionSort {

  // sort the array using the insertion sort method
  public static void main(String [] args) {
    int [] a = {7, 3, 2, 6, 4};


    // print the unsorted list of integers
    System.out.println("Given: "+a[0]+", "+a[1]+", "+a[2]+", "+a[3]+", "+a[4]);


    for (int i = 1; i < a.length; i++) {  // build the sorted array a[0:i]
      int temp = a[i];
      int j;
      // insert a[i] into the sorted array a[0:i-1]
      for (j = i; j > 0 && temp < a[j-1]; j--)
        a[j] = a[j-1];
      a[j] = temp;
    }


    // print the sorted list of integers
    System.out.println("After sorting: "+a[0]+", "+a[1]+", "+a[2]+", "+a[3]+", "+a[4]);

  }

}
```

Figure 1: Java Program Using an Insertion Sort Method

In Figure 1, the program starts with initializing the array a[0:4] with the integers 7, 3, 2, 6 and 4. Then, these integers are printed out as "Given: 7, 3, 2, 6, 4". There are two loops – the outer for-loop with the test condition i < a.length and the inner for-loop with the test condition j > 0 && temp < a[j-1]. The outer for-loop is used for building the sorted list. The inner for-loop is used for insertion. These two loops perform the insertion sort method. It works as follows:

At the first outer for-loop, the variable i is set to 1 (i = 1), then it checks the outer for-loop condition (i < a.length) by comparing it with a.length which returns 5, the size of the array as there are 5 integers in the array. The condition (1 < 5) is true, then the variable temp is set to a[1] which is 3, temp = 3. Then, the program goes to the inner for-loop. At the first inner for-loop in the first outer for-loop, the variable j is set to i, j = 1, and then the program checks the inner for-loop condition (j > 0 && temp < a[j-1]). The condition (1 > 0 and 3 < a[0] = 7) is true, then performs a[j] = a[j-1] to shift 7 to right, a[1] = 7. After that, j is decremented to 0 (j--) and the inner for-loop condition (0 > 0) is false and the inner for-loop is therefore exited. Then, the program assigns a[j] = temp where j = 0 and temp is 3, so a[0] = 3 and the array a[0:1] = {3, 7}.

At the second loop of the outer for-loop, i = 2 by i++, the outer for-loop condition (2 < 5) is true, temp = a[2] which is 2. Then, the program reaches the inner for-loop. At the first inner for-loop in the second outer for-loop, j = 2, the condition (2 > 0 and temp < a[1] = 7) is true, shift a[1] = 7 to right to become a[2] = 7 by a[j] = a[j-1]. Then it goes to the second inner for-loop by j--, j = 1, the condition (1 > 0 and temp < a[0] = 3) is true, shift a[0] = 3 to right to become a[1] = 3 by a[j] = a[j-1]. Then, it goes to the third inner for-loop by j--, j becomes 0, the first part of the condition (0 > 0) is false and the inner for-loop is therefore exited. The program assigns 2 to a[0] by the statement a[j] = temp. The result is a[0:2] = {2, 3, 7}.

At the third loop of the outer for-loop, i = 3 by i++, the outer for-loop condition (3 < 5) is true, temp = a[3] which is 6. Then, the program reaches the first inner for-loop in the third outer for-loop, j = 3, the condition (3 > 0 and 6 < a[2] = 7) is true, shift 7 to right to become a[3] = 7. Then it goes to the second inner for-loop by j--, j = 2, the second part of the condition (6 < a[1] = 3) is false, the inner for-loop is then exited. The program assigns 6 to a[2] and the sorted list is a[0:3] = {2, 3, 6, 7}.

At the fourth loop of the outer for-loop, i = 4 by i++, the outer for-loop condition (4 < 5) is true, temp = a[4] which is 4. Then, at the first inner for-loop in the fourth outer for-loop, j = 4, the condition (4 > 0 and 4 < a[3] = 7) is true, shift a[3] = 7 to right to become a[4] = 7. Then the program goes to the second inner for-loop by j--, j = 3, the condition (3 > 0 and 4 < a[2] = 6) is true, shift 6 to right to become a[3] = 6. Then, it goes to the third inner for-loop of by j--, j becomes 2, the second part of the condition (4 < a[1] = 3) is false, so the inner for-loop is exited. The program performs a[2] = 4 to make the sorted list to become a[0:4] = {2, 3, 4, 6, 7}.

At the fifth loop of the outer for-loop, i = 5 by i++, the outer for-loop condition (5 < 5) is false, then the outer for-loop is exited. Finally, the sorted list of all given integers is printed out as "After sorting: 2, 3, 4, 6, 7".

3. Animation and Narration

This section presents some animated sequence of graphics with narration in Microsoft PowerPoint format. Figure 2 displays the animation by the Microsoft PowerPoint slides. In Figure 2, the text on the right of a slide indicates the narration. Figure 2 shows a sequence of some Microsoft PowerPoint slides displaying the insertion sort method. Figure 3 shows a sequence of some Microsoft PowerPoint slides explaining the insertion sort method written in Java programming language.

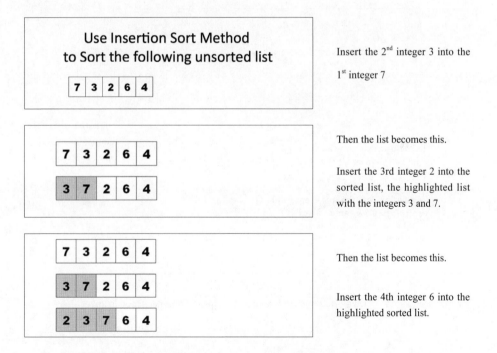

Figure 2: Sequence of Narrated Animation Displaying an Insertion Sort Method

At the first outer for-loop, the variable i is set to 1, then it checks the outer for-loop condition, i < a.length, by comparing it with a.length which returns 5, the size of the array as there are 5 integers in the array. The condition, 1 < 5, is true.

```
       // build the sorted array a[0:i]
  ➡    for (int i = 1; i < a.length; i++) {
          int temp = a[i];
          int j;
          // insert a[i] into the sorted array a[0:i-1]
          for (j = i; j > 0 && temp < a[j-1]; j--)
             a[j] = a[j-1];
          a[j] = temp;
       }
```

Then the variable temp is set to a[1] which is 3, temp = 3.

```
       // build the sorted array a[0:i]
       for (int i = 1; i < a.length; i++) {
  ➡       int temp = a[i];
          int j;
          // insert a[i] into the sorted array a[0:i-1]
          for (j = i; j > 0 && temp < a[j-1]; j--)
             a[j] = a[j-1];
          a[j] = temp;
       }
```

Figure 3: Sequence of Narrated Animation Explaining an Insertion Sort Method in Java

4. Animation, Narration and Highlighting Text

This section shows this third form of learning materials – animation with narration on the right of the slides and highlighting text close to the graphics in Figure 4 for displaying the insertion sort method. Figure 5 presents a sequence of some the Microsoft PowerPoint slides explaining the insertion sort method in Java programming language with animation with narration on the right of the slides and highlighting text close to the graphics. Figure 5 corresponds to the first slide of the narrated animation in Figure 3.

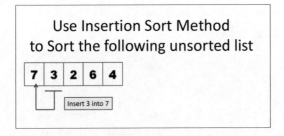

Insert the 2nd integer 3 into the 1st integer 7.

Then the list becomes this.

Insert the 3rd integer 2 into the sorted list, the highlighted list with the integers 3 and 7.

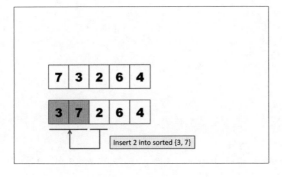

Then the list becomes this.

Insert the 4th integer 6 into the highlighted sorted list.

Figure 4: Sequence of Narrated Animation with Highlighting Text Displaying an Insertion Sort Method

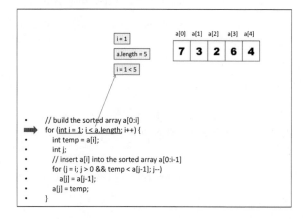

At the first outer for-loop, the variable i is set to 1.

Then it checks the outer for-loop condition, i < a.length, by comparing it with a.length which returns 5, the size of the array as there are 5 integers in the array.

The condition, 1 < 5, is true.

Figure 5: Sequence of Narrated Animation with Highlighting Text Explaining an Insertion Sort Method in Java

Design Of The Data Collection Method

The researchers will first obtain the permission of a higher education institute to invite their students who have registered for a basic Java computer programming course to participate in the study. As those students, who are already in the higher education institute, are beyond the random assignment by the researchers, the researchers have to conduct the quasi-experiment without random assignment of the students in the institute.

When inviting the students to participate in the quasi-experiment, the researchers will explain the importance, purpose, procedures and scope of the research to the participating students. They will also be informed to take the case lesson and complete the test at the end of the lesson. For the minor students (ages below 18), the researchers will seek their parents' consent for this research study.

Although there is no identified physical harm in the quasi-experiment, the participating students may have negative psychological feeling if they do not perform well in the test. Hence, the researchers will keep their test data confidential and protect their privacy by ensuring that the participants and the higher education institute they are studying at will remain anonymous in any publications of this research.

1.Sampling and Grouping

140 students are randomly selected from the classes of the participating students who have registered for the basic Java computer programming course. These 140 selected students are then randomly assigned to two 70-student independent groups. These two groups will use computers to open the given Microsoft PowerPoint file in the insertion sort in Java lesson. One group is assigned to have the narrated animation while the other group will have the narrated animation with highlighting text in the lesson.

The reason why 70 students are chosen as the sample size in each group is this sample size facilitates further study on the students' perceived effect of the potential factors using multiple regression. There are two potential factors in mind that influence multimedia learning. One potential factor is the narrated animation while the other is the highlighting text. According to Tabachnick and Fidell (2013:123), the threshold for the sample size in multiple regression is $50 + 8v$ where v is the number of potential factors. The chosen sample size 70 is larger than the threshold $50 + 8 \times 2 = 66$.

2. Testing

The participating students will read the learning materials by themselves without parents' monitoring and instructors' guidance in the lesson. The two groups of students will have 30 minutes to read the materials, either narrated animation or narrated animation with highlighting text, in the lesson. After reading the materials, these two groups will have 30 minutes to complete the same test. This arrangement can avoid the confounding effect by parents' monitoring and instructors' guidance.

The test is designed to assess the students' meaningful learning which can be reflected by good retention test performance and good transfer test performance (Mayer, 2009:21). A retention test is used to test a learner's remembering ability by asking the learner to reproduce the materials the learner has viewed. A transfer test is used to test the learner's understanding ability by asking the learner to apply the materials the learner has viewed to solve problems. In this quasi-experiment, the students will take the test that covers the transfer test by asking them to recall the insertion sort in correct Java programming statement syntax and semantics. The test also covers the transfer test which asks the students to apply, design and modify the insertion sort algorithm to solve problems.

Instead of using test, learners' satisfaction (e.g. in Arbaugh (2005) and Swan (2001)) and self-efficacy which "refers to individuals' own belief in their ability to successfully perform a specific behavior" (Piccoli, Ahmad and Ives, 2001:410) can be used to measure learning outcomes. However, test is used in this study because "self-efficacy and satisfaction are hardly rated in an objective way, and they may not accurately reflect students' actual learning. Students' performance can be objectively rated by a test or examination …" (Wong, 2012:23).

Design Of The Analysis

The design of the analysis of this study is based on the two independent samples of students using the two different multimedia materials – one is narrated animation while the other is narrated animation with highlighting text. In the analysis, nonpooled t-test method is adopted to test whether the mean test marks attained by the two samples are different. The rationale for the nonpooled t-test is to ensure that the difference between the sample means is due to a large standard deviation of sample means (or simply, standard error). As pointed out by Field (2013), "if the standard error is small, then we expect most samples to have very similar means. When the standard error is large, large differences in sample means are more likely" (365). If the mean test marks are different, then the higher mean test marks indicate better performance.

The nonpooled t-test alternative called pooled t-test is also applicable for two-group comparison, but pooled t-test is not adopted because it is applicable for the two groups that have equal standard deviations. This assumption of equal standard deviations is not appropriate for the two groups in this study. Another alternative called Mann-Whitney test is also considered but not used for the reason that the nonpooled t-test is used for two groups that have normal distribution while Mann-Whitney test is used for two groups that do not necessarily have normal distribution but they have the same shape as indicated by the equal standard deviations. In accordance with the distribution of the test marks of many computer programming or its related courses in the previous semesters in many higher education institutes, the normal distribution of the test marks is usually found but equal standard deviations are not usual. Also, a t-test alternative called Wilcoxon signed rank test is taken into account. Wilcoxon signed rank test is nonparametric statistics that uses ordinal data such as grades from A, B, C and so on. Wilcoxon signed rank test is not used in this study because ordinal data are not used.

1.Comparison Using Nonpooled t-Test Method

There are three assumptions for using nonpooled t-test method – (1) random samples, (2) independent samples and (3) normal populations or large samples. The random selection of the students in this study fulfills the first two assumptions. For the third assumption, as mentioned previously and observed by the researchers, test marks are normally distributed in large classes with more than sixty students.

The researchers will analyze the test marks by following Weiss's (2012:453) 6-step procedure for performing the nonpooled t-test as follows:

Step 1: Determine the null hypothesis and the alternative hypothesis

Suppose *H0* indicates the null hypothesis and *Ha* indicates the alternative hypothesis. Also suppose the group of the students assigned to have the narrated animation in the lesson is group 1 and their mean test marks are denoted by $\mu 1$. The other group having the narrated animation with highlighting text in the lesson is group 2 and their mean test marks are denoted by $\mu 2$. Then, the null hypothesis and the alternative hypothesis are:

$$H0: \mu 1 = \mu 2 \text{ and } Ha: \mu 1 < \mu 2$$

Step 2: Decide on the significance level, α

The test is set at the 5% significance level ($\alpha = 0.05$) which means conclusion can be made with 95% $(1 - \alpha)$ confidence.

Step 3: Compute the value of the test statistic

Suppose *Xi* is a normally distributed test marks and *Si* is the standard deviations of the test marks attained by the group *i*, then the test statistic *t* is computed as follows:

$$t = \frac{\bar{x}_1 - \bar{x}_2}{\sqrt{\left(s_1^2 + s_2^2\right)/70}}$$

Step 4: Look for the critical value for a left-tailed test

At this step, the researchers have to compute the degree of freedom, denoted by df, and check the Table IV in Weiss (2012:A10) or use the software called Statistical Package for the Social Sciences (in short, SPSS) to find the critical value $-t\alpha$. As $\alpha = 0.05$

is determined at step 2, the critical value to be searched for is denoted by –t0.05. The *df* is computed as follows:

$$df = \frac{\left[\left(s_1^2 + s_2^2\right)/70\right]^2}{\left[\left(s_1^2/70\right)^2 + \left(s_2^2/70\right)^2\right]/69}$$

Step 5: Determine whether *H0* is rejected or not

If the value of test statistic falls in the rejection region formed by the distribution of the nonpooled t-statistic and the critical value found at step 4, then reject *H0*; otherwise, accept *H0*.

Step 6: Interpret the results

From the result obtained at step 5, if *H0* is rejected, then it is concluded with 95% confidence (or, 5% significance level) that $\mu1 < \mu2$. Or, $\mu1 = \mu2$ is concluded with 95% confidence if *H0* is accepted.

2.Effect Size

The nonpooled t-test method can tell how significantly the interpretation is, but it cannot determine the strength of the effect. Effect size can be measured to reflect this strength and complement the interpretation. Also, effect size is "simply an objective and (usually) standardized measure of the magnitude of observed effect" (Field, 2009:56). Because of its standardized measure, the researchers can compare the effect size with those in the previous studies specified in Mayer (2009) and other similar studies.

Following the studies in Mayer (2009), the researchers use Cohen's (1988) *d* to compute the effect size. According to Hartung, Knapp and Sinha (2008), the d value is computed by the difference between two means divided by the pooled standard deviation. In this proposed analysis, the d value is computed by subtracting the mean test mark of the control group from the mean test mark of the experimental group, and dividing the difference by the pooled standard deviation. Suppose n_1 and n_2 are the sample sizes, s_1^2 and s_2^2 are the variances of test marks of the experimental and control groups respectively, the pooled standard deviation is computed by:

$$\sqrt{\frac{(n_1 - 1)s_1^2 + (n_2 - 1)s_2^2}{n_1 + n_2 - 2}}$$

The d value usually lies between 0 (meaning no effect) and 1 (meaning the strongest effect). Cohen (1988) regards an effect size of 0.2 as small, 0.5 as medium, and 0.8 as large. Following Cohen (1988), the researchers consider an effect size smaller than or equal to 0.2 as small, larger than 0.2 but smaller than 0.8 as medium, larger than or equal to 0.8 as large.

Concluding Remarks And Future Work

In this paper, the researchers propose design of an evidence-based quasi-experimental comparison through quantitative analysis to discover the phenomenon of presenting a better form of learning materials to students. Once the discovery of this phenomenon on multimedia learning is found, it still requires further investigation on explaining why that phenomenon on multimedia learning occurs. A theory-grounded approach is suggested for future research in multimedia learning. Given the purpose of this study is to find the phenomenon of better learning from plain text and pictures, narrated animation or narrated animation along with highlighting text for the students in a higher education institute learning an insertion sort method in a Java programming lesson, further studies on investigating the factors (i.e. narrated animation and highlighting text) that influence multimedia learning and exploring the explanation or theory for the phenomenon are suggested.

References

Arbaugh, J. B. (2005). "Is there an optimal design for on-line MBA courses?" *Academy of Management Learning and Education*, 4 (2), 135-149.

Ayres, P. (2006). "Impact of Reducing Intrinsic Cognitive Load on Learning in a Mathematical Domain", *Applied Cognitive Psychology*, 20, 287-298.

Cohen, J. (1988). *Statistical Power Analysis for the Behavioral Sciences*, 2nd Edition, New York: Academic Press.

Field, A. (2013). *Discovering Statistics Using IBM SPSS Statistics*, 4th Edition, London: SAGE.

Hartung, J., Knapp, G. and Sinha, B. K. (2008). *Statistical Meta-Analysis with Application*. Hoboken, New Jersey: John Wiley and Sons.

Mautone, P. D. and Mayer, R. E. (2007). "Cognitive Aids for Guiding Graph Comprehension", *Journal of Educational Psychology*, 99, 640-652.

Mayer, R. E. (2009). *Multimedia Learning*, 2nd Edition, New York: Cambridge University Press.

Mayer, R. E. (1989). "Systematic Thinking Fostered by Illustrations in Scientific Text", *Journal of Educational Psychology*, 81, 240-246.

Mayer, R. E. and Anderson, R. B. (1992). "The Instructive Animation: Helping Students Build Connections between Words and Pictures in Multimedia Learning", *Journal of Educational Psychology*, 84, 444-452.

Mayer, R. E., Bove, W., Bryman, A., Mars, R. and Tapangco, L. (1996). "When Less is More: Meaningful Learning from Visual and Verbal Summaries of Science Textbook Lessons", *Journal of Educational Psychology*, 88, 64-73.

Mayer, R. E. and Chandler, P. (2001). "When Learning is just a Click away: Does Simple User Interaction Foster Deeper Understanding of Multimedia Messages?" *Journal of Educational Psychology*, 93, 390-397.

Mayer, R. E., Dow, G. and Mayer, S. (2003). "Multimedia Learning in an Interactive Self-explaining Environment: What Works in the Design of Agent-based Microworlds", *Journal of Educational Psychology*, 95, 806-813.

Mayer, R. E., Heiser, H. and Lonn, S. (2001). "Cognitive Constraints on Multimedia Learning: When Presenting More Material Results in Less Understanding", *Journal of Educational Psychology*, 93, 187-198.

Mayer, R. E., Mathias, A. and Wetzell, K. (2002). "Fostering Understanding of Multimedia Messages through Pre-training: Evidence for a Two-stage Theory of

Mental Model Construction", *Journal of Experimental Psychology: Applied*, 8, 147-154.

Moreno, R. and Mayer, R. E. (2000). "A Coherence Effect in Multimedia Learning: The Case for Minimizing Irrelevant Sounds in the Design of Multimedia Messages", *Journal of Educational Psychology*, 92, 117-125.

Moreno, R. and Mayer, R. E. (2002). "Verbal Redundancy in Multimedia Learning: When Reading Helps Listening", *Journal of Educational Psychology*, 94, 156-163.

Moreno, R. and Valdez, A. (2005). "Cognitive Load and Learning Effects of Having Students Organize Pictures and Words in Multimedia Environments: The Role of Student Interactivity and Feedback", *Educational Technology Research and Development*, 53, 35-45.

Piccoli, G., Ahmad, R., and Ives, B. (2001). "Web-based virtual learning environments: a research framework and a preliminary assessment of effectiveness in basic IT skills training", *MIS Quarterly*, 25 (4), 401-426.

Sahni, S. (2005). *Data Structures, Algorithms, and Applications in Java*, 2nd Edition, Summit, New Jersey: Silicon Press.

Swan, K. (2001). "Virtual interaction: design factors affecting student satisfaction and perceived learning in asynchronous online courses", *Distance Education*, 22 (2), 306-331.

Tabachnick, B. G. and Fidell, L. S. (2013). *Using Multivariate Statistics*, 6th Edition, Upper Saddle River, New Jersey: Pearson.

Weiss, N. A. (2012). *Introductory Statistics*, 9th Edition, Boston, Massachusetts: Pearson/Addison-Wesley.

Wong, S. (2012). *Factors Influencing On-line Learning: A Study Using Mixed Methods in a Hong Kong Higher Education Institution*, Saarbrücken, Germany: LAMBERT.

從多媒體學習電腦程式排序的表現

王志宏　陳凱萱

香港理工大學香港專上學院

本文介紹準實驗比較的設計，用於比較學生從兩種不同教科書多媒體材料去學習 Java 電腦編程語言中插入排序的記憶和理解能力表現。這兩種不同教科書多媒體材料分別為：（1）敘述動畫和（2）用突出顯示的文字敘述動畫。這準實驗隨機挑選了兩組獨立的學生，每組被分配為閱覽其中之一種多媒體材料。閱覽後，這兩組學生進行相同的試驗。學生的試驗分數反映他們的記憶和理解能力表現。通過非混合檢驗，對兩組平均試驗分數進行比較和分析，以便找出學生是否可以從敘述的動畫或敘述動畫中學習得更好。